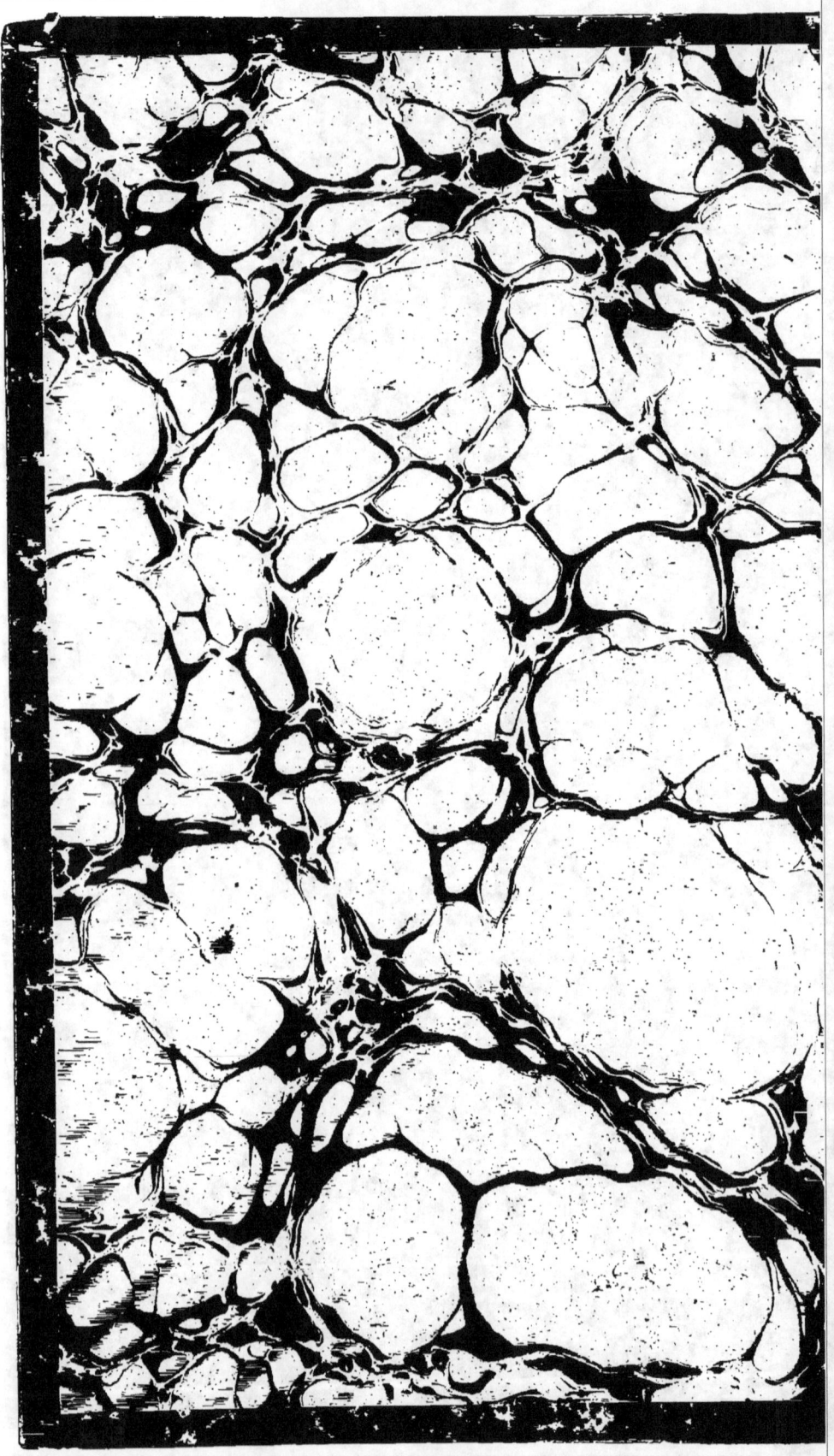

PARIS ET LA LIGUE

DU MÊME AUTEUR

Droit constitutionnel comparé. — La Constitution française de **1875**, étudiée dans ses rapports avec les constitutions étrangères (en collaboration avec M. Alphonse Bard). — 1 vol. in-8°, 1876. — Paris, Ernest Thorin, éditeur; 400 pages.

Deuxième édition. — Paris, 1878. — 1 vol. in-12 de 500 pages.

La loi du 19 mai 1874. — Étude sur la législation protectrice de l'enfance ouvrière en France et à l'étranger. — Paris, Ernest Thorin, 1877. — Brochure in-8° de 32 pages.

Deux questions de droit sur la déportation. — Broch. in-8°. Paris, Ernest Thorin, 1878.

Les deux couronnes de Henri III. — (*Revue de France*, du 15 mars 1880.)

De l'organisation municipale de Paris sous l'ancien régime. — Paris. Berger-Levrault, 1881. — Broch. in-8° de 33 pages.

Histoire municipale de Paris. — Depuis les origines jusqu'à l'avènement de Henri III. — Paris, Reinwald, 1880. — 1 vol. in-8° de 676 pages.

Théveneau de Morande. — Étude sur le xviiie siècle. — Paris, Quantin. 1882. — 1 vol. in-12 de 320 pages. — 1 portrait et 5 planches hors texte.

(Il a été tiré de cet ouvrage 50 exemplaires numérotés sur papier de Chine.)

Étude sur la revision constitutionnelle (loi du 14 août 1884) et sur la **Loi électorale du Sénat** (loi du 9 décembre 1884). — Paris, Ernest Thorin, 1885. Brochure in-8° de 36 pages.

Coulommiers. — Imp. P. Brodard et Gallois

PARIS ET LA LIGUE

SOUS LE RÈGNE DE HENRI III

ÉTUDE D'HISTOIRE MUNICIPALE ET POLITIQUE

PAR

PAUL ROBIQUET

AVOCAT AU CONSEIL D'ÉTAT ET A LA COUR DE CASSATION
DOCTEUR ÈS LETTRES

PARIS
LIBRAIRIE HACHETTE ET Cie
79, BOULEVARD SAINT-GERMAIN, 79

1886

INTRODUCTION

Les origines de la municipalité parisienne ont fait l'objet de longues controverses. Des annalistes des xv°, xvi° et xvii° siècles, Nicole Gilles dans ses *Annales de France*, Robert Gaguin, Gilles Corrozet, Jean du Tillet, René Chopin ont soutenu que la transformation de la *hanse parisienne* en corps municipal était due à Philippe-Auguste. Delamare, dans son *Traité de la police* [1], poussant cette opinion à l'extrême, va même jusqu'à écrire qu'avant le règne de Louis VII le Jeune « les Parisiens renfermés chez eux, pour ainsi dire, et pourvus de la plus grande partie des choses nécessaires à la vie, se passoient de navigation et de commerce de long cours ». Ce serait seulement en 1170, d'après cet érudit, qu'une association de citoyens riches se forma pour l'exploitation du commerce par eau, et que le roi sanctionna par lettres patentes la création de cette compagnie et l'établissement d'un port à Paris. Philippe-Auguste, en 1181, deuxième année de son règne, aurait accordé à la *Hanse* parisienne ses premiers privilèges, en obligeant les étrangers qui remontaient la rivière à se faire accompagner d'un Français pendant la durée de leur séjour à Paris, et à payer certains droits dont la moitié appartenait à la confrérie des marchands de l'eau et l'autre au souverain. Le Roy, contrôleur des rentes de l'Hôtel de Ville,

---

1. T. II, in-f°, 1723; liv. V, t. I, chap. II, p. 631.

dans sa grande dissertation sur l'*Origine de l'Hostel de Ville de Paris* [1], a réfuté ce système et tenté de rattacher la confrérie des marchands de l'eau au corps des *nautæ parisiaci*, dont une inscription, découverte en 1710 sous le chœur de Notre-Dame de Paris, démontre invinciblement l'existence dès le règne de Tibère [2]. Mais de ce que les Romains accordaient à la *confrérie des bateliers parisiens des privilèges* analogues à ceux qu'obtenaient aussi les bateliers du Rhône et de la Saône, de la Durance et de la Loire [3], de ce qu'ils avaient des chefs ou *curateurs*, il ne s'ensuit pas nécessairement que ces chefs aient été, dès l'époque de la domination romaine, de véritables magistrats municipaux. Le Roy use aussi, pour un érudit très estimable, d'une méthode fort hypothétique quand il se fonde sur l'analogie des fonctions du *défenseur* de cité, telles qu'elles sont déterminées par la loi romaine, avec celles des magistrats municipaux et des édiles, pour en conclure que l'institution des *défenseurs* a existé à Paris ; et c'est avec la même insuffisance de preuves que cet écrivain affirme que les *nautes parisiens* ont dû être désignés exclusive-

---

1. En tête de l'*Histoire de la ville de Paris* de Félibien et Lobineau (Paris, 1725). Il existe un tirage à part de cette dissertation (Paris, Desprez, 1725, in-f°).
2. Voici le texte de cette inscription :

Tib. Cæsare
Aug. Jovi. Optumo
Maxsumo... M.
Nautæ Parisiaci
Publice posuerunt.

Leroux de Lincy, p. 104, donne la liste de tous les mémoires auxquels cette curieuse inscription a donné lieu.
3. Constantin et Julien accordèrent la dignité de chevalier à tous ceux qui exerçaient le commerce par eau ; Gratien, Valentinien et Théodose leur confirmèrent ce privilège. *Delatam vobis a Divo Constantino et Juliano, principibus æternis, equestris ordinis dignitatem nos firmamus.* (Code Théod., liv. XVI.) Une inscription accorde au corps des Nautes du Rhône et de la Saône l'épithète de *splendidissimum*. Sur les privilèges de ces corporations, voy. la diss. de Le Roy, p. xxxj. — Elles avaient un fonds commun inaliénable, destiné à soutenir l'éclat de l'association. (C. Théod., liv. XIII, t. V.)

ment pour remplir les fonctions de *défenseurs* parce que le *Code Théodosien* prescrivait de choisir les défenseurs entre les habitants notables de la cité [1]. On s'épuiserait vainement à élucider encore la question de savoir si la confrérie des *nautes parisiens* a disparu ou non lors de la conquête de la Gaule par les Francs, bien que de nombreux documents attestent la permanence de la navigation marchande sur la Seine [2].

Quoi qu'il en soit, ce n'est pas avant le XIIe siècle qu'on voit apparaître ou plutôt reparaître, avec une constitution certaine, une association de navigateurs parisiens ayant pour objet l'exploitation du commerce par la Seine. Le premier document authentique qui mette en lumière la résurrection de la confrérie parisienne est daté de 1121. C'est une charte par laquelle Louis VI, dit le Gros, cède aux marchands (*mercatoribus*) de Paris un droit de soixante sous d'or, levé par le roi, au moment des vendanges, sur chaque bateau chargé de vin qui arrivait dans la capitale [3]. On pourrait citer un grand nombre d'autres chartes, émanant des successeurs de Louis VI et qui ont toutes pour objet d'augmenter les privilèges de la confrérie des marchands de l'eau de Paris. Louis VII, en 1141, leur donne la place du Vieux-Marché qu'on appelait la Grève, pour y établir un port [4]; puis, en 1170, le même prince confirme les privilèges des marchands de l'eau dans une charte précieuse pour l'histoire, car elle donne force de loi à des usages très peu favorables à la liberté du commerce et que ce docu-

---

1. *Inter municipes et honoratos sibi eligant defensorem.* (CODE THÉOD., liv. I, t. V, *nov. maj.*)
2. Voy. sur ce point : *Les origines de la municipalité parisienne*, par FRÉDÉRIC LECARON, Archiv. paléogr., t. VII des *Mém. de la Soc. de l'Histoire de Paris et de l'Ile-de-France* (p. 79 à 174).
3. On en trouve le texte à la suite de la dissert. de LE ROY, *Pièces justif.*, et *Arch. nat.*, carton K. Soixante sous d'or équivalent à 75 francs de notre monnaie. — Voy. GUÉRARD, *Prolégomènes du cartulaire de Saint-Père de Chartres.*
4. LE ROY, *Dissert., Preuves*, p. XCV.

ment consacre en les qualifiant d'anciens... *Consuetudines eorum tales sunt ab antiquo* [1]. Ces privilèges n'allaient à rien moins qu'à concéder le monopole du commerce entre le pont de Mantes et ceux de Paris à la confrérie parisienne. Il était interdit d'amener ou de remmener par eau aucunes marchandises, sans être soi-même *Parisiensis aquæ mercator* ou associé à un marchand de l'eau parisien. Quiconque enfreignait ces prohibitions était puni par la confiscation de ses marchandises, dont la valeur était partagée entre le roi et la compagnie privilégiée. Seuls, les marchands de Rouen conservaient le droit d'amener des bateaux vides jusqu'au Pecq et de les remmener avec un chargement [2]. De plus, la confrérie parisienne recevait du prince une juridiction spéciale sur les agents qu'elle employait, et pouvait ainsi se soustraire aux abus de pouvoir des seigneurs laïques ou ecclésiastiques dont les domaines étaient traversés ou côtoyés par la Seine.

Philippe-Auguste ne fit que développer les privilèges et l'importance de la confrérie des marchands de l'eau parisiens. Tantôt il force le comte d'Auxerre à leur faire des excuses et à reconnaître dans un acte solennel qu'il a outrepassé son droit en défendant aux bourgeois de Paris de décharger leur sel sur le port d'Auxerre [3]; tantôt il réserve aux seuls bourgeois de Paris le droit de décharger à terre

---

1. Le Roy, *Dissert.*, *Preuves*, p. xcvj, et *Ord. des rois de France*, t. II, p. 432. Il faut toutefois remarquer que le début de la charte de 1170 parait fixer au temps de Louis VI le point de départ des privilèges consacrés par Louis VII... « Cives nostri parisienses *qui mercatores sunt per aquam* nos adierunt, rogantes ut consuetudines suas, quas tempore patris nostri Ludovici regis habuerant, eis concederemus et confirmaremus. »

2. En 1258, les Rouennais essayèrent de se débarrasser de la nécessité de prendre *compagnie française* pour amener à Paris certaines marchandises comme le sel et la saumure. Mais le Parlement repoussa leur prétention... *Probatum est quod non*, dit le texte de l'arrêt. (*Olim*, t. I, p. 50.)

3. Le Roy, *Diss.*, *pièces*, p. xcvij, *Arch. nat.*, carton K. Les lettres du comte d'Auxerre sont datées de l'année 1200.

les vins amenés par eau dans la capitale [1], ce qui rendait impossible aux étrangers de livrer du vin à la consommation parisienne. Une autre fois, en 1213, il autorise les marchands de l'eau à prélever sur chaque bateau venant à Paris un droit destiné à la construction d'un port [2]. En 1220, il leur permet de nommer et de révoquer les *crieurs-jurés* qui annonçaient dans les rues le cours des marchandises; leur concède les poids et mesures pour 320 livres par an, en attachant à cette concession le droit de basse justice, la haute justice restant réservée au roi [3], en ce qui concerne les vols, blessures et meurtres. Certains auteurs ont même invoqué les dispositions du testament rédigé par le même prince en l'année 1190, lorsqu'il partit pour la Terre-Sainte avec Richard Cœur de Lion, et soutenu que les *sex homines probos et legitimos*, chargés à Paris par le roi de servir d'assesseurs et de conseillers aux magistrats royaux pour l'administration des revenus de la couronne, furent les premiers officiers municipaux de la capitale [4]. Mais ce n'est là encore qu'une conjecture dépourvue de preuves.

En réalité, il faut aller jusqu'en 1258 pour trouver la trace authentique de la création d'une hiérarchie municipale à Paris, et constater la première apparition du titre de *prévôt des marchands*. Elle se rencontre dans les ordonnances d'Etienne Boileau, plus connues sous le nom de *Livre des métiers* : « Nus ne puet estre mesureres de blé ne de nul autre manire de graim, de quelque manière que ce

---

1. *Ibid.*, et *Ord.*, t. XI, p. 269. Les étrangers ne pouvaient que transporter le vin acheté par eux du bateau dans un haquet, et ils étaient obligés de le conduire hors de la banlieue de Paris sans le décharger à terre. (Charte de 1192.)
2. *Ibid.*, p. xlviii.
3. *Ibid.*, p. xcix. Il est à remarquer que cet acte de 1220 s'adresse *mercatoribus hansatis aquæ parisius*. C'est une dénomination nouvelle.
4. Voy. sur ce testament : Rigord, *de Gestis Phil.-Aug.*, édit. de 1596, p. 187; *Dissert.* de Le Roy, p. xviii. — Voy. aussi Félib., t. I, p. 213.

soit, à Paris, se il n'a le congiet *du prévost des marcheans et des jurés de la confraerie* [1]. » Cette confrérie, c'est la confrérie de la marchandise de l'eau ; les jurés de la confrérie, ce sont les échevins, car les ordonnances d'Etienne Boileau leur donnent indifféremment ce titre avec celui de jurés [2]; enfin le prévôt des marchands, c'est le premier des bourgeois *hansés*, le chef de la *hanse*. Le plus ancien des *Olim* aussi bien que le *Livre des métiers*, qui l'un et l'autre ont été rédigés de 1258 à 1300, substituent souvent à la qualification de prévôt des marchands celles de *prévôt de la confrérie aux marchands*, *prévôt des marchands de l'eau*, et une fois celle de *maître des échevins de Paris* [3]. Ainsi, par le cours naturel des choses, s'accomplit la fusion entre le gouvernement de la Ville de Paris et le gouvernement de la marchandise de l'eau, entre les fonctions de chef de la confrérie et celles de chef de l'administration municipale, de telle sorte que Le Roy [4] a pu constater avec raison que « sous cette formule simple et abrégée, *la marchandise* ou *la marchandise de l'eau*, car l'une n'est qu'une abréviation de l'autre, on entendait précisément alors ce qu'on a toujours entendu par celle-ci : la prévosté des marchands et l'eschevinage, c'est-à-dire le gouvernement politique ou l'administration populaire de la ville, et tout ce qu'enferme aujourd'hui l'expression figurée de l'Hôtel de Ville ».

C'est en 1263 qu'un document présente pour la première

1. Edit. René de Lespinasse et François Bonnardot, dans la collection de l'*Histoire générale de Paris*, 1879, in-f°, p. 18 : *Mesureurs* de blé, t. IV. Au t. VI, *Ibid.*, p. 24, le texte porte : « Nul ne puet estre jaugeur à Paris se il ne l'a empetré du prévost et des jurés de *la conflarrie des marcheans de Paris.* »
2. Nul ne puet estre crieur à Paris se il n'en a empetré le congé au prévost des marcheans *et as eschevins de la marchandise* (Liv. des mét., t. V). *Crieurs* de Paris (*Ibid.*, p. 21).
3. Reg. des *Olim*, etc., t. I, p. 291, Prepositi mercatorum aque, etc., t. I, p. 926; — magistrum scabinorum parisiensium, t. II, p. 93, 216, 607, 589.
4. *Dissert.*, p. xxix.

fois les cadres fixes et définitifs de l'administration de la confrérie des marchands de l'eau ou, si l'on veut, les cadres de la municipalité parisienne : un prévôt des marchands et quatre assesseurs nommés *échevins* [1]. Vers la même époque, cette administration municipale s'établit dans le quartier Saint-Jacques, à la hauteur de la petite rue des Grès et non loin de l'ancien couvent des Jacobins. Un registre de la Chambre des comptes qui remonte à 1266 appelle le siège de la municipalité le *parloir aux bourgeois* ou *confrérie aux bourgeois* [2]. Au commencement du XIIe siècle, *la marchandise* se transporta sur l'autre rive de la Seine, à l'abri des fortifications du Grand-Châtelet, et s'installa entre la Grève et le Petit-Pont. Louis VII ayant concédé aux marchands de l'eau la place de Grève en 1141, ainsi que nous l'avons dit plus haut, ils s'habituèrent à considérer cet emplacement comme leur propriété et, sous la prévôté d'Étienne Marcel, en 1357, firent l'acquisition de la *maison aux piliers*, qui, après avoir fait partie du domaine royal depuis 1212, puis de l'apanage des dauphins, avait été donnée par Charles de France, régent du royaume, à Jean d'Auxerre, receveur des gabelles de la prévôté de Paris. La *maison aux piliers* [3], agran-

---

1. L'acte dont il s'agit est une transaction entre la confrérie de Notre-Dame d'une part, et, d'autre part, la confrérie des marchands de l'eau, représentée par Evreux de Valenciennes, prévôt des marchands, Jean Barbette, Henry de Navibus, Nicholas Flamengus, Adam Bourdon, échevins. Cette pièce précieuse a été extraite par Leroux de Lincy d'un cartulaire contenant les donations faites à la confrérie Notre-Dame. (Voy. *Hist. de l'Hôtel de Ville,* p. 121, et vol. XVII des *Mém. de la Soc. des antiquaires de France.*)
2. Sauval, *Ant. de la V. de Paris,* t. II, p. 481, donne une description de ce curieux monument. Il appartint à la ville et fut entretenu à ses frais jusqu'au milieu du XVIIe siècle. Il donna lieu à des contestations fort vives entre la Ville et les Jacobins en l'année 1504. (Voy. Leroux de Lincy, *Hist. de l'Hôtel de Ville,* liv. I, chap. I, et la livraison d'Édouard Fournier dans *Paris à travers les âges.*)
3. Sauval, *Ibid.*, p. 482, dit qu'on l'appelait ainsi « parce qu'elle était portée sur une suite de gros piliers tels que ceux qui se voient encore à la Grève, le long de l'hôpital du Saint-Esprit et du bureau des Pauvres. » Il en donne une description détaillée.

die dès 1359 par l'acquisition de la maison de Dimanche de Châtillon, qui formait l'angle de la Grève, du côté de l'église Saint-Jean, fut la véritable *maison de Ville* et abrita les magistrats municipaux jusqu'à la construction de l'Hôtel de Ville, commencée par François Ier en juillet 1533 et terminée seulement en 1628 [1].

La municipalité parisienne comprenait certainement depuis 1263 [2] un prévôt des marchands et quatre échevins, et il résulte d'une sentence de juillet 1296 qu'à cette époque on créa 24 conseillers de ville pour assister le prévôt des marchands et les échevins [3]. Ils recevaient dix livres par an (sentence du 12 octobre 1295) et prêtaient serment *à la marchandise* de venir au parloir à toute réquisition. Dans le principe, ils étaient choisis par le prévôt et les échevins; mais, à partir de la première moitié du xvie siècle, la faculté de résigner leurs charges en faveur de tiers même non parents fut accordée aux conseillers de Ville [4].

Quoi qu'il en soit, le prévôt des marchands, les quatre échevins et les 24 conseillers composaient le corps de Ville et formaient le *grand bureau*. Ils étaient secondés dans leurs occupations complexes par de nombreux agents dont deux avaient un rôle important. C'était d'abord le *Clerc du parloir aux bourgeois*, qui prit, au début du

---

1. Voy. LEROUX DE LINCY, p. 31, et l'inscription qui reporte à Marin de la Vallée, *architectus parisiensis*, l'honneur d'avoir terminé le monument.

2. V. plus haut p. x et xi, note 1.

3. LIVRE DES SENTENCES DU PARLOIR AUX BOURGEOIS, *Arch. nat.*, sect. hist., reg. KK. 10. Ce livre a été publié pour la première fois par LEROUX DE LINCY en 1846 (*Hist. de l'Hôtel de Ville*, appendice II), d'après un manuscrit qui a été conservé pendant plusieurs siècles dans le cabinet particulier du greffier de l'Hôtel de Ville.

4. REG. H, 1779, f° 215. En 1536, Augustin de Thou résigne son office de conseiller de Ville, et le Bureau demande simplement que la résignation ait lieu à *personne capable*.

Un fait assez curieux à relever, c'est que plusieurs fois les prévôts des marchands cumulèrent leur titre avec celui de conseiller de Ville. Pierre Violle exerça ce cumul en 1532. (REG. H, 1779, f° 215.)

xvie siècle, le titre de *Greffier de l'Hôtel de Ville*. A cet auxiliaire de la marchandise appartenait le soin d'enregistrer les sentences du parloir et de tenir les comptes de la Ville. On ne sépara de l'office de *Clerc du parloir* la charge de *Receveur de la Ville* qu'en 1499, après la catastrophe du pont Notre-Dame, et cette charge de receveur prit au xvie siècle une énorme importance, avec la dynastie des de Vigny et à la suite de la création des rentes sur l'Hôtel de Ville (27 sept. 1522).

Après les clercs greffiers et receveurs, le principal agent du prévôt des marchands était le *Procureur du roi et de la Ville*, appelé d'abord *Clerc le roi* ou *Procureur le roi* dans les sentences du xiiie siècle [1]. Il avait pour mission essentielle de représenter le roi au *Parloir*, et de fixer la part qui lui revenait dans les confiscations prononcées contre ceux qui contrevenaient aux privilèges de la *marchandise*. Lorsque le procureur du roi eut ajouté à son titre primitif celui de *procureur de la Ville*, ses attributions, qui s'accroissaient ainsi par l'effet de la suppression du ou des procureurs de la Ville qui, au xve siècle, paraissaient avoir coexisté avec le procureur du roi [2], en firent le défenseur autorisé des traditions et des privilèges de la municipalité parisienne [3], et, en quelque sorte, l'avoué de la Ville devant les différentes juridictions.

1. Mestre Guillaume de Montmor, clerc le roi (sentence du 16 avril 1296). — Mestre Morize Alain, procureur le roi (sentence du 24 janvier 1298). Voy. aussi les sentences du 12 mai 1301 et de novembre 1303. C'est seulement à dater du xvie siècle que le procureur le roi paraît recevoir le titre définitif de *procureur du roi et de la Ville*. Le 2 septembre 1527, Jehan Beurise, cons. référ. en la chancellerie de Paris, est nommé *procureur du roi et de la Ville*, en remplacement de Jehan Raduise, décédé. *Registre des élections, Arch. du roy.*, K, 996.)
2. Leroux de Lincy, p. 186, a cité un compte de recettes et dépenses de 1424 d'où il résulte qu'à cette époque il y avait un procureur général et conseiller du roy et de la ville qui touchait une pension annuelle de VIII l. parisis, en même temps que deux procureurs de la ville, M. Jean Bailly et M. Etienne, qui ne touchaient que cent sous parisis.
3. Ils donnaient notamment leurs conclusions sur les résignations d'offices municipaux. C'est ainsi qu'en 1556 Philippe Macé, receveur de la Ville

Ainsi constitué, le corps de Ville avait au-dessous de lui toute une hiérarchie d'agents; mais, pour en comprendre le savant mécanisme, il est nécessaire de distinguer le double rôle de la prévôté des marchands et de l'échevinage. Sous le nom de *parloir aux bourgeois*, c'est un tribunal de commerce qui statue sur toutes les contestations intéressant la navigation de la Ville. Quand la sentence n'a pas le simple caractère d'une consultation, elle est susceptible d'appel devant le parlement de Paris et, en dernier ressort, devant le roi [1]. Le *parloir* fait office de notaire et reçoit les actes [2]; il prononce comme « amiable compositeur esleu des parties [3] » et présente enfin tous les caractères d'une société de *secours* mutuels qui *prodigue les secours* aux veuves et aux orphelins des membres de la confrérie [4]. Considéré comme siège de justice, le corps de Ville avait pour auxiliaires les *sergents du parloir*, dont le rôle consistait à « prendre garde de la marchandise de l'iauc », c'est-à-dire à réprimer toute infraction aux privilèges de la *hanse*, à confisquer les marchandises des contrevenants et à les citer devant le *parloir*. En 1291, il y a six sergents [5] qui se partagent les

depuis cinquante ans, ne put faire admettre François de Vigny comme son successeur que sur les conclusions favorables du procureur du roi et de la Ville. (REG. H, 1783, fos 178 à 180.) Nous indiquons par cette citation la collection des cent cinq registres conservés à la section administrative des *Archives nationales*. Cette importante collection, base de notre travail, commence le 25 octobre 1499 et finit en mars 1784. Elle est numérotée H. 1778 à 1880. Voici sous quel titre elle figure dans l'inventaire des fonds des archives : « Délibérations du Bureau de la Ville. Transcription sur registres des ordres du roi, des délibérations du corps de Ville en matière administrative, des mandements des prévôts des marchands et des échevins, etc., de 1499 à 1784. » Ces documents étaient presque tous inédits lorsque l'auteur du présent livre a publié en 1880 la première partie de ses études sur l'*Histoire municipale de Paris*. Depuis lors, la Ville a ordonné l'impression des *Registres;* mais il n'a paru encore qu'un volume en 1883, et ce volume ne comprend que la réimpression du premier registre, H, 1778.

1. Voy. l'affaire de Jehan Marcel, 1268-1269 (*Olim*, t. Ier, p. 291).
2. *Rec. des sentences*, 11 janvier 1300, fo LV, ro.
3. *Ibid.*, 22 août 1291, fol. XLI, vo, et 1293, fol. XLV, ro.
4. Voy. les sentences de 1299, fol. L, vo; du 28 mars 1298, fo LIV, vo.
5. *Ibid.*, fol. XXXIX, ro, 10 février. La sentence donne les noms des

différents services, police de la Grève, police de la Seine, police de l'audience, étalonnage des mesures, visite des cabarets. Leur nombre fut successivement élevé, et le trente-cinquième chapitre de la grande ordonnance de 1415 mentionne quatre sergents de la *marchandise* et six du *parloir*, ce qui exprime clairement la division que nous essayons de préciser entre la juridiction commerciale et l'administration municipale de la prévôté des marchands.

Il faut encore ranger parmi les agents de la *marchandise* tous les fonctionnaires subalternes qu'énumère la grande ordonnance de 1415 [1] : les cinquante-quatre jurés-mesureurs de grains, les jurés-vendeurs de vins, les courtiers, au nombre de soixante, les jaugeurs de vins, au nombre de douze, les deux courtiers de chevaux, investis du monopole de faire remonter les bateaux sur la Seine avec leurs chevaux de halage, les quarante jurés-compteurs, mesureurs ou mouleurs de bûches; les neuf mesureurs de charbon, les vingt-quatre mesureurs de sel, et enfin jusqu'aux revisiteurs d'aulx et d'oignons et aux deux courtiers de graisse!... Deux catégories d'agents méritent une mention spéciale : celle des *jurés-crieurs*, intermédiaires entre les marchands en gros et le commerce de détail [2]; et celle des *porteurs de sel*, qui, sous la dénomination

---

six sergents et non des cinq, comme l'a écrit par erreur Leroux de Lincy, p. 208.

1. *Ordonn. royaux*, édit. de 1528, in-4° goth., fol. 5 au fol. 55, v°. — Conf. le *Livre des métiers* d'Etienne Boileau sur les mesureurs, les taverniers, etc. — Cons. aussi, sur les agents de la *marchandise*, *les Orig. de la munic. paris.*, par FRÉD. LECARON, arch. paléographe, Paris, 1882, Soc. de l'hist. de Paris. Ce travail s'arrête à 1415 et ne s'occupe de la prévôté des marchands qu'au point de vue de sa juridiction commerciale.

2. Les crieurs étaient au nombre de 24 et s'occupaient surtout du commerce du vin au détail. Ils criaient les *choses étranges* qui se trouvaient égarées (*enfants, mules, chevaux et autres*, V. l'ord. de 1415.) Mais leur grande source de profits, à partir du XIII° siècle, consistait dans le règlement des funérailles et le cri public des décès. L'ord. de 1415, chap. XIX, fixe le taux des fournitures de deuil : deux sous parisis par jour pour la location des robes, manteaux et chaperons, seize deniers pour les teintures, deux sous par torche payables au porteur.

ROBIQUET.   *b*

d'*hénouarts*, formaient une corporation de vingt-quatre personnes jouissant du singulier privilège de porter les rois de France à leur dernière demeure [1].

Envisagés comme magistrats municipaux, comme édiles et non plus comme juges consulaires, le prévôt des marchands et les échevins se relient à leurs administrés par une série d'agents dont le rôle et les attributions sont, au plus haut degré, dignes d'attention. Leroux de Lincy [2] nous paraît émettre une hypothèse un peu hasardée en faisant remonter au XIIe siècle la création des *quartiniers* ou chefs des quartiers, qui, d'abord au nombre de quatre avant Philippe-Auguste, furent portés à huit par ce prince, en 1211, lorsqu'il bâtit sa nouvelle enceinte, et à seize par Charles VI, en 1383. Mais ce qui est incontestable, c'est qu'au temps de la prévôté d'Etienne Marcel (1357-1358) il y avait déjà des quartiniers et des cinquanteniers [3]. L'ordonnance du 27 janvier 1383, qui fut promulguée par Charles VI, après l'insurrection des Maillotins, pour abolir la prévôté des marchands et confondre sa juridiction avec celle du prévôt de Paris, constate d'une façon bien authentique l'existence des quartiniers, cinquanteniers et dizainiers, par cela même qu'elle prononce la suppression de ces officiers municipaux [4]. L'ordonnance de Charles VIII

---

1. Voy. *Chron. d'Enguerrand de Monstrelet*, liv. II, édit. du *Panthéon litt.*, p. 534, sur le cérémonial des obsèques de Charles VI en 1422, et *Hist. de Charles VII par Mathieu de Coucy*, p. 737 du recueil de Godefroy.
2. Chap. v, p. 193.
3. Cela résulte d'un passage des *Grandes chroniques* qui, jusqu'à présent, avait échappé à l'attention des historiens de Paris : « Es quelles lices estoient venus moult de gens par le mandement que ledit roy de Navarre et ledit prévost des marchands avoient fait à plusieurs *quarteniers* et *cinquanteniers* de ladite ville. » (*Gr. chron.*, t. VI, chap. XL.) — Une chronique inédite en prose de Jean de Nouelles, qui écrivait à la fin du XIVe siècle, et qu'a citée Leroux de Lincy (p. 194), semble indiquer que Jehan Maillart était un quartinier. On le qualifie, dans ce document, de « garde par le gré du commun, d'un des quartiers de la ville ».
4. « Nous deffendons que d'orennavant il n'ait en notredicte ville aucuns quarteniers, cinquanteniers ou dixeniers, establis pour la deffense de ladicte ville ou autrement... » (*Ord. des rois de France*, t. VI, p. 687.) — Leroux

de janvier 1485 définit nettement les attributions des seize quartiniers : « Icelle ville a esté par cy-devant divisée et partie en seize quartiers, en chascun desquelz quartiers lesdits suppliants (*le prévôt des marchands et les échevins*) ont acoustumé commectre ung notable bourgeois et habitant de ladite ville, lesquels sont en nombre seize et nommez *quarteniers*, ayans charge expresse, chacun en son quartier, soubz lesditz prévost et eschevins, de regarder au faict de ladite ville, oyr toutes nouvelles, faire assembler les nobles, bourgeois, manans et habitans d'icelle Ville, chacun en son quartier, toutes et quantes fois que besoing en est, et en quelque temps que ce soit, de jour et de nuyt, pour donner ordre et provision aux affaires dessusdites et savoir quel nombre de gens y a en chacun desditz quartiers, tant habitans et résidens ordinairement illec que autres extrangiers. » Il paraît bien résulter de ce texte que les quartiniers jusqu'à la fin du xve siècle étaient directement choisis entre les notables par le prévôt des marchands et les échevins. Plus tard, le mode d'élection devint plus compliqué, et, sous François Ier, le quartinier était nommé par le Bureau de la Ville sur une liste de trois notables désignés par les dizainiers du quartier, auxquels ils adjoignaient deux notables de chaque dizaine [1]. Un curieux mémoire, adressé en 1562 par la

---

de Lincy dit inexactement que cette ordonnance se trouve au t. V, p. 688. On remarquera que l'ordonnance de 1383 orthographie *quarteniers*. L'orthographe de *quartiniers* est aussi souvent employée. Voy. l'ordonnance de janvier 1484 (*Ord.*, t. XIX, p. 474). Le titre porte *quartiniers* et le texte *quarteniers*. Nous avons adopté dans le corps de l'ouvrage la première de ces formes; mais il est trop absolu d'affirmer, comme l'a fait M. Picot, *Recherches sur les quartiniers, cinquanteniers et dizainiers de la ville de Paris* (broch. in-8º, 1875), que ce serait seulement dans la seconde moitié du xvie siècle qu'on aurait parfois adopté l'orthographe de quartenier. Nous venons de voir le mot ainsi écrit dans des ord. du xive et du xve siècle. Le règlement municipal du 1er avril 1500 (Reg. H, 1778, f° 50), le mandement du 5 décembre 1530 (Reg. H, 1779, f° 51), donnent la même orthographe, et ce sont des exemples pris au hasard.

1. Reg. H, 1779, f° 51. Election du 5 décembre 1530, en remplacement de Thomas du Ru décédé. — Leroux de Lincy se trompe donc en écrivant

municipalité parisienne à celle de Tours, prouve qu'à cette époque les cinquanteniers, de concert avec leurs dizainiers, élisaient *quatre* bourgeois notables par dizaine et portaient leurs noms à l'Hôtel-de-Ville, écrits sur quatre billets. On tirait au sort deux de ces noms dans un chapeau, et l'on inscrivait ces deux noms avec celui du dizainier. L'opération faite de cette manière pour chaque dizaine, les électeurs ainsi désignés étaient appelés séparément « pour faire le serment de eslire en leurs consciences ung quartinier, le plus seuffisant qu'ils scauront audict quartier ». Celui qui obtenait le plus de voix était nommé quartinier et le mémoire ne mentionne plus l'intervention du Bureau de la Ville [1]. En 1528, date de la publication des *Ordonnances royaulx de la jurisdicion de la prévosté des marchans et eschevinage de la Ville de Paris* [2], les cinquanteniers et dizainiers étaient élus à peu près dans les mêmes formes que les quartiniers, « nonobstant, dit le règlement, que communément nos seigneurs les prévost et eschevins ne font pas appeler si gros nombre de gens avec les dixainiers [3] ». Chaque quartinier, dans la

p. 200 que, « jusqu'au mois d'octobre 1633, les quartiniers furent élus par les cinquanteniers et dixainiers ou bien se succédèrent de père en fils, après avoir été agréés par les membres du Conseil de Ville ». Il arrivait très fréquemment que le Bureau de la Ville n'admettait pas les résignations d'office de quartinier. C'est ce qu'il fit par exemple le 4 février 1549. (Reg. H, 1781, f° 135.) D'autres fois, le Parlement déclarait la résignation illégale. En 1556, Jehan Lescaloppier, avait résigné son office de quartinier en faveur de son fils Nicolas. Le Parlement ordonna que Jehan resterait quartinier, et la ville dut régulariser les formalités omises. (Reg. H, 1783, fol. 208.)

1. Mémoire baillé par la ville a ceux de Tours pour les règles. (Reg. H, 1784, f° 132.)

2. *Exemplaire gothique*. L'ordonnance de 1450 forme le 58ᵉ chapitre du recueil avec l'intitulé ci-dessous : « Le cinquante-huytiesme chappitre contient les ordoñances sur la forme et l'élection du prévost des marchans et eschevins de la ville de Paris et des conseillers d'icelle. Et à la fin est narré la forme de l'élection d'un quartinier, cinquantenier et dixinier. Avec le serment des archiers, arbaletriers et acquebutiers de la Ville. » Il y a un autre recueil des ordonnances royaulx sur la prévosté des marchands, daté de 1644.

3. *Ex. gothique*, art. XVI. En 1563, les cinquanteniers étaient élus par

seconde moitié du xvi⁰ siècle tout au moins, commandait à deux ou trois cinquanteniers, selon la grandeur du quartier; et chaque cinquantenier avait pour auxiliaires quatre dizainiers [1]. Ils prêtaient tous serment entre les mains du prévôt des marchands.

Les quartiniers, cinquanteniers et dizainiers ne remplissaient pas des fonctions purement civiles. Au quartinier appartenait le soin de garder les clefs des portes de la Ville, ainsi que les vingt-quatre seaux de ville et les crocs n fer pour servir en cas d'incendie [2]. Ils faisaient, sur la réquisition du prévôt des marchands, des perquisitions et des visites domiciliaires, soit pour rechercher les gens suspects, soit pour se rendre compte des provisions qui pouvaient être réquisitionnées, en cas de besoin. Enfin, ils furent longtemps les chefs uniques de la milice municipale; mais, à partir de 1562, une hiérarchie nouvelle fut organisée pour mettre sous la main du roi la direction de la milice bourgeoise. C'est, en effet, à cette époque que remonte la création des capitaines [3]. En avril 1563, les seize quartiers sont encore commandés par seize capitaines [4]; mais, dès le début de l'année 1568, les chefs mili-

---

les dizainiers et deux bourgeois de chaque dizaine mandés par le quartinier, et les dizainiers étaient choisis par le Bureau de la Ville sur la proposition du quartinier. (Reg. H, 1785, f⁰ 92-94).

1. *Mémoire, etc.* (Reg. H, 1784, fol. 132.) Nous ne savons sur quel fondement Leroux de Lincy allègue (p. 195) qu'il « y eut pendant longtemps, sous chacun des quartiniers, deux cinquanteniers et dix dixainiers ».

2. *Traité de la police*, t. IV, p. 155.

3. Le *Recueil des ordonnances royaulx sur le faict et jurisdiction de la prévosté des marchands et eschevinage de la Ville de Paris* fixe ce point d'une manière authentique à propos de la formule de serment des capitaines : « Le serment que le roy entend estre faict par les cappitaines et lieutenans establis en ceste Ville de Paris, *mil cinq cens soixante deux*, à cause des troubles qui estoient lors ». Leroux de Lincy, p. 199, étudie l'organisation des cadres de la milice bourgeoise en 1587. On n'a pas encore essayé de montrer qu'elle est bien antérieure.

4. Le 7 avril 1563, le prévôt des marchands assemble au *petit bureau* les 16 capitaines de quartiers pour leur faire certaines recommandations, et le Registre donne leurs noms. (Reg. H, 1784, fol. 144. — Félib., t. III des *Preuves*, p. 403.)

taires des seize quartiers portent le titre de *colonels*, et un règlement du 24 janvier nous apprend qu'ils se réunissaient deux fois par semaine à l'Hôtel de Ville ; un mandement du 8 février de la même année assigne à ces colonels les emplacements qu'ils doivent occuper, *en cas de besoin* [1]. Il ne faudrait pas croire, du reste, que la création des colonels et des capitaines ait complètement supprimé l'action des quartiniers sur la milice. C'était à ces derniers que revenait le soin de réunir les habitants des dizaines pour élire les capitaines [2], et celui de transmettre aux mêmes capitaines, par l'intermédiaire des dizainiers, l'ordre d'aller prendre la garde de telle ou telle porte. Enfin, les capitaines ne faisaient les perquisitions dans les hôtelleries et dans les maisons particulières que sous la surveillance et la direction des quartiniers. Néanmoins, il serait puéril de méconnaître que la création des colonels et des capitaines diminua l'importance des quartiniers, cinquanteniers et dizainiers, au point de vue de leurs anciennes attributions militaires.

Pour terminer l'énumération des auxiliaires de la municipalité parisienne, il reste à citer les trois compagnies des gardes de ville, les *archers*, les *arbalétriers* et les *hacquebutiers*... L'existence de la compagnie des arbalétriers est certaine à partir de 1359, et elle aurait eu pour raison d'être la nécessité de maintenir l'ordre dans Paris après la défaite

1. Félib., t. III des *Pr.*, p. 403.
2. Mandement de 1563. (Reg. H, 1785, fol. 39.) Ni Leroux de Lincy, ni les autres historiens de Paris ne mentionnent, à notre connaissance du moins, l'existence des colonels et des capitaines de la milice avant 1587. Ajoutons que des lettres patentes de Charles IX, datées de 1568 et imprimées par Robert Estienne, prouvent que le roi de la Saint-Barthélemy nomma lui-même 16 chefs de quartiers dont chacun commanda cent bourgeois « chefs de maison si faire se peult » pour « fortifier la justice royale ». Le prévôt des marchands avait présenté au roi 48 candidats, parmi lesquels il choisit les 16 chefs de cette milice de choix destinés à figurer au premier rang de l'armée des massacreurs. Nous croyons avoir signalé le premier ce curieux document. (*Hist. munic. de Paris*, p. 538). Il est extrait d'un recueil de pièces conservé à la Bibl. de la Ville.

de Marcel et de ses adhérents [1]. Cette compagnie était mise expressément aux ordres du prévôt des marchands, et ceux qui en faisaient partie touchaient une paye de *deux gros* par jour et de *quatre* en temps de guerre. Ils étaient, en outre, exempts de toute contribution personnelle. En août 1410, Charles VI réduisit à soixante le nombre des arbalétriers et créa une compagnie de cent *archers* qui reçurent les mêmes privilèges que les arbalétriers [2]. Enfin François Ier, par lettres patentes datées de mars 1423, organisa une troisième compagnie, celle des *hacquebutiers*, qui portaient une sorte d'arquebuse, nommée *hacquebute*. Il faut relever dans les lettres de François Ier que le nouveau corps ne devait pas être envoyé hors de Paris sans l'autorisation formelle du prévôt des marchands [3]. Les trois compagnies, réorganisées par Charles IX en février 1566 et portées respectivement à cent hommes, perdirent à cette époque le droit d'élire leurs capitaines, dont le souverain s'attribua la désignation, et reçurent l'arquebuse pour arme commune. Cette première atteinte aux antiques privilèges des gardes de la Ville fut suivie de plusieurs autres. Nous ne rappellerons que la nomination par le roi Henri II, en septembre 1550, d'un capitaine général des archers, arbalétriers et hacquebutiers de la Ville, nomination qui souleva les vives réclamations du corps de Ville. Nous verrons qu'au début de l'insurrection ligueuse les trois compagnies se signalèrent par leur indiscipline et abandonnèrent la cause du roi [4]. Avoir indiqué les éléments

---

1. Les lettres patentes, délivrées par le dauphin Charles le 9 août 1359, organisent la confrérie des arbalétriers, en fixent l'effectif à 200. Voy. *Recueil des Chartes, etc., des arbalestriers, archers, arquebusiers, etc., de la Ville de Paris*, par M. Hay, 1770, in-fol., p. 26.
2. *Ibid.*, p. 29.
3. *Ibid.*, p. 81.
4. Dans la séance du Bureau de la Ville en date du 13 décembre 1550, Jehan Bellot, capitaine des archers, et Pierre Bénard, capitaine des arbalétriers, vinrent rappeler les privilèges accordés à leurs compagnies par les prédécesseurs de Henri II. Ils protestèrent contre la création d'un capitaine

essentiels de l'organisme municipal de Paris ne suffirait pas, si l'on ne donnait pas une idée sommaire, mais précise des opérations électorales qui faisaient du prévôt des marchands et des échevins les mandataires de l'élite des Parisiens.

Aux termes des ordonnances municipales de 1450 [1], le prévôt des marchands était nommé pour deux ans, et chaque année, « le lendemain de la Nostre-Dame de la my-aoust »,

général en la personne d'Antoine du Belloy, désigné par le roi, et conclurent qu'ils « ne devoient avoir autre cappitaine général que M. le prévost des marchans et les eschevins de la Ville, en son absence ». (Reg. H, 1781, fol. 207.)

1. Chap. LVIII, *Édition gothique* de 1528, feuillets 93 et suivants.
Leroux de Lincy, analysant les formes des élections municipales au chap. III de la première partie de son *Histoire de l'Hôtel de Ville*, dit « que l'on trouve le détail des formalités que l'on observait dans ces élections » au recueil des ordonnances de la juridiction municipale rédigé en 1415. Cela paraît être une erreur, car la grande ordonnance de 1415 (vieux style) sur la juridiction des prévôt des marchands et échevins de la Ville de Paris (*Ord.*, t. X, p. 257) ne parle nullement des élections municipales, mais uniquement de la marchandise de l'eau et de ses privilèges. Leroux de Lincy a évidemment cru que le manuscrit qu'il a consulté aux Archives et qui fait partie du registre connu sous le nom de *Mémorial*, donnait la forme des élections municipales en vigueur dès 1415, parce que le manuscrit dont il s'agit est précédé de la copie officielle de l'ordonnance de février 1415. Mais le texte (qui a été récemment réimprimé par M. Lecaron dans son étude sur les *Origines de l'Hôtel de Ville*, p. 47) prouve bien que les ordonnances municipales citées par Leroux de Lincy et M. Lecaron, à sa suite, comme ayant été rédigées en 1415, sont, en réalité, celles de 1450, qu'on trouve aux éditions gothiques de 1500 et 1528. Il suffit, pour s'en convaincre, de remarquer qu'elles ont été colligées par Jehan Baillet, prévôt des marchands, Guillaume Nicolas, Enguerrand de Thumery, Nicolas de Louviers et Jehan de Marle, qui exerçaient leurs charges en 1449, d'après la chronologie de Leroux de Lincy lui-même, p. 205. C'est bien en juillet 1450 que la commission où figurent ces personnages avec un assez grand nombre de parlementaires se réunit pour *visiter* et *examiner* les vieux documents sur la forme des élections; et le prétendu manuscrit de 1415 est identique à celui de l'ordonnance de 1450 que reproduit le 58e chapitre de l'exemplaire de 1528. On a simplement oublié un chiffre C, dans la version reproduite par M. Lecaron : « Icelles ordonnances faictes en l'Hostel de ladicte Ville, le samedy XXVe jour de juillet, *l'an mil CCC cinquante* ». Il est d'ailleurs probable que les membres de la commission de 1450 avaient sous les yeux des documents bien antérieurs sur la forme des élections, et ils ont peut-être copié l'un de ces vieux textes, quoiqu'ils aient émis la prétention d'avoir *fait et composé* une rédaction nouvelle; mais, en résumé, le manuscrit que Leroux de Lincy et ses successeurs datent de 1415, n'est autre que l'ordonnance de 1450, et c'est pour cela que nous nous plaçons à cette époque, moins lointaine, pour étudier le mécanisme des élections municipales.

deux des échevins étaient remplacés par voie d'élection. Le corps électoral se composait du prévôt des marchands, des quatre échevins, des vingt-quatre conseillers de la Ville, des seize quartiniers et de bourgeois élus, dans la proportion de deux par quartier [1]. Au total, le corps électoral ne se composait que de soixante-dix-sept personnes. Le 16 août, les opérations électorales s'ouvraient à l'Hôtel de Ville. Chacun des électeurs prêtait d'abord serment de « bien et justement faire ladicte élection, au bien du roy et de la chose publique ». Puis on nommait quatre scrutateurs qui prêtaient serment « de tenir secrettes les voix et nominations ». Chaque électeur ayant déposé son bulletin dans le chapeau traditionnel mi-parti rouge et tanné, le scrutin était clos et on le remettait aux scrutateurs après avoir présenté le procès-verbal à la signature du prévôt et des échevins. Ce procès-verbal était enfin porté au roi, qui l'ouvrait et en proclamait le résultat [2].

---

1. La désignation de ces deux bourgeois par quartier était précédée de formalités assez compliquées. Quelques jours avant l'élection, le prévôt des marchands mandait à chaque quartinier de réunir les cinquanteniers, les dizainiers de son quartier, et, en outre, d'appeler « six hommes notables ». Cette réunion élisait ensuite « quatre personnes notables les plus convenables qu'ils sçauront pour estre à la dicte eslection ». Le quartinier consignait dans un rapport clos et scellé les noms de ces quatre notables et les remettait au prévôt des marchands. Ce dernier, assisté des échevins et des vingt-quatre conseillers de la Ville, choisissait en dernier ressort deux notables sur la liste de quatre noms qui lui était remise par chaque quartinier. Les cinquanteniers et dizainiers, ayant la majorité dans les assemblées de quartier, déléguaient presque toujours quatre d'entre eux à l'Hôtel de Ville. On essaya, à plusieurs reprises, de remédier à cet abus. Par arrêt du 8 août 1500, le Parlement conféra au prévôt des marchands, aux échevins et aux conseillers de ville le privilège de choisir dans chaque quartier douze notables qui devaient composer, avec le quartinier, les cinquanteniers et les dizainiers, l'assemblée primaire chargée de désigner parmi les douze agréables à l'Hôtel de Ville les *six* candidats entre lesquels la ville en retenait deux pour participer aux élections municipales. Ainsi le nombre et le mode de désignation des électeurs primaires étaient modifiés. (REG. H, 1778, f° 50.) En mai 1554, Henri II alla plus loin et défendit formellement aux cinquanteniers et aux dizainiers de se donner leurs voix les uns aux autres, en obligeant le quartinier à choisir les notables parmi les *non mécaniques*. (Ord. royaux, etc., édit. de 1644, p. 318.)

2. Il arrive souvent que le roi ne ratifie pas les résultats du scrutin. C'est ainsi qu'en 1557 Henri II raya, de la liste des échevins élus, le sieur Pierre

En dehors des assemblées électorales du 16 août, la vie municipale se manifestait à Paris dans les réunions périodiques ou exceptionnelles qui avaient lieu à l'Hôtel de Ville. Les historiens de Paris n'en ont pas jusqu'ici déterminé le caractère avec une clarté suffisante. Il y avait d'abord les *séances du Bureau* auxquelles n'étaient convoqués que le prévôt des marchands, les échevins et les vingt-quatre conseillers de la Ville. Quand les vingt-quatre conseillers ne recevaient pas de convocation et que le prévôt des marchands appelait seulement les quatre échevins, l'assemblée prenait souvent le nom de *petit bureau*. C'est ainsi que la plupart des mandements municipaux étaient élaborés sans l'intervention des vingt-quatre conseillers [1]. Enfin, lorsque la question à débattre présentait une importance particulière, le prévôt des marchands convoquait ce qu'on appelait une *assemblée générale*. Pour prendre un exemple choisi entre mille, le 12 août 1557, deux jours après la bataille de Saint-Quentin, qui laissait ouvert le chemin de la capitale, la municipalité convoqua une assemblée générale [2] dans laquelle figuraient, à côté des magistrats municipaux, les délégués du Parlement, de la Chambre des comptes et de la Chambre des aides, du clergé, des

---

Croquet, et choisit Claude Marcel pour le remplacer. Marcel ayant d'ailleurs obtenu le plus de voix après Croquet. (Reg. H, 1783, f° 253.) En l'absence du roi, le scrutin était porté au chancelier ou au premier président du Parlement, qui recevait pour cela des *épices* de la ville. (Reg. H, 1782, f° 3.)

1. Ces mandements étaient précédés de la formule suivante : « De par les prévost des marchans et eschevins de la ville de Paris... », et suivis de la mention ci-dessous : « Si n'y faictes faulte. Faict au Bureau de la Ville le... » (Reg. H, 1779, f° 51 et *passim*.)

2. Au procès-verbal de l'assemblée générale du 28 février 1528, convoquée par François Ier pour demander aux Parisiens de racheter les enfants de France « estans de présent ès-pays d'Espagne ès-mains de l'esleu empereur », figure l'indication des corps qui envoyaient des délégués à l'Hôtel de Ville, savoir : « Messeigneurs de la Cour de parlement et de la Chambre des comptes, les généraux de la justice, des aides, des monnaies, l'évêque de Paris, les recteurs de l'Université, les membres du chapitre de Paris, les abbés de Sainte-Geneviève, Saint-Victor, Sainte-Catherine du Val des Ecoliers, les prieurs de Saint-Eloi, de Saint-Martin des Champs, des Chartreux et des Célestins. » (Reg. H, 1779, f° 7.)

INTRODUCTION XXV

abbayes et prieurés et huit notables de chaque quartier [1]. Les assemblées générales avaient pour principale raison d'être la fréquence des demandes d'argent adressées par le roi aux bourgeois de sa bonne ville de Paris; à l'ordinaire, on cherchait à marchander, à gagner du temps, en invoquant ce prétexte que telle ou telle assemblée n'était pas en nombre, et le prévôt des marchands en convoquait une seconde ou une troisième, pour se ménager le temps de demander au roi une réduction du subside [2].

Il serait superflu d'insister sur l'importance considérable, au point de vue politique comme au point de vue administratif, du prévôt des marchands et de ses auxiliaires, les échevins. Leur origine élective, le rang qu'ils occupaient dans les cérémonies publiques, la magnificence de leurs costumes, l'immense hiérarchie de leurs subordonnés, tout contribuait à rehausser leur prestige et à faire d'eux pour la monarchie soit de précieux serviteurs, soit les plus redoutables des adversaires. Mandataires de la cité, ils avaient qualité pour parler au nom de tout Paris et pour dire la vérité aux rois. Ils ne faillirent pas à ce devoir, et les remontrances de la Ville, moins connues que celles du Parlement, attestent peut-être un esprit plus large, une plus grande pitié pour les misères du peuple. Administra-

1. C'était, dit le REG. H, 1783, f° 255, « l'assemblée la plus complète et au plus grand nombre de gens notables qui y fut vue, passé à quarante ans ».
Nous ne citons ici que les trois principaux types d'assemblées municipales; mais il y avait bien des circonstances où la composition variait. Ainsi, le 31 décembre 1535, Léonard Gouard est admis en qualité de successeur du procureur du roi et de la Ville, Jehan Benoist, par une assemblée composée non seulement du Bureau de la Ville, mais encore des *quartiniers*, et Léonard Gouard soutint qu'on aurait dû convoquer, en outre, deux bourgeois notables par quartier, ce qu'on trouva contraire aux précédents. (REG. H, 1779, f° 158.) En général, le Bureau de la Ville statuait seul sur les résignations d'offices municipaux. (REG. H, 1779, f° III, 138, 215, etc.)
2. On peut prendre comme exemple ce qui se passa le 20 mars 1558, sous le règne de Henri II. (REG. H, 1783, f° 26.) Mais ces pratiques dataient de Louis XII (REG. H, 1778, f° 107) et se reproduisirent sans interruption.

teurs, ils avaient dans leurs attributions le commerce fluvial, les fortifications, les ponts et quais, le pavage, sauf la *croisée de Paris* [1], la distribution des eaux, l'entretien des fontaines, la surveillance des poids et mesures, la répartition de la taille, l'administration générale des pauvres, et, sous le nom de rentes sur l'Hôtel de Ville, le service de la dette publique, à dater de 1522 [2].

Une analyse patiente des *Registres de la Ville*, véritables procès-verbaux des assemblées municipales de Paris, permet de mettre en relief le rôle considérable qu'ont joué dans les annales de la France les prévôts des marchands parisiens, leurs auxiliaires et leurs administrés. Faire entrer ces renseignements précieux et, en majeure partie, inédits, dans le cadre général de l'histoire du pays, tel a été notre but. C'est la seconde partie de cette étude que nous donnons aujourd'hui [3]. Elle porte exclusivement sur le règne de Henri III et trace un tableau de la vie de Paris pendant l'une des périodes les plus agitées de l'histoire nationale.

---

1. La *croisée de Paris* était à la charge du roi. On appelait ainsi les deux grandes voies qui joignaient, d'une part, la porte Saint-Denis à la porte Saint-Jacques, et, d'autre part, la porte Baudet (aujourd'hui place Baudoyer) au château du Louvre. La *croisée* finit par s'étendre à l'est jusqu'à la Bastille Saint-Antoine, en suivant le grand chemin royal qui porte de nos jours le nom de rue Saint-Antoine.

2. C'est le chancelier Duprat qui inspira l'édit du 10 octobre 1522, lequel vend « certaines fermes et aydes à la communauté et corps universel de la ville de Paris », représenté par le prévôt des marchands et les échevins, en autorisant le corps de Ville à offrir ces garanties au public, qui accepterait, en échange du capital versé, des rentes sur l'Hôtel de Ville. Le receveur municipal fut, à partir de ce moment, chargé de payer les rentiers. (FÉLIB., *Pr.*, t. 1, p. 578.)

3. La première a paru en 1880 sous ce titre : *Histoire municipale de Paris, depuis les origines jusqu'à l'avènement de Henri III*. Paris, Reinwald, éditeur, 1 vol. in-8° de 676 p.

INDEX BIBLIOGRAPHIQUE

1° Ouvrages imprimés.

AMPLIFICATION, etc. — *Amplification des particularités qui se passèrent à Paris, lorsque M. de Guise s'en empara et que le roi en sortit.* (ARCH. CUR., 1re série, t. XI, p. 351. *Mém. de la Ligue*, t. II, p. 315. *Preuves de la Sat. Ménippée*, t. III, p. 64.)

ANQUETIL. — *L'esprit de la Ligue.* 3 vol. in-12. Paris, 1767.

ARRESTS DE LA COUR. — *Arrests de la cour souveraine des pairs de France donnez contre les meurtriers et assassinateurs de messieurs les cardinal et duc de Guise.* Paris, Nyvelle, 1589, in-8°. (ARCH. CUR., 1re série, t. XII, p. 222.)

AUBIGNÉ (d'). — *Histoire universelle.* Édit. in-f° de 1626.

AUCOC. — *Le Conseil d'État avant et depuis 1789.* 1 vol. in-8°. IMPR. NAT., 1876.

BARRICADES. — *Histoire de la journée des barricades de Paris. Mai 1588.* (BIBL. NAT. Fonds DE THOISY, *Rec. hist.*, t. III, in-f°. *Rev. rétrosp.*, t. IV, 1re série, p. 391. ARCH. CUR., 1re série, t. XI, p. 365.)

BAYLE. — *Dict. historique et critique.* 4e édit. Amsterdam, 1730, 4 vol. in-f°.

BERNARD (Etienne). — *Journal des États de Blois tenus en 1588 et 1589 par Me Etienne Bernard, avocat au parlement de Dijon, député du tiers état de ladite ville pour y assister.* (*Rec. des Etats généraux*, t. XIV, p. 440.)

BIBLIOTHÈQUE. ÉCOLE DES CHARTES. — *Bibliothèque de l'École des Chartes.* Paris, 1839-188...

BODIN (Jean). — *Journal du tiers état.* (États généraux de 1576.)

BOULAY (du). — *Hist. univ. Parisiensis.* Paris, 1665-1673, 6 vol. in-f°.

BOILEAU (Estienne). — *Livre des métiers.* Édit. RENÉ DE LESPINASSE et FRANÇOIS BONNARDOT. Paris, 1879, in-f°, dans la collection de l'*Histoire générale de Paris*.

BOS (Emile). — *Les avocats aux Conseils du roi.* 1 vol. in-8°, 1881. Paris.

BREUL (du). — *Le théâtre des antiquités de Paris*, par JACQUES DU BREUL, Parisien. Paris, 1 vol. in-4°, 1639.

BRILLON (Jacques). — *Dictionnaire des arrêts ou jurisprudence universelle des parlements de France*. Édit. de 1727, 6 vol. in-f°.

BRULÉ. — *Chronologie des curés de Saint-Benoît*. (1752, in-8°.)

CAMPARDON. — *Les spectacles de la foire*, 2 vol. in-8°, 1877. Paris, Berger-Levrault.

CAPEFIGUE. — *La Ligue et Henri IV*. In-12, 3e édition. Paris, 1843.

CHARTIER (J.). *Chronique de Charles VII*, publiée par VALLET DE VIRIVILLE. Paris, 1858, 3 vol. in-8°.

CHEVERNY. — *Mémoires de Cheverny*. (Coll. MICHAUD et POUJOULAT, 1re série, t. X, p. 458.)

LES GRANDES CHRONIQUES DE FRANCE selon qu'elles sont conservées en l'église de Saint-Denis en France, publiées par M. Paulin Paris. Paris, 1836-1838, 6 vol. in-8°.

CIMBER et DANJOU. — *Archives curieuses de l'histoire de France depuis Louis XI jusqu'à Louis XVIII*. Paris, 1834-1840, 27 vol. in-8°.

CLAMAGERAN. — *Hist. de l'impôt en France*. Paris, 1868, 2 vol. in-8°.

COMPTES. — *Comptes de dépense de Henri III, de 1580 à 1588*. (ARCH. CUR., t. X, p. 424.)

CONSEILS DU ROI. — *Les règlements faits par le roy, le premier jour de janvier mil cinq cens quatre-vingt-cinq*. (ARCH. CUR., t. X, p. 299.)

CONSEIL SALUTAIRE, etc. — *Conseil salutaire d'un bon François aux Parisiens*. Paris, 1589. (ARCH. CUR., 1re série, t. XII, p. 331.)

COUSIN (Jules). *La Cité* (dans la coll. de PARIS A TRAVERS LES AGES). Paris, 1875.

CREVIER. — *Histoire de l'Université de Paris depuis son origine jusqu'en l'année 1600*. Paris, 1761, 7 vol. in-12.

DÉCLARATION DU ROI. — *Déclaration du roi sur l'attentat, félonnie et rébellion du duc de Mayenne, duc et chevalier d'Aumale et ceux qui les assisteront*. (MÉM. DE LA LIGUE, t. III, p. 203.)

DÉCLARATION DES CONSULS, etc. — *Déclaration des consuls, échevins, manans et habitants de la ville de Lyon sur l'occasion de la prise d'armes par eux faite le 24 février 1589*. (MÉM. DE LA LIGUE, t. III, p. 271.)

DELAMARE. — *Traité de la police*. Paris, 4 vol. in-f°, 1705-1738.

DESMAZE — *Le Châtelet de Paris, son organisation, ses priviléges*. Paris, 1863, in-8°.

DIALOGUE. — *Dialogue du Maheustre et du Manant* (à la suite de la Satyre Ménippée, édit. de Ratisbonne 1752, t. III, p. 367).

DISCOURS VÉRITABLE, etc. — *Discours véritable de l'estrange et subite mort de Henry de Valois advenue par permission divine, lui estant à Sainct-Cloud, ayant assiégé la ville de Paris, le mardy premier jour d'août 1589*, par UN RELIGIEUX DE L'ORDRE DES JACOBINS. (MÉM. DE LA LIGUE, t. IV, p. 6, et ARCH. CUR., 1re série, t. XII, p. 383.)

DISCOURS AUX FRANÇAIS, etc. — *Discours aux Français avec l'histoire véritable sur l'admirable accident de la mort de Henry de Valois, naguères roy de France, advenue au bourg de Sainct-Cloud-lès-Paris, le 1er août 1589.* (ARCH. CUR., t. XII, p. 351.)

ÉPERNON (duc d'). — *Remontrance au roi par un vrai catholique romain, son serviteur fidèle, répondant à la requête présentée par la Ligue contre les sieurs d'Epernon et La Valette* (t. II des MÉM. DE LA LIGUE, p. 354).

ESTOILE (l'). — *Mémoires, journaux des règnes de Henri III et de Henri IV.* Édition complète, publiée par MM. HALPHEN, PAUL LACROIX, CH. READ, etc. Paris, 1875, 9 vol. in-8°, 1875-1881.

ÉTATS GÉNÉRAUX. — *Recueil des pièces originales et authentiques contenant la tenue des États généraux*, 16 vol. in-8°. Paris, BARROIS L'AÎNÉ.

ÉTATS GÉNÉRAUX. — *Des États généraux et autres assemblées nationales.* PARIS ET LA HAYE. 1789.

FÉLIBIEN et LOBINEAU. — *Histoire de la Ville de Paris*, avec les Preuves. 5 vol. in-f°. Paris, 1725.

FINANCES. — *Traité des finances de France, de l'institution d'icelles, de leurs sortes et espèces, de ce à quoy elles sont destinées, des moiens d'en faire fonds, de les bien employer et d'en faire réserve au besoing*, 1580. (ARCH. CUR., t. IX, p. 341.)

FLEURY. — *Histoire ecclésiastique* avec la Table. Paris, 1722-1738, 37 vol. in-4°.

FONTANON. — *Les édits et ordonnances des rois de France depuis Louis VI jusqu'à présent.* Édit. revue par G. MICHEL. Paris, 1611, 4 tomes en 3 vol. in-f°.

FOURNIER (Edouard). — *Le Palais de Justice et le Pont-Neuf.* (Dans la coll. de PARIS A TRAVERS LES AGES.) Paris, 1875.

GODEFROY. — *Le cérémonial françois*, recueilly par THÉODORE GODEFROY, conseiller du roy en ses Conseils, et mis en la lumière par DENYS GODEFROY, advocat au Parlement et historiographe du roy. Paris, 1649, 2 vol. in-f°.

GUESLE (de la). — *Lettre d'un des premiers officiers de la cour de Parlement escrite à un de ses amis sur le subject de la mort du roi.* (ARCH. CUR., 1re série, t. XII, p. 376.)

GUILLAUME DE NANGIS. — Edit. GÉRAUD. Paris, 1843, 2 vol. gr. in-8°.

HATON (C.). — *Mémoires de Claude Haton, contenant le récit des événements accomplis de 1553 à 1582.* Publiés par M. FÉLIX BOURQUELOT. Paris, IMPR. NAT., 1857, 2 vol. in-4°.

HAY. — *Recueil des Chartes, etc., des arbalestriers, archers, arquebusiers, etc., de la ville de Paris.* 1770, in-f°.

HOTMAN (Franç.) — *Franco-Gallia, sive tractatus isagogicus de regimine regum Galliæ et de jure successionis* (Genevæ), 1573, in-8.

HOTMAN (François). — *Brutum fulmen papæ Sixti V adversus Henricum, regem Navarræ*, 1585, in-8°. Leyde, 1585, 1602 et 1603, in-8°; trad. en français en 1585 et 1587, in-8°.

HURAULT DU FAY. — *Excellent et libre discours sur l'état présent de la France*. (MÉM. DE LA LIGUE, t. III, p. 2, et SAT. MÉN., t. III, p. 84.)

ISAMBERT. — *Recueil général des anciennes lois françaises, depuis l'an 420 jusqu'à la révolution de 1789*, par MM. JOURDAN, DECRUSY, ISAMBERT. Paris, 1822-1833, 29 vol. in-8°.

LABITTE (Ch.). — *De la démocratie chez les prédicateurs de la Ligue*. Paris, 1841, 1 vol. in-8°.

LA CROIX DU MAINE et DU VERDIER. — *La bibliothèque française* de LA CROIX DU MAINE et DU VERDIER. Nouvelle édit., revue par RIGOLEY DE JUVIGNY. Paris, 1772-1773, 6 vol. in-4°.

LA CURNE DE SAINTE-PALAYE. — *Dictionnaire historique de l'ancien langage français*. Niort et Paris, 1875-1882, 10 vol. in-4°, éd. FAVRE.

LA FRANCE-TURQUIE. Paris, 1575. Orléans, 1576, in-8°.

LA POPELINIÈRE. — *L'histoire de France, enrichie des plus notables occurrences survenues ez-provinces de l'Europe et pays voisins, soit en paix, soit en guerre, depuis l'an 1550 jusques à ce jour*. Paris, 1581, 2 vol. in-f°.

LASTRE (de). — *Discours du siège tenu devant La Charité*. 1577, in-8°. Pièce. BIBLIOTH. NAT., Lb^{34}.

LEBER. — *Collection des meilleurs dissertations, notices et traités particuliers relatifs à l'histoire de France*. Paris, 1838, 20 vol. in-8°.

LEBOEUF. — *Lettres de l'abbé Lebœuf sur l'origine des feux de la Saint-Jean*. (Coll. LEBER, t. VIII, p. 472.)

LEBOEUF (l'abbé). — *Histoire de la ville et de tout le diocèse de Paris*. Paris, 1754-1758, 15 vol. in-12.

LECARON (Frédéric). — *Les origines de la municipalité parisienne*. T. VII des MÉM. DE LA SOC. DE L'HISTOIRE DE FRANCE, p. 79.

LEROUX DE LINCY. — *Histoire de l'Hôtel de Ville*. 1 vol. in-8°. Paris, 1846. — LIVRE DES SENTENCES DU PARLOIR AUX BOURGEOIS. *Ibid*. APPENDICE II et ARCH. NAT., sect. hist., reg. KK. 10.

LE MARTYRE, etc. — *Le martyre de frère J. Clément, de l'ordre Sainct-Dominique, contenant au vray toutes les particularités plus remarquables de la saincte résolution et très heureuse entreprise à l'encontre de Henry de Valois*. (ARCH. CUR., 1re série, t. XII, p. 397.)

LES OLIM. — (*De saint Louis à Philippe le Long*). Édit. BEUGNOT, 4 vol. in-4°. Paris, 1839-1848.

LE ROY. — *Dissertation sur l'origine de l'Hôtel de Ville*, en tête de l'*Histoire de la Ville de Paris* de FÉLIBIEN et LOBINEAU, et tirage à part. Paris, Desprez, 1725.

LIGUE. — *Mémoires de la Ligue*. 6 vol. in-4°, Amsterdam, chez ARKSTÉE et MERKUS, 1758.

MAIMBOURG. — *Histoire de la Ligue*. Paris, 1683, 1 vol. in-4°.

MARSEILLE. — *Histoire véritable de la prise de Marseille par ceux de la Ligue.* (MÉM. DE LA LIGUE, t. Ier, p. 73.)

— *Lettres escrittes de Marseille, contenant au vray les choses qui s'y sont passées les 8, 9, 10 du moys d'avril dernier, 1585.* (ARCH. CUR., t. XI, p. 27.)

MARTIN (H.). — *Histoire de France.* 4e édit. 17 vol. in-8°, Furne, 1861.

MARTYRE, etc. — *Le martyre des deux frères, contenant au vray toutes les particularités plus notables des massacres et assassinats commis es personnes de messieurs le cardinal et le duc de Guise par Henry de Valois* — décembre 1588. (ARCH. CUR., 1re série, t. XII, p. 83.)

MÉMOIRES SECRETS. — *Coppie des mémoires secrets en forme de missive envoyez de Blois par un politique de ceste ville de Paris, etc.* (ARCH. CUR., 1re série, t. XII, p. 233.)

MÉZERAY. — *Histoire de France, depuis Pharamond jusqu'en 1643,* nouv. édit. Paris, 1730, 18 vol. in-8°.

MICHAUD et POUJOULAT. — *Nouvelle collection des mémoires pour servir à l'histoire de France, depuis le XIIIe siècle jusqu'à la fin du XVIIIe.* Paris, 1836-1839, 32 vol. in-8°.

MICHELET. — *Histoire de France.* Édit. LACROIX, 17 vol. in-8°. Paris, 1871-74.

MICHON et COURTIN. — *Information faicte par P. Michon et J. Courtin sur les massacres commis à Blois ès-personnes des duc et cardinal de Guise.* (Hist. des cardinaux, par AUBERY, t. V; et ARCH. CUR., 1re série, t. XII, p. 189.)

MIRON. — *Relation de la mort de messieurs les duc et cardinal de Guise, par le sieur Miron, médecin du roy Henri III, 1588.* (ARCH. CUR., 1re série, t. XII, p. 109.)

MONNAIES. — *Recueil des ordonnances, édits, déclarations, etc., des monnoyes d'or et d'argent et autres espèces, tant de France qu'estrangères.* Paris, 1 vol. in-8°, 1633.

MONTMORENCY. — *Discours sur la maladie et derniers propos de M. le maréchal de Montmorency.* Paris, 1579. (ARCH. CUR., t. IX, p. 311.)

MORÉRI. — *Le Grand Dict. historique.* Nouv. édit., revue par DROUET. Paris, 1759, 10 vol. in-f°.

NEVERS. — *Mémoires de M. le duc de Nevers.* 2 vol. in-4°, édit. de 1665.

NEVERS (duc de). — *Traité des causes et des raisons de la prise d'armes faite en janvier 1589,* par le duc de NEVERS. (MÉM. DE NEVERS, t. II, édit. de 1665, et ARCH. CUR., t. XIII, p. 173.)

ORDONNANCES DES ROIS DE FRANCE DE LA TROISIÈME RACE. — Publiées par LAURIÈRE, SECOUSSE, etc. 22 vol. in-f°, 2 vol. de tables. Paris, 1723-1847.

— Ordonnances royaulx de la juridiction de la prévosté des marchans et eschevinaige de la ville de Paris, constituez et ordonnez tant par les feuz rois que par le roy nostre sire, François Ier de ce nom. 1 vol. in-4°, ex-gothique. Paris, 1528 (Carnavalet, réserve, n° 11929).

— Ordonnances royaux sur le faict et jurisdiction de la prévosté des marchands et eschevinage de la ville de Paris. A Paris, chez P. Rocolet (Carnavalet, n° 3909).

Orléans (Louis d'). — *Avertissement des catholiques anglais aux Français catholiques du danger où ils sont de perdre leur religion et d'expérimenter, comme en Angleterre, la cruauté des ministres, s'ils reçoivent à la couronne un roy qui soit hérétique.* 1586. (Arch. cur., t. XI, p. 411.)

Oudiette (Ch.). — *Dict. topographique des environs de Paris.* Paris, 1812, in-8°.

Palma-Cayet. — *Introd. de la chronologie novenaire.* (Coll. Michaud et Poujoulat, 1re série, t. XII, p. 34.)

Panygrolles. — *Coppie d'une lettre escrite par Edmond de Panygrolles, escuyer, à un seigneur du pays de Bourgogne, en laquelle est contenu le discours des estats provinciaux de Normandie tenus à Rouen en 1578.* (Arch. cur., 1re série, t. IX, p. 263.)

Paris a travers les ages. — Collection Firmin-Didot. 1875-1882.

Pasquier (Estienne). — Œuvres. 2 vol. in-f°. Amsterdam, 1723.

Petitot et Monmerqué. — *Collection complète des mémoires relatifs à l'histoire de France, depuis le règne de Philippe-Auguste jusqu'à la paix de Paris conclue en 1673.* Paris, 1819-1829, 131 vol. in-8°.

Plessis-Mornay (du). — *Lettre d'un gentilhomme catholique français.* (Arch. cur., t. XI, p. 203.)

Picot (G.). — *Histoire des États généraux, de 1355 à 1604.* Paris, 1872, 4 vol. in-8°.

Pillehotte (Jean). — *Actes de la seconde séance des États généraux de France.* Lyon, 1588. Avec privilège du roy.

Pogianus. — *Oraison funèbre de François de Lorraine.* Reims, 1563, in-8°.

Poulain (Nicolas). — *Le procès-verbal d'un nommé Nicolas Poulain, lieutenant de la prévosté de l'Isle-de-France, qui contient l'histoire de la Ligue, depuis le 2 janvier 1585, jusqu'au jour des Barricades, le 12 mai 1588* (à la suite de l'édit. de l'Estoile de 1744, t. II, et Arch. cur., t. XI, p. 290).

Rentes. — *Mémoires concernant le contrôle des rentes.* Paris, chez P.-A. Lemercier, 1717, 1 vol. in-12.

Réponse, etc. — *Réponse aux mémoires d'un politique.* (Arch. cur., 1re série, t. XII, p. 251.)

Responsum. — *Responsum facultatis theologicæ parisiensis.* (Arch. cur., 1re série, t. XII, p. 349.)

Revue rétrospective. Publiée par M. J. Taschereau. Paris, 1833-1838, 20 vol. in-8°.

Rigord. — *De Gestis Phil. Augusti.* Édition de 1596, in-f°.

Robiquet (Paul). — *Histoire municipale de Paris depuis les origines jusqu'à l'avènement de Henri III.* Paris, Reinwald, 1880, 1 vol. in-8°.

INDEX BIBLIOGRAPHIQUE   XXXIII

Rouillard (Sébastien). — *Histoire de Melun*. 1628, in-4°.
Roullaud (Léon). — *La foire Saint-Germain sous les règnes de Charles IX, de Henri III et de Henri IV*. Paris, 1877, 31 p. in-8°.
Satyre Ménippée. — Edit. de Ratisbonne de 1752. Mathias Kerner. 3 vol. in-12.
Sauval. — *Histoire et recherche des antiquités de la ville de Paris*. Paris, 3 vol. in-f°, 1724.
Sainct-Gelais (Jehan de). — *Histoire de Louis XII*. Paris, 1622, in-4°.
Saint-Foix. — *Essais historiques sur Paris*. Londres et Paris, 1759, 3 vol. in-12.
Sainct-Yon. — *Histoire très véritable de ce qui est advenu en ceste ville de Paris depuis le VII may 1588 jusques au dernier jour de juin en suyvant audit an*. Arch. cur, 1re série, t. XI, p. 329, et t. III, Satyre Ménippée. Preuves. Edit. de 1752, p. 40.
Scripta. — *Scripta utriusque partis*. Francfort, in-8°, 1586.
Sel. — *La descouverture des deniers salez, dédiée au roy et à messieurs des États à Blois, advis très utile et nécessaire pour le recouvrement de notables sommes de finances sur les partizans du sel. Au grand soulagement du peuple à Paris*. De l'imprimerie de Denys Duval, au Cheval Volant, rue Saint-Jean-de-Beauvais (1588). (Arch. cur., 1re série, t. XII, p. 49.)
Senecey (baron de). — *Remerciement faict au nom de la noblesse de France*. A Lyon, par Benoît Rigaud, 1588.
Société de l'hist. de France. Paris, 1835-188...
Sorcelleries, etc. — *Les sorcelleries de Henry de Valois et les oblations qu'il faisoit au diable dans le bois de Vincennes*. Paris, 1589. (Arch. cur., 1re série, t. XII, p. 485.)
Taix (Guillaume de). — *Journal de États généraux de 1576*.
Taillandier. — *Bibl. de l'École des Chartes*. 2e série, t. II, p. 422.
Teissier. — *Eloges des hommes savants tirés de l'histoire de M. de Thou, avec des additions*. Édit. de Leyde, 1715, 4 vol. in-12.
Thou (Jacques-Auguste de). *Histoire universelle, depuis 1543 jusqu'en 1607*. Traduite sur l'édition latine de Londres. Londres, 16 vol. in-4°, 1734.
Wadding. — *Script. ordinis minorum*. 1650, in-f°.
Vitet. — *Histoire des Barricades*, 4e édit. 1830.
Zur-Lauben (baron de). *Histoire militaire des Suisses au service de la France*. Paris, 5 vol. in-8°, 1751.

2° **Manuscrits inédits.**

Délibérations du bureau de la ville. Transcription sur les registres des ordres du roi, des délibérations du corps de Ville en matière administrative, des mandements des prévôts des marchands et des éche-

vins, etc., de 1499 à 1784. — Arch. nat., *sect. administrative*. Cent cinq registres, sous la cote H, 1778 à 1880, et commençant le 25 octobre 1499 pour finir en mars 1784.

L'impression de ces registres a été commencée par la Ville de Paris ; mais on n'a encore publié qu'un volume en 1883, dans la collection de l'Histoire générale de Paris. Il ne contient que la reproduction du *premier* registre (H, 1778), qui débute à la date du 26 octobre 1499 (chute du pont Notre-Dame) et s'arrête au 17 mai 1517 (description de l'entrée de la reine Claude). Le texte a été édité et annoté par M. François Bonnardot, ancien élève de l'École des Chartes. Paris, Imprimerie nationale, 1883.

PARIS ET LA LIGUE

CHAPITRE PREMIER

PARIS ET LE NOUVEAU ROI

Depuis l'avènement de Henri III jusqu'à la paix de Bergerac
(30 mai 1574 — 17 septembre 1577).

A la mort de Charles IX (30 mai 1574), Paris et la France se trouvaient dans une situation étrange, entre un roi qui n'est plus et un roi absent. Il faut brièvement rappeler les principaux incidents de cet interrègne de fait, qui ne prend réellement fin qu'au bout de neuf mois par l'arrivée du roi au Louvre.

La scène politique paraît vide : le roi de Navarre et le duc d'Alençon sont gardés à vue, sous la main de Catherine, les maréchaux de Montmorency et de Cossé, prisonniers à la Bastille. Au loin, l'orage gronde : le prince de Condé cherche en Allemagne des alliés et des ressources. En Languedoc, le maréchal de Damville, le frère de Montmorency, convoque à Montpellier les états de sa province et forme avec les protestants du Midi une ligue redoutable. La Noue et les Rochellois, tout en acceptant l'argent de la reine mère et en concluant des trêves avec Montpensier, Biron et Strozzi, gardent la main sur l'épée. Il y a un long moment d'attente, et Paris se demande si, après le roi sanglant, un roi pacificateur et vraiment national va venir. Il ne vint qu'un prince de féerie, et encore vint-il bien lentement prendre possession de cette capitale qu'il n'avait quittée qu'à regret.

Nous ne décrirons pas l'odyssée du roi de France et de Pologne à travers l'Autriche et l'Italie [1] : les fêtes éblouissantes de Venise, la fatale hospitalité du duc de Savoie qui coûta Pignerol à la France; puis, l'entrevue de Bourgoin, la prise de possession du nouveau roi par Catherine, la disgrâce des favoris de Pologne, Bellegarde et Pibrac, et la rupture définitive avec Damville. Dès le début, la déception de la cour et du pays est immense. Qui pouvait s'attendre à ces mœurs de satrape efféminé? Qui pouvait, parmi les durs compagnons de Charles IX, supporter un prince qui ne monte plus à cheval, ne mange plus qu'entouré d'une balustrade d'or, et ne sort plus de son boudoir odorant que pour s'étendre au fond d'un bateau peint qui le promène lentement sur la Saône? Les plus braves gentilshommes : Gaspard de Nançay, les deux frères d'Angennes, quittent la cour, indignés, laissant la place aux nouveaux favoris, jeunes inconnus avec lesquels le roi s'enferme [2]. Lyon ayant cessé de plaire à l'indolent Henri, il gagne Avignon, à travers le Midi en feu, sans se soucier des injures de Montbrun qui lui enlève ses bagages au passage. Alors commencent ces momeries de corporations de flagellants, ces indécentes exhibitions de pénitents

---

1. Nous avons fait ailleurs ce récit, qui n'appartient pas à notre sujet. Voy. dans la *Revue de France* (t. XL, p. 325, n° du 15 mars 1880) l'article intitulé : *Les deux couronnes de Henri III*.
2. Le principal favori du roi, M. Du Guast, qui devait, l'année suivante, mourir d'une façon tragique, avait reçu pour récompense de ses services les évêchés de Grenoble et d'Amiens, vacants depuis la mort du cardinal de Créqui. Du Guast « vendit à une garse de la cour l'évêché d'Amiens, qui dès longtemps avoit le bonnet sur l'aureille, la somme de trente mil francs; aiant vendu auparavant l'évêché de Grenoble quarante mil francs au fils du feu seigneur d'Avanson. » L'Estoile, t. I, p. 39, édit. Halphen. Paris. 1875.

blancs, bleus et noirs, ce pieux carnaval qui coûta la vie au cardinal de Lorraine [1]. Il semblait vraiment que toutes les têtes royales fussent secouées par une folie contagieuse. Catherine est hantée par le spectre du « Titan cardinalin d'enfer », comme disaient les huguenots dans une épitaphe satirique conservée par l'Estoile. De son côté, le roi avait ses hallucinations lugubres, accrues par l'énervement d'une mollesse libertine. Il rêvait à la belle princesse de Condé qui venait de mourir, à la même idole qu'il avait adorée du fond de la Pologne, lui adressant des lettres passionnées avec le sang tiré de son doigt. Maintenant, il lui rendait un culte funèbre, en couvrant ses habits de petites têtes de mort brodées. Pour soustraire le prince à cette douleur, Catherine a voulu le marier. Déjà le secrétaire d'État, Pinart, est parti en Suède, pour demander, au nom de son maître, la main de la princesse Élisabeth, sœur du roi scandinave; et le peintre Nicolas Belon a suivi l'envoyé français pour faire le portrait de la princesse. Puis, Henri III oublie la négociation commencée et tombe amoureux de la princesse Louise de Lorraine, fille du comte de Vaudémont. Les conseillers protestent, trouvant cette union inégale; n'importe, le roi la veut et quitte brusquement Avignon pour aller se faire sacrer et marier à Reims, abandonnant Pinart et son peintre à la colère du roi de Suède. Dernière honte. Henri, dans sa marche vers le Nord, s'arrête un moment au camp du maréchal de Bellegarde qui assiégeait la petite place

---

1. DE THOU résume les bruits qui couraient sur les causes de la mort du cardinal. D'après les uns, il aurait été empoisonné par l'odeur d'un flambeau; d'après les autres, par une bourse que lui aurait présentée Mathurin Garnier de Saint-Barthélemy, fameux empoisonneur. L'Estoile écrit avec plus de vraisemblance que le cardinal mourut « d'une fièvre symptomée d'un extrême mal de tête, provenu du serein d'Avignon, qui est fort dangereux, qui lui avoit offensé le cerveau à la procession des Battus où il s'estoit trouvé en grande dévotion avec le crucifix à la main, les pieds à moitié nuds et la teste peu couverte.... » T. I, p. 40.

huguenote de Livron; mais, accablée d'injures méprisantes par les femmes de cette bicoque, l'armée des mignons lève le siège en désordre. Les fêtes du sacre et du mariage (15-16 février 1575) sont attristées par une série de mauvaises nouvelles. Damville a repris Aigues-Mortes aux catholiques et constitué à Nîmes une ligue formidable entre les protestants et le parti des politiques. Tandis que des sommes immenses sont gaspillées en spectacles superflus, les troupes ne reçoivent plus leur solde et la cour apprend avec une admirable indifférence que la garnison de Metz menace de se payer elle-même aux dépens des bourgeois. Christophe de Thou, premier président du parlement de Paris, qui est venu à Reims pour le sacre, s'indigne de ces scandales et fait entendre une voix ferme au milieu de la cour abaissée. On le traite d'homme ridicule et sentant le vieux temps. Mais il personnifiait la France et la capitale [1], qui ne s'habituent pas encore à ce brusque passage de la tragédie au carnaval.

Telle était la préface du règne; lorsque Henri III, le dimanche 27 février 1575, « alla descendre de son coche au Louvre où aiant salué la roine Blanche, vinst loger au logis neuf de du Mortier, près les Filles-Repenties, avec la roine sa mère et la roine sa femme [2]. »

Que pensait Paris du nouveau monarque? Qu'allaient

---

1. C'est le 30 novembre 1574 que le roi avait écrit à la Ville de Paris pour lui faire savoir qu'en janvier 1575 il s'acheminerait vers Reims pour se faire sacrer « et bientôt après à Paris ». Il priait la Ville de lui écrire « toutes les semaines une fois, de l'estat de Paris ». Reg. H, 1784, f° 355. Pendant son voyage dans le Midi, Henri III avait d'ailleurs informé le prévôt des marchands de ses divers déplacements. C'est ainsi que, le 10 novembre 1574, il écrit au chef de l'administration municipale qu'il a pris la résolution « d'aller en Dauphiné et à Avignon ». Il prie le prévôt « d'avoir l'œil ouvert pour conserver toutes choses en bon état » pendant l'absence royale. *Ibid.* Le 18 novembre, autre lettre du roi pour informer la Ville de Paris de l'accident arrivé sous le pont Saint-Esprit à Alphonse Gondi, maitre d'hôtel de la reine de Navarre. Il y avait eu vingt-cinq victimes. Voy. L'Estoile, t. I, p. 33.

2. L'Estoile, t. 1, p. 52.

devenir aux mains de ce prodigue les libertés municipales et les finances de la ville? Il fallait, pour ainsi dire, mettre ce roi et cette cour dans leur cadre et dans leur milieu, avant de revenir à notre sujet spécial : l'histoire des magistrats municipaux et du peuple parisien.

La Ville n'avait pas ménagé les honneurs au nouveau monarque. Pour fêter son arrivée en France, elle avait, dès le 14 septembre 1574, alors que Henri III n'était encore qu'à Lyon, figuré dans le programme des réjouissances officielles [1]. « Le mardi 14e septembre, la Cour de parlement de Paris, la Chambre des comptes, la Cour des généraux, le corps de ville de Paris et toutes les autres compagnies vindrent à Nostre-Dame faire chanter une messe solennelle et le *Te Deum*, en signe d'allégresse et resjouissance, et pour rendre grâces à Dieu du retour du roy sain et sauf en son royaume : Et après le disner, fust fait le feu de joie devant l'Hostel de Ville, avec grand nombre de canonades, son de trompettes, clairons, haultsbois, inscriptions magnifiques et autres tels signes d'allégresse en semblables choses accoustumés. Sonna tout le jour la cloche de l'orloge du Palais en carillon, et le soir en furent faits feux de joie par toute la ville [2]. »

Comme don de joyeux avènement, les membres du corps de ville s'octroyèrent eux-mêmes quelques menus avantages. Ils convertirent en argent les droits en nature qu'ils touchaient depuis le règne de François Ier [3]. Les fournitures de l'épicier-apothicaire du Bureau paraissaient dé-

---

1. Voir : REGISTRES DE LA VILLE, H, 1787, fo 161.
2. L'ESTOILE, t. I, p. 23.
3. Nous avons déjà indiqué dans un précédent ouvrage (p. 396 et sq., *Hist. municipale de Paris jusqu'à Henri III*) les dates et le texte des différentes délibérations du Bureau, relatives aux jetons, bougies, épices, etc., que s'allouaient les magistrats municipaux. Voy. aussi LEROUX DE LINCY, *Hist. de l'Hôtel de Ville*, p. 166.

modées, et, vu la rigueur des temps, les magistrats municipaux préféraient de bonnes espèces sonnantes « aux droitz de cires, de dragées et d'hypocras » qu'ils recevaient suivant les vieux usages [1]. Ils opérèrent cette conversion par délibération du 15 novembre 1574. Au moment où les administrateurs de la capitale songeaient ainsi à leurs intérêts particuliers, la situation financière de la ville était déplorable, à tel point que François de Vigny jeune, qui avait été associé à son père le 28 juillet 1564, dans l'office de *receveur* de la Ville [2], voulut donner sa démis-

---

[1] « Ce jourd'huy quinziesme jour de novembre 1574, ayant par nous prévost des marchans et eschevins de ladicte Ville de Paris, après plusieurs grandes affaires de ladicte ville, mis en délibération au conseil ordinaire d'icelle et en la présence des procureur, receveur et greffier, la difficulté qui s'est cy-devant présentée au fournissement des droitz de cires, de dragées et ypocras que sire Jehan de la Bruière, espicier et apothicaire de ladicte ville, a accoutumé de leur fournir par chacun an, à cause des dictz estatz de prévost des marchans, eschevins, procureur, receveur et greffier, ensemble sur le paiement dudict de la Bruière pour raison des dictz droictz, a esté ordonné que *les dictz droictz seront commuez et réduitz en argent;* et, après avoir été iceulx avalluez sur les parties dudict de la Bruière, et qu'ilz se sont trouvez monter à la somme de deux cens quatre vingts livres tournois pour lesdictz sieurs eschevins, procureur, receveur et greffier à la somme de cent quarante livres tournoys chacun par an, avons ordonné et ordonnons que ledict receveur de ladicte ville paiera à nous prévost des marchans, eschevins, procureur et greffier la somme de unze cens vingts livres tournois, à quoy se montent lesdictz droictz pour la présente année, paiable asscavoir pour ledict sieur prévost, au jour de Noël, la somme de deux cens livres tournois, et le jour de Sainct Jehan-Baptiste suivant la somme de quatre-vingts livres tournois; et pour lesdictz sieurs eschevins, procureur, receveur et greffier audict jour de Noël, chascun la somme de cent livres. Et audict jour Sainct-Jehan aussy prochain venant, la somme de quarante livres tournois qui sera payée ausdictz sieurs eschevins, procureur et greffier. Et quant au récepveur, retiendra pareille somme de cent quarante livres tournois par ses mains, de laquelle ces présentes luy serviront d'acquit et descharges sans qu'il soit tenu en recouvrer d'autre acquit que cesdictes présentes. » Reg. II, 1787, f° 169.

[2] Voy. *Histoire municipale*, p. 534. La résignation de l'office, rappelonsle, n'avait été admise par l'assemblée générale de la Ville qu'à la condition que, sa vie durant, François de Vigny père resterait associé à son fils. Leroux de Lincy (*Hist. de l'Hôtel de Ville*, p. 184) indique bien l'admission de François de Vigny jeune à la survivance de la charge de son père (1564); mais il néglige d'ajouter que dix ans après, le 16 août 1574, François de Vigny obtint de la ville sa retraite définitive, alléguant qu'il ne pouvait plus suffire à sa tâche, « attendu son grand âge et le nombre des rentrées sur l'Hôtel de Ville ». Il y avait quarante ans qu'il était en

sion, comme François de Vigny père l'avait lui-même définitivement donnée, au mois d'août 1574. Le receveur municipal, pour justifier sa détermination, fit valoir, dans la séance du Bureau en date du 20 novembre, des raisons fort plausibles [1]. Chargé, par contrat du 18 novembre 1573, de recevoir les sommes que devaient payer les diocèses pour faire les fonds des rentes de la Ville, il n'avait pu trouver « aucuns deniers », et ce malgré les procurations données par « les révérendissimes cardinaux et aultres prélatz » assemblés au Louvre. D'autre part, les simples particuliers, à cause « de la misère et des calamitez des guerres et troubles advenuz en ce royaume », n'avaient pas réussi non plus à payer leurs taxes et cotisations. Le déficit était de 1,500,057 livres tournois. Il fallait aviser à tout prix, car, si les rentes sur l'Hôtel de Ville demeuraient impayées, le crédit du roi serait ruiné et l'on aurait à craindre « confusion, discorde et tumulte ». La responsabilité du receveur municipal était aussi gravement engagée, et, sur les réquisitions du procureur du roi et de la Ville, le Bureau avait enjoint à de Vigny de faire son devoir et de s'arranger pour que les rentes fussent payées à l'échéance, faute de quoi « seroit proceddé à l'encontre dudict receveur et de ses cautions ». De son côté, le procureur du roi et de la Ville s'était transporté par devers les syndics du clergé pour les avertir que, s'ils n'acquittaient pas leur arriéré, « il seroit proceddé aussy contre lesdictz syndics et tous lesdits sieurs du clergé par saisie, vente et exploitation de tous leurs biens ».

Qui autorisait la Ville à employer une procédure aussi comminatoire? Pour le faire comprendre, il est nécessaire

---

charge. En admettant la démission de François de Vigny père, l'assemblée municipale mit cette condition qu'il assisterait de ses conseils son fils et successeur. Reg. H. 1787, f° 157.

1. Reg. H, 1787, f° 170.

d'expliquer, le plus brièvement possible, comment le clergé de France se trouvait engagé à payer une partie des rentes sur l'Hôtel de Ville. Jusqu'à la mort de Henri II, on ne connaissait que les rentes dites *des aides et gabelles*, parce qu'elles étaient assignées principalement sur les aides et gabelles, les domaines et les recettes générales ou particulières. A Paris, les premières aliénations de rentes, faites par François Ier, en septembre 1522, étaient garanties par le produit des fermes du bétail à pied fourché et l'impôt du vin vendu au quartier de la Grève. A la fin du règne de Henri II, l'Hôtel de Ville avait déjà 630,000 livres de rentes à servir, déduction faite des rachats opérés en vertu des contrats. Lors de l'avènement de François II, Catherine de Médicis, conseillée par le chancelier de L'Hôpital, entreprit de combler le déficit du Trésor, qui était considérable, mais les trois ordres paraissaient peu disposés aux sacrifices. Aux États généraux d'Orléans, ouverts le 13 décembre 1560 par le jeune roi Charles IX, l'orateur de la noblesse, Jacques de Silli-Rochefort, et celui du tiers état, Jean l'Ange, soutinrent cette thèse que le clergé ne devait posséder aucuns biens temporels et qu'il convenait de les vendre pour aquitter les dettes de l'État, sauf à donner des pensions suffisantes aux ecclésiastiques. Le clergé craignit une spoliation violente, et l'assemblée des prélats, réunie à Poissy, offrit au roi, en vertu de la délibération du 10 septembre 1561, quatre décimes pendant six ans, soit 1,493,885 livres par an. Puis elle donna procuration à deux cardinaux et quatre évêques pour arrêter une convention définitive avec le roi. Ce contrat, qui s'appelle le contrat de Poissy, bien qu'il ait été signé le 21 octobre à Saint-Germain en Laye, obligeait le clergé à payer, pendant six années, 1,600,000 livres par an, pour le rachat des domaines, aides et gabelles du roi, aliénés dans les provinces, et ce à dater du 1ᵉʳ janvier 1561 jusqu'au 31 décembre 1567.

A l'expiration des six années, le clergé devait remettre Sa Majesté en possession des domaines, aides et gabelles aliénés à l'Hôtel de Ville de Paris, en garantie des deniers s'élevant à plus de 7,500,000 livres. Jusque-là, le clergé payerait chaque année 630,000 livres pour servir au payement des quatre quartiers de rentes. Telle était l'origine de la subvention du clergé [1].

De Vigny, pour en revenir à lui, avait un moyen de se soustraire aux conséquences d'une situation qu'il n'avait pas faite : une clause de *son contrat avec le clergé* lui permettait de *se descharger* en le déclarant *six mois par devant*. Il donna donc sa démission de *receveur général du clergé* pour le mois de mars suivant « sans plus se voulloir immiscer au faict de ladicte charge, sinon jusqu'au dernier jour de mars prochain qu'il fera tout debvoir s'aquiter d'icelle, et pareillement de païer les arrérages des rentes jusques audict jour des deniers pour ce destinez, lequel terme de mars passé, n'entend plus ledict de Vigny s'immiscer au faict de ladict recepte du clergé, de laquelle, suivant lesdictz contratz, il se démect et descharge selon que luy est permis de faire. » Le Bureau ne put refuser à de Vigny de lui donner acte de sa déclaration, mais il lui imposa cette condition qu'il payerait les rentes dues par le clergé pour les quartiers de janvier, février, mars, avril, mai et juin de l'année 1575. En attendant, le revenu temporel fut saisi pour garantir le payement des rentes assignées sur le clergé [2].

---

1. On peut consulter à cet égard, entre autres documents curieux : *Les Mémoires concernant le contrôle des rentes...* à Paris, chez P. A. Lemercier, imprimeur ordinaire de la Ville, 1717, 1 vol. in-12.
2. De Vigny, après avoir donné sa démission de receveur général du clergé, n'en resta pas moins receveur de la Ville. On le verra, en 1576, essayer de vendre sa charge.

La pénurie était générale, et Paris aurait pu faire, comme le courtisan dont parle l'Estoile, l'épitaphe « de ce grand Diable d'argent » que la guerre avait tué. Pour se procurer des ressources, le roi ou ses agents avaient recours à des expédients variés. En 1574, le sieur Le Charron, « soy disant commis du trésorier des parties casuelles », voulut faire commandement à Lefranc, mesureur de charbon, de payer 30 livres pour la confirmation de son office, sous peine d'être saisi et de voir son office mis en vente. C'était sans doute une façon de tâter le terrain, avant d'appliquer la taxe à tous les offices municipaux. Aussitôt le bureau de la Ville prend feu et proteste énergiquement contre une prétention du fisc qui est « chose directement contraire aux ordonnances et franchises de la Ville [1] ». Par délibération expresse, il ordonne que défense soit faite à Le Charron *et autres* d'attenter à la personne et aux biens de Lefranc et des autres officiers de la Ville : car les offices municipaux sont à la pleine disposition du prévôt des marchands et non du roi, « et partant non subjetz de prendre confirmation pour raison desdictz offices des roys à leur nouvel advènement ».

Mais si le fisc cherchait à exploiter les Parisiens en l'absence du monarque, ce fut bien autre chose lorsque le roi lui-même arriva dans sa capitale. L'Estoile nous apprend à quels exercices il consacra le carême de l'an 1575. « Le roy séjournant à Paris le long du quaresme de cest an 1575, va tous les jours par les paroices et autres églises de Paris, l'une après l'autre, ouïr le sermon et la messe, et faire ses dévotions. Et cependant exquiert tous moyens de faire argent en toutes sortes que ses ingénieux peuvent pourpenser. De fait, il leva sur toutes les bonnes villes de son roiaume trois millions de livres (outre le million qu'il

---

1. Reg. H, 1787, f° 173.

lève sur le clergé de France), dont la ville de Paris fut chargée d'un million pour sa part, par capitation sur les plus aisés. » Henri faisait venir un par un les principaux magistrats et les plus riches habitants, et prenait à ceux-là 600 livres, à ceux-ci 1,200 « selon leurs facultés ». On créa quatre places nouvelles de conseillers aux enquêtes du Palais, à 15,000 livres chacune; les parties casuelles furent baillées à ferme pour 80,000 livres par mois; des coupes furent ordonnées dans les forêts royales [1]. « Bref, le bruit de la cour de ce temps n'estoit autre, sinon que le roy n'avoit de quoy avoir à disner et que le moien qu'il avoit de vivre n'est que par empruntes. » La cour était plongée dans cette détresse quand on apprit que, dans la nuit du 10 mai, le reliquaire de la vraie croix, que l'on conservait à la Sainte-Chapelle, avait été volé. Ce fut un grave événement dont le corps de Ville s'émut, ainsi que l'attestent les registres.

En portant la nouvelle à la connaissance de la population, le prévôt des marchands fit connaître que 500 écus seraient remis à celui qui révélerait le nom du voleur de la précieuse relique. « La commune opinion, dit l'Estoile, estoit qu'on l'avoit envoiée en Italie pour gage d'une grande somme de deniers, du consentement tacite du roi et de la roine sa mère [2]. » Quoi qu'il en soit, la Ville envoya aussitôt mandement aux capitaines pour faire surveiller les personnes qui sortaient de la capitale [3] et prit les mesures qui dépendaient d'elle pour retrouver « la vraie croix ». Les *capitaines de la rivière* et les passeurs reçu-

1. L'Estoile prétend que les sommes ainsi obtenues par le roi furent employées « à faire un présent au capitaine Gas de la valeur de cinquante mil livres et plus. » T. I, p. 54.
2. Le chroniqueur ajoute en parlant de Catherine : « Le peuple l'avoit tellement en horreur et mauvaise opinion que tout ce qui advenoit de malencontre lui estoit imputé; et disoit-on qu'elle ne faisoit jamais bien que quand elle pensoit faire mal. »
3. Reg. H, 1789, f° 188.

rent l'ordre d'interrompre pour un jour la circulation des bateaux et d'enchaîner ceux « qu'ilz trouveroient estre menés par la rivière, sur peine de la vie ». Le 15 mai, il y eut une procession générale de Notre-Dame à la Sainte-Chapelle. « Et en laquelle procession auroit assisté, dit le Registre, le roy, accompagné de la royne et la royne sa mère, monseigneur le duc d'Alençon son frère, le roy de Navarre et plusieurs autres princes, princesses et grands seigneurs et dames. » Tout le corps de Ville ne manqua de suivre la procession; mais ce concours de prières n'eut aucun succès, et l'auteur du larcin se déroba à toutes les recherches.

D'autres causes ne tardèrent pas à émouvoir la population parisienne. Les *escoliers* s'attroupaient, et çà et là des rixes éclataient entre eux et tous ces aventuriers italiens qui étaient venus chercher fortune en France, confiants dans la protection de Catherine. Un capitaine, nommé la Vergerie, avait commis l'imprudence de s'écrier en public « qu'il faloit se ranger du côté des escoliers et saccager et couper la gorge à tous ces bougres d'Italiens et à tous ceux qui les portoient et soustenoient, comme estant cause de la ruine de France [1] ». Ces propos coûtèrent cher

---

1. L'ESTOILE, t. 1, p. 69. Le chroniqueur a conservé plusieurs libelles qui attestent l'impopularité dont jouissaient les Italiens et Catherine leur protectrice :

> Bénéfices et dons, estats et pensions,
> Sont pour eux seulement qui par inventions
> De tailles et impôts espuisent notre France.
> Surtout l'Italien est expert en cet art;
> Des imposts qu'il y a, il en a bonne part :
> Nous voyons bien à l'œil qu'ils ruinent la France.

La plupart des poètes anonymes exhortent le peuple à chasser ces hôtes incommodes :

> Chassés-les, saccagés, envoiés au supplice.

> Puisque vous retenés ces inventeurs d'impôts,
> Poltrons Italiens, le malheur de la France,
> Pour immortaliser vostre grande vaillance,
> Que ne les grillés-vous de gros bois et fagots?

au pauvre capitaine. Arrêté, il fut traduit devant une commission, composée de quelques maîtres des requêtes à la dévotion de Catherine et du chancelier de Birague. Ce tribunal, qui siégea à l'Hôtel de Ville, condamna la Vergerie à être pendu et mis en quatre quartiers. La sentence impitoyable fut exécutée le 6 juillet, en présence du roi, bien « qu'au dire d'un chacun il n'aprouvast pas cest inique jugement, lequel fust trouvé estrange de beaucoup d'honnestes hommes et scandalisa fort le peuple »[1]. Quelques jours auparavant, le 3 juillet, le roi et sa mère avaient eu vent d'un complot, resté assez mystérieux et qui avait pour prétexte la question d'un conflit entre les écoliers et les Italiens. Cinq ou six capitaines furent arrêtés pendant la nuit et mis en prison. « Toute la nuit, dit l'Estoile, les dixaines de Paris furent en armes sur le pavé, par le commandement du prévost des marchans et eschevins de ladite ville, faisanst la ronde par tous les quartiers, et y eust grand tumulte. On fist bruit qu'en la maison d'un tapissier de la rue Sainct-Antoine avoient esté trouvées armes pour armer cinq cens hommes. »

Dans ces circonstances, qui accusaient déjà une sourde irritation des esprits, la municipalité parisienne semble avoir prêté un fidèle concours au roi. La Ville n'avait pas sérieusement à se plaindre du nouveau roi, et les franchises de la cité n'avaient pas encore souffert d'atteinte essentielle. Les élections du 16 août 1574 s'étaient librement accomplies, d'après le cérémonial accoutumé.

Quant à la reine mère, les chansons populaires ne l'épargnaient pas davantage :

<pre>
        Catin, dont la puanteur
        Rend toute la France rance,
        Ou fais nostre estat meilleur,
        Ou t'en retourne à Florence.
</pre>

1. *Ibid.*

Jean Le Charron, président de la Cour des aides, avait été continué dans ses fonctions de prévôt des marchands [1], et l'on avait nommé échevins les sieurs d'Aubray et Guillaume Parfaict, sans que la cour eût soulevé la moindre objection. Il est vrai que le roi n'avait pas encore franchi la frontière française. Mais, au 16 août 1575, il y avait lieu de nommer deux échevins nouveaux. On présenta le scrutin au roi lui-même, qui reçut la délégation municipale au Louvre. Henri ne modifia nullement les résultats du scrutin et déclara au contraire qu'il entendait respecter les privilèges de la Ville [2].

En ce mois d'août 1575, il y eut une nomination de quartinier qui s'accomplit également dans les formes traditionnelles et sans intervention royale, mais avec certaines modifications qu'il est intéressant de signaler [3]. En résumé, on admettait, d'une part, les nominations exceptionnelles par voie de résignation du titulaire en faveur d'un tiers, ordinairement parent ou allié du cédant ; et, d'autre part, le choix des quartiniers restait en principe confié à l'élection, le corps électoral étant composé des dizainiers et de quelques notables du quartier. Le 23 août 1565, sir Nicolas Hac, ancien échevin, se présente au bureau de

---

1. Le Charron était prévôt depuis 1572 ; on sait que, d'après les traditions, le prévôt des marchands, les échevins et les conseillers de ville, ainsi, du reste, que les officiers municipaux subalternes, étaient nommés pour deux ans, mais pouvaient être réélus trois fois de suite. Voy. Leroux de Lincy, p. 154, ouvrage cité.

2. « Le roy, après avoir veu le présent scrutin, a déclaré vouloir conserver les previlleges de ladicte ville, et que, suyvant iceuls, ledict de Brevant, l'un des quatre notaires de la Court de parlement, et Legresle, bourgeois de Paris, qui ont eu la pluralité des voix, demeurent esleus eschevins ; et d'iceulx a pris le serment tout à l'instant. » Reg. H, 1787, f° 210. Sur le mécanisme des élections municipales, voy. notre *Hist. municipale*, p. 248 et suiv., et p. 455 et suiv. Pour ne pas tomber dans des répétitions fastidieuses, nous ne mentionnerons désormais que les particularités des élections municipales, en supposant connus les détails déjà fournis relativement aux formes de ces élections et à la composition des assemblées électorales.

3. Sur le mode de nomination des quartiniers, voy. notamment *Hist. munic.*, p. 249, 393 et suiv., 467 et suiv.

la Ville et exhibe une procuration passée la veille par-devant notaire par sire Macé-Bourbon, quartinier de la Ville [1], pour résigner son office en faveur de sire Hac. Ce dernier déclarait en même temps que Bourbon venait de mourir le jour même en son hôtel de la rue Saint-Denis : or on sait que si l'officier municipal démissionnaire venait à mourir avant la remise de sa procuration au Bureau, la résignation était nulle [2]. Hac demanda néanmoins à être reçu au serment en invoquant la procuration dont il était porteur. Aucune objection ne fut élevée au sujet de la mort de sire Macé-Bourbon avant la remise de sa procuration ; mais, en fait, on considéra la procuration comme nulle, par cela seul que la Ville ordonna que le successeur du défunt serait choisi par les électeurs. En conséquence, les cinquanteniers et dizainiers du quartier de feu Bourbon furent mandés le 31 août. Il leur fut donné lecture des anciennes ordonnances et des extraits des registres de la ville « sur le faict de l'élection d'un quartenier » ; après quoi, on recommanda aux électeurs « de nommer sans aulcune faveur personnaige digne et suffisant pour l'exercer, ayant égard à la calamité du temps et nécessité des affaires ». Les cinquanteniers reçurent ordre, le même jour, d'enjoindre à chaque dizainier « de prendre en sa dixaine *quatre* notables personnes bien famez et renommez, qui ne soient mécaniques ne de bas estatz, pour estre les noms des dictes quatre personnes rapportez cloz et scellez au bureau de ladicte Ville, ce jourd'huy quatre heures de relevée, affin d'en eslire par nous *deux*, suivant l'ordonnance et en la manière accoustumée [3] ». La liste de quatre

---

1. Conf. *Ibid.*, p. 249, la note sur le mot *quartinier*. Nous avons adopté uniformément cette orthographe, qui est celle de l'ordonnance de 1450, bien que les registres de la Ville se rapportant à la seconde moitié du XVIe siècle portent presque toujours *quartenier*.
2. Voy. *Ibid.*, p. 469, ce qui se passa au décès du quartinier Leprévost le 4 février 1549, et la note de la page 470.
3. En se reportant aux extraits des registres que nous avons publiés à

notables par dizaine ayant été présentée au Bureau, celui-ci choisit définitivement deux notables par dizaine, éliminant les deux autres, et les électeurs maintenus furent convoqués pour le lendemain 1er septembre avec les cinquanteniers et dizainiers du quartier. A dix heures du matin, l'assemblée électorale se réunit dans la grande salle de l'Hôtel de Ville. Après la formalité du serment, que prêtèrent les électeurs suivant les ordonnances de la Ville, sire Nicolas Hac comparut et posa nettement sa candidature « en considération des services qu'il a faictz dès longtemps à cette Ville ». Avant de recueillir les suffrages, les membres du Bureau posèrent au candidat plusieurs questions. « Luy avons demandé, disent les registres, après serment par luy faict, si la poursuitte qu'il en faict est pour luy et en son nom, et sy ce qu'il en faict est poinct pour faire tomber le dict estat ès-mains d'autres personnes. A dict que non. Interrogué quelle aage il a, il a dict estre aagé de soixante ans ou envyron. — Interrogué s'il pense poinct en sa conscience que son aage le puisse empescher de faire son debvoir au dict estat, s'il estoit esleu, a dict que non, et espère si bien le faire que nous et le public en auront contentement. » C'est à la suite de ce dialogue que l'on ouvrit le scrutin. Hac fut nommé et prêta serment, sur la réquisition du procureur du roi et de la Ville.

En insistant quelque peu sur cette élection de quartinier, nous avons voulu montrer d'abord en quoi les usages avaient changé depuis François 1er, relativement au mode

propos de l'élection du successeur du quartinier Thomas du Ru, élection qui eut lieu le 5 décembre 1530 (*Hist. munic.*, t. I, p. 395), on ne manquera pas de remarquer que, lors de l'élection dont il s'agit, le bureau ne fit mander par les dizainiers que deux notables de chaque dizaine du quartier intéressé, qui directement désignèrent trois candidats entre lesquels le Bureau fit choix d'un quartinier. Ainsi le mécanisme était plus compliqué en 1575 qu'en 1530.

de nomination d'officiers municipaux investis d'attributions très importantes. De plus, il semble résulter de l'attention particulière donnée par le corps de Ville à l'élection d'un simple quartinier, que la vie municipale avait repris une certaine activité au début du règne de Henri III. Le nouveau prince, en effet, paraissait flatter le vieil attachement de la Ville de Paris pour ses franchises séculaires, car il avait beaucoup de choses à demander aux magistrats municipaux, et, en premier lieu, de l'argent et des soldats.

Pour tenir tête aux factions hostiles, la royauté affectait de compter tout d'abord sur le concours de la milice municipale. L'organisation nouvelle de cette milice, caractérisée par le transport aux capitaines des pouvoirs militaires qui appartenaient autrefois aux quartiniers, était complète dès 1562[1], bien avant la naissance de la Ligue, et, en 1568, on a déjà créé seize colonels qui deviennent les chefs militaires des quartiers. En quittant Lyon pour aller, à travers le Midi en feu, conduire dans les rues d'Avignon les processions des *flagellants*, Henri III avait transmis à l'Hôtel de Ville de Paris l'ordre de reviser les cadres de la milice municipale. A la date du 17 novembre 1574, le Bureau mande aux seize colonels d'appeler les capitaines de leurs quartiers, « et de faire ung roolle de tous les soldats et autres de bonne vueille pour, advenant l'occasion et nécessité, les jetter et mectre aux champs pour le service du Roy et de la dicte Ville [2]. » L'année suivante, lorsque le duc d'Alençon (maltraité par son frère, qui avait un moment songé à le faire tuer par Henri de Navarre) quitta Paris, le 15 septembre, sur les six heures du soir, et s'en alla en coche à Meudon où l'attendait Guitry avec une petite

---

[1]. Voy. *Hist. munic.*, p. 537 à 540, et la note 1 de la p. 538, qui rectifie l'erreur commise sur ce point par Leroux de Lincy.
[2]. Reg. H., 1787, f° 170.

troupe de partisans, « le roy, toute la cour, la Ville de Paris, dit l'Estoile, furent merveilleusement troublés [1] ». L'impopularité du roi rendait effectivement la situation assez difficile. Autour de François d'Alençon, réfugié à Dreux qui faisait partie de son apanage, puis dans le Poitou, s'étaient groupés un assez grand nombre de mécontents et de gentilshommes bien accompagnés, tels que le comte de Ventadour, qui commandait à 300 cavaliers et 1,200 hommes de pied, et Henri de la Tour, vicomte de Turenne, neveu de Damville. Les réformés de la Rochelle et de Montauban entretenaient avec d'Alençon des relations étroites, et le prince de Condé venait de traiter avec Jean Casimir, fils de l'électeur palatin, pour faire entrer en France 8,000 reîtres allemands et 6,000 Suisses, sans préjudice des troupes que les protestants du Languedoc pouvaient mettre sur pied afin de seconder l'effort des envahisseurs. Par une étrange contradiction, le pape, sondé par Nicolas Hennequin du Fay, secrétaire du duc d'Alençon, approuvait et bénissait de loin la révolte du prince. Malgré les fanfaronnades de Henri III, qui affectait de prédire que son frère allait devenir le *valet* des protestants, le faible monarque craignait vivement pour sa couronne [2] et pour sa sûreté. Tandis que le duc de Nevers et M. de Matignon rassemblaient des soldats pour se mettre à la poursuite du prince

---

1. Claude Haton écrit de son côté : « Par la retraite dudict seigneur duc de la court du roy, les cartes furent meslées d'une estrange façon. Ung chascun de la France ne sçavoit plus à qui il estoit, ne de qui il se desvoit advouer, ou du roy ou de mons. le duc son frère, tant les gens de guerre que l'aultre peuple... Plusieurs compagnies de pied et de cheval laissèrent le roy pour aller au service de son frère; d'autres se mipartirent et se séparoient les ungs des aultres amyablement, chacun donnant leur service à celuy qu'ils aymoient le mieux. » *Mémoires*, p. 780.
2. Il venait déjà de perdre celle de Pologne. Le 15 juillet 1575, la diète polonaise avait passé un décret de déchéance qui déclarait le royaume vacant comme si le roi était mort. On sait que le Transylvain Etienne Bathory, après de longs démêlés que termina la mort de l'empereur Maximilien, son concurrent (oct. 1576), finit par se mettre en possession du trône de Pologne, non sans avoir épousé la princesse Anne, dernière descendante des Jagellons.

fugitif, on prit à Paris quelques mesures défensives. Plusieurs points de la banlieue furent fortifiés à la hâte, notamment Saint-Denis, où s'installa Armand Gontaut de Biron. On distribua aussi entre les seigneurs de la cour la défense des villes et places les plus voisines de la capitale [1]. Seul le roi de Navarre ne reçut aucune mission militaire, ce qui le mortifia profondément. Quant aux Parisiens, le roi n'eut garde de se priver de leur concours. Après la mise en état des tranchées de la ville et la revue que passèrent les colonels pour vérifier le nombre des bourgeois de chaque dizaine en état de porter les armes, le bureau de la Ville reçut, le 20 septembre, une communication royale qui portait que l'assemblée municipale aurait à délibérer sur les moyens de lever 2,400 hommes de pied, « lesquelz seroient soldés aux despens des bourgeois d'icelle ville [2] ». Chaque quartier, aux termes des instructions du roi, devait fournir un nombre d'hommes déterminé, et chaque bourgeois, « selon son pouvoir », était chargé de payer la solde de plusieurs soldats, ou d'un seul, ou même de la moitié ou du quart d'un soldat.

Le 23 septembre, une grande assemblée générale fut convoquée à l'Hôtel de Ville. Elle comprenait, suivant l'usage, à côté des membres du corps de Ville, prévôt des marchands, échevins et conseillers, les quartiniers et douze notables de chaque quartier, les délégués des chapitres et

---

1. De Thou, t. VII, p. 288.
2. Reg. H, 1787, f° 223. L'Estoile, t. I, p. 89, n'est pas parfaitement exact quand il écrit : « Le mardi 20ᵉ, on leva à Paris en diligence, deux mil harquebusiers, paiés par les bourgeois, qui, à cest effaict, furent quotizés et chargés, chacun pour leur part, de la solde des soldats levés, qu'on envoia au pays chartrain où les seigneurs de Nevers et de Matignon estoient allés assembler des forces pour essayer à retenir et arrester ledit seigneur Duc en ladite ville de Dreux.... » En premier lieu, ce fut 2,400 hommes qu'on demanda à la Ville de Paris et non 2,000 ; ensuite, on ne les leva pas en un jour ; enfin, les troupes levées à Paris ne devaient pas quitter la capitale et étaient destinées à défendre les tranchées. Tout cela résulte de l'analyse des textes du Registre.

communautés. Henri III se rendit en personne à l'Hôtel de Ville, avec une brillante escorte où figuraient le roi de Navarre, le cardinal de Guise, l'archevêque de Reims, l'évêque de Paris, MM. de Cheverny et de Bellièvre. Le roi était orateur : il parla. « La compaignye assemblée, Sa Majesté a dict que aiant pleu à Dieu le appeler à la couronne et ramener par deçà en sa bonne ville de Paris, il a esté en sa court de Parlement pour sçavoir comme la justice y estoit administrée, pour la descharge de sa conscience, et à présent avoit bien voullu venir en ceste assemblée pour exciter ses bons subjectz les bourgeois et habitans de ceste ville à la garde et conservation d'icelle, encores qu'il s'asseure qu'ils y soient assez affectionnez, espérant que le repos qui y a esté interrompu y sera de brief restably, Dieu aidant, estant fort comptant de l'affection et prompte obéissance qu'il a trouvée en ladicte ville, et mesme du secours et accord qui luy a esté faict de deux mil hommes de pied et de deux cens hommes de cheval qu'il veult estre levez en ladicte ville pour la seurretté et garde d'icelle et aultrement comme il adviseroit et ordonneroit. Priant qu'ilz soient promptement levez et souldoyez, *et, en ce faisant, combien qu'ilz aient eu de bons roys cy-devant qu'ilz ont bien aimez, il les aymera aultant et plus qu'eulx* [1]. »

Comment répondre froidement aux meilleures paroles du monarque? Le prévôt des marchands remercia Henri III de l'honneur qu'il faisait à la ville « de la venir visiter en ceste compaignie »; il s'excusa de n'avoir pu réaliser plus tôt les sommes que le roi demandait. La faute en était au malheur des temps et « au peu de moyen que ont les bourgeois de ladicte ville » [2]. Ils ne touchaient plus ni loyers ni fermages, ni rentes, « ayant les aucuns leurs biens aux

---

1. Reg. H, 1787, f° 231.
2. Reg. H, 1787, *ibid.*

champs dont ilz ne peuvent rien recevoir, pour estre leurs fermiers ruinez par les guerres, et les aultres ayant rentes sur ladicte ville dont ilz ne peuvent être paiez [1]. » Pour terminer sa harangue, le prévôt des marchands exprima une requête assez hardie, puisqu'elle tendait à conférer aux décisions des assemblées générales de la Ville le caractère exécutoire des arrêts de justice. Le chef de la municipalité parisienne pria le roi de vouloir bien ordonner « que les délibérations et conclusions des assemblées générales qui seront faictes en l'hostel de ladicte ville seront exécutées tout ainsy que sy elles avoient esté faictes ès-cours souveraines. » Le roi se contenta de renvoyer la Ville « à se pourveoir en son Conseil privé » et se retira avec sa suite.

C'était une étrange guerre que la guerre du duc d'Alençon contre son frère. Machiavel, s'il eût vécu un demi-siècle plus tard, se serait sans doute complu à démêler les fils des ténébreuses intrigues qui troublaient le règne du dernier Valois. Le duc d'Alençon n'avait quitté la cour que pour se soustraire à une mort probable [2]. Ses amis, les maré-

---

1. *Ibid.* Claude Haton, dans un langage peu évangélique mais pittoresque, insiste beaucoup sur les maux de tout genre que les démêlés de Henri III et du duc d'Alençon firent subir au peuple des villes et des campagnes. Sous prétexte de rejoindre le camp du duc de Guise, des régiments entiers traversaient la France, comme celui de Guillaume de Hautemer, comte de Fervaques, qui mourut maréchal de France, et pillaient tout sur leur passage, depuis la Normandie jusqu'à Troyes. Ces routiers allaient « bien en ordre, mais bien meschans gens les plus larrons et voleurs qui eussent oncques esté par les villages il y avoit dix ans. Tous les chevaux des pauvres laboureurs qu'ilz trouvoient en leur chemin estoient par eux prins et desrobez, comme aussi estoient ceux des hostes où ilz logeoient, qu'on leur prestoit pour les guider et porter leur bagage, sans que ledit capitaine ni aultre en feit justice ni raison. » Les paysans qui réclamaient étaient « payés en coups de bâton ». Et le prêtre de Provins conclut mélancoliquement : « Le nombre des bons est beaucoup moindre pour le présent que celuy des meschans gens tuehommes qui, en tout temps et saisons de leur vie, font la guerre aux pauvres gens des villages, soit à leur faire faire courvée, à decevoir les femmes, violer ou stuprer les filles, battre les hommes et leur ravir leurs biens, jusques à prendre par force le pain en leur mect ou huche pour se nourrir et leurs demoiselles. » (*Mém.*, p. 787.)

2. Tous les historiens rapportent, d'après les *Mém. du duc de Nevers* et l'*Histoire de France* de Mathieu, que le roi Henri III avait prié instamment

chaux Montmorency et Cossé, détenus à la Bastille, avaient également couru danger de mort, lorsqu'au mois de juin la nouvelle de la mort de Damville, « le roi du Languedoc », avait circulé à Paris. Ce puissant frère de Montmorency n'étant plus, Catherine pensa qu'il serait d'une bonne politique de se débarrasser du frère. Le chancelier de Birague avait déjà fait retirer au maréchal ses officiers et serviteurs, et Miron, le premier médecin du roi, avait répandu le bruit que le prisonnier était sujet à des coups de sang[1]. Par bonheur pour lui, l'affirmation de la mort de Damville était fausse, et la reine mère, mieux renseignée, dit au chancelier de Birague « qu'elle ne se hasteroit pas tant une autre fois et ne le croiroit plus ». La fuite du duc d'Alençon changeait bien la situation de Montmorency. D'otage,

le roi de Navarre de tuer le duc d'Alençon. Le roi de Navarre refusa. De son côté, Henri III s'était cru empoisonné par Alençon.
On trouve dans la *Revue rétrospective*, 2ᵉ série, t. V, nᵒˢ 14 et 15, 1836, une série de pièces curieuses, relatives au rôle du duc d'Alençon sous les règnes des rois Charles IX et Henri III, et à l'histoire du tiers parti. Il est intéressant de lire la lettre adressée au roi par le duc, après sa sortie de Paris. Alençon accuse nettement son frère d'avoir voulu le faire mettre à la Bastille et d'avoir songé à l'empoisonner : « Je n'ai pu moins faire que capter l'occasion de me mettre en liberté et tirer hors de telle servitude par mon évasion et absence, pour éviter le péril de ma vie, étant très bien averti que quatre jours après on m'avait préparé une retraite en la Bastille, attendant quelque résolution et conclusion prise sur les conseils de César Borgia. » (*Biblioth. Nat., sect. des manusc.* Fonds. du Puy, V, 87, fᵒ 54.) « A la suite se trouve une « lettre circulaire du roi à la noblesse de son royaume sur la sortie de la cour du duc d'Alençon ». (*Ibid.*, fᵒ 58.) Le roi y proteste de son amitié pour son frère, mais engage tous « ses bons et affectionnés serviteurs et sujets à rechercher et arrêter le fugitif ». « ...Mon frère le duc d'Alençon s'est départi d'avec moi et de cette ville depuis hier, à six heures du soir. Ne sachant qu'il est devenu et encore moins qui l'a mu de me délaisser de cette façon; car Dieu m'est témoin de l'affection fraternelle que je lui ai toujours portée, dont mes actions ont rendu assez de preuves, ne lui ayant jamais donné occasion de prendre tel parti. »
1. Voy. là-dessus de Thou, t. VII, p. 292, et l'Estoile, t. I, p. 63. Le chroniqueur rapporte que Montmorency, se jugeant perdu, chargea un de ses gens de la commission suivante : « Dittes à la roine que je suis bien adverti de ce qu'elle veut faire de moi. Il n'y faut point tant de façons : qu'elle m'envoie seulement l'apothicaire de M. le Chancelier, je prendrai ce qu'il me baillera. » Cette anecdote, très authentique, montre une fois de plus ce qu'il faut penser de la conscience des médecins de Catherine, et ce que valent les procès-verbaux de l'autopsie de Charles IX.

il devenait arbitre. Alençon paraissant redoutable, l'idée vint à la cour d'utiliser les deux maréchaux qui, sans les retards volontaires du grand maître de la garde-robe, Souvré, auraient sans doute grossi la liste des victimes de Catherine. La reine mère s'était mise en route, malgré le mauvais état de sa santé, pour aller trouver le fils rebelle et faire sur lui l'essai de ses remontrances et de ses caresses. L'entrevue eut lieu à Chambord, le 28 septembre; mais le prince « lui dit qu'il n'entreroit plus avant en propos avec elle, sur le fait de la capitulation et accord dont elle lui parloit, que les mareschaux de Monmorency et Cossé ne fussent remis en liberté [1] ». On écrivit donc incontinent à Henri III, que le Parlement avait engagé à rester à Paris, pour le prier d'ouvrir à Montmorency et Cossé les portes de la Bastille, ce qui fut fait le 2 octobre. En même temps, la reine mère forçait le roi son fils à traiter un frère ennemi avec des égards extraordinaires [2]. Non seulement les gentilshommes et les serviteurs du duc d'Alençon recevaient la permission d'aller le rejoindre; mais on fit plus, car « après que le roy eut licencié tous les seigneurs, officiers et serviteurs dudit seigneur d'aller après luy, si bon leur sembloit, luy envoya sa vaisselle,

---

1. L'Estoile, t. I, p. 90. — De Thou n'est pas aussi précis sur ce point, et l'on pourrait induire de son récit que les maréchaux furent mis en liberté avant l'entrevue de Chambord. « La reine mère partit, dit cet historien, accompagnée des maréchaux de Montmorency et de Cossé pour aller trouver le duc d'Alençon en Touraine. » (T. VII, p. 292.) De Thou doit se tromper, car c'est seulement par une lettre du 2 octobre que Catherine informa Damville de la mise en liberté des maréchaux. La lettre est datée de Blois, et la reine dit qu'elle vient d'apprendre la nouvelle. (*Bibl. Nat.*, F. Béthune, n° 8693, f° 64.)

2. Catherine, dans une lettre extrêmement curieuse (*Bibl. Nat.*, sect. des man., Fontanieu, 338, et *Revue rétrosp.*, t. V, 2ᵉ série, p. 258), insiste énergiquement auprès du roi pour le décider à se réconcilier avec son frère et à ne pas écouter les conseils intéressés de ceux qui poussent à la guerre. « Sans la paix, je vous tiens perdu et le royaume, car vous aimerez mieux être mort que vous voir enchassé ou vaincu.... mais ce n'est pas être vaincu quand on peut se sauver d'un grand péril et demeurer le maître.... » Cette lettre est datée de Châteaudun, 28 septembre 1575.

son escurie et grans chevaux et n'empescha aulcune chose des meubles appartenans au service dudit seigneur [1]. »

Henri III était évidemment influencé en sens contraire d'abord par sa mère, pleine du désir de pacifier la famille royale et inclinant peut-être à prendre le parti de son plus jeune fils, et, d'un autre côté, par certains courtisans fort énergiques, tels que Du Guast, qui poussaient le monarque aux résolutions viriles. Catherine absente n'était pas bien sûre de disposer toujours de la volonté du roi, bien que Henri lui eût envoyé Cheverny « pour l'éclairer et lui faire entendre le contraire de force mauvaises opinions esloignées de la vérité que l'on luy avoit voulu imprimer, et la rendre asseurée de l'obéissance, respect et parfaicte amitié que le roy son fils luy portoit [2]. » Cheverny était-il suspect comme Du Guast à la petite cour du révolté? On pourrait le croire, car le discret conseiller d'État, sortant de sa réserve ordinaire, affirme qu'il faillit être assassiné par les gens du duc d'Alençon [3]. D'autres furent moins heureux que Cheverny et n'échappèrent pas aux spadassins.

Tandis que des négociations, plus ou moins loyales, se poursuivaient entre Catherine et d'Alençon, le roi trouvait à Paris des ressources imprévues. Sans parler des troupes levées aux frais des Parisiens et qui ont fait l'objet des demandes financières que nous avons exposées plus haut, les gens des métiers avoient été passés en revue par le roi en personne, et, si l'on en croit Claude Haton, cinquante mille hommes avaient défilé devant le souverain. Les re-

---

1. Claude Haton, t. II, p. 784. Le prêtre de Provins écrit ceci : « La royne-mère fut tacitement coulpée de la fuitte de son filz, et dist-on par commung bruict qu'elle luy avoit aydé à faire ses apprestes. »
2. *Mém. de* Cheverny, Coll. Michaud, t. X, p. 477.
3. « Et comme je retournois de ce voyage, mondit sieur frère du Roy fut aussi persuadé par les mesmes conseillers de m'envoyer prendre et arrester ou tuer par les chemins; et pour ce il dépescha un de ses plus confidens capitaines avec cent arquebusiers à cheval qui, grâces à Dieu, vindrent trop tard et ne me peurent joindre. » (*Ibid.*)

gistres de la Ville indiquent quelques-uns des mouvements de troupes qui furent ordonnés pour faire face aux reîtres allemands dont Montmorency de Thoré conduisait la marche à travers la Lorraine et la Champagne. Dès la nouvelle de l'entrée des Allemands en France, Henri de Guise était parti pour son gouvernement de Champagne, à la tête de mille gendarmes. Il fut rejoint par Philippe Strozzi, colonel général de l'infanterie française, qui amenait dix mille hommes de pied, et par les troupes amenées par les ducs d'Usez et de Montpensier qui arrivaient l'un du Languedoc, l'autre du Poitou. Par ordre du roi, la Ville de Paris avait également envoyé trois des compagnies levées aux frais des Parisiens [1]; les quatre autres compagnies eurent pour mission de garder les principaux passages de la Seine. Le choc eut lieu près de Château-Thierry. Après une courte résistance, la petite armée protestante fut mise en déroute, et les reîtres, qui formaient un corps de cinq cents hommes, se rendirent sans combat. Thoré put s'échapper et se retira avec quelques-uns des siens auprès du duc d'Alençon. En elle-même, cette victoire n'avait pas une grande importance, mais elle eut une réelle influence sur la popularité du jeune duc de Guise, car le vainqueur, ayant reçu dans la mâchoire gauche un coup d'arquebuse, il gagna le surnom de *Balafré* et la réputation d'un héros.

C'est le 11 octobre qu'on apprit dans la capitale la nouvelle de la victoire des troupes royales. Le roi ordonna des *Te Deum* qui furent chantés d'abord à l'église Saint-Jehan en Grève, et ensuite, le lendemain, à Notre-Dame, en présence de toute la cour et des compagnies souveraines. Le corps de Ville assista à cette double cérémonie [2]. Mais les cantiques d'actions de grâces n'empêchaient pas la caisse municipale d'être vide, et le clergé ne payait pas les arré-

1. REG. H, 1787, fos 234 et 237.
2. *Ibid.*, fos 237-239.

rages des rentes assignées sur lui. Dans l'assemblée municipale du 19 octobre 1575, le prévôt des marchands constate « que le clergé doibt grandes sommes de deniers des arréraiges des rentes constituées sur icelluy clergé, que ledict clergé ne tient compte de paier, quelques remonstrances qui leur aient esté faictes et saisies de leur revenu temporel, dont se font chascun jour infinies plainctes et clameurs par les bourgeois de ladicte ville auxquels sont deues lesdictes rentes [1]. » Le clergé finit cependant par s'engager à payer, dans le délai d'un mois, de notables sommes; et la Ville ordonna que le receveur municipal emploierait les premiers fonds versés à payer « les arréraiges des rentes deues par ladicte Ville, des quartiers de janvier, février, mars, avril, mars et juing, et après ceulx depuis escheuz. » Du reste, il n'était pas aisé de faire voyager l'or sur les grandes routes. La sécurité des transports laissait tellement à désirer que la Ville ne pouvait faire venir « les deniers de Bretaigne estans à Angers » et qui étaient retenuz audict lieu, *pour le danger des champs* [2]. »

A la cour, en ce même mois d'octobre 1575, on n'était pas plus en sûreté que sur la route de Bretagne. Du Guast, le plus énergique des mignons du roi, fut assassiné, le 31 octobre, dans une petite maison qu'il louait rue Saint-Honoré, pour y cacher ses amours avec une dame de la cour. Quels étaient les hommes masqués qui avaient commis le meurtre? Probablement le baron de Viteaux, « qui estoit à Monsieur »; il avait, deux ans auparavant, déjà tué l'un des favoris du roi, Antoine d'Alègre, sieur de Millaud. Chose étrange! le roi se contenta de faire à Du Guast de magnifiques obsèques. De Thou dit qu'il ne fut pas très

---

1. La Ville dut recourir à des mesures plus rigoureuses. Elle fit écrouer à la Conciergerie Philibert de Castille, receveur du clergé. Il est vrai qu'il n'y resta pas longtemps et fut mis en liberté le 18 novembre. (*Ibid.*, f° 241.)
2. Reg. H, 1787, f° 239.

affecté de cette mort tragique d'un conseiller viril qui cherchait à faire de lui un vrai roi [1]. Cependant on informa pour sauver les apparences. Le prévôt des marchands, « suivant la volonté du roy », prescrivit aux colonels, le 1er novembre, de faire faire des perquisitions dans les dizaines « pour congnoistre ceulx qui sont coulpables ou soubsonnez de homicide commis le jour d'hier de nuict (sic) en la personne de feu sieur Du Guast, maistre de camp [2] ». La suppression de Du Guast rendait grand service à Catherine et faisait disparaître le principal obstacle à la conclusion d'une trêve entre le roi et son frère. Tandis que la reine mère négocie, Henri III se distrait. « Au commencement de novembre, dit l'Estoile, le roy fait remettre sus par les églises de Paris, les oratoires, autrement dits les paradis, et y va tous les jours faire ses ausmonnes et prières, en grande dévotion, laisse ses chemises à grands goldrons, dont il estoit auparavant si curieux, et en prend à colet renversé, à l'italienne. Va en coche, avec la Reine, son épouse, par les rues et maisons de Paris, prendre les petits chiens damerets, qui à lui et à elle viennent à plaisir; va semblablement par tous les monastères de femmes estans aux environs de Paris, faire pareille queste de petits chiens, au grand regret et desplaisir des dames ausquelles les chiens appartenaient. Se fait lire la grammaire et apprend à décliner [3]. »

1. Voy. le récit des circonstances de cet assassinat mystérieux dans DE THOU, t. VII, p. 300. Le grave historien attribue ce crime à Marguerite, la reine de Navarre, dont le malheureux Du Guast avait publiquement flétri les mœurs. — L'ESTOILE, t. I, p. 92, prétend que le duc d'Alençon avait armé la main du baron de Viteaux, l'assassin présumé, parce que Du Guast était passé un jour devant lui « sans le saluer, ni faire semblant de le congnoistre, et avoit dit par trois fois qu'il ne recongnoissoit que le roy, et que quand il lui auroit commandé de tuer son propre frère, qu'il le feroit ».
2. REG. H, 1787, f° 240.
3. L'ESTOILE, t. I, p. 93. C'est ce qui faisait dire à Pasquier :
   Bis rex qui fuerat fit modo grammaticus.

Pasquier a revendiqué la paternité de cette épigramme. (Livre XIX de ses Lettres, t. II, p. 483.)

Profitant de cette inertie du roi, Catherine signa le 24 novembre avec Alençon une trêve de sept mois, à des conditions honteuses[1]. Non seulement la cour s'engageait à payer aux reîtres de Jean-Casimir une somme de 500,000 louis pour les empêcher de passer le Rhin, mais on accordait au duc d'Alençon cinq places de sûreté : Angoulême, Niort, Saumur, Bourges et La Charité; et au prince de Condé, Mézières. Il est vrai que le roi n'avait pas l'intention de tenir ses engagements. Il ne donne pas Mézières au prince de Condé, il s'arrangea pour ne donner ni Bourges ni Angoulême au duc d'Alençon; enfin il ne paya pas Jean-Casimir. Par contre, il enrôla six mille Suisses, et chargea le comte de Mansfeldt, Gaspard de Schomberg et Christophe de Bassompierre, qui vinrent à Paris, d'amener en France huit mille reîtres allemands, moyennant 100,000 écus d'or comptant et 450,000 autres, lorsque ces troupes fran-

---

[1]. Le recueil de pièces publié par la *Rev. rétrosp.* contient (t. V, p. 271) une très longue lettre par laquelle Catherine apprend à Henri III qu'elle a signé la trêve avec le duc d'Alençon. Au dernier moment, les huguenots, ne trouvant pas encore suffisantes les concessions de la cour, prétendirent que Catherine n'avait pas apporté de pouvoirs réguliers pour signer la trêve au nom du roi. La reine mère répondit avec noblesse « qu'elle n'en avait pas demandé, pensant que ayant l'honneur d'être la mère du roi et plusieurs lettres écrites de sa main, qu'il n'en était pas besoin. » Cette lettre importante, qui est datée du 12 novembre 1575 (*Biblioth. Nat.*, sect. des man., Fonds Colbert, V, 7, p. 663; Fontanieu, 339-340), contient un postscriptum écrit de la main même de Catherine : « Je vous supplie, monsieur mon fils, pensez que ce n'est pas colère qui me fait parler autre que de voir qu'il y en a qui ne serait jamais content qui ne nous ait vu couper la gorge, à vous et à votre frère, et ce royaume parti à qui en pourra le plus prendre; je vous supplie, ne leur donnez ce contentement, et je prie Dieu qu'il leur fasse voir tout le contraire, pour les faire crever de chagrin. » Mais Catherine n'avait pas l'intention de tenir les promesses faites au duc d'Alençon. Par une lettre, en date du 7 décembre 1575 (collect. Lucas-Montigny), elle donne ses instructions à M. de Rambouillet. « Vous ne délivrerez point encore La Charité, dit la reine, à celui que mon fils y envoie, jusqu'à ce que vous ayez plus amplement de mes nouvelles; et quant à Bourges, je vous prie de vous assurer que vous la puissiez avoir et délivrer ès mains de mon fils quand nous voudrons; mais ne la délivrez pas aussi que je ne le vous mande. » Chose curieuse! Henri III écrivait le lendemain, 8 décembre, à M. Rambouillet de faire *consigner* immédiatement la place de La Charité entre les mains du sieur Davantigny, mandataire et délégué du duc d'Alençon.

chiraient la frontière [1]. L'occasion était belle pour présenter aux Parisiens une demande de subsides. Henri III ne s'en fit pas faute.

Dans une lettre en date du 10 décembre 1575, qui nous a été conservée par les registres de la Ville [2], le roi expose les mesures qu'il a prises ou compte prendre pour faire face à tous ses ennemis. Aux reîtres de Jean-Casimir qui se massent sur la frontière de Lorraine, il opposera une armée en Champagne « et, pour cet effect, a mandé convocquer toute sa noblesse pour se trouver en deux armées qu'elle (*Sa Majesté*) entend avoir tant près de sa personne que en son païs de Champagne où aussy s'assembleront la pluspart de toutes ses gens d'ordonnance et enseignes de son infanterie. » On lèvera vingt-huit cornettes de reîtres, soldées sur la subvention accordée par le pape, et douze mille hommes d'infanterie française.

La Ville de Paris recevait la part du lion dans cette répartition des charges militaires. « Et pour le regard de sa bonne ville et généralité de Paris, que Sa Majesté aura toujours en plus spécialle affection, d'aultant que lesdictes forces sont principalement destinées pour conserver ladicte ville et païs circonvoisins, elle desire que ses bons et fidelles subjectz, les habitans de sadicte bonne ville et pareillement ceuls de la dicte généralité le secourent promptement du paiement de 3,000 Suisses pour quatre mois, se prenant ailleurs le paiement d'autres trois mil..... le tout sans tirer à conséquence pour l'avenir. » Pour le présent, la solde des trois mille Suisses devait s'élever à 200, 000 livres. Le roi engage la Ville à se procurer la somme dont il s'agit au moyen d'une taxe assise sur tous les habitans des ville et généralité de Paris, privilégiés ou non, sauf les ecclésiastiques « pour leurs biens et revenus

---

[1]. Voy. DE THOU, t. VII, p. 296.
[2]. REG. H, 1787, f° 243 à 245.

de leurs bénéffices ; mais ne seront exemptz pour ce qu'ilz possèdent de patrimoyne ». Comme d'habitude, le prévôt des marchands et les échevins feraient la répartition des taxes avec le concours des bourgeois notables. Enfin le souverain prie le prévôt des marchands de « faire en sorte que les deniers que fournira nostre dicte ville se lèvent et ceuillent, attendu l'urgence et importance grande de ceste affaire, le plustôt qu'il sera possible ».

Dans l'assemblée générale qui eut lieu à l'Hôtel de Ville les 12 et 13 décembre, les représentants de la population parisienne décidèrent qu'on adresserait au roi « de très humbles remonstrances de l'estat et nécessité des affaires de ladicte ville, bourgeois et habitans d'icelle, abbus et corruptions de mœurs estans ès estatz tant de l'église et justice que gendarmerie ». Une commission de vingt-deux membres fut chargée de rédiger ces remonstrances. Elle comprenait deux conseillers de Ville, deux quartiniers, quatre bourgeois et trois ecclésiastiques ; les autres membres de la commission appartenaient aux compagnies souveraines : Parlement, Chambre des comptes, Cour des aides. Le texte arrêté par les vingt-deux n'indique donc pas seulement l'opinion d'un petit groupe de bourgeois : il reflète les sentiments de ce que Paris comptait de plus remarquable par l'intelligence et de plus élevé par la situation sociale. C'est le 19 décembre[1] que le prévôt des marchands, accompagné des membres de la commission des vingt-deux, se présenta au Louvre devant le roi et son conseil. Henri III était entouré du duc et du cardinal de Guise, du chancelier, du maréchal de Retz, et des autres membres du conseil. Le prévôt présenta le texte écrit des remonstrances « et réquit lecture en estre à l'instant faicte, ce qui a esté faict audict conseil, Sa Majesté et tous les-

---

1. Reg. H, 1787, f° 254.

dictz sieurs y assistans et ayant par M. Pinart, secrétaire d'Estat ». Jamais plus ferme langage n'avait été tenu devant un roi de France; et le document dont les registres de la Ville nous ont conservé la teneur mérite de fixer l'attention de l'histoire, car on peut sans exagération le considérer comme la préface de la Ligue [1].

Les représentants de Paris débutent par assurer le roi « que les dites remontrances ne procèdent d'aucun instinct et mouvement de désobéissance ou refroidissement de bonne volunté, ains seullement de grand zelle et désir très affectionné qu'ilz ont à la conservation et manutention de l'honneur de Dieu et de vostre Estat ». Mais ce n'est là qu'une précaution oratoire qui n'empêche nullement la Ville de dire au roi les vérités les plus dures. « Vostre pauvre peuple a esté tellement pillé, vexé et saccagé sans aucune relasche ny moien de respirer, depuis l'année 1560 jusques à présent, qu'il ne luy reste que la voix cassée et débille pour vous déclairer et exprimer le mieulx qu'il luy sera possible ses oppressions et grandes calamitez.... » Depuis quinze ans, les citoyens de Paris ont donné à la monarchie 36 millions de livres et le clergé 60 millions, « somme suffisante non seulement pour conserver l'Estat de Vostre Majesté, mais aussy avec terreur de l'ancien nom français vous rendre redoubté et formidable à tous autres princes, potentatz et nations ». Mais la monarchie n'a pas su tirer parti de l'argent de la France. « Au contraire, de grant et puissant que vostre royaume estoit en ladicte année MVLX, il a esté constrainct

---

[1]. Voir CLAUDE HATTON, t. II, p. 828; LA POPELINIÈRE, t. II, f° 293; DE THOU, t. VII, p. 296-298, sur le travail de la commission municipale. En voici le titre : « Remontrances très humbles de la Ville de Paris et des bourgeois et citoyens d'icelle au roy, leur souverain seigneur. » Il existe un tirage à part des remontrances. Rouen, 1576, 16 p., petit in-8°. La bibliothèque Carnavalet possède aussi une belle copie manuscrite de la même harangue dont l'écriture est bien du temps. Voy. aussi *Catalogue de la Bibl. Nat.*, Lb 34, n°ˢ 128 et 129, t. I, p. 297.

passer par les mains des forces étrangères qui en ont tiré, succé et emporté le plus beau et le plus précieux avec une estrême despence, oultre la substance de vostre pauvre peuple, laquelle y a esté entièrement consommée, et la perte indicible des plus grands et espérimentez cappitaines, tellement que l'on peult véritablement dire que vostre dict royaume est à présent destitué d'hommes et espuisé de deniers, qui sont les vrais nerfz d'un estat monarchic. » Cette situation de la France est d'autant plus lamentable qu'elle contraste avec celle des pays voisins qui jouissent de la paix et de l'abondance. A coup sûr, les Parisiens n'ont pas ménagé les sacrifices; mais ni l'or, ni l'argent n'ont pu rendre au royaume son ancienne prospérité. D'où vient donc cette série de calamités qui éprouve les citoyens de Paris, alors « qu'ilz n'ont jamais failli ny manqué d'un seul poinlt de leur debvoir »? Ah! c'est que le ciel veut leur témoigner sa colère. L'idée théologique apparaît : la France corrompue par ses maîtres. Qui doit expier? On n'a pas encore nommé le coupable; on n'insiste pas encore sur la cause de la colère de Dieu. Mais chacun la devine. Mettre en relief les effets, et puis faire toucher du doigt la décomposition de toutes les institutions officielles, voilà ce que les futurs ligueurs se proposent. « La guerre que nous souffrons vient du ciel et n'est autre chose que l'ire de Dieu qui se manifeste. La cause de laquelle n'est sy occulte ne tant secrette qu'elle ne soit apparemment remarquée en la corruption universelle de tous les estatz et ordres de vostre dict royaume. »

Chose étrange! dans cette diatribe contre l'oligarchie des gouvernants, l'Église a sa grosse part d'invectives; mais ce qu'on attaque, c'est l'Église de cour et l'état-major des prélats. On sent que pour le peuple parisien le haut clergé a perdu son prestige : le règne des moines va s'ouvrir. Quant à l'Église, la simonie y règne publiquement. « Les bénéfices ecclésiastiques sont tenuz et possédez par femmes et gentilzhommes mariez, lesquelz emploient le revenu à leur proffict particulier... » Les évêques, les curés ne résident pas sur leurs bénéfices et évéchés. « Contre l'institution et bonnes coutumes des anciens bénéfices, » ils n'exercent aucune charité envers les pauvres; « et sont les ecclésiastiques si desbordez en luxe, avarice et autres vices que le scandal en est publicq ». La robe du magistrat n'est pas plus respectée que la robe du prêtre. D'après les délégués de Paris, la magistrature française mérite tous les mépris, à cause du principe de la vénalité des offices. « Pour ceste cause, noz voisins, qui ne savent que c'est de manier tel trafficq, s'en moquent et nous ont en grande abhomination. » De la vénalité « est procedé la multiplicité et nombre effréné desdictz officiers, de laquelle vostre royaume peut dire, comme Adrien l'empereur en mourant, que la multitude des médecins l'avoit tué ». Tous ces magistrats sont incapables ou malhonnêtes. Les uns « prennent leur façon et instruction aux despens de vostre pauvre peuple et de la réputation de vostre estat; les autres sont pauvres et par là induictz et comme contrainctz à choses mauvaises et malhonnestes... » Aux yeux des Parisiens, l'armée n'est qu'une tourbe de pillards et de brigands. La *gendarmerie* [1] est remplie « de personnes de vil estat » qui se livrent à mille exactions et « forcements de filles et femmes, cruaultez plus que brutalles et barbaresques ». Les gens de guerre se permettent de lever des tailles sans l'autorisation du roi, « lesquelles pilleries et rançonnemens sont pratiquées non seulement par vostre dicte gendarmerie, mais aussy par aucuns de

---

1. Au XVIᵉ siècle, on entendait par ce mot de gendarmerie les troupes de nationalité française, par opposition aux contingents étrangers. Souvent on appliquait le mot de gendarmerie aux compagnies d'ordonnance du roi, de la reine et des princes.

vostre corps par lesquelz les femmes de voz subjectz et maisons de pauvres laboureurs sont ordinairement destruictes et pillées ». L'administration financière est « de même façon conduicte. Les dons immenses, mal et inégallement distribuez et en temps si calamiteux, jusques à revenir, en l'année 1572, à 2 millions 700 000 livres, moitié de laquelle somme est composée d'offices nouvellement errigez à la charge et foulle du peuple qui en a paié et porté les gaiges en l'année 1573. Reviennent lesdictz dons à 2 millions 44 000 livres; l'année 1574 à la somme de 547 800 livres, et en l'année présente, depuis six mois, 955 000 livres, la pluspart desquelz dons ont esté reffusez par vostre Chambre des comptes et commandez par Vostre Majesté infinies fois et depuis passez par jussions et très expres commandemens; sans comprendre les pensions données, revenantes à la somme de 200 000 livres, qui sont aultant de rentes sur voz finances, à la grande diminution d'icelles et augmentation de la nécessité et conséquemment à la charge et foulle de vostre pauvre peuple, qui est réduit à toute pauvreté et impuissance. » D'après les délégués de la capitale, il y a dans Paris pénurie de toutes choses et arrêt absolu des transactions. Les fermes d'impôts sont données à des étrangers et les rentes de la Ville assignées sur ces fermes ne peuvent plus être payées, au grand mépris de la foi publique. Quant aux biens ruraux des Parisiens, ils sont pillés et détruits par la *licence effrénée de la gendarmerie du roi*. L'usure, « cause très fréquente et ordinaire des troubles et séditions », fait des progrès effrayants. Comme leçon et comme satire de sa conduite méprisable, la commission municipale croit devoir rappeler au souverain les belles paroles que « ce bon roy sainct Loys [1], » étendu

---

1. De Thou (t. VII, p. 298) rapporte que « les avis de saint Louis à son fils avaient été tirés des archives de la couronne, où étaient en dépôt ces monuments respectables de l'antiquité ». Le registre de la Ville nous

sur le lit de mort, avait adressées à son fils. « Aye le cueur piteux et charitable aux pauvres gens et les conforte et aide de tes biens. Faictz garder les bonnes loix et coustumes de ton royaume ; ne prends point tailles ny aides de tes subjectz, si urgente nécessité et évidente utilité ne te le faict faire, et pour juste cause, non pas volontairement, car si tu faictz aultrement, tu ne seras pas réputé pour roy, mais tu seras réputé pour tiran. Garde, sur toutes choses, que aie sages conseillers et d'aage meur... S'il y en a aucun risteux, garde que incontinent tu les envoye hors de ta maison... » Les remontrances poursuivaient en montrant à Henri III, dans la sombre perspective de l'éternité vengeresse, la justice du roi des rois qui tôt ou tard châtie les mauvais princes. « Comme vous avez la domination sur vostre peuple, aussy est Dieu vostre supérieur et dominateur auquel devez rendre compte de vostre charge. »

Et l'orateur de la Ville terminait son réquisitoire par ces paroles audacieuses qui durent retentir comme une menace et une déclaration de guerre aux oreilles du dernier des Valois : « Scavez trop mieulx, sire, que le prince qui lève et exige de son peuple plus qu'il ne doilt, alliene et perd la volunté de ses subjectz de laquelle deppend l'obbéissance qu'on luy donne. »

Jamais François Ier ou Charles IX, avec leur tempérament fougueux et violent, n'auraient supporté un pareil langage. Les mignons [1] de l'entourage étaient indignés,

---

donne les paroles mêmes du saint roi, ce qui vaut mieux qu'une analyse, fût-elle rédigée par un historien aussi précis que de Thou.

1. C'est avec raison que MICHELET (*Histoire de France*, t. X, p. 52) fait remarquer que la plupart des mignons étaient tout autre chose que des efféminés. Epernon, Joyeuse, du Guast, etc., ont maintes fois donné des preuves d'une bravoure peu commune. D'Aubigné, si sévère pour Henri III et pour ses favoris, dit bien :
    Le péché de Sodome et le sanglant inceste
    Sont reproches joyeux de nos impures cours.

Il ajoute encore que « les mignons muguets se parent et font braves de clincant et d'or traict » ; mais nulle part il ne met en doute leur courage et leur énergie.

et René de Villequier, interrompant l'orateur, lui demanda comment il osait être assez hardi pour perdre le respect dû à S. M.[1]. C'est alors que le porte-parole des Parisiens s'arrêta et remit le texte écrit des remontrances. Henri III, sans perdre son sang-froid, fit signe à Villequier de se taire et prit lui-même la peine de répliquer au réquisitoire municipal. Avec cette grâce insinuante qui, dans une situation secondaire, eût fait de lui un diplomate consommé ou un avocat de mérite, le roi dit « qu'il avoit les dictes remontrances pour bien agréables, et que, quant Dieu luy donnera le moien de pourveoir à tout ce qui est contenu en icelles, il montrera qu'il a la volunté de le faire et de se montrer bon, tousjours bon roy[2] ». En définitive, il maintint sans réduction sa demande de subsides « pour la nécessité de ses affaires », c'est-à-dire pour se procurer les moyens de chasser les reîtres allemands. La Ville finit d'ailleurs par se soumettre aux injonctions royales, et, dans l'assemblée générale du 20 décembre 1575, se résigna à payer la solde de 2000 Suisses pendant quatre mois[3].

1. D'après le récit de l'historien DE THOU, il y a lieu de croire que l'orateur municipal avait commencé à réciter par cœur le texte des remontrances, et qu'il n'en présenta au roi le texte manuscrit qu'après avoir été interrompu par Villequier; les *registres de la Ville* disent catégoriquement, comme on l'a vu plus haut, que Pinart, secrétaire d'État, donna lecture des remontrances au Conseil du roi.
2. REGISTRE H, 1787, f° 254. Il est intéressant de mettre en regard de la version des registres la version donnée par DE THOU. Suivant le consciencieux historien, le roi dit « qu'il ne s'agissait pas de chercher des délais et de faire parade hors de saison de son attachement pour sa liberté et ses privilèges; que le péril présent regardoit également l'État et les particuliers, et qu'on ne pouvoit trop tôt le prévenir; que cependant il ne négligeroit pas pour cela le danger dont toujours la France étoit menacée : et qu'il y avoit encore des sujets affectionnés à leur prince et à la patrie qui l'aideroient à soutenir le poids de la guerre ». Le duc de Nevers et Charles d'Hallewin de Pienne prêtèrent en effet à Henri III des sommes considérables pour faire face aux besoins du trésor.
3. REG. H, 1787, f° 256. D'après L'ESTOILE (t. I, p. 96), l'assemblée générale de l'Hôtel de Ville vota « qu'on ottroieroit au roy sa demande et que la Ville de Paris fourniroit les deux tiers de la somme par lui requise pour lesdits quatre mois, revenans lesdits deux tiers à trente et trois mille quatre cens livres par mois, et que le surplus seroit déparli sur les villes circonvoisines enclavées en la généralité dudit lieu ». Michelet s'est

L'assistance de la Ville de Paris était bien nécessaire au roi pour conjurer les périls de la guerre civile et de l'invasion étrangère. Tandis qu'à l'Ouest le duc d'Alençon négociait avec les protestants de La Rochelle par l'intermédiaire d'Antoine de Silly, sieur de Rochepot, et en tirait quelque argent et de bonnes assurances, le prince de Condé et Jean-Casimir se disposaient à conduire à travers la France leurs bandes d'aventuriers allemands et suisses. Ils avaient réuni 18 000 hommes et une vingtaine de canons, et, comme disent les registres, se tenaient près de Verdun « en délibération de passer la rivière de la Moselle ». A Paris, on prit des mesures de défense, car tout le monde comprenait, malgré les efforts de Catherine pour rétablir la paix entre ses deux fils, que la trêve n'était pas une garantie bien sérieuse contre la reprise des hostilités, et que « les gouverneurs des villes et places tant roiaux que autres, ne demandoient que plaie et bosse, comme les barbiers ». L'Estoile et les registres de la Ville peuvent donner une idée complète des préparatifs militaires qui furent ordonnés par le roi. Le prévôt des marchands enjoignit aux habitants, « chacun selon son pouvoir, de faire provision de picqz, pelles, hoyaulx et louchetz qu'ilz tiendront tout pretz en leurs maisons pour servir ceste ville, quand l'occasion s'en pourra présenter [1] ». M. de Biron, grand maître de l'artillerie, vint à l'Hôtel de Ville et prit de concert avec le Bureau les dispositions nécessaires [2]. On mit des garnisons au château de Vincennes, aux ponts de Saint-Cloud, à Saint-Denis [3] et à Montmartre. Du côté de l'Université, on

---

trompé en disant trop brièvement : « Paris refusa nettement de payer un sou. » T. X, p. 56. — Paris fit des remontrances, mais il paya.

1. Reg. H, 1787, f° 260.
2. *Ibid.* On trouve au registre un « mémoire de ce qui a esté arresté en l'hostel de la Ville de Paris le 23 décembre 1575, en la présence de M. de Biron, grand mestre de l'artillerie, y estant venu pour pourvoir à la conservation de ladicte ville ».
3. « Les festes de la Noël, dit l'Estoile, on commença à fortifier la ville

fit activement *besongner* aux tranchées, et la Ville mit en réquisition « les mandians vallides et autres gens vaccabondz et sans adveu ». Les *manœuvres forains* reçurent chacun six solz tournois par jour. Enfin les « marchands forains, laboureurs et autres demeurans en l'ellection de Paris » furent autorisés à rentrer leurs grains dans la ville. Le prévôt des marchands mit des magasins à leur disposition « sans aulcune chose paier ». Une ordonnance royale du 29 décembre sanctionna ces mesures.

Une commission fut instituée et installée à l'Hôtel de Ville pour veiller à la sûreté de la capitale et prendre les mesures nécessaires [1]. Cette commission devait se tenir en relations constantes avec le roi, afin de le renseigner sur

---

de Saint-Denis en France et relever les tranchées et boulevars où travaillent 3000 prisonniers, paiés des deniers des fortifications qu'on contraint les bourgeois de Paris bailler par avance, et fut fait commandement aux villages circonvoisins dudit Saint-Denis d'y porter cent muis de bled de munition, chacun suivant sa quotte. » T. I, p. 99.

1. Voici d'ailleurs, d'après les registres de la Ville, le texte de l'ordonnance royale qui instituait à l'Hôtel de Ville la commission dont il s'agit. On remarquera qu'elle ne comptait parmi ses membres aucun militaire, ce qui indique que son caractère était purement administratif. Ajoutons qu'à la date du 4 février 1576 le roi adjoignit aux personnes désignées plus bas les présidents Bailly, de Saint-Mesmyn et Luillier. « Le roy considérant que pour le bien, repos et seureté de ceste ville de Paris, il est besoing adviser et pourveoir journellement aux affaires qui s'y présentent tant pour le dedans que pour le dehors ès-envyrons de ladicte ville; a advisé et résolu en son conseil que en une des chambres de l'hostel de ladicte ville de Paris s'assembleront journellement avec messieurs les prévost des marchands et eschevins : messieurs de Thou, premier président en la court de Parlement, Demorsans et Hennequin, aussy présidens en icelle court, Nicolas de Neully, premier président en la Chambre des comptes et généraulx des aydes, Bailly, Luillier et Guiot le père, aussy présidens en icelle Chambre des comptes, Marcel, intendant des finances de Sa Majesté. Paluau, l'un de ses notaires et secrétaires, et Jehan Aubry, conseillers de ville; pour tenir conseil en ladicte Chambre, où sera aussy le procureur du roy de ladicte Ville Perrot; adviser et donner ordre journellement aux affaires qui se présenteront pour le bien, repos et seureté de ladicte ville et des envyrons, aultant que leur sera possible; s'ilz congnoissent qu'il y ait chose qui mérite estre entendue de Sadicte Majesté, ledict prévost des marchans et l'un des eschevins l'en advertiront incontinent, pour ce faict leur faire entendre son intention et y pourveoir elle-mesmes ou leur commander ce qu'ilz debvroient faire pour y pourveoir, selon qu'elle verra nécessité le requérir. Faict à Paris le XIXe jour de décembre MVLXXV. Signé : Henry, et au-dessoulz Pinart. » Reg. H, 1787, f° 260.

toutes les circonstances et tous les incidents de nature à l'intéresser. La présence, au sein de la commission, du prévôt des marchands, des échevins et de plusieurs conseillers de ville, s'explique difficilement, il faut le reconnaître, après la philippique dont nous avons reproduit les passages essentiels. On se demande comment le roi pouvait accorder sa confiance à ce prévôt des marchands qui, d'après le témoignage officiel des registres, marchait, le 19 décembre, en tête de la députation qui avait porté au prince les remontrances des Parisiens. Quel était donc alors le chef de la municipalité? C'était toujours ce Jean le Charron, président de la Cour des aides, dont nous avons dit le rôle assez lâche et assez équivoque au moment de la Saint-Barthélemy [1] et qui avait été continué, le 16 août 1574, dans les fonctions de prévôt des marchands. Le personnage ne possédait nullement l'étoffe d'un fauteur de révolutions. On a vu que, la veille de la Saint-Barthélemy, quelques paroles de M. de Tavannes l'avaient fait rentrer sous terre et transformé de partisan de la tolérance en furieux fanatique. Peut-être, après la scène des remontrances, Jean le Charron fit-il quelques réflexions sur le danger de dire la vérité aux rois, surtout à un monarque qui savait comme Henri III recevoir une injure avec le sourire sur les lèvres. Et puis Villequier, ainsi que naguère Tavannes, semblait animé d'un médiocre amour pour les récriminations municipales. Ces mignons, si gracieux, manquaient de patience et mettaient flamberge au vent pour quelques paroles. Enfin, chose étonnante, le peuple ne savait aucun gré à ses magistrats du courage qu'ils avaient montré. Jamais personne ne fut plus impopulaire que ne l'était Jean le Charron. Il faut lire dans l'Estoile les pièces satiriques que son nom suscitait et les jolis vers sur le perro-

---

1. Sur le Charron, voy. *Hist. munic.*, p. 631-632, et plus haut, p. 14.

quet d'Attichi, secrétaire du roi, ce perroquet savant, ce perroquet mal élevé qui à *Charron* donnait pour rime *larron* [1]. C'est aussi contre Jean le Charron, « mal famé et renommé en son estat et fort hay du peuple », qu'on fit dans le même temps ce sonnet peu flatteur :

> O sages citoiens, un asnier vous commande !
> Un vendeur de saffran, un coqu effronté
> Qui trahist votre autel et vostre autorité,
> Larron digne, cent fois et cent fois qu'on le pende !
>
> O riches citoiens, un coquin vous gourmande,
> Qui, pour se relever de honte et pauvreté,
> Vend à deniers comptans les loix, la liberté,
> Et rien qu'emprunts, qu'impôts, que tailles ne demande !
>
> Que vous sert-il, messieurs, de vous armer dehors,
> Si toujours ce venin se couve en votre corps,
> Qui vous succe le sang, qui vous ronge et vous mine !
> Que ne l'envoiez-vous, à l'aide d'un cordeau,
> Vers l'avare nocher de l'infernal basteau !
> Duquel il a le nom, le front et la rapine ?

Il y a donc de sérieuses raisons de croire que ce prévôt des marchands « qui rien qu'emprunts, qu'impôts, que tailles ne demande » ne devait pas être un défenseur bien énergique des deniers de ses administrés. L'opposition venait surtout des bourgeois eux-mêmes et des officiers municipaux subalternes. Les quartiniers apportaient une lenteur calculée dans le recouvrement des cotisations demandées aux Parisiens. Par lettre du 22 février 1576, conservée aux registres, le roi constate avec amertume que la perception « se tire en grande longueur ». Un peu plus

---

1. Voici les vers sur le perroquet d'Attichi :

> Quand le Charron fist capture
> De l'Attichi dernièrement,
> Comm'il est de sa nature
> Présumptueux, sans jugement,
> Crioit en la cour hautement :
> C'est moi qui suis monsieur Charron.
> Le perroquet soudainement
> Commence à l'appeler larron,
> Et tous ses archers de ville
> Disoient que c'estoit évangile.

tard, le 8 avril, Henri III revient à la charge et presse derechef le Bureau « de faire toute diligence de lever les deniers accordés par la Ville pour la solde des Suisses [1] ». Ces nouvelles instances n'ayant pas réussi à secouer l'inertie de la population, le roi se fâche, et le 15 paraît un édit portant que ceux qui ne payeront pas leur taxe dans le délai de deux jours seront imposés au double. Menaces inutiles! Alors Henri III prend un grand parti. Pour se procurer les fonds nécessaires au payement des troupes, il va faire une émission de rentes. Le prévôt des marchands reçoit avis de porter à la connaissance des conseillers de Ville que le roi a l'intention « de constituer jusques à 50 000 livres de rente sur tous deniers ordinaires et extraordinaires des recettes générailes des finances à Paris et Rouen, et offrir que, en payant moictié contant et l'autre moictié en debtes bien vérifiées ou gages, deutz à noz officiers, il sera constitué rente pour le tout, à raison du denier *douze* [2] ». Le bureau de la Ville se soumet et consent à émettre 50 000 livres de rentes, assignées sur les recettes de Paris et de Rouen, mais en prenant soin de stipuler que la nouvelle émission sera primée, au point de vue des assignations, par les rentes antérieurement constituées [3].

Tandis que la municipalité parisienne disputait ainsi au roi l'épargne de la bourgeoisie, la situation du monarque devenait de plus en plus critique. Le prince de Condé et Jean-Casimir étaient entrés en Bourgogne, et les reîtres

---

1. Reg. H, 1787, f° 299.
2. *Ibid.*, f° 300.
3. La délibération est du 16 avril. En voici les termes : « A esté concllu et délibéré, attendu la nécessité des affaires du roy, que ouverture sera faicte du bureau de ladicte Ville pour le fournissement de ladicte somme de L^m livres de rente sur les receptes de Paris et Rouen, à la charge toutesfois que ce soit de gré à gré, sans aulcune contraincte, et que les rentes qui seront sur ce constituées ne pourront estre payées sur les autres assignations de ladicte ville, et oultre que les premières rentes qui ont jà esté constituées sur lesdictes receptes générailes seront préallablement payées et acquitées. » *Ibid.*, f° 301.

commettaient, chemin faisant, mille atrocités. Ils avaient mis à feu et à sang la ville de Nuits qui leur fermait ses portes, et les troupes françaises de Condé se trouvaient impuissantes à maîtriser leurs alliés, tous ces bandits venus d'Allemagne pour mettre la France au pillage. Dans le Midi, une effroyable anarchie régnait. Henri de Montmorency-Damville et le duc d'Usez se prétendaient tous deux gouverneurs du Languedoc, au nom du roi. Rançonnées par les deux partis, les populations renonçaient à cultiver leurs champs et à faire le commerce. Il y eut, dans le Vivarais notamment, des ligues populaires contre la noblesse militaire qui, sous le drapeau catholique aussi bien que sous le drapeau protestant, rendait la vie intolérable au paysan. Les statuts de la ligue du Vivarais portaient, entre autres clauses, « qu'on travaillerait de concert à faire sortir du pays les garnisons et à raser les places fortes... qu'on aurait soin de notifier cet accord aux villes et à la noblesse, et que les *ligués* seraient autorisés à poursuivre ceux qui refuseraient d'y entrer, comme des ennemis de la patrie [1]... » Damville ne fut pas moins scandalisé que le duc d'Usez de ces velléités d'indépendance dont s'avisaient les lamentables victimes des jeux de princes. La profonde indignation des masses explique peut-être l'impuissance de l'armée royaliste, conduite par le duc de Mayenne, qui avait reçu la mission d'arrêter les Allemands en marche pour faire leur jonction avec les troupes de Monsieur dans le Bourbonnais. Un grave incident acheva de désespérer la cour. Le roi de Navarre, qui affectait à dessein de blâmer la conduite du duc d'Alençon, pour donner le change à Henri III, s'enfuit brusquement le 3 février, et, après avoir chevauché toute la nuit à travers les bois, il passa la Seine au point du jour, à une lieue de Poissy. Le lendemain, il

---

1. DE THOU, t. VII, p. 410.

était à Alençon, où deux cent cinquante gentilshommes venaient le rejoindre [1], entre autres Guillaume de Haultemer, sieur de Fervaques, qui l'avait trahi en révélant à Henri III les projets de fuite; mais, dans sa colère, le roi avait voulu pendre le dénonciateur. Ce dernier, par une nouvelle volte-face, assurément dans le goût du temps, passa au service du Béarnais. Ainsi la cour se trouvait prise entre Monsieur, le roi de Navarre et Condé, soutenu par les reîtres et les lansquenets de Jean-Casimir. L'armée confédérée s'élevait, d'après de Thou, au chiffre de trente mille hommes, lorsqu'on la passa en revue le 11 mars, dans la plaine de Soze. Monsieur et le prince de Condé laissèrent leurs troupes sous le commandement du Palatin et se rendirent à Moulins, que le duc de Mayenne venait d'abandonner avec l'armée royaliste. C'est à Moulins que furent ébauchées, en présence des délégués du roi de Navarre et de Montmorency-Damville, les conditions du cinquième « Édit de pacification ». On les condensa dans une requête que Jean de la Fin, sieur de Beauvais [2], et Guillaume Dauvet, sieur

---

1. On peut consulter sur la fuite du roi de Navarre le récit de D'Aubigné, *Hist. univ.*, livre II, chap. xx, édit. de 1626, in-fol. — Ce chapitre, qui est un chef-d'œuvre de narration pittoresque, n'a que le défaut d'être trop connu. Voy. aussi L'Estoile, t. I, p. 113. Le chroniqueur rapporte ce qu'il appelle *un trait de Béarnois*. Deux jours avant son évasion, le roi de Navarre, qui n'avait pas couché à Paris et que la cour faisait déjà rechercher, s'était présenté à Leurs Majestés à la Sainte-Chapelle et leur avait dit en riant « qu'il avoit remmené celui qu'ils cherchoient et pour lequel ils estoient tant en peine ». Il assurait Leurs Majestés qu'il « mourroit auprès d'eux et à leurs pieds ».
2. D'après L'Estoile, t. I, p. 123, le sieur de Beauvais arriva à Paris le 13 mars. Le chroniqueur rapporte que les conférences tenues au Conseil du roi entre les délégués protestants et les conseillers de Henri III furent traversées d'incidents orageux. Dans la séance du 9 avril, le duc de Nemours dit au sieur de Beauvais : « Je ne sçai quels subjects sont les Huguenos; mais si j'en avois et qu'ils me parlassent de la façon que vous faites au roy, il n'y auroit garantie ni adveu qui tinst que je ne les envoiasse, tout bottés, sur un eschaffaut. » Henri III imposa silence au duc et entendit sans s'émouvoir les sommations des rebelles.
Les registres de la Ville ajoutent des renseignements précieux à ceux que nous tenons de l'Estoile sur la mission des agents de Monsieur. Il résulte des procès-verbaux de l'Hôtel de Ville que « les sieurs de Beauvais la *Nocque* (l'Estoile orthographie la *Nocle*), le sieur de la Fin, son

d'Arennes, portèrent au roi. Henri III demanda du temps pour répondre et congédia les députés avec mille caresses, en leur annonçant que sous peu la reine-mère, munie de pleins pouvoirs, irait informer le duc d'Alençon des intentions royales. Mais les protestants ne paraissaient pas disposés à se contenter de vaines paroles. Ayant failli, le 30 mars, tomber avec les reines entre les mains des reîtres, qui poussaient leur cavalerie jusqu'aux environs de Paris, le roi n'osait plus sortir de la capitale. Les 16 et 17 avril, sur le bruit que les coureurs de Condé et de Jean-Casimir avaient paru à Milly en Gâtinais, les paysans de la banlieue, pris d'une panique subite, vinrent en grand tumulte s'enfermer dans Paris avec tout leur bétail et tous leurs biens. Tous ces pauvres gens se plaignaient hautement des exactions commises par les troupes royalistes qu'on ne payait plus et qui se payaient elles-mêmes aux dépens du peuple. Vers le commencement de mars, l'armée du duc de Mayenne avait entièrement fait défection et avait rejoint, partie le camp de Monsieur, partie le camp du roi de Navarre. Henri III, découragé, voulait conclure la paix à tout prix et faisait dire une messe du Saint-Esprit tous les jours, dans l'espoir d'assurer le succès des négociations.

Paris, en attendant, frémissait d'indignation et de terreur. L'arrivée tumultueuse des cultivateurs de la banlieue sem-

---

frère, et aultres députez de monseigneur le duc d'Allençon, frère du roy... » vinrent au Bureau le 22 mars, avec l'agrément du roi, pour solliciter l'intervention des magistrats municipaux en vue de rétablir la paix du royaume et les prier « de vouloir, comme magistratz représentans le corps de la dicte ville, capitale de ce royaume, embrasser cette affaire ». Le prévôt des marchands répondit qu'il ne demandait pas mieux que de s'entremettre pour la paix, « laquelle le sieur prévost des marchans et eschevins désirent comme très nécessaire, pourveu que ce feust une bonne paix, et pour durer... espérans aussy que ceulx de la nouvelle religion ne demanderont condictions sy déraisonnables qu'elles puissent empescher une bonne paix *et pour durer* ». Craignant d'ailleurs de paraître entrer en relations trop intimes avec Monsieur, le prévôt des marchands et ses collègues refusèrent d'ouvrir les lettres du duc d'Alençon et invitèrent les envoyés du prince à les remettre au roi. Reg. H, 1787, f° 294.

blait le prélude de l'arrivée des Allemands. La municipalité se multiplia. C'étaient, tous les jours, de nouvelles revues dans les dizaines. Les mandements du Bureau pleuvaient sur les quartiniers et les capitaines. Le 17 avril, il leur fut enjoint « de faire promptement et présentement clorre de murailles de deux pieds d'époisse toutes les rues, ruelles et chemins yssans des chaulcées et grandes rues des dictz faubourgs, lesquels aboutissent aux champs et aux tranchées au bout d'icelles[1] ». Tous les bateaux se trouvant sur la Seine entre Paris et le port de Choisy furent amenés au centre de la capitale et gardés jusqu'à nouvel ordre[2]. Des patrouilles sillonnèrent les rues jour et nuit; des reconnaissances explorèrent les environs; enfin les Suisses, mandés par le roi, furent installés chez les bourgeois, par une mesure de précaution qui sans doute ne visait pas plus les ennemis du dehors que ceux de dedans[3]. Il fallut en outre que la Ville se mît en devoir « de faire des présents d'ypocras, dragées et aultres choses, selon qu'il est accoustumé[4] », au colonel et aux officiers des contingents suisses.

1. Reg. H, 1787, f° 302. Il n'y eut pas jusqu'aux bons moines des abbayes de Saint-Victor et de Saint-Germain des Prés qui n'aient été obligés de fournir des pionniers pour mettre en état les tranchées situées du côté de leurs monastères « à peine de saisie de leur temporel ». La Ville décida, dans l'assemblée du Bureau du 18 avril, de lever par anticipation les deniers des fortifications de l'année 1577 et d'en demander l'avance aux bourgeois. Ibid., f° 307.
2. Ibid., f° 303.
3. Voici le texte du mandement adressé à ce propos aux quartiniers : « De par les prévost des marchands et eschevins de la Ville de Paris, sire Jacques Kerver, nous vous mandons que, suivant la volonté du roy, vous ayez à advertir et prier tous les bourgeois des faulbourgs de vostre quartier de laisser leurs meubles et biens en leurs maisons et à y recevoir les Suisses que Sa Majesté faict venir pour la seuretté des tranchées de la nouvelle fortification. Faict au Bureau le XVII° jour d'avril 1576. » Ibid. Des lettres patentes du 12 janvier 1576 avaient accordé aux colonels, capitaines, lieutenants et enseignes de la Ville de Paris la dispense de loger « aucuns princes, prélatz, gentilhommes, officiers, ambassadeurs et autres personnes estans de présent et qui seront cy-après à la suite de nostre cour, de quelque qualité et condition qu'ilz soient ». Le bénéfice de ces lettres patentes fut plus tard étendu au prévôt des marchands et aux échevins de Paris.
4. Nous avons déjà indiqué à plusieurs reprises (notamment Hist. mun., 397)

On eût dit que la cour faisait un dernier effort pour tenir tête aux « huguenots et catholiques associés », comme on disait alors. Le 21 avril, le duc de Guise et le duc de Mayenne, son frère, s'étaient établis l'un à Melun, l'autre à Étampes pour barrer la route au prince de Condé, qui faisait mine de marcher sur Paris. Mais, quatre jours plus tard, la reine mère quittait à son tour la capitale, emportant le traité de pacification signé d'elle et du roi. Ce fut à Beaulieu, près de Loches, en Touraine, que Catherine finit par tomber d'accord avec Monsieur et arrêta les soixante-trois articles de la rédaction définitive. Le roi accordait aux réformés le libre exercice de leur religion dans toute l'étendue du royaume. Il s'engageait à convoquer et convoquait dès à présent à Blois les États généraux du royaume, désavouait la Saint-Barthélemy, réhabilitait la mémoire de La Mole et Coconas, de Coligny, du comte de Montgommery, de Briquemaut et de Montbrun ; accordait aux réformés des chambres mi-parties dans les huit parlements du royaume ; promettait à Jean-Casimir 700,000 écus d'or et la solde de quatre mille reîtres, à titre de pension annuelle. Au prince de Condé, Catherine avait offert la perspective du gouvernement de Picardie ; au duc d'Alençon, on livrait, pour grossir son apanage, trois magnifiques provinces, l'Anjou, la Touraine, le Berry, avec une pension de 100,000 écus d'or. C'était démembrer la France et se débarrasser de l'étranger à la façon de Charles le Gros. Telle était la *paix de Monsieur !*

Pour solder tant de honte, il fallait beaucoup d'argent. Henri III se fit mendiant. « Messieurs de la cour de Parlement » furent mandés successivement au Louvre, où le roi mettait en demeure « chacun d'eux, selon leurs moiens et facultés, de lui faire prest de quelques sommes de deniers

---

cet usage où était la Ville d'offrir de l'hypocras et des épices aux personnages que le roi ou la municipalité voulaient honorer particulièrement.

promptement ». Les pauvres robins marchandaient, « s'efforçant chacun par ses remonstrances à paier le moins que possible lui estoit [1] ». Mais l'emprunteur n'était pas pour se contenter de ces défaites et il savait regarder au fond des bourses. Les présidents ne s'en tiraient pas à moins de deux ou trois mille livres ; le premier président dut en bailler cinq mille ; les simples conseillers de deux cents à mille livres. A vrai dire, le malheureux roi rencontrait parfois chez ces gens de robe des résistances égales à son avidité, et il se mit dans de telles colères « qu'on le retira de là », dit le chroniqueur. Une commission fut instituée pour *faire les taxes*. Elle comptait parmi ses membres MM. Christophe de Thou et Séguier, présidents au Parlement, Nicolaï et Bailly, présidents des comptes, de Nully, premier président des généraux des finances. Les commissaires se trouvaient investis d'une tâche ingrate et dangereuse. Paris se couvrit de placards dirigés contre eux « portans menaces de les massacrer et saccager ». Sur l'une de ces affiches, apposée au coin de l'hôtel du président Séguier, on lisait : « Suffise vous, président de Thou et Séguier, antiques pestes de la justice, d'avoir introduit par vérification, pacte à pris fait avec les ennemys de Dieu et du roy, la prétendue religion en roiaume de France et mis l'Église de Dieu en confusion. Cessés de ruiner le pauvre peuple par vos beaux emprunts et par le mauvais conseil que vous donnés de la rupture de l'Hostel de Ville et abolition des rentes et biens des veufves et pupilles... ou vous mourrés. »

En s'adressant aux membres des cours souveraines, Henri III se gardait bien d'oublier les bourgeois de Paris. Le prévôt des marchands et les échevins étaient allés au lit de justice qui se tint le 28 avril au Palais, dans la salle Saint-Louis. Le roi y avait pris lui-même la parole [2].

---

1. L'Estoile, t. I, p. 127.
2. Reg. H, 1787, f° 310. « Et par sa dicte Majesté auroit esté dict et

Quand il eut « longuement faict entendre les occasions de la dicte levée et emprunct », le prévôt des marchands se leva et « remonstra à sa dicte Majesté que luy et les eschevins de la dicte ville, y présens, ne peuvent accorder, ne consentir aulcune chose, suppliant très humblement Sa Majesté luy permettre de faire, en la manière accoustumée, assemblée en l'Hostel de la dicte Ville des bourgeois et habitans, pour leur faire entendre ce qu'il avait pleu à Sa Majesté proposer et dire, pour après en faire entendre au dict sieur roy la responce et résolution. » Mais Henri III, déjà fatigué de son propre discours, n'était pas d'humeur à soumettre ses demandes de subsides à l'épreuve des discussions, toujours un peu vives, d'une assemblée générale [1]. Ce ne fut même pas, comme d'habitude, la municipalité parisienne que l'on chargea de répartir l'emprunt du roi. La mission dont il s'agit fut confiée à la commission royale qui siégeait au Louvre [2].

Les têtes commençaient à s'échauffer. On trouvait qu'après toutes ses fautes Henri III aurait dû prendre un ton moins hautain dans ses relations avec son peuple, et spécialement avec la municipalité parisienne. Le monarque aggravait encore le caractère tyrannique de ses procédés par des créations d'offices inutiles. C'est ainsi qu'à la fin d'avril il institua deux contrôleurs des rentes de la Ville. Le

prononcé à la dicte assistance que, pour l'urgente nécessité de ses affaires et pour la conservation de son Estat et de ses subjectz et mesmes pour chasser les estrangers hors de ce royaulme, il estoit contrainct lever, par forme d'empruntz, une bonne et grande somme de deniers sur tous ses dictz subjectz, et mesme sur les manans et habitants de la dite ville. »

1. D'après les registres de la Ville, « il auroit sur ce dict et respondu au dict sieur prévost qu'il n'entendoit et ne vouloit que aucune assemblée feust pour ce faicte par les dicts sieurs prévost et eschevins; mais que, pour aultant qu'il falloit que le secours feust prompt, il vouloit son commandement estre promptement exécuté et sans retardation ». Après cette dure réplique, le roi se leva et sortit de la salle Saint-Louis.

2. « ... L'exécution duquel emprunct a esté faicte par aucuns présidens des cours souverainnes au chasteau du Louvre, par commission particullière du roy, et non à la dicte maison de ville, ny par les dictz sieurs prévost et eschevins. » *Ibid.*

Bureau protesta vigoureusement; mais il eut beau déclarer que « c'estoit contre la teneur des contratz de la dicte Ville, et que chascun désespéroit des rentes de la dicte Ville, desquelles et sur lesquelles il ne sera plus possible de recouvrer ung sol », le roi répondit « qu'il entendoit, quant aux dictz controlleurs, qu'il feust passé oultre et feussent receuz [1] ». Et les contrôleurs furent reçus.

Les nouvelles taxes imposées aux Parisiens semblaient d'autant plus lourdes que les sommes accordées par la Ville dans l'assemblée générale du 20 décembre 1575 n'étaient pas encore payées. Henri III, irrité de la mauvaise volonté du Bureau, ordonna au prévôt des marchands, le 29 avril 1576, de lui apporter les rôles des seize quartiers, afin de relever lui-même les noms des bourgeois qui n'avaient pas versé leurs cotisations pour la solde des Suisses [2]. Le prévôt des marchands et les échevins se rendirent au Louvre et déclarèrent au roi « que la Ville n'avoit accoutumé soy dessaisir des roolles des cottisations faictes en icelle ville, ains qu'ilz avoient accoustumé de demeurer au bureau d'icelle ville ». Le roi ne fléchit pas et renou-

1. Reg. II, 1787, f° 311. Toutefois, il faut ajouter que le prévôt des marchands et les échevins ayant adressé au roi, le 5 mai, une demande de sursis pour produire les motifs de leur opposition à la création des deux offices de contrôleurs des rentes, le roi, bien qu'il eût défendu aux magistrats municipaux « de faire assemblée de ville pour communiquer et délibérer des causes d'opposition », les autorisa à lui présenter par écrit, le lendemain à dix heures du matin, leurs causes d'opposition. *Ibid.*, f° 312.
2. *Ibid.* Le roi, déployant son génie fiscal, s'adressait en même temps à toutes les corporations constituées, pour en tirer de l'argent. Nous avons dit de quelle manière les membres des cours souveraines avaient été mis à contribution. Les avocats et procureurs eurent leur tour. Le premier président les assembla au palais, dans la salle Saint-Louis, le lundi 7 mai, et leur communiqua individuellement le chiffre de la taxe imposée à chacun d'eux. Les malheureux avocats durent se rendre au Louvre et verser leurs cotisations peu spontanées dans les *coffres* du roi. Il est vrai qu'on leur délivra quittance. Voy. L'ESTOILE, t. I, p. 130. Le même procédé fut appliqué aux « autres officiers, pratliciens et notables bourgeois de Paris »; et le chroniqueur s'égaye un peu aux dépens des partisans de la vénalité des offices. Il trouve naturel que la royauté, toujours sollicitée d'augmenter le nombre des charges vénales, ait songé à battre monnaie avec la vanité des bourgeois ambitieux.

vela ses ordres, si bien que les magistrats municipaux « baillèrent les dictz roolles et les mirent entre les mains de sa dicte Majesté, n'ayant voullu les mettre, ny bailler en aultres mains, quelques demandes qui leur en ayent esté faictes ».

On devine avec quel enthousiasme les Parisiens accueillirent la publication d'une paix qui coûtait si cher. Cette publication eut lieu le 8 mai, suivant le cérémonial accoutumé [1]. Le 14, le roi vint au Palais, accompagné des princes du sang et des officiers de la couronne : il fit homologuer l'édit de pacification par le Parlement, assemblé en robes rouges, et tous les assistants jurèrent, à l'exemple du souverain, l'*entretènement* de l'édit. Mais, lorsqu'après la publication Henri III vint à Notre-Dame pour faire chanter le *Te Deum* « et puis faire feux d'allégresse par la Ville, le clergé et le peuple ne voulust entendre ni à l'un, ni à l'autre, faschés et desplaisans de plusieurs articles accordés aux Huguenos par cest édit de paix. Toutefois, le lendemain, fust ledit *Te Deum* solennel chanté par les chantres du roy, en ladite église de Paris, sur les cinq heures du soir, et ce en l'absence des chanoines, chapelains et chantres de Paris, lesquels ne s'y voulurent trouver : dont le roy fut fort marri et indigné [2] ». Le *Te Deum* fut donc une cérémonie officielle, rien de plus. Les cours souveraines et le corps de Ville y assistèrent comme contraints et forcés ; mais les feux de joie allumés devant l'Hôtel de Ville, suivant la coutume [3], et les sonneries des trompettes et hérauts du roi sur la Table de marbre furent accueillis par la population avec une froideur glaciale. Catherine, la négocia-

1. Voy. *Hist. munic.*, p. 485 et 555.
2. L'Estoile, t. I, p. 131. En comparant les *registres de la Ville* au *registre-journal* de l'Estoile, il est impossible de ne pas être frappé de la parfaite exactitude des renseignements fournis par le chroniqueur ; il est presque sans exemple qu'il se trouve en contradiction avec les documents officiels qui constituent le fond de notre travail.
3. Voy. notamment *Hist. munic.*, p. 542.

trice, n'était pas à Paris au moment de la publication de la paix. Elle ne rentra dans la capitale que le 20 mai, et il fallut encore que la ville *par ordre* allumât un feu de joie sur la place de Grève et fît tirer quelques coups de canon par l'artillerie municipale [1]. « Ce jourd'huy, dimanche vingtième may 1576, disent les registres de la Ville [2], messieurs les prévost des marchans et eschevins de la Ville de Paris furent, *par le commandement du roi*, au-devant de la royne sa mère jusques au pont de Charenton, où le roy alla luy-mesme; laquelle arrivée le dict jour, fut faict, en son honneur et congrattulation de la paix, et, *par le commandement du roy*, ung feu de joye devant l'Hostel de la Ville où fut tirée l'artillerie d'icelle ville. »

Bien édifié sur la mauvaise volonté des Parisiens, qui se montraient de moins en moins pressés d'acquitter leurs taxes, Henri III avait déjà recours aux mesures de rigueur. Le 22 mai, il assembla son Conseil privé et fit expédier aux sergens et capitaines des archers et arbalétriers de la Ville l'ordre de recouvrer d'urgence les deniers des cotisations « dedans huit jours, faute de quoi les dicts seront contrainctz à payer en leurs propres et privés noms ce qui se trouvera rester du payement des dictes taxes et cottizations [3] ». Comme ces menaces produisaient peu d'effet, le roi, furieux, déclara qu'il allait mettre la main sur les rentes de la Ville, et, joignant l'effet aux paroles, il saisit les deniers destinés au payement des quartiers de Pâques et de la Saint-Jean. « De quoi le peuple de Paris, troublé, murmura fort, dit l'Estoile, mesmes de ce que le roy, prenant emprunts sur emprunts et daces sur daces, lui empes-

---

1. Voy. sur l'artillerie municipale et sur l'emplacement des *granges* d'artillerie de la Ville l'*Histoire de l'Hôtel de Ville* de Leroux de Lincy, p. 72. Le 28 janvier 1563, les *granges*, situées sur les terrains de l'ancien hôtel Saint-Pol, avaient été détruites par l'explosion du moulin à poudre. Voy. sur cet événement *Hist. munic.*, p. 593.
2. Reg. H, 1787, fº 314.
3. *Ibid.*, fº 315.

choit encore et retenoit les rentes de la Ville, qui estoit le seul moien qui lui restoit pour vivre. » Le 26 mai, le prévôt des marchands convoqua une grande assemblée générale à l'Hôtel de Ville. Les membres des cours souveraines, atteints comme les autres par les mesures violentes du souverain, étaient venus en assez grand nombre. Le prévôt (c'était toujours Jean le Charron) prit le premier la parole. Il « remontra que le roy luy avoit dict et déclairé qu'il se voulloit ayder des arréraiges des rentes constituées sur l'Hostel de la dicte Ville, et lesquelles avoient esté jà arrestées en aulcunes provinces pour payer et chasser les estrangers qui sont en son royaulme en grand nombre [1] ». Sans doute, on ne trouva pas le langage du chef de la municipalité suffisamment énergique, car des voix indignées s'élevèrent, notamment celle du conseiller Abot, qui, au dire de l'Estoile, « librement et franchement déclama contre le mauvais conseil par lequel estoit conduit le roy ». L'assemblée générale décida qu'on adresserait au roi des remontrances par l'organe du prévôt des marchands [2]. Conformément à cette délibération, tout le corps de Ville se transporta au Louvre, le 1er juin. Le prévôt des marchands et ses collègues étaient suivis « de bon fort grand nombre de MM. de la Cour de Parlement, Chambre des comptes, Cour des aydes, notaires et secrétaires du roy en Chastelet, et plusieurs autres notables bourgeois de la Ville [3] ». Henri III reçut la députation *en son cabinet*, dit le registre, et entendit les remontrances « patiemment et entièrement...

---

1. Reg. H, 1787, f° 318.
2. « A esté conclud et délibéré par toute la compagnie que Sa Majesté sera suppliée très humblement de ne toucher aus dictes rentes, mais garder la foy publicque et les contractz faictz par ses prédécesseurs et luy à icelle ville, pour les grands inconvénients, importance et conséquence de telle ouverture, attendu mesmes que infinies paouvres personnes, veufves, orphelins et autres y ont mis tout leur bien, lesquelz seront réduictz en mendicité, si on leur oste les dictes rentes. » *Ibid.*, f° 318.
3. Reg. H, 1787, f° 319.

présens les sieurs de Villequier, de Cheverny et autres de son Conseil ». Il dit qu'il trouvait les vœux des Parisiens « fort considérables et raisonnables..., qu'il en parlerait à son Conseil et répondrait par après ». Le lendemain, le roi fit savoir qu'il ne toucherait pas aux rentes sur l'Hôtel de Ville; mais il ajoutait que, « pour l'urgente nécessité de ses affaires, il vouloit estre secouru par la dite ville de cent mille livres très promptement [1] ». Assurés de préserver momentanément les fonds destinés au payement des rentes, les magistrats municipaux négocièrent et finalement obtinrent de ne verser dans les caisses royales que 80,000 livres.

Pourquoi ces concessions du souverain, après tant de menaces? C'est que la royauté avait déjà reçu avis des sourdes menées des Guises, et que Jean-Casimir n'avait pas encore congédié ses reîtres. Il fallait à tout prix calmer les Parisiens. Henri croyait atteindre son but par une affectation de piété croissante. Accompagné, dit l'Estoile, de deux ou trois de ses familiers, « il alloit à pied par les églises de Paris, tenant en sa main de grosses patenostres qu'il alloit disant et marmonnant par les rues. On disoit que ce faisoit-il par le conseil de sa mère, afin de faire croire au peuple de Paris qu'il estoit fort dévotieux, catholique, apostolique et rommain, et lui donner courage de fouiller plus librement à la bourse. » Mais les Parisiens ne se laissaient plus prendre aux momeries du roi. On affichait partout des pasquils comme celui-ci :

---

[1]. *Ibid.*, f° 321. L'Estoile, t. I, p. 132, confirme, comme presque toujours, la version des registres et atteste aussi la modération du roi : « Auxquelles remonstrances, le roy, tout duit et instruit à cela dès longtemps, fist responce qu'il les avoit bien entendues *et bien prises*, qu'il en communiqueroit aux princes de son sang et autres seigneurs de son Conseil, et au surplus feroit en sorte que chacun resteroit content. » Il est vrai que le chroniqueur ajoute avec scepticisme, « qui estoit à dire : pendez-les au croq et qu'on n'en parle plus ! » L'ironie tombe ici un peu à faux, puisque la résistance de l'assemblée générale empêcha le roi de saisir les rentes et le contraignit à se contenter d'un don ou prêt de 80,000 livres.

> Le roy pour avoir de l'argent
> A fait le pauvre et l'indigent
> Et l'hipocrite.
> Le grand pardon il a gaingné;
> Au pain, à l'eau il a jusné
> Comme un hermitte.
>
> Mais Paris, qui le congnoist bien,
> Ne lui vouldra plus prester rien
> A sa requeste :
> Car il en a jà tant presté
> Qu'il a de lui dire arresté :
> « Allez en queste. »

Le 6 août, le prévôt et les échevins furent mandés au Conseil privé du roi, où on leur fit savoir que le maître était *mal content* parce qu'il « ne se recepvoit quasi rien de la solde des Suisses [1] ». Mais le prévôt ne se déconcerta pas. Il répondit avec assurance que les contraintes avaient été délivrées aux archers, et que ce n'était pas la faute de la Ville si les seigneurs et les officiers avaient obtenu de Sa Majesté des exemptions complètes, de telle sorte que tout le fardeau des taxes retombait sur les « pauvres gens qui n'ont moyen de payer aulcune chose ». D'accusé, le chef de la municipalité se faisait accusateur, et il arracha au Conseil l'autorisation de modérer les taxes, tout en respectant le privilège qui exemptait les gens d'Église, les officiers du roi, les princes et princesses. La fermentation populaire se révélait par des symptômes si éclatants que le roi ne pouvait plus s'abuser sur la gravité du péril qui le menaçait. Des placards d'une violence extrême circulaient de main en main. L'un d'eux, après avoir réclamé une réorganisation complète de l'administration judiciaire, terminait par ces menaces : « A quoi, sire, si vous ne pourvoiez, puisque pour y pourvoir le glaive et la force sont en vos mains, Dieu qui donne les roiaumes, qui establit les

---

1. Reg. H, 1787, f° 326.

rois, qui les détruit quand il veult, vous perdra en brief, eslévera vos peuples contre vous, vous remplira l'air et la terre de malédictions et ruinera entièrement vostre Estat. » D'autres pamphlets, d'un tour moins grave, se bornaient à déverser l'outrage sur le monarque, et « soubs le nom de peuple, qui est, comme dit l'Estoile, un sot animal, ingrat et testu, et plus volage et inconstant que les girouettes de leur clocher », décernaient à Henri III une foule de sobriquets méprisants [1].

Tous les faits que nous avons rapportés, et notamment les remontrances du corps de Ville du 19 décembre 1575 et du 1er juin 1576, attestent et démontrent que l'agitation d'où sortit la Ligue ne s'était pas seulement développée en province, pour avoir ensuite son contre-coup à Paris; mais qu'au sein même de la capitale les esprits étaient plus échauffés que partout ailleurs. Quant au plan primitif d'une grande ligue catholique, il avait pour auteur un homme d'Église. Dès 1562, le cardinal de Lorraine, étant au concile de Trente, avait arrêté les bases d'une puissante association de tous les catholiques, qui devait avoir un double but : affermir en France la domination de l'Église romaine et, le cas échéant, substituer la maison de Guise à la race des Valois [2]. Le coup de pistolet de Poltrot de Méré, en supprimant le chef militaire de la famille des Guises, retarda l'exécution des profonds desseins du cardinal; la mort de ce dernier (26 décembre 1574) marqua un nouveau temps d'arrêt dans cette incubation,

---

1. « Henri, par la grâce de sa mère, incert roy de France et de Pologne imaginaire, concierge du Louvre, marguillier de Saint-Germain-l'Auxerrois et de toutes les églises de Paris, gendre de Colas, gauderonneur des colets de sa femme et frizeur de ses cheveux, mercier du Palais, visiteur des estuves, gardien des Quatre-Mendians, père conscript des Blancs-battus et protecteur des Caputtiers. »

2. M. Vitet, dans l'introduction de son ouvrage célèbre les Barricades, scènes historiques, 4e édit., 1830, p. 1, a bien indiqué les étapes successives de la conjuration des Guises.

moitié cléricale et moitié politique, de la grande conjuration. Mais Henri de Lorraine, fils aîné de François, semblait réunir en sa personne les talents diplomatiques de son oncle et les talents militaires de son illustre père [1]. A dix-huit ans, il rédigeait déjà une formule de serment qu'il faisait signer à toute la noblesse de son gouvernement de Champagne et au clergé de Troyes. Localisée en Champagne jusqu'à la paix de Monsieur, la *Sainte ligue*, la *ligue chrétienne et royale* (comme disaient les formules), prit tout à coup un essor considérable, par suite de l'indignation des catholiques, qui considéraient l'édit de paix comme un monument de honte et le symbole du triomphe des hérétiques, en même temps que de l'abaissement du pays. Les Guises, qui, par eux-mêmes ou leurs affidés, disposaient de cinq gouvernements et de quinze évêchés, n'eurent pas de peine à tourner la colère publique au profit de leurs desseins personnels. L'incendie se propagea rapidement, mais les historiens les plus dignes de foi constatent qu'il a d'abord éclaté à Paris [2]. Le parfumeur Pierre de la Bruyère et Mathieu de la Bruyère, son fils, conseiller au Châtelet, « y furent, dit de Thou, les premiers et les plus zélés prédicateurs de l'Union, et, à leur sollicitation, tout ce qu'il y avait de débauchés dans cette grande ville, tous gens qui ne trouvaient que dans la guerre civile

---

1. Voy. dans l'*Histoire de la Ligue* de MAIMBOURG, 1 vol in-4°, 1683, p. 18, l'énumération pompeuse de toutes les séductions physiques et de toutes les qualités morales du jeune duc. Les prédicateurs catholiques avaient adopté le ton dithyrambique quand ils parlaient de la maison de Guise. Pierre Doré appelait le duc François un *chevalereux César*. Julius Pogianus, ayant à faire devant Pie IV l'oraison funèbre du chef du parti catholique, le comparait aux Machabées. (*Orais.* faite à Rome aux obsèques de François de Lorraine, par comm. de Pie IV. Reims, 1563, in-8°.) Et Jacques le Hongre, l'éloquent frère prêcheur, dans l'oraison funèbre de la victime de Poltrot qu'il prononça à Notre-Dame, dit qu'il lui décernerait le titre de *saint*, s'il ne préférait laisser à la cour de Rome le temps de le canoniser. Voy. LE DUCHAT, *Notes sur la Ménippée*, t. II, p. 222.

2. « Paris, comme la capitale, voulut donner l'exemple à tout le reste du royaume. » DE THOU, t. VII, p. 422. Édit. de Londres de 1734.

ou une ressource à leur libertinage ou un moyen sûr de satisfaire leur avarice et leur ambition, s'enrôlèrent à l'envi dans cette nouvelle milice ». Quelques riches bourgeois se laissèrent aussi séduire, mais beaucoup s'étonnaient de ne pas voir au bas des formules de l'Union les signatures des principaux magistrats. L'un de ces Parisiens hésitants alla trouver le président de Thou et lui demanda s'il avait connaissance de toutes ces menées et s'il les approuvait. L'austère président répondit, en donnant les marques d'un profond étonnement, qu'il ne pensait pas que le roi pût approuver de pareilles intrigues, et que les associations qui se formaient lui semblaient dangereuses pour l'État et la tranquillité publique. Cette attitude du chef du Parlement arrêta les progrès des ligueurs dans la capitale [1] et les décida à faire publier l'Union en province, pour y faire de nouvelles recrues parmi la noblesse et la haute bourgeoise.

La Picardie fut le premier théâtre d'opérations des ligueurs, et le seigneur d'Humières, gouverneur de Péronne, en outre créature des Guises, réussit à gagner au parti de la Ligue presque toutes les villes et toute la noblesse de Picardie. Condé, auquel les articles secrets du traité de paix promettaient le gouvernement de Péronne, ne put mettre le pied dans cette ville [2] et demanda Cognac et Saint-Jean-d'Angély en échange. Si nous parlons de cet

---

1. C'est du moins ce que prétend l'historien J.-A. de Thou, fils du premier président : *Ibid.*, p. 425. Maimbourg, p. 25, va plus loin et dit que, « *par les soins du premier président*, on découvrit et ensuite on rompit et l'on dissipa sans peine les assemblées secrètes qu'on tenoit déjà en plusieurs quartiers de la Ville pour faire entrer dans cette ligue naissante tous ceux que leur malice ou leur faux zèle ou leur simplicité y pouvoient engager ».
2. L'Estoile écrit, dès le mois de juin 1576 : « En ce temps, plusieurs gentilshommes se jettent dans la ville de Péronne, en délibération de le garder et de n'y laisser entrer le prince de Condé; et court un bruit qu'il y a secrette intelligence et ligue sourde entre le roy d'Espagne, le pape et quelques seingneurs françois contre les huguenos et les catholiques unis avec eux. » T. I, p. 134.

incident, c'est que la Ligue fut réellement constituée en vertu du pacte en dix-huit articles dont la rédaction avait été arrêtée par le seigneur d'Humières [1].

L'intitulé est ainsi conçu : « Association faicte entre les princes, seigneurs, gentilhommes et autres, tant de l'Estat ecclésiastique que de la noblesse et tiers état, subjets et habitans du païs de Picardie. » Il y a ceci de remarquable dans le traité de Péronne que son rédacteur a multiplié les protestations de dévouement à l'endroit de la personne du roi. « Et jurons et promectons aussi toute obéissance, honneur et très humble service au roy Henry, à présent regnant, que Dieu nous a donné pour nostre souverain roy et seigneur, légitimement appellé par la loy du royaulme à la succession de ses prédécesseurs. » Mais ces formules respectueuses, d'un caractère évidemment platonique, reçoivent des correctifs assez graves : car les gentilshommes qui viennent de jurer obéissance et très humble service à Henri III se hâtent d'ajouter : « et après luy à toute la postérité de la maison de Valois *et autres qui, après ceulx de la dite maison de Valois, seront appellez par la loy du royaulme à la couronne* ». Cette évocation de la postérité d'un roi qui était condamné à n'en pas avoir, et de ses successeurs pris dans une autre maison, trahissait déjà les desseins de la Ligue, malgré toutes les habiletés de rédaction. Enfin, les signataires s'interdisaient de prendre du service « si ce n'est avec permission et congé du roy ou de

---

[1]. On en trouve le texte, avec les noms des signataires, dans Maimbourg, p. 527. Cet historien déclare « qu'on ne trouve point ce fameux traité de Péronne dans nos auteurs, et qu'il en a l'original signé de près de deux cens gentilshommes, et ensuite des magistrats et des officiers de Péronne ». Maimbourg avoue ingénûment qu'il n'aurait jamais pu démêler les caractères du manuscrit sans l'*industrie* de dom Héricart, ancien religieux de l'abbaye de Saint-Nicolas-aux-Bois, de Picardie, qui travaillait à classer les titres du Trésor des Chartes et de la bibliothèque de l'abbaye de Saint-Victor de Paris. Mais, malgré le concours de D. Héricart, Maimbourg ajoute qu'il a laissé en blanc deux des noms des signataires de l'acte, parce qu'il a été impossible de les déchiffrer.

son lieutenant, ou bien du chef esleu à la dite association, qui est monsieur de Humières, auquel promectons rendre tout honneur et obéissance ». Le but avoué de l'association, en vue duquel les gentilshommes picards devaient « se tenir prests, bien armez, montez et accompagnez selon leurs qualitez », était la conservation de la province, et, d'une manière générale, la *conservation de la religion;* on ajoutait, pour la forme, et *service de sa dite Majesté.*

Mais le pacte ou traité de Péronne, rédigé par un gouverneur royal qui était forcé de conserver certains ménagements, ne donne pas encore toute la pensée de la Ligue. Elle éclate, au contraire, avec une force rare, dans le manifeste ou formulaire en douze articles dont Palma-Cayet a donné le texte dans l'introduction de sa *Chronologie novenaire* [1]. Ce manifeste, dont le seigneur d'Humières s'était inspiré, non sans en atténuer les hardiesses, avait été « imprimé et envoyé par toute la chrestienté »; il tendait à ramener les institutions de la France à ce qu'elles étaient « du temps du roy Clovis, premier roy chrestien », à diviser le royaume en deux camps : les membres de la Ligue et ses ennemis « de quelle part qu'ils puissent être », et à élever en face du roi un autre roi, qu'on désigne sous le nom vague du « chef qui sera député [2] ». De terribles menaces sont proférées contre les associés qui, « après avoir fait serment en ladite association, se voudroient retirer ou départir d'icelle, sous quelque prétexte que ce soit ». Ils pourront être « offensés en leurs corps et biens » par les

---

[1]. *Collect. de mém.* MICHAUD et POUJOULAT, 1re série, t. XII, p. 13, et A. D'AUBIGNÉ, *Hist. univ.*, édit. in-fol. de 1626, fol. 830.
[2]. Voici le texte de l'art. VII de l'acte d'Union : « Jureront les dictz associez toute prompte obéissance et service *au chef qui sera député,* suivre et donner conseil, confort et ayde, tant à l'entretènement et conservation de ladite association que ruyne aux contredisans à icelle, sans acception ny exception de personnes; et seront les défaillans et délayans punis par l'authorité du chef et selon son ordonnance, à laquelle lesdits associez se soubsmettront. »

membres de la Ligue, sans qu'on ait le droit d'inquiéter ou de rechercher les meurtriers. A ce roi l'on oppose l'épouvantail des États généraux, dont il a juré, lors de son sacre, de respecter les ordres, et la formidable puissance de « la saincte Église catholique, apostolique et romaine », interprète de la loi de Dieu. D'ailleurs, aucune place n'est faite à la bourgeoisie et au peuple dans la direction de l'association nouvelle. Elle s'intitule « l'association des princes, seigneurs et gentilshommes catholiques »; et si les catholiques des corps des villes et villages doivent, aux termes de l'article VIII, « être advertiz et nommez secrettement par les gouverneurs particuliers d'entrer en ladite association », c'est uniquement pour faire nombre et à charge de « fournir deuement d'armes et d'hommes pour l'exécution d'icelle association, selon la puissance et faculté de chacun ».

Si Henri III avait conservé quelques illusions sur l'esprit de rébellion qui avait inspiré les intrigues des Guises lorsqu'ils jetaient les bases de la Ligue, il dut assurément les perdre en prenant connaissance des mémoires trouvés dans les papiers de l'avocat Jean David, que les chefs de la Ligue avaient envoyé à Rome pour solliciter l'approbation du pape Grégoire XIII. Cet émissaire était parti le 22 juin 1576 avec Pierre de Gondi, évêque de Paris, qui avait mission d'obtenir une bulle d'aliénation de 200,000 livres de rente accordées au roi par le clergé. Mais David mourut à Lyon, à son retour de Rome, et l'on trouva dans un coffre le fameux mémoire qui proposait la déchéance « de la race de Capet » au profit des vrais rejetons de Charlemagne, c'est-à-dire des princes lorrains [1]. Le

---

1. Voy. le texte du mémoire dans le premier vol. des *Mémoires de la Ligue*, p. I. On y peut lire une comparaison curieuse de la dynastie des Capétiens et des rejetons de Charlemagne : « Il se voit à l'œil que la race des Capets est du tout abandonnée à sens réprouvé : les uns étant frappés d'un esprit d'étourdissement, gens stupides et de néant : les autres, réprouvés de

roi d'abord ne croyait pas à l'authenticité du factum; mais son ambassadeur en Espagne, Jean de Vivonne, sieur de Saint-Goard, lui en ayant expédié une copie d'après l'original que Philippe II avait reçu de Rome, il fallut bien ouvrir les yeux. Toutefois Henri III n'osa pas heurter de front les Guises. Catherine et le garde des sceaux Jean de Morvilliers lui suggérèrent la pensée habile de se déclarer lui-même le chef de l'Union, et d'entrer avec tous ses courtisans dans l'association catholique.

Il était nécessaire de rappeler les circonstances qui entourèrent la naissance de la Ligue pour ne pas laisser sans explications et sans lumière les événements d'un caractère plus spécialement parisien. On n'a pas lieu d'être surpris de l'intime relation qui se manifeste entre les mouvements des conspirateurs catholiques, puisqu'ils agissaient sur tous les points de la France, par suite d'un plan concerté avec une remarquable discipline. Les situations respectives du roi et des Guises étant bien définies, revenons à la municipalité parisienne.

Les élections municipales du 16 août 1576 ne donnèrent lieu à aucun incident; mais elles ne furent pas, pour cela, dépourvues d'intérêt. En lisant dans les registres de la Ville le procès-verbal du scrutin, on reconnaît effectivement que le parti de la Ligue et celui des politiques étaient déjà en présence à l'Hôtel de Ville. Parmi les scrutateurs figuraient, d'une part, Pierre Hennequin, président au Parlement, personnage que tous les historiens signalent comme le principal agent des Guises à Paris, et, d'autre part, Christophe de Thou, le premier président,

---

Dieu et des hommes, pour leur hérésie, proscrits et rejetés de la sainte communion ecclésiastique. Au contraire, les rejetons de Charlemagne sont verdoyants, aimans la vertu, pleins de vigueur en esprit et en corps, pour exécuter choses hautes et louables. » Voy. aussi *Catal. Bibl. Nat.,* Lb [34], n°s 144 à 148, t. I, p. 299.

dont la clairvoyance et la loyauté avaient si fort contrarié les intrigues des ligueurs. Aucun incident ne troubla, d'ailleurs, les opérations électorales, et le prévôt des marchands, suivi des échevins, des scrutateurs et « de plusieurs des dictz sieurs conseillers, quarteniers et bourgeois », alla le même jour au Louvre présenter le scrutin au roi. Henri III « estant mal disposé » fit approcher de son lit « le président Luillier, sire Guillaume Guerrier et M. Anthoine Mesmin, desnommez au dict scrutin, auxquelz Sa Majesté auroit faict faire le serment accoustumé, assçavoir les sieurs président Luillier pour prévost des marchans et sire Guillaume Guerrier et M. Anthoine Mesmin pour eschevins de la dicte Ville [1] ».

L'impérieux besoin de se procurer de l'argent avait poussé le roi à convoquer les États généraux ou plutôt à signer l'article de la paix de Monsieur qui l'obligeait à les convoquer dans le délai de six mois. D'après de Thou [2], les lettres de convocation furent délivrées par Henri III, le jour même des élections municipales de Paris, le 16 août. Les *registres* de la Ville attestent cependant que la date et le lieu de la réunion des États ne furent portés à la connaissance du corps municipal qu'un peu plus tard, le 27 [3]. Aux termes des lettres royales, la réunion des États

---

1. Reg. H, 1788, f° 5. Christophe de Thou souffrit-il de voir que l'influence des ligueurs se développait au sein de la municipalité? Toujours est-il qu'à la date du 23 août 1576, dans une assemblée du Bureau, il résigna sa charge de conseiller de Ville en faveur de son fils, Jehan de Thou, conseiller et maître des requêtes de l'Hôtel du Roi. Le Bureau, après en avoir délibéré, admit la résignation. *Ibid.*, f° 7.

2. T. VII, p. 447.

3. « Ce jourdhuy, vingt-septiesme jour d'aoust 1576, est venu au bureau de la Ville de Paris M. Charles de Villemoutet, conseiller et procureur du roy au Châtelet de Paris, lequel a déclaré à M. le prévost des marchans et eschevins de la dicte ville que les Estatz de la dicte prévosté et vicomté de Paris se tiendront le dix-septiesme jour de septembre prochain en *la grand'salle de l'évesché de Paris*, suyvant la volunté du roy, ad ce que mes dicts sieurs de la Ville ayent à eulx y trouver le dict jour, à sept attendant huict heures du matin; et, à ceste fin, a présenté et baillé coppie des lettres du roy envoyées au prévost de Paris, desquelles la teneur

généraux devait avoir lieu le 15 novembre dans la Ville de Blois. La date eût même été avancée « sans l'altération et désordre survenus tant en l'état ecclésiastique que séculier, par l'aigreur et continuation des guerres civiles ». Suivant la coutume et conformément à ce qui s'était fait en 1560, le roi mandait aux baillis et aux prévôts d'assembler dans la principale ville de leur ressort « tous ceulx des trois Estats d'iceluy... pour conférer et communicquer ensemblement tant des remontrances, plainctes et dolléances que moyens et advis qu'ilz auront à proposer en l'assemblée géneralle de nostre dict Estat; et, ce faict, eslire, choisir et nommer ung d'entre eulx de chascun ordre, qu'ils envoyeront et feront trouver au dict jour, quinziesme du mois de novembre, en nostre dicte ville de Blois, avecques amples instructions et pouvoirs suffisans pour, selon les bonnes, anciennes et louables coustumes du royaume, nous faire entendre, de la part des dictz estatz, tant leurs plaintes et dolléances que ce qu'il leur semblera tourner au bien publicq, soullagement et repos d'ung chascun [1]... » Le corps de Ville parisien n'aurait eu qu'à exécuter les instructions du prince, si elles n'avaient pas désigné la grand'salle de l'évêché de Paris comme devant être le lieu de réunion des membres du tiers état parisien [2], aussi bien que du clergé et de la noblesse. Or la municipalité avait toujours maintenu son droit de convoquer séparément le tiers état parisien et procéder, sans le contrôle d'aucune autre autorité, à la nomination des députés et à l'élaboration des

---

ensuict.... » Reg. H., 1788, f° 7. Nous ne reproduisons pas le texte complet des lettres royales, car il a déjà été en partie inséré dans l'*Histoire des États généraux* de M. Georges Picot, t. II, p. 305.

1. Reg. *Ibid.*
2. Le même conflit entre le prévôt des marchands et le prévôt de Paris s'était produit en 1560, lors de la convocation des Etats généraux par François II. Nous avons dit comment il s'était dénoué au profit du prévôt des marchands. Voy. *Hist. munic.*, p. 500 à 506. La composition du corps électoral parisien, en vue de la nomination des députés, a été aussi indiquée avec précision. *Ibid.*

cahiers. Quand le procureur du roi au Châtelet eut achevé la lecture des lettres de convocation, on se borna à lui en donner acte, en ajoutant « que les anciens registres de la Ville seroient veuz et que les dictz sieurs prévost et eschevins feroient ce qu'il appartiendroit à la conservation des droictz, previlèges et prérogatives de la dicte ville [1] ». Le résultat de l'examen des registres ayant été « que, de tout temps et ancienneté, la convocation du tiers estat de la dicte ville et faulxbourgs de Paris a toujours esté faicte en l'Hostel de la Ville par MM. les prévost des marchans et eschevins d'icelle, et non par le prévost de Paris », des remontrances furent immédiatement adressées au roi.

Henri III n'avait aucun intérêt à mécontenter les électeurs parisiens pour une question de forme. Il répondit *tost après* au prévôt des marchands : « Désirant en toutes choses conserver les privillèges dont vous et les manans et habitants de nostre dicte ville ont toujours accoustumé de jouir..., j'incline à la dicte remontrance. » En conséquence, le roi ordonne au prévôt des marchands de faire la convocation suivant les formes traditionnelles pour une assemblée générale, afin de délibérer sur les vœux à transmettre aux États généraux [2].

---

1. *Ibid.*, f° 9.
2. « Et pour cest effect choisir et nommer en ladicte assemblée génerallé qui sera par vous faicte en l'hostel commung de vostre ville, comme dict est, personnaiges pour dresser les cahiers de leurs remontrances et des moiens qu'ilz auront advisé le plus propres pour remettre ce royaume en sa première dignité et splendeur..., sans que vous ou vos députtez, ny les autres manans et habitans, ex et au dedans de nostre ville et faulxbourgs, soient tenus aucunement comparoir en la convocation et assemblée indicte par nostredict prévost de Paris, au 17e jour du présent mois en la grand' salle de l'évesché de Paris es estatz de la dicte prévosté, et sans que nostre dict prévost de Paris, et auquel à ceste fin nous en escrivons, se puisse aucunement entremettre pour le faict desdits estatz, en ce qui concerne nostredicte ville et faulxbourgs, laquelle, pour les considérations cy-dessus, nous avons, de nostre grâce spéciale, exemptée de la jurisdiction et cognoissance de nostre dict sieur prévost de Paris, pour le regard de ladicte convocation d'estatz seullement, voullans, pour la dignité et excel-

Ayant ainsi obtenu une fois de plus satisfaction et fait repousser les prétentions du prévôt de Paris, le prévôt des marchands convoqua les électeurs à l'Hôtel de Ville en assemblée générale. Elle eut lieu le 6 septembre 1576. On avait appelé, sans parler du corps de Ville et des quartiniers, six notables bourgeois de chaque quartier. La séance s'ouvrit par la lecture des lettres du roi, puis on nomma une commission, composée du prévôt des marchands, des échevins, « de MM. Prévost et Hennequin présidents au Parlement ou l'ung deulx, l'un en l'absence de l'autre »; du président Nicolay pour la Chambre des comptes, du président de Neully pour la cour des aides, de M. Aubry, conseiller de ville, et juge des marchands, de M. Versoris, avocat au Parlement, délégué des bourgeois, et enfin de sire Nicolas Parant, délégué des marchands. Cette commission reçut le mandat de « recevoir toutes et chacunes les plainctes et dolléances et remonstrances que les citoyens de la dicte Ville et faulxbourgs d'icelle vouldront faire et présenter, ensemble tous les cahiers des corps, collèges et communaultez des marchans, bourgeois et citoiens, de quelque ordre, qualité et condition qu'ilz soient [1] ». On décida que, quand la commission aurait reçu toutes les doléances, elle les *rédigerait* en un cahier, « lequel, dit la délibération, sera raporté par lesdits eschevins en l'assemblée générale, en laquelle ledict cahier desdictes plaintes et dolléances sera leu et arresté ». Une ordonnance du 12 septembre invita, en conséquence, « tous les bourgeois, gardes des corps et communaultés

---

lence d'icelle, que, de son chef, elle face esditcz Estatz généraulx *ung corps à part*, d'avec le reste de ladicte prévosté, ainsy qu'il fut faict ès dictz derniers Estatz généraulx tenus en nostre ville d'Orléans. Car tel est nostre plaisir. Donné à Paris le 2 septembre 1576. *Signé* : HENRY. Et au-dessoubz : *Fizet.* Et sur le doz desdictes lettres, est escript : *A nos très chers et bien amez les prévost des marchans et eschevins de nostre bonne ville et cité de Paris.* » REG. H; 1788, f° 9.
1. REG. H, 1788, f° 13.

des marchands et, en général, toutes personnes » à porter aux commissaires désignés plus haut les plaintes, doléances et remontrances qu'ils désiraient *proposer* au roi et envoyer aux États généraux. Le 17 septembre, M. Marcel, conseiller du roi, intendant de ses finances, vint au Bureau de la Ville et invita la municipalité à envoyer un échevin ou un conseiller de Ville avec deux bourgeois pour prendre part à la réunion des deux autres ordres qui se tenait à l'évêché de Paris. La ville députa M° Claude Perrot, procureur du roi et de la Ville, avec Jehan Merault et Louis de Creil, marchand et bourgeois de Paris. Introduits dans la salle de l'évêché, les délégués municipaux firent immédiatement leurs réserves. Claude Perrot, au nom du tiers état parisien, demanda acte de sa protestation, « qui estoit que ladicte comparution qu'il faisoit n'estoit en vertu du mandement du prévost de Paris, ains du commandement présentement faict par le roy et sans aucunement desroger ne préjudicier aux droictz, auctoritez et prééminences de mesdictz sieurs les prévost des marchans et eschevins qui ne recognoissent aucunement ledict prévost de Paris en assemblée d'estatz ». Fièrement, le procureur de la Ville réclama la place « que les estatz de la prévosté et vicomté de Paris ont accoustumé de bailler en tous lieux aux députez de ladicte Ville de Paris ». Ce ferme langage en imposa-t-il aux officiers royaux qui présidaient l'assemblée des électeurs de la noblesse du clergé; le roi avait-il envoyé des ordres prescrivant de ne pas blesser les susceptibilités du tiers? Toujours est-il que, d'après la relation des registres, le lieutenant civil et le procureur du roi au Châtelet se levèrent pour faire une place aux trois députés de la Ville et leur firent donner des sièges « à part, devant et vis-à-vis le sieur prévost de Paris ». Les délégués assistèrent à une partie de la séance et entendirent l'appel des « gentilshommes tenant les fiefs de ladicte prévosté de Paris ¹ ». Après quoi ils se retirèrent.

La commission, nommée le 6 septembre pour recevoir les plaintes et doléances des bourgeois, avait déjà tenu séance « par plusieurs et divers jours » à l'Hôtel de Ville, et le sieur de Versoris avait été chargé de la rédaction du cahier général. Mais ce travail n'avançait que lentement. Le 28 septembre, le roi, « pour accélérer les articles et cahiers des plainctes de ceste ville de Paris », fit ordonner par arrêt de son Conseil au prévôt des marchands de placer à l'Hôtel de Ville « en lieu publicq et auquel chascun puisse venir librement... ung coffre ayant ouverture en forme d'un tronc, et auquel sera permis à chacune des communaultez de faire mettre indifféremment tels cahiers et dolléances ou remonstrances que bon luy semblera; et lequel coffre fermera à deulx clefz, dont l'une demeurera ès-mains du prévost des marchans et l'aultre ès-mains de tel des députez qui sera par eulx advisé, pour après estre faict ouverture dudict coffre par les dictz prévost et députez, et par eulx dressé ung cahier desdictes dolléances et remonstrances, ainsy qu'il a esté cy-devant advisé en l'assemblée géneralle de ladicte ville ². » Pour déférer aux ordres du roi, la Ville adressa, le 29 octobre, un mandement aux maîtres et gardes de la draperie, mercerie, orfèvrerie, pelleterie et bonneterie de la Ville de Paris pour leur enjoindre de déposer leurs cahiers de doléances dans le coffre imaginé par Henri III, et ce dès le lendemain. Avec le contenu du coffre et les propres observations des membres du corps de Ville et de ses collègues de la commission, le sieur de Versoris dressa le cahier général des doléances du tiers état parisien. A la date du 29 octobre, le Bureau de la Ville put lancer les mandements de convo-

---

1. Reg. B, 1788, f° 14.
2. *Ibid.*, f° 16.

cation pour l'assemblée générale qui, dans la grand'salle de l'Hôtel de Ville, allait avoir à entendre la lecture du cahier général et à élire « ceux qui iraient aux États généraux porter les remontrances [1] ». Ces mandements prescrivaient à chaque quartinier de convoquer : dix notables de chaque quartier, savoir cinq officiers du roi, pris dans les compagnies souveraines, et cinq notables bourgeois, marchands, *non officiers;* deux gardes des corporations des drapiers, épiciers, merciers, pelletiers, orfèvres, bonnetiers; puis les représentants du clergé, l'évêque de Paris et son chapitre, « les religieux, abbés et couvent » de Sainte-Geneviève, de Saint-Victor, de Saint-Germain des Prés, des Chartreux, de Saint-Magloire, de Saint-Ladre, de Saint-Martin des Champs, des Célestins, de Sainte-Croix.

L'assemblée générale se tint le 2 novembre 1576. On y donna lecture « des chapitres des remontrances, plainctes et doléances de l'Église, de la justice et de la noblesse ». Dans la séance du lendemain fut achevée la lecture de ce cahier; puis on passa aux chapitres « des finances, tailles et impositions, de la marchandise et police ». Chaque chapitre était mis successivement aux voix [2]. Quand l'assemblée eut pris connaissance de tous les cahiers, elle arrêta que le cahier général serait revu par une commission, composée du prévôt des marchands et des échevins, de deux conseillers de Ville, deux membres du Parlement, deux de la Cour des aides, deux de la Cour des comptes, deux ecclésiastiques, deux secrétaires du roi, deux officiers du Châtelet, deux délégués de l'Administration des monnaies, et deux de chacun des cinq corps de

---

1. Reg. H, 1788, f° 7.
2. « A esté ordonné qu'il sera oppiné sur chacun chapitre d'iceluy cahier, et non par articles, pour obvier aux longueurs qui s'en pourroient ensuivre. » *Ibid.*, f° 20.

métiers. Le 4 et le 5 novembre, la commission de revision s'assembla et admit à ses délibérations un grand nombre de bourgeois. Elle ajouta au cahier général un grand nombre de plaintes et remontrances, et fit indiquer pour le 8 une assemblée générale afin « d'oyr la lecture dudict cayer, icelluy arrester et eslire ceulx qui en seront porteurs ». Les électeurs s'assemblèrent, le jour dit, à l'Hôtel de Ville. Il y eut peu d'abstentions, surtout de la part des bourgeois mandés. Après avoir entendu la lecture du cahier général [1], et en avoir approuvé la rédaction, l'assemblée générale nomma les députés du tiers aux États généraux. « A esté proceddé à l'ellection des personnes cy-après nommées pour les y porter et présenter ; et, en ce faisant, ont esté choissy, nommez et esleuz, asscavoir *par toute ladicte assemblée :* ledict sieur de Saint-Mesmyn [2], prévost des marchans, et par la plus grande et seyne partie d'icelle lesdictz sieurs Versoris, bourgeois, et Le Prévost, sieur de Brévant, eschevin de ladicte Ville. » Ainsi le tiers état parisien envoyait aux États généraux trois députés seulement, le prévôt des marchands, un échevin et un bourgeois, ce Versoris qui avait été chargé de la rédaction du cahier général des doléances. C'était deux députés de moins qu'en 1560 [3].

Quel était l'esprit des députés parisiens? Il était entièrement favorable à la Ligue. Luillier, prévôt des marchands [4],

1. L'assemblée *avoue* le cahier général des doléances et déclare qu'elle entend qu'il soit présenté à Sa Majesté, à la tenue des Estatz de ce royaume. *Ibid*, f° 23.
2. Il s'agit de Nicolas Luillier, président à la Chambre des comptes, qui avait été nommé prévôt des marchands le 16 août précédent. Il ne faut pas le confondre avec Antoine Mesmin, avocat, nommé échevin aux mêmes élections. Le Prévost avait été nommé échevin aux élections de 1575. Il était secrétaire du roi. Le Roux de Lincy, dans sa nomenclature des officiers municipaux, l'appelle « Augustin Le Prévost, seigneur de Drevans ».
3. Voy. *Hist. munic.*, p. 507.
4. Il devait mourir en 1582. On ne doit pas le confondre avec son cousin Jean Luillier, qui fut aussi prévôt des marchands et ouvrit à Henri IV les portes de Paris, en 1594.

était un homme faible et mou, dominé par son collègue Pierre le Tourneur, dit Versoris, le rédacteur du cahier général de Paris, l'avocat au Parlement le plus connu et le plus éloquent. L'Estoile le considérait avec l'opinion publique « comme pensionnaire, principal conseil et factionnaire de la maison de Guise ». En cette qualité, « il cornait la guerre contre les huguenots plus hault et plus ouvertement et scandaleusement qu'aucun député des autres estats ». Quant à Le Prévost, le troisième député, c'était un des quatre notaires de la Cour, « honneste homme et docte ». Les élus du tiers état parisien se distinguaient par leur forte corpulence, « dont, par quolibet, ils furent surnommés *les trois Bedons* [1] ». Sans prétendre refaire l'histoire des États généraux de 1576, nous nous bornerons à déterminer le rôle des députés de Paris et leur influence sur les délibérations des trois ordres, en précisant, ce qui ne semble pas avoir été fait jusqu'ici, les rapports du roi avec sa capitale pendant la durée des États généraux.

Henri III ne s'était installé au château de Blois que le 18 novembre. En quittant Paris, il n'était pas sans inquiétudes sur le maintien de l'ordre dans la grande Ville. Les ligueurs avaient pris les devants et manifestaient la prétention de se charger eux-mêmes de la police. Ils avaient chargé le prévôt des marchands, qui partait pour Blois, de remettre au roi « un mémoire rédigé par certains bourgeois, touchant l'ordre et la police qu'ilz voudroient voir garder en ladicte Ville (de Paris) pendant l'absence et

---

[1]. L'Estoile, t. I, p. 181. Le chroniqueur a conservé plusieurs des pièces satiriques que les protestants publièrent sur la députation parisienne. Versoris, l'adversaire principal du parti de la conciliation, y est toujours appelé « le porc Versoris ». On tourne aussi le président Luillier en ridicule :

> Je le conneus au ruban du bonnet,
> A sa calothe et à sa barbe rase,
> Au gros anneau qui lui sert de sonnet,
> A son baudier qui le tient en costase.

esloignement de S. M.[1] ». Luillier s'acquitta exactement de sa mission, à la date du 26 novembre. Dès le lendemain, le roi retournait à la municipalité parisienne le mémoire dont il s'agit avec ses observations[2]. A côté des précautions ordinaires, telles que les perquisitions domiciliaires, confiées aux quartiniers, cinquanteniers et dizainiers qui, trois fois la semaine, viennent rendre compte au Bureau de la Ville, les commissaires du Châtelet devront aussi faire une inspection hebdomadaire des maisons garnies et des hôtels. Les hôteliers ont ordre « d'apporter par chascun jour bultin ou roolle, contenant les noms, surnoms et qualitez de ceulx qui arrivent à loger ès dites maisons bourgeoises, chambres garnies, hostelleries, cabaretz et tavernes ». Il est prescrit aux « maistres des pontz, portz et passaiges, aux maires des villes voisines de la prévosté de Paris ou particulièrement à quelques gens de bien desdictz lieux, d'escrire souvent auxdictz sieurs prévost et eschevins de ce qui se passera par leurs destroictz et quartiers ». Le roi veut aussi « que pour cognoistre les maisons où l'on loge gens en chambre garnie, ceulx qui font estat d'en louer soient tenuz de mettre hors la porte un escripteau contenant ces motz *chambres garnies à louer*, sur peyne de vingt livres parisis d'amende pour la première fois et de pugnition corporelle, s'il y eschet ». Mais ce que le souverain ne verrait pas d'un bon œil, c'est que la milice bourgeoise, sous couleur de garder la Ville, prît son rôle militaire trop au sérieux et garnît les portes d'hommes armés. Il désire « qu'il n'y ait pas plus de six bourgeois notables à chaque porte, *sans aucunes armes*, pour regarder et observer qui va et vient ». Entre Blois et Paris, il y a un échange incessant de communications.

---

1. Le REG. H, 1788, f° 40, reproduit les différents articles du Mémoire et les déclarations du roi relatives à chaque article.
2. *Ibid.*, f° 41.

Tantôt c'est le prévôt des marchands qui fait transmettre aux « maistres de coches de la capitale » la défense de prendre des voyageurs sans passeports de la Ville « sur-peine de confiscation d'icelles coches et pugnition [1] »; ou bien qui prescrit à certains quartiniers « de se saisir par chascun jour » des clefs de telle ou telle porte et de ne les commettre qu'aux cinquanteniers et dizainiers de service. Tantôt c'est le roi lui-même qui correspond avec le corps de Ville parisien. Le 8 décembre, Henri accuse réception d'une lettre qui lui avait été écrite le 2 par les magistrats municipaux et que les députés de Paris aux États lui avaient directement remise. Il s'agissait d'une requête présentée par certains bourgeois relativement aux rentes constituées de l'Hôtel de Ville. Le roi répond qu'il a écrit au premier président du Parlement pour faire rejeter la requête; puis le souverain annonce à sa bonne Ville, dans les termes suivants, l'ouverture des États généraux : « Nous dirons aussy pour la fin de ceste cy (lettre) que hier nous ouvrismes et commençasmes la tenue des Étatz généraulx de nostre royaume où estoit la plus notable et célèbre compaignie des trois ordres et estatz d'icelle qui se voit il y a fort longtemps et peult estre jamais. Je feiz la proposition [2] et monsieur le chancelier déclara après plus

1. Lettre du 28 novembre, *Ibid.*, f° 42.
2. C'était effectivement le roi en personne qui avait ouvert les États. Tous les historiens constatent que la harangue de Henri III produisit un grand effet. On peut en trouver le texte complet au t. XIII des *États généraux*. Le *Journal du tiers état* de Jean Bodin, député de Vermandois, auteur du célèbre ouvrage intitulé *les Six livres de la République*, se trouve réimprimé au t. XIII des *États généraux*, p. 212-315, Paris, Barrois, 1789, 16 vol. in-8°, Catal. Sénat, n° 485. De Thou (t. VII, p. 448) attribue à Jean de Morvilliers, l'ancien garde des sceaux, la rédaction du discours royal. Ce qui est certain, c'est que Henri III obtint un grand succès d'orateur. «... Sa Majesté, dit l'Estoile, harangua disertement et bien à propos. Au contraire, le chancelier de Birague, après lui, harangua longuement, lourdement et mal à propos, dont fust fait et semé le suivant quatrain :

    Tels sont les faits des hommes que les dits :
    Le roy dit bien, car il est débonnaire;
    Son chancelier fait bien tout au contraire.
    Car il dit mal et fait encore pis.

particullièrement les choses qui sont à traicter. Sur quoy j'ay trouvé chascun tant bien disposé et affectionné pour s'évertuer à bien faire que j'espère, avec la grâce de Dieu, que l'issue en sera grandement fructueuse et sallutaire pour mon royaume et à la continuation du repos d'icelluy, ainsy que pourrez faire entendre aux conseillers de nostre dict Hostel de Ville ou à ceulx d'entre eulx qui seront à la réception de ceste présente, par laquelle nous prions Dieu vous avoir en sa saincte et digne garde. Escrit à Blois le VII° jour de décembre 1576. Signé Henry et plus bas Pinart [1] ».

Il y avait eu à cette séance d'ouverture des États un mouvement d'émotion sincère, quand on entendit le prince lui-même faire d'un ton grave le bilan de tous les maux qui affligeaient la France, et promettre de travailler nuit et jour, sans épargner son sang et sa vie, pour le rétablissement de la prospérité de tous. Henri III put croire un moment qu'il trouverait des instruments dociles dans les députés des trois ordres et qu'il n'aurait pas de peine à substituer son influence à celle des Guises [2]. Il se trompait [3]; les premières résolutions des trois ordres, jointes à la publication par les protestants du mémoire adressé au pape par les

---

Il existe plusieurs tirages à part du discours de Henri III. Voy. *Catalogue de l'Hist. de France de la Bibl. Nat.*, Le [13], 55. — Voy. aussi d'Aubigné, *Hist. univ.*, col. 848. Après avoir reproduit le discours royal, l'historien ajoute : « J'eusse soulagé mon lecteur par les retranchements que j'apporte aux longues harangues; mais je n'ai osé toucher à celle d'un roi bien-disant. »
1. Reg. H, 1788. *Ibid.*
2. Charles de Lorraine, duc de Mayenne, assistait, aux côtés du roi, à la séance d'ouverture; mais le duc de Guise, son frère, était absent. Il n'avait pas voulu céder le pas aux princes du sang, notamment au duc de Montpensier : car le roi, pour éviter les conflits qui s'étaient produits entre Guise et Montpensier, lors du sacre à Reims, avait publié une déclaration donnant formellement le pas aux princes du sang sur tous les autres pairs, quelle que fût la date d'érection de leur pairie.
3. « Telle fut, écrit de Thou, l'ouverture de ces États, où le roi s'était flatté d'abord qu'il serait le maître. Mais il ne fut pas longtemps à s'apercevoir qu'il s'étoit trompé et il commença bientôt à connoître quel étoit l'esprit de cette nouvelle Ligue qui venoit de se former. » (T. VII, p. 451.)

chefs de la Ligue et remis au cardinal de Pellevé par l'avocat David, ne tardèrent pas à faire comprendre au prince l'étendue du péril qui menaçait la couronne. Toutefois, il vint à Henri III un défenseur inattendu dans la personne de Jean Bodin, l'éloquent député du Vermandois. Dans sa harangue, le roi avait prêché l'apaisement, la conciliation des partis, la pacification de la France [1]. Les députés de Paris au contraire, et surtout Versoris, insistaient pour requérir le roi « d'unir tous ses sujets en une religion catholique romaine », ce qui eût abouti à une reprise de la guerre civile. Le tiers état parut se prononcer en faveur des moyens violents, lorsqu'il désigna Versoris, le 7 décembre, pour prendre la parole au nom du tiers.

D'autre part, lorsque le tiers vota, le 26 décembre, sur le cahier général, cinq gouvernements, savoir la Bourgogne, la Bretagne, la Guyenne, le Lyonnais et le Dauphiné, appuyèrent de leurs suffrages la politique conciliatrice dont Bodin s'était fait le défenseur. Mais les sept autres gouvernements, qui formaient la majorité, se déclarèrent partisans d'un nouvel appel à la force pour écraser les protestants. La noblesse et le clergé avaient opiné dans le même sens dès le 22 décembre. Les envoyés du roi de Navarre, du prince de Condé et du maréchal Damville, qui étaient venus pour suivre de près les délibérations des États, se considérèrent comme suffisamment édifiés et quittèrent Blois dès qu'on connut le vote unanime des trois ordres sur l'unité de religion. Une reprise des hostilités dans les provinces devenait donc imminente. Déjà les huguenots s'étaient emparés de Bazas et de la Réole, et la Guyenne et le Poitou étaient en feu, quand le roi, d'accord avec les États,

---

1. « Où il a été besoin de pacifier les troubles par réconciliation, nul plus que moi ne l'a désiré, ni plus volontiers que moi n'a presté l'oreille à toutes les honnestes et raisonnables conditions de paix que l'on a voulu mettre en avant. » (*Disc. royal.*)

envoya une ambassade [1] aux princes protestants, afin d'essayer d'obtenir d'eux une sorte de trêve, à défaut d'une soumission absolue aux déclarations des États. Cependant on était déjà arrivé à la fin de décembre et le roi n'avait obtenu des trois ordres que des professions de foi catholiques, et pas le moindre subside. En vain, le premier président de la Chambre des comptes, Antoine Nicolaï, était venu, le 31 décembre, peindre devant les États la détresse profonde du Trésor royal; il n'avait obtenu que la nomination d'une commission d'examen qui, dans son rapport du 9 janvier, déclara que la principale cause du mauvais état des finances résidait dans la mauvaise assiette des rentes constituées, et surtout dans l'énormité des dépenses du souverain. Henri III en était réduit à se faire mendiant, à dire qu'il n'avait plus un écu pour payer les Suisses; « que sa nécessité était telle qu'il n'avoit pas le plus souvent sa cuisine prête, ni son bois, ni sa chandelle, ni ses autres mesmes nécessités » [2]. Le clergé et la noblesse voulaient bien voter des impôts et augmenter la taille en la consacrant entièrement aux dépenses de l'armée, mais à condition que le peuple supporterait tout le fardeau. Le tiers, de son côté, voulait faire supporter par les trois ordres les dépenses de guerre et se prononçait énergiquement contre la désaffectation de la taille et la suspension du payement des rentes. Malgré les menaces de M. de Villequier, au nom du roi, et les objurgations de la noblesse, le tiers resta inébranlable. Il refusa même de discuter plusieurs systèmes proposés directement par le roi. Ainsi, par suite

1. Cette ambassade se composait de Pierre de Villars, archevêque de Vienne, André de Bourbon de Rubempré, et Ménager, trésorier de France, chargés de se rendre auprès du roi de Navarre; de l'évêque d'Autun, de M. de Montmorin et de Pierre Rat, lieutenant de Poitiers, qui devaient se mettre en rapports avec le prince de Condé; et enfin de Nectaire, évêque du Puy, de René de Rochefort et du sieur de Tolé, envoyés vers le duc de Damville. Le roi envoyait, en outre, au roi de Navarre, le maréchal de Biron.
2. GUILLAUME DE TAIX, *Journal*. Voir à la date du 9 janvier 1577.

de ces divergences profondes sur la question financière, la situation devenait très différente de ce qu'elle était au début.

Il est curieux, et c'est là ce qui nous intéresse particulièrement, d'étudier l'attitude des députés parisiens. En vue de la séance solennelle qui allait avoir lieu prochainement, le tiers avait chargé Versoris d'insister sur quatre points dans la harangue qu'il aurait à prononcer (15 janvier 1577). D'Aubigné [1] nous fait connaître avec précision quels étaient ces quatre points : « Le premier, que la réunion de tous les subjects du roi à une religion s'entendoit par deux moyens et sans guerre, supplians le roi de maintenir son peuple en paix, voir ses princes unis avec les autres ; lui représenter les misères des guerres civiles ; lui fut répété qu'« il n'oubliast ces mots *sans guerre* et de tendre à la paix en toute sorte. Le deuxième, qu'en parlant des élections des bénéfices, il en parlast précisément sans rien remettre à la volonté du roi. Le troisième, qu'il touchast au vif l'administration mauvaise faicte des finances du roi, et qu'il s'en fist recherche ; et, s'il faisoit quelques offres au nom du tiers estat, qu'elles fussent générales et non particulières. Le dernier, qu'il n'oubliast le faict des étrangers. » Ainsi le tiers état, qui, une vingtaine de jours auparavant, s'était prononcé par un vote formel dans le sens d'une reprise de la guerre religieuse et avait repoussé les propositions pacifiques de Jean Bodin, ce même tiers état donnait maintenant à son orateur le mandat impératif de supplier le roi de rétablir la paix entre les deux partis. Comment s'expliquer ce revirement subit ? Uniquement parce que, depuis la déclaration de M. de Nicolaï, les députés du tiers voyaient clairement que la cour n'avait qu'un dessein : tirer d'eux le plus d'argent possible ; ils avaient aussi constaté que les deux autres ordres n'acceptaient l'éventualité

---

1. *Hist. univ.*, édit. in-4° de 1626, col. 854.

de la guerre qu'avec l'arrière-pensée de n'en pas supporter les frais. Le 16, à la veille de la séance générale, le comte de Suze vint, au nom du roi, faire une dernière tentative et mit le tiers en demeure d'apporter au château, dès le lendemain, « ses résolutions et avis sur les moyens d'acquitter les dettes royales et de faire nouveau fonds ». Mais le président Hémar répondit avec assurance à l'envoyé qu'il n'était pas besoin d'argent pour rétablir l'unité religieuse, attendu qu'on pouvait atteindre ce but sans guerre « par conciles et par réformations des abus ». Le 17, eut lieu ce que l'Estoile appelle la *seconde* séance des États, en d'autres termes, la seconde séance solennelle des trois ordres. Cette fois, le duc de Guise était présent. Le héraut royal commanda d'abord à l'orateur du clergé de prendre la parole. C'était l'archevêque de Lyon, d'Espinac. « Il parla plus d'une heure, dit d'Aubigné, avec beaucoup d'élégance et de doctrine... Sur la fin, il exhorta le roi et un chacun à se lier avec les bons chrestiens par une saincte union et association, et tout cela en termes généraux. » Après lui, le baron de Senesai [1], Claude de Beaufremont, orateur de la noblesse, fit son discours. Dans cette harangue, qui fut accueillie par l'assemblée avec une faveur marquée, le baron s'étendit sur la déplorable situation du royaume, rappela au roi le serment qu'il avait prêté, lors de son sacre, de rétablir la religion catholique, apostolique et romaine, en s'opposant à l'exercice d'une nouvelle « piété, créance et religion ». Il s'engagea à ne confier les grandes charges du royaume qu'aux « hommes choisis à la seule marque de vertu et de suffisance », et à ne pas imiter les Arabes « qui cherchent la myrrhe chez leurs voisins, encore que nature ait prodigieusement rempli leurs contrées de toutes sortes d'odeurs ». L'orateur de la noblesse tonna contre les étran-

---

[1]. C'est l'orthographe adoptée par d'Aubigné. L'Estoile écrit « le baron de *Senescé* ».

gers qui apportent souvent « confusion de mœurs, avec mutation de l'ancienne discipline et bien souvent de l'Estat »; il conseilla au roi de rétablir les anciennes coutumes et les vieilles lois. En terminant, il offrit au souverain « contre toutes personnes », la vie, les biens et jusqu'à la dernière goutte du sang de sa fidèle noblesse. Versoris, au nom du tiers état, prit ensuite la parole. Tandis que les orateurs du clergé et de la noblesse n'avaient parlé à genoux qu'un moment, et que le roi s'était empressé de leur donner l'ordre de se relever pour continuer leur discours, Versoris resta à genoux une heure et demie, aussi longtemps que dura sa harangue. Le langage du député de Paris causa une grande déception et ne répondit nullement à l'attente du tiers état. Stylé par le duc de Guise, dont il était le docile instrument, l'orateur trahit avec désinvolture le mandat qu'il avait reçu, « se troublant à tous coups, dit d'Aubigné, pour ce qu'au lieu de répondre aux poincts desquels il estoit chargé, il rendit le tiers estat (contre sa volonté) instigateur et sollici- teur de la guerre »[1]. Il ne parla pas non plus des élections ecclésiastiques et judiciaires, au mépris de ses instructions. Bref, ce fut une véritable trahison. Elle ne profitait guère au roi que les trois ordres payaient simultanément de rhé- torique, sans prendre aucun engagement pécuniaire. La fin de janvier se passa au milieu des négociations. Henri III, déconcerté, furieux, recevait de toutes mains des plans

---

[1]. L'Estoile écrit, de son côté, après avoir constaté le succès des orateurs de la noblesse et du clergé et l'insuccès de Versoris : « Les deux premiers dirent bien et au contentement de chacun. Versoris fut long et ennuieus, et, pour dire en un mot, ne dit rien qui vaille et mescontenta grands et petits, combien qu'il fust exercé à bien dire, estans un des premiers et mieux nommés avocas plaidans ordinairement au barreau du Parlement de Paris. » T. I, p. 166.
Les protestants chansonnèrent :

> Il a oré ! — Et qui ? — Ce mignon Versoris,
> Procureur général des badauds de Paris.
> Comment a-t-il oré ? D'une si bonne grâce
> Qu'il a outrepassé la montagne d'Horace,
> En accouchant d'un ver avec une souris.

financiers qu'il faisait présenter aux États par son frère et par les grands dignitaires de la couronne. Le 30, on finit par tirer du clergé la promesse d'entretenir cinq mille hommes, et de la noblesse l'engagement de servir gratuitement pendant six mois. Quant au tiers, il se vengea de l'humiliation infligée à son représentant lors de la séance solennelle, en refusant tout subside. Dans la séance particulière qu'il tint le 28 janvier, le tiers resta sourd aux objurgations du président Luillier, qui « exhorta la compagnie à faire son devoir de subvenir à Sa Majesté. A l'unanimité, le nouveau système d'impôts présenté par le roi fut rejeté, ainsi qu'une demande de deux millions pour les frais de la guerre. Sur l'ordre du roi, transmis par le duc d'Alençon, le tiers remit en délibération, le 31 janvier, les vœux du souverain et donna mission au président Luillier d'aller au château le lendemain 1er février pour notifier au roi le refus formel du troisième ordre. Le prévôt des marchands ainsi que Versoris se trouvaient acculés dans une impasse. Ils avaient poussé leurs collègues à recommander à la cour une politique belliqueuse, et cependant ils défendaient avec acharnement — comme c'était d'ailleurs leur devoir — le trésor des rentes de l'Hôtel de Ville, sérieusement menacé par les convoitises royales [1]. Luillier et ses collègues parisiens comprenaient fort bien que si le tiers refusait tout subside, le roi, dans un mouvement de colère ou sous l'impulsion de la nécessité, pourrait bien plonger la main dans la caisse municipale. Cependant le prévôt des marchands fut obligé d'exécuter les volontés du tiers et de les exposer lui-même à Henri III. Comédien habile, le roi écouta sans

---

1. « Pour ce que ceux de la maison de Ville de Paris (quelquefois les plus eschauffez à la guerre) estoyent les plus froids à l'octroi, on mit un billet avant jour à la salle du tiers estat, portant ces mots : Messieurs de Paris qui eschauffez tout le monde à la guerre et les retardez pour les finances, sachez qu'on arrestera les rentes de votre Maison de Ville, qui sont 3 132 000 livres par chacun an. » D'Aubigné, *Hist. univ.*, col. 860.

perdre son sang-froid la notification du refus du tiers état, et, affectant la surprise, se contenta de répéter que le tiers se réunirait encore une fois pour octroyer les deux millions.

Il y eut donc une nouvelle séance le 2 février. Les députés de Paris insistèrent avec vivacité auprès de leurs collègues pour les déterminer à ne pas maintenir leur refus de subsides [1], mais Bodin opposa les intérêts du royaume aux intérêts particuliers de la Ville de Paris, et décida l'assemblée à sacrifier la capitale. Versoris et ses collègues parisiens étaient définitivement vaincus. Le dépit qu'ils ressentirent en comprenant que l'influence de Bodin triomphait, leur fit prendre la résolution de quitter Blois et de cesser de paraître aux États [2]. Nous suivrons à Paris le prévôt des marchands, car l'histoire des États généraux intéresse plutôt la France que Paris, et si nous avons insisté autant sur les États de 1576-1577, c'est à cause du rôle considérable, quoique peu glorieux, qu'y jouèrent les députés parisiens [3].

Les États de Blois avaient eu un dénouement tout con-

---

1. Il est à croire qu'en dehors des intérêts généraux de Paris et de la caisse municipale, le prévôt des marchands et ses collègues de la députation parisienne avaient en vue leur intérêt personnel, lorsqu'ils plaidaient ainsi pour le roi. Henri III avait certainement essayé de les corrompre, soit à prix d'or, soit en faisant appel à leur vanité. L'ordonnance de janvier 1577 conféra la noblesse héréditaire à tous ceux qui avaient exercé les fonctions de prévôt des marchands ou d'échevin depuis l'avènement de Henri II. On trouve le texte complet de l'ordonnance dont il s'agit, sur laquelle nous reviendrons, dans le recueil des *Ordonnances royaux sur le faict et jurisdiction de la prévosté des marchands et eschevinage de la Ville de Paris*. Édit. de 1644, p. 240.

2. C'est ce que constate le journal de Bodin, sous la date du 2 février.

3. Le roi licencia les députés de la noblesse et du tiers état le 1er mars 1577, et le 2 ceux du clergé. Les cahiers avaient été présentés le 9 février. Ils demandaient, comme ceux de 1560-1561, la périodicité des États généraux et provinciaux, et la restauration des libertés municipales. Aucune concession n'avait été faite au roi en matière de finances. Lorsque le tiers fit annoncer au roi le vote qui refusait de consentir un subside de 2 millions et l'aliénation d'une partie du domaine royal, Henri III « en fut si marry que l'on vit quasi les larmes lui couler des yeux, quand on lui fit entendre cette opiniâtreté. — Ils ne me veulent secourir du leur, disait-il, ni me permettre que je m'aide du mien, voilà une trop énorme cruauté. » Guillaume de Taix, 22 février 1577, pièce n° 42, p. 376.

traire à celui qu'en attendaient les organisateurs de la Ligue. Après l'attitude belliqueuse des premiers jours, les États avaient singulièrement atténué leur zèle catholique, et dès qu'il s'était agi de traduire les paroles en actes, ils étaient devenus résolument pacifiques, déjouant ainsi la manœuvre du roi, qui n'affectait d'être favorable à une reprise de la guerre civile que pour obtenir de l'argent. Une fois cette conviction acquise que les États généraux refusaient tout subside, Henri III avait prêté l'oreille aux ouvertures conciliantes du roi de Navarre et du maréchal de Damville. D'autre part, les révélations de l'ambassadeur de France à Madrid sur les véritables visées de la Ligue inspiraient au souverain de salutaires réflexions. Mais il n'osait rompre encore avec la terrible association. En quittant Blois, Nicolas Luillier, prévôt des marchands de Paris, avait emporté un ordre royal de faire signer l'acte d'union par les habitants de la capitale [1]. Mathieu de la Bruyère, lieutenant particulier, fut chargé de l'exécution de cet ordre, dont les ligueurs comptaient se servir au profit de leur cause. Quant à Henri III, il ne cherchait évidemment qu'à tirer de la Ville de Paris ce que la France, par la voix des États généraux, lui avait refusé. Sa correspondance avec la Ville ne laisse place à aucun doute. Dans une lettre datée du 4 mars 1577, il rappelle d'abord qu'il avait assemblé les États généraux du royaume pour « parvenir au repos, union et concorde de tous ses sujets... mais que les députés, suivant la charge à eux donnée par leurs provinces... l'ont requis de ne permettre aultre exercice que la religion catholique, apostolique et romaine ». Les protestants se sont révoltés de nouveau; ils ont pris plusieurs villes, tué et pillé les sujets catholiques et bravé l'autorité royale. Aussi convient-il de

---

1. Voy. DE THOU, t. VII, p. 490.

s'opposer par la force à leurs entreprises. Mais, pour faire la guerre, il faut des troupes, et, pour avoir des troupes, il faut de l'argent. Le roi en demande à Paris, sa bonne ville [1]. Il se contentera, pour cette fois, d'une somme de 300,000 livres, et, afin de la réaliser, Henri recommande aux magistrats municipaux de « prendre pied sur la taxe des deniers qui se lèvent pour la fortification sur les maisons de ladite Ville et faulxbourgs, laquelle taxe sera multipliée jusques à huict fois pour revenir auxdictz 300,000 livres ». Le prévôt des marchands et ses collègues commençaient à recueillir le fruit de leur conduite aux États généraux. Ils avaient poussé le roi aux résolutions belliqueuses [2], et voici que la cour demandait déjà une provision. Une assemblée eut lieu le 8 mars 1577 au bureau de la Ville pour délibérer sur la demande du roi. Mais « attendu l'importance de l'affaire », le bureau décida qu'une assemblée générale serait convoquée pour le 11

---

1. « Considérant la bonne volonté et asseuré debvoir que ceulx de nostre bonne ville de Paris, capitale de ce royaume, ilz ont toujours rendu à la conservation de ceste couronne, nous avons advisé vous requérir de nous aider et servir, en ceste tant bonne et saincte occasion, de la somme de trois cens mil livres tournois, pour partie des deux millions de livres que sommes contrainctz lever sur tous les manans et habitans de noz villes et plats païs. » Reg. H, 1788, fol. 58 r°.

2. A côté des fanatiques, d'ailleurs très nombreux, il y avait à Paris beaucoup de partisans de la paix religieuse. Au début de 1577, les huguenots, dans une foule de petites pièces volantes dont l'Estoile nous a donné des échantillons curieux, « deschirèrent tous ceux qu'ils tenoient pour autheurs et conseillers de la guerre, et par conséquent de leur malheur. » Voy. L'Est., t. I, p. 167. — D'autre part, le parti des *Politiques* ou modérés faisait afficher, le 12 janvier, des placards anonymes qui engageaient le peuple et la cour à faire la paix avec les huguenots. Dans un de ces écrits qui fut collé sur les portes de l'Hôtel de Ville, on lit : « Placcard de Paris. Messieurs, c'est chose certaine que le pauvre peuple aime mieux un jour de paix que dix ans de guerre... La paix affermit un Estat, la guerre estrangère l'esbranle, la civile la ruine du tout. C'est trop fait des fous... Nous avons le navire pour devise; si la guerre se renouvelle, nous sommes plus près du naufrage qu'il ne semble... » Suit un tableau de la misère des Parisiens auxquels le roi ose encore demander de l'argent. Puis le placard conclut ainsi : « Unissons-nous seulement comme bons bourgeois et concitoiens catholiques, assemblons-nous et nous mettons en devoir d'estaindre et estouffer toute semence de division et de sédition. » *Ibid.*, p. 177.

dans la grand'salle de l'Hôtel de Ville. Les délégués des compagnies souveraines et les bourgeois s'y trouvèrent en grand nombre. On y arrêta que des remontrances seraient faites au roi « attendu la pauvreté du peuple et que les bourgeois ayant rentes et revenus en ladicte ville et aux champs ne peulvent aucune chose recepvoir, à l'occasion des guerres et troubles... » Ceux que l'assemblée chargea de rédiger les remontrances étaient : MM. Le Gresle, échevin, de Bonneuil, Larcher, J. Violle, Gâtineau, de Machault, Aubry, de Saint-Yon, Leconte et Lepeultre [1]. Répondre par une menace de remontrances n'était pas pour satisfaire la cour, qui ne pouvait se consoler de la détresse du Trésor [2] et faisait argent de tout. Aussi le roi écrit-il de nouveau, le 19 mars, à la Ville. Il constate avec aigreur que « cest affaire est pour tirer en longueur »; ajoute que le duc d'Anjou a un urgent besoin d'argent pour faire le siège de La Charité, et conclut en insinuant à la Ville qu'au lieu de faire des remontrances « qui ne sont pas encore dressées » elle ferait beaucoup mieux de se conformer aux intentions royales [3]. Le 22 mars, le roi adresse encore une lettre à la Ville pour lui annoncer qu'il expédie à Paris le contrôleur des finances Marcel, avec le conseiller de Saint-Bonnet pour « dire de nostre part aulcunes particularités ». Il assure que ses intentions sont « bonnes et sainctes [4] ».

1. Ainsi les *registres* placent au 11 mars 1577 cette importante assemblée générale. L'Estoile donne la date du 12. C'est une légère erreur de la part du chroniqueur. Voy. t. I, p. 185.
2. Ce n'était pas seulement la capitale qui était mise à contribution. Par lettres patentes du mois d'avril, Henri III « avait fait injonction et commandement aux villes de son roiaume de lui fournir la somme de douze cens mil livres pour faire les frais de la guerre à laquelle avoit esté conclud par les Estats. » L'Estoile, *ibid*. De nombreux offices furent vendus. Il faut citer notamment la création de quatorze offices de conseillers du roi, contrôleurs généraux des greniers à sel. Édit de mai 1577 (Font., t. II, 1038). Des lettres, datées de Blois, 12 février 1577, et confirmant les privilèges du clergé (Isambert, t. XIV, p. 319), récompensèrent l'ordre ecclésiastique des subsides accordés au roi.
3. Reg. H, 1788, fol. 67.
4. *Ibid.*, fol. 70.

Ces belles paroles ne donnaient pas le change aux administrateurs de Paris, qui n'étaient nullement disposés à ouvrir leur bourse, ou plutôt celle des Parisiens, à un monarque qui n'assurait même pas la sécurité matérielle aux portes de la capitale. A cette époque, en effet, des bandes de soldats et d'aventuriers de toute provenance infestaient les environs de Paris, à la barbe des archers du prévôt de Paris, insultant les femmes et pillant les habitations. A cette occasion même, le duc François de Montmorency, gouverneur de Paris, écrivit, le 23 mars, au prévôt des marchands et aux échevins une lettre datée de Chantilly, dans laquelle il autorisait les magistrats municipaux à faire marcher contre les bandes les archers, arquebusiers et arbalétriers de la Ville, de concert avec les archers du prévôt de Paris; et, en prévision du cas où les archers seraient impuissants et trop peu nombreux pour venir à bout des pillards, le gouverneur permettait au prévôt des marchands de faire sonner le tocsin « et d'assembler telles compaignies qu'il verrait bon estre pour cest effect ». Des faveurs de cette nature n'avaient rien de particulièrement séduisant, puisqu'elles aboutissaient à charger la municipalité du soin de maintenir l'ordre non seulement à Paris, mais dans la banlieue. Cet incident eut néanmoins pour résultat de provoquer l'insertion, dans le texte des remontrances qui était à l'étude, d'énergiques plaintes contre les pillages des gens de guerre.

La commission chargée de l'élaboration du texte dont il s'agit avait activement poussé son travail. Il était achevé dès le 24 mars et l'échevin Le Gresle, sieur de Beaupré, recevait mission d'aller le porter au roi. Rien n'est plus vif ni plus amer que le ton de ces remontrances, qui ont été conservées par les registres de la Ville [1]. Si l'on fait

---

1. Reg. H, 1788, fol. 74 à 78.

abstraction du style amphigourique et ampoulé qui se
retrouve dans un grand nombre de documents de cette
époque, on peut, de tous les traits empruntés aux remontrances, reconstituer un tableau navrant de l'état de la
France, en général, et de Paris, en particulier, au début
de l'année 1577 [1].

Ce que les remontrances municipales mettent surtout en
relief, c'est la mauvaise administration des finances, au

[1]. Les remontrances débutent par remercier le roi d'avoir « oï béniguement les cahiers particuliers des manans et habitans de Paris, et depuis tous les estatz du royaume » en ce qui touche « la réduction de tous les sujets du roi en une mesme religion catholique, apostolique et romaine ». Seulement le roi a-t-il pris les bons moyens pour atteindre ce grand but : l'unité religieuse? La Ville ne le pense pas, et elle indique de quelle manière il faut s'y prendre pour lutter avec succès contre les ennemis de la religion. « Vous nous pardonnerez, s'il vous plaist, si nous prenons la hardiesse de vous dire et remonstrer en toute humilité que les moiens que l'on a tenuz depuis seize ans pour parvenir à ce but par la seulle force et voye des armes n'ont esté et ne seront à l'advenir suffisans, s'ilz ne sont accompaignez des autres remeddes utiles, voire nécessaires, pour guarir ceste maladie, desquelz le premier et principal est de mettre de bons et dignes prélatz et pasteurs en l'église de Dieu, lesquelz, tant par leur bonne doctrine que exemplarité de vye, assistez de bons curez qu'ils commettront sous eulx, puissent ramener en la bergerie les ouailles qui se sont distraictes et dévoyées, à la faulce et persuasion des ministres et faulx prophètes qui, voyant la bergerie destituée de pasteurs, se sont facilement coullez, et sans grande résistance, en une maison vuide et vaccue. « Pourquoi donc et comment une telle corruption s'est-elle propagée dans les rangs du clergé? C'est que le roi a pris l'habitude de confier les plus hautes dignités ecclésiastiques à des hommes mariés et même à des femmes. « S'il vous plaist, Sire, porter encore les yeux de votre entendement plus loing, vous trouverez que ceulx qui ont, longtemps jà, escrit les annales de cestuy vostre royaume, ont dilligemment observé et remarqué que les mutations et translation du sceptre et couronne de France, de lignée en lignée, depuis que le roy Clovis y a receu le sainct baptesme, sont advenuz lorsque les roys ont permis que les femmes et gens mariez possédassent les dignitez et prélatures ecclésiastiques, Dieu seul toutes fois en sachant les causes et occasions. » A cette démoralisation du clergé, provenant du mauvais choix des prélats, il faut joindre l'impiété des gens de guerre, « gens sans Dieu et sans loy, vivans sans aucune discipline militaire, si insolemment et débordément, tant aux camps et armées que par les chemins, qu'il ne leur reste que le seul nom de chrétiens ». La Ville reproche à ces soudards de commettre des forfaits tels que n'en commettraient pas « les Sarrazins, Mahométans, Scythes et autres, les plus infidelles et barbares nations qui ayent oncques esté ». Et l'on rappelle au souverain « les plainctes fréquentes qui lui en ont esté faictes journellement, joinct qu'elles lui ont puis naguères esté bien amplement discourues et représentées à l'œil par les gens du tiers estat du royaulme ».

point de vue surtout des intérêts parisiens. A cet égard, le mémoire adressé au roi contient un exposé fort clair et qui ravirait un économiste. La fortune des Parisiens, dit-il en substance, se compose de quatre éléments, diversement répartis : « le revenu des héritages » ou les revenus fonciers et immobiliers, les rentes constituées sur l'Hôtel de Ville qui représentent la fortune mobilière, les gages d'offices et les marchandises ou produits du commerce. Or les fermiers, pillés par les gens de guerre, sont hors d'état d'acquitter le loyer de la terre; « les rentes assignées sur l'Hôtel de Ville ne se reçoivent, et en est deub aujourd'huy trois termes d'arréraiges, la faulte principalle provenant de deffault de paiement du clergé qui, ne trouvant aucun compte de s'aquiter, et se jactent et vantent d'avoir obtenu de vous (le roi) deffences de les contraindre et main-levée de toutes saisies faictes ou à faire, avec évocation de toutes leurs causes en un aultre parlement ». Les gages des officiers du roi ne sont plus payés et le commerce est complètement paralysé par suite de la guerre civile et du manque absolu de sécurité. Et voilà dans quelles circonstances le prince demande à la capitale de nouveaux sacrifices, après tant d'autres [1]! La Ville termine l'énergique exposé de ses griefs et la fidèle peinture des maux du temps en demandant au roi de ne pas main-

---

1. Les remontrances récapitulent les emprunts demandés à la Ville de Paris depuis 1575 : « D'advantage nous vous supplions très humblement vous représenter les grands empruntz et subsides dont Vostre Majesté a esté secourue depuis dix-huict mois par vosdictz manans et habitans, tant pour la levée de deux mil hommes de pied, qui furent levés et soldoyez à l'improviste en l'année 1575, que par la solde de deux mille Suisses qui fut levée l'année dernière, et encore depuis le gros emprunt pour le licenciement des reitres, qui monte à plus de quatre cens mil livres, le remboursement duquel nous estant assigné par voz lettres patentes, vérifiées en voz courtz, sur voz recettes généralles sur le quartier d'avril et juillet de ceste présente année; et néantmoins, depuis peu de jours, tous les deniers de vozdictes receptes généralles ont été saisiz et arrestez et destinez à un aultre usaige, de sorte qu'il n'y a aucune espérance de pouvoir estre payé ceste année. »

tenir la demande de subsides qu'il avait adressée aux Parisiens : « Par les raisons et considérations susdictes, nous supplions très humblement Vostre Majesté ne voulloir recevoir en mauvaise part si, l'estat de noz affaires estant tel qu'il est, vostre peuple pauvre et nécessiteux pillé et mangé jusques aux os en leurs héritages des champs, vos officiers sans aucuns gaiges, chargés pour la plupart de grosses rentes qui coururent sur eulx pour l'achapt de leurs offices, les rentes non payées, les emprunctz de l'année passée non paiez ny assignez, nous sommes contrainctz, à notre très grand regret, vous supplier très humblement, comme nous faisons, que vostre bon plaisir soit de nous tenir pour excuser de la levée de trois cens mil livres dont il vous a pleu nous faire demande par vosdictes lettres, tant closes que patentes, vous asseurant que nous ne manquerons jamais de bonne volonté, obéissance et fidélité à nostre service, en tant que nostre pouvoir et nos facultez le pourront porter. »

Ce fut à l'échevin Le Gresle, sieur de Beaupré, qui avait lu à Henri III le texte des remontrances municipales, que le roi confia la mission de porter sa réponse à la Ville de Paris [1]. Le prince débute par remercier MM. de la Ville « de la bonne volonté qu'ilz ont » pour le service du roi ; mais il ajoute immédiatement qu'il lui faut de l'argent pour ses « grandz et importans affaires ». Assurément, il est regrettable que les rentes sur l'Hôtel de Ville soient payées d'une manière intermittente, mais il n'y a lieu d'en accuser que la *malice du temps*, qui ne permet pas de faire parvenir en temps voulu à la caisse municipale les deniers des provinces occupées par les rebelles. Le roi espère que le clergé sera bientôt en mesure de payer les arrérages de rentes pour lesquels assignation est donnée

1. La réponse du roi porte la date du 27 mars 1577. Elle se trouve au fol. 78 du registre H, 1788.

sur lui ; si main-levée a été donnée des saisies pratiquées sur les biens de MM. du clergé [1], cela tient à ce que Sadicte Majesté a eu égard aux secours qu'elle reçoit si fréquentz desdits du clergé. Si les assignations données sur les recettes générales ont été révoquées et si, par suite de cette mesure, les titulaires d'offices ne peuvent obtenir le payement de leurs gages, c'est une conséquence de la *nécessité du temps*. Le roi payera ses officiers « le plus tost que faire se pourra ». Avec la même désinvolture, le roi avoue que « la guerre ôte beaucoup de liberté et de seuretté au commerce ». Des sauf-conduits seront donnés aux négociants qui font le commerce par mer ; les routes terrestres sont, il est vrai, peu sûres et sillonnées de soldats maraudeurs. Ordre a été envoyé aux baillis, sénéchaux et gouverneurs de réprimer ces actes de brigandage et de maintenir la discipline ; mais, pour avoir des soldats disciplinés, il est indispensable de les solder, et pour les solder il faut de l'argent. C'est précisément afin de s'en procurer que le roi demande des subsides à ses bonnes villes ; en versant les 300,000 livres que le roi leur demande pour une si sainte occasion, les Parisiens donneront le bon exemple aux autres sujets.

Telle était, au résumé, la réponse royale, pleine d'une modération hautaine et d'une ironie froide. Une lettre, portée aussi par l'échevin Le Gresle, annonçait en même temps au bureau de la Ville que les forces royales s'assemblaient pour attaquer La Charité-sur-Loire. A ces sommations du roi, les magistrats municipaux opposent d'abord un silence significatif ; mais Henri III insiste et écrit de nouveau, le 26 mars 1577 [2]. Il faut bien obéir ; mais on

---

[1]. Un peu plus tard, le 14 avril, le roi écrivit à la Ville de Paris pour la prier d'accorder au clergé du Languedoc et de la Guyenne un délai de deux ans, applicable aux arrérages de rentes dus par le clergé des deux provinces. *Ibid.*, fol. 95.

[2]. *Ibid.*, fol. 86.

procède avec une lenteur calculée. Les 1ᵉʳ, 2, 12, 15, 17 et 18 avril, des convocations sont lancées pour réunir une assemblée générale, mais, chaque fois, il faut renvoyer à un autre jour la délibération, parce que « bonne partie des bourgeois mandés n'y ont toujours assisté ». Nouvelles instances du roi (22 avril) [1]; deux jours après, le duc d'Anjou écrit à son tour, de Pouilly, et prie la Ville *bien affectueusement* de s'exécuter. Après deux nouvelles assemblées tenues, sans résultat, les 26 et 27 avril, on finit par aboutir dans l'assemblée générale du 2 mai. Sur les prières du cardinal de Bourbon, il fut résolu, à la pluralité des voix, qu'on accorderait au roi une somme de 100,000 livres tournois, *pour une fois;* et les quartiniers furent chargés de dresser le rôle des taxes « le plus justement et esgallement que faire se pourra ». Pour arracher aux représentants des contribuables parisiens cette somme de 100,000 livres, il avait fallu bien des efforts. Le prévôt des marchands, « que l'on disoit avoir part à la queste », suivant les notes de l'Estoile, ne s'était pas plus ménagé qu'aux États généraux pour plaider la cause du fisc. Mais de dures vérités avaient été dites par « plusieurs braves conseillers de la Cour et autres bons bourgeois assistans qui ne furent d'avis d'accorder aucune somme de deniers au roy, attendu la calamité du temps et le peu de moien que le peuple de Paris, apauvri par les guerres et par les emprunts et imposts précédents, avait d'y pouvoir fournir » [2].

1. La lettre est datée de la Bourdaizière. *Ibid.*, fol. 98. L'Estoile nous apprend comment la cour s'arrangea pour ne pas trop souffrir des retards volontaires de l'Hôtel de Ville : « Le lundi premier d'avril, le mareschal de Cossey arriva à Paris, et, le 3ᵉ, y arriva la roine-mère, pour tirer quelque argent des Parisiens; et, le samedi 7ᵉ, en partist, emportant avec elle cent mil livres, qu'elle prinst à intérest de Baptiste Gondi et autres partizans italiens. » T. I, p. 185. On remarquera que c'est précisément une même somme de cent mille livres que le roi réclamera à la Ville de Paris dans sa lettre du 7 mai.
2. L'Estoile, t. I, p. 185.

Le roi répondit qu'il se contenterait des 100.000 livres, mais qu'il les voulait dans un délai de huit jours [1]. Il ne pouvait donc ratifier le mode de perception indiqué par la délibération de l'assemblée générale : la confection des rôles par les quartiniers lui paraissait de nature à entraîner de trop longs délais. Il préfère qu'on prenne pour base de la répartition le rôle de la taxe pour la fortification. Ceux qui, de ce chef, n'ont à payer qu'une taxe de quarante sols, seront dispensés de toute cotisation pour les 100,000 livres; ceux qui sont taxés à 6, 8, 10 et 12 livres pour la fortification, payeront six fois autant pour leur part dans le nouvel impôt; et ceux qui étaient taxés de six livres à quarante sols tournois, payeront le quadruple. On n'exemptera personne « de quelque qualité qu'il soit, fors les bénéficiers, pour les maisons qu'ilz habitent ». C'est ce qu'on appelait alors lever un impôt *à la rate*. Une assemblée tenue à l'Hôtel de Ville le 18 mai approuva le procédé recommandé par le roi, et défense fut faite au receveur de la Ville de payer les arrérages des rentes sur l'Hôtel de Ville à ceux qui n'auraient pas justifié de l'acquittement de leur part dans l'impôt des 100,000 livres. Mais comme, en tout état de cause, les rentes n'étaient pas payées, cette menace fit peu d'effet. Dans une lettre du 30 mai 1577 [2], le roi se plaint avec amertume de la lenteur apportée dans la perception des taxes : «... Vostre travail et noz fréquentes despeches n'ont encore de rien ou que bien peu servi, car, après nous avoir tenu en espérance que serions promptement secouru desdictz cent mil livres, par forme et d'advance, en attendant qu'ilz se leveroient sur la forme de la fortiffication, il n'a esté fourny que la somme de cinq mille deux cens écus, encore a ce esté la plus grande part par noz serviteurs et premiers officiers et

1. Reg. H, 1788, fol. 110. La lettre est datée de Chenonceaux, 7 mai.
2. *Ibid.*, fol. 120.

vous six, n'y ayant qu'un seul des bourgeois de la Ville qui a seullement advancé cent escuz. Par cela, congnoissons nous bien peu d'affection en beaucoup, qui ne font pas, il s'en fault, tout si bien qu'ilz dient. » Pour se venger de ce peuple si récalcitrant, le roi déclare qu'il met la main sur la portion des recettes générales affectée au payement des arrérages des rentes de la Ville et aux gages du Parlement. La Ville se remboursera sur les 100,000 livres qu'elle a votées et qu'elle se hâte si peu de lever. C'est au bureau de la Ville à modérer ou à augmenter, dans la proportion qu'il jugera équitable, le taux des cotisations réclamées à chaque contribuable.

On imposait ainsi aux officiers municipaux une tâche bien ingrate. L'inégalité criante avec laquelle se faisait la répartition des taxes soulevait de vives récriminations que le bureau de la Ville ne dissimula pas à la Cour. Dans des remontrances non datées par les registres, mais qui se rapportent vraisemblablement au début de juillet 1577, le prévôt des marchands fait connaître au roi « que les quartiniers, dixainiers et cinquanteniers, accompaignez de plusieurs bourgeois, sont venuz au bureau de la Ville déclairer publiquement qu'ilz ne pouvoient sans esmotion [1] porter lesdicts billetz expédiez en ladicte forme, pour les grandes innégalitez et disproportions qui estoient au sextuple faict sur les roolles de ladicte fortiffication, y ayant des plus grands officiers du roy ausdictz quartiers qui n'estoient taxés qu'à seize, vingt ou vingt-quatre livres, et des rotisseurs, boullangers et hostelliers à soixante-douze ». La grande latitude que le roi avait paru laisser aux autorités municipales pour fixer le taux des cotisa-

---

1. C'est-à-dire sans provoquer une émeute. Les billets dont il s'agit sont les billets de taxes, dressés *à la rate*, comme nous l'avons expliqué plus haut, en portant jusqu'au sextuple, dans certains cas, le taux adopté pour l'impôt relatif aux fortifications.

tions individuelles comportait sans doute beaucoup d'exceptions, car la Ville, au cours de ses doléances, revendique la liberté « de trouver et eslire la meilleure et la plus aisée forme à exécuter qu'on pourra ». En terminant sa requête, le prévôt des marchands n'oublie pas ses intérêts pécuniaires et « supplie Sa Majesté de pourveoir à la seureté du remboursement des députtez de la Ville de Paris qui ont assisté aux Estats généraulx de Blois, d'aultant que le roy a cy devant ordonné que lesdictz frais seront pris sur les despences des fortifications, et qu'à la redition des comptes l'on en pourroit faire difficulté ».

Les rapports de la Ville avec le clergé, débiteur d'une partie des rentes de l'Hôtel de Ville, n'étaient pas moins tendus que les rapports avec le roi. Dès la fin de 1576, « messieurs du clergé de France, les receveurs généraux et particuliers du royaume [1] » étaient redevables à la caisse municipale de 1,400,000 livres tournois, et le receveur municipal déclarait qu'il lui était impossible de recouvrer cette somme, quelque diligence qu'il ait pu faire. Il n'avait pu payer que 200,000 livres sur les quartiers de janvier, février, mars 1576. Le malheureux receveur avoue qu'il demeure « en grandz restes envers le peuple » et, pour couvrir sa responsabilité, réclame une assemblée générale qui « feroit entendre au peuple ad ce que doresnavant il eust patience et ne le poursuive ». Dans cette circonstance, la Ville avait même demandé au roi l'autorisation de payer les quartiers de rentes échus sur des fonds ayant une autre affectation [2]. Harcelé par la Ville, le clergé avait à plusieurs reprises demandé des délais pour verser les arrérages de rentes dont il était redevable [3]; mais,

---

1. Reg. H, 1788, fol. 38.
2. Les règlements sur le contrôle de la recette municipale portaient que chaque quartier devait être acquitté exclusivement sur les fonds affectés à ce quartier.
3. Nous avons rappelé plus haut (voy. p. 7 à 9) quelle était l'origine

dans l'assemblée générale tenue le 5 juillet 1577, il fut
« conclu, advisé et délibéré que l'on ne peult donner aucun
jour ny terme audict clergé pour le paiement des arrérages qu'ilz doibvent à ladicte Ville, à cause desdictes
rentes, ains qu'ilz seront contrainctz aux paiemens d'iceulx
par toutes voyes et manières deues et raisonnables ». Et,
le 9 août, une ordonnance du bureau de la Ville fit défense
à Philippe de Castille, receveur général du clergé de
France, « de paier, ne acquitter aulcunes dettes deues par
ledict clergé, jusques à ce que M. François de Vigny, recepveur d'icelle Ville, ayt esté entièrement satisfaict et payé de
ce que le clergé doibt à ladicte Ville, à cause des rentes y
constituées, sur peine de les répéter sur ledict Castille... »[1].

de la contribution du clergé au payement des rentes sur l'Hôtel de
Ville. Aux termes du contrat dit de Poissy, signé le 21 octobre 1561
entre le roi et les procureurs de l'ordre ecclésiastique, le clergé avait pris,
outre les engagements que nous avons indiqués, celui de racheter le principal des rentes avant le dernier jour de décembre de l'année 1577. En
attendant ce remboursement problématique, le roi avait spéculé sur les
1,600,000 livres de la subvention annuelle du clergé. Par édit du
mois d'octobre 1562, il vendit à Guillaume de Marle, prévôt des marchands,
avec faculté de rachat perpétuel, 100,000 livres de rente au denier douze,
à prendre sur la subvention ecclésiastique, qui était elle-même garantie
par les revenus temporels du clergé de France. Au mois de février 1563,
nouvelle assignation de 200,000 livres de rente sur la même subvention.
Elle fut suivie de plusieurs autres, de telle sorte qu'en 1567 les rentes
assignées sur la subvention du clergé s'élevaient déjà à 494,000 livres. La
première partie du contrat de Poissy n'obligeait le clergé à payer les
1,600,000 livres de don annuel que jusqu'au 31 décembre de cette
même année 1567. Aux termes d'un nouveau contrat, sanctionné par lettres
patentes du 15 octobre 1567, le roi déchargea le clergé de la subvention
des 1,600,000 livres et des rentes assignées sur cette subvention, à condition que le clergé payerait, en l'acquit du roi, les 630,000 livres de
rentes dues par le trésor royal et assignées sur les domaines, aides et
gabelles. Mais, pour amortir le capital de 7 millions et demi qu'il devait
racheter en dix ans, le clergé levait chaque année sur ses biens temporels
1,300,000 livres qui passaient en principe dans les caisses du receveur
municipal. Ce dernier touchait 1 p. 100 sur les sommes versées, à titre de
commission. Vers la fin de 1577, et à la suite d'émissions nouvelles faites
par le roi, le clergé se trouvait chargé de plus de 1,200,000 livres
de rente, y compris les anciennes qu'il payait toujours, malgré le contrat
d'octobre 1567. Nous verrons plus tard qu'en 1579 l'assemblée du clergé
voulut désavouer ses syndics, en ce qui touche les aliénations postérieures
à ce contrat de 1567. Il y aura de nouveaux contrats passés entre le roi et
le clergé en 1580, 1586, 1596 et 1606.

1. Reg. H, 1788, f° 145 v°.

Nous avons déjà parlé plus haut [1] de la dynastie des de Vigny et du remplacement de François de Vigny père par François de Vigny fils, le 16 août 1574 ; nous avons dit que le receveur municipal avait refusé de cumuler plus longtemps ses fonctions avec celles de receveur général du clergé, qu'il avait cependant exercées jusqu'en juin 1575. Mais ce dédoublement n'avait pas eu pour résultat de rendre plus facile et plus régulière la rentrée des fonds du clergé. En butte aux récriminations des rentiers, aux exactions du roi, aux reproches du bureau de la Ville, le receveur cherchait en vain à se soustraire à une responsabilité écrasante. Le 19 septembre 1576, il se présenta au bureau de la Ville et déclara aux prévôt et échevins que son père avait exercé l'office de receveur municipal « environ cinquante ans », sous l'administration de Philippe Macé, et plus de dix-huit ans en qualité de receveur titulaire. De Vigny fils rappelait qu'associé à son père en juillet 1564, puis titulaire lui-même depuis deux ans, il avait rencontré dès le début d'immenses difficultés dans l'exercice de ses fonctions [2], à tel point qu'il était tombé gravement malade, et, sur l'avis des médecins, ainsi que sur les instances de sa famille, il avait pris la résolution « de résigner et mettre sondict estat de receveur de la Ville de Paris ès mains de mesdicts sieurs, des vingt-quatre conseillers, quartiniers et bourgeois mandez par lesdicts quartiniers, en faveur de M. Adrien de Petremol, natif de Paris et à présent conseiller du roy et trésorier de France en la province de Champagne, homme qu'il asseuroit très capable et suffisant pour continuer et fidèlement exercer ledict

---

1. Voy. p. 6.
2. « Icelluy de Vigny, à présent receveur, estant entré en charge, auroit trouvé sondict office si plein d'affaires et de difficultez, à cause des guerres, retardement et deffaut des assignations et des rentes de ladicte Ville, que, pensant par travail et bonne dilligence advancer les deniers de sadicte charge, il estoit naguère tombé en une extrême et longue maladie. » Reg. H, 1788, f° 27.

office... » L'offre de la démission de François de Vigny fils provoqua des incidents orageux à l'Hôtel de Ville. Dans une assemblée du Grand bureau [1] tenue le 20 septembre, le prévôt des marchands dit qu'on avait relevé sur les registres les formes suivies antérieurement pour les résignations de l'office de receveur de la Ville et promit qu'elles seraient religieusement observées. Le chef de la municipalité « entendoit faire et continuer de bons registres et recueillir les vœux d'un chascun pour lever les sinistres oppinions qui ont quelquefois couru que ès-assemblées de la Ville on ne faisoit jamais de résolutions, et que chascun se levoit après le rapport de son oppinion sans rien arrester ». On donna lecture du passage des registres concernant la résignation du receveur Macé, et la délibération fut ouverte. Le procureur du roi et de la Ville fit l'historique des résignations d'offices municipaux et particulièrement de l'office du receveur. Sa conclusion fut que « de tout temps et ancienneté messieurs les conseillers de ladicte Ville résignoient leurs offices en faveur et au profict des personnes capables qu'ilz voulloient présenter ». D'après l'orateur, c'est en 1558 qu'il avait été décidé « qu'on ne feroit plus à l'advenir de difficultés de recevoir les procurations en faveur de père à filz, d'oncle à neveu et de frère à frère » [2]. De 1555 jusqu'au moment où il

---

1. Ce qui paraît caractériser les séances du *grand bureau* de la Ville, c'est la présence des conseillers de ville. Ces derniers, au contraire, n'assistaient pas aux réunions du *petit bureau*.
2. Nous avons cité des exemples de résignations de parents à parents, bien antérieures à 1558, par exemple une résignation de Louis de Harlay, conseiller de ville, en faveur de son fils. Elle remonte au 16 août 1532, mais l'usage était beaucoup plus ancien, car les premiers registres nous ont révélé des résignations de frère à frère, par exemple celle qui fut faite le 6 novembre 1501, par Nicolas Potier, greffier de la Ville, en faveur de Denis Potier. (Voy. notre *Hist. munic.*, p. 296 et 391.) Quant à l'usage des résignations en faveur de tiers non parents des titulaires, il était déjà en vigueur en 1536, ainsi que nous l'avons prouvé par de nombreux exemples. (*Hist. munic.*, p. 392 et suiv.) Seulement le bureau de la Ville maintenait toujours son droit de contrôle. *Ibid.*, p. 465.

parlait, l'office de greffier de la Ville était resté dans la famille des Bachelier, de père en fils [1]. Les résignations *in favorem* s'appliquaient aussi à l'office de procureur du roi et de la Ville [2], moyennant certaines conditions qui n'avaient pour objet que le respect apparent du droit de contrôle appartenant en principe au bureau de la Ville. En ce qui concernait spécialement l'office de receveur de la Ville, personne n'ignorait que Philippe Macé, en 1556, avait été autorisé par une assemblée générale à se démettre de sa charge, qu'il exerçait depuis cinquante ans, en faveur de François de Vigny, son auxiliaire et son bras droit depuis vingt-huit ans [3]. Le procureur du roi et de la Ville proposait donc d'admettre Petremol comme successeur de Vigny fils. Mais, en présence d'une opposition assez vive, aucune résolution ne fut prise immédiatement et une assemblée générale fut indiquée « pour l'après disnée ». A côté des membres du corps de Ville et des délégués des cours souveraines, trente notables se rendirent à la convocation. L'assemblée s'ouvrit par une harangue du prévôt, qui posa la question de savoir si la réunion était compétente pour recevoir la résignation. Cette question préalable étant résolue affirmativement [4],

---

1. Nous avons noté cette particularité que Regnault Bachelier, sous Henri II, avait fait admettre la transmission de son office de greffier à son fils dans une assemblée générale du 16 août, après l'élection du prévôt des marchands et de deux échevins. *Ibid.*, p. 466.

2. *Ibid.*, p. 465 et 535 à la note.

3. *Ibid.*, p. 466, et Reg. H, 1783, f° 178 à 180. En 1499, nous trouvons Jean Hesselin, exerçant en commun avec son père Denis Hesselin, et avec survivance, la charge de receveur de la ville. Voy. Leroux de Lincy, *Histoire de l'Hôtel de Ville de Paris*, 1re partie, p. 183.

4. Les motifs donnés à l'appui de cette décision portaient « que l'on ne devoit appeler MM. des Courts souveraines ny aultres corps, collèges, chapitres, ne communaultez de ladicte ville, d'aultant que, ès assemblées qui ont esté faictes de tout temps et ancienneté pour pareilles causes et pour les ellections ou résignations des offices de ladicte Ville, les corps n'y ont esté appelez; et partant que l'on doibt passer oultre. » Reg. H, 1788, f° 33. Les assemblées qui recevaient les résignations d'offices municipaux n'étaient pas, en effet, des assemblées générales proprement dites, auxquelles étaient convoqués les délégués des cours souveraines, des cha-

on manda de Vigny « pour estre oy et l'exorter par tous moyens à demourer en sondict office de receveur, et luy donner toutes les seurettez, tant de sa personne que de ses biens, que besoing sera, d'aultant que la principalle cause de la résignation dudit de Vigny semble procedder des insolences, menaces, scandalles et outrages qu'on luy faict ordinairement en sa maison ». Mais de Vigny resta sourd à ces exhortations et insensible à ces promesses. Invoquant son état de santé, il pria l'assemblée avec insistance d'accepter sa résignation en faveur de Petremol. Ce dernier finit par être agréé, sans enthousiasme et à condition qu'il n'entrerait en fonction qu'au 1er janvier 1577. De Vigny protesta encore contre cette dernière condition et réussit à faire mettre Petremol « en possession et saisine de l'office de receveur » à dater du 1er juillet écoulé. Les quartiers de rente échus le 1er juillet devaient seulement être payés par le receveur démissionnaire. Mais un semblable arrangement souleva de violentes récriminations. Les registres constatent qu' « aulcuns citoiens, marchands bourgeois de ceste ville » ont protesté contre la nomination de Petremol et fait des *molestes et inthimidations* au prévôt des marchands, à tel point que le malheureux magistrat donna sa démission, rendit les sceaux et somma messieurs de la Ville de procéder à une nouvelle élection. Le 9 octobre, M. Mesmin, secrétaire du roi et l'un des échevins, alla communiquer ces incidents au souverain, sur l'ordre verbal du Bureau de la Ville. Henri III n'est pas ému et se borne à répondre « que sa volonté est que, nonobstant ladicte ellection, encores pour ung temps le dict de Vigny continue sa charge, jusques autrement et

pitres et des corporations. C'était, en général, le bureau de la Ville (prévôt, échevins et conseillers de Ville) qui recevait les résignations. Pour les cessions de la charge de procureur du roi et de la Ville, on appelait aussi les bourgeois notables, deux par quartier (voy. *Hist. mun.*, p. 463), et quelquefois les quartiniers. (*Ibid.*, p. 393.)

plus avant il en ay ordonné ». Il prescrit en même temps au prévôt des marchands de conserver sa charge et de « faire le deu de son magistrat [1] ». Ainsi se termina cette affaire de la démission de M. de Vigny, qui était beaucoup plus grave qu'on ne pourrait le croire à première vue, parce qu'elle avait révélé au public la déplorable situation des finances municipales et fait craindre aux bons citoyens l'invasion des spéculateurs et des intrigants dans le maniement des deniers de la Ville ou plutôt de l'argent des rentes [2].

Ce n'était pas seulement le receveur de la Ville qui était effrayé des conséquences de sa responsabilité pécuniaire. Le prévôt des marchands et les échevins avaient aussi à se défendre non seulement contre la dureté des ordres du roi, contre les récriminations des rentiers, mais aussi contre l'inquisition méticuleuse de la Chambre des comptes. Le 26 février 1577, le Bureau de la Ville s'assembla « pour adviser sur la poursuitte qui se faict en la Chambre des comptes allencontre de M. de Louans, conseiller du roy en son privé conseil et maistre des requestes ordinaire de son hostel, cy-devant et naguères prévost des marchands, de Bragelongne, Danès, Le Jay et de la Barre [3], aussy ci-devant et naguères eschevins d'icelle ville, pour raison de la représentation des premiers roolles faictz pour la levée de cinquante mil livres tournois

---

1. Reg. H, 1788, f° 36. Les lettres royales ordonnant à de Vigny de rester en charge sont datées du 24 octobre 1576.
2. Petremol avait une assez mauvaise réputation. Il avait acheté l'office de receveur municipal au prix de 50,000 livres, somme considérable pour l'époque, et « chacun pensa incontinent qu'il ne l'avoit si chèrement achetée que pour en tirer quelque grand proufit, au dommage et préjudice du pauvre peuple ». (L'Estoile, t. I, p. 159.) Le chroniqueur ajoute qu'à propos de la vente faite par de Vigny de son office de receveur, « le président Nicolaï et le président Saint-Mesmin, lors prévost des marchans (tous deux présidens des comptes et de bien près alliés), entrèrent, en pleine assemblée de Ville, en grande contention et hautes paroles d'argus, soustenant l'un deux le parti de l'un, et l'autre le parti de l'autre. »
3. Jacques Perdrier, sieur de la Barre, secrétaire du roi.

accordez au roy pour les fraiz de son voyage en Pologne[1] ».
Voici, en termes plus clairs, ce qui donnait lieu au procès.
Pour recouvrer la somme votée par l'assemblée générale
du 6 août 1573, des rôles avaient été dressés par les soins
de la municipalité avec indication de la cotisation due
par chaque contribuable; mais, par suite des réclamations des princes, princesses et de tous les officiers du
roi ou des reines qui se prétendaient dispensés de l'impôt,
on s'aperçut que les retranchements opérés sur les rôles
correspondraient à un bon tiers de la somme à lever. Une
nouvelle assemblée du Bureau avait donc eu lieu le
26 novembre 1573, et, aux termes de la délibération qui
fut prise, on refit les rôles, en portant le taux des cotisations de 20 à 30 livres. Quant aux rôles primitifs, les
magistrats municipaux ne se préoccupèrent pas d'en
assurer la conservation; mais, lorsque la Chambre des
comptes examina les relevés de la perception des cotisations de 1573, elle enjoignit aux magistrats que nous avons
nommés et qui étaient sortis de charge, de représenter les
rôles primitifs, sous peine de 500 livres d'amende. Cette
première condamnation fut exécutée et le produit, versé
entre les mains du trésorier du roi, servit « au payement
de Pierre Simon, mercier ». Ce n'était pas fini : la Chambre
des comptes revint à la charge et adressa à l'ex-prévôt, Le
Charron, et aux anciens échevins ses collègues, une seconde
sommation d'avoir à représenter les rôles dans un délai de
quinze jours, sous peine de subir une nouvelle amende
de 2000 livres parisis qui recevrait la même affectation que
la première amende de 500 livres. Ainsi persécutés,

---

1. Reg. H, 1788, f° 55. Nous avons parlé ailleurs de l'assemblée générale
du 6 août 1573, dans laquelle les représentants des contribuables parisiens
avaient voté 150,000 livres destinées aux frais de voyage du roi de Pologne,
et nous avons signalé la décision municipale du 4 septembre de la même
année, fixant le mode de répartition de la taxe mise sur les bourgeois,
manans et habitans de la ville. Voy. *Hist. mun.*, p. 647 et la note 2.

Le Charron et les quatre autres inculpés se bornèrent à répondre qu'ils ne savaient pas ce qu'étaient devenus les rôles, « qu'ils pourroient bien avoir esté brûlez et rompus, comme ilz le debvoient estre selon la coustume et statuz de ladicte ville ». Au surplus, les inculpés déclinaient formellement la compétence de la Chambre des comptes et « soutenoient qu'ilz n'avoient à rendre compte de leurs actions ès-dictes charges et ce qui en deppend que au roy ou par devant MM. de la Grande chambre de la Court de Parlement ». L'assemblée du Bureau décida que Le Charron et les anciens échevins feraient appel devant le Parlement de l'arrêt de la Chambre des comptes, et que « ladicte ville seroit joincte avec lesdictz sieurs anciens prévost des marchans et eschevins appelans, pour avec eulx soustenir ledict appel ».

Les sommes assez considérables que le roi avait obtenues des corps municipaux ou tirées de la vente des offices avaient été, en partie, consacrées à la reprise de la guerre civile. Des deux corps organisés par la cour, l'un avait été placé sous les ordres du duc de Mayenne, ayant son quartier général à Saintes ; l'autre sous les ordres du duc d'Anjou, qui, dirigé par les ducs de Guise, d'Aumale et de Nevers, alla mettre le siège devant La Charité, qu'occupaient les huguenots. La place capitula le 2 mai [1], et, malgré les articles de la capitulation, « fut la ville pour la plupart pillée, dit l'Estoile, et plusieurs des habitans tués, ne pouvant Monsieur ni les autres seigneurs estans avec lui, retenir les soldats animés au sang et au butin ». Trouvant qu'il avait acquis assez de gloire, Monsieur laissa le commandement de l'armée au duc de Nevers et alla recevoir

---

1. Voy. le *Discours du siège tenu devant La Charité, ensemble de la prise par Monsieur, frère du roy. Avec le nombre des morts tant d'une part que d'autre.* Paris, J. de Lastre, 1577, in-8°. Pièce. *Bibl. Nat.*, Lb 34.

les compliments du roi et de la cour, qui se trouvaient alors à Blois. Il y eut un banquet magnifique, donné par Henri III, le 15 mai, au Plessis-les-Tours : les costumes des dames étaient des habits d'homme en soie verte, et, si l'on en croit la chronique, les tailleurs parisiens y gagnèrent plus de soixante mille livres. Puis Catherine donna un autre banquet à Chenonceau, et cette seconde fête revint, « à ce qu'on disoit, à plus de cent mil francs, qu'on leva comme par forme d'emprunt sur les plus aisés serviteurs du roy, et mesmes de quelques Italiens qui s'en sçeurent bien rembourser au double. En ce beau banquet, les dames les plus belles et honnestes de la cour, estant à moictié nues et aiant leurs cheveux espars comme espousées, furent employées à faire le service. » Ainsi s'égayaient Catherine et ses fils. Pour payer l'armée de Monsieur qui était descendue en Auvergne, on lui donna Issoire à piller, bien que les assiégés, qui avaient fait une héroïque résistance, s'en fussent remis à la miséricorde du duc d'Anjou [1]. Tandis que Monsieur faisait succéder les spectacles sanglants aux spectacles voluptueux, le duc de Mayenne menait la campagne contre le prince de Condé et les Rochelois et prenait Brouage le 16 août. Enfin, comme pour achever la déroute de ses alliés, le maréchal de Damville, le chef des politiques, avait cédé aux séductions de sa femme qui revenait de Blois avec les plus brillantes promesses de la cour. Il s'était placé à la tête d'une armée royale, de concert avec le maréchal de Bellegarde, son ami et son surveillant secret, et avait mis le siège devant Montpellier.

C'est dans ces circonstances et au moment où les

---

1. De Thou, VII, p. 502. L'Estoile, après avoir cherché à excuser la cruauté des soldats catholiques en rappelant tous ceux des leurs qu'ils avaient perdus pendant le siège d'Issoire, ajoute : « Et fut monsieur et les seingneurs de sa compagnie assés empeschés à sauver l'honneur des femmes et des filles. » (T. I, p. 190.)

affaires du parti catholique semblaient justifier le mot des protestants, qui appelaient l'année 1577 [1] « l'année des mauvaises nouvelles »; — c'est dans ces circonstances que la paix fut signé à Bergerac le 17 septembre. Les protestants gardaient pour huit ans leurs places de sûreté, le roi payant une partie de la solde de leurs garnisons; les protestants recevaient un certain nombre de sièges dans les chambres des parlements; enfin la plupart des conditions de la paix de Monsieur étaient confirmées, avec une addition habile. Henri III, par une clause spéciale, cassait et annulait toutes les ligues, associations ou confréries, faites ou à faire, sous quelque prétexte que ce fût. Le coup atteignait non seulement les ligues protestantes avec les catholiques, mais encore et surtout la grande Ligue catholique et les Guises, ses chefs. Des documents contemporains on peut conclure que le roi de Navarre, Condé et les Rochelois accueillirent la paix avec une satisfaction sincère [2]; tandis le peuple et spécialement le peuple parisien, travaillé par les agents ligueurs, ne fit preuve d'aucun enthousiasme. Le 8 octobre 1577, le cardinal de Bourbon, gouverneur de Paris, en présence de MM. d'Escars et de La Mothe-Fénelon, députés par Henri III pour faire vérifier l'édit de pacification par le Parlement, annonce au prévôt des marchands et aux échevins que le désir du roi est qu'on fasse « toutes les allégresses publiques, comme feuz et autres démonstrations et actes extérieurs de joye, et que, pour cest effect, lesdicts députez yront vers les quatre heures du soir au Bureau de ladicte Ville [3] ». Les magistrats municipaux protestèrent de leur obéissance aux ordres du roi et commandèrent un *Te Deum* au curé de

---

1. L'Estoile, t. 1, p. 191. Henri III, par contre, avait baptisé Chenonceau *le château des Bonnes-Nouvelles*.
2. De Thou, t. VII, p. 530.
3. Reg. H, 1788, f° 158.

Saint-Jehan en Grève. Il fut aussi « ordonné au capitaine et maistre de l'artillerie de la Ville de tenir l'artillerie preste, lorsque l'on mettroit le feu à celluy que le concierge de la Ville fut chargé de dresser devant la grande porte de l'hostel de ladicte ville [1] ». Après le *Te Deum*, la municipalité offrit une collation à MM. d'Escars et de la Mothe-Fénelon. L'Estoile parle « du feu d'allégresse, avec force canonnades », mais il ajoute que « le peuple en fist fort peu de compte et moins signe de joie. Le frère Maurice Poncet, prêchant à Saint-Sulpice, disait hautement : « l'édit et ceux qui l'ont fait et les conseillers d'icelui, tout n'en vault rien [2] ».

L'édit de Bergerac, que le roi appelait « mon édit », par opposition à la paix de Monsieur, clôt la première étape du nouveau règne et impose une courte trêve à la mêlée des factions. Les masques vont bientôt tomber, et la scission entre les Guises et Henri III deviendra de plus en plus profonde. Il faudra que le corps de Ville parisien prenne parti. Aux États généraux de Blois, il a déjà manifesté ses prédilections ligueuses, sans se départir toutefois d'une soumission respectueuse aux ordres du monarque. L'Hôtel de Ville est déjà suspect : l'intervention du monarque et

---

[1]. Reg. H, 1788, f° 158. Voir *Hist. munic.*, p. 555, sur le cérémonial observé pour la publication de la paix signée le 11 avril 1564 entre Charles IX et la reine Elisabeth d'Angleterre. Le feu allumé sur la place de Grève était une des parties du programme des réjouissances. Il ne faut pas confondre cet usage avec celui d'allumer un feu au même endroit la veille du jour de la Saint-Jean ; mais on avait l'habitude de tirer les canons de la Ville et de faire des feux de joie en Grève, et même dans les différents quartiers de Paris, chaque fois qu'il survenait un événement heureux pour la famille royale ou pour la France. Voy. p. 432 et la note. *Ibid.*

[2]. « Voilà, de mot pour mot, dit L'Estoile, t. I, p. 219, le plaisant dialogue qu'en fist nostre M. Poncet en sa chaire et le peu de contentement que messieurs de l'Eglise, aussi mal conseillés que le peuple estoit sot, avoient de ceste paix... » On peut consulter sur le frère Poncet le livre de Ch. Labitte : *De la démocratie chez les prédicateurs de la Ligue*. Paris, 1841, 1 vol. in-8°, p. 23. C'était un bénédictin de Melun qui devint curé de Saint-Pierre des Arcis, homme vertueux au rapport de Félibien (*Hist. de Paris*, t. II, p. 1148), bon théologien d'après de Thou, et « vieil fol » d'après Henri III. Il a joué un certain rôle dans l'histoire de la Ligue, et nous en reparlerons,

de Catherine dans les élections municipales d'août 1577 le prouve suffisamment. Le 16 août, l'assemblée générale des électeurs parisiens s'était réunie à l'Hôtel de Ville pour nommer deux échevins, en remplacement de ceux qui avaient fait leur temps. Mais le roi avait ordonné l'envoi du scrutin au cardinal de Bourbon, son lieutenant général à Paris. Conformément à cette injonction, les scrutateurs portèrent le scrutin, clos et fermé, au cardinal « estant en son abbaye de Saint-Germain des Prés », et requirent la confirmation de l'élection suivant les ordonnances et privilèges de la Ville. « Lequel sieur cardinal, disent les registres, auroit prins et receu ledict scrutin, et déclairé à icelle compaignie qu'il avoit commandement exprès du roy de luy envoyer icelluy, ce qu'il feroit dès aujourd'huy ». Cependant ce ne fut pas un simple agent du cardinal, mais le sieur le Conte, quartinier de la ville et l'un des scrutateurs, qui porta le scrutin à Poitiers, où se trouvait Henri III. Le Conte, après avoir rempli sa mission, rapporta une lettre du roi, datée du 20 août, dans laquelle le souverain nommait lui-même les deux échevins nouveaux. « Nous vous dirons que nous avons esté bien aise que vous ayez faict ladicte ellection et que, *suivant nostre intention*, vous en ayez mis le scrutin ès-mains de nostre très cher et très aimé le cardinal de Bourbon, qui le nous a envoyé; et, après l'avoir veu, *nous avons choisi* maistre Jehan Boué et Loys Abelly pour estre et demeurer eschevins, au lieu des deux qui sortent de service [1]. » Une lettre de Catherine, datée de la veille 19 août, s'exprimait à peu près dans les mêmes termes. Méditant sans doute de prochaines revanches, la Ville se soumit en silence aux injonctions royales. Elle manda Jehan Boué et Loys Abelly et leur fit prêter le serment accoutumé.

---

1. Reg. H, 1788, f° 150.

En résumé, au moment de la signature de la paix de Bergerac, la Ligue subit un temps d'arrêt dans son développement occulte; les États de Blois ont été une déception pour elle et pour le roi, qui lutte misérablement afin de se procurer quelques ressources. La Ville de Paris, ligueuse au fond, entre déjà en guerre contre un monarque dissipateur et fantasque, et l'assiège de remontrances qui ressemblent presque à des menaces. A ce roi qui saisit les rentes de la Ville et plonge la main chaque jour dans la caisse municipale pour alimenter le luxe de favoris indignes, peu s'en faut que les magistrats municipaux ne répondent, comme l'auteur de la *France-Turquie* [1] : « Nous refusons de fournir aucuns deniers de tailles et subsides, pour estre portez au lieu où ils puissent servir de cousteau aux ministres de S. M pour nous coupper la gorge. »

---

1. Libelle huguenot qui parut en 1575 à Paris et fut réimprimé à Orléans en 1576, in-8°. On y demandait l'emprisonnement de Catherine de Médicis dans un couvent, par ce motif qu'elle voulait soumettre la France au régime politique de la Turquie, où la faveur du prince dispose de la vie, de la situation et des biens de tous les sujets, de telle sorte que personne n'est grand ou noble par soi-même.

CHAPITRE II

LA RÉSURRECTION DE LA LIGUE

(Depuis la paix de Bergerac jusqu'à la Convention de Nemours,
17 septembre 1577 — 7 juillet 1585).

La paix signée, Henri III quitta Poitiers et reprit lentement le chemin de la capitale, s'attardant parmi les fleurs de Touraine, sur les bords de la Loire au sable d'or, « aveq la trouppe de ses jeunes mignons, fraisés et frizés avec les crestes levées, les ratapenades [1] en leurs testes, un maintient fardé, avec l'ostentation de mesmes, pignés, diaprés et pulvérizés de pouldres violettes et senteurs odoriférantes... » La cour s'installe tout entière à Paris le dernier jour d'octobre 1577 et donne aussitôt le spectacle de tous les scandales. C'est un bizarre mélange, une succession brusque de galanteries, de meurtres et de débauches. Quand le roi va au bal avec les princes et princesses chez quelque bourgeois qui n'a pas demandé cet honneur, ils s'y conduisent comme des truands dans un mauvais lieu [2].

---

1. Ce mot dans la langue de L'ESTOILE doit être équivalent à *perruques*, en forme de chauve-souris, car ratepenade veut dire chauve-souris en provençal. Voy. DUCANGE, v° *Ratapennador*, et RABELAIS (III, 155). Le mot *ratepennage*, dans le sens de perruque, est plus usité. Voy. LA CURNE DE SAINTE-PALAYE. Édit. L. Favre. V° *Ratepennage*.

2. Voy. le compte rendu donné par L'ESTOILE de la soirée de noces de la fille de Claude Marcel, ancien orfèvre du Pont-au-Change, avec le seigneur de Vicourt. Le roi y vint avec les trois reines et trente dames de la cour, masquées, vêtues de drap et toile d'argent, couvertes de pierreries. « Les plus sages dames et demoiselles durent sortir et firent sagement..... Si les tapisseries et les murailles eussent pu parler, elles eussent dit beaucoup de belles choses. » I, 224.

Les mascarades de la cour ne sont pas moins indécentes, et l'allégorie des *foulons* peut être citée à titre d'exemple[1]. A travers tout cela, des manifestations extérieures de dévotion théâtrale, des fondations de couvents, notamment ceux de Picpus et des Hiérosolymites; des processions de pénitents. Le roi, suivant d'Aubigné, « entroit lui-même dans le sac deux ou trois fois la sepmaine, puis avec les courtisans et les principaux des grosses villes qu'il rangeoit à sa dévotion partisanne, emplissoyent les rues de Paris[2]. » Toutes ces momeries pouvaient donner le change à quelques moines crédules ou gagnés. Dom Bernard, de l'ordre des Feuillants, en était touché jusqu'à l'âme et trouvait que le Christ revivait dans la personne du roi, tellement Henri était « attaché au crucifix ». Quant au jésuite Auger, confesseur du roi depuis 1575 et qui avait eu pour précepteur Loyola lui-même, il écrivait, en parlant du monarque, « qu'il avoit bien tasté le pouls de ce prince, profondé, jaugé et manié sa conscience : et partant, asseuroit publiquement et en particulier que la France n'avoit eu de longtemps prince tant religieux ». Mais le robuste bon sens du peuple refusait de se laisser prendre aux hypocrisies royales, et les partisans des Guises dévoilaient publiquement les galanteries scandaleuses que le monarque dissimulait sous son froc[3]. Destiné à subir l'ascendant de son entourage, Henri, par une sorte d'ombrageuse défiance, avait éloigné de lui les Guises et les grands seigneurs du royaume pour s'entourer de favoris obscurs qui lui devaient tout. Les Villequier, les d'O[4] étaient les

---

1. L'Estoile, t. I, 225.
2. *Hist. univ.*, édit. de 1626, col. 968.
3. Voy. notamment dans d'Aubigné de quelle manière Henri III quittait les processions pour courir aux rendez-vous galants qu'il donnait aux femmes des pénitents. Col. 970.
4. Voy. sur la moralité de M. d'O et celle du roi l'aventure rapportée dans la *Confession de Sancy*, chap. vii. — *Journal des choses mémorables advenues durant le règne de Henri III*, t. II, p. 167. Personne n'a plus

plus impopulaires, à cause de leur insolence et de leurs exactions. Ce Villequier avait tué sa femme au château de Poitiers, où habitait le roi en septembre 1577, et, à ce que rapporte le journal de l'Estoile, « l'yssue et la facilité de la grâce qu'en obtinst Villequier, sans aucune difficulté, firent croire qu'il y avoit en ce fait un secret commandement ou tacit consentement du roy, qui hayoit ceste dame.... » parce qu'elle avait exprimé tout haut son mépris pour le monarque. Villequier était l'initiateur des mignons, le gardien en chef de la troupe fardée des jeunes hommes. Henri III n'eut pas de conseiller plus cynique, la Ville de Paris d'adversaire plus violent. En face du roi et de ses favoris se dressaient d'autres coteries aristocratiques : Monsieur et ses spadassins, les Guises et leurs fidèles. Et, dans l'atmosphère capiteuse de la cour du dernier Valois, les épées brillent et se croisent, le sang coule, le poison se distille, sans que l'orgie s'arrête un jour. L'énervement laisse comme un trouble dans toutes les intelligences. Chacun se croit menacé, non sans cause ; le monarque, pas plus que ses sujets, n'est à l'abri de ces craintes : à la fin de novembre 1577, on renforce la garde ordinaire de Suisses qui se tenait à la porte du Louvre, et l'on mande en hâte une compagnie du régiment français de Beauvais-Nangis, parce que le prévôt de Paris, Antoine du Prat, avait dénoncé au roi une prétendue conspiration du baron de Viteaux et de quelques familiers du duc d'Anjou. Le fameux Bussy d'Amboise et Fervacques

---

énergiquement que d'Aubigné raconté et flétri les mœurs honteuses de Henri III et de ses favoris ; on peut même croire qu'il en a un peu exagéré l'infamie. Cependant, le grave historien de Thou s'exprime sur le compte de René de Villequier et de François d'O, gendre de ce dernier et surintendant des finances, dans les termes les plus indignés : « ..... Ennemi déclaré des honnêtes gens, débauché à l'excès, fier jusqu'à être devenu inabordable et médisant de profession, il n'avait de talent que pour mener des intrigues de cour, inventer des calomnies atroces contre les plus gens de bien ou pour imaginer de nouveaux impôts, après avoir épuisé les anciens en les augmentant sans mesure. » DE THOU, t. VII, p. 728.

durent quitter pour quelque temps Paris et la cour, afin de se soustraire aux explosions possibles de la colère royale. Nulle sécurité pour personne, pas même pour les étrangers. Le 30 novembre 1577, à neuf heures du soir, Troïlus Ursin, grand seigneur romain, est tué par une main mystérieuse. Il n'y eut aucune poursuite, car une vengeance privée se cachait sous ce meurtre, et la victime fut enterrée à Notre-Dame, dans la chapelle des Ursins. C'est le temps des assauts sanglants entre les mignons du roi et ceux du duc d'Anjou ou du duc de Guise. Il suffit de citer la bataille avortée de Bussy et de M. de Grammont (10 janvier 1578) [1]; et le fameux duel de Caylus, Maugiron et Livarot, mignons du roi, contre d'Entragues, surnommé Antraguet, Ribérac et Schomberg, favoris du duc de Guise (27 avril 1578). Caylus, Maugiron, Ribérac et Schomberg en moururent, le premier après avoir langui trente-trois jours. Le roi passa des journées entières à son chevet et, quand il fut mort, garda ses blonds cheveux. De superbes mausolées furent élevés à Caylus et Maugiron dans l'église Saint-Paul, « sérail des mignons », et Amadis Jamin consacra par ordre vingt-quatre sonnets à la mémoire des favoris du roi; le troisième était Saint-Mesgrin, tué, le 21 juillet 1578, au coin de la rue Saint-Honoré par les gens du duc de Guise, dont il avait séduit la femme. On rapporte que le duc de Mayenne conduisait lui-même la troupe des assassins.

---

1. Voy. L'Estoile, t. I, p. 230. Il y avait trois cents gentilshommes de chaque côté. Il fallut deux maréchaux de France, Montmorency et Cossé, et le régiment des gardes pour arrêter les hostilités; les deux rivaux furent emprisonnés au Louvre, et on les força de se réconcilier. Le 1er février 1578, Caylus, Saint-Luc, d'O, Darques et Saint-Mesgrin assaillirent Bussy près de la porte Saint-Honoré. Le 2 avril, Souvray pour les Guises et la Valette pour le roi faillirent recommencer une bataille rangée. Le 14, nouvel attentat contre Salcède. Il échappe, mais ses deux compagnons, MM. de Vey et de Pauville, sont tués tous deux, ainsi que des agresseurs, gentilshommes bretons au service du duc de Mercœur. « Tout estoit permis en ce temps, conclut l'Estoile, fors bien dire et bien faire. »

Ainsi se traduisaient les haines des grands; les escarmouches d'avant-garde préparaient les grands chocs. Paris devenait le rendez-vous de tous les aventuriers du monde, et chaque prince s'entourait d'une véritable armée d'hommes de main, prêts à l'offensive ou à la défensive [1]. En février 1578, le duc d'Anjou, que les attentats dirigés contre Bussy exaspéraient, avait pris la résolution de quitter Paris, mais le roi, informé de ses desseins, le retint prisonnier au Louvre, tandis que ses principaux officiers étaient consignés à la Bastille. Il y eut toutefois une réconciliation factice entre les deux frères, et Combaud, maître d'hôtel du roi, donna un festin magnifique aux favoris de Henri III et de Monsieur, le 13 février. Mais, le lendemain, le duc d'Anjou franchit les murailles de l'abbaye de Sainte-Geneviève, où il était allé faire collation, et s'enfuit à Angers, emmenant tout son état-major de gentilshommes : Bussy, La Chastre, Chamvallon, La Rochepot et une foule d'autres. Il fallut que la pauvre Catherine se dévouât encore pour aller amadouer le fugitif et prévenir le scandale d'une nouvelle guerre fratricide. Mais le chroniqueur rapporte que le peuple de Paris et la cour furent « merveilleusement esbahis et scandalisez de ceste larronnesse départie ». Les favoris du duc d'Anjou partis, les favoris des Guises prirent la place laissée libre, et les duels avaient recommencé de plus belle avec les courtisans du roi. C'est le 27 avril qu'avait eu lieu le grand combat des mignons, resté légendaire. Pour se soustraire à la colère et aux outrages du roi, tous les Guises, les ducs de Lorraine, de Guise, de Mayenne, d'Aumale,

---

1. « Plusieurs des plus expers au hasard des armes furent envoyés à Paris pour se loger ès-tavernes et au plus près du logis dudit seigneur (le duc d'Anjou), ainsi qu'on les peut accommoder, pour, si d'aventure il estoit besoin de faire service audit seigneur pour ayder à le saulver ou à le tirer de la ville de Paris, qu'ils s'y emploiassent contre la personne du roy mesme, s'il y eschéoit. » Mém. de Claude Haton, édit. Bourquelot, t. II, p. 917.

marquis d'Elbœuf et le nouveau cardinal de Guise quittèrent Paris le 10 mai. Une effroyable anarchie règne dans les provinces, et les troupes que lève le duc d'Anjou pour sa guerre des Pays-Bas [1] se conduisent comme autrefois les grandes compagnies. « Soulz le nom et prétexte d'aller en Flandre, tous bannis, vacabons, volleurs, meurtriers, renieurs de Dieu et de vieilles debtes, remenans de guerre, reste de gibet, massacreurs, vérollez, gens mourans de faim se meirent aux champs, pour aller piller, battre et ruyner les hommes des villes et villages qui tombaient en leurs mains ès lieux où ils logeoient et par les chemins, sans crainte aulcune [2]. » Ces bandes vinrent jusqu'aux portes de Paris, et le roi dut envoyer contre elles plusieurs compagnies de ses gardes et autorisa les habitants à leur courir sus.

La capitale elle-même resta à moitié préservée de tous ces bandits, dont Claude Haton évalue le nombre à cinquante mille; mais douze mille seulement d'entre eux franchirent la frontière, les États généraux des Pays-Bas n'ayant réclamé, par le traité d'Anvers (13 août), qu'un secours de dix mille hommes de pied et deux mille chevaux. Paris dut sa sécurité relative à la présence du roi et aux garnisons qu'on avait placées dans la banlieue. On prit néanmoins, dans l'intérieur de la Ville, quelques mesures de police. Un mandement municipal du 15 avril 1578 [3] prescrivait aux quartiniers de faire recherche des vaga-

1. Depuis la paix de Bergerac, le duc d'Anjou avait constamment cherché à se constituer un royaume aux Pays-Bas, tout en aspirant à la main de la reine Elisabeth d'Angleterre. Une fois libre et installé à Angers, il avait levé des troupes et traité avec les États généraux des provinces catholiques des Pays-Bas. Il passa la frontière vers le 10 juillet, et, le 15 août 1578, les États généraux le déclarèrent *défenseur de la liberté des Pays-Bas*.
2. CLAUDE HATON, t. II, p. 937. « Les chemins de Lyon à Paris, de Paris à Rouen, à Orléans et d'aultre costé, en Picardie estoient remplis de telles gens et souvent faisoient de grands volz aux portes de Paris. »
3. REG. H, 1788, f° 178.

bonds. Un autre, du 3 mai [1], enjoignit aux hôteliers et aux logeurs d'envoyer chaque jour à l'Hôtel de Ville la déclaration des noms et qualités de leurs locataires. Un troisième, du 10 octobre [2], recommande aux quartiniers de faire fermer soigneusement les portes de la Ville par les cinquanteniers et dizainiers, et de garder les clefs.

Ce qui prouve que Paris jouissait d'un calme relatif, c'est que la municipalité s'occupait régulièrement des travaux publics et traçait au roi une sorte de programme des plus urgents. Dans des remontrances en date du 13 décembre 1577, le Bureau de la Ville rappelait à Henri III qu'il y a de fortes réparations à faire « tant aux portes, fontaines, pavéz, quaiz de la Ville de Paris que aux pontz, moulins, perthuis, avallaiges [3] de basteaulx et chaussées de Chasteau-Thierry, Corbeil, Pont Saincte-Maixance, Creil, Précy.... » Le Bureau ajoute qu'il a fait expertiser la dépense et qu'elle s'élève à la somme de 70,000 livres. On prie le roi « de donner moyen d'entretenir et réparer lesdictz lieux [4] ». En même temps, la Ville appelle l'atten-

---

1. Reg. H, 1788, f° 182.
2. *Ibid.*, f° 205.
3. *Avalaige* signifie pente douce, chemin pour descendre. Il s'agit ici des chemins ménagés sur le bord de la Seine pour charger et décharger les bateaux. La conduite des bateaux, depuis Mantes jusqu'à Auxerre, était le privilège exclusif de la *Marchandise de l'eau* à laquelle la municipalité avait succédé. Les agents de ce monopole s'appelaient les *avaleurs de nés*, c'est-à-dire mariniers chargés de faire descendre les bateaux. Il est déjà question des *avaleurs de nés* dans le *Recueil des sentences du parloir aux bourgeois*. Voy. *Sentences* du 6 janvier 1303 et du 5 décembre 1313, relatives aux maîtres avaleurs de l'arche de Paris. De la grande ordonnance de 1415 il résulte qu'il y avait à Paris, au début du XVe siècle, deux *avaleurs de nés* qui avaient pris le nom de « maistres des pons de la Ville ». Dès 1415, on trouve des maîtres des ponts à Poissy, Mantes, Vernon, Pont-de-l'Arche, Pontoise, l'Ile-Adam, Beaumont-sur-Oise, Creil, Sainte-Maxence, Corbeil et Compiègne. Sur plusieurs points, à Melun, à Montereau-sur-Yonne, etc., il y avait aussi des *chableurs*, préposés au chablage, c'est-à-dire à la manœuvre des coches d'eau, à leur passage sous les ponts. *Chable* équivaut à câble, en vieux français. Quelquefois, on donne le nom de *chables* à certains ports ou havres. (Voir *Ord.*, t. III, p. 573.) On disait : le chable de Harfleu (port de Harfleur).
4. Reg. H, 1788, f° 159.

tion du prince sur l'état du pont Notre-Dame [1]. « Les arches du pont Notre-Dame, les cintres et voultes d'icelluy se trouvent endommagées, pliées et destournées, du faix et pesanteur de vostre artillerye et passaige trop fréquent des charrois; et, par la grandeur et aornement de la Ville, capitalle de vostre royaume et commodité de voz subjectz, il est nécessaire de l'enrichir d'un ou deux ponts, et cependant y faire dresser plusieurs bacqz sur la rivière, aux lieux qui seront trouvez commodes pour la navigation ». En réponse à cette requête, le roi écrivit au Bureau de la Ville, le 27 décembre, d'établir quatre grands bacs, deux en amont et deux en aval, pour faire passer les charrettes qui fatiguaient le pont Notre-Dame. Les instructions royales prescrivaient, en outre, de « faire les chaussées de chascun costé et accommoder les chemins, principalement depuis la carrière Notre-Dame des Champs jusques aux lieux où seront les dictz bacqz, et le semblable pour la carrière de Vaugirard, affin que les chartiers soient accommodez et n'ayent aucune occasion de prendre leur chemin par le dict pont Notre-Dame ». Quant à la dépense, le roi autorisait la Ville « à s'aider de tous deniers d'octroy, y usant du meilleur mesnage dont vous pourrez adviser [2] ».

Le Bureau de la Ville n'avait pas d'ailleurs attendu ces ordres du roi pour prendre des dispositions en vue du payement des ouvriers dont le concours allait être nécessaire pour exécuter les travaux de voirie. Sur la requête du procureur du roi et de la Ville, il avait été, le 13 décembre 1577, « ordonné et enjoinct aux maistres des œuvres de la Ville, M. Guillaume Guillain présent, de arrester et faire apporter par chacun mois au Bureau d'icelle toutes et chacune les parties des ouvriers et gens de mestier qui travailleront

---

[1]. Sur le pont Notre-Dame, voy. *la Cité* par M. Jules Cousin, dans la Collection publiée par la maison Didot sous le titre de *Paris à travers les âges*. Voy. aussi *Hist. munic.*, p. 287 et la note.
[2]. Reg. H., 1788, f° 163.

pour la Ville, affin de les vuider et faire promptement payer [1] ». Pour suffire à ces dépenses, il fallait de l'argent; mais aucun des débiteurs de la Ville ne s'exécutait. La municipalité s'adresse à toutes les autorités compétentes et réclame leur intervention bienveillante. Au roi elle demande d'ordonner à MM. du Conseil, aux intendants des finances, aux syndics et députés généraux du clergé « que, toutes affaires cessans, ilz vacquent respectivement aux remplacement et non valleurs des rentes de la Ville, et cependant que les deffences que S. M. a faictes ausdictz supplians de ne saisir le temporel du clergé ou poursuivre le receveur général d'icelluy soient révocquées et levées [2] ». A la Chambre des comptes, le prévôt des marchands, Nicolas Luillier, *remonstre* qu'une partie des rentes de la Ville est constituée sur les deniers tant ordinaires qu'extraordinaires des recettes générales, et qu'au su de tout le monde les quartiers dont il s'agit ne sont pas acquittés par les recettes générales. En conséquence, sachant que la Chambre des comptes se préparait à clore plusieurs comptes des recettes qui constataient le payement par anticipation de créances autres que les rentes de la ville, la municipalité prie la Chambre des comptes de n'apurer aucuns des états déposés sur son bureau et de n'allouer aucun *don* sur les deniers des recettes générales, avant qu'il ait été justifié du versement des sommes dues à la Ville [3].

1. Reg. H, 1788, f° 161.
2. *Ibid.*, f° 159. Par la même occasion, la Ville prie le roi de rembourser aux capitaines des trois compagnies d'archers « les fraiz faictz et desbourser en achaptz de boys, chandelles et autres nécessitez » en gardant nuit et jour le château du Louvre et l'Arsenal. Rappelons à ce propos que c'est Charles IX qui, en février 1566, avait reconstitué les trois compagnies d'archers de la Ville, autrefois divisées en archers, arbalétriers et hacquebutiers (porteurs de mousquets). Charles IX changea le mode de nomination des capitaines, lieutenants et enseignes, supprima les arcs et arbalètes et donna des arquebuses aux trois compagnies. Voy. *Recueil des Chartes, etc., arbalestriers, archers, arquebusiers, etc., de la ville de Paris...* par M. Hay. 1770, in-fol.
3. *Ibid.*, f° 161.

A côté des travaux de voirie et des affaires de finances, la Ville et le roi s'occupaient encore d'autres soins. Le règlement du 28 janvier 1578 fournit quelques détails précieux sur les mesures d'ordre public auxquelles donnaient lieu les fêtes foraines de Paris. Les deux principales étaient la foire Saint-Germain et la foire Saint-Laurent. Leur origine semble fort ancienne, puisque la première est mentionnée par un document de 1176 et la seconde par un document de 1344. Quant à la foire Saint-Germain des Prés, que concerne exclusivement le règlement de 1578, elle avait subi une éclipse dans la première moitié du xve siècle; mais Louis XI, en 1482, l'avait ressuscitée, en permettant aux religieux de Saint-Germain de tenir une nouvelle foire sur l'emplacement des jardins du roi de Navarre, donnés en 1399 à l'abbaye par Jean, duc de Berry. L'usage devait se maintenir jusqu'en 1789 [1]. Henri III, à la date du 28 janvier 1578, envoya à la Ville un règlement que les registres reproduisent sous ce titre : *Mémoire de ce que le roy veult estre faict et observé durant la foire de St-Germain des Prez.* Il est prescrit à la municipalité d'établir quatre personnes aux faubourgs de la Ville, principalement dans ceux qui sont voisins de la foire. A ces quatre personnes, les cinquanteniers et dizainiers feront rapport « par chascun jour » des personnes de *quelque qualité* qui sont arrivées auxdits faubourgs pour y loger, « afin que les dictz quatre députtez en advertissent par chascun jour lesdicts presvost des marchans et eschevins ». Les hôteliers seront assujettis à une surveillance spéciale. Sans préjudice du chevalier du guet « qui fait marcher ses gens » depuis onze heures du matin

---

[1]. Il y a lieu de présumer que la foire Saint-Germain se tenait sur l'emplacement actuel du marché Saint-Germain. On peut consulter sur la foire Saint-Germain, l'ouvrage de M. Campardon : *Les spectacles de la foire*, Paris, Berger-Levrault, 1877, 2 vol. in-8º; l'*Essai sur la foire Saint-Germain*, par Léon Roullaud, 1862. La foire commençait, en général, le 3 février.

jusqu'au soir [1], et des cent suisses de la garde du roi qui « seront députez aux quatre portes de la dicte Halle où se tient la foire », sans parler des commissaires [2] et des sergents du prévôt de Paris, deux intendants de police de chaque quartier auront à faire rapport chaque jour des personnes logées dans les hôtelleries, en s'aidant du concours des commissaires, cinquanteniers et dizainiers. Le règlement leur recommande de tenir la main « à ce qu'il ne loge aucune personne en ladicte ville et faulbourgs que Sa Majesté n'en soit advertye ». Enfin les quartiniers furent informés le 1er février des volontés du roi et mis en demeure d'exercer une surveillance sur les locations des chambres garnies et hôtelleries pour en faire rapport au souverain.

Cette année 1578 est assez vide, au point de vue de l'histoire parisienne. On suit de loin les péripéties de la guerre

---

1. L'institution du chevalier du guet remonte à saint Louis. Il dépendait du Châtelet de Paris et avait sous ses ordres des archers à pied et à cheval. Ce n'était pas un emploi méprisé. En 1464, Jehan de Harlay, chevalier du guet, fut nommé échevin. Tous les chevaliers du guet portaient de droit l'ordre de l'Estoile, institué par le roi Jehan en 1351.

2. Les commissaires du Châtelet étaient chargés de l'exécution du règlements de police pour la sûreté de la Ville. Un arrêt du Parlement, du 12 décembre 1551, fixait les circonscriptions pour la résidence des commissaires. Il existe plusieurs règlements sur les commissaires au Châtelet. On peut citer ceux du 12 décembre 1551 (COLL. LAMOIGNON, t. VII, p. 365) et du 21 novembre 1577 (tit. A, XX, 4, 7; COLL. LAMOIGNON, t. IX, p. 79). On peut lire aussi le « règlement sur le fait de la police, contenant le devoir des commissaires du Chastelet de Paris, des sergens à verge, des quarteniers, dizainiers et cinquanteniers », en date du 22 décembre 1541. Voy. FONTANON, t. I, liv. v, p. 887; DESMAZE : *Le Châtelet de Paris*, p. 157. Il y avait alors deux commissaires dans chacun des seize quartiers de Paris. Le règlement les désigne déjà sous le nom de *commissaires de police*. (Voy. l'art. 4.)

Quant aux sergents du Châtelet, leurs fonctions sont réglementées par l'ordonnance de 1499, art. 54 à 57. (Voy. FONTANON, t. I, fol. 224.) Mais il y eut ensuite bien d'autres règlements. Le dernier, par rapport à la période que nous étudions, paraît être celui du 20 juillet 1546. (Coll. LAMOIGNON, t. VI, p. 490.) Les sergents du Châtelet se divisaient en deux catégories : les sergents à cheval et les sergents à pied. Leur nombre varia beaucoup suivant les époques. L'ordonnance d'août 1287 (*Olim*, t. II, p. 202) fixait à l'origine à 70 le nombre des sergents à pied, et à 35 celui des sergents à cheval.

des Pays-Bas, drame à cent actes divers où les ambitions rivales du duc d'Anjou, de don Juan d'Autriche, de la reine d'Angleterre, du prince d'Orange, de Jean-Casimir s'entre-choquent et se combattent. On rit de la chevauchée de la reine de Navarre, que Catherine et le cardinal de Bourbon reconduisent vers son mari à travers la Gascogne (août). On pleure sur le sort des deux pauvres gens de Chelles, exécutés le 20 août au parvis Notre-Dame, c'est-à-dire pendus, puis brûlés « pour plusieurs énormes et exécrables blasphèmes par eux dits et prononcés contre l'honneur de Dieu et de la benoiste Vierge sa mère »; et sur une autre exécution encore, celle d'un jeune laquais de treize ans qui avait donné quelques coups de dague à son maître, ce dernier ayant eu l'esprit d'en guérir (3 sept.).

Quelques jours plus tard, le 18, on procède sans incident à l'élection du prévôt des marchands et de deux échevins. L'ouverture du scrutin se fit devant le roi lui-même. Ceux qui obtinrent le plus grand nombre de suffrages furent M. Claude Daubray, notaire et secrétaire du roi, pour la charge de prévôt des marchands, et MM. Le Comte et René Baudart pour les charges d'échevins. Ayant pris connaissance des résultats du scrutin, le roi fit appeler les trois élus et reçut leur serment [1].

Les rapports du roi avec le Parlement étaient, à cette époque, plus tendus que ses relations avec la Ville de Paris, parce que Henri III, fatigué sans doute des remontrances municipales, s'était adressé, pour avoir de l'argent, d'abord au clergé, qui avait refusé, puis au Parlement, sous forme d'édits bursaux à vérifier. « Le jeudi 4ᵉ de septembre, dit l'Estoile, le roy partit de Paris pour aller à Fontainebleau se rafraischir et, s'en allant, laissa à sa cour de parlement vingt-deux édits nouveaux et boursaux pour les voir et

---

1. REG. H, 1788, fº 200.

homologuer. » Le Parlement envoya l'avocat du roi, Brisson, porter à Henri III un arrêt de refus, et, sur l'insistance du monarque, la cour souveraine répondit « qu'elle ne pouvait ni ne devait », mais, excité par ses favoris, le roi s'écria : « Je voy bien que madame ma cour me veult donner la peine d'y aller moi-même. Je iray, mais je leur diray ce qu'ils ne seront, possible, guères contents d'entendre. » Il fallut bien vérifier « quelques-uns des moins meschans » entre les vingt-deux édits. Quant au clergé, il se croyait à l'abri des exactions royales, parce que, le 15 septembre, Prévost, curé de Saint-Séverin, avait rapporté de Fontainebleau la décharge « de la décime et demie extraordinaire que Sa Majesté avoit demandée »; mais, au commencement d'octobre, Henri, toujours ingénieux, envoya aux abbés, prieurs et bénéficiers aisés des lettres personnelles par lesquelles il priait chacun d'eux de lui prêter certaine somme : le chapitre de Paris était taxé à douze cents écus. Les ecclésiastiques « faisoient la sourde aureille, refusans tout à plat Sa Majesté, laquelle ils disoient assez haut monstrer bien par ses déportemens qu'il n'aimoit guères l'Église [1] ».

Il semblait que le roi se fît un jeu de blesser successivement ou à la fois tous ses sujets. « Un gouvernement si tyrannique, dit gravement de Thou, avait détruit insensiblement cet ancien attachement que la nation avait toujours eu pour ses princes. » De fait, la fermentation était grande dans toutes les provinces. Le tiers état et les nobles se liguaient en Bretagne, en Normandie, en Bourgogne, en Auvergne pour résister aux perpétuelles exactions du roi et protester contre ses prodigalités folles. Les États qui se tinrent à Dijon en novembre 1578 dressèrent une longue requête pour demander la diminution des impôts, sans

1. L'ESTOILE, t. I, p. 272.

préjudice de beaucoup d'autres réformes [1]. Les délégués des États bourguignons vinrent trouver le monarque et lui tinrent quelques propos attestant leur érudition; ils citèrent, par exemple, ce mot de Tibère « qu'un bon pasteur doit tondre ses brebis et non pas les écorcher ». En Bretagne, on réclamait le rétablissement des impôts au chiffre du temps de Louis XII et de la reine Anne. Les États provinciaux de Normandie, qui s'assemblèrent le 17 novembre, n'eurent pas une attitude moins énergique que les États de Bourgogne. Nicolas Clerel, chanoine de Rouen et député ecclésiastique pour le bailliage de cette ville, qu'on avait chargé de rédiger la réponse des États aux demandes du roi, ne prit aucune précaution diplomatique [2]. Il prononça contre l'administration royale une véritable philippique qui commençait par une citation de Jérémie et se continuait par une série de *jusques à quand* [3]... Ces plaintes avaient pour conclusion le refus formel d'exécuter les édits bursaux.

Comme la Bretagne et la Normandie comptaient parmi les provinces les plus catholiques du royaume, Henri III n'eut pas de peine à deviner que les Guises encourageaient et excitaient sous main les faiseurs de remontrances et

---

1. Voy. DE THOU, t. VII, p. 730, qui analyse les différents articles de cette requête.
2. *Coppie d'une lettre escrite par Edmond de Panygrolles, escuyer, à un seigneur du pays de Bourgogne : en laquelle est contenu le discours de ce qui s'est passé aux Estats provinciaux de Normandie, tenus à Rouen au mois de novembre mil cinq cens soixante et dix-huit. A Paris, par Barthélemy des Planches*, 1578. ARCH. CURIEUSES de Cimber et Danjon, 1re série, t. IX, p. 263. Suivant la Croix du Maine, les noms de Panygrolles, auteur, et B. des Planches, imprimeur, sont des noms supposés, sans qu'on connaisse d'ailleurs le véritable auteur de la lettre.
3. « Représentez-vous, s'il vous plaist, les porves villageois de Normandie, ayans la teste nue, prosternez aux pieds de vostre grandeur (*M. de Caronges, l'un des gouverneurs de la Normandie*), maigres, deschirez, langoureux, sans chemise en dos ny souliers en pieds, ressemblans mieux hommes tirez de la fosse que vivans, lesquels, levans les mains à vous comme à l'ymage de Dieu, vous usent de ces paroles : Jusques à quand sera-ce, monseigneur, que les playes dont nous sommes affligez auront cours? etc. »

les ennemis des édits bursaux. Ainsi s'expliquent les avances faites par Henri III au roi de Navarre et les efforts de Catherine pour réconcilier les deux princes. Une première entrevue avait eu lieu à La Réole (fin août 1578) entre la reine mère et le roi de Navarre, que l'arrivée de Catherine et de sa fille ne remplit pas d'allégresse. Mais, à travers les incidents peu intéressants de la campagne diplomatique de la vieille reine pour soumettre les protestants du Midi et diviser leurs chefs, le raffinement des séductions essayées contre le roi de Navarre par sa belle-mère est tout à fait édifiant. La reine, dit d'Aubigné [1], « avoit exprès pour son gendre la dame de Sauves et Dayelle Cypriotte, celles-là mesmes qui l'avoient retenu autres fois aux prisons de la Cour ». Tant d'habileté vint échouer contre la haine de la reine de Navarre pour son frère, Henri III, qui avait dénoncé au Béarnais des infortunes conjugales qu'il ne connaissait que trop bien et dont il ne faisait que rire. Mais la reine Marguerite ne riait pas des lâchetés du roi de France contre elle et le vicomte de Turenne « embarqué en son amour ». Elle reprit les armes de Catherine et styla de telle sorte les maîtresses de son mari que ce dernier finit par se résoudre à une nouvelle rupture avec Henri III. Tel fut le point de départ de la *Guerre des Amoureux* (avril 1580). Ainsi le roi de France, par la bassesse de ses perfidies, se retrouvait seul en face de la Ligue, d'une part, en face des protestants, de l'autre.

Il était bon d'établir sommairement la situation de la monarchie au regard des protestants et des provinces catholiques, pendant les années 1578-1579. Les mouvements des partis dans le Midi et les manifestations populaires en Bourgogne, en Bretagne et en Normandie n'ont pas été

---

1. *Hist. univ.*, col. 976.

sans influence sur l'attitude de la population parisienne, car le mépris témoigné à Henri III par les États provinciaux et la cour du roi de Navarre avait son contre-coup dans la capitale et favorisait le développement de la faction catholique.

D'autres causes, plus directes, faillirent amener de graves désordres à Paris par suite du refus du clergé de payer les rentes de l'Hôtel de Ville. Il faut reconnaître que le roi avait singulièrement abusé de la bonne volonté du clergé, qui, ainsi qu'on l'a dit plus haut, avait pris depuis 1561 des engagements très lourds pour permettre d'arriver au rachat du domaine; mais le roi ne rachetait rien avec les fonds ecclésiastiques, ou plutôt il aliénait immédiatement les portions rachetées. En 1580, si l'on en croit le *Traité des finances de France*, le domaine royal, évalué à environ cinquante millions, était aliéné pour un capital de seize millions au plus : et l'auteur affirme que si le domaine avait été racheté et affermé « il s'en trouveroit plus de quatre millions par chacun an, qui seroit pour entretenir magnifiquement la maison du roy et payer la pluspart des gages des officiers, sans toucher aux autres charges ordinaires et extraordinaires [1] ». Tandis que le résultat des sacrifices consentis par le clergé demeurait ainsi négatif, le montant des décimes accordés au roi par les syndics s'était élevé dans la proportion du double depuis 1567; et les rentes de l'Hôtel de Ville placées sous la garantie du clergé, du chiffre de 630,000 livres, avaient fini par atteindre celui de 1,202,000. Le mécontentement croissant des ecclésiastiques avait forcé le roi à autoriser la réunion d'un synode à Melun (juin 1579) [2]. Il y avait une telle unani-

---

1. *Traité des finances de France, de l'institution d'icelles, de leurs sortes et espèces, de ce à quoy elles sont destinées, des moiens d'en faire fonds, de les bien employer et d'en faire réserve au besoing.* MDLXXX, p. 353. Voy. ARCH. CURIEUSES, t. IX. Le fond de ce traité est tiré de la *République* de Jean Bodin.
2. D'après L'ESTOILE, t. I, p. 318, ce serait Henri III qui aurait été le

mité dans l'ordre ecclésiastique que les délibérations furent courtes. Arnaud de Pontac, évêque de Béziers, fut chargé d'adresser au roi de vives remontrances. Il s'acquitta de sa mission le 3 juillet [1]. Dans un discours très énergique, il constata que vingt-huit évêchés étaient vacants et que des laïques en touchaient les revenus; qu'il en était de même de la plupart des abbayes; qu'en plein Conseil du roi l'on avait adjugé un évêché à une femme, et que bientôt on verrait des laïques et des gens d'épée, parés du titre de commandeur, s'emparer des biens de l'Église. Encouragés par la faiblesse de Henri III, qui avait essayé d'éluder ces plaintes par des assurances vagues, les députés du clergé haussèrent le ton, et, dans une entrevue du 3 octobre, Nicolas l'Angelier, évêque de Saint-Brieuc, réclama la publication du concile de Trente (nécessaire, disait-il, pour l'extirpation de l'hérésie et le rétablissement de la discipline dans le royaume), l'abolition du Concordat passé entre François Ier et Léon X, et la restitution aux chapitres du droit d'élire leurs abbés et leurs évêques. Cette fois, le roi perdit patience et répondit violemment aux évêques qu'ils n'étaient rien que par sa libéralité; que les rois avaient toujours joui de la haute prérogative de nommer les prélats, et que si l'élection était remise aux chapitres, ils ne porteraient pas leurs suffrages sur les évêques actuels. Ainsi tancée dans la personne de ses délégués, l'assemblée du clergé ne s'occupa plus du roi et, dans la séance du 15 octobre, vota une résolution portant

promoteur du synode en demandant aux députés du clergé « quinze cens mil francs pour le payement des arrérages des rentes de la Ville, *dont il estoit deu une année*, et aliénation de cinquante mil escus de rente de leur temporel. »

1. DE THOU, t. VIII, p. 93. On peut encore consulter sur le synode de Melun : les mémoires de CLAUDE HATON, t. II. p. 980; collect. Dupuy à la Bibl. nat., vol. 87, fol. 103; coll. Baluze (*ibid.*), vol. 5675 E. Édit sur les plaintes et remontrances de l'assemblée de Melun (février 1580) dans Isambert, *Recueil des anc. lois françaises*, t. XIV, p. 564.

que le clergé avait suffisamment rempli les obligations que le contrat de Poissy lui avait imposées en 1561 et 1567, et qu'en conséquence l'ordre ecclésiastique se considérait comme délié de tout engagement envers les bourgeois de la capitale. Le 11 décembre, la résolution dont il s'agit fut signifiée par huissier au prévôt des marchands et aux échevins.

L'effet de cette signification fut immense à Paris. Chacun plaignait les veuves, les orphelins, les malheureux rentiers que la suppression des rentes sur l'Hôtel de Ville allait réduire à la misère. On faisait remarquer que les guerres de religion, qui étaient la vraie cause de la constitution des rentes, n'avaient été entreprises qu'à la sollicitation du clergé. Et cependant il était le premier à rompre des engagements sacrés qu'il avait garantis! L'agitation croissait d'heure en heure; le peuple courait dans les rues comme si l'ennemi eût été aux portes; les boutiques se fermaient en hâte, et quelques exaltés criaient : aux armes! Était-on à la veille d'une révolution? Le légitime souci des intérêts matériels allait-il soulever des colères plus terribles encore que les explosions du fanatisme? Dans des circonstances aussi critiques, la municipalité parisienne prit une initiative très heureuse. Claude Daubray, prévôt des marchands, accompagné des échevins [1], se rendit au Parlement. Le jour était déjà très avancé : néanmoins toutes les chambres s'assemblèrent, et, sur les réquisitions d'Augustin de Thou [2] remplaçant le procureur général, la cour rendit

---

1. Les deux échevins nommés le 17 août 1579 étaient Jean Gedoyn (46 voix) et Pierre Laisné, conseiller au Châtelet (36 voix). Celui qui venait après les élus n'avait obtenu que 24 voix. REG. H, 1788, f° 232.

2. Il s'agit ici non pas de l'auteur de l'*Histoire universelle* (Jacques-Auguste, 1553-1617), qui avait été reçu conseiller clerc au Parlement en 1578, mais de son oncle Augustin, qui était avocat général depuis 1567, fut nommé président de chambre en 1585 et mourut en 1595. A l'époque où nous sommes, le Parlement était présidé par Christophe de Thou (1508-1582), père de l'historien et frère d'Augustin. Il avait succédé, le 5 décembre 1562, à Gilles Le Maistre dans la charge de premier président et avait été

un arrêt ordonnant l'arrestation des évêques qui se trouvaient hors du ressort du Parlement, et prescrivant à tous les prélats présents à Paris de comparaître en personne pour répondre devant la cour aux réquisitions du procureur général. Cet arrêt sévère, presque violent, eut pour conséquences d'obliger les députés du clergé à continuer pendant dix ans encore le payement des décimes destinés aux rentes de l'Hôtel de Ville, et de prévenir une sédition qui pouvait être dangereuse.

Il y a lieu de croire cependant qu'une certaine agitation continua de régner dans Paris après l'arrêt du Parlement, car, à la fin de janvier 1580, le Bureau de la Ville prit de nombreuses mesures de police en vue d'assurer l'ordre. Les quartiniers, cinquanteniers et dizainiers firent de nombreuses visites dans « toutes les maisons et collèges et en apportèrent à l'Hôtel de Ville la description au vrai [1] ». On tint registre avec soin de tous les changements de domicile, de toutes les entrées et les sorties. Deux bourgeois notables furent placés à chaque porte pour observer les passants. Un autre mandement, en date du 30 janvier, « fit deffence à tous les portiers de ladicte ville de s'entremectre aulcunement de l'ouverture et fermeture desdictes portes, sinon en la présence des cinquanteniers et dixainiers de leurs quartiers, qui leur en bailleront les clefs pour ce faire le mattin et le soir. Et, après les dictes ouvertures et fermetures faictes par lesdictz portiers de leurs portes, remettre incontinant les clefz desdictes portes ès mains desdictz cinquanteniers et dixainiers, pour les rapporter et remettre aussy tost en celles des quarteniers de

---

prévôt des marchands de 1552 à 1553. Nous verrons plus tard qu'Augustin de Thou, l'avocat général, remplira aussi les fonctions de prévôt des marchands en 1580-1581. Il était utile de ne pas confondre les différents membres de la grande famille parlementaire et parisienne des de Thou, trois d'entre eux siégeant en même temps au Parlement.

1. Reg. H, 1788, f° 245.

leurs quartiers qui en ont la charge [1] ». Enfin il fut interdit aux quartiniers d'ouvrir ou faire ouvrir les portes la nuit, sans le commandement et en dehors de la présence de l'un des membres du Bureau de la Ville. On ne s'étonne pas de ces précautions quand on lit les procès-verbaux des assemblées municipales de janvier 1580 qui démontrent qu'à cette époque le clergé n'avait pas payé le quartier des rentes. Une assemblée fut encore tenue le 19 février d'une part pour statuer sur un projet de revision de la coutume de la prévôté et vicomté de Paris, et, d'autre part, « pour adviser et conclure ensemble sur les grandz deniers deubz par le clergé de France à la Ville [2] ». Le clergé finit cependant par céder aux instances de Henri III et aux plaintes menaçantes des Parisiens. Il s'engagea à verser 1,300,000 livres par an, tout en exprimant un vœu platonique en faveur du rétablissement des élections ecclésiastiques et de la suppression des bénéficiers laïques.

A peine délivré des inquiétudes soulevées par la question des rentes de la Ville et des subventions du clergé, Henri III reprit son existence fastueuse et frivole. Le 1ᵉʳ janvier 1580, il tint une séance solennelle des commandeurs et chevaliers du Saint-Esprit en l'église des Augustins [3]. Le 26, le cardinal de Birague donna une

---

1. Reg. H, 1788, f⁰ 245.
2. Reg. H, 1788, f⁰ 247. C'est dans une assemblée du Bureau de la Ville en date du 30 janvier 1580, que cette revision avait été proposée. On confia le *cahier des coutumes* à MM. Laisné, échevin, Lelièvre de Palluau, de Jumeauville, Sanguyn, d'Hierre, de Brévant, conseillers de la Ville, et M. Pierre Prévost, ancien échevin, avec mission de préparer un rapport sur le projet de revision et de veiller au maintien « des previllèges, franchises et libertez des bourgeois, manans et habitans. Le mardi 22 février, dans la grande salle de l'évêché de Paris, Christophe de Thou, premier président, et MM. Viole, Anjorrant, Longueil et Chartier, conseillers au Parlement, commencèrent à procéder « à la réformation et réduction de la coustume de Paris ». Les délégués de la Ville de Paris avaient demandé séance « sur un banc à part ». Voy. aussi L'Estoile, t. I, p. 354.
3. L'ordre du Saint-Esprit datait juste d'un an. Il avait été institué le 1ᵉʳ janvier 1579, « à cause de l'effréné nombre des chevaliers de l'ordre de Saint-Michel, qui estoit tellement avili qu'on n'en faisoit non plus de

magnifique collation au roi et à la toute la cour. Douze cents pièces de faïence italienne couvraient les deux immenses tables du festin : les pages et les laquais de la cour en brisèrent le plus grand nombre, « comme ils sont d'insolente nature », dit la chronique. Puis ce fut une série de dîners consécutifs : chez le cardinal de Bourbon, à l'abbaye Saint-Germain des Prés, le 3 février, le lendemain à l'hôtel de Saint-Denis, chez le cardinal de Guise ; les jours suivants, à l'hôtel de Nesles, chez le duc de Nevers, à l'hôtel de Châlons, chez le seigneur de Lenoncourt et chez d'autres gentilshommes, tant que la foire Saint-Germain dura. A l'Hôtel de Ville, il y eut aussi une cérémonie imposante à l'occasion de la réception de M. de Villequier en qualité de gouverneur de Paris. Cette nomination avait été accueillie par les Parisiens avec d'autant plus d'indignation qu'il succédait au maréchal François de Montmorency, enlevé à cinquante ans, le 6 mai 1579, par une attaque d'apoplexie, et qui, dit de Thou, emportait avec lui « le titre glorieux de dernier des Français [1] ». Le 4 janvier 1580, Villequier avait été reçu au Parlement ; le 19 suivant, eut lieu sa réception solennelle à l'Hôtel de Ville, et les Registres nous en ont conservé le cérémonial [2]. Une assemblée générale avait été convoquée pour

---

compte que de simples aubereaus ou gentillastres, et les appeloit-on des piéça le grand collier de cet ordre « le collier a toutes bestes ». *Ibid.*, p. 296. Il n'y eut d'abord que vingt-six chevaliers du Saint-Esprit. Le duc de Guise, les cardinaux de Bourbon, de Guise et de Birague ne furent nommés qu'en janvier 1580.

1. François de Montmorency, maréchal et duc, était le fils aîné du connétable Anne de Montmorency. C'est lui qui avait publiquement bravé le cardinal de Lorraine, rue Saint-Denis, et avait désarmé ses gardes ; lui que son esprit de tolérance et de conciliation envers les protestants avait rendu suspect à la cour ; lui qui avait été mis à la Bastille avec le maréchal de Cossé, après les interrogatoires de la Môle et Coconas (mai 1574), et qui en était sorti le 2 octobre 1575. Il était rentré dans ses biens et honneurs. Paris lui fit des funérailles magnifiques. On peut consulter le *Discours sur la maladie et derniers propos de M. le mareschal de Montmorency*. Paris, MDLXXIX. Arch. curieuses, t. IX, p. 310.

2. Reg. H, 1788, f° 255. Il y a sur ce point entre les Registres et l'Es-

la circonstance. Quatre notables par quartier s'étaient joints au corps municipal; devant la porte de la maison commune étaient rangés les arquebusiers de la Ville. Le prévôt des marchands et les échevins, « vêtus de leurs robbes de livrée », précédés des sergents de la Ville, vinrent au-devant du nouveau gouverneur jusqu'à l'entrée de la première porte extérieure et le conduisirent avec sa suite « en la grand'salle où estoit ladicte assemblée génerallle, passant par les galleries dudict Hostel de Ville et par dessus l'escallier de boys, y estant revestu des deux costez de lierre faict tout exprès ». Arrivé dans la grand'-salle, Villequier prit place sur « une chaise couverte de velours cramoisy » placée sous un haut dais et présenta ses lettres de procuration vérifiées en Parlement; puis, quand le greffier en eut donné lecture, « le gouverneur a prins la collation audict Hostel de Ville et, ce faict, chascun s'est retiré ».

A cette époque élégante et sensuelle, où tout ce qui parlait aux yeux avait une grande importance, l'étiquette et le cérémonial jouent un rôle considérable dans la vie politique et aussi dans la vie municipale. Rien ne donne une idée plus claire de l'importance des fonctions que les formalités ou les honneurs qui en accompagnent la collation ou la fin. A qui voudrait, par exemple, se rendre compte de la place éminente qu'occupait un échevin de Paris dans la société de son temps, on pourrait recommander d'étudier les honneurs funèbres qu'on décernait aux auxiliaires du prévôt des marchands. Il y avait tout un cérémonial, réglé minutieusement, pour les obsèques des échevins. En décrivant l'ordre et la marche du convoi de Jean Bouer,

toile, qui ordinairement concordent à merveille, une légère différence. L'Estoile fixe *au jeudi* 7 janvier 1580 la réception de Villequier à l'Hôtel de Ville et ajoute qu'il partit *le lendemain* « pour se faire recevoir pareillement aux autres villes estant du destroit et gouvernement de l'Isle-de-France ».

qui mourut à la fin du mois de juin 1579, les registres prennent soin de rappeler qu'on a observé ce qui s'était fait « ès convoiz et enterrement de deffunct Maître Mathurin le Camus, qui fut le 26ᵉ jour de janvier 1562, et à celluy de deffunct Maître Jean Lescaloppier, qui fut le seiziesme jour de novembre 1563, comme estans tous lesdictz sieurs le Camus et Lescaloppier en leur vivans eschevins de ladicte Ville de Paris »[1]. On faisait d'abord « la semonce » au Bureau de la Ville; c'est-à-dire que les « jurés crieurs de corps et de vins de la Ville[2] » venaient prier le prévôt des marchands, les échevins et les autres officiers municipaux d'assister au convoi. Le prévôt des marchands mandait aussitôt : 1° l'apothicaire de la Ville, pour lui commander seize torches, de deux livres pièce, aux armes et écussons de la Ville de Paris; 2° seize hannouars[3], porteurs de sel, pour leur prescrire de se tenir prêts à porter les seize torches commandées par la Ville; 3° les conseillers de Ville et les quartiniers pour les prier de se rendre au Bureau à une heure déterminée et accompagner le chef de la municipalité. L'heure venue, Messieurs de la Ville « vestus de leurs robbes my-parties » quittaient la maison commune et se mettaient en marche, dans l'ordre suivant : « Premièrement, marchoient les hannouars porteurs de sel, vestuz de noir, portans les torches, puis les

---

1. C'est le Reg. H, 1784, f° 222, qui décrit les obsèques de Jean Lescaloppier. Ce passage du Reg. a été reproduit dans la Coll. des arch. cur., 1ʳᵉ série, t. V, p. 432.
2. Sur les *crieurs* et leurs attributions, voy. *Hist. munic.*, p. 39, et Leroux de Lincy, p. 222.
3. Sur les *hannouars*, voy. *Hist. munic.*, p. 41, et Leroux de Lincy, p. 225. Cet auteur dit bien que les *hannouars* (dont le nom s'orthographiait dans le principe *henouarts*) avaient le singulier privilège de porter le corps des rois de France défunts, lors des cérémonies funèbres; mais il n'ajoute pas que les *hannouars* remplissaient le même office pour les officiers municipaux. J. Chartier. *Histoire de Charles VII*, p. 317, explique de la façon suivante la signification du privilège des hannouars : « Ce sont officiers au fait de la saunerie à Paris, au nombre de 24, qui sont en possession d'ainsi porter les corps des défunts roys, afin de faire voir que leur mémoire, ainsi que le sel, se conserve toujours. »

sergens de Ville, aussi vestuz de leurs robbes my-parties, à pied; et après eulx le greffier, vestu aussi de sa robbe my-partie, à cheval; puis, mesdictz sieurs à cheval, et le procureur du roy et de la Ville, aussi à cheval et vestu aussy de sa robbe rouge; et le receveur, en son habit ordinaire, et quartiniers d'icelle ville; et en cest ordre allèrent au logis dudict defunct. » Du logis à l'église, le convoi était composé ainsi qu'il suit : 1° gens d'église; 2° corps du défunt, entouré des hannouars, les torches en main; 3° le greffier, le procureur, le receveur et tout le corps de Ville; 4° la famille et les amis [1].

Ainsi les vieux usages se perpétuaient à l'Hôtel de Ville, conservés et fixés par les archives municipales. Les infractions commises n'étaient jamais imputables au corps de Ville. Presque toujours elles étaient le fait du roi. C'est ainsi qu'après les élections du 17 août 1580 pour le choix d'un prévôt des marchands, Henri III consentit bien à sanctionner la nomination d'Augustin de Thou comme prévôt des marchands [2], mais élimina de l'échevinage celui qui avait eu le plus de voix, le conseiller de Ville Jacques Paillard (cinquante suffrages). On lui substitua Pierre Mesmin, qui n'avait réuni que vingt-quatre voix [3].

En « cest an 1580 », comme disent les chroniques, la municipalité parisienne s'occupa beaucoup moins de la guerre civile, qui désolait le nord et le midi de la France [4],

1. Pour les obsèques de l'échevin Jean Bouer, cons. Reg. H, 1788, f° 226. Le 8 décembre 1579 eut lieu avec le même cérémonial l'enterrement d'un autre échevin, nommé René Baudart, élu l'année précédente. *Ibid.*, f° 244.
2. Voy. sur Augustin de Thou la note 2 de la page 123.
3. L'autre échevin fut Nicolas Bourgeois (40 suffrages). Reg. H, 1788, f° 256. Aux élections du 17 août 1581, pour la nomination de deux échevins nouveaux, le roi confirma sans difficulté les résultats du scrutin et reçut le serment des deux candidats qui avaient réuni le plus de voix : Jehan Poussepin, conseiller au Châtelet, et Denis Mamyneau, auditeur des comptes.
4. Au nord, le prince de Condé s'était emparé de la place de La Fère (29 novembre 1579), qui ne fut rendue aux troupes royales que le 12 septembre 1580. Dans le midi, le roi de Navarre poursuivait avec héroïsme

que de la peste et de la coqueluche, dont les ravages décimaient les habitants de la capitale. La peste fit son apparition au mois de mars. « En ce temps, dit l'Estoile, y a commencement de peste à Paris. De fait, sont, par arrest de la cour de Paris, faites défenses à toutes personnes de vendre meubles aux places publiques, ni aux maisons privées. Courent force rougeoles et petites véroles, mesme aux grandes personnes, jusques aux vieillards qui s'en trouvent atteints. Adviennent aussi plusieurs morts subites. » Comme il arrive d'ordinaire dans les temps de malaise social, on n'entend parler que de crimes étranges. Le 6 avril, en vertu d'un jugement du grand prévôt de France, on exécuta devant l'hôtel de Bourbon un sieur la Valette, parent du premier président de la cour de Toulouse et qui faisait métier d'empoisonneur. Malgré les démarches tentées en sa faveur par plusieurs membres du Conseil privé, la peine ne fut pas commuée et il fut « pendu aveq sa robbe longue, pour faire paroistre qu'il estoit homme de droit ». Le 6 mai, autre exécution au même lieu. Gourreau, prévôt des maréchaux d'Angers, convaincu de plusieurs « assassinats, voleries et concussions en l'exercice de son estat », sur la poursuite de Pierre Erraud, lieutenant criminel à Angers, qu'il avait voulu faire tuer à Paris, fut étranglé et pendu. La nature elle-même semblait en proie aux convulsions. Il y eut, le 6 avril, un tremblement de terre, qui fut très violent à Calais, à Boulogne, à Château-Thierry et dont Paris ressentit aussi les atteintes [1]. A la cour, les querelles, les divisions règnent plus que jamais. Le duc de Nevers et le duc de Montpensier pen-

---

une guerre sans objet et enlevait Cahors le 29 mai 1580 au lieutenant du roi de France, le brave Vezins. Il y eut là un homérique combat de rues qui dura quatre jours et quatre nuits. Voy. D'AUBIGNÉ, *Hist. univ.*, col. 996.

1. Voy. sur ce tremblement de terre CLAUDE HATON, t. 2, p. 1012; L'ESTOILE, t. I, p. 357. Le 8 avril 1579, il y avait eu à Paris un autre désastre. La Bièvre avait débordé pendant la nuit et inondé le faubourg Saint-Marcel. Il y eut vingt-cinq morts. Voy. ARCHIV. CUR., t. IX, p. 303.

sent en venir aux mains ¹. Tandis que messire Baptiste de Gondi, parent du maréchal de Retz et de l'évêque de Paris, meurt à quatre-vingts ans, laissant une fortune de 400,000 écus, lui qui était venu sans un sol d'Italie en France ², Henri III, afin de se procurer de l'argent, en était réduit à demander 500 écus à chacun des vingt-six procureurs de la Chambre des comptes de Paris pour les ériger en officiers du roi. Cela devait donner 13,000 écus que le prince avait promis à son mignon la Valette ; mais les procureurs répondirent qu'ils résigneraient leurs charges plutôt que de subir cette exaction ; et, de fait, ils cessèrent leurs fonctions, si bien que, la Chambre des comptes ayant chômé quelque temps, le roi dut rappeler les procureurs et renoncer au 13,000 écus. Il s'en consola en ordonnant par lettres patentes (du mois de juin) que les biens de tous les huguenots absents et portant les armes contre Sa Majesté seraient saisis. C'était un surcroît de besogne pour les quartiniers, chargés des recherches, et pour tous les officiers municipaux, qu'absorbaient déjà les soins à prendre contre la double contagion dont souffrait la capitale. Du 2 au 8 juin, la coqueluche ³ avait atteint dix mille personnes, entre autres le roi, le duc de Mercœur, le duc de Guise et M. d'O. Étrange maladie,

---

1. Voy. dans DE THOU, t. VIII, p. 402, les motifs de cette querelle.
2. Gondi s'était enrichi en prêtant « ses deniers à la Florentine », et en prenant des impôts en ferme. On lui érigea dans l'église des Augustins (chapelle des Florentins) un superbe mausolée.
3. Voy. CLAUDE HATON, t. II, p. 1013; L'ESTOILE, t. I, p. 361 et 364, et *Copie d'une missive envoyée de Paris à Lyon par un quidam à son bon amy*, etc., LYON, 1580; ARCH. CUR., t. IX, p. 320. DE THOU, t. VIII, p. 400, fait une description précise de la maladie : « Elle attaquoit d'abord le bas de l'épine du dos, par un frisson suivi d'une pesanteur de tête et d'une faiblesse de tous les membres, jointe à un grand mal de poitrine, et si, le quatriesme jour ou cinquième jour, les malades n'étoient pas guéris, la maladie dégénéroit en fièvre, qui les emportoit presque toujours. » L'historien ajoute cette réflexion, peu flatteuse pour les médecins du temps, que ceux qui négligèrent le mal s'en trouvèrent fort bien, au lieu que ceux qui furent purgés ou saignés périrent presque tous. Voy. aussi FÉLIBIEN, t. II, p. 1142.

qui commençait par un mal de tête et d'estomac, puis s'étendait à tout le corps et n'était, à vrai dire, qu'une sorte de choléra : Claude Haton nous apprend que parmi les personnes atteintes du fléau « la plus grande partie morut par ung cours de ventre ». La contagion, qui dura jusqu'à la fin de l'année [1], enleva, d'après l'Estoile environ trente mille personnes, d'après de Thou quarante mille, d'après Claude Haton plus de soixante mille, enfin d'après la lettre du « Quidam à son bon amy » de cent vingt mille à cent quarante mille.

A la coqueluche succéda la peste, qui n'exerça pas moins de ravages. Tous les riches fuyaient Paris. « Bien peu de gens ayant moyens de se traicter y sont demourez », écrit le *quidam*. Les malheureux allaient se réfugier à l'Hôtel-Dieu, mais la place manqua bien vite : alors on dressa des tentes dans les faubourgs de Montmartre, Saint-Marceau, Montfaucon, Vaugirard et dans la plaine de Grenelle, où l'on bâtit également un nouvel hôpital. Les étrangers, « les forains », abandonnèrent Paris six mois

---

[1]. Il résulte des registres que la santé publique resta mauvaise jusque vers la fin de 1583. Henri III pensait que le meilleur procédé curatif était une belle procession. A la date du 5 octobre 1583, il adressa au prévôt des marchands et à ses collègues la lettre ci-dessous :

« DE PAR LE ROY. Très chers et bien amez, voians que la contagion continue en quelques endroictz de ceste ville, et aussi l'indisposition du temps pour les pluyes qui ont journellement cours, qui ne nous peult faire espérer que une charté de tous vivres, Nous avons advisé qu'il ne se peult rien faire de mieux que d'avoir recours à la bonté de Dieu, et de regarder de l'implorer par prières et oraisons publiques, ad ce qu'il luy plaise, en appaisant son ire, impartir ce qui est nécessaire tant pour la santé des corps que pour l'accroissement et conservation des fruictz de la terre; qui fait que nous voullons et vous mandons que vous aïez avec les procureur, recepveur, greffier, conseillers, quarteniers, notables bourgeois de chacun quartier de nostre bonne ville de Paris et autres officiers d'icelle que adviserez, à faire une procession de la paroisse de l'hostel de ladicte ville, qui est l'église Saint-Jehan en Grève, en l'église Madame Saincte-Geneviefve, avec la dignité et révérence requise, ainsi que vous avez accoustumé de faire par cy-devant, lorsque semblables dévotions se font en l'honneur de Dieu et invocation de son sainct nom. A quoy vous ne ferez faulte. Donné à Sainct-Germain-en-Laie, le cinquiesme octobre 1583. Ainsi signé HENRY, et plus bas PINART. » REG. H, 1788, f° 349.

durant, « de façon, dit l'Estoile, que pauvres artizans et manœuvres crioient à la faim ; et jouoit-on aux quilles sur le pont Notre-Dame et en plusieurs autres rues de Paris, mesmes dans la grande salle du Palais ». De grandes troupes d'écoliers, de clercs de justice, de commis de marchands couraient les chemins pour retourner dans leur pays d'origine, semant la peste à vingt lieues à la ronde. « Et qui estoit une chose fort à déplorer, s'écrie Claude Haton, estoit que plusieurs mouroient sur les chemins, sans aulcunement estre secouruz en leurs nécessitez ; et à grand peine trouvoit-on qui les volust enterrer, encores qu'ils fussent bien habillez et fournis d'argent sur eux. »

Dans ces tristes circonstances, les hautes classes ne donnèrent pas l'exemple du courage. Au dire de tous les historiens contemporains, les magistrats quittèrent leurs sièges ; les procureurs, les avocats désertèrent le Palais et les marchands leurs boutiques pour gagner leurs maisons des champs. Profitant de cette désertion, les voleurs couraient toutes les nuits par la ville et pillaient les plus riches demeures. On pouvait craindre les plus graves désordres. Le roi tout d'abord avait fait mine de braver le péril. De son château de Saint-Maur-les-Fossés il venait souvent à Paris. Il lança un édit pour forcer les Parisiens à rentrer dans la Ville, sous menace de mettre des garnisaires dans leurs maisons. Lui-même, il vint tenir séance dans la chambre dorée, au Palais, pour homologuer quelques édits : sa ferme attitude tenait un peu à ce que les médecins lui avaient dit qu'il ne pouvait être atteint du fléau, par suite d'autres maladies dont il était affligé ; mais, voyant la contagion faire chaque jour des progrès, le roi gagna Blois précipitamment et avec peu de suite. Ce fut encore la municipalité parisienne qui fit la meilleure contenance au milieu du désarroi général. Augustin de Thou, le nouveau prévôt des marchands, et son frère Christophe de

Thou, premier président du Parlement, prirent, de concert avec le prévôt de Paris, toutes les mesures nécessaires et organisèrent à la Chancellerie une sorte de commission d'hygiène publique [1]. Ils créèrent un officier qu'on appela prévôt de la santé et qui reçut la mission de rechercher les pestiférés dans tous les quartiers et de les faire porter à l'Hôtel-Dieu, s'ils n'avaient pas le moyen de se soigner à domicile. Mais ce qui produisit plus d'effet encore que toutes les mesures administratives, ce fut la ferme attitude du premier président, qui se promenait tous les jours en carrosse dans les rues pour rassurer le peuple et résista aux instances des siens, notamment de son frère l'évêque de Chartres, dont les lettres le pressaient d'abandonner la capitale. Beaucoup de médecins se dévouèrent aussi, entre autres Malvédi, professeur royal ; mais, pour retenir les compagnons barbiers et chirurgiens, il fallut leur promettre de les recevoir maîtres, s'ils échappaient à la contagion. Enfin, le 19 novembre, comme si tous les fléaux se fussent conjurés pour fondre à la fois sur Paris, le feu consuma la magnifique église des Cordeliers, et l'on eut grand'peine à préserver le couvent. Il y eut des fanatiques pour accuser les protestants d'avoir allumé l'incendie ; mais la cause première du désastre n'était qu'un moine novice qui, ayant trop bu, s'était endormi sous le jubé et avait laissé un cierge allumé tout près de la boiserie [2].

Ce pauvre Paris devenait triste, et le roi s'ennuyait. Il

---

[1]. A la date du vendredi 6 mai 1583, la Grand'chambre du Parlement et la Tournelle assemblées, après avoir ouï le procureur général du roi et le lieutenant civil de la prévôté de Paris, ordonne que « un jour de la semaine de relevée, par tour et par ordre, un de messieurs les présidents et trois conseillers, dont l'un sera d'église, feront assembler en la salle Saint-Louys le procureur général du roy ou l'un des advocats dudict seigneur, le lieutenant civil de la prévosté de Paris, le prévost des marchands ou l'un des eschevins de la Ville, aucuns des dignitez (sic) des chapitres et communautez, aucuns des gouverneurs de l'Hostel-Dieu et des bourgeois de cette ville, pour adviser ce qu'ils verront estre nécessaire pour éviter à la contagion... » *Extrait des reg. du Parlement.* Félib., *Preuves*, t. III, p. 16.

[2]. L'Estoile, t. I, p. 373 ; de Thou, t. VIII, p. 401.

voyait son frère le duc d'Anjou sur le point d'acquérir deux couronnes ; celle des Pays-Bas, que les ambassadeurs des Provinces-Unies vinrent lui offrir le 19 septembre 1580 au château de Plessis-lez-Tours, et celle d'Angleterre par le mariage projeté avec Elisabeth. Henri III n'était plus rien : il n'avait pas même conclu lui-même la paix de Fleix avec le roi de Navarre (26 nov. 1580); il la devait à son frère et à Catherine. Au début de l'année 1581, que faisait ce pauvre roi? L'Estoile le dit : « Au commencement de janvier 1581, le roy, de Blois revint à Paris et laissa les roines à Chenonceau, et le Conseil privé et d'Estat à Blois, et, après s'être donné du bon temps en nopces et festins, le 18e du mois, s'en alla au chasteau de Sainct-Germain-en-Laie, commencer une diette, qu'il tint et continua jusqu'au commencement du mois de mars ensuivant. » Mais le 5 mars la diète est finie et les fêtes recommencent. Henri III, habillé en masque et suivi de ses mignons, la Valette, d'O et les autres, fête joyeusement la mi-carême, « rôdant par toute la Ville de Paris et par les maisons où il sçavoit y avoir bonne compagnie ». On pouvait rire : Marc Miron, le premier médecin du roi, et son hôte ce soir-là, l'avait reconnu « sain et allègre ». La *bonne compagnie* suivait l'exemple du prince. Le 8 mars on pendit pour crime de faux un notaire du Châtelet, le sieur Herbin ; le 9 mars on amenait à la Conciergerie le seigneur de Saint-Léger, inculpé d'avoir fait arracher du lit où il reposait près de sa femme le sieur Coingnet de Pontchartrain, puis de l'avoir attaché à un poteau et fustigé, en pleine halle de Montfort-l'Amaury. Crime de Pontchartrain : il avait refusé d'épouser la fille de Saint-Léger. Mais ce dernier était gentilhomme de Monsieur. Le Parlement l'acquitta. Tout, jusqu'au duel, devient déloyal. M. de Liverdot allant se battre avec le marquis de Migneley, fils de M. de Piennes, fait cacher dans le sable une épée sur le lieu du combat.

C'est Liverdot qui est tué par le marquis, mais le valet du mort saisit l'épée cachée et assassine par derrière le vainqueur. M. du Voix, conseiller au Parlement de Paris, pour se venger de sa maîtresse repentante, la dame Boulanger, femme d'un procureur au Châtelet, la fait saisir par quelques ruffians qui lui tailladent les joues en présence du mari. Par le crédit de l'auteur de cette lâcheté barbare, la cause fut évoquée au Parlement de Rouen, qui renvoya l'accusé absous, moyennant 2000 écus de dommages-intérêts et 2000 écus donnés aux juges. La mère de M. du Voix crut devoir aller remercier Henri III, qui dit : « Ne me remerciez pas, mais la mauvaise justice qui est en mon royaume [1]. »

Comment, au surplus, eût-il été sévère pour les crimes d'autrui, ce roi qui semblait prendre à tâche de braver l'opinion et gaspillait les ressources de la France avec une véritable folie ? Pour suffire aux fêtes extravagantes de la cour et aux prodigalités maladives du monarque, il fallait sans cesse augmenter les charges qui pesaient sur le peuple. C'était tous les jours un nouvel édit fiscal dû à la fertile imagination des financiers italiens. En un seul jour, le 4 juillet 1581, le roi fait enregistrer neuf édits bursaux, ordonnant la création de nouveaux offices [2]. D'une

---

[1]. Un autre conseiller au Parlement, Jean Poisle, fut arrêté au mois d'août 1581, pour concussion et falsification d'arrêts. On traîna l'affaire. En 1582, le comte de Châteauvilain, Ludovic Adjaceto, Italien de Florence que Catherine avait fait nommer fermier général de la douane de France, pour se venger d'un sieur Bertrand Pulveret, qui, dans une première rencontre, lui avait cependant laissé la vie, l'attaqua un jour avec une douzaine d'Italiens et le laissa pour mort sur le pavé. Il en fut quitte pour deux mille écus de dommages-intérêts, Pulveret s'étant rétabli. Toutes ces faiblesses déconsidéraient la justice et donnèrent lieu au sizain qui suit :

> Chasteauvilain, Poisle et le Voix
> Seront jugés tous d'une voix
> Par un arrêt aussi léger
> Que fut celui de Saint-Léger :
> Car le malheur est tel en France
> Que tout se juge par finance.

[2]. C'est ce que dit L'ESTOILE, t. II, p. 11. DE THOU, de son côté, t. VIII,

commune voix, le président déclara qu'il s'opposait à l'enregistrement, et le premier président dit tout haut que « selon la loy du roy, qui est son absolue puissance, les édits pouvoient passer; mais que, selon la loy du royaume, qui estoit la raison et l'équité, ils ne pouvoient ni ne debvoient estre publiés ». Néanmoins, le roi ordonna qu'il serait passé outre et fit publier les édits par le chancelier de Birague. Il avait besoin d'argent pour marier ses mignons.

Dans cette marée montante de mesures fiscales, il est bon d'en signaler quelques-uns qui ont spécialement trait au régime municipal. Tels sont l'édit du 20 mai (enregistré le 4 juillet), instituant un bureau de douanes dans chaque ville du royaume; l'édit de création d'un bureau du contrôle des actes extra-judiciaires en chaque siège royal (mai 1581, enreg. du 4 juillet) [1]; l'édit du 18 juillet, établissant pour six ans un impôt de vingt sous sur chaque muid de vin à son entrée dans les villes [2], et la déclaration du 20 juillet, portant que les prévôt des marchands et échevins de la Ville de Paris prendront le droit ancien de cinq sous par muid de vin entrant à Paris, sur les vingt sous fixés par l'édit précédent [3].

---

p. 530, rapporte que « le roi vint au Parlement le 15 juillet et qu'il y fit enregistrer en un seul jour vingt-sept édits bursaux, par l'un desquels il créoit vingt nouvelles charges de conseillers ». Voir aussi Isambert, t. XIV, p. 493, et Fontanon, 1, 12. Ces nouveaux sièges de conseillers étaient institués sous prétexte que le roi allait envoyer en Guyenne et en Auvergne plusieurs présidents et conseillers du parlement de Paris, pour y calmer les troubles, ce qui rendait plus lourde la tâche des magistrats demeurés dans la capitale.

1. Cet édit est le premier essai d'organisation de l'administration de l'enregistrement.
2. Fontanon. *Les Édicts et ordonnances des rois de France.* Édit de 1611, t. II, p. 1124. L'édit du 18 juillet, en ce qui touche la Ville de Paris, défend d'introduire le vin par d'autres portes que celles de Saint-Jacques, Saint-Germain-des-Prés, Saint-Honoré, Saint-Denis et Saint-Antoine.
3. La déclaration dit formellement que le prélèvement des cinq sols tournois au profit de la Ville a pour but « de continuer les rentes constituées sur ledit ayde et subside ». Cet impôt avait été créé pour six ans par déclaration du 22 septembre 1561; il avait été prorogé par déclarations d'avril 1568 et 8 juillet 1575.

On peut croire que l'ingénieuse méthode inventée par les Italiens pour faire rendre aux offices tout ce qu'ils pouvaient donner fut appliquée aux offices municipaux. Certes, il eût été téméraire, même pour le roi, de toucher aux cadres essentiels de la municipalité : le nombre des échevins, des conseillers de Ville était incommutable; mais on pouvait peut-être impunément créer, moyennant finances, de nouvelles charges d'officiers subalternes. C'est ce que Henri III essaya. Un édit de novembre 1581 institua 30 visiteurs, « vendeurs de bois, charbon et foing ». Aussitôt, dans une assemblée du grand Bureau, tenue le 5 décembre, la Ville décida de s'opposer devant le Parlement à la vérification de l'édit. Le texte de l'opposition, qui nous a été conservé par les Registres de la Ville, est assez instructif. Il débute pompeusement en rappelant les attributions distinctes des différents magistrats qui se partagent l'administration de Paris : le Parlement, le prévôt de Paris, le prévôt des marchands [1]. Puis la Ville passe à l'examen de l'édit lui-même, qu'elle ne craint pas de comparer à un faux écu [2]; et, après avoir rappelé les principaux traits de l'organisation existante, ce qui est précieux pour l'histoire municipale [3], le document dont il s'agit arrive à la conclu-

---

[1]. « En ceste Ville de Paris, capitalle de ce royaulme, sont establiz trois sortes de magistrats et juges politiques : les premiers et souverains, vous, messeigneurs, desquelz deux aultres prennent leur aucthorité, splendeur et lumière, les prévost de Paris et officiers du siège ; les prévost des marchans et eschevins de ceste ville, lesquelz avecq le plus grand soing et dilligence et bonne vollunté font vivre et exécuter les ccditz et ordonnances de voz arrestz. » Reg. II, 1788, fol. 280.

[2]. « Cet ecdict, messieurs, n'a faulte de beau prétexte et belle coulleur ressemblant aulcunement à ung faulx escu, lequel a apparence aucunement d'estre bon à l'œil; mais quant il est question de sonder avec le burin et à la touche, s'il est bon, l'on trouve la falcité ; aussy quand l'on vient considérer de pres et espluchcr par vives raisons cest ecdict, l'apparence qu'il y avoit de quelque bien s'esvanouyt. » (*Ibid.*)

[3]. Nous avons déjà fait ailleurs allusion (voy. *Hist. munic.*, p. 39) aux officiers subalternes qui prêtaient leur concours à la municipalité parisienne : jurés-mesureurs de bûches, sel, charbon, de grains ou autres denrées, jaugeurs de vin et courtiers de vin, de sel, de chevaux. Dès la seconde moitié du XIIIe siècle, le nombre de ces officiers était déterminé. La grande

sion suivante : « La Cour (*c'est-à-dire le Parlement*) comme clairvoyant, peult juger que cest eedict n'est nulment nécessaire.... le meilleur doncques seroit laisser les choses comme elles sont. » En effet, les marchands payent actuellement des droits exorbitants sur les denrées « pro-

ordonnance de février 1415, « portant règlement sur la juridiction du prévôt des marchands et establissement de plusieurs offices pour la police des ports et marchés de la même Ville » (Ord. des rois de France, t. X, p. 257), précise les attributions de tous les auxiliaires de la Ville, notamment celles des « compteurs et moleurs de bûches, mesureurs et porteurs de charbon, etc. » Aux termes de l'ord. de 1415 (art. 228), il y avait déjà quarante jurés-compteurs et mouleurs de bûches et douze mesureurs de charbon. Ce sont précisément les chiffres que donne la protestation de la Ville en 1581; on comprend dès lors le mécontentement provoqué par l'imprudence de Henri III qui touchait si légèrement à des institutions plus que séculaires. Ajoutons qu'il y avait là pour la Ville un grand intérêt financier, car, aux termes des vieilles ordonnances, elle touchait la moitié des amendes, tandis que le nouvel édit attribuait cette moitié « au vendeur dénonciateur des abbuz ». Voici le texte de la protestation municipale, en ce qui touche l'historique des emplois relatifs à la vente du bois, du charbon et du foin :
« Premièrement, de nécessité n'y a aucune de créer ces trente visiteurs, vendeurs de boys, charbon et foing, d'aultant que pour l'ordre qui est estably en la vente de ces denrées, il y a nombre d'officiers, et plus que suffisant, qui ont ceste charge, asscavoir quarante visiteurs, jurez-mousleurs, compteurs de bois, qui visittent, moullent et comptent, font les rapportz, par devant lesdicts prévost des marchans et eschevins, des arrivages, aussi tost que les basteaux sont à port; et s'en faict un registre au bureau de l'Hostel de la Ville, de la main de l'un des eschevins, apportant un eschantillon de la marchandise arrivée, et, selon qu'elle est bonne et loyalle et suivant l'ordonnance et au pris porté par icelle, est permis de vendre ou bien diminuer du pris, et avant que l'exposer en vente, si c'est du boys subject à estre moullé, il est aussi tost faict; sy c'est du boys de traverse, comme celuy qui arrive à l'Escolle, il suffit le compter. Pour la visitation du charbon, sont establiz douze mesureurs qui font pareil rapport, qui est registré, et selon qu'ilz tiennent leur marchandise loyalle, la déclarent pour y estre pourveu sur le champ sans aucune remise et connivence. Pour la police du foing, sont ordonnez douze jurez visiteurs et compteurs de foing qui visittent s'il est de tarre et du prix qu'il est porté par les ordonnances, en font leur rapport par devant le prévost de Paris, et sont controllez par les commissaires au Chastelet de Paris, outre les deux controlleurs établiz naguères par le roy, à la foulle et charge du peuple, sans qu'il luy en soit de mieux. Lesdictz jurez, mousleurs de boys, mesureurs de charbon, sont controllez par les eschevins qui vont ordinairement sur les portz, ung controlleur, sergens et commissaires des quaiz, tellement que, s'il y a contravention par le marchant vendeur, à plus qu'il ne se peult l'ordonnance ou qu'il y ait connivence des jurez mousleurs ou intelligence avecq le marchant, ou bien exaction de gaigne deniers et chartiers, il y est sans délais, à la première dénonciation, pourveu... » Reg. H, 1788, fol. 280.

près à l'usage de l'homme [1]; il ne reste rien plus qui ne soit chargé au double du passé ».

Et, en face de ce déplorable système d'impôts qui arrête et paralyse toutes les transastions, la Ville de Paris esquisse tout un programme qui repose sur les doctrines économiques dont il est d'usage de faire honneur au xviiie siècle : « Le meilleur ordre que l'on peult garder en ceste Ville, c'est donner une telle liberté au marchant que franchement il amène en ceste ville, affin que, soubz ceste liberté et franchise, l'on ait abondance, et de ceste abondance vienne la vente depris [2] comme de la nécessité et pénurie procedde toute cherté. »

Le produit de toutes ces mesures fiscales reçut un emploi digne de Henri, qu'on a qualifié justement de « type accompli du roi dissipateur [3] ». Ce qui eût suffi à la solde de plusieurs armées servit à donner un éclat royal aux noces de Joyeuse et de la Valette, les deux mignons préférés. Joyeuse, créé duc et pair le 7 septembre, épousa, le 24 suivant, Marguerite de Lorraine, sœur de la reine. La cérémonie eut lieu à Saint-Germain l'Auxerrois avec un faste inouï, qui constrastait, de Thou le remarque, avec la misère du peuple. Après la cérémonie du mariage, il y eut une interminable succession de festins, carrousels, tournois, mascarades, joutes, concerts, bals. L'Estoile évalue la dépense que fit le roi à 1,200,000 écus d'or, près de 11 millions de notre monnaie. Il donna à chacun des époux 300,000 écus d'or. La Valette fut l'objet de prodigalités

---

1. Henri III n'avait pas contribué dans une faible mesure à l'énorme extension des impôts indirects. C'est ainsi qu'en février 1577 il avait établi les droits spécifiques à l'exportation connus sous le nom de *traite domaniale* (FONTANON, t. II, p. 527). Ils grevaient surtout les céréales, les légumes, les vins, etc. En mai 1581, on doubla presque tous les tarifs des *traites foraines* (droits perçus à la frontière). Voy. CLAMAGERAN, *Hist. de l'impôt*, t. II, p. 233.

2. *Depris*, synonyme de maigre, bas. Voy. LACURNE DE SAINT-PALAYE, t. V, p. 75.

3. CLAMAGERAN, *Hist. de l'impôt en France*, t. II, p. 186 (Paris, 1868).

semblables : on le fiança à une autre sœur de la reine, la princesse Christine, qui n'était pas nubile. Aussi le mariage fut-il ajourné, mais non le payement de la dot. En outre, le roi acheta au roi de Navarre le domaine d'Epernon, près de Chartres, et l'érigea en duché-pairie pour la Valette (édit du 27 nov.). Le seigneur d'O fut un peu jaloux : on l'envoya faire un petit voyage en Normandie. Pour suivre l'exemple du roi, tous les grands personnages donnèrent des fêtes splendides à Paris, en l'honneur de Joyeuse. Entre tous, le cardinal de Bourbon se signala par ses profusions. Il donna, le 10 octobre, un festin colossal à l'abbaye de Saint-Germain des Prés et promena les invités dans un jardin artificiel, garni de fleurs et de fruits comme au cœur de l'été. Sur la Seine, le cardinal avait organisé une fête nautique, avec monstres marins, feu d'artifice et navire de triomphe pour le roi. Cinquante mille Parisiens entassés sur la rivière contemplaient ce spectacle extraordinaire, qui, du reste, ne donna pas ce qu'il promettait, car les monstres marins, « tritons, balènes, serenes, saumons, dauphins, tortues et jusques au nombre de vingt-quatre, en aucuns desquels estoient portés, à couvert au ventre desdits monstres, les trompettes, clairons, hautbois, violons, cornets et autres musiciens d'excellence, mesmes quelques tireurs de feux articiels », furent dans l'impossibilité de se mouvoir; mais le ballet de Circé, donné au Louvre par la reine (15 oct.), et les carrousels des jours suivants, réussirent beaucoup mieux. La féerie ne s'arrêta que quand le roi se déclara exténué, et l'Estoile conclut philosophiquement que s'il eût été las un peu plus tôt « il eust beaucoup espargné, et des deniers que pour y fournir il avoit levés sur le pauvre peuple, et de sa réputation envers les siens et les estrangers. Mais c'est l'ordinaire des princes de s'adviser sur le tard de leurs fautes [1]. »

1. L'Estoile, t. II, p. 34.

Si les fêtes s'arrêtèrent par ce motif, comme dit Fénelon dans certaine fable, que la satiété entraîne le dégoût, il n'en fut pas de même pour les demandes d'argent adressées par le roi à son bon peuple et spécialement à la Ville de Paris. Par lettres du 20 janvier 1582, Henri III déclara au prévôt des marchands qu'il avait besoin d'une somme de 100,000 écus [1] pour payer les pensions dues aux cantons suisses et pour ainsi conserver leur alliance, que l'Espagne s'efforçait d'enlever à la France. On était en retard de 500,000 à 600,000 écus, et les cantons suisses réclamaient impérieusement l'arriéré. Vainement le roi prétendait qu'il n'avait pas d'argent; les ambassadeurs n'en faisaient que rire, en rappelant les 1,200,000 écus dépensés aux noces de Joyeuse, et ajoutaient que si le monarque avait trouvé de l'argent pour suffire à de pareilles prodigalités, il en trouverait bien encore pour les affaires sérieuses. Il fallait donc s'exécuter ou tout au moins en avoir l'air. Ainsi Henri III s'adressa-t-il à sa bonne ville, et, avec son ironie habituelle, il déclara que depuis quelques années il avait fait des levées extraordinaires sur ses sujets de toutes les villes et élections, « sans que sa Ville de Paris ayt été

---

[1]. D'après l'ordonnance royale enregistrée au Parlement le 18 novembre 1577, et à la cour des Monnaies le 20 novembre suivant, l'écu sol valait « soixante solz tournois », l'écu couronne valait cinquante-neuf sols tournois; « l'écu viel » valait un écu et douze sols tournois; le double Henri valait treize escus sol. Quant aux monnaies d'or espagnoles, le vieux ducat double d'Espagne valait deux escus sol et un quinzième; l'écu simple d'Espagne, dit pistolet, valait cinquante-huit sols tournois. Citons également la valeur de quelques monnaies d'argent : le franc d'argent valait un tiers d'écu ou vingt sols tournois. Il fallait donc trois francs d'argent pour avoir l'équivalent d'un escu sol. Le teston aux armes de France valait quatorze sols six deniers tournois. Les pièces de quatre réales d'Espagne valaient un tiers d'écu ou vingt sols tournois; le double réalle d'Espagne valait dix sols tournois; le simple réalle d'Espagne valait cinq sols tournois. On peut consulter, sur la valeur des monnaies françaises et étrangères au XVIe siècle, le *Recueil des ordonnances, édicts, déclarations, etc., des monnoyes d'or et d'argent et autres espèces tant de France qu'estrangères.* Paris, 1 vol. in-8°, chez Pierre Charpentier, contre l'horloge du Palais, 1633.

aulcunement comprise ès dictes levées, pour l'avoir toujours eu en si singulière recommandation et voulu icelle réserver pour nous servir et en tirer secours en l'extrême et très urgente nécessité [1] ». Une assemblée du Bureau eut lieu le 23 février, et la municipalité prit la délibération suivante : « Ouverture du Bureau de la Ville sera faicte pour le recouvrement de la somme de 50,000 écuz pour le paiement desdictz Suisses, pourveu que ce soit de gré à gré et sans aulcune contraincte pour ceulx ausquelz sera constitué rente se paier des arréraiges d'icelle des deniers de l'assignation particullière qui sera baillée par le roy et sans icelle confondre [2] ». Au moyen de cette émission de rentes, le roi put combler de présents les ambassadeurs suisses et les renvoyer dans leur pays pleins de zèle pour la France. Ils revinrent au mois de novembre avec mandat de renouveler l'alliance. C'était un succès pour la politique française, car le roi d'Espagne n'avait pu ébranler la fidélité des cantons suisses par les offres les plus brillantes. Aussi donna-t-on le plus grand éclat à la réception des ambassadeurs suisses. Par lettres du 26 novembre 1582, le roi prescrivit au prévôt des marchands et à ses collègues d'aller au-devant des ambassadeurs suisses et de leur faire des présents. Le 28, tout le corps de Ville, prévôt, échevins, receveur, greffiers, conseillers, quartiniers, sergents, archers, arbalétriers et arquebusiers, en grand costume d'apparat, reçurent les ambassadeurs à la porte Saint-Antoine. « Au nom des trois estats de la capitalle du royaume », le prévôt des marchands adressa aux étrangers une harangue que les registres ont conservée. Puis le cortège se reforma et conduisit les Suisses jusqu'au logis qui leur était destiné « rue Saint-Denis et ès-environs ». Une visite officielle fut faite le lendemain

---

1. Reg. H, 1788, fol. 288.
2. Ibid., fol. 289.

aux ambassadeurs par les officiers municipaux, qui leur offrirent, au nom de la Ville, « grande quantité d'hypocras blanc et clairet avec plusieurs flambeaux de cire ». Et tant que les Suisses demeurèrent à Paris « leur fut encores présenté chacun matin grand nombre de bouteilles de vin viel et nouveau ypocras, dragées et pastez de jambons de Mayence [1] ». La ville n'en fut pas quitte pour cela avec la députation helvétique. Le 2 décembre, il fallut assister, dans l'église Notre-Dame, au service solennel dans lequel les ambassadeurs « feirent le serment en tel cas accoustumé ès-mains de monseigneur le cardinal de Birague, d'entretenir ladicte aliance et confédération ». Le même jour, à trois heures, il y eut *Te Deum*, procession et salut « pour prier Dieu de donner lignée au roy [2] ». Devant l'Hôtel de

---

1. Reg. II, 1788 *bis*, fol. 310. Ce registre II, 1788 *bis*, ne forme qu'un seul tome avec II, 1788. Il porte la mention suivante : *Continuation du présent registre, commençant au jour de my-aoust, l'an mil V^e quatre vingtz deux pour les quatre années du magistral de messire Estienne de Nully, chevalier seigneur dudict lieu, conseiller du roy en son conseil d'Estat, premier président en sa court des Aides à Paris, Prévost des marchans de ladicte Ville.*

2. *Ibid.*, fol. 312. Henri III s'était déjà bien souvent adressé au ciel pour obtenir une progéniture qui devenait plus que problématique. En juin 1582, il avait fait, avec la reine, un voyage à Notre-Dame de Chartres, et avait laissé pour souvenir de sa visite une lampe d'argent du poids de quarante marcs, avec cinq cents livres de rente « pour la faire ardoir nuit et jour ». Pendant tout le cours de l'année 1582, le roi fit dire des prières dans toutes les églises de Paris « à ce qu'il pleust à Dieu donner à sa femme lignée qui peust succéder à la couronne de France, dont il avoit singulier désir ». L'Estoile, t. II, p. 95. — Les registres de la Ville mentionnent sous la date du 9 décembre 1582 une autre grande procession « pour la lignée du roy ». Tout le corps municipal y assista en costume d'apparat. Le roi et la reine accompagnèrent jusqu'à Notre-Dame la châsse de sainte Geneviève et les reliques de la Sainte-Chapelle. Après une messe solennelle, dite dans la cathédrale, MM. de la Ville conduisirent « la châsse de Madame Sainte-Geneviève jusques au-devant de l'église Sainte-Geneviève des Ardans » ; puis les magistrats municipaux rentrèrent à l'Hôtel de Ville. Reg. II, 1788 *bis*, fol. 313. Le roi avait lui-même donné ses ordres au prévôt des marchands, en ce qui concerne cette procession. Le registre que nous venons de citer le constate en ces termes : « Cejourd'huy 26 novembre 1582, M. le premier président de Nully (*de la Cour des aides*), prévôt des marchands, a déclaré au bureau de la Ville que, estant, le jour d'hier, à l'issue du disner du roy au Louvre, Sa Majesté luy auroit dict que, ayant toute ceste année qui expirera d'huy en huict jours, faict et faict faire par son peuple prières publiques à Dieu pour avoir lignée et les désirant continuer, luy avoit ordonné de faire entendre à Messieurs l'évesque de Paris, chappittre dudict

Ville, un feu de joie fut allumé, une pièce de vin défoncée pour le peuple, et l'artillerie municipale tira plusieurs salves, en l'honneur de la Suisse. Enfin, le lendemain, les échevins Jean Poussepin et Denis Mamyneau allèrent « quérir en coches » les ambassadeurs pour les conduire au grand festin donné en leur honneur à l'Hôtel de Ville. Pour la circonstance, on avait décoré de lierre le grand escalier de la maison commune. Dans la grand'salle, « tapissée de deux haulteurs de fine tapisserie », eut lieu un festin digne du formidable appétit des descendants de Guillaume Tell; cependant, si l'on en croit la relation municipale, « toutes choses se passèrent en grande révérence et modestie ».

Quand il s'agissait d'un grand intérêt politique, tel que l'alliance avec les cantons catholiques de la Suisse, la municipalité parisienne donnait volontiers l'argent de la Ville; mais, quand elle ne se trouvait plus en présence que du bon plaisir du prince, qui considérait le receveur municipal comme un caissier offert par le droit divin pour donner carrière à des caprices insensés et aux prodigalités les plus folles, alors les élus de Paris s'indignaient hautement et commençaient à tenir tête au roi. Nous avons dit plus haut à quelle orgie de dépenses avaient donné lieu le mariage du duc de Joyeuse et les fiançailles du duc d'Epernon. Il avait fallu ensuite garnir la bourse de ces brillants seigneurs, qui désiraient faire un voyage en Lorraine. A cet effet, le roi avait, en mars 1582, « prins des coffres de

---

lieu, abbé de Saincte-Geneviève, Court de parlement et à MM. de ladicte Ville que Sa Majesté avoit advisé faire procession généralle dimanche prochain, en laquelle il feroit porter les sainctes reliques, châsse de Madame Saincte-Geneviève et aultres reliques des églises, et que ledict sieur roy y assistera en personne; et, pour que chascun eust à soy y disposer et préparer. Depuis laquelle ordonnance, Sa Majesté auroit remis ladicte procession au dimanche neufviesme jour de décembre ensuivant. » Il y a sur ce point une légère erreur dans l'Estoile, qui est ordinairement en concordance parfaite avec les Registres de la Ville. Il indique la procession générale sous la date du 1er décembre, t. II, page 95.

Mᵉ François de Vigni, receveur de l'Hostel de la Ville de Paris, cent mille escus pour les bailler aux ducs de Joieuse et d'Espernon, à chacun 40 mil escus [1] pour les frais de leur voiage en Lorraine où ils alloient voir les parens de leurs femmes. De quoi le peuple de Paris se scandaliza et murmura fort, voiant les paiemens des arrérages de leurs rentes retardés d'autant, et mesmes que le roy les avoit comme extorqués par force du receveur de Vigni, qui tascha, le plus qu'il peust, de ne les point bailler, s'excusant sur l'importunité et menasse du peuple, le pressant de leur paier les quartiers de leursdites rentes despeiça escheus. » Mais Henri III, loin de sentir l'opprobre de cette exaction violente, qui ressemblait à un vol, n'attendit pas longtemps pour tirer d'autres inventions fiscales de sa féconde imagination. En décembre 1582, il fit ordonner par son Conseil secret une taxe sur « tous les marchands de Paris, achetans et vendans du vin en gros », avec commandement pour chacun d'eux de payer sa cote dans les vingt-quatre heures, à peine de prison. Des taxes analogues, variant d'après les ressources présumées de chaque contribuable, avaient été imposées peu de temps auparavant sur les officiers des greniers à sel et sur tous ceux qui se mêlaient du commerce du sel. Au mois de janvier 1583, le roi, ayant payé aux Suisses une partie des arrérages échus de leurs pensions, voulut remplir ses coffres, qui ressemblaient, à s'y méprendre, au tonneau des Danaïdes. Il réclama aux villes du royaume un don gratuit de 1,500,000 écus. Paris, pour sa part, était taxé à 200,000 livres que le roi demandait « pour ses urgens affaires ». Une assemblée générale eut lieu le 12 février à l'Hôtel de Ville, en présence de Villequier, gouverneur de Paris, et du cardinal de Bourbon, délégués du roi.

1. L'Estoile semble ici laisser entendre que le roi avait gardé pour sa commission une somme de vingt mille écus, t. II, p. 61.

On décide « que remonstrances très humbles seront faictes à sa Majesté »[1].

A la date du 16 février, les remontrances municipales étaient terminées « et baillées par escript, présens lesdictz sieurs eschevins, plusieurs conseillers de ladicte ville, bourgeois et aultres ». Le ton général de ces remontrances, très développées et dont les Registres donnent le texte complet, est surtout remarquable en ce que les membres de la municipalité parisienne ne parlent pas seulement en leur nom personnel, mais au nom de toute la population et des grands corps de l'État.

Une première raison, donnée par la Ville à l'appui de la demande d'exemption, c'est que Paris est une ville privilégiée entre toutes, à laquelle les rois ont de tout temps accordé de larges immunités. Il en a été de même pour les capitales, aux différentes périodes de l'histoire des peuples[2]. A ce premier argument, qui ne dérive pas, il faut l'avouer, d'un sentiment bien élevé, et trahit un peu l'égoïsme des privilégiés, la municipalité parisienne en ajoute d'autres, plus sérieux ; elle soutient que pas une des catégories de la population parisienne n'est en état de supporter de nouveaux sacrifices. Quelles sont ces catégories? Il y en a quatre : l'Église ; les officiers du roi ; les marchands ; les artisans. Le clergé a déclaré dans l'assemblée générale de l'Hôtel de Ville qu'il avait déjà payé deux décimes extraordinaires et qu'il avait promesse du roi de ne pas être compris dans la nouvelle taxation ; les officiers,

---

1. Reg. H, 1788 *bis*, fol. 322.
2. « Cela a esté effectué par tous ceulx qui ont voulu establir grandz royaumes et monarchies : le Soldan en Égypte avoit la ville d'Alexandrie ; le Grand Seigneur a Constantinople ; le Vénitien à Venise ; le sage et politique romain à sa ville de Romme, toutes lesquelles villes furent toujours exemptes de levées de deniers... » Spécialement, les rois de France, depuis Clovis, ont favorisé leur capitale et développé ses immunités. Il y a donc lieu de se plaindre, si le roi regnant n'imite pas ses prédécesseurs, et de constater avec regret que Paris soit maintenant « taxé et cottisé au rang de toutes les aultres villes »..

c'est-à-dire les fonctionnaires, affirment « qu'il leur est
deu une bonne partie de leurs gages et depuis quelque
temps l'exercice de la justice royale cesse ». Mais c'est
surtout la classe des marchands et des bourgeois qui fait
entendre les plaintes les plus amères [1]. La municipalité
conclut en se plaignant hautement de la suspension du
payement des rentes sur l'Hôtel de Ville, suspension exclusivement imputable au roi, qui au début de l'année 1582
a pris 100,000 écus dans la caisse municipale, et au clergé,
qui ne paye plus les sommes assignées sur lui [2].

Le prévôt des marchands, M. le président de Nully,
remit les remontrances au roi, qui se contenta de répondre
qu'il les verrait et les communiquerait à son Conseil; il
enveloppa cette réponse de mille promesses de respecter
les privilèges et franchises « de ses bons bourgeois de
Paris »; mais, dans une communication écrite qui suivit
de près la communication verbale, Henri III fit savoir
à la Ville qu'il voulait avoir les 200,000 livres, sans
aucune réduction, et qu'on ne lui en parlât plus. On pouvait faire d'ailleurs autant d'assemblées et de remon-

1. « La marchandise, Sire, est diminuée depuis quelques années des deux
tiers, tant pour le peu de sûreté qui s'est trouvé, et en la mer et en la terre
en vostre royaume que ès circomvoisins, et pilleries et volleries qui y sont
faictes, au moïen des guerres qui y sont survenues, que aussi les impositions que l'on y a mises de nouveau sur toutes sortes de marchandises,
mesmes la douane en vostredicte Ville de Paris, qui sont cause de l'extrême cherté de toutes marchandises, à la grande foulle de vostre peuple,.
et d'avoir réduict plusieurs bons marchans à faire faillite et banqueroute. »
On ne peut espérer tirer des artisans que « peu d'argent ou point du tout,
et ce peu accompaigné de beaucoup de crieries et de murmures, et de peu
ou poinct de respect ». Quant aux bourgeois, ceux qui ont « biens aux
champs », ne touchent pas leurs fermages, parce que les fermiers sont fort
accablés par les *creues* des tailles et pillés par les gens de guerre « au poinct
que les propriétaires sont obligés de remonter leurs pauvres fermiers de
chevaulx, bestiaulx et toutes autres choses nécessaires pour leur labour ».
On remarquera dans ce passage des remontrances l'allusion faite à l'édit
du 20 mai 1581 instituant un bureau de douanes dans chaque ville du.
royaume.
2. Il y a certes quelque monotonie dans le renouvellement fréquent des
remontrances municipales, mais on ne peut les passer sous silence, sans
omettre l'une des causes principales de l'insurrection ligueuse, et cette
cause est peu connue.

trances qu'on voudrait : c'est de quoi le prince ne s'inquiétait pas. Dans une assemblée générale du 1ᵉʳ mars 1583, le prévôt des marchands transmit à ses mandants les lettres royales. Sur quoi, l'assemblée décide « que Sa Majesté sera derechef suppliée très humblement de vouloir bien descharger ladicte Ville de ladicte somme de 200,000 livres, pour les causes à plain déclarées ès dictes remonstrances ». Ce nouveau refus exaspéra le roi, qui alla derechef trouver de Vigny, le receveur municipal, et se fit remettre par force les 200,000 livres dont il avait besoin [1]. La conséquence de cet acte de violence fut que les quartiers de rente dont le receveur allait effectuer le payement restèrent encore en souffrance. On devine la colère et l'indignation des rentiers. Sous la pression de leurs plaintes, la municipalité parisienne tint de nombreuses assemblées pour aviser au moyen de remplacer les fonds détournés par le roi. Il fallut aussi résister à d'autres tentatives de Henri III, qui voulait forcer la Ville à recevoir « plusieurs de ses domaines et aydes » en échange de la ferme des impôts de Bretagne que des contrats authentiques avaient conférée à la Ville de Paris le 3 novembre 1582 [2]. Sur ce point, deux assemblées du Bureau (tenues le 5 juillet et le 6 sept. 1583) opposèrent un refus formel aux instances du roi et de la reine mère.

On eût dit que cette race des Valois prenait à tâche de soulever contre elle la conscience publique et s'abandonnait à « l'esprit d'étourdissement » dont parlait l'avocat David dans son mémoire [3]. Placé par le hasard des cir-

1. Reg. H, 1788 *bis*, fol. 330, et l'Estoile, t. II, p. 99.
2. Reg. H, 1788 *bis*, fᵒˢ 330 et 348.
3. « Il se voit à l'œil que la race des Capets est du tout abandonnée à sens réprouvé : les uns étant frappés d'un esprit d'étourdissement, gens stupides et de néant; les autres réprouvés de Dieu et des hommes, pour leur hérésie, proscrits et rejetés de la saincte communion ecclésiastique... » Mém. de la Ligue. Édit. d'Amsterdam, 1758, t. I, p. 3.

constances dans une des plus belles situations politiques qu'un prince pût rêver, le duc d'Anjou l'avait compromise par sa félonie criminelle. A un peuple qui l'accepte pour chef et lui prodigue les honneurs [1] il répond en essayant de l'asservir et occupe par surprise Dunkerque, Dixmude, Dendermonde et plusieurs autres places; mais Anvers rejette les soldats du traître, les habitants des Pays-Bas se lèvent en masse et réduisent le nouveau duc de Brabant à une fuite honteuse. Tandis que son frère rentre en France (juin 1583) et va ensevelir sa honte dans ses domaines de l'Oise et de la Marne, laissant le champ libre aux Espagnols du prince de Parme, Henri III descend aussi la pente de l'odieux et du ridicule. Il avait passé un joyeux carême, courant les rues, la nuit, en masque, avec ses mignons, faisant « mille insolences », dit l'Estoile, « allant rôder de maison en maison, voir les compagnies jusques à six heures du matin. » Tout cela entremêlé d'élans mystiques et de fondations pieuses. La création de la confrérie des *pénitents de l'Annonciation de Notre-Dame* est du mois de mars 1583 [2]; elle donna lieu à une procession solennelle (25 mars) dans laquelle le roi figura ainsi que les plus grands personnages du royaume, et reçut la pluie avec une résignation angélique. On chanta :

> Après avoir pillé la France,
> Et tout son peuple despouillé,
> Est-ce pas belle pénitence
> De se couvrir d'un sac mouillé?

---

1. Le duc d'Anjou avait été proclamé duc de Brabant à Anvers le 19 février 1582, à son arrivée d'Angleterre, où Élisabeth l'avait publiquement traité comme son fiancé. Le prince d'Orange l'avait mené faire son entrée, comme comte de Flandre, à Bruges et à Gand.

2. Voy. les statuts de la congrégation : Arch. cur., t. X, 1re série, p. 431. Le costume des confrères se composait d'un long sac en toile de Hollande, avec un capuchon pointu qui couvrait la face, sans autre ouverture que deux trous pour les yeux. Les art. 7 à 17 établissent un tarif de pénitences pour les péchés de toute nature.

L'édification du peuple était plus que douteuse : le clergé lui-même raillait cruellement les pénitents de cour et leur chef. A part le jésuite Auger, confesseur du roi, qui avait poussé son maître à introduire à Paris les momeries d'Avignon, les moines, les prédicateurs en vogue tonnaient du haut de la chaire contre la nouvelle confrérie. Maurice Poncet [1], moine bénédictin de Melun, puis curé de Saint-Pierre des Arcis, prêchait le carême à Notre-Dame en mars 1583. C'était un homme instruit, mais d'une éloquence mordante et souvent grossière, qui plaisait infiniment au peuple. Il cribla de sarcasmes les pénitents de l'Annonciation, qu'il appelait « la Confrérie des hypocrites et athéistes ». Puis, il révélait, dans les termes suivants que rapporte l'Estoile, la suite des rites de la sainte association : « J'ay esté adverti de bon lieu, qu'hier au soir (qui estoit le vendredi de leur procession), la broche tournoit pour le souper de ces bons pénitents, et qu'après avoir mangé le gras chappon, ils eurent pour leur collation de nuit le petit tendron qu'on leur tenoit tout prest. Ah! malheureux, vous vous mocquez donc de Dieu sous le masque... » Le roi fit conduire Poncet à Melun dans l'abbaye de Saint-Père par le chevalier du guet. Avant le départ du moine, le duc d'Épernon le vint voir et lui dit : « Monsieur nostre maistre, on m'a dit que vous faîtes rire les gens à vostre sermon ; cela n'est guère beau. » A quoi Poncet répondit sans se troubler : « Je n'en ai jamais tant fait rire en ma vie comme vous en avez fait pleurer. » Les moines se sentaient populaires dans leur campagne satirique. Rose, l'un des prédicateurs ordinaires du roi, n'avait-il pas osé, en ce même mois de mars, blâmer en chaire les

---

1. Voy. sur Poncet *Bibl. de* LA CROIX DU MAINE *et* DU VERDIER, v° *Maurice*. — SÉBASTIEN ROUILLARD, *Hist. de Melun*, 1628, in-4°, p. 627. — DE THOU, t. IX, p. 69. — *Confession de Sancy*, chap. VIII. — L'ESTOILE, t. II, p. 111. — CH. LABITTE, *les Prédic. de la Ligue*, p. 23.

licencieuses et nocturnes promenades de Henri III suivi de ses mignons? Le roi le fit venir et le tança vertement, puis lui donna une assignation de quatre cents écus « pour acheter du sucre et du miel ». Clémence aussi spirituelle qu'inutile : Rose sera bientôt l'un des plus fanatiques meneurs de la Ligue. Jusque dans les cuisines du Louvre, on riait des pénitents et l'on parodiait leurs processions. Henri se fâcha et fit fouetter quatre-vingts laquais ou pages. Pour avoir le dernier mot, il organisa le 7 avril une nouvelle procession de pénitents, à neuf heures du soir. Plusieurs des associés exhibèrent à cette occasion leurs dos rouges des coups qu'ils se donnaient.

Paris, qui s'amuse de tout, finit d'ailleurs par prendre goût aux processions. Tous les historiens l'affirment [1]. On se moquait du roi et des mignons dans le sac de toile, mais on croyait à l'efficacité des processions pour arrêter la peste. C'est ainsi que le 8 octobre 1583 le Bureau de la Ville invite le *prieur des Blancs-Manteaux* à se trouver, le mardi suivant, avec vingt-quatre religieux de son couvent et un reliquaire, dans l'église de Saint-Jehan en Grève, afin d'accompagner le corps municipal à une procession préservatrice. Les Registres constatent [2] que des mandements furent adressés aux vingt-six conseillers de la Ville et qu'ordre fut donné aux quartiniers d'appeler deux notables de chaque quartier pour figurer dans le cortège que suivaient également les archers, arbalétriers et arquebusiers de la Ville [3]. A côté des courtisans, dont la foi était

---

1. Voy. notamment Félibien, t. II, p. 1148.
2. Reg. H, 1788 bis, f° 349.
3. Le 29 mai 1584, le roi écrit encore à la Ville pour l'inviter à se rendre à la procession qui se fera le dimanche suivant. Il ajoute qu'on descendra la châsse de sainte Geneviève pour « implorer Dieu par prières et oraisons publicques, à ce qu'il luy plaise, en apaisant son ire, impartir ce qui est nécessaire, tant pour l'accroissement et conservation des fruictz de la terre que pour la salubrité du corps ». A cette procession, des hommes « pieds et testes nues et en chemises » portèrent les saints reliquaires et la châsse de sainte Geneviève. L'évêque de Paris, l'abbé de

sujette à contestation et que Poncet traitait d'*athéistes* au milieu même de leurs promenades édifiantes, il y avait aussi l'élément humble et sincère : les femmes, les paysans qui accouraient dans la capitale pour travailler à leur salut. Le 10 septembre 1583, on vit arriver à Paris huit à neuf cents pèlerins vêtus de toile blanche, des cierges ou des croix à la main, marchant deux à deux et chantant des cantiques. C'étaient les habitants de deux villages de la Brie que conduisaient deux gentilshommes à cheval et « leurs damoiselles aussi vestues de mesmes dedans ung coche ». Ils allaient par les rues, les pieds nus, déchirés par les cailloux des chemins, et quand ils entrèrent à Notre-Dame pour faire leurs prières et leurs offrandes, le peuple de Paris, qui « accouroit à grand foule pour les voir », versa des larmes de pitié. D'autres bandes arrivèrent les 19 et 20 septembre, les 18, 22 octobre et 9 novembre; le but des pèlerinages était en la Sainte-Chapelle ou Sainte-Geneviève. Pourquoi ces singuliers déplacements de villages entiers? On ne sait. Quelques-uns disaient, à ce que rapporte l'Estoile, « qu'ils avoient esté meus à faire ces pénitences et pèlerinages pour quelques feux apparans en l'air et autres signes, comme prodiges veus au ciel et en la terre ». Chose claire ! un courant religieux entraînait les masses, menaçant d'emporter le trône de France et de placer le sceptre dans la main des moines. Sans parler de son goût pour les cérémonies bizarres, Henri III se croyait

Sainte-Geneviève, les compagnies souveraines et le corps de Ville marchaient ensuite. (*Ibid.*, f° 397.) Dans une autre lettre, écrite de Blois au prévôt des marchands, le 16 octobre 1584, le roi exprime nettement la pensée que la contagion est un effet de la colère de Dieu : « Très chers et bien amez, nous avons desjà, par plusieurs années consécutives, esté visitez en cestuy royaume, mesmes en nostre bonne ville de Paris, de la contagion et de plusieurs austres maladyes, qui nous doibvent assez faire congnoistre que Dieu est grandement courroucé et qu'il nous afflige à bon droict pour nos iniquitez. » Cela n'empêche pas le roi de songer aux remèdes terrestres, et il nomme par la même lettre une commission, où figurent trois délégués de la Ville, « pour ensemblement y adviser et remedier du mieux que faire se pourra. » (Reg. H, 1788 bis, f° 427.)

sans doute habile en flattant l'esprit du temps, qui faisait du prêtre le vrai souverain.

Pour la population parisienne, tout était prétexte à spectacles. L'enterrement d'un grand personnage prenait les proportions d'un événement. Quand Christophe de Thou, premier président au Parlement, mourut (le 1ᵉʳ novembre 1582), ce fut un défilé si beau que le roi et les reines vinrent le voir passer sur le quai des Augustins [1]. L'année suivante (24 novembre 1583), la mort du cardinal de Birague donna lieu aussi à des cérémonies pompeuses, et la municipalité parisienne n'en perdit rien [2]. On trouve dans les Registres la relation détaillée des cérémonies funèbres [3]. Le samedi 3 décembre vinrent au Bureau de la Ville, où se trouvaient le prévôt des marchands et les échevins, « plusieurs officiers et serviteurs domestiques de feu messire Réné de Birague, cardinal, chancelier de France, tous habillez en deuil, lesquelz auroient prié mesdits sieurs du convoy et enterrement dudict feu sieur cardinal, qui se feroit le mardy ensuyvant, sixiesme desdictz mois et an, ce qu'ilz auroient promis faire... Et le lundy, cinquiesme jour d'icelluy mois, seroient aussi venuz audict bureau vingt-trois crieurs de corps et de vins de ladite ville [4],

---

1. Il est assez singulier que le prévôt des marchands et les échevins n'aient pas figuré dans le cortège. L'Estoile le dit formellement (t. II, p. 89).
2. Le cardinal René de Birague, chancelier de France, avait soixante-seize ans au moment de sa mort. Voici le portrait qu'en trace L'Estoile : « Ce chancelier estoit Italien de nation et de religion, bien entendu aux affaires d'Estat, fort peu en la justice; de sçavoir n'en avoit point à revendre, mais seulement pour sa provision, encore bien petitement. Au reste libéral, voluptueux, homme du temps, serviteur absolu des volontés du roy, aiant dit souvent qu'il n'estoit pas chancelier de France, mais chancelier du roy de France. » C'était d'ailleurs un prélat désintéressé : il mourut pauvre.
3. REG. H, 1788 bis, f° 363.
4. Sur les *crieurs*, voy. *Hist. munic.*, p. 38. Depuis la grande ordonnance de 1415, les jurés-crieurs n'avaient plus le cri des ordonnances politiques ou de police, ni celui des ventes et locations de maisons. Ils criaient les choses estranges, les enfants perdus au-dessous de huit ans, les mules, chevaux, etc. Mais leur principal office était d'annoncer la mort de chaque citoyen et de régler les détails des funérailles. L'art. 183

vestuz de dueil, qui auroient réitéré ladicte prière à mes dictz sieurs, ausdictz jour et an de mardy. » Après avoir reçu l'invitation, le Bureau convoque les conseillers de la Ville, les quartiniers et charge ces derniers d'appeler deux notables de chaque quartier. Il mande en même temps aux capitaines des archers, arbalétriers et arquebusiers de la Ville de se trouver à une heure dite devant la maison commune avec leurs compagnies, pour faire « porter par douze personnes de chacun des trois nombres » les trente-six torches marquées aux armes de la Ville [1]. Une oraison funèbre de Bernard de Beaune, archevêque de Bourges,

---

de l'ord. de 1415 fixe le tarif des fourniture, et ce tarif ne sera modifié qu'au XVIIe siècle. Les crieurs s'occupaient aussi du commerce des vins et boissons au détail. Ils avaient un costume étrange : une dalmatique blanche parsemée de larmes noires et de têtes de mort. Ils agitaient la nuit une clochette dont le tintement accompagnait ce refrain lugubre : « *Réveillez-vous, gens qui dormez; priez Dieu pour les trépassés.* » Les crieurs étaient au nombre de vingt-quatre; ils étaient nommés par le prévôt des marchands, et le choix ne pouvait porter que sur « homme qui par information deuement faicte sera trouvé estre de bonne vie, renommée et honneste conversacion »; organisés en confrérie, ils avaient des devoirs et des charges, payaient certains droits et entretenaient une caisse de retraites pour les confrères malades ou devenus vieux. Ils ne pouvaient crier chacun plus d'un corps par jour, « afin que chascun d'eulx eust des besongnes par esgal porcion ». On peut tirer de l'art. 181 de l'ord. de 1415 cette conclusion que, dès le XVe siècle, on vendait des vins « composez ou mistionnez, comme cleré ou autres semblables », ce qui prouve que l'utilité d'un laboratoire municipal a dû se faire sentir à Paris même sous l'âge d'or.

1. Les obsèques eurent lieu le 6 décembre avec une pompe inusitée. En tête du deuil marchaient les princes des maisons de Bourbon et de Guise derrière eux venaient le Parlement, la Cour des aides, la Chambre des comptes, des moines de toute couleur, capucins, minimes, religieux des Billettes, blancs-manteaux, mathurins et cent autres; cent pauvres vêtus de deuil, chacun portant une torche à la main; des enfants « de la charité chrétienne », de la Trinité, du Saint-Esprit, les enfants rouges; et puis « le corps, porté par douze de MM. les pénitents, vestuz de leurs aubes. assistez d'autres douze portans flambeaux, à chascun desquelz estoit peinte l'Annunciation Nostre-Dame, et au-dessoubz les armoiries de France et de Pologne, soustenues par des pénitens à genoulx ». Tout le corps de Ville à cheval vint se grouper à l'hôtel d'Evreux, « assiz rue Saint-Anthoine » tout près du couvent de Sainte-Catherine du Val des Escoliers, où le cardinal défunt était resté huit jours exposé sur un lit de parade, grande attraction pour le peuple. De là on s'achemina « par dedans la closture Saincte-Catherine et par les rues de Paradis, puis au cimetière Sainct Jehan et la rue Sainct Anthoine jusqu'en l'église Saincte-Catherine », lieu de la sépulture. REG. H, 1788 bis, f° 363.

termina cette imposante cérémonie, dans laquelle les chefs de la Ligue avaient passé en revue l'armée des moines.

Un mort d'un rang plus élevé encore que le cardinal chancelier de Birague allait occuper Paris. Le 11 février 1584, le duc d'Anjou était arrivé dans la capitale, venant de Château-Thierry, et la reine l'avait logé aux Filles-Repenties [1]. Ce n'était pas néanmoins pour faire pénitence, mais pour passer le carême avec le roi son frère, que le duc d'Anjou avait quitté ses domaines. Après une entrevue touchante où les dignes fils de Catherine s'embrassèrent à trois reprises avec des larmes de joie, les divertissements commencèrent. Suivis de leurs mignons, les deux princes passèrent le jour et la nuit de carême prenant « par les rues de Paris, dit l'Estoile, à cheval et en masque, desguizés en marchans, prestres, avocas, et en toute autre sorte d'estas, courans à bride avallée, renversans les uns, bastans les autres à coups de bastons et de perches, singulièrement ceux qu'ils rencontroient masqués comme eux, pour ce que le Roy seul vouloit avoir, ce jour, privilège d'aller par les rues en masque. Puis passèrent à la foire Saint-Germain, prorogée jusqu'à ce jour, où ils firent infinies insolences, et toute la nuit, jusqu'au lendemain dix heures, coururent par toutes les bonnes compagnies et assemblées qu'ils sceurent estre à Paris. » A force de courir ainsi, le duc d'Anjou rendait l'âme, et quand son

---

1. Le 13 février, le roi avait donné l'ordre aux membres du corps de Ville « d'aller trouver le duc et luy faire la révérence et présens telz que à Son Excellence appartenoit ». Déférant à cet ordre, M. de Nully et ses collègues, en « habits noirs ordinaires », se rendirent à l'hostel de Me Chasteau, maître des Comptes, où demeurait le duc, faisant porter par les sergents « confictures seiches, dragées, ypocras blanc et clairet ». Les officiers municipaux attendirent « quelque temps dedans l'antichambre d'icelluy seigneur », puis entrèrent dans la chambre du duc et lui présentèrent leurs dragées et leurs confitures. Le duc les « remercia benignement ». (REG. H, 1788 bis, f° 376.) En février 1585, la Ville eut encore à offrir les confitures traditionnelles, les dragées et l'hypocras aux ambassadeurs d'Élisabeth d'Angleterre qui venaient essayer de conclure une alliance contre l'Espagne. (Ibid., f° 437.)

bon frère le renvoya le 21 février à Château-Thierry, enrichi de cent mille écus, mais « trop échauffé par les collations de Paris et Madame de Sauve », les médecins annonçaient sa mort prochaine. A la fin de mai, Catherine alla voir le moribond à Château-Thierry et le trouva si mal qu'elle se « fit apporter par eau les plus précieux meubles de sondit fils, abandonné des médecins et de tout humain secours [1] ». Le frère du roi s'éteignit « submergé dans la boue [2] » le 10 juin 1584, disant pour dernières paroles que les plaisirs de Paris lui coûtaient cher. Il laissait au roi Cambrai, la seule ville qu'il eût gardée de ses éphémères conquêtes, et ses domaines immenses, qui produisaient 400,000 écus de rente [3].

Henri III restait le dernier représentant de la race des Valois, et son héritier, selon le droit monarchique, était le roi de Navarre, un hérétique. La mort du duc d'Anjou donnait donc une force immense au parti des Guises et présentait tous les caractères d'un événement capital. Aussi peut-on trouver quelque intérêt à la description des obsèques que lui firent le roi et la Ville de Paris. C'est le 21 juin que le corps fut amené à Paris et déposé à Saint-Magloire, au faubourg Saint-Jacques. La veille, Henri III avait annoncé officiellement à la municipalité la mort de son frère et indiqué le rôle que joueraient les membres du corps de Ville dans la cérémonie funèbre [4]. Conformément

1. L'Estoile, t. II, p. 154.
2. Michelet, t. X, p. 103. Édit. Lacroix.
3. De Thou insinue que le duc d'Anjou a été peut-être empoisonné : « Sa mort ne fut pas exempte de soupçon de poison ; et les chirurgiens qui l'ouvrirent déclarèrent qu'ils avoient trouvé des parties rongées et quelques autres marques de cette nature », t. IX, p. 184. — Le duc de Nevers assure de son côté dans ses mémoires que le duc d'Anjou « fut empoisonné par une dame de ses bonnes amies », et il rapproche sa destinée de celle d'Hercule, dont il portait le nom et auquel le présent d'une femme coûta la vie. (*Mém. de M. le duc de Nevers*, 2 vol. in-4°, édit. de 1665, t. I, p. 91.)
4. « De par le roy : Très chers et bien amez. Aiant pleu à Dieu d'appeler à soy nostre très cher et très aimé frère le duc d'Anjou et désirant singu-

à ces prescriptions, un mandement adressé aux quartiniers les pria d'engager les habitants « par devant les maisons desquelz sera porté le corps de monseigneur le duc d'Anjou, frère du roy, à tenir devant leurs dictes maisons une torche ardente, lorsque le convoy passera, sans y faire faulte ». On tendit les chaînes pour empêcher « les coches et harnois » de passer par les rues conduisant de Saint-Jacques du Haut-Pas à Notre-Dame de Paris. Deux cents torches de cire furent commandées par la Ville à Jehan de la Bruyère, épicier, pour les faire porter par les archers, arquebusiers et arbalétriers de la Ville. Enfin le peintre Jean Dangiers fut chargé de peindre douze cents armoiries pour orner les portes Saint-Jacques et Saint-Denis et les torches des archers. Le 23, plusieurs officiers du roi et du feu duc viennent convier la Ville aux obsèques. « Tost après seroient aussi venuz audict bureau vingt-trois crieurs de corps et de vins de ladicte Ville, vestuz en robbes de dueil, qui en auroient faict le cry et prière accoustumée au grand Bureau d'icelle Ville... [1] » Le 24, jour de la Saint-

lièrement honorer sa mémoire pour le rang qu'il tenoit, estant la seconde personne de ce royaulme, nous voulons et vous mandons que vous aiez, avec les procureur, receveur, greffier, conseillers, quartiniers, quatre notables bourgeois de chacun quartier de nostre bonne ville de Paris et aultres officiers d'icelle ville que adviserez, à assister : asscavoir vous, prévost des marchans et eschevins, procureur, receveur, greffier et trois conseillers de nostredite ville en dueil, pour aider à porter le ciel dessus l'effigie à la pompe funèbre de nostredict feu frère, tant en ceste Ville de Paris que en nostre ville de Sainct-Denis où il doit estre inhumé, pour y marcher par vous, ainsi que dict est, en corps et rendre par vostre présence l'assemblée qui se y fera, plus solennelle et auctentique. Car tel est nostre plaisir. Donné à Paris le 20ᵉ jour de juing 1584. Ainsi signé : HENRI. » (REG. H, 1788 bis, f° 403.)

1. Nous croyons devoir reproduire exactement le *cri* du duc d'Anjou, parce qu'on n'en trouve que le début dans FÉLIBIEN, qui a transcrit plusieurs passages des Registres de la Ville, relativement aux obsèques du prince. — Voy. *Histoire de la Ville de Paris*. Preuves, t. III, p. 440 :
« Priez Dieu pour l'âme de très hault et très puissant, très illustre et magnanisme François, fils de France et frère unique du roy, en son vivant duc d'Anjou, d'Alençon, de Berry, de Touraine, d'Evreux et Chasteau-Thierry, comte du Maine, de Dreulx, de Mantes, de Meulan et de Beaumont, lequel est trépassé le dimanche, dixiesme de ce présent mois, en son palais de Chasteau-Thierry; priez Dieu qu'il en ayt l'âme. — Lundy

Jean, le roi, vêtu d'un grand manteau de 18 aunes de serge de Florence violette, dont la queue était portée par huit gentilshommes, se rendit à Saint-Magloire pour jeter l'eau bénite sur le corps de son frère; toute la cour suivait : seigneurs montés sur des chevaux blancs, le chaperon sur l'épaule; évêques, avec le scapulaire et le manteau de serge noire, cardinaux « de violet, à leur mode ». Autour du roi, les archers de la garde écossaise et les autres archers de la garde, aux hallebardes crêpées de noir, aux pourpoints, chausses et bonnets de deuil. En avant du cortège défilaient les Suisses, « le tabourin, couvert de crespe, sonnant [1] ». En arrière, on admirait la Reine « séant seule dans un carroche couvert de tanné, et elle aussi vestue de tanné; après laquelle suivoient huict coches plains de dames ». Cet enterrement dut profiter aux marchands de drap et aux tailleurs. Le roi se chargea de fournir la serge nécessaire aux prévôt des marchands, échevins, procureur, greffier et aux trois conseillers de la Ville qui étaient commandés pour porter, avec trois échevins, « le poisle sur l'effigie ». La pompe funèbre eut lieu le 25 juin avec une magnificence extraordinaire, offrant à l'admiration du peuple, que contenaient avec peine les bâtons noirs des archers, les splendides costumes des chevaliers de l'ordre, le collier par-dessus leurs robes, les pages montés sur des chevaux houssés de velours noir que coupait une grande croix de satin blanc, les évêques et les ambassadeurs à cheval, MM. du Parlement en robes noires et chaperons à bourrelet, les hérauts Anjou et Alençon avec leurs cottes d'armes, les gardes du

---

prochain, sera levé le corps dudict sieur de l'église Saint-Jacques du Hault-Pas, pour estre porté en l'église de Paris; à ce mesme jour seront dictes vespres et vigilles de mortz, suivant la bonne et louable coustume, et le lendemain, faict son service solennel, et à la fin d'icelluy, porté en l'église Saint-Denis en France; et mercredy prochain sera faict son service solennel et inhumé. Priez Dieu qu'il en ayt l'âme. » Reg. H, 1788 bis, f° 405.

1. L'Estoile, t. II, p. 756.

corps en longues robes, l'arquebuse baissée et enveloppée de crêpe, les 200 pauvres vêtus de deuil, une torche à la main, les vingt-trois crieurs de la Ville faisant sonner leurs clochettes, et enfin l'effigie « faicte d'après le vif et naturel, portée par les hanouars porteurs de sel, vestus de deuil, et les quatre coings du poisle par les sieurs de la Chastre, la Vergne, Saint-Ligier et Fergy, devant laquelle marchoit le sieur d'Aurilly. Le ciel porté par les chambellans et escuyers dudict seigneur (le *duc d'Anjou*) depuis l'église Saint-Jacques du Hault-Pas jusques à la porte Saint-Jacques où il fut par eux mis ès mains de MM. Huot, Gédoin, et de la Fa, eschevins, de Jumeauville, de Bragelongne et Aubry, conseillers de Ville, qui le portèrent jusques à ladicte église Nostre-Dame [1]. »

Le roi, vêtu de violet, resta cinq heures à une fenêtre de la maison faisant le coin du parvis Notre-Dame pour voir passer l'interminable cortège; derrière lui, le duc de Guise, fort triste ou affectant de l'être. Il y eut un seul incident : les généraux des monnaies voulurent précéder MM. de la Ville, mais le Parlement leur fit injonction par huissiers d'avoir à se retirer. Le 27, la municipalité parisienne se rendit à Saint-Denis avec les grands corps de l'État et dans le même ordre que pour la translation du défunt à Notre-Dame. « Et, après le service et enterrement faicts, furent appellez les dicts sieurs officiers d'iceluy feu sieur duc pour apporter chacun au droict soy leurs dites enseignes, guidons, armes, esperons, gantelets, bastons et autres choses cy-devant nommées, ce qu'ils firent et les mirent sur la fosse d'iceluy feu sieur [2]. » Puis toute l'assistance se rendit à la maison abbatiale de Saint-Denis, où le roi avait fait préparer un vaste banquet.

1. REG. H, 1788 bis, f° 405.
2. *Ibid.*

Malgré l'intime et nécessaire association du corps de Ville parisien à toutes les cérémonies publiques intéressant la dynastie royale ou les hauts dignitaires de l'État, il ne faudrait pas croire que, dans les années qui précédèrent et préparèrent l'épanouissement de la Ligue, la vie municipale fût restreinte à de vaines parades comme il arriva plus tard sous la dynastie des Bourbons. De nombreux textes, et spécialement les Registres de la Ville permettent d'affirmer que, durant la période que nous étudions, l'administration parisienne a déployé une grande activité et maintenu fermement ses privilèges traditionnels.

En ce qui concerne d'abord l'élection des magistrats municipaux, la royauté, de 1582 à 1586, ne paraît pas avoir exercé une pression illégale sur les suffrages des électeurs [1]: Le 16 août 1584, le scrutin des élections municipales fut apporté à la reine mère « estant en son palais des Thuilleries ». Elle le fit ouvrir en présence du chancelier; et le président de Nully, élu prévôt des marchands, les sieurs Pierre le Goix et Rémond Bourgeois, élus eschevins par la quasi-unanimité des voix, virent leur nomination approuvée par la reine mère sans la moindre difficulté [2]. Le 16 août 1585, on nomma deux échevins dans les formes ordinaires,

---

1. Il faut signaler cependant des lettres royales, données à Blois en janvier 1577, par lesquelles le roi « accordait aux prévôt des marchands et eschevins qui ont esté depuis l'advènement à la couronne du roi Henri deuxiesme », entre autres privilèges, celui d'assister à toutes les assemblées générales, « mesmes ès élections des prévost des marchans et eschevins, tout ainsi et en la forme et manière que ont esté et sont à présent les vingt-six conseillers de la Ville, pour y avoir et tenir rang en séance après lesdictz conseillers ou sur ung ou plusieurs bancs à part, et sur peine de nullité desdictes assemblées ». Ce privilège accordé aux anciens prévôts et échevins augmentait, contrairement aux traditions, le nombre invariable des électeurs. Aussi, dans l'assemblée du 26 avril 1585, tenue par le prévôt des marchands et les conseillers de Ville dans la Grand'chambre du conseil, fut-il décidé que, « au nom des conseillers de la Ville, sera donnée requeste et présentée à la Court (*c'est-à-dire au Parlement*) pour s'opposer à la verification et publication des lettres de 1577 ». Reg. H, 1788 bis, f° 455.

2. Reg. H, 1788 bis, f° 414.

et le scrutin ayant été présenté au roi en son château du Louvre, l'ouverture en fut faite par le secrétaire d'État Pinart, et le monarque reçut le serment de ceux qui avaient obtenu le plus de voix : MM. Jean de la Barre, avocat au Parlement, et Philippe Hotman [1]. Mais si la candidature officielle n'a pas vicié, au moins ostensiblement, les élections de 1584 et 1585, celle de 1582, ayant pour objet la désignation d'un prévôt des marchands et de deux échevins, fut signalée par un curieux incident. Le nombre des votants n'ayant été que de 76, on trouva dans le chapeau mi-partie rouge et tanné quatre-vingt-deux bulletins. Le Bureau de la Ville, en présence de ce résultat, décida qu'il y avait lieu de procéder à une nouvelle élection, que tous les billets seraient brûlés, et qu'on en référerait à la reine mère. Conformément à la résolution du Bureau, on brûla les bulletins, et l'échevin Poussepin, conseiller au Châtelet, accompagné du procureur du roi et de la Ville, alla trouver la reine mère, qui se trouvait alors à Saint-Maur-des-Fossés. Catherine manda pour le lendemain matin le prévôt des marchands et les échevins, « ainsi que les sieurs qui avoient la pluralitté des voix de prévost des marchans et eschevins nouveaux en ladicte assemblée ». Les personnages ainsi désignés se rendirent aux ordres de la reine, avec les scrutateurs. Après avoir entendu faire par le président Luillier, l'un des scrutateurs, le récit de ce qui s'était passé, Catherine déclara que messire Etienne de Nully, premier président de la Cour des aides, ayant été désigné pour l'emploi de prévôt des marchands par la grande majorité des votants, et Antonin Huot, bourgeois de Paris, et Jean de Loynes, avocat au Parlement, ayant, de leur côté, obtenu le plus grand nombre de suffrages pour

---

1. Reg. H, 1788 *bis*, f° 485. Jean de la Barre étant mort cette année même, 1585, une élection partielle eut lieu (pour le remplacer jusqu'à l'expiration de son mandat) le 23 septembre 1585, et l'élu fut Jean le Breton, avocat.

les places d'échevin, il n'y avait pas lieu de tenir compte des billets trouvés en trop dans le chapeau, parce qu'ils « ne faisoient aucune concurrence ou préjudice aux voix et eslections desdictz sieurs président de Nully, Huot et de Loynes, parce que les autres personnes qui avoient voix en ladicte élection n'aprochoient à beaucoup près en nombre de voix que y avoient iceulx [1] ». On ne recommença donc pas l'élection, et les trois candidats désignés par la majorité prêtèrent serment, en présence de la reine et entre les mains de M. de Cheverny, garde des sceaux.

Sur des points secondaires, les privilèges des officiers municipaux et de leurs auxiliaires étaient maintenus et même développés. C'est ainsi qu'à la date du 9 janvier 1584 les conseillers de Ville font décider « qu'ils demoureront, tant pour le passé que pour l'advenir, francz, quictes et deschargez des cottisations qui se lèvent pour la fortification de ladicte ville, desquelles partant le receveur desdictes fortiffications sera et demourera deschargé en ses comptes [2] ». Les archers, arbalétriers et arquebusiers de la Ville, que les capitaines des dizaines voulaient assujettir « à aller et envoier aux gardes des portes, guetz et sentinelles, malgré l'exemption dont ils jouissoient de tout temps et ancienneté », obtinrent, en mai 1585, la confirmation de cette dispense, en invoquant « les services qu'ils font, de préférence à la garde des pouldres du Temple et ailleurs [3] ». Une application intéressante du droit de résignation fut faite le 16 décembre 1583 à propos de l'important office de greffier de la Ville. M⁰ Claude Bachelier, titulaire de l'emploi, présenta au Bureau comme successeur

1. Reg. H, 1788 bis, f⁰ 299.
2. Ibid., f⁰ 380.
3. Ibid., f⁰ 461. Une décision du Bureau, en date du 25 mai 1585 (Ibid. f⁰ 464), étendit le bénéfice de la même exemption aux officiers et archers de cheval et de pied du guet ordinaire de la Ville de Paris. Il résulte de cette décision qu'en 1585 le guet comprenait 150 officiers, notamment un capitaine, quatre lieutenants, un greffier et un guidon.

son beau-frère, Bonaventure Heverard, « juré-commis du greffe de la Ville depuis trente-deux ans en ça ou environ », qui avait toujours assisté aux assemblées générales et particulières de l'Hôtel de Ville « et de ce faict bons et fidelles registres [1] ». S'il y eut quelques changements concernant les officiers subalternes de la Ville, tout au moins dans la première période du règne de Henri III, ils paraissent s'être réduits à des élévations de salaires, correspondant à l'augmentation progressive du prix des choses. En mars 1578, les mesureurs de sel avaient demandé qu'on portât de un à deux deniers le droit qu'ils touchaient depuis Charles V pour le mesurage de chaque minot de sel [2] « vendu et débité et passant par leur Ville [3] ». Le Bureau émit l'avis que le roi ne pouvait sanctionner cette augmentation « sans que le peuple fust foulé ». En 1582, ce fut le tour des maîtres de ponts, qui réclamèrent, eux aussi, une élévation de leur tarif. En réponse à cette pétition, le Bureau décide que « lesdicts maistres de ponts auront doresnavant pour leur sallaire de l'avallage d'ung basteau chargé de quarante tonneaux et au-dessus, jusques à soixante tonneaux, soixante-six solz tournoiz, au lieu de soixante-cinq solz qu'ilz souloient prendre... » Et la Ville opère une revision du tarif qui était

1. Reg. H, 1788 bis, f° 369. Il est bon de noter que Claude Bachelier et Bonaventure Heverard, d'après ce passage des Registres, sont indiqués comme étant les rédacteurs des procès-verbaux qui forment la base de notre travail, dans la période qui s'étend de 1551 à 1583. Nous verrons plus tard que Bonaventure Heverard resta greffier jusqu'au 10 novembre 1590, et qu'il résigna lui-même sa charge en faveur de Guillaume Paulmier, son beau-frère.
2. *Ord.* de 1415, art. 319 : « Auront de tout le sel qui sera vendu et distribué à détail ès greniers de ladicte Ville de Paris en gabelle, lequel ilz seront tenuz de mesurer, de chascun minot, un denier... » La même ordonnance fixait à 24 le nombre des mesureurs de sel. Ils étaient nommés par le prévôt des marchands et les eschevins, et installés par un sergent de la Ville. Ils étaient chargés de mesurer, étalonner et signer les mesures des greniers à sel et les mesures à grain de la Ville. Un *boursier*, nommé par eux, veillait au maintien de leurs droits et payait chaque mesureur au bout de la semaine.
3. Reg. H, 1788, f° 176.

proportionnel au tonnage et à la nature des marchandises. On ajoute seulement que les maîtres de ponts continueront à payer sur leurs salaires « les compaignons de rivière et halleurs de cordes, comme ils avoient cy-devant accoustumé [1] ».

Bien que nous n'ayons pas ici à entreprendre l'histoire détaillée des monuments de la capitale et que le sujet principal de notre travail soit, à vrai dire, l'histoire des relations de la royauté avec la population parisienne et ses représentants, il est nécessaire de dire un mot des grands travaux d'édilité qui signalèrent la première partie du règne de Henri III. La principale entreprise fut le commencement des travaux du Pont-Neuf. En 1556, les habitants du quartier de l'Université et du faubourg Saint-Germain avaient adressé une pétition au roi pour obtenir la construction d'un pont destiné à les mettre en communication avec la Cité, le Louvre et ses environs; le refus de la Ville de subvenir à la dépense empêcha Henri II de donner satisfaction aux justes réclamations des habitants de la rive gauche. Néanmoins le projet fut bientôt repris. Raoul Spifame proposa au même Henri II de jeter un pont entre le Louvre et l'hôtel de Nesle, sur l'emplacement actuel du pont des Arts; mais le duc de Nevers, craignant que l'hôtel de Nesle, dont il était propriétaire, ne fût éventré pour le percement d'une rue nouvelle qu'il était question d'ouvrir sur la rive gauche, au débouché du nouveau pont, fit décider que ce pont serait reporté plus haut, à la hauteur du couvent des Augustins. Le 31 mai 1578, Henri III, qui venait de voir passer la pompe funèbre

---

1. Reg. H, 1788, f° 980. « En la ville de Paris aura deux maistres de pont de ladicte Ville pour monter et avaler les nefz, bateaux et vaisseaux, tant montans que devalens par dessoubs lesdis pons de Paris... » (Ord. de 1415, art. 531.) Ils étaient nommés par le prévôt des marchands « après informacion deuement faicte » et parmi les bateliers les plus experts de la Seine, de l'Yonne, de la Marne et de l'Oise. On prenait l'un des maîtres dans le pays d'amont et l'autre dans le pays d'aval. Voy. la note 3 de la page 112.

de ses mignons Quélus et Maugiron, posa la première pierre du Pont-Neuf, en présence des deux reines et de toute de la Cour. « Et sous ladite pierre furent mises des pièces d'argent et de cuivre doré, pesant environ trois ou quatre testons, sur lesquelles estoient gravés les portraicts du roy et desdites roynes. Ladite pierre estant assise, on présenta au roy une truelle d'argent avec laquelle il print du mortier en un plat aussi d'argent et le jetta sous ladite pierre [1]. » Par lettres patentes du mois de mars 1578, le roi avait commis l'inspection des travaux, dont le plan avait été tracé par Jacques Audouet Du Cerceau, architecte du roi, à Christophe de Thou, premier président, Pierre Séguier, lieutenant civil, Jean de la Guesle, procureur général, et M. Claude Marcel, surintendant des finances [2]. En cette même année 1578, on travailla avec une certaine activité aux piles du côté du petit bras, si bien qu'elles s'élevaient déjà à fleur d'eau quand le manque de fonds arrêta les travaux. L'interruption devait durer vingt ans. Toutefois l'abandon ne fut pas complet, car un passage des Registres de la Ville, daté du 30 août 1585 et qui ne semble encore avoir été signalé par aucun historien de Paris, prouve qu'à cette époque « on besongnait la masse ou cullée du Pont-Neuf du costé du quay de ladite Escolle [3] ». Au sur-

---

1. *Le théâtre des antiquitez de Paris*, par le R. P. F. Jacques du Breul, parisien, religieux de Saint-Germain des Prez. Paris, édit. de 1639, p. 185. Voy. aussi, dans la collection de *Paris à travers les âges*, la livraison intitulée : *le Palais de justice et le Pont-Neuf*, par M. Edouard Fournier, p. 37. Le Pont-Neuf ne fut achevé que sous Henri IV, en 1604.

2. Ce sont les noms indiqués par l'Estoile, t. I, p. 256 ; mais les registres du Parlement (Félibien, *Preuves*, partie III, p. 7) y ajoutent ceux du président Pomponne de Bellièvre, d'Antoine Nicolaï, premier président de la Cour des comptes, Augustin de Thou, Barnabé, avocats généraux au Parlement, Jean Camus, intendant des finances, et des procureurs du roi au Châtelet et à l'Hôtel de Ville.

3. Reg. H, 1788 bis, f° 499. La construction du pont avait nécessité l'enlèvement de beaucoup de pierres « liays, fer et aultres matériaux qui soutiennent ledict quay de l'Escolle »; le Bureau de la Ville ordonne, à cette date du 30 août 1585, de mettre de côté les matériaux dont il s'agit, parce qu'ils appartenaient à la Ville. En effet, les quais, de même que les

plus, l'entretien des ponts laissait bien à désirer sous Henri III. La Ville n'en était jamais chargée qu'à titre de concessionnaire, mais en principe la dépense incombait au roi, et ses agents étaient responsables du bon état des ponts. C'est ainsi que le 15 mars 1579 Claude Moreau, trésorier de France, vient « remonstrer à la Cour (*c'est-à-dire au Parlement*) que le pont au Change est prest de tomber, et d'autant qu'il n'y a pas un denier qui se puisse employer, et est cette généralité chargée de vingt ponts qui tombent »; Claude Moreau supplie la Cour « interposer son office, à ce qu'il ne luy soit imputé, ni à Messieurs ses compaignons faute, et supplie la Cour luy en donner acte pour luy servir de descharge [1] ». Le Parlement fait droit à la requête et enjoint au procureur général d'aller trouver le roi avec Claude Moreau pour supplier le prince « d'y vouloir faire mettre ordre pour le bien du public ». En mars 1583, c'est encore au roi qu'on s'adresse en personne, quand une forte crue de la Seine menace d'emporter le pont Saint-Michel, et l'on charge les

fortifications et les fontaines, ont été de tout temps confiés à la prévôté des marchands, ainsi que le prouve une lettre de François Ier du 10 mars 1530. *Arch. nat.*, K, 984, citée par Leroux de Lincy, p. 130. Des lettres patentes du même prince, en date du 3 juin 1535, autorisent par exception le prévôt des marchands et les échevins de Paris à employer le produit des aides et octrois de la Ville à la réparation des « ponts, quays du Louvre et Grève, et autres bâtimens nécessaires et d'importance ». A cette époque, le roi faisait porter dans ses coffres le produit des octrois des autres villes, à cause de la détresse du Trésor public, et Paris fut l'objet d'un traitement privilégié. Toutefois, ce n'est que beaucoup plus tard que le produit des octrois fut régulièrement affecté, avec l'autorisation royale, à l'entretien des ouvrages publics et notamment des ports et des quais. Il est regrettable que, sur ce point, Delamare (*Tr. de la Police*, liv. VI, t. X, sect. II), qui cite les lettres patentes de 1535, n'ait pas recueilli et publié d'autres documents pour les époques postérieures : car s'il est acquis que le prévôt des marchands était souvent chargé de faire réparer les ponts et les quais, les documents analysés au texte semblent démontrer qu'on s'adressait, en de nombreuses circonstances, au roi lui-même pour régler les mesures à prendre ; et d'autre part, les attributions du prévôt de Paris et du prévôt des marchands, en cette matière, ne semblent délimitées nulle part avec une précision suffisante.

1. *Extrait des registres du Parlement*. Félib., *Pr.*, t. III, p. 10.

trésoriers généraux de France de vérifier le péril imminent [1].

En ce qui concerne le pavage de Paris, il y avait dans les usages une grande diversité qui peut exposer à de graves confusions. Le règlement général que fit le roi Jean pour la police le 30 janvier 1350 pose le principe général : « Que chacun en droit soi face refaire les chaucées quand elles ne seront suffisantes, tantost et sans délay »; le prévôt de Paris était chargé de recevoir les maîtres paveurs, de contraindre les propriétaires à paver devant leurs maisons, d'ordonner les visites et le rétablissement du pavé qui ne se trouvoit pas suivant les anciennes pentes et alignements. Les commissaires du Châtelet prenaient connaissance par eux-mêmes de la nécessité des réparations, recevaient les plaintes des bourgeois et ordonnaient la cessation des ouvrages lorsqu'ils jugeaient que les ouvriers voulaient enlever des pavés encore bons; mais le roi entretenait à ses dépens la *croisée* de Paris [2] (de la porte Saint-Denis à la porte Saint-Jacques et de la porte Baudet à la Bastille Saint-Antoine). De son côté, le Bureau de la Ville fournissait le pavé de quelques rues, de certaines places publiques et de plusieurs quais, tout le pavé des autres voies restant à la charge des propriétaires, conformément à la vieille loi romaine : *Construat autem vias publicas unusquisque secundum propriam domum*. Ainsi,

---

[1]. Félibien, *Preuves*, t. III, p. 16. Charles VI, par lettres patentes du 1er mars 1388 (reproduites dans Delamare, t. IV, p. 170, édit. de 1738), confia au prévôt de Paris la haute surveillance des ponts et chaussées de la prévôté et vicomté de Paris; mais les lettres patentes n'organisent pas avec une précision suffisante les moyens d'exécution. Elles prévoient même que les sujets seront « refusans ou delayans » et, dans cette hypothèse, prescrivent au prévôt de faire faire les travaux « en leur deffaut et diligemment et tellement que lesdits chemins, chauciées, *pons* et passages soient remis en bon et souffisant estat et que il n'en soit reprins de négligence. »

[2]. *Hist. municip.*, p. 42. Delamare cite une ordonnance de l'année 1400 qui indique avec détails l'état de la *croisée* de Paris à cette époque, t. IV, p. 173.

tantôt la Ville était chargée exclusivement, tantôt elle était complètement exemptée des dépenses de pavage de telle ou telle voie. Sous la date du 6 septembre 1581, les Registres nous fournissent l'exemple d'un travail de pavage fait aux dépens de la Ville, sans aucune contribution du roi, ni des habitants. « Sur la requête verballement faicte au bureau de la Ville de Paris par sire Symon Feullet l'aîné et autres bourgeois et habitans de ladicte ville, demourant rue du Mouton, place de Grève, et ès environs, ad ce qu'il leur plust faire réparer la dicte rue », des membres du Bureau décident que « ladicte rue du Mouton sera promptement et à l'advenir pavée, *aus despens de ladicte Ville* pour la commoditté publique, sans ce que lesdictz habitants d'icelle rue seront tenuz aucune chose pour ce pavé, tant du pavé que de façon d'icelle, actendu que icelle rue est nottoirement des deppendans de ladicte place de Grève et la principale advenue et entrée d'icelle [1] ». Chargée de subvenir à une partie considérable du pavé de Paris [2], la Ville était obligée de passer des marchés avec des entrepreneurs qui, à l'instar des entrepreneurs de nos jours, se plaignaient constamment d'avoir accepté un prix insuffisant et réclamaient une augmentation. Le Bureau faisait souvent droit à ces plaintes. C'est ainsi qu'à la date du 25 octobre 1583 il accordait à Albin Gaultier, « marchant fournissant le pavé de ladicte Ville », une

---

1. Reg. H, 1788, f° 279.
2. Le roi ne se faisait pas faute de signaler à l'administration municipale les voies où le pavage laissait à désirer. C'est ainsi que le 19 octobre 1584 il écrit de Blois au prévôt des marchands qu'il a été averti « que les pavez du fauxlbourg Saint-Honoré sont en si mauvais estat et rompuz que le publicq s'en trouve grandement incommodé; et davantaige que cela est cause que les eaues et boues y croupissent, lesquelles ne se pouvant aucunement escouller, engendrent un mauvais air et entretiennent la contagion... » En conséquence, le roi ordonne à la Ville de refaire le pavé « depuis la porte Saint-Honoré hors la porte de la nouvelle fortification en allant au Roulle... » Il recommande de laisser une pente pour l'écoulement des eaux et de pratiquer un ruisseau des deux côtés de la chaussée. Reg. H, 1788 bis, f° 427.

augmentation sur les prix de son marché, qui remontait au 4 juillet 1580, et aux termes duquel Gaultier devait recevoir quinze écus « pour chascun millier de gros pavé, de sept à huit poulces en carré [1]... »

Les Registres fournissent aussi maint exemple de pavages faits exclusivement aux dépens des habitants. Une décision du Bureau, en date du 13 mai 1585, ordonne aux « manans et habitants des faulxbourgs Saint-Honoré de faire paver promptement et en toute diligence devant leurs maisons, *chacun en droict soy*, depuis le commencement de la chaussée qui a esté pavée et rechaussée de neuf, ès dictz faulxbourgs, jusques à la fin d'icelle..... » La qualité et la forme du pavé n'étaient pas laissées à l'arbitraire des entrepreneurs ou des habitants. L'ordonnance de 1415 disait déjà que « doresnavant les quarreaux qui seront amenés pour vendre en ladite Ville, auront de six à sept poulces de hault, de lé (*largeur*) et en tout sens ». On se servait de pierres de grès, et Delamare nous dit [2] que le meilleur venait de Vaucresson, d'Herbelay, Triel et Louveciennes : on trouvait trop tendre le grès de Fon-

---

1. Reg. H, 1788 bis, f° 354. Il paraît que l'entrepreneur y perdait. Ouï le procureur du roi et de la Ville, le Bureau ordonne que « pourceque ledit Gaultier a fourni dudict gros pavé sur les asteliers ès rues de la Juifverye et aultres de la croisée de ladicte ville et ès portes d'icelle, depuis le mois d'aoust dernier passé l'an 1583, et qu'il y fournira jusques au dernier décembre de la présente année, il en sera payé à raison de vingt et un escus pour chascun millier dudict gros pavé, qui est un escu d'augmentation pour millier, plus que les vingt escus à quoi il a faict ledict marché ; et, pourcequ'il fournira, durant l'année prochaine 1584, sur lesdicts asteliers ès rues de la croisée et portes de ladicte ville, luy en sera paié à raison de vingt-deux escus et demy pour chascun millier, qui est deux escus et demy d'augmentation pour millier. Faict au Bureau de ladicte Ville le 25ᵉ jour d'octobre 1583. » Le 8 décembre de la même année, le Bureau de la Ville accorde à Albin Gaultier une nouvelle augmentation. Il s'agissait de paver la rue Saint-Denis « depuis la haise (*porte, fermeture*) des faulxbourgs jusques à la Croix qui panche ». Par suite de la hausse des salaires des ouvriers, des charrois et arrivages, tant sur terre que par eau, la Ville crut équitable de porter les prix à payer audit Gaultier à 25 escus pour chacun millier de pavés livré sur les chaussées Saint-Jacques et Saint-Denis. » *Ibid.*, fol. 365.

2. T. IV, p. 178.

tainebleau. Les trésoriers de France ou leurs délégués visitaient préalablement les carrières d'où l'on tirait le pavé de Paris. Les matériaux une fois façonnés et travaillés suivant les dimensions prescrites par les règlements, on les acheminait vers la capitale et on les déposait sur les berges de la Seine, sur les *ports*. Là, ils étaient l'objet d'une seconde visite, à l'origine par les soins d'un fonctionnaire appelé le visiteur du pavé [1], et plus tard, au début du xvɪᵉ siècle, par ceux des quatre jurés et gardes du métier de paveur. Pour favoriser et contrôler le recrutement des ouvriers paveurs, le prévôt de Paris leur avait donné des statuts en 1501, statuts qui étaient encore en vigueur au xvɪɪɪᵉ siècle. Henri III les confirma en avril 1579. C'est précisément aux termes de ces statuts que l'on élisait quatre jurés et gardes, qui avaient « puissance de visiter, en la ville et banlieue de Paris, tous ouvrages et carreaux qui seront amenez pour vendre, et faire corriger et réparer les faultes et abus qui y seront commis ».

L'enlèvement des boues et immondices donnait lieu, comme le pavage, à de nombreuses décisions du Bureau de la Ville. Dans le principe, les bourgeois se chargeaient eux-mêmes de nettoyer le pavé au-devant de leurs maisons : les habitants d'une ou de plusieurs rues s'entendaient pour louer un tombereau commun, affecté au service de leur quartier; mais l'agrandissement progressif de Paris et la négligence de plus en plus marquée des bourgeois obligèrent l'autorité publique à édicter des règlements pour con-

---

1. Le premier document qui constate la nomination d'un *visiteur* du pavé de Paris semble être un *vidimus* de Charles VI, en date du 20 avril 1396, approuvant la commission donnée par les « gens des comptes et trésoriers du roy au prévôt de Paris pour élire un visiteur du pavé ». On choisissait ce fonctionnaire parmi les paveurs les plus experts. Il était nommé par le prévôt de Paris, en présence et sur l'avis des « maîtres jurés et bacheliers sur le faict de la maçonnerie », ainsi que de « la plus grand et saine partie des paveurs de la Ville et banlieue de Paris ». Cet office a subsisté jusqu'en 1501.

traindre les bourgeois, sous peine d'amende, à nettoyer les rues [1] devant leurs maisons et à faire porter les immondices hors de la ville. Ces prescriptions étant restées à peu près lettre morte, un arrêt du Parlement, en date du 2 mars 1476, chargea le prévôt de Paris de faire nettoyer les rues aux frais des habitants. Toutefois des taxes ne furent perçues régulièrement qu'en 1522 ; la répartition en était faite par les notables de chaque quartier, assemblés chez le commissaire, qui signait le rôle et délivrait aux receveurs des commissions pour lever les deniers. En cas de refus de payement, les sergents à verge, porteurs de contraintes, procédaient à la vente des meubles du contribuable : le lieutenant civil statuait sur les contestations. Il incombait aux bourgeois commis de toucher les taxes et de les employer, de faire prix avec les charretiers pour la fourniture des chevaux, des tombereaux et des hommes nécessaires au service de nettoiement de la vie publique. L'ordonnance de François Ier, de novembre 1539, réglementa en détail tout ce qui concernait ce service et soumit à une responsabilité pécuniaire les commissaires du Châtelet, ainsi que les quartiniers, dizainiers et cinquanteniers, qui, de ce chef, étaient placés sous la juridiction du prévôt de Paris [2]. En vertu de ce texte et d'une autre ordonnance

---

1. Le premier règlement est celui du 3 février 1348. Il contient un article assez curieux, qui prouve que l'on rencontrait, à cette époque, dans les rues de Paris, des animaux peu aimables : « Que nulz ne sera si hardys de avoir, tenir, nourrir, ne soustenir dedans les murs de ladite Ville de Paris, en repost ne en appert, *aucuns pourceaux;* et qui sera trouvez faisant le contraire, il payera soixante soulz d'amende au roy nostre sire ; et seront les pourceaux tués par les sergens ou autres qui les trouveront dedens ladite Ville, dont le tuant aura la teste, et sera le corps porté aux Hostels Dieu de Paris, qui payeront les porteurs d'iceulx. » L'ordonnance de police du 9 octobre 1395 ajoute la prison à l'amende pour intimider les bourgeois récalcitrants. Une autre, de janvier 1404, interdit, sous menace de fortes amendes, de jeter des immondices dans la Seine.

2. L'art. 13 de l'ordonnance indique bien que c'est là une exception aux principes qui régissaient l'organisation municipale : « ...*En ce cas seulement*, nous attribuons la connaissance à nostredit prévost de Paris ou son lieutenant criminel, et sans préjudice des droits de jurisdiction de nos amez

de janvier 1540, les bourgeois étaient chargés seulement de balayer devant « leur huis » quand le tombereau y arrivait, et les conducteurs des tombereaux chargeaient les immondices [1]. Malgré les règlements et les ordonnances, les rues de Paris n'étaient pas toujours d'une propreté irréprochable. En 1578, par exemple, la rue de Tournon était tellement obstruée par les immondices et par la boue, qu'un arrêt du Parlement, en date du 14 juin, ordonna que l'abbé de Saint-Germain, le prévôt des marchands et les habitants du faubourg Saint-Germain (récemment pavé par les soins des cardinaux de Tournon et de Bourbon) contribueraient, *chacun pour un tiers*, au travail d'épuration jugé nécessaire. Il fallut creuser une tranchée depuis la Croix-Rouge jusqu'à la Seine pour faciliter l'écoulement des eaux. Une taxe spéciale fut établie sur les habitants intéressés, et le prévôt de Paris fut chargé, avec le prévôt des marchands, de surveiller les travaux [2]. A la date du 22 octobre 1583, le Bureau de la Ville intervient à son tour et fait défense « à Jehan Cahrel, commis du sieur X..., entrepreneur de la vidange des boues de la Ville, de faire descharger aucunes boues et immondices sur le pavé du port de Grève, sous peine du fouet, attendu l'incommodité que apportent audict port lesdictes boues et immondices [3] ». Le 7 décembre de la même année, un autre ordre du Bureau défend à tous *tumbeliers* de décharger les « gravois, vuidanges et boues le long des chemins et advenues de la ville », et ordonne « de les mener sur les boulevards, remparts et plates-formes d'icelle ville afin de les dresser [4] »,

et féaux, les prévost et eschevins de nostre dite Ville de Paris, *en autres choses.* » FONTANON, t. I, liv. 5.

1. Un règlement du 22 novembre 1563 fixe à deux par quartier le nombre des tombereaux, et prescrit de les garnir d'une sonnette pour avertir les habitants.
2. FÉLIB., *Pr.*, part. III, p. 7 à 10.
3. REG. H, 1788 *bis*, fol. 354.
4. *Ibid.*, fol. 365.

le tout sous peine de confiscation des tombereaux et d'amende arbitraire. Quand les entrepreneurs tardaient à enlever les boues, la municipalité prenait parfois des mesures expéditives : c'est ainsi que le 11 janvier 1585 elle enjoint « au premier sergent ou commissaire des quais de la Ville de prendre et arrester le premier basteau vide appartenant aux conducteurs de vuidanges d'icelle ville qui se trouvera sur les quais du Louvre et de la Mégisserie pour mener les boues et immondices qui sont à présent sur les dictz quais, en paiant toutesfois l'occupation dudict batteau raisonnablement, le tout suivant l'exprès commandement du roi [1] ». Les bourgeois commis dans chaque quartier pour lever et employer les taxes de balayage étaient fréquemment obligés de contribuer de leurs propres deniers si les taxes dont il s'agit étaient insuffisantes pour subvenir à la défense. C'était une occasion de grandes plaintes de la part des pauvres bourgeois. En 1586, ils s'adressèrent à Henri III, qui, par déclaration du 29 août, manda au prévôt de Paris d'égaler le montant des taxes au montant de la dépense à faire. Le roi prend soin en même temps de dire que les officiers de sa maison ne seront point chargés de la levée de la recette des deniers de police.

Depuis l'époque où Philippe-Auguste avait prescrit aux bourgeois parisiens d'élever une enceinte nouvelle autour de la Ville, la municipalité avait toujours conservé dans ses attributions la surveillance des remparts, des fossés

---

1. Reg. H, 1788 *bis*, fol. 435. — Par décision du 23 janvier 1585, le Bureau de la Ville prit des mesures définitives pour assurer le nettoiement des quais de Paris depuis la Vallée de misère jusqu'à la porte Neuve. Il accorda l'entreprise du nettoiement pour neuf ans aux frères Foullon, dont le second était « voicturier par eau et M® des basses œuvres des manans en ceste ville de Paris ». La rémunération des entrepreneurs se composait de deux éléments : 1° des deniers payés par les riverains pour l'enlèvement des boues et le nettoiement des quais; 2° d'une taxe de deux sols six deniers tournois sur chaque bateau « chargé de marchandises qui arrivera et sera garré et deschargé le long desdictz quais ». *Ibid.*, fol. 435.

et des portes [1]. On ne sait pas exactement qui supporta la dépense des fortifications faites sous Louis XI et sous Louis XII [2]; mais Sauval affirme qu'à partir du règne de François Ier toutes les dépenses nécessaires à l'entretien ou à la réfection des fortifications furent supportées par les Parisiens. En 1536, les quartiniers fournirent seize mille manœuvres pour creuser des fossés au delà des faubourgs; les habitants de ces faubourgs durent payer une année entière des loyers de leurs maisons. En 1552, Henri II avait

1. GUILLAUME DE NANGIS, édit. Géraud, t. II, p. 279; LEROUX DE LINCY, p. 126. — SAUVAL (*Antiq. de la Ville de Paris,* t. I, p. 86) dit à ce sujet : « Depuis Philippe-Auguste, les murailles et les fortifications se sont toujours faites aux dépens des Parisiens. Les successeurs de ce prince les ont données aux prévôt des marchands et échevins ; ils leur en ont confié la garde, la visite, la conduite et le soin de les réparer, rétablir et changer. » Le prévôt des marchands veillait avec soin à la conservation des fortifications : c'est ainsi que, le 28 mars 1586, il défend « à toutes personnes de démolir une tour estant des antiens murs estans au derrière et à l'endroict de la maison de M. le comte du Bouchaige, assise près le Louvre ». REG. H, 1788 *bis*, fol. 578. — D'autre part, il paraît résulter de certains textes que le roi se réservait un droit de contrôle supérieur en ce qui touche l'embellissement des portes de la Ville, et faisait des commandes d'objet d'art dont la Ville assurait seulement l'exécution et la mise en place. C'est ainsi qu'en 1585 le roi avait commandé à Germain Pilon un écusson destiné à orner une nouvelle porte. Pour la forme, le dessin du travail fut soumis au Bureau de la Ville, qui l'approuva dans les termes suivants : « Après avoir veu la figure ou desseing des armes de France et de Pologne, accompagné des deux ordres et devises du roy que Sa Majesté *entend* estre mise et apposée au portail naguères faict de neuf sur la chaussée de la porte Sainct-Anthoine, a été advisé que icelles armes et accompagnemens, selon ledict desseing, seront faictes en bronze et estoffées, comme il est porté par icelluy desseing. Partant, avons ordonné à Germain Pillon, controlleur des effigies de la monnoye de France, d'icelles faire faire et exécuter; et, à ceste fin, avons faict parapher icelluy desseing par le greffier de ceste Ville de Paris, *ne varietur*. Et lequel a esté mis ès-mains de Pierre Guillain, maistre des œuvres de ladicte Ville, pour en faire les diligences et exécution d'icelluy, les faire asseoir et mectre en la place pour ce destinée. Faict au bureau, le mardy vingtiesme jour d'aoust l'an 1585. » REG. H, 1788 *bis*, fol. 490.

2. Il semble cependant résulter d'un passage des Registres que nous avons cité (*Hist. munic.,* p. 303) qu'en mars 1512, au moment où l'on redoutait une invasion anglaise, ce fut uniquement la caisse municipale qui supporta les frais de la mise en état des fortifications, chaque communauté et confrérie de marchands ayant, de son côté, fourni un ou plusieurs canons. Sous François Ier, Paris était l'arsenal de la France, et le roi comme ses généraux et même les autres villes s'adressaient au prévôt des marchands pour avoir des armes et des munitions. (*Hist. munic.,* p. 375 et suiv.) En novembre 1555, Henri II taxa Paris à 12,000 livres pour fortifier les places de la frontière.

ordonné à la Ville de lever 120,000 par an, tant sur les propriétaires que sur les locataires, pour réparer les forifications : chaque logis était taxé à quatre francs au minimum et vingt-cinq francs au maximum, suivant son importance. Le roi lui-même payait cette taxe pour le Louvre, le Palais et l'hôtel des Tournelles. C'était à l'Hôtel de Ville que se faisait le travail de répartition des taxes, par les soins d'une commission composée d'un député du Parlement, de la Chambre des comptes et de la Cour des aides, d'un conseiller de Ville, d'un secrétaire du roi, des quartiniers, cinquanteniers, dizainiers et deux bourgeois de chaque dizaine. D'après un édit de Charles IX, les deniers levés chaque année pour la fortification étaient mis en recouvrement au mois de janvier. Sous Henri III, les travaux des fortifications ne furent pas moins onéreux pour les Parisiens qu'ils ne l'avaient été sous les règnes précédents. C'est ainsi qu'en mai 1585 le roi avait demandé à la Ville 60,000 écus pour la réparation des remparts de Paris; mais, grâce à des remontrances plusieurs fois renouvelées, le prévôt des marchands obtint du prince qu'il se contentât d'un capital de 8,000 écus, dont les arrérages seraient destinés à « faire plusieurs fortiffications et réparations ès-portes, chaisnes, pontz-levis, bascules, herses, barrières, corps de garde, rehaulcement de courtines, tranchées, murailles, portes, achaptz de pièges, pelles, hoyaux, hottes et aultres ustensilles pour servir aux vallides qui seront employez auxdictes fortiffications [1] ». Plusieurs communautés [2] avaient fait abattre les portes

---

1. Reg. H, 1788 bis. fol. 458.
2. Les communautés étant propriétaires de terrains considérables tout autour de Paris, on comprend que les rois aient souvent eu besoin de prendre une partie de ces clos pour y faire passer les murailles de la Ville. C'est ainsi qu'en 1401, quand on refit une enceinte, on prit, sans même se soucier de les acheter, une portion des clos que les religieux de Sainte-Geneviève, les Cordeliers et les Jacobins avaient derrière leurs couvents. Il en fut de même pour certaines dépendances des abbayes de Saint-Germain et de Saint-Victor. Mais il faut ajouter que les moines et les abbés n'y perdirent rien. Charles V donna aux Jacobins l'hôtel de Bourg-Moyen; les Cor-

des fortifications qu'on élevait devant les faubourgs, sous prétexte qu'elles avaient droit de haute justice sur les lieux qu'elles occupaient et qu'on ne pouvait les clore « sans leur exprès congé ». Les chanoines de Saint-Marcel avaient « empesché les ouvriers et maçons employés pour la fermeture et bouchement des advenues dudict faulbourg Saint-Marchel », et fait abattre la clôture d'une ruelle. Par arrêté du 9 mai 1585, M. de Villequier, gouverneur de Paris, enjoignit aux doyen, chanoine et chapitre de Saint-Marcel lès Paris « de faire rétablir promptement ce qu'ilz ont desmoly ou faict abattre, sur cette peine qu'il sera advisé bon estre [1] ». Un peu plus tard, le 22 mai de la même année, la Ville, à son tour, fit commandement au même chapitre de Saint-Marcel de faire rétablir dans le délai de huit jours « ce qui est nécessaire à faire à la closture, fermeture de la faulce porte Sainct Marcel, ensemble au mur du pourtour du portail, charpenterie et couverture des galleryes d'icelle porte, ainsi qu'ilz étoient anciennement, pour la tuition et deffense de ladicte ville ». Un autre ordre du Bureau enjoint au doyen de « faire relever les murailles du cloz de l'Hostel-Dieu dudict Saint-Marcel, bien et deuement faire clore et fermer les huys de derrière, tant dudict cloz de l'Hostel-Dieu que de son jardin, et ce dedans trois jours prochains ; aultrement et à faulte de ce faire, sera ce faict à ses dépens, et pour cest effect sera saisy son temporel ». Le 14 juin, le roi adresse de nouvelles instructions à l'Hôtel de Ville ; il lui demande d'envoyer

---

deliers reçurent des jardins et des écoles construites des deniers royaux ; enfin les religieux de Saint-Victor et de Saint-Germain obtinrent, en mai 1368, le redressement, aux frais de la Ville, de la rivière des Gobelins, avec un droit de pêche dans les fossés jusqu'à la Seine. Moins heureux, les simples laïques, habitants des faubourgs, étaient expropriés sans indemnité pour la construction des murs et fossés. Voy. là-dessus Sauval, t. I, p. 87.

1. Reg. H, 1788 *bis*, fol. 459. « Aultrement, dit la décision municipale, et à faulte de ce faire, sera ce faict aux despens de ladicte ville et la propriété de ladicte porte prinse et appliquée au proficit de ceste d. Ville. »

1,200 pionniers aux tranchées et l'autorise à répartir la dépense entre les quartiers, en forçant les bourgeois à payer leurs taxes [1].

Les historiens de Paris ont parlé à maintes reprises du pont Notre-Dame [2], sur lequel la Ville avait obtenu la permission de faire construire moulins et maisons dès le début des travaux d'édification du pont, en 1412. Après la catastrophe de 1499 et la reconstruction qui ne fut achevée qu'en 1512, on avait édifié sur le nouveau pont, si l'on en croit Corrozet, « soixante-huit maisons, toutes d'une mesure et même artifice, de pierre de taille et brique, chacune contenant cellier ou cave, ouvroir, galerie derrière, cuisine, deux chambres et grenier. Et estoit chascune escrite selon le nombre de son rang en lettres d'or ». Lors de l'entrée de Henri II (juin 1549) [3], le nombre des maisons du pont Notre-Dame n'avait pas varié. Les vieux annalistes ne parlent de ce pont qu'avec enthousiasme. Corrozet dit : « C'est le seul chef-d'œuvre de toute l'Europe, » et Philippe de Vigneulle, qui écrivait au début du XVIe siècle, s'écrie de son côté : « Je crois qu'il n'y ait point de

---

1. Voici le texte même de la lettre du roi : « DE PAR LE ROY. Très chers bien amez, désirant pourveoir à la conservation de ceste bonne ville de Paris, et rendre en deffense les advenues d'icelle, nous avons advisé et résolu de mectre jusques à ung bon nombre de pionniers pour les besongnier aux tranchées et advenues du pourtour de ladite Ville ; et d'aultant que le nombre que nous y faisons travailler n'est suffisant, et estant nécessaire que en toute diligence il y soit besongné pour la seureté d'icelle ville, nous vous mandons que vous ayez à faire savoir aux bourgeois de ceste dicte ville qu'ilz ayent à doresnavant envoier par chascun jour jusques au nombre de 1,200 pionniers, garniz d'outilz comme picqz, pelles, hottes et hoiaulx, pour y travailler en toute diligence ès-lieux qui seront désignez, faisant néanmoins par vous le département de ce que chascun quartier debvra porter également, suivant ce qui a esté cy-devant faict en l'année 1567 ; et, à ce faire, contraindrez lesdictz bourgeois qui auront esté cottisez pour lesditez manœuvres par toutes voyes deues et raisonnables, mesmes par exécution et vente prompte de leurs biens, nonobstant oppositions ou appellations quelzconques ; de ce faire vous donnons pouvoir. Faict à Paris le quatorziesme de juing 1585. » Ainsi signé : HENRY, et plus bas : PINART.
2. *Hist. munic.*, p. 287.
3. *Ibid.*, p. 430. Voy. aussi, dans *Paris à travers les âges*, LA CITÉ, par M. Jules Cousin.

pareil pont au monde si beau et si riche : il y a sur ledit soixante-huit maisons, et à chacune maison sa boutique, lesquelles sont faictes si très fort semblables et pareilles qu'il n'y a rien à dire. » Le même écrivain nous apprend que les maisons du pont Notre-Dame étaient louées par la Ville pour une durée de neuf ans et au prix de vingt écus d'or par an; mais les Registres de la Ville constatent que vers la fin du xvie siècle le prix de location avait bien augmenté.

Le 10 décembre 1583, le prévôt des marchands fit commandement aux locataires du pont de se présenter au Bureau le 6 janvier suivant, afin d'y déclarer « s'ilz entendent prendre ou non, chacun particulièrement de ladicte Ville, les maisons où ilz sont, demourans sur ledict pont pour neuf années, commençans du jour Sainct-Jehan-Baptiste prochainement venant et finissans l'année que l'on comptera 1593, au pris de 100 escus soleil par an et 300 escus d'entrée pour une fois, pour chascune desdictes maisons [1] ». Le 7 janvier 1584, le Bureau fit « asçavoir que les soixante-huict maisons du pont Nostre-Dame, estans du domaine de ladicte Ville, seront baillées particulièrement à loyer au plus offrant et dernier enchérisseur au bureau d'icelle Ville, samedi prochain, heure de deux heures de relevée, pour le temps de neuf années et aux charges et conditions qui seront lors déclairées... » En même temps, la Ville, par suite d'un singulier usage, adressait copie du cahier des charges de l'adjudication à MM. les curés des différentes paroisses, sous la forme qui suit : « Plaise à M. le curé de la paroisse de..... publier au prône de la messe de paroisse le contenu cy-dessus [2] ». Malgré ces admonitions laïques et ecclésiastiques, les locataires du pont Notre-Dame trouvaient trop grandes les exigences

1. Reg. H, 1788 *bis*, fol. 369.
2. *Ibid.*, fol. 377.

de la Ville et ils demandèrent une diminution de prix. La municipalité rejeta leurs offres comme insuffisantes; mais, à la fin de mars, les habitants du pont Notre-Dame se décidèrent à renouveler leurs baux aux conditions qui leur étaient imposées : toutefois ils obtinrent que le droit d'entrée pour chaque renouvellement serait réduit de 300 écus à 83 écus 20 sols tournois.

Le soulagement et la surveillance des pauvres, qui de tout temps affluèrent à Paris, rentraient directement dans les attributions du prévôt des marchands et des échevins. C'était à eux que le roi remettait le soin de faire la distinction des mendiants valides et des mendiants invalides. On occupait les premiers aux travaux d'édilité; on ouvrait même pour eux des ateliers publics, ainsi que nous avons eu souvent l'occasion de le constater; quant aux invalides, on leur distribuait des aumônes qui, de la part de la population, étaient plus ou moins spontanées [1]. Un mandement du même temps, adressé aux quartiniers par le prévôt des marchands, indique avec précision comment étaient recueillies les aumônes destinées aux mendiants invalides et les fonds qui servaient à couvrir la dépense des ateliers publics [2].

---

1. A la date du 2 mai 1586, Henri III écrit aux magistrats municipaux de députer « deux de leur corps et compagnie » tous les samedis chez « le sieur évesque de Paris », où se trouveront aussi deux membres du Parlement, deux membres de la cour des Aides, le procureur du Châtelet et le lieutenant civil et criminel, « pour, comme on l'a aultres fois faict, regarder et dresser un règlement pour pourveoir à donner l'aumosne en tel lieu et ainsi qu'il sera advisé, aux pauvres mendians invalides; et pour recognoistre ceulx qui en abusent afin de les rejeter, et, en ce faisant, oster l'affluance et confusion desditez pauvres. Et, pour ce qu'il s'en pourra trouver beaucoup de vallides et propres à travailler qui ne veullent rien faire et prennent excuse de demander sur ce qu'ilz disent ne sçavoir où s'occuper, il fauldra par mesme moyen regarder de faire ouvrir quelque hastelier et réparation publique pour employer et faire travailler lesditz pauvres vallides, ainsy que vous avez veu qu'avons advisé. Donné à Paris le 2 mai 1586. » Signé : Henry. Reg. H, 1788 bis, fol. 590.

2. « Sire Guillaume Parfaict, quartinier de la Ville, enjoignez à vos diziniers de advertir et admonester chacun en sa dizaine tous les marchans tenans boutique et autres marchans, de avoir et tenir boiste en laquelle ilz feront mectre par charité et aumosne le plus de deniers qu'ilz pourront, par

Il résulte d'une décision du Bureau en date du 22 décembre 1583 que « les (*pauvres*) valides de la Ville qui sont employez aux œuvres publiques [1] », étaient payés chaque semaine, à l'Hôtel de Ville même et en présence de l'un des échevins. D'après certains mandements du Bureau, il semble que la municipalité parisienne ne se bornait pas à conseiller aux habitants de faire la charité, mais qu'elle procédait souvent par voie d'injonctions. C'est ainsi qu'à la date du 2 juillet 1586 le prévôt des marchands adresse à tous les quartiniers un mandement semblable à celui-ci : « M⁰ Robert Danès, quartinier de ladicte Ville, *enjoignez* à tous les dixiniers de vostre quartier de faire savoir à tous les bourgeois et habitans de leur dizaine *qu'ilz aient à* porter ou envoyer par chascun jour, à l'heure de midy, à la marmitte qui sera mise à la porte du bureau des pauvres de la Grève, tout le reste des pottaiges et aultres viandes qui leur resteront, pour estre portez et distribuez aux pauvres vallides qui besongnent aux astelliers. Faict au Bureau d'icelle ville le mercredy deuxiesme jour de juillet 1586 [2] ».

Nous avons cru nécessaire de nous étendre avec quelques développements sur plusieurs des parties de l'administration parisienne qui étaient forcément l'occasion de fréquents rapports entre le roi et la Ville; mais ce qui établissait un point de contact aussi permanent que douloureux pour les Parisiens, c'était le goût immodéré que leur bourse inspirait au monarque. On n'a pas encore insisté avec assez

eulx et ceulx avec lesquelz ils venderont et trafficqueront marchandises. Lesquelz deniers, lesdicts marchans seront tenuz mectre par chacune sepmaine ès-mains de leur curé pour l'entretiennement des pauvres qui sont à présent en astelliers de ceste ville en grand nombre. Si n'y faictes faulte. Faict au bureau de ladicte Ville le lundy neufiesme jour de juing 1586. » Reg. H, 1788 *bis*, fol. 593.

1. *Ibid.*, fol. 373.
2. *Ibid.*, fol. 596.

de force, ni surtout avec une suffisante abondance de documents précis sur cette grande cause du développement de la Ligue : la profonde indignation du peuple contre les exactions royales. Si ardent qu'ait pu être le fanatisme clérical, si violente qu'on suppose la haine des catholiques pour les protestants et leur chef, accepté par Henri III comme héritier légitime du trône de France, tout cela ne suffirait pas pour expliquer la formidable révolte dont nous aurons à suivre les phases. Le dernier des Valois était avant tout un prodigue, et, la théorie du droit divin ne permettant pas de limiter son autorité, une révolution était la seule sanction possible du mécontentement public, la seule revanche pratique de la ruine du pays. Il faut rappeler brièvement la série des sacrifices pécuniaires que le roi demandait à la Ville. Nous avons raconté plus haut [1] les négociations si confuses et si laborieuses qui avaient eu lieu, à la fin de 1579, entre la Ville, le clergé et le roi, par suite du refus des députés ecclésiastiques d'exécuter leurs engagements au sujet des rentes de l'Hôtel de Ville; la saisie dans les coffres de M. de Vigny, en mars 1582, de 80,000 écus pour garnir les poches de Joyeuse et d'Épernon; les taxes de décembre 1582, sur les marchands de Paris; le second vol de 200,000 livres commis par le roi au préjudice de la caisse municipale en mars 1583, et tant d'autres mesures violentes. C'est un système qui persistera jusqu'au bout. En mai 1584, des lettres royales demandent à la Ville 60,000 écus « pour le paiement de la solde de cinquante mille hommes de pied [2] ». Dans l'assemblée du 27, le Bureau décide de faire au roi « très humbles remontrances » pour obtenir l'exemption de cette nouvelle charge. Le 29 juillet de la même année, par lettre adressée de Fontainebleau au prévôt des marchands, Henri III exprime

---

1. Voy. p. 124 et suivantes.
2. Reg. H, 1788 *bis*, fol. 392.

l'intention de vendre à l'Hôtel de Ville « 30,000 escus soleil de rente pour 360,000 escus soleil en principal [1] » à prendre sur les deniers des aides et grosses fermes par les mains des receveurs particuliers et généraux. Il propose d'ouvrir une souscription publique pour recevoir les offres du bon peuple. La Ville fait d'abord la sourde oreille, et, par une convention tacite, les conseillers s'arrangent pour ne jamais se trouver en nombre aux assemblées; mais la reine mère déjoue la manœuvre et reproche aigrement au corps de Ville son manque de zèle. Il faut s'exécuter : dans l'assemblée du 11 août, la Ville décide « qu'ouverture sera faicte du Bureau de la Ville pour le recouvrement de ladicte somme de 30,000 écus de rente, à la charge que ce soit de gré à gré et sans aulcune contraincte, et que les assignations que icelle Ville a sur aulcunes des fermes mentionnées ès dictes lettres seront préalablement paiées et acquittées, sans les confondre avec les rentes qui seront constituées pour le recouvrement desdicts 30,000 escuz ou ce qui en sera receu [2] ». Le 7 mars 1585, le roi revient à la charge et fait connaître à la Ville que Paris est taxé à la somme de 60,000 écus pour sa part dans la subvention demandée aux villes closes du royaume et destinée au payement de la solde de cinquante mille hommes. Dans l'assemblée du 26 avril, la municipalité décide qu'on fera des remontrances au roi. Elles devaient s'appuyer principalement sur cette circonstance qu'en violation des lettres patentes du 17 juillet 1570, qui exemptaient la Ville de Paris de l'obligation de contribuer à la solde des troupes, les généraux des finances avaient, le 29 avril, en vertu d'ordres formels du roi datés du 24, « fait arrêter la somme de 30,000 écus des arrérages des rentes engagées à la Ville et dues par plusieurs receveurs

1. Reg. H, 1788 *bis*, fol. 410.
2. *Ibid.*, fol. 411.

particuliers et fermiers [1] ». Des lettres patentes d'avril 1585 avaient prescrit l'aliénation à la Ville de Paris de 12,000 écus de rente, assignés « sur les plus clairs deniers de ses gabelles du sel ». La Ville trouve que cette garantie est beaucoup trop vague et prie le roi de déclarer « sur quels greniers à sel ladicte rente de 12,000 escus sera assignée particulièrement, et combien vault et monte ledict droit de gabelle en chacun desdictz greniers à sel [2] »; et, comme le roi n'aimait pas beaucoup préciser, la municipalité demande à la Cour des aides, par requête du 4 mai suivant, de faciliter la tâche du monarque en garantissant le service de la rente dont il s'agit par une assignation spéciale sur les greniers à sel « des généralités d'oultre Seyne et Yonne, Picardie et Champagne ». En outre, la Ville exprime le désir que les deniers soient versés par les acheteurs de rentes entre les mains du receveur municipal, François de Vigny, qui pourrait être, en même temps, chargé du payement des arrérages [3]. Pour simplifier les formes, Henri III arrête momentanément les constitutions de rentes et, le 11 août 1585, demande à la Ville 120,000 écus à titre de *don* [4]. Dans une assemblée du 23 août, les officiers municipaux décident que des remontrances seront adressées au roi et nomment une commission de trois membres pour les rédiger. Le 1ᵉʳ septembre, le prévôt des marchands et les échevins se présentèrent au Louvre; mais le roi ne les reçut pas, en alléguant que les conseillers de Ville n'avaient pas accompagné les chefs de la municipalité. On convoqua donc les conseillers de Ville et l'on revint avec eux au Louvre. Cette fois, le roi fut bien obligé d'entendre la lecture des remontrances dont le texte lui fut « baillé par écrit ».

1. Reg. H, 1788 *bis,* fol. 437 et 458.
2. *Ibid.,* fol. 459.
3. *Ibid.,* fol. 466.
4. *Ibid.,* fol. 483 et 499.

Il faut s'arrêter un moment sur ces doléances de la municipalité parisienne qui nous ont été conservées par les Registres [1]. Rien n'est plus propre à donner une idée de la détresse du pays et du discrédit profond dans lequel Henri III était tombé.

Sans revenir sur les points déjà touchés dans les remontrances de janvier 1583, que nous avons analysées plus haut, nous nous bornerons à rappeler que la Ville débutait encore par invoquer ses privilèges et par opposer les misères du présent aux prospérités du passé, puis elle précisait ses nouveaux griefs. Suivant la coutume traditionnelle des remontrances municipales, celles de septembre 1585 examinent successivement les diverses sources de revenu des Parisiens : biens ruraux, bénéfices commerciaux, gages et traitements de l'État, enfin rentes sur l'Hôtel de Ville. « Pour le regard des rentes sur l'Hostel de Ville, c'est la commune richesse du peuple de Paris qui a suyvi la foy publicque de ses roys avec tant de créance que plusieurs ont vendu leurs terres et aultres possessions qui pouvaient accroistre en valleur pour y mectre les deniers en rente qui ne peuvent jamais augmenter; et, au lieu que les antiens payens faisoient déposer l'argent des pupilles aux temples de leurs dieux, nos courtz souveraines ont contraint les tuteurs et curateurs de le mettre en l'Hostel de Ville comme en la garde publicque et sacrée du prince; et néanmoins, à diverses fois, on a destourné les assignations, et mesmes, depuis cinq ou six ans, qui est partye cause que, pour le présent, il en est deu cinq quartiers. Cinq quartiers se montent à plus de quatre millions de livres, et mesmes, ceste année, il en a esté prins jusques à 60,000 escus, ce qui incommode tant le peuple, qui en soulloit faire estat certain, comme en son plus clair revenu. » Quant à l'in-

---

1. Reg. H, 1788 *bis*, fol. 501.

dustrie et au commerce, la stagnation est complète depuis six mois ; les gages des officiers royaux sont arriérés ; « aux ungs est deu une année, aux aultres une demye ».

Comme conclusion de ce triste tableau des effets de la politique royale, la Ville déclare qu'elle ne peut fournir un écu au roi. De quelle façon se procurer de l'argent? L'impossibilité d'établir de nouvelles aides n'a pas besoin d'être démontrée : « L'ayde est du tout impossible, parce qu'on ne peult plus imaginer espèce quelconque de subside sur quelque chose, quelle que ce soit, qui ne soit ja estably, accreu et augmenté si avant qu'on n'y peult plus rien adjouster ». Quant à l'impôt par capitation, la répartition en est fort difficile. « *Le riche ne veult, le pauvre ne peult.* » En outre, cet impôt sème la discorde entre les citoyens et jette l'odieux sur les fonctionnaires publics, s'ils emploient la contrainte et mettent des garnisaires chez les contribuables récalcitrants. Or, ajoutent les remontrances dans un langage presque menaçant, « nous sommes en temps, s'il en fut jamais, que la Ville a besoin d'union entre ses concitoiens, et Votre Majesté et le publicq des bonnes prières du peuple ». A toutes les causes de misère, il faut ajouter la contagion qui sévit dans la capitale et empêche les agents du fisc de pénétrer dans les maisons infectées pour exercer les contraintes, puis encore la stérilité d'une année mauvaise. Pour faire appel au concours financier de la Ville, le roi fera bien d'attendre « un extrême besoing... » C'est un secours extraordinaire qui est réservé « à l'extrémité des extrémités ». La municipalité termine en priant le roi de vouloir bien faire payer les arrérages échus de rentes et « faire contraindre ceulx du clergé de paier ce qu'ilz doibvent ».

Le roi témoigna le cas qu'il faisait des énergiques remontrances de l'Hôtel de Ville, en lui adressant, dès le 13 septembre de la même année, de nouvelles lettres patentes demandant 56,000 escuz à constitution de rente sur les recettes générales de Rouen, Orléans et Tours. Étourdie de cette brutale réplique à ses doléances, la municipalité parisienne décide, le 16 septembre, que « remonstrances très humbles seront faictes à S. M. de la conséquence de l'affaire ». Par quels arguments la résolution de la Ville fléchit-elle? C'est ce qu'il est difficile de dire : toujours est-il que, le 20 septembre, la municipalité consentit à l'ouverture des bureaux de l'Hôtel de Ville pour le recouvrement des 56,000 écus, à condition que les assignations des anciennes rentes aliénées par le roi seraient payées avant celles de la présente émission. Ce n'était pas fini. Trois jours après, le 23 septembre, le prévôt des marchands annonce à ses collègues que le Conseil d'État et le roi veulent mettre sur les Parisiens une taxe de 120,000 écus, recouvrable comme les taxes de la fortification [1]. Une assemblée générale eut lieu le 4 octobre pour délibérer sur la communication royale. Le prévôt des marchands vint dire que Sa Majesté n'avait pu se dispenser de faire appel à la Ville « à cause des grandes affaires qu'il a à présent pour le paiement des gens de guerre levez pour la conservation de son Estat »; mais le roi laissait les intéressés libres « d'adviser sur la forme et levée de ladicte somme ». Ce n'était pas tant la forme de la perception de l'impôt que l'impôt lui-même et sa quotité qui troublaient les bourgeois. Ils offrirent bravement 60,000 écus au lieu de 120,000, en proposant de répartir la somme entre les seize quartiers, comme on l'avait fait en 1576, lorsqu'il s'agissait de payer la solde de deux mille Suisses. Henri III fut bon prince et se déclara satisfait des 60,000 livres, qui, d'ailleurs, ne furent

---

1. Reg. H, 1798 *bis*, f°s 522 et 525.

pas aisées à lever sur le peuple, si l'on en juge par les innombrables mandements aux quartiniers que conservent les Registres.

Ainsi mise à contribution, la Ville essaya de se dédommager d'un autre côté en réclamant au clergé l'exécution de ses engagements. On a dit plus haut [1] à la suite de quelles circonstances le clergé avait été amené à garantir le payement des rentes de l'Hôtel de Ville, et comment un arrêt du Parlement de décembre 1579 avait contraint l'ordre ecclésiastique à continuer pendant dix ans encore le versement des décimes destinés aux rentes de la Ville. Mais cet engagement n'avait pas été tenu, et, malgré les actives démarches de la municipalité, les assemblées du clergé ne cherchaient qu'à gagner du temps et donnaient des réponses évasives [2]. Le Conseil du roi et le Parlement faisaient la sourde oreille. Dans ces circonstances, la Ville s'adressa encore une fois au clergé lui-même, en alléguant « les grandes plainctes et clameurs que faisoit le pauvre peuple du deffault de paiement d'une année et demy eschue à la fin du mois de décembre dernier, qui estoit deue; et que lesdictz arréraiges se montoient bien à présent jusques à la somme de 700,000 escus, comme apparoissoit par l'estat signé du receveur de ladicte Ville et dudict Castille, receveur d'icelluy clergé [3] ». L'ordre ecclésiastique, assemblé à Saint-Germain des Prés pour délibérer sur une bulle du pape [4] et présidé par le car-

---

1. Voy. p. 7 à 9, 121 et suivantes.
2. « Quelques diligences que la Ville ayt pu faire, mesmes contre ledict clergé, il l'entretenoit tousjours d'espérances, comme dict est, de jour en jour. » REG. H, 1788 *bis*, f° 581. En mars 1586, le roi devait à la Ville environ 500,000 écus de rente, garantis par les recettes générales, et le clergé 700,000 écus environ d'arrérages échus.
3. REG. H, 1788 bis, f° 580.
4. Il s'agit ici de la bulle par laquelle le pape avait autorisé le roi de France à vendre le temporel de l'Église jusqu'à concurrence de 100,000 écus de rente, « ce que, dit l'Estoile, t. II, p. 327, ledict clergé trouvoit fort dur et estrange, et en murmuroit, disant : qu'on le vouloit rendre tribu-

dinal de Bourbon, répondit aux réclamations de la Ville, « par la bouche de M. l'archevêque de Vienne, que S. M. requéroit la publication d'une bulle pour le recouvrement de la somme de 100,000 écus de rente sur ledict clergé, et que si ladicte bulle sortoit effect, ledict clergé n'auroit aucun moien de payer lesdicts arreraiges et continuer lesdictes rentes ; et faisoient estat de eulx retirer chacun en leurs maisons en particulier ». Repoussés par les évêques, qui avaient, il faut le reconnaître, d'aussi bonnes raisons que la Ville de Paris pour se plaindre de l'avidité de Henri III, les officiers municipaux eurent recours à leur expédient suprême, qui avait un peu trop servi dans ces derniers temps : ils firent des remontrances au roi [1].

En guise de conclusion, la municipalité demande au roi de lui donner lettres et commission pour saisir le temporel du clergé, jusques à plein et entier payement de la somme due. Henri III répondit qu'il soumettrait la

taire et taillable, ce qu'on n'avoit jamais veu ». C'était l'évêque de Paris qui avait servi d'intermédiaire entre le pape et le roi ; mais il avait dépassé les instructions du clergé de France, qui ne l'autorisaient à consentir que l'aliénation de 50,000 écus de rente. Aussi, à son retour de Rome, le malheureux prélat fut-il traité de « valet du diable et de Judas » par les représentants de son ordre. On lui chanta ceci, entre autres douceurs :

> Où as-tu dy-je, appris, je te prie, hipocrite,
> Qu'un pasteur, ouingt de Dieu, deust, au denier comptant,
> Vendre le bien du pauvre que Dieu estime tant,
> Et le bien de ses prestres, successeurs du lévite ?

1. REG. H, 1788 *bis*, f° 581. « Sire, disait l'Hôtel de Ville dans ces nouvelles doléances, les prévost des marchans et eschevins de la Ville de Paris remontrent très humblement à Vostre Majesté que ès-années 1566, 1567, 1568, 1570, 1571, 1572, 1573, MM. du Clergé de cestuy royaume ont sur tous et chascun de leurs biens et revenuz temporels, vendu et constitué à ladicte Ville plusieurs rentes, revenans à 400,706 escuz 54 sols par chacun an, au paiement desquelles ilz se sont obligez solidairement par contractz bien et aucthentiquement faictz, passez et veriffiez partout où besoing a esté ; et que, ce néanmoins, depuis quelques années en ça, les arreraiges d'icelles rentes n'ont pu estre si bien recouvrez, quelques diligences qu'iceulx prevost des marchans et eschevins y ayent employées, que, par chascun an, lesdictz du clergé n'en ayent faict reste de grande somme. » La Ville ajoute que, pour les arrérages échus au 31 décembre 1585, il reste dû à la Ville 69,693 écus 46 sols « sans en comprendre la demie année qui escherra au jour Saint Jehan Baptiste prochain ».

question à son Conseil dans un délai de deux ou trois jours. Il y eut en effet (les 28 et 29 mars et le 1ᵉʳ avril) plusieurs réunions du Conseil d'État [1], tenues en présence de la reine mère et des délégués du clergé. Catherine déclara « qu'elle en parleroit au roy et que ce seroient les premières parolles qu'elle tiendroit à S. M. ». Peu de temps après, Henri promit « de donner ordre promptement au faict des rentes ». Mais, à la fin d'avril 1586, et malgré de nouveaux pourparlers entre le Conseil d'État et les délégués du clergé, on n'était pas plus avancé qu'avant les remontrances, et le clergé défendait sa bourse avec une énergie qu'on n'eût pas tolérée de la part de simples magistrats municipaux. Enfin, pour terminer la série des malheurs financiers de la Ville, disons que le 28 juin 1586 le roi lui proposa de constituer « 12,000 escuz soleil de rente, revenans à sept vingt-quatre mil escuz en principal [2] », avec assignation sur les recettes générales et particulières. La Ville accepta cette proposition, qui équivalait à un ordre, et décida de « faire ouverture des bureaux pour le recouvrement de ladicte somme, pourvu que ce soit de gré à gré, entre les voluntaires et sans

---

1. Sur l'organisation des Conseils du Roi à cette époque, on peut consulter un document très peu connu, bien qu'il soit reproduit au t. X des *Archives curieuses*, p. 299; il est intitulé *Les règlements faits par le roy, le premier jour de janvier mil cinq cens quatre-vingt-cinq*. Ces règlements font connaître que, sous Henri III, il y avait auprès du roi trois Conseils, savoir le Conseil d'État, le Conseil privé et le Conseil des finances. Outre les princes du sang et les grands officiers de la couronne, le Conseil d'État se composait de trente-trois membres, dont six d'Eglise, vingt et un d'épée et six de robe longue, âgés d'au moins trente-cinq ans. Le règlement de 1585 contient l'indication détaillée des attributions du Conseil d'État. Elles portaient notamment sur les remontrances et doléances des provinces, « la police des provinces, communautez et villes », le rabais des tailles et subventions des villes et emprunts, etc. Le roi fixe, dans son règlement, tous les détails du costume des conseillers d'État pour l'été et pour l'hiver. Voy., sur l'origine des Conseils, le livre de M. Emile Bos : *Les avocats aux Conseils du roi*, 1 vol. in-8°, 1881, et le bel ouvrage de M. Aucoc, membre de l'Institut : *Le Conseil d'État avant et depuis 1789*, 1 vol. in-8°. Impr. nationale, 1876.

2. Reg. H, 1788 *bis*, f° 594.

aulcune contraincte ». Mais, pour ne pas laisser croire au roi qu'elle était heureuse de voir grossir indéfiniment le chiffre de sa dette, la Ville ajouta à sa délibération ce post-scriptum : « Et néantmoings seront faictes remonstrances très humbles au roy par mondict sieur le prévost des marchands, ad ce qu'il plaise à Sa Majesté faire pourveoir sur le payement des arréraiges des rentes. »

L'histoire des relations financières du roi et de la Ville ne présenterait qu'une nomenclature un peu sèche, sorte d'addition dont le total fuit toujours, si l'on n'avait pas soin de la replacer dans le cadre des événements politiques qui commencent, en cette année 1585, à se dérouler avec une gravité terrible. Après avoir jeté un coup d'œil sur les différentes parties de l'administration municipale, au moment où elle n'a pas encore pris un caractère occulte et révolutionnaire, il convient de reprendre le récit des faits et des actes qui ont préparé la seconde phase de la Ligue.

En licenciant les États généraux de Blois (1er et 2 mars 1577), Henri III avait formellement refusé de rétablir l'unité de religion par la force ; cette tolérance ne dérivait pas de considérations politiques, mais de la pénurie du Trésor, qui ne lui permettait pas de réaliser ses premières intentions [1]. Il s'était contenté de laisser les ducs d'Anjou

---

[1]. Il est intéressant de citer, d'après les *Mémoires de Nevers*, les paroles que prononça Henri III dans la séance du Conseil privé tenue à Blois le 28 février 1577 : « Messieurs, chacun a veu de quelle affection j'ay embrassé ce qui estoit pour l'honneur de Dieu, et combien j'ay désiré de voir qu'il n'y eust qu'une religion en mon royaume. Mesme j'ay *brigué*, s'il faut ainsy dire, les gens des trois Estats, qui n'alloient que d'une fesse, pour les pousser à demander une seule religion, dans la croyance que j'avois qu'ils m'aideroient à exécuter une si sainte résolution. Mais, voyant le peu de moyens qu'ils m'en ont donné, cela m'a fait connoistre le peu d'espérance qu'il y a d'exécuter ma première intention, laquelle je veux bien qu'on sache avoir esté telle. Toutesfois, comme dit M. de Nevers, il est permis de changer son opinion quand l'occasion s'en présente. De mon costé, je ne pense point faillir si je ne déclare pas maintenant que je veuille entretenir une seule religion dans mon royaume, puisque je n'ay pas les moyens de le faire... » *Mém. de Nevers*, t. I, p. 177.

et de Mayenne batailler quelque temps encore avec les huguenots, afin d'affaiblir l'un par l'autre les deux partis, puis il avait signé la paix de Bergerac (17 sept. 1577). La Ligue, déjà constituée par l'acte de Péronne (juin 1576), paraissait frappée à mort par ce coup droit, et les plans des Guises avortaient jusqu'à nouvel ordre. Ils sommeillèrent [1], en effet, de la paix de Bergerac à la mort de duc d'Anjou (10 juin 1584). Mais alors, grâce aux encouragements de Philippe II et du pape, les ligueurs jettent le masque et lancent contre Henri III l'immense armée des moines, des curés et des Jésuites. Du séminaire catholique de Reims, succursale du *Gesù*, la doctrine du tyrannicide s'élève et se répand au dehors [2]. Le 10 juillet 1584, un jeune homme de vingt-six ans, né à Villefaus, en Franche-Comté, tue le prince d'Orange d'un coup de pistolet, à Delft. Il avoua qu'il avait communiqué son projet homicide à trois jésuites de Trèves, qui l'avaient approuvé [3]. En février 1584, on avait découvert en Angleterre une conspiration contre la vie de la reine Elisabeth. Guillaume Parry fut exécuté (2 mars), après avoir avoué que le pape lui avait envoyé sa bénédiction par le cardinal Ptoléméc Gallo, et que la

---

1. Toutefois les Guises ne cessèrent pas, dans l'intervalle, de se donner comme les protecteurs de la religion catholique. En 1579, ils eurent assez de crédit pour imposer aux Parisiens un pacte très curieux qui a été conservé dans les *Mém. de Nevers* (t. I, p. 627) et par lequel les associés s'engagent à se tenir armés « pour la conservation de la religion et le service de Sa Majesté », à former, pour le gouvernement de Paris et de l'Ile-de-France, un contingent de 500 cavaliers et de 2,500 fantassins, à payer la somme nécessaire à l'entretien de ces forces, et prennent l'engagement de tenir l'association secrète : Henri III, auquel les États de Normandie et de Bourgogne, ainsi que le Parlement de Paris, reprochaient violemment ses exactions financières et ses édits bursaux, n'osa pas, à ce moment, rompre avec les Lorrains, et il approuva le nouvel acte d'association, dans les termes qui suivent : « Après avoir entendu le contenu aux articles cy-dessus, avons permis aux sujets de nostre bonne ville de Paris d'exécuter ce qui est porté par iceux et octroyé de lever sur eux les deniers nécessaires. Fait à Paris le douziesme jour de janvier 1579. » Ainsi signé Henry. Et au-dessous, au bas, contresigné Pinart.

2. Voir à cet égard Michelet, t. X, p. 83 et suiv.

3. De Thou, t. IX, p. 186, et *Bulletin de l'Acad. royale de Belgique*, t. XXIII, n° 10.

lecture du livre d'Alain, le chef du séminaire de Reims, avait dissipé ses dernières hésitations [1]. Il y eut aussi deux projets d'assassinat contre le roi de Navarre [2]. Henri de Guise ne cachait plus sa haine contre le prince huguenot. Il l'avait d'abord choyé, accablé d'avances, au lendemain même de la mort de Charles IX, comme pour l'opposer à Monsieur l'héritier présomptif. « Ils ne se séparaient presque plus, dit de Thou en parlant des deux Henri, mangeaient ordinairement ensemble et ne se servaient souvent que d'un seul lit. » Le roi de Navarre semblait entrer dans les vues du Lorrain, mais on jeta les masques après la mort du duc d'Anjou, et Henri de Guise, furieux d'avoir été dupé, jura à son ancien ami une haine éternelle. Quant à Henri III, il flottait entre les deux rivaux, n'osant, d'une part, affronter les Guises et leur allié Philippe II, mais sentant, d'autre part, son autorité mise à néant par les ligueurs. Au début de novembre 1584, le roi de France assembla ses p us fidèles serviteurs à Saint-Germain et leur déclara qu'il était décidé à mettre un terme aux intrigues « de ses ennemis couverts ». Il publia, en effet, le 11 du même mois, une « déclaration contre ceux qui font ligues, enroollemens et pratiques contre l'Estat de son royaume, avec

---

1. Mém. de la Ligue, t. I, p. 20. De Thou, Ibid., p. 193. Le pape qui avait approuvé les desseins criminels de Guillaume Parry était encore Grégoire XIII, qui occupa le trône pontifical du 14 mai 1572 au 10 avril 1585. Le successeur de Grégoire XIII, le bouillant Sixte V, qui fut pape jusqu'au 17 août 1590, excommuniera bien Henri de Bourbon, mais ne consentira jamais à ériger en dogme l'assassinat des rois.

2. D'Auger de Gislen, seigneur de Busbec, ambassadeur de Rodolphe II empereur d'Allemagne auprès de Henri III jusqu'en 1592, parle, dans une de ses lettres, datée du 6 mars 1585, d'une de ces tentatives d'assassinat. Le meurtrier avait voulu tuer Henri de Navarre d'un coup de pistolet, après lui avoir administré un poison qui ne produisit pas d'effet. Busbec ajoute que Henri III envoya un conseiller d'État au roi de Navarre pour suivre le procès de l'assassin. Archiv. cur., t. X, p. 126. L'ambassadeur de l'empire fait sans doute allusion à la tentative d'un secrétaire nommé Ferrand, que la reine de Navarre avait placé auprès de son mari avec mission de l'empoisonner, parce que le Béarnais avait cessé tous rapports conjugaux avec elle depuis le mois d'août 1583. L'Estoile, t. II, p. 181.

abolition pour ceux qui s'en départiront [1] ». Le roi, dans cette déclaration, qualifie de « criminels de lèse-majesté » ceux qui sollicitent ses sujets « d'entrer en Ligue, association et enroollement » et enjoint aux officiers de justice de procéder contre eux « en toute rigueur ». Ainsi menacé, le duc de Guise ne garda plus aucun ménagement. Il décida le vieux cardinal Charles de Bourbon à prendre le rôle d'héritier présomptif de la couronne. En même temps, pour agir par les yeux sur la masse du peuple, les partisans des Guises firent composer des planches qui étaient censées représenter les supplices que les catholiques subissaient en Angleterre ; et, tandis que le peuple parisien considérait ces gravures, des gens apostés en expliquaient le sujet, une baguette à la main, disant à l'oreille de chacun que, si le roi de Navarre montait sur le trône, les catholiques de France seraient soumis au même traitement que les catholiques d'Angleterre [2]. Henri III, informé de cette dangereuse comédie, donna l'ordre au lieutenant civil d'empêcher qu'elle continuât, et Claude Dorron, maître des requêtes, fut chargé de saisir les planches et de les détruire. De fait, on savait où les trouver et on les trouva à l'hôtel de Guise : elles furent portées au roi, mais son autorité était déjà si compromise que les ligueurs firent peindre sur bois le même sujet et exposèrent ce tableau dans le cimetière de Saint-Séverin. L'ambassadeur d'Angleterre se plaignit de nouveau à Henri III, qui eut beaucoup de peine à obtenir des marguilliers de la paroisse l'enlèvement du tableau séditieux.

Il semble, du reste, que le roi de France ne pouvait prendre son parti de rompre avec les Guises, soutenus par

1. On trouve cette pièce dans les *Mém. de Nevers*, t. I, p. 633. Le duc de Nevers, interpellé personnellement par Henri III, ploya le genou devant lui et jura « qu'il serait toute la vie aussi fidèle à Sa Majesté qu'il espérait de l'être à Dieu ».
2. DE THOU, t. IX, p. 270.

le pape et l'Espagne. L'éventualité d'une grande lutte effrayait le faible monarque, et, d'autre part, ses préventions naturelles contre les protestants l'empêchaient de se jeter dans leurs bras. Toutes ses faveurs étaient réservées aux zélés catholiques ou aux protestants qui revenaient au catholicisme, grâce aux insinuations habiles de Joyeuse et d'Épernon, les principaux distributeurs des emplois et et des pensions. Les ligueurs sentirent qu'il fallait brusquer les choses, si l'on ne voulait voir le parti protestant se fondre de lui-même, ce qui eût enlevé tout prétexte aux entreprises des princes.

Le 16 janvier 1585, le duc de Guise renouvela au château de Joinville le traité qu'il avait déjà conclu avec le roi d'Espagne. Jean-Baptiste Taxis, commandeur de l'ordre de Saint-Jacques, et le commandeur Jean Moreo représentaient Philippe II ; François de Roncherolles, sieur de Maineville (que Henri III surnomma plus tard *Mène-Ligue*), était venu au nom du cardinal de Bourbon ; le duc de Guise et le duc de Mayenne son frère figuraient en personne : le cardinal de Guise, les ducs d'Aumale et d'Elbeuf avaient envoyé leurs procurations. Après un préambule portant que l'Union n'avait en vue que la conservation de la religion catholique, mal protégée par le roi régnant et directement mise en péril par son héritier légitime, le traité comprenait un certain nombre d'articles dont nous ne rappellerons ici que les principaux, en substance : A la mort du roi Henri III, tous les princes de l'Union regarderaient et soutiendraient le cardinal de Bourbon comme le légitime héritier de la couronne ; en possession du trône, le cardinal de Bourbon ratifierait le traité de Cambrai passé entre la France et l'Espagne en 1559, proclamerait l'unité de religion et ferait mettre à mort sans distinction tous ceux qui refuseraient d'embrasser le catholicisme, ferait publier les décrets et ordonnances du Concile de Trente et renoncerait à l'alliance turque. Le roi d'Espagne s'engageait, de son côté, à contribuer, jusqu'à concurrence de 50 000 écus par mois, aux frais de la guerre contre les protestants, le cardinal de Bourbon promettant de rembourser ces subsides lorsqu'il aurait conquis sa royauté. On rendrait à S. M. catholique Cambrai et les autres places dont les hérétiques et les rebelles s'étaient emparés pendant les dernières guerres. Aux princes contractants pourraient se joindre les gentilshommes, villes, chapitres, universités et tous les catholiques, y compris les princes étrangers. La place des signatures des ducs de Mercœur et de Nevers [1], absents, devait être laissée en blanc au bas du traité, qui fut rédigé en double original, l'un pour le cardinal de Bourbon et les princes ligués, l'autre pour le roi d'Espagne, qui aurait à ratifier les clauses du traité dans le courant du mois de mars suivant. Il était entendu que le plus grand secret serait gardé sur l'existence et la

1. Le duc de Nevers ayant joué un rôle très considérable dans les différentes phases de la guerre civile, nous ne croyons pas inutile de donner sur lui quelques renseignements biographiques.

Ludovic de Gonzague, prince de Mantoue, puis duc de Nivernais, de Réthelois et de Clèves, pair de France, était le troisième fils de Frédéric II, duc de Mantoue. Né en 1539, il avait été amené en 1549 à la cour de Henri II, qui lui accorda des lettres de naturalisation et le fit élever avec ses enfants. Ludovic de Gonzague se conduisit en bon Français à la journée de Saint-Quentin, et fut fait prisonnier par son oncle, Ferdinand de Gonzague, général de Philippe II. Il paya une rançon de 60 000 écus d'or. Il prit le titre de duc de Nevers et quitta celui de prince de Mantoue en épousant Henriette de Clèves, sœur du dernier duc de Nevers (1567). C'est elle qui fut maîtresse de Coconas. Ludovic de Gonzague était un catholique ardent et contribua à faire décider la Saint-Barthélemy. Ami de Henri III, qu'il avait accompagné en Pologne, il eut pendant la Ligue une attitude assez ambiguë, protestant toujours de son dévouement envers le roi, et, d'autre part, échangeant avec les Guises les lettres les plus affectueuses. On peut les lire dans le recueil de Gomberville connu sous le nom de *Mémoires de Nevers*. Dans une pièce datée du 15 décembre 1584, Nevers exprime le souhait que « l'illustre maison de Valois puisse être assise sur le throne jusques à la consommation des siècles », mais il ajoute qu'il « ne reconnoistra jamais, dans quelque extrémité où il se trouve réduit, pour son prince et son roy légitime, aucun prince hérétique... » Ces deux phrases caractérisent bien les deux mobiles de la conduite incertaine du duc, l'un des personnages les plus curieux de son temps. Il ne devait mourir qu'en octobre 1595.

nature de ce marché passé avec l'Espagne. En même temps, le pape était mis en demeure de se prononcer par le jésuite Claude Mathieu, « le courrier de la Ligue ». Cet actif agent des Guises a expliqué lui-même dans une lettre en date du 11 février 1585, adressée au duc de Nevers, comment il remplit sa mission [1]. D'après Mathieu, le pape lui aurait dit, dès le 18 novembre 1584, « qu'il avait peur que les catholiques ne fussent trop tardifs à commencer ». Il promettait « quand on aurait commencé » de déclarer le roi de Navarre et le prince de Condé incapables de succéder à la couronne. « Le pape, dit le jésuite, ne trouve pas bon qu'on attente sur la vie du roi : car cela ne peut se faire en bonne conscience ; mais si on pouvoit se saisir de sa personne et oster d'auprès de luy ceux qui sont cause de la ruine de ce royaume, et luy donner gens qui le tinssent en bride et qui luy donnassent bon conseil, et le luy fissent exécuter, on trouveroit cela bon : car, sous son authorité, on se rendroit maistre de toutes les villes et provinces de ce royaume. » Mathieu, en revenant en France, avait trouvé le temps de pousser une pointe en Suisse et avait obtenu du colonel Phifer la promesse d'amener aux Lorrains « six mille Suisses catholiques, des meilleurs hommes qui soient par delà », pourvu qu'on lui fît tenir trente mille livres à Lucerne. Ainsi la Ligue était déjà prête à entrer en campagne avec les armes temporelles et spirituelles.

De leur côté, les protestants comprenaient le prix du temps et ne reculaient pas devant la lutte. « Au commencement du mois de février (1585), écrit l'Estoile, arrivèrent en la ville de Senlis les députés des Estats de Flandre, venans pour mettre les Pays-Bas en la protection et sauvegarde du roy et lui demander secours contre les oppressions et tirannies du roy d'Hespagne et du

---

[1]. *Mém. de Nevers*, t. 1, p. 655.

duc de Parme, son lieutenant ès-dits pays. » Henri III n'osa pas tout d'abord les recevoir à Paris; mais D. Bernard de Mendoza, ambassadeur d'Espagne, insista avec tant de hauteur pour que le roi chassât les Flamands, sans même les avoir entendus, que le roi eut un éclair de fierté et répondit à Mendoza que « la France avoit toujours été l'asile des malheureux, et qu'il était bien aise de lui apprendre, à lui et à tout le monde, qu'un roi de France ne savait ce que c'était que de trembler [1]... » Et Henri III donna audience, le 12 février, aux ambassadeurs des États généraux, leur parla avec bonté et les pria de lui laisser leurs propositions par écrit afin d'en délibérer mûrement avec son Conseil. Le prince de Parme croyait déjà la guerre inévitable entre l'Espagne et la France, et il envoyait courrier sur courrier à Mendoza pour le presser d'agir sur le duc de Guise et de le décider à mettre les ligueurs en campagne.

Henri III, malgré son indécision et sa mollesse, semblait avoir lui-même pris son parti. Il reçut avec le plus grand éclat dans sa capitale (23 février 1585) une ambassade anglaise qui, sous couleur d'apporter au roi le collier de l'ordre de la Jarretière, venait lui offrir, au nom de la reine Elisabeth, de contribuer, dans la proportion des deux tiers, aux frais de la guerre, s'il se déclarait en faveur des Flamands. Le 28 février, « le roy en grande pompe et magnificence, vestu d'un habit tel que portent les chevaliers de l'ordre anglois, receust, après vespres, dans l'église des Augustins, à Paris, le collier de l'ordre de la main du comte de Warviq, et fit entre ses mains le serment de l'ordre de la Jartière, et, le soir mesmes, auxdits comte et ambassadeurs fist un festin magnifique [2] ». En même temps, le

---

1. L'analyse du discours de Mendoza et de la réponse de Henri III a été faite par DE THOU, t. IX, p. 275, avec sa précision habituelle.
2. L'ESTOILE, t. II, p. 181.

roi mandait au sieur de Fleury, son ambassadeur en
Suisse, de faire des levées dans les cantons, et il envoyait
Gaspard de Schomberg, comte de Nanteuil, recruter des
reîtres en Allemagne ; mais ce dernier fut arrêté à Briey
par les officiers du duc de Lorraine. Le duc de Guise
déployait aussi une activité rare, aidé par tous ceux de
sa maison. Tandis que les Lorrains massaient leurs forces
vers Châlons et cherchaient à mettre la main sur les trois
évêchés (et ils ne devaient pas tarder, en effet, à s'emparer
de Toul et Verdun) ; tandis que le duc de Nevers se rendait
en Provence pour essayer de fomenter à Marseille un
mouvement populaire, sauf à désavouer ses agents s'ils
échouaient [1], le cardinal de Bourbon publiait à Péronne, le
dernier jour de mars, un manifeste exposant les causes
qui ont mû monseigneur le cardinal de Bourbon et les
pairs, princes, seigneurs, villes et communautés catholiques de ce royaume de France de s'opposer à ceux qui,
par tous moyens, s'efforcent de « subvertir la religion catholique et l'État [2] ». On ne rappellera ici que la conclusion
de cet important document : le cardinal déclarait que lui
et les princes, villes ou sujets « faisant la meilleure et la
plus saine partie du royaume » avaient tous « juré et sain-
tement promis de tenir la main forte et armée à ce que la
sainte Église soit réintégrée en sa dignité et en la vraie et
seule catholique religion ; que la noblesse jouisse comme
elle doit de sa franchise toute entière et le peuple soit
soulagé de nouvelles impositions abolies et toutes crues
ôtées, depuis le règne du roi Charles neuvième que Dieu
absolve ; que les Parlements soient remis en la plénitude

---

1. Voy. *Hist. véritable de la prise de Marseille par ceux de la Ligue*, etc., *Mém. de la Ligue*, t. I, p. 73. On peut aussi consulter la pièce intitulée : *Lettres escrittes de Marseille contenant au vray les choses qui s'y sont pas-sées les 8, 9 et 10 du moys d'avril dernier*, 1585. Réimprimé dans les *Arch. curieuses*, t. XI, p. 29.
2. *Mém. de la Ligue*, t. I, p. 56.

de leurs connoissances et en leur entière souveraineté de leurs jugemens, chacun en son ressort; et tous sujets du royaume maintenus en leurs gouvernemens, charges et offices, sans qu'on leur puisse ôter, sinon en trois cas, des anciens établissemens et jugemens des juges ordinaires, ressortissant ès Parlemens; que tous deniers qui se relèveront sur le peuple seront employés à la défense du royaume et à l'effet auquel ils sont destinés; et que désormais les États généraux, libres et sans aucune pratique, soient tenus, de trois ans en trois ans pour le plus tard, avec entière liberté à un chacun d'y faire ses plaintes auxquelles n'aura esté deuement pourvu [1] ». En terminant, le cardinal suppliait Catherine de ne pas l'abandonner et faisait un énergique appel, non seulement aux princes, pairs de France, « personnes ecclésiastiques », seigneurs et gentilshommes, mais aux villes et communautés, qu'il exhortait « à mettre la main à cette bonne entreprise, qui ne sçauroit que prospérer avec la grâce de Dieu ».

A ce manifeste, très énergique et fort habile, qui essayait de rallier sous l'étendard des ligueurs toutes les forces de la nation, Henri III répondit aussitôt avec une modération et une douceur qui attestaient son impuissance. Il plaide les circonstances atténuantes en faveur de la royauté, proteste de son dévouement pour la religion catholique, s'étonne qu'on puisse douter de sa volonté de restaurer la foi, regrette que les États de Blois ne lui

---

1. Le texte complet de la déclaration se trouve dans les *Mém. de Nevers*, t. I, p. 641, et dans les *Mém. de la Ligue*, t. I, p. 56. Il ne porte que la signature du cardinal de Bourbon, mais les *Mém. de Nevers* donnent la liste des chefs de la Ligue qui fut distribuée avec le manifeste. Les voici : « Le pape, les cardinaux de Bourbon, de Lorraine, de Guise, de Vaudemont, de Vendôme, l'empereur et princes de la maison d'Autriche en Allemagne, le roi d'Espagne et les siens, le prince d'Écosse, le grand maître de Malte, la seigneurie de Venise, la république de Gênes et de Lucques, le grand-duc de Florence, les ducs de Lorraine et de Guise, *lieutenans généraux* de ladite Ligue, les ducs de Mayenne, de Mercœur, d'Aumale, d'Elbœuf, de Nevers, de Savoie, de Ferrare, de Nemours, de Clèves, de Parme et autres, jusques aux évesques de Cologne et de Mayence. »

aient pas fourni les moyens de continuer la guerre contre les hérétiques, célèbre les bienfaits de la paix, grâce à laquelle « le pauvre laboureur, accablé de la pesanteur du faix insupportable provenant de la licence effrénée du soldat, a moyen de respirer et recourir à son labeur ordinaire, pour substanter sa pauvre vie ». Le roi, avec une superbe assurance, fait sa propre apologie et affirme notamment « qu'il a convié ses sujets *par son exemple* à réformer les mœurs et recourir à la grâce et miséricorde de Dieu par prières et austérité de vie ». Il raille agréablement ceux qui s'inquiètent des sentiments de l'héritier de la couronne, attendu « qu'étant encore, grâce à Dieu, en la fleur et force d'âge et en pleine santé, et pareillement la reine sa femme, il espère que Dieu leur donnera lignée, au contentement universel de ses bons et loyaux sujets. Et lui semble que c'est vouloir forcer la nature et le tems, et davantage se défier par trop de la grâce et bonté de Dieu, de la santé et vie de sadite majesté et de la fécondité de ladite dame reine sa femme, que de mouvoir à présent telle question et même en poursuivre la décision par la voie des armes. » Comme conclusion, Henri III engage les ligueurs à poser les armes, à renvoyer les soldats étrangers et à s'en rapporter à lui du soin de « pourvoir au soulagement de son peuple [1] ». Au cours de cette guerre de plume, à laquelle Henri III s'entendait d'ailleurs assez bien, il trouva un auxiliaire brillant dans la personne du roi de Navarre, qui publia aussi, le 10 juin 1585, « une déclaration

---

1. *Mém. de Nevers*, t. I, p. 63. Certains historiens sont très sévères pour ce manifeste de Henri III, attribué par l'Estoile à Villeroi, secrétaire d'État. Il nous paraît, au contraire, plein d'esprit et d'ironie voilée. De Thou, t. IX, p. 287, reconnaît bien « qu'il est composé avec beaucoup d'art et d'habileté », mais il le trouve indigne de la majesté royale. Cela est bientôt dit; cependant on ne pouvait demander au roi plus de vigueur, quand la Champagne presque entière, et les trois quarts de la Normandie, de la Picardie, de la Bourgogne, du Berry, de l'Orléanais, de la Bretagne se déclaraient contre lui. Nous verrons, d'ailleurs, qu'il ne resta pas inactif.

contre les calomnies publiées contre lui et protestations de ceux de la Ligue, qui se sont élevées en ce royaume »[1]. Elle se terminait par l'invitation qu'adressait le roi de Navarre au duc de Guise « de terminer la guerre de sa personne à la sienne, un à un, deux à deux, dix à dix, vingt à vingt, plus ou moins, ou tel nombre que ledit sieur de Guise voudra, avec armes visitées entre chevaliers d'honneur ».

Nous avons cru devoir résumer avec une certaine précision les différents manifestes et les négociations très complexes qui ont servi de préambule à la rentrée en scène de la Ligue. Cette analyse était nécessaire pour l'intelligence des développements qui vont suivre; mais nous sortirions du cadre d'une histoire politique et municipale de Paris en essayant de rechercher sur tous les points de la France les traces et les manifestations du grand complot catholique. Il faut limiter maintenant notre étude aux événements qui ont un caractère plus spécialement parisien.

On peut reconstituer l'histoire du début de la seconde période de la Ligue à l'aide de deux documents d'une valeur rare : le *Journal de Nicolas Poulain*[2], et le *Dialo-*

---

1. Le rédacteur de cette pièce était Duplessis-Mornay. On la retrouve au t. 1 de ses *Mémoires*, p. 466. Elle est reproduite au t. 1 des *Mém. de Nevers*, p. 120, et a été traduite en latin à Leyde en 1585. C'est le plus intéressant, mais le plus connu des documents analysés au texte.
2. Le journal de Nicolas Poulain va du 2 janvier 1585 jusqu'au jour des Barricades, le 12 mai 1588. Il a été inséré à la suite du journal de l'Estoile (édit. de 1744, t. II), et se trouve aussi reproduit au t. XI, p. 282 des *Arch. curieuses*. Ce Poulain, lieutenant du prévôt de l'Ile-de-France, joua un double rôle, plus ou moins honorable. Il affecta d'abord un grand zèle pour la Ligue, puis avertit le roi de tous les projets des conspirateurs. Dans les *Comptes de dépense de Henri III*, 1580 à 1588, Arch. nat., lettre K, et Arch. cur., t. X, p. 424, on lit l'article ci-dessous : « A Nicolas Poulain, lieutenant du prévost de l'Isle-de-France, la somme de 200 escus soleil, à luy ordonnée pour le service de Sa Majesté en certain lieu et endroit dont elle ne veut estre cy faict mention ny déclaration, le dernier may 1588, et 250 escus le dernier jour de septembre 1588, pour mesme cause. »

gue du Maheustre et du Manant[1]. Les *Registres de la Ville* nous permettront, en outre, d'étudier les mouvements de la milice et la nature des relations du roi et du corps municipal. Les observations prises sur le vif par l'Estoile et les nombreuses pièces originales que contiennent les *Mémoires de la Ligue* et les *Mémoires de Nevers* compléteront cet ensemble d'informations, dont beaucoup sont inédites.

C'est au commencement de janvier 1585 que la Ligue paraît avoir reconstitué ses cadres à Paris. Nicolas Poulain raconte que le 2 janvier Jean Leclerc, procureur au Parlement, et Georges Michelet, sergent à verges au Châtelet de Paris, qu'il connaissait tous deux depuis longtemps, vinrent le mettre en demeure d'assister à une réunion indiquée pour le lendemain chez Leclerc, en lui promettant « la faveur de plusieurs grands seigneurs et personnages de la Ville de Paris » et « une bonne somme de deniers pour se mettre à son aise », s'il consentait à prêter son concours aux défenseurs de la foi catholique, apostolique et romaine. Poulain se rendit à la réunion; le seigneur de Mayneville, agent du duc de Guise, y était venu aussi pour s'entendre avec les conjurés « et leur communiquer de leurs affaires et entreprises ». Leclerc, pour échauffer le zèle des nouvelles recrues, affirma qu'il y avait plus de 10,000 huguenots au faubourg Saint-Germain « qui vouloient couper la gorge aux catholiques pour faire avoir la couronne au roy de Navarre ». Il était donc nécessaire que tous les bons catholiques prissent les armes, d'autant que Henri III favorisait le roi de Navarre et venait de lui

---

1. Le *Dialogue du Maheustre et du Manant* est généralement attribué à Cromé, membre du conseil des Seize. Cependant une note manuscrite, mise au bas d'un exemplaire de la première édition de 1594, dit que l'auteur est le sieur Roland, conseiller aux Monnaies et aussi l'un des Seize. Le dialogue est imprimé à la suite de plusieurs éditions de la *Satyre Ménippée*, notamment de celle de Ratisbonne, 1752, t. III, p. 367.

envoyer deux cent mille écus par le duc d'Épernon pour entamer la guerre contre le catholicisme. Leclerc ajoutait « qu'il y avoit déjà bon nombre d'hommes secrettement pratiquez dans Paris, qui avoient tous juré de mourir plustôt que de l'endurer ». La résistance semblait facile, car le roi ne disposait guère que de deux ou trois cents gardes, logés au Louvre, des archers du prévôt de l'hôtel et du prévôt de Paris, tandis que les catholiques seraient soutenus par les ducs de Guise, de Mayenne, d'Aumale et toute la maison de Lorraine, sans compter le roi d'Espagne, le prince de Parme et le duc de Savoie. Mayneville confirmait ces assurances et déclarait que le duc de Guise avait déjà rassemblé des forces en Champagne et en Picardie « jusques au nombre de quatre mil hommes souldoyés par beaucoup de gens de bien ». Le lendemain, 4 janvier, une autre réunion eut lieu chez la Chapelle-Marteau, maître des comptes. Il y avait là Charles Hotman de la Rocheblond, receveur de l'évêque de Paris, Rolland, général des monnoyes, l'avocat Drouart, Crucé, procureur au Châtelet, et « plusieurs autres ». Aucune hésitation. Chacun reçoit son rôle : Poulain achètera les armes; le prévôt de l'Ile-de-France est vieux et s'en remet à son lieutenant pour l'exécution des mandements. Les armuriers de Paris, auxquels le roi a fait défense de vendre des armes ou cuirasses « sans sçavoir à qui », ne feront pas difficulté d'en vendre au lieutenant du prévôt. L'argent ne manquait pas : un seul seigneur avait donné dix mille livres, au dire de la Chapelle, et, d'après Hotman, le duc de Guise aurait tiré « de Messieurs de Paris trente mille escus par plusieurs fois ». Il est entendu que la Chapelle-Marteau *pratiquera* les membres de la Chambre des comptes; le président Lemaître ceux du Parlement, tandis que Leclerc et Michelet s'occuperont des procureurs au Parlement. A la Cour des aides, le président de Neuilly avait des intelligences; Rolland séduirait ses collègues les généraux des monnaies, et le lieutenant particulier, la Bruyère, les conseillers au Châtelet. Louchart, Senaut, Choulier et d'autres enrôleraient les huissiers, les greffiers, les clercs, tous les robins subalternes. Crucé répondait des procureurs et d'une grande partie de l'Université. Déjà de Bart et Michelet avaient gagné « tous les mariniers et garçons de rivière du costé deça, qui font nombre de plus de cinq cens, tous mauvais garçons ». Quinze cents bouchers et charcutiers avaient promis leur concours à Toussaint Poccart et à Gilbert, agents des ligueurs ; six cents marchands de chevaux et courtiers offraient leurs bras au commissaire Louchart. Voilà ce qu'avait appris Poulain, dès le 4 janvier.

Donc, sans qu'aucune manifestation extérieure ait encore eu lieu, la Ligue se trouve déjà prête et dispose de forces imposantes. Comment a-t-elle pu s'organiser ainsi, dans l'ombre, avec une rapidité si grande et un tel succès? L'auteur du *Dialogue du Maheustre et du Manant* attribue l'initiative du mouvement à une sorte d'intervention mystérieuse de la Providence qui aurait suscité un simple bourgeois, Charles Hotman, sieur de la Rocheblond, pour sauver la religion menacée [1]. Ce parent du protestant François Hotman, l'illustre auteur de la *Franco-Gallia*, se sentant « meu de l'esprit de Dieu », alla trouver trois ecclésiastiques : Jean Prévost, curé de Saint-Séverin [2], Boucher, curé de Saint-Benoît [3], de Launay, chanoine de Soissons,

---

1. Pierre Pithou, dans la *Satyre Ménippée* (discours de M. d'Aubray), explique la résurrection de la Ligue par les pactes passés entre les Guises et Philippe II, la naïveté des bonnes gens qui croyaient la religion menacée, le mauvais gouvernement de Henri III, « les doublons d'Espagne » et « les abjectes et honteuses soumissions pour rechercher et gaigner la simple populace ». *Sat. Mén.* Édit. de Ratisbonne, Mathias Kerner, 1752, t. I, p. 128.

2. J. Prévost était peut-être le plus modéré des organisateurs de la Ligue, Il appellera un jour les Seize des *larrons*. De Thou dit qu'il était entré dans la Ligue, *imprudentia potius quam turbarum desiderio*.

3. Jean Boucher était né en 1551, d'une famille de robe. Il était parent de Christophe de Thou et de Guillaume Budé. Élève du curé de Saint-

« premiers piliers de la Ligue à Paris [1]. » C'est ce quatuor qui fut le premier groupe organisé. « Ils advisèrent par ensemble, raconte le *Manant*, d'appeler avec eux les plus pieux, fermes et affectionnez catholiques pour acheminer et conduire les affaires de la Ligue des catholiques, tellement qu'eux quatre, après l'invocation du Saint-Esprit, nommèrent plusieurs particuliers bourgeois qu'ils cognoissoient, et lors se résolurent de n'en parler qu'à sept à huit, lesquels ils arrestèrent et nommèrent entr'eux : à sçavoir, ledit de la Rocheblond nomma l'advocat d'Orléans, et le sieur Acarie, maistre des comptes; ledit sieur Prévost, curé de Saint-Severin, nomma les sieurs de Caumont, advocat, et de Compans, marchand; ledit sieur Boucher nomma Mignager, advocat, et Crucé, procureur; ledit sieur de Launoy nomma le sieur de Manœuvre, de la maison des Hennequins [2]. » Sondés avec prudence, les candidats

Séverin, Jean Prévost, dont tous les historiens, Davila, Thynot, de Thou, s'accordent à louer l'éloquence et le savoir, fut lui-même professeur à Reims, puis au collège de Bourgogne. Il devint ensuite prieur de Sorbonne. A trente ans, en décembre 1580, il était investi des fonctions de recteur de l'Université. Quand la cure de Saint-Benoît devint vacante, il l'obtint.

1. Mathieu de Launay, ancien ministre protestant de Genève. Marié, il se lassa de sa femme et revint au catholicisme. On le nomma chanoine de Soissons. C'était un homme bon à tout faire, un *grand remueur des opinions de la populace*, dit Pasquier; le Duchat l'appelle tout nettement un *scélérat*. (*Notes sur la Ménippée*, t. II.)

2. *Dialogue*, t. III, p. 434. Dans l'édition de la *Satyre Ménippée* donnée à Genève en 1598, fut insérée, sous le titre d'*Abrégé des Estats*, une analyse du passage du *Dialogue* où se trouve expliquée la résurrection de la Ligue par la grâce de Dieu et des Guises. Ce pastiche se trouve dans l'édition de Ratisbonne de la *Ménippée* (1752), aut. I, p. 353. Il est également inséré dans les *Mém. de la Ligue*, t. V, p. 639. Édit. d'Amsterdam (1758). On donne l'*Abrégé* comme étant l'ouvrage de Mademoiselle de la Lalande, qui « servoit à Madame de Nemours pour certaines intrigues ». M. Labitte nous paraît commettre une légère erreur à la note 1, p. 35 de ses *Prédicateurs de la Ligue*, quand il dit que Jean de la Taille, dans les *Singeries de la Ligue*, appelle aussi Prévost, Launay et Boucher « les premiers piliers de l'Union ». C'est l'*Abrégé* qui emploie ces expressions, et cela n'est pas étonnant, car l'auteur ne fait guère que copier le *Dialogue du Maheustre et du Manant*. Il n'y a pas non plus, ce semble, à reprocher à M. Ranke (*Hist. de la pap.*, t. III, p. 190) d'avoir pris le comité Hotman pour le premier centre de l'Union, en alléguant que la Ligue existait dès 1576. « Et nous sommes, dit M. Labitte, *en 1587!* » En premier lieu, les conciliabules

proposés par les quatre premiers conspirateurs donnèrent sans difficulté leurs adhésions. Le curé Prévôt leur adjoignit le sieur d'Effiat, gentilhomme d'Auvergne. Puis, le cercle s'étendit un peu. On enrôla maître Jean Pelletier, curé de Saint-Jacques, maître Jean Gincestre, bachelier en théologie, et quelques autres. Pour imprimer une direction régulière au complot catholique, un Conseil *de neuf à dix personnes* fut institué. En outre, les seize quartiers de Paris furent répartis en cinq circonscriptions, ayant chacune un chef. Tous les délégués venaient rapporter au Conseil les résultats de leur propagande et demander des instructions. Seuls, les cinq délégués et le sieur de la Rocheblond avaient qualité pour affilier à la Ligue de nouvelles recrues. Encore ne le pouvaient-ils faire qu'après enquête et lorsque le Conseil secret avait « examiné la vie, mœurs et bonne renommée de ceux à qui l'on avoit parlé, comme n'estant raisonnable de commettre la cognoissance de cette sainte cause qu'entre les mains de gens de bien, sans reproche, fidèles et bien affectionnez ».

Il y avait donc, à l'origine, un *Conseil*, de neuf à dix membres, qui avait la haute direction de la Ligue à Paris, puis un autre *Comité d'action*, composé de six membres, à savoir la Rocheblond, Compans, Crucé, la Chapelle-Marteau, Louchart et Bussy-Leclerc; mais il faut remarquer que les six faisaient tous partie du comité des dix [1]. Cette

---

d'Hotman datent non pas de 1587, mais de janvier 1585, ainsi que le prouve le *Journal de Poulain;* en second lieu, il ne faut pas exagérer l'importance pratique de l'acte de Péronne (signé en juin 1576). Qu'on le qualifie, si l'on veut, d'acte constitutif de la Ligue, mais la Ligue n'a été vraiment constituée *pour l'action* qu'au début de 1585. La querelle que M. Labitte, en son excellent ouvrage, a cherchée à M. Ranke, n'est donc guère qu'une querelle de mots. Nous dirons que la Ligue a été constituée en juin 1576, et reconstituée en janvier 1585.

1. Le *Dialogue* le dit formellement : Après avoir indiqué les noms des ligueurs nommés chefs des quartiers par le conseil des dix, le *Manant* ajoute : « Et rapportoient au conseil *duquel ils faisoient partie*, tout ce qu'ils avoient entendu chacun en son destroit, etc... », p. 436, t. III, de l'édit. de 1752.

distinction du comité d'action que Cromé appelle les *Six* et du Conseil proprement dit, avait pour but de ne pas révéler aux adhérents nouveaux la nature ou même l'existence du conseil de direction, afin de rendre toute trahison impossible.

Les *six* ne manquaient pas, du reste, d'agents secondaires qui travaillaient « par leur instruction ». Au quartier de la Cité, Compans avait « pris pour aides » le drapier Hébert et le sieur de Laistre ; Crucé avait choisi les sieurs Pigneron, Senault, Noblet et Joisel ; la Chapelle-Marteau s'était adjoint le procureur Emonnot et le sieur Béguin ; le commissaire Louchart était secondé par Tronçon, colonel de la milice, et de la Morlière, notaire ; Bussy le Clerc avait sous ses ordres Choulier, Courcelles et l'avocat Fontanon. C'était une organisation déjà très puissante. Les ligueurs entrèrent en communication directe avec les princes, qui leur envoyèrent les sieurs de Mayneville, Cornard et Beauregard. En même temps, on songeait à nouer des relations avec les principales villes de France. Hotman, le trésorier de la Ligue, remit 3,000 écus[1] au sieur Ameline pour aller faire sur place de la propagande catholique dans la Beauce, l'Anjou, la Touraine et le Maine. L'envoyé de la Ligue, « homme d'affaires et grand négociateur », visita successivement Chartres, Orléans, Blois et Tours : il adressait ses rapports à « Messieurs de la Ligue » par l'intermédiaire de Nicolas Poulain, qui était averti du lieu où se tenait le Conseil par « un nommé Mérigot, graveur tenant sa boutique aux pieds des dégrez du palais ». Ainsi se nouaient peu à peu tous les fils de la conspiration.

Le roi n'avait-il aucun soupçon du danger ? Il était, au contraire, admirablement informé des plans de la Ligue et « de tous les remuements, comme dit l'Estoile, de divers

---

1. *Journal de Poulain*, p. 295, Arch. cur., t. XI.

seingneurs et endroits de son roiaume ». D'autre part, le duc de Bouillon lui avait annoncé l'existence des concentrations de troupes qu'opérait dans l'est le duc de Guise; mais Henri III répondit « qu'il ne le croioit ni ne craingnoit ». Toutefois « après y avoir pensé » il parut disposé à s'arracher aux fêtes et aux mascarades pour faire face à l'ennemi. Des avertissements lui venaient. Le 12 mars, on arrêta à Lagny-sur-Marne « en un bateau venant de Paris et montant vers Chaalons en Champagne, je ne sçai quantes tonnes plaines d'armes, entre lesquelles furent trouvées jusques à sept cens harquebuzes et deux cent cinquante corselets, que conduisait un nommé la Rochette qu'on disoit estre escuier du cardinal de Guise [1]... » Henri III n'avait pas encore une attitude très nette : il n'osa retenir en prison M. de la Rochette, tout en jurant au roi de Navarre qu'il n'avait « aucune intelligence ou participation » avec les Guises [2]:

[1]. L'Estoile, t. II, p. 185.
[2]. L'incident rapporté par l'Estoile est heureusement complété par les Registres de la Ville, qui donnent sur l'arrestation de M. de la Rochette trois pièces importantes et encore inédites. Quand le duc de Guise apprit la saisie du navire et la capture de son agent, il s'adressa, non pas au roi, mais à la Ville de Paris, à laquelle il écrivit la lettre ci-dessous : « Messieurs, je pensoys que par le retour du sieur de Maintenon, à qui j'avois rendu le tesmoignage de la charge expresse que j'avois donnée au sieur de la Rochette pour l'achapt de quelques armes dont je me voyois en affaire pour ma seuretté, vous eussiez esté entièrement satisfaictz du doubte qui vous a donné subject de les arrester, m'asseurant tant de vostre bonne volonté que, pour si juste occasion, vous ne vouldriez les retenir davantaige. Mais, afin de vous en esclairer encor, je vous ay bien voulu faire la présente pour vous prier de les vouloir faire rendre au sieur de la Rochette, et croire que vous m'obligerez infiniment en cela que je tiendray pour un singulier plaisir, avec une entière affection de m'en revancher par tous les moiens qui despendront de ma puissance. Priant Dieu, messieurs, vous avoir en sa saincte et digne garde. De Chaalons, le cinquiesme jour d'apvril 1585. Et est soubscript : Vostre entièrement meilleur amy à jamais. Signé : Henry de Lorraine. » Reg. H, 1788 bis, fol. 445. A cette lettre était joint le certificat suivant, délivré par le duc de Guise : « *Le duc de Guise, pair et grand maitre de France.* Nous certiffions à tous qu'il appartiendra avoir cy-devant donné charge au sieur de la Rochette d'achepter par nous et en nostre nom en la Ville de Paris quelque quantité de harquebuzes, corceletz et autres armes pour nous les faire conduire et admener en nostre maison de Joinville, pour la seureté de nostre personne. En tesmoing de quoy

Tandis que des nuées de gentilshommes partaient en mission, stylés par le roi; tandis que M. de Maintenon se rendait près du duc de Guise, M. de Rochefort près du duc de Mayenne, et Lamothe-Fénelon près du cardinal de Bourbon « pour sonder et descouvrir ce qu'ils pourroient de leurs fins et intentions », de nombreuses mesures étaient prises à Paris en vue du maintien de l'ordre. Les Registres de la Ville nous en donnent le minutieux détail. Dès le 26 mars 1585, le roi « étant en son conseil » décida qu'on enverrait au prévôt des marchands l'ordre de présenter au gouverneur de Paris « un rôle de tous les habitants des dixaines, avec un extraict à part des personnes qui seroient propres pour estre cappitaines et lieutenans, afin que le roy les puisse destiner, et des aultres de chacune desdictes dizaines ausquels l'on pourroit faire prendre les armes, s'il en est besoin ». Les clefs seront remises aux quartiniers, qui iront eux-mêmes ouvrir et fermer les portes de la Ville. Deux bourgeois assisteront à l'ouverture et à la fermeture de chacune d'elles. Désormais neuf seulement resteront ouvertes, savoir : les portes Neuve, Saint-Honoré, Saint-Denis, Saint-Martin, Saint-Antoine, Saint-Victor,

nous avons signé la présente à Chaallons, le cinquiesme jour d'apvril 1585. Ainsi signé : Henri de Lorraine. Et plus bas : Perricard. »
La Ville de Paris répondit au duc de Guise, le 8 avril, qu'en saisissant les armes achetées pour le compte de la Ligue, elle n'avait fait qu'exécuter les ordres du roi : Voici la lettre du prévôt des marchands et des échevins : « Monseigneur. Nous avons receu voz lettres escriptes à Chaalons le cinquiesme jour de ce mois; pour responce auxquelles nous vous supplions croire que les armes dont vous nous escripvez ont esté par nous arrestées de l'exprès commandement de Sa Majesté, et à nous laissées en garde, desquelles ne pourrions faire aucune délivrance sans ordonnance expresse de Sa Majesté, à laquelle ayant faict entendre le contenu en vosdictes lettres, comme nous debvons toute aultre chose concernant son service, comme très humbles et très affectionnez subjetz que nous sommes, nous ne pouvons vous rendre satisfaict du contenu en vosdites lettres, dont il vous plaira, Monseigneur, nous excuser; et sur ceste assurance, nous supplierons le Créateur qu'il vous donne, Monseigneur, en heureuse santé, bonne et longue vie. De l'Hostel de la Ville de Paris, ce huictiesme jour d'apvril 1585. Et est soubzcript : Vos très humbles et très obéissans serviteurs les prévost des marchans et eschevins de ladite Ville. *A monseigneur le duc de Guise, pair et grand maître de France.* » (*Ibid.*, fol. 445.)

Saint-Marcel, Saint-Jacques, Saint-Germain. Ce ne sont plus uniquement les hôteliers qui doivent espionner leurs hôtes pour le compte de la police : « le roy veult aussi que les bourgeois de chacun quartier, de quelque qualité qu'ilz soient, et sans nul excepter, soient tenuz, à l'instant mesme qu'il viendra quelqu'un en leur maison ou chambre, le déclairer et en apporter le nom et de ses serviteurs et nombre de chevaux au dixinier ». Quotidiennement, chaque dizainier apportera à l'Hôtel de Ville un rôle des entrées et sorties, et l'Hôtel de Ville, quotidiennement aussi, fera faire pour le gouverneur de Paris, qui en référera au roi, un résumé de ces rôles. Défense est faite aux bateliers, sous peine de punition corporelle, « de passer et repasser l'eau en ceste ville et à deux lieues à la ronde, depuis huit heures du soir jusques à quatre heures du matin; et seront ostez tous les basteaux qui sont ès-environ de ceste Ville [1] ». Quelques jours plus tard, le 29 mars, le prévôt des marchands mande aux quartiniers : « Faictes avec voz cinquanteniers et diziniers de chacune dizaine, assemblées des habitans de chacune d'icelles dizaines de vostre quartier en vostre maison ou bien de l'un des plus apparens dudict quartier pour, après le serment par eulx presté ès-mains du plus notable et qui présidera en icelle assemblées, proceder à l'eslection desdicts capitaines, pour, la dicte eslection faicte, nous rapporter les noms, surnoms et qualitez de ceulx qui auront esté ainsi esleuz, et n'y faictes faulte [2]. » D'autres ordres enjoignent à des capitaines nominativement désignés d'occuper telle ou telle porte avec leurs dizaines [3]. De leur côté, les quartiniers sont invités

---

1. Reg. H, 1788 *bis*, fol. 414.
2. *Ibid.*, f° 441.
3. Nous avons déjà dit que c'était par erreur que certains historiens de Paris avaient cru devoir attribuer aux ligueurs de 1588 la substitution dans le commandement de la milice des colonels, capitaines, etc., aux quartiniers et dizainiers. Dès 1562, chaque dizaine est placée sous le com-

le 1ᵉʳ avril à « faire perquisition des armes dont les bourgeois sont fournys et que ceulx qui n'en auront suffisamment ilz aient à leur enjoindre d'eulx en garnir dedans vingt-quatre heures, sur peine de dix escus d'amende chacun ». A la date du 2 avril, le Bureau de la Ville envoya aux quartiniers « le règlement imprimé faict par le roy » et signé, en effet, de lui, sous la date du 3 [1]. Les quartiniers devaient transmettre le contenu de ces ordres aux capitaines de leurs quartiers respectifs. Le règlement du 3 avril 1585 est fort intéressant à étudier, en ce qu'il donne des renseignements très précis sur les cadres de la milice municipale [2].

mandement militaire d'un capitaine, élu par les habitants du quartier, et dès 1568 il y seize colonels placés à la tête des seize quartiers. (Voy. notre *Histoire municip.*, p. 536 et suivantes.) Le passage de Nicolas Poulain rapporté par Leroux de Lincy (*Histoire de l'Hôtel de Ville de Paris*, 1ʳᵉ partie, p 200) concerne un projet d'organisation révolutionnaire des quartiers en 1588, qui, pour être calqué sur l'organisation officielle, n'en est pas moins tout à fait distinct. Il en était si bien distinct qu'il comprend *cinq* quartiers, au lieu de seize. Présenté au nom du duc de Guise par le sieur de la Chapelle, il n'est pas difficile de voir que le sectionnement de Paris en cinq circonscriptions correspond à la première répartition des quartiers entre les cinq délégués du comité d'action de 1585, dont parle le *Dialogue du Maheustre et du Manant*.

1. Voici le titre exact du règlement que nous ont conservé les Registres de la Ville, H, 1788 bis, fᵒ 447 : *Ordre et reiglement que le Roy veult et ordonne estre gardé et observé par les cappitaines, bourgeois de sa bonne ville et cité de Paris, esleuz par Sa Majesté pour son service et conservation de ladicte Ville et bourgeois d'icelle soulz son obéissance.*

2. « Après que les cappitaines et lieutenans auront esté esleuz », le mandement du 29 mars a dit comment, chaque capitaine choisira un enseigne, puis avec les cinquanteniers et dizainiers « ira en personne par toutes les maisons où il fera description de tous les maistres et serviteurs pouvans porter les armes ». Puis le capitaine comptera les hommes de sa dizaine et se procurera les armes nécessaires. Il nommera des *sergens de bandes* qui porteront la hallebarde, et « les caporaux qu'il trouvera les plus capables, qui auront vingt hommes soulz leur escouade, et chacun sergent aura deux escouades ». C'est aussi par les soins des capitaines que sont posées les sentinelles de nuit et que sont désignés les bourgeois à tour de rôle pour veiller à la garde des portes. Ceux qui ne répondraient pas à l'appel seront frappés d'une amende de deux écus, applicable « pour le bois et chandelle qu'il conviendra avoir pour servir ès-corps de garde ». Avant de fermer la porte confiée à sa surveillance, le capitaine détachera trois ou quatre hommes au dehors « pour veoir s'il n'y a point quelques gens de mauvaise volonté » et l'on sonnera « le tabourin hors la porte pour advertir ceulx du dehors qui vouldroient entrer en

Telles étaient les mesures auxquelles Henri III s'était arrêté pour se défendre contre les Guises; mais il n'avait pas une confiance absolue dans le dévouement de la milice municipale. « Comme| si, écrit l'Estoile au début du mois d'avril 1585, comme si le Roy se fust aucunement desfié des bourgeois de Paris et de leur garde, envoie de jour à autre les seigneurs de Chavigni, Le Curton, de Sennetaire et des Arpentis, passer par lesdites portes et espier les actions et contenance de ceux qui sont en garde. Et y va lui-mesme quelquefois, bien accompagné [1]. » Après la prise de Châlons par le duc de Guise, le roi prit même une résolution plus énergique. « Bien adverti que la pluspart des marchans et du menu peuple de sa ville de Paris tenoit le parti de la Ligue et affectionnoit les desseins des Guises », il destitua brusquement tous les capitaines et lieutenans élus de la milice et les remplaça par « ses officiers de robbe longue et de robbe courte, tant qu'il ne peust descouvrir, espérant plus fidèle et asseuré service de ses officiers qui

---

ladicte Ville ». Si le service le requiert, « qui demeure la nuict à coucher sur la porte » aura la faculté d'ouvrir le guichet dont il a la clef, mais jamais la grande porte, dont la clef d'ailleurs n'est pas entre ses mains ; encore le guichet ne peut-il être ouvert qu'avec précaution et après reconnaissance des individus qui désirent entrer. Dans ce cas, le prochain corps de garde sera prévenu. Des sentinelles seront postées sur les remparts, et relevées d'heure en heure et *recongneuz* par les sergens. En prévision d'une alarme, un certain nombre de points de concentration sont désignés d'avance aux officiers de la milice et ils savent ainsi où ils auront à se rendre. L'art. 7 du règlement établit un nouveau mode de nomination des colonels, à raison d'un colonel par quartier : « Afin que les commandemens du roy soient plus facilement exécutez, sera bon que tous les cappitaines et lieutenans s'assemblent en leurs quartiers, afin d'eslire ung colonel, auquel les commandemens s'adresseront pour advertir tous les aultres cappitaines du quartier, afin que, s'il survient quelque chose de pressé, messieurs les prévost des marchans et les échevins, au lieu qu'ilz auroient à faire plus de sept vingtz commandemens, ilz n'en auront plus à faire que seize qui advertiront tout le reste. » REGISTRE. *Ibid.* Il est vrai qu'en vertu d'une déclaration du 5 août 1567 Charles IX avait déjà confié à seize chefs militaires le commandement des quartiers de Paris (voy. *Hist. munic.*, p. 537, note I), mais Charles IX ne s'en était pas remis aux capitaines et aux lieutenants du soin d'élire leurs colonels. Il les avait désignés lui-même, sur une liste de trois candidats par quartier, dressée par le Bureau de la Ville.

1. T. II, p. 187.

lui avoient presté le serment de fidélité et estoient à ses gages que d'autres simples bourgeois de Paris [1] »; mais, en même temps, Henri III envoyait sa mère en Champagne, avec l'archevêque de Lyon, pour négocier un accommodement entre le duc de Guise et la royauté chancelante. Tandis que le duc de Montpensier se rend dans le Poitou pour faire tête aux levées du duc de Mercœur, gouverneur de Bretagne; tandis que Joyeuse va combattre le duc d'Elbœuf sur la Loire et le poursuit jusqu'au Mans, les ambassadeurs des Provinces-Unies sont poliment congédiés avec une bonne recommandation pour la reine d'Angleterre. Le roi de Navarre en était réduit à écrire à la reine mère pour la prier au moins de rester neutre et de ne rien stipuler au préjudice des huguenots dans les négociations commencées avec les Guises. C'est une confusion inexprimable; les manifestes s'entrechoquent, les villes se déclarent qui pour le roi, qui pour la Ligue. D'Entragues, gouverneur d'Orléans, livre à l'Union cette ville et canonne le maréchal d'Aumont et le duc de Montpensier, qui ramènent piteusement les troupes royales à Paris (7 avril). François Mandelot, gouverneur de Lyon, provoque une émeute catholique qui se rend maîtresse de la citadelle et la détruit de fond en comble (5 mai). Bordeaux reste fidèle, grâce à l'énergie du maréchal de Matignon, qui prend possession du château Trompette [2]. Marseille aussi a été replacée sous l'autorité royale par quelques citoyens résolus et le bâtard d'Angoulême, gouverneur de Provence (13 avril). Henri III hésite, très troublé; que faire entre le roi de Navarre, la vieille Catherine, les Guises, le nouveau pape, Sixte V, ce dur cordelier qui vient de remplacer Gré-

---

1. L'Estoile, t. II, p. 187.
2. Construit en 1454 par Charles VII, en même temps que le fort du Hâ, pour tenir en respect la population de Bordeaux. Le château Trompette a été démoli en 1816.

goire XIII [1]? Aucun conseil viril : d'Epernon est malade à Saint-Germain (7 mai) « d'un chancreux mal de gorge ». C'est donc Catherine qui va l'emporter. Appuyée par ses créatures Villeroi, Bellièvre, Cheverni, elle détaille avec exagération les forces de la Ligue et montre ce Paris terrible qui, comme un volcan à la veille d'une immense éruption, fait entendre dans ses profondeurs le grondement de ses fleuves de feu et de ses torrents de lave. En même temps (10 juin), le cardinal de Bourbon et les princes catholiques adressent au roi une sorte d'ultimatum, le sommant d'accorder un édit [2] qui proclame l'unité de religion et de « jurer et protester en son parlement de Paris, après la lecture et publication de l'Edict, estant assisté des pairs et officiers de la couronne, que c'est son intention de le faire perpétuellement et inviolablement garder ». A cette insolente mise en demeure, les princes ajoutaient un nouvel outrage, en demandant au roi de confier aux forces de l'Union le soin d'assurer l'exécution de l'édit, parce que l'expérience avait prouvé qu'il était arrivé à Henri III de révoquer jusqu'à cinq édits du même genre très peu de temps après leur promulgation. Les princes terminaient en offrant au roi de remettre entre ses mains toutes les charges dont ils étaient titulaires « et se retirer, comme personnes privées, en leurs maisons pour y finir leurs jours ». Ces hypocrites déclarations pouvaient éblouir le vulgaire, mais Henri III avait trop de finesse pour s'y laisser prendre,

1. « Ce Pape (Grégoire XIII) n'avoit jamais adhéré à la levée des armes de la Ligue et, peu de jours avant sa mort, avoit dit au cardinal d'Este que la Ligue n'auroit ni bulle, ni bref, ni lettres de lui, jusques à ce qu'il vit plus clair en leurs brouilleries. » L'ESTOILE, t. II, p. 190.
2. Voici le titre de cet ultimatum qui est reproduit dans les *Mémoires de Nevers*, t. I, p. 681 : « Requeste au roy et *dernière résolution* des princes, seigneurs, gentilshommes, villes et communautez catholiques, présentée à la reine mère de Sa Majesté, le dimanche neuvième juin 1585. Pour montrer clairement que leur intention n'est autre que la promotion et advancement de la gloire, honneur de Dieu et extirpation des hérésies, sans rien attenter à l'Estat, comme faussement imposent les hérétiques mal sentans de la foy, et leurs partisans. »

d'autant que le roi de Navarre lui envoyait de Nérac des lettres infiniment instructives. Néanmoins, la peur l'emporta, et le 7 juillet 1585 Catherine signa à Nemours, au nom de son fils, une convention qui était une véritable capitulation de la royauté [1]. Le roi s'engageait à proscrire la religion nouvelle par un édit perpétuel et irrévocable, à chasser de France, dans le délai d'un mois, tous les ministres protestants, à priver tous les hérétiques des emplois qu'ils occupaient, notamment dans les parlements, à donner une garde d'honneur payée par le roi à chacun des princes, en conservant leurs grades et fonctions à tous les gouverneurs et capitaines qui avaient suivi le parti de la Ligue. Des places de sûreté étaient accordées à tous les chefs du parti : Guise recevait Verdun, Toul, Saint-Dizier, Châlons; le cardinal de Bourbon, Soissons; le duc de Mercœur, Dinan et le Conquest; le duc de Mayenne, le château de Dijon et le château de Beaune; le duc d'Aumale, Rue; le duc d'Elbœuf, le gouvernement du Bourbonnais. En revanche, Sa Majesté ordonnait « que les villes qui avoient esté baillées en garde à ceux de la nouvelle religion pour leur sûreté seroient incontinent après la publication de l'édit, mises en liberté et que les garnisons en vuideroient incessamment ». En conformité des articles signés à Nemours, le roi donna un édit, sous forme de lettres patentes, qu'il s'était obligé à faire enregistrer dans tous les parlements du royaume. « Cet édit que la force arracha à Henri, écrit de Thou [2], fut reçu bien diversement. Les gens sages qui aimoient la paix, le regardèrent comme le présage des malheurs qui alloient fondre sur le roi et sur le royaume. Au contraire, il fut reçu du peuple avec un applau-

---

1. On en trouve le texte dans les *Mémoires de Nevers*, t. I, p. 686. L'intitulé de la convention de Nemours est ainsi conçu : *Articles accordez à Nemours, au nom du roy, par la reine sa mère, avec les princes et seigneurs de la Ligue, en présence du duc de Lorraine.* »

2. *Hist. univ.*, t. IX, p. 329.

dissement général. » Le 23 juin, veille de la Saint-Jean [1], quand le roi, accompagné de cent gentilshommes, alla présider à l'embrasement de la pyramide traditionnelle de la place de Grève, et faire collation à l'Hôtel de Ville, il portait, si l'on en croit l'Estoile, « une allégresse au visage, de l'avis (comme on présuma) qu'il avoit eu de l'accord fait par la roine avec ceux de la Ligue, laquelle il aimoit toutefois aussi peu comme il faisoit la guerre [2] ».

Le 18 juillet, Henri III se rendit au Parlement pour présider à l'enregistrement de l'édit. Tous les présidents et tous les conseillers y assistèrent par ordre en robes rouges ; la cérémonie s'accomplit au milieu d'un profond silence ; mais, quand le roi sortit du palais, quelques cris de *Vive le roi!* se firent entendre. Depuis longtemps pareille chose ne s'était pas vue à Paris ; mais « on découvrit, dit l'Estoile, que ceste acclamation avoit esté faite par personnes attitrées et apostées par les Ligueux, et qu'on avoit donné de l'argent à quelques crocheteux et faquins pour ce faire et de la dragée à force petits enfants. On nommoit le président de Nulli, entre autres, qui s'estoit chargé de ceste commission. »

Comment fut accueillie à Paris la conclusion du traité de Nemours, qui était une véritable convention de guerre entre le roi et la Ligue contre les protestants ? La population parisienne ne comprit pas tout d'abord la portée d'un pareil acte. Elle allait au *Te Deum* de la Sainte-Chapelle et à celui de Notre-Dame en disant : C'est le « *Te Deum* de la paix ». On ne voyait que le résultat immédiat : l'allége-

---

1. Rappelons que chaque année, la veille du jour de la Saint-Jean, la municipalité parisienne faisait allumer un feu de joie sur la place de Grève. Cet usage paraît remonter au XIIe siècle. (Voir dans la collection Leber, t. VIII, p. 472, deux lettres de l'abbé Lebœuf sur *l'origine des feux de la Saint-Jean*.) Au XVIe siècle, la cérémonie du feu de la Saint-Jean avait pris une grande importance. C'était l'occasion d'un grand banquet ou collation donné au roi et à sa cour par la Ville de Paris.
2. T. II, p. 199. L'Estoile.

ment du service de garde aux portes et aux tranchées. Et ce service était devenu bien lourd. Le 22 juin, quelques jours avant la signature de la convention de Nemours, le roi avait encore demandé à l'Hôtel de Ville de lui fournir quatre mille hommes pour la garde des tranchées. Dans une assemblée des prévôt des marchands, échevins et des colonels de la Ville, il avait été décidé que les colonels se concerteraient avec les capitaines de leurs quartiers respectifs, les quartiniers, cinquanteniers et dizainiers pour arrêter le nombre d'hommes que chaque capitaine aurait à fournir [1]. En outre, le prévôt des marchands et les échevins étaient astreints à de fréquentes visites aux portes, notamment à la porte Saint-Antoine, où il y avait presque constamment un poste d'archers de la Ville, sous le commandement direct de l'un des échevins. L'entente faite avec la Ligue eut pour avantage de délivrer les Parisiens de ces lourdes obligations. Un règlement royal, en date du 29 juillet, « considérant que les trouppes qui s'estoient eslevées sont maintenant retirées, et les troubles à l'occasion desquelz elles estoient eslevées, pacifiés », dispensa en partie les capitaines de la milice et les bourgeois de la garde des portes; les quartiniers devant toutefois en conserver les clefs chez eux; les habitants purent quitter Paris sans passeports, à condition qu'ils ne formeraient pas un groupe de plus de six personnes et ne porteraient pas d'armes. Enfin, le prévôt des marchands fut déchargé de la garde des poudres déposées au Temple. On retrouve quelque chose des impressions d'une partie au moins de la population parisienne dans la harangue que le prévôt des marchands fit à la reine mère au retour de son voyage diplomatique couronné par les articles de Nemours [2].

1. Reg. H, 1788 *bis*, f° 472.
2. « Messieurs les prévôt des marchans et eschevins de la Ville, disent les Registres, aians esté advertys que la royne-mère du roy estoit de

Les Parisiens s'étaient bien trompés en croyant que la paix avec la Ligue allait rendre la tranquillité à la capitale et permettre aux bourgeois de faire des économies par le travail et le négoce. Ils oubliaient que la paix avec la Ligue, c'était aussi la reprise de la guerre avec le terrible roi de Navarre, qui, à la nouvelle de la révocation des édits de tolérance, avait écrit à Henri III dans les termes les plus énergiques pour lui reprocher son manque de foi [1]. Le Béarnais ne s'était pas borné à faire entendre de vaines protestations : il redoubla ses instances auprès du duc Henri de Montmorency, gouverneur du Languedoc, qui déjà avait refusé de pactiser avec la Ligue. Avec l'as-

retour de ses voyages d'Espernay et de Nemours, où elle estoit allée, dès le commencement d'avril dernier, pour la paciffication des troubles où elle avoit tant travaillé qu'elle les avoit enfin accordez et paciffiez, et estoit à présent à son chasteau de Sainct-Maur et debvoit venir cejourdhuy, quinziesme du présent mois de juillet en ceste ville... » décidèrent d'aller « remercier et congratuler ladite dame » et de l'attendre à la porte Saint-Antoine « avec le plus de bourgeois qu'il seroit possible ». Le corps de Ville monta donc à cheval et rencontra la reine mère à la Croix-Sainte-Catherine, vers neuf heures du matin. Voici dans quels termes le prévôt des marchands félicita la négociatrice d'avoir livré à la Ligue le gouvernement du royaume : « Madame, les trois estaz de la Ville de Paris, cappitalle de ce royaume, représentez par nous prévost des marchands et eschevins, accompaignez de ce nombre de bourgeois, vous saluent en toute humilité, louent Dieu et le remercient de vostre heureux retour, recongnoissent combien ce royaume, mesme cette ville, vous doibt pour puis vingt-cinq ans, autant qu'il vous a esté possible, l'avoir conservé et, s'il fault dire, retiré d'une infinité de foulles et oppressions; et aujourd'huy, par vos prudentes remontrances et advis, sans y espargner aucune chose de ce qui concernoit vostre repos, l'avoir rachepté d'une ruine et totalle éversion par une saincte unyon de princes avec la majesté du roy, nostre souverain et naturel seigneur, pour y faire régner comme aultrefois la religion catholicque, apostolicque et romaine. Espérans, pour l'asseurance et congnoissance que nous avons de Vostre Majesté, que ne vous lasserez que n'aiez ramené en icelle noz aultres princes soubz la race desquelz elle est augmentée et accrue à l'honneur de Dieu et de son Église, pour, en son obéissance et du roy nostre souverain seigneur, finir noz jours, de quoy nous luy faisons prières en toute humilité et si longuement prolonger vostre vie que puissiez veoir lignée à nostre roy, aagée pour commander après luy à nous tous ses subjebtz, très humbles et très affectionnez serviteurs de Vostre Majesté, qui, derechef vous saluans, disent que soyez la bienvenue, nous apportant la paix, à l'honneur de Dieu, contentement de noz maistres, soulagement et repos du peuple. » Reg. H, 1788 *bis*, fos 475 et 476.

1. De Thou, t. IX, p. 327.

sistance du prince de Condé, il décida le duc, que de Thou appelle « le plus grand seigneur du royaume », à se prononcer ouvertement contre les Guises. En conséquence, le roi de Navarre, le prince de Condé et le duc de Montmorency se réunirent, le 10 août 1585, à Saint-Paul de Cadejous, en Lauraguez, à deux lieues de Lavaur, et publièrent un manifeste où les auteurs de la Ligue étaient qualifiés « d'ennemis du roi, de la famille royale et de l'Etat ». Après quoi, le roi de Navarre et le prince de Condé se rendirent en Guyenne, et Montmorency en Languedoc pour s'occuper des préparatifs de la guerre.

Henri III comprenait tout l'odieux de sa déloyauté envers le roi de Navarre. Il ne s'était « rendu que par force ennemi des Bourbons et des réformés, se couchant de peur d'être abattu [1] » ; et il se promettait bien de faire payer cher à ses bons sujets catholiques la nécessité de s'humilier devant les Guises. Le 11 août, le roi mit la Ville de Paris en demeure de lui fournir 120,000 écus *en don* [2]. Le même jour, eut lieu au Louvre une de ces comédies où Henri III excellait. Il déclara au premier président du Parlement, M. de Harlay, au prévôt des marchands et au doyen de la cathédrale, en présence du cardinal Louis de Guise, qu'il était ravi d'avoir suivi les bons conseils de la Ligue, mais que, pour triompher de l'hérésie, il avait besoin de trois armées, l'une devant rester auprès de lui, la seconde se rendre en Guyenne, et la troisième se porter aux frontières de l'Est pour empêcher les corps allemands d'entrer

---

1. D'AUBIGNÉ, *Hist. univ.*, col. 1183, édit. in-f° de 1626. Le roi de France essaya de s'excuser auprès du roi de Navarre, auquel il envoya, dès la publication de l'édit, une ambassade composée du cardinal de Lenoncourt, du sieur de Poigny et de Nicolas Brulart, président aux enquêtes. Les envoyés du roi arrivèrent à Nérac le 25 août 1585. Au cardinal de Lenoncourt qui le pressait de se convertir au catholicisme et de rendre à Sa Majesté les villes de sûreté, Henri de Navarre répondit par un double refus.

2. REG. II, 1788 *bis*, f° 483.

en France. « C'est contre mon avis, conclut-il, que j'ai entrepris cette guerre... et puisque vous n'avez pas voulu me croire, lorsque je vous ai conseillé de ne point penser à rompre la paix, il est juste du moins que vous m'aidiez à faire la guerre. Car, puisque ce n'est que par vos conseils que je l'ai entreprise, je ne prétends pas être le seul à en porter tout le faix [1]. » En vain, M. de Harlay voulut prendre la parole; le roi lui ferma la bouche, en le priant d'avertir ses collègues du Parlement de ne pas « lui rompre la tête de leurs remontrances au sujet de la suppression de leurs gages ». Le prévôt des marchands eut aussi son compliment. Henri voulut bien lui apprendre que non seulement il ne payerait pas les rentes de l'Hôtel de Ville, mais qu'il demanderait beaucoup d'argent aux bourgeois de la capitale : « Assemblez ce matin les bourgeois de ma bonne Ville de Paris, et leur déclarez que, puisque la révocation de l'édit leur a fait tant de plaisir, j'espère qu'ils ne seront pas fâchés de me fournir deux cent mille écus d'or dont j'ai besoin pour cette guerre. Car, de compte fait, je trouve que la dépense montera à quatre cent mille écus par mois. » Puis, se tournant vers le cardinal de Guise avec un visage plein de haine, il lui jeta ses paroles : « Vous voyez, monsieur, que je m'arrange et que de mes revenus, joints à ce que je tirerai des particuliers, je puis espérer de fournir pendant le premier mois à l'entretien de cette guerre. Car je ne prétends point être seul chargé de ce fardeau ni me ruiner pour cela. Et ne vous imaginez pas que j'attende le consentement du pape : car, comme il s'agit d'une guerre de religion, je suis très persuadé que je puis en conscience et que je dois même me servir des revenus de l'Église, et je ne m'en ferai aucun scrupule. C'est surtout à la sollicitation du clergé que je me suis

---

1. De Thou, t. IX, p. 335.

chargé de cette entreprise; c'est une guerre sainte; ainsi c'est au clergé de la soutenir [1]. » Le premier président, le prévôt des marchands et le cardinal de Guise essayèrent de répliquer à ces violentes menaces; mais le roi les arrêta court et les congédia sur ces mots : « Il valait mieux vous contenter de la paix que je vous avais donnée. Aujourd'hui que vous l'avez violée, j'appréhende bien que ceux que nous cherchons à détruire ne se trouvent plus disposés à nous donner la loi qu'à la recevoir de nous. »

Cette curieuse conférence indique bien l'état d'esprit du roi, au moment de l'alliance forcée de la monarchie avec la Ligue. Il a honte lui-même de son abdication entre les mains des Guises. Une révolte de son honneur de roi lui inspire quelques violentes paroles contre des alliés qu'il déteste, mais dont il a peur. On dirait qu'il prend plaisir à faire pleuvoir les menaces et les demandes d'argent sur le clergé, sur le Parlement, sur l'Hôtel de Ville, et qu'il

---

[1]. Le 2 octobre 1585, le clergé de France s'assembla à Saint-Germain des Prés pour délibérer sur la subvention requise par le roi afin de soutenir la guerre contre les huguenots. Regnauld de Beaune, archevêque de Bourges, membre du Conseil privé, harangua l'assemblée au nom du roi. C'était « un homme bien disant », à ce qu'assure l'Estoile. Aussi le clergé, dans l'assemblée du 7 octobre, accorda au roi 120,000 écus d'avance et une série de subsides mensuels jusqu'à concurrence de 600,000 écus. (Voy. FÉLIBIEN, *Hist. de la ville de Paris*, t. II, p. 1154.) Mais Henri III ne se tint pas pour satisfait. Il prorogea l'assemblée jusqu'au 19 juin 1587 et, dans l'intervalle, travailla si bien le clergé par l'entremise des évêques de Noyon et de Saint-Brieuc qu'il obtint 1,200,000 écus, savoir un million d'or, provenant de l'aliénation de 50,000 écus de rente, accordée par le pape, et 200,000 écus pour les frais, outre la continuation du payement des rentes de l'Hôtel de Ville pour dix ans. En retour de ces sacrifices, le clergé reçut de belles promesses, au sujet de la publication du concile de Trente, des élections ecclésiastiques, de la modération des appels comme d'abus, etc. Il va sans dire que ces promesses restèrent sans effet. Des remontrances présentées, le 19 novembre 1585, au nom du clergé, par l'évêque de Saint-Brieuc, Nicolas Langelier (*Mém. de la Ligue*, t. I, p. 247), il résulte que, depuis vingt-cinq ans, le clergé avait fourni à la monarchie vingt-cinq ou trente millions, sous forme de décimes ou de subventions, sans compter les aliénations du domaine de l'Église; il résulte aussi des remontrances qu'aux termes du contrat de 1580 la somme annuelle due par le clergé pour le payement des rentes de la Ville s'élevait à 1,300,000 livres.

caresse le secret désir de ruiner les membres de la Sainte-Union, en mettant à leur charge la solde d'une armée dont il sera heureux d'apprendre la défaite. La crainte seule l'avait empêché de rompre avec les Guises : ceux-ci le comprenaient à merveille et n'y voyaient qu'un motif de plus de précipiter leur entreprise. Quant au peuple de Paris, il méprisait chaque jour davantage un prince qui n'apportait aucun enthousiasme dans la guerre à l'hérésie, et il tournait ses regards vers les chefs de la Ligue, avec une ardeur fanatique qui conseillait de tout oser.

CHAPITRE III

LES PRÉPARATIFS DE LA LUTTE

(Depuis la Convention de Nemours jusqu'aux Articles de Nancy.
7 juillet 1585 — février 1588.)

La lutte qui s'engage va être un drame à cent actes divers qui rayonnera sur toute la France; mais c'est à Paris qu'il faudra revenir pour en observer les péripéties essentielles et le dénouement. Dès l'abord, on reste confondu de l'inégalité des forces en présence. Il y a d'un côté Philippe II et ses richesses, ses renommés capitaines, ses admirables soldats [1], les jésuites et leurs perfidies, les Guises et leurs puissantes ressources, le clergé tout entier et ces moines fanatiques qui ont pris d'assaut les chaires de Paris, couvrent la province de leurs émissaires et pèsent de tout leur poids sur une populace ignorante. De l'autre, un petit roitelet sans royaume, pressé comme par deux enclumes entre le colosse de l'Espagne et le colosse de la France ligueuse, en quête d'alliances, mais n'en ayant pas encore, trahi par Henri III, frappé des foudres de l'Église. Malgré son peu de sympathie pour l'orgueilleux roi d'Espagne et pour les conspirateurs de la Ligue, le successeur du faible Grégoire XIII, l'énergique cordelier Sixte-Quint

---

[1]. Le prince de Parme a pris Anvers le 17 août 1585, après un siège mémorable, signalé par des prodiges d'énergie et des travaux d'art gigantesques. Bruxelles, Malines, la Flandre, le Brabant sont aux Espagnols.

n'a pas cru pouvoir refuser à la Ligue et au père jésuite Mathieu, son agent, l'excommunication du roi de Navarre et du prince de Condé. Il a fait expédier la bulle le 9 septembre 1585,[1] et l'affiche, publiée à Rome le 21 septembre, porte la signature de vingt-cinq cardinaux.

La nouvelle de l'excommunication du Béarnais éclata comme un coup de foudre dans la capitale. C'était le mot d'ordre qu'attendait depuis longtemps la faction cléricale pour recommencer sa campagne non seulement contre l'héritier du trône des Valois, mais contre ceux qu'elle représentait au peuple comme les secrets complices des huguenots, c'est-à-dire contre Henri III lui-même et le duc d'Épernon qui avait toujours engagé son maître à écraser la Ligue. Enhardis par l'impunité, les prédicateurs perdirent toute mesure[2]. On sait comment, loin de se laisser abattre par les foudres pontificales, le Béarnais rendit trait pour trait, et fit afficher sur le piédestal des statues de Pasquin et de Marforio et dans les lieux les plus fréquentés de la ville éternelle, une opposition à la bulle dont le ton n'avait rien de diplomatique, puisque cette philippique endiablée traitait le pape d'Antéchrist[3].

---

1. Telle est la date donnée par L'Estoile, t. II, p. 210, et dans le texte de la traduction de la bulle latine que reproduisent les *Mém. de la Ligue*, t. I, p. 214. D'après de Thou (t. IX, p. 369), la bulle aurait été expédiée dès le 28 août. Le texte latin se trouve dans les *Scripta utriusque partis*, Francfort, 1586, in-8°, et à la suite du *Brutum fulmen*, etc., de François Hotman, réfutation amère de la bulle. Elle fut traduite en 1587. L'éditeur des *Mémoires de la Ligue* dit naïvement, à propos du *Brutum fulmen* : « Il y a beaucoup d'érudition et de lumière dans cet ouvrage, mais il est trop satyrique. L'auteur aurait pu défendre avec plus de modération les droits des souverains et épargner davantage les papes. »
2. Voy. de Thou, t. IX, p. 372. « Cette démarche du pape, dit le grave historien, fut comme l'huile qu'on verse sur le feu et qui ne sert qu'à l'allumer. »
3. L'auteur de la pièce n'était autre que Pierre de l'Estoile, le rédacteur du fameux registre journal. Il l'avoue lui-même (t. II, p. 212) en reproduisant le texte de l'opposition. Ce texte se trouve aussi au t. I, p. 243 des *Mémoires de la Ligue* et au t. XI, p. 59 des *Arch. curieuses*. Dans l'édition de 1603 du *Brutum fulmen*, on peut lire une traduction latine de

Sixte-Quint, si maltraité dans le factum de l'excommunié, conçut, à partir de ce moment, la plus grande considération pour un prince à ce point audacieux [1]. Il n'envoya pas un écu à la Ligue et se contenta de remplacer son nonce en France, Jacques Ragazzoni, évêque de Bergame [2],

la réponse du roi de Navarre à Sixte V, qui a été également insérée dans le recueil *Scripta utriusque partis*, Francfort, 1586. D'après Varillas (*Avertissement sur l'histoire de Henri II*), ce serait un gentilhomme orléanais, Jacques Bongars, qui aurait affiché à Rome la traduction latine dont il était l'auteur.

1. DE THOU dit tenir du marquis de Pisani, ambassadeur de France à Rome, que, dans les fréquents entretiens qu'il avait avec l'ambassadeur, Sixte-Quint ne pouvait se lasser de porter aux nues la grandeur d'âme et la constance inaltérable qui n'abandonnaient jamais le roi de Navarre. Le pape ajoutait qu'il était regrettable que le roi de France n'eût pas les mêmes qualités. *Hist. univ.*, t. X, p. 378.

2. L'attitude du Saint-Siège devant avoir forcément une grande influence sur le développement ultérieur du parti ligueur dans la capitale, il est nécessaire de donner ici quelques détails, puisés à des sources authentiques, sur les rapports de Henri III avec le nouveau pape Sixte V.

Le roi s'était d'abord montré très satisfait de l'élection de Félix Peretti, cardinal de Montalte, en remplacement de Grégoire XIII. Les instructions données au cardinal d'Est (petit-fils de Louis XII par sa mère, Renée de France, et qui résidait à Rome au milieu d'une cour de poètes dont faisait partie le Tasse) prescrivaient seulement au cardinal et à l'ambassadeur Saint-Goard, marquis de Pisani, d'engager ceux des électeurs du Sacré-Collège qui étaient à la dévotion de la France à porter leurs suffrages sur un prélat « amateur du bien et repos de la chrétienté et propre à cette fin pour tenir la balance égale entre les princes d'icelle » (lettre du roi au cardinal d'Est, en date du 22 avril 1585, Coll. Lucas-Montigny, et *Rev. rétrosp.*, 2ᵉ série, t. VIII, p. 239). Le roi, toujours machiavélique, ajoutait que si les candidats français n'avaient pas de chances sérieuses, il faudrait avoir l'air de favoriser le cardinal qui réunirait la majorité, afin de se faire ensuite valoir auprès de lui. Henri III recommandait surtout de travailler à écarter le cardinal de Mondenis, sachant « qu'il a l'âme très espagnole ». Après l'élection du cardinal de Montalte, le roi se montra très satisfait et se *conjouit* avec le cardinal de Bergame, nonce de Sa Sainteté en France. Il chargea l'ambassadeur à Rome « de baiser les pieds de sa part à Sadite Sainteté », à laquelle il adressa une lettre autographe de félicitations. Sixte-Quint, de son côté, assura Henri III « de sa paternelle bienveillance » et le félicita d'avoir rétabli en son royaume l'unité de religion. Mais les cardinaux de Vendôme et de Sens et le duc de Nevers ne tardèrent pas à prévenir le pape contre le roi. (Catherine l'avait appris et le constate avec amertume dans une lettre à l'ambassadeur, du 30 juin 1585.) Le rappel de l'évêque de Bergame et l'envoi de l'archevêque de Nazareth en qualité de nonce mirent le comble à la brouille. Henri III, en apprenant le renvoi du marquis de Pisani, fut outré de colère. Il écrit à son ambassadeur, le 17 août : « Je n'eusse jamais pensé que le Pape se fût tant oublié que de me faire recevoir l'injure qui vous a été faite... » Pisani reçut ordre de revenir, mais lentement, pour qui devait sa nomination à Grégoire XIII et passait pour un prélat conciliant, par le Napolitain Fabio Muerto Frangipani, archevêque de Nazareth, dont les instructions n'avaient pas un caractère aussi pacifique. Henri III, sachant que le nouveau nonce était entièrement à la dévotion des Guises, lui prescrivit de s'arrêter à Lyon et d'attendre ses ordres; sur quoi, le fougueux Sixte-Quint expulsa de Rome l'ambassadeur français Saint-Goard, marquis de Pisani. Henri III et le pontife finirent par se réconcilier : Pisani revint à Rome et le nonce Frangipani fut agréé, mais l'incident laissa quelque aigreur et à la cour pontificale et à la cour de France.

Le Valois était d'ailleurs dans une situation tellement fausse qu'il ne savait plus quelle contenance garder, non seulement vis-à-vis du pape, mais vis-à-vis de ses propres sujets. Il n'avait pas osé s'abstenir d'envoyer la bulle du pape au Parlement de Paris et d'en requérir la vérification, bien que la doctrine de la suprématie du pouvoir spirituel sur toutes les couronnes terrestres fût bien faite pour blesser l'orgueil d'un prince absolu. Mais le Parlement défendit mieux que le souverain la dignité royale et l'indépendance de la nation. Il adressa au roi des remontrances dont le ton est très remarquable [1], en ce que la cour souveraine se prononce avec une énergie extrême contre la

---

donner au pape le temps de « rhabiller les choses »; car, au fond, le roi, ayant besoin de l'autorisation pontificale pour aliéner le temporel de l'Église de France, trouvait que la rupture avec le pontife « ne pouvait arriver en saison plus malpropre pour ses affaires ». Cette querelle du roi de France et du pape se termina par la soumission du roi; mais les dépêches des années suivantes prouvent que Sixte-Quint accueillit avec beaucoup de froideur les dépêches du roi « priant le Saint-Père d'admonester les princes (*les Guises*) d'obéir et donner contentement » à leur souverain. Henri III finit par se borner à demander au pape de rester neutre entre lui et la Ligue.

1. *Mém. de la Ligue*, t. I, p. 222. Nous croyons devoir analyser au texte les déclarations du Parlement et du roi de Navarre, car, mieux que tous les développements, elles indiquent les sentiments et le programme des adversaires de la Ligue.

Ligue, flétrit ceux qui « ont abusé de la piété et dévotion du roi pour couvrir leur impiété et rebellion [1] »; s'élève vigoureusement contre la proscription des huguenots et la rupture des édits de pacification, rappelle au roi qu'il est le pasteur de son peuple, et, lui montrant le grand nombre des protestants, pose au faible Henri III cette question : « Qui osera prononcer le mot pour exposer tant de millions d'hommes, de femmes et enfants à la mort, voire sans cause ni raison apparente, vu qu'on ne leur impute aucun crime que d'hérésie, hérésie encore inconnue ou pour le moins indécise, hérésie qu'ils ont soutenue en votre présence contre les plus fameux théologiens de votre royaume, en laquelle ils sont nés et nourris depuis trente ans par permission de Votre Majesté et du feu roi votre frère, d'heureuse mémoire, laquelle ils remettent au jugement d'un concile universel, général ou national?.... Qui est celui qui se puisse imaginer le massacre d'une telle multitude sans horreur et qui y puisse consentir, sans dépouiller tout sentiment d'humanité? » Et d'ailleurs, le roi pense-t-il que les huguenots, ayant à lutter pour conserver leurs vies et tout ce qu'ils ont de plus cher au monde, ne se défendront pas avec l'énergie du désespoir [2]?

---

[1]. Henri III, au fond, n'était pas plus aveugle que le Parlement sur les véritables intentions des Guises. Dans une lettre adressée le 6 mai 1585 à M. de Saint-Goard, marquis de Pisani, ambassadeur de France à Rome, le roi, tout en disant qu'il a consenti à révoquer les édits de pacification, ajoute ce correctif qu'avant d'employer la force contre les huguenots il convient, à son avis, de les *admonester et semondre* de renoncer à leur religion. « Sur quoi, continue Henri III, mesdits oncle et cousin (*le card. de Bourbon et le duc de Guise*) ne m'ont encore fait entendre leur délibération; mais, s'ils refusent ce parti, ils feront assez connaître être poussés d'autre zèle et intention que du bien de la religion. » *Coll. de M. Lucas Montigny.* Voy. *Revue rétrosp.*, 2ᵉ série, t. VIII, p. 249. Dans sa lettre du 28 mai 1585, le roi accuse formellement les Guises de « n'en vouloir tant aux huguenots et à l'hérésie *qu'à son État* ».

[2]. Henri III est encore du même avis : « ... Nous eussions mieux établi et avancé le service de Dieu et de son Église durant la paix et par le moyen d'icelle que nous ne ferons par ladite guerre, de laquelle la suite sera plus longue et incertaine que plusieurs ne cuident ou veulent à présent estimer. » *Ibid.*

Le résultat de cette guerre fratricide, ce sera la ruine du royaume. Le Parlement ne peut admettre qu'on décore « du nom paternel d'*édit* les articles d'une Ligue assemblée contre l'État, armée contre la personne du Roi et qui s'élève contre Dieu même et qui dépite la nature, commandant aux pères de n'être plus pères à leurs enfants, et défendant aux mères de n'être plus mères à leurs filles, invitant l'ami à trahir son ami et appelant l'assassin à la succession de celui qu'il aura assassiné ». Il ne ménage pas plus que la Ligue ce pape qui met le pied sur la tête des rois et se mêle de distribuer des couronnes. « Quant à la bulle sainte, la cour en trouve le style nouveau et si éloigné de la modestie des avant-papes qu'elle ne reconnoît aucunement la voix d'un successeur des apôtres; et d'autant que nous ne trouvons point par nos registres, ni par toute l'antiquité que les princes de France aient jamais été sujets à la justice du pape [1], ni que les sujets aient pris connaissance de la religion de leurs princes, la Cour ne peut délibérer sur icelle que premièrement le pape ne fasse apparoir du droit qu'il prétend en la translation des royaumes établis et ordonnés de Dieu avant que le nom de pape fût au monde, qu'il ne nous ait déclaré à quel titre il s'entremêle de la succession d'un prince plein de jeunesse et de vigueur, qui doit avoir ses héritiers en ses reins..... Il faut qu'il nous enseigne avec quelle espèce de piété et sainteté il donne ce qui n'est pas sien, il ôte à autrui ce qui lui appartient légitimement, il mutine les vassaux et les sujets contre leurs seigneurs et princes souverains et renverse les fondements de toute justice et

---

[1]. Dans sa dépêche à l'ambassadeur de France à Rome en date du 6 juillet 1585, Henri III, tout en protestant de *sa révérence* pour le Saint-Père, « de l'autorité duquel les rois de France ont été *protecteurs* et *défenseurs* », prie très nettement Saint-Goard de dire au Pape « que les rois de France ne reconnaissent autre puissance et supérieure que celle de Dieu, de la seule main duquel ils sont créés et établis ».

ordre politique [1]. » Repoussant ainsi avec une ironie indignée les prétentions de la cour de Rome, le Parlement propose au roi « de jeter la bulle au feu en présence de toute l'Église gallicane ». Sans doute, les membres de la cour souveraine ne se font pas d'illusion; ils ne se flattent pas de voir leurs remontrances produire la moindre impression sur le roi, « mais, lui disent-ils, si tant est que nos péchés nous aient du tout fermé l'oreille de votre clémence et justice, faites-nous cette grâce, sire, de reprendre en main les états dont il a plu à Vostre Majesté et aux rois vos prédécesseurs nous honorer, afin que vous soyez délivré des importunes difficultés que nous sommes contraints de faire sur tels édits, et nos consciences déchargées de la malédiction que Dieu prépare aux mauvais magistrats et conseillers... Il est plus expédient à Votre Majesté d'être sans Cour de Parlement que de la voir inutile comme nous sommes; et nous est aussi trop plus honorable de nous retirer privés en nos maisons et pleurer en notre sein les calamités publiques avec le reste de nos concitoyens que d'asservir la dignité de nos charges aux malheureuses intentions des ennemis de votre couronne [2]. » Le Parlement dut néanmoins se soumettre et enregistra le 16 octobre 1585 la déclaration du 7 octobre précédent par laquelle le roi,

---

[1]. Un coq-à-l'âne du temps, que nous a conservé L'Estoile (t. II, p. 302), exprimait à peu près les mêmes idées que le Parlement :

> . . . .
> Que ce pape est à redouter
> En sa monachale nature !
>
> . . . .
> Je mourrai, s'il faut qu'il advienne
> Que les roiales majestés
> Endurent les indignités
> Des fulminations d'un pape,
> Et si chascun mord à la grappe.
> Comme je fay, l'on sçaura bien
> Que je ne le dy pas pour rien.
> N'est-ce rien quand on abandonne
> Un estat, ou bien qu'on le donne
> A qui premier l'occupera ?

[2]. *Mém. de la Ligue*, t. I, p. 272.

aggravant l'édit de juillet, réduisait à quinze jours le délai accordé aux protestants pour se convertir au catholicisme ou vendre leurs biens et sortir du royaume [1]; mais que n'aurait pu faire avec des magistrats ainsi hostiles aux prétentions théocratiques un autre roi que le roi-femme!

Par-dessus la tête de Henri III, le Parlement de Paris tendait la main au roi de Navarre. Le Béarnais se garda bien de ne pas répondre à l'appel du plus grand corps de l'État et riposta à l'édit d'octobre par « une déclaration du 30 novembre 1585, sur les moyens qu'on doit tenir pour la saisie des biens des fauteurs de la Ligue et de leurs adhérens ». Il adressa ensuite de Montauban une série de lettres à « Messieurs des trois états de la France et à messieurs de la Ville de Paris [2] ». Ces lettres sont fort belles et, comme les remontrances du Parlement, méritent d'être analysées avec soin.

Au Clergé, le roi huguenot déclare qu'il a fait tout au monde pour éviter la guerre. Qui en est responsable? Ceux qui ont mis le feu aux quatre coins du royaume, au seul profit de leur ambition particulière et grâce à l'argent du clergé [3].

---

[1]. Un mandement du Bureau de la Ville, transmis par ordre du roi le 15 novembre 1585, prescrit à tous les colonels de la milice de laisser sortir de Paris, à pied ou à cheval et sans passeport, tous ceux qui se présenteront aux portes. (Reg. H, 1788 bis, f° 545.) Peut-être voulait-on ainsi engager les protestants à laisser le champ libre à la faction des Guises.
[2]. *Mém. de la Ligue*, t. I, p. 300 à 310.
[3]. « Je ne crains (et Dieu le sait) le mal qui me peut venir, ni de vos deniers, ni de leurs armes. L'un et l'autre ont été jà employés assez de fois en vain. Je plains le pauvre peuple innocent, qui souffre presque seul de ces folies. » Le roi de Navarre fait honte au clergé d'abandonner sa mission de paix et de favoriser une guerre qui va répandre tant de sang. Pourquoi n'avoir pas accepté les offres de transaction; pourquoi ne pas avoir accepté un concile pour trancher les questions religieuses? Pourquoi mêler l'Église à des questions qui ne la regardent pas? Le pape, à la sollicitation de certains ecclésiastiques, a déclaré le roi de Navarre inhabile à succéder au trône. « Ne pensez, dit l'excommunié, que ces foudres m'étonnent : c'est Dieu qui dispose des rois et des roiaumes, et vos prédécesseurs, qui étoient meilleurs chrétiens et meilleurs françois que les fauteurs de cette bulle, nous ont assez enseigné que les papes n'ont que voir sur cet État. » Il est inconvenant de « décider à Rome la suc-

S'adressant ensuite à la Noblesse, le Béarnais démontre que le roi a la main forcée par les ligueurs, déclarés perturbateurs du royaume par tant d'édits et d'arrêts. Que reproche-t-on à ceux de la religion, sinon d'être trop bons Français ; les Guises sont, au contraire, les alliés et les serviteurs de l'étranger ; ils prennent leur mot d'ordre à Rome. « Pour chasser la France hors de France, le procès ne se pouvoit juger en France : elle étoit par trop suspecte en cette cause ; il falloit qu'il fût jugé en Italie. » Le Béarnais pardonne aux gentilshommes qui croient obéir au roi de France en servant les desseins des Guises. Il leur dit avec une émotion chaleureuse : « Les princes français sont les chefs de la noblesse. Je vous aime tous : je me sens périr et affoiblir en votre sang ! l'étranger ne peut avoir un sentiment : l'étranger ne sent point d'intérêt en cette perte. J'aurois bien à me plaindre d'aucuns, j'aime mieux les plaindre : je suis prêt à les embrasser tous ».

Au Tiers état, Henri de Navarre proteste de son amour de la paix : il ne fait que se défendre. Quant aux ligueurs, ils promettent toujours de diminuer les tailles, de ramener les impôts à ce qu'ils étaient au temps de Louis XII. Mais ils ne pensent « qu'à leur particulier » et ils oublient invariablement le peuple quand la guerre prend fin. Le clergé n'a fait qu'avancer les arrhes du marché ; mais « ce sera au

---

cession d'un roi vivant et en fleur d'âge.... Dieu confonde en sa juste fureur ceux qui sont si providens que d'anticiper sa mort par leurs conseils. » Après avoir supposé que tout le clergé n'est pas solidaire de ces actes coupables, mais « que c'est le complot de quelques-uns, poussés d'ailleurs peut-être de l'inspiration de quelques jésuites, semence d'Espagne », le Béarnais termine par cette belle profession de foi : « Nous croyons un Dieu, nous reconnaissons un Jésus-Christ, nous recevons un même Évangile ; si, sur les interprétations des mêmes textes, nous sommes tombés en différend, je crois que les douces voies que j'avois proposées nous pouvoient mettre d'accord. Je crois que la guerre que vous poursuivez si vivement est indigne de chrétiens, indigne entre chrétiens de ceux principalement qui se prétendent docteurs de l'Évangile. Si la guerre vous plaît tant, si une bataille vous plaît plus qu'une dispute, une conspiration sanglante qu'un concile, j'en lave mes mains. Le sang qui s'y répandra soit sur vos testes. »

pauvre peuple à le tenir et à parfournir le reste, à quoi qu'il monte ; à celui qui n'en peut, mais qui en porte le dommage et n'en attend point le fruit, à supporter tout le faix, à endurer tout le mal qui en viendra ». Sachant bien que ceux du tiers état « selon leur vocation sont sujets à endurer le mal et non pas à le faire », Henri ne leur demande que « leurs vœux, leurs souhaits et leurs prières ».

Le roi de Navarre prend enfin à témoin « Messieurs de la Ville de Paris », qu'il estime « le miroir et l'abrégé du royaume ». Très habilement, il porte la question sur le terrain financier, où il se sait en parfaite communauté d'idées avec la majorité des officiers municipaux et des bourgeois. De ce que la Ville a manifesté l'intention de refuser au roi les subsides qu'il demandait pour la guerre, le fin Béarnais tire cette conclusion que tous les Parisiens trouvent cette guerre civile complètement injuste : car, en d'autres circonstances, Paris n'a pas ménagé l'or pour secourir ses rois, aux temps de François Ier ou du roi Jean notamment. A toutes ses concessions, à la demande d'un concile, à l'offre d'un combat singulier, on a répondu par la guerre, une guerre qui a pour but « d'éteindre le sang et la postérité de France, de réduire le roi en servitude et en prison [1] ». On a appelé les étrangers en France et préparé la ruine de l'État. Le roi de Navarre voudrait donner sa vie pour le salut du pays. Il attend des Parisiens « tout ce qui se peut et doit de vrais Français et de la règle

---

1. Une petite pièce conservée par l'Estoile (t. II, p. 318) expose ainsi « *Le vray fond du dessein des Lorrains et de Madame la Ligue en deux mots*..... Nous prendrons les armes; nous dirons que c'est au huguenot que nous en voulons, mais ce sera au roy, en effet, auquel nous brouillerons si bien les cartes, maintenant qu'il n'a plus de successeur qui soit de sa ligne, que, s'il ne s'aide du roy de Navarre, il est perdu, et, s'il s'en aide, encore plus. Nous le ferons excommunier par le pape; et, en ce faisant, le rendrons si odieux qu'il n'y en aura pas pour nos pages. Nous nous en desferons aisément ou, pour le moins, nous en ferons un moine.... »

exemplaire des Français » et, de son côté, promet « tout ce qui se peut et doit d'un prince français et d'un prince chrétien pour l'union de l'Église, le service du roi son seigneur, le bien du royaume, le soulagement du peuple et le contentement de tous les gens de bien ».

Aux lettres si nobles et si énergiques du roi de Navarre, la Ligue opposa un pamphlet qui exprime bien les sentiments de la faction cléricale dont les Guises avaient pris la direction, de concert avec Philippe II[1]. Un court passage nous permettra de résumer ce factum : « Vous leur pouvez dire (*aux hérétiques*) que vous aimez mieux estre Espagnols que huguenots comme ils sont; qu'il n'y a nom qui porte avec soy et qui comprenne tant de crimes, tant de vices et tant de sales ordures et inspuretez que le nom d'un *hérétique*; que, devant que d'avoir un prince huguenot, vous iriez chercher non seulement un espagnol au fond de Grenade ou de Castille, mais un Tartare, un Moscove ou quelque Scyte qui seroit catholique... » Ainsi le roi de Navarrais était *Français* avant tout, et la Ligue immolait le patriotisme aux passions violentes des moines et aux convoitises étrangères. Son idéal, c'est le système gouvernemental d'un Philippe II, qui « aima mieux violer les droits de la nature et se priver d'enfant masle et de successeur à son Estat que de rompre la foy qu'il avoit promise à Dieu

---

1. En voici le titre exact : « *Advertissement des catholiques anglois aux françois catholiques, du danger où ils sont de perdre leur religion et d'expérimenter, comme en Angleterre, la cruauté des ministres, s'ils reçoivent ò la couronne un roy qui soit hérétique.* » 1586. Ce pamphlet avait pour auteur l'avocat Louis d'Orléans, qui devint plus tard avocat général de la Ligue. Voici ce qu'en dit Palma-Cayet, le précepteur de Henri IV, dans l'Introduction de sa *Chronologie novenaire :* « Ce livre estoit d'un langage fort naïf, plain de vives pointes; il contenoit des flateries et mocqueries du roy, exaltoit surtout la valeur du duc de Guise, disoit mille impostures du roy de Navarre et de la feue royne de Navarre, sa mère, et surtout se plaignoit qu'on n'avoit pas bien solemnisé la Saint-Barthélemy 1571, et qu'on avoit tiré moins de deux poilettes de sang (dénottant par là que l'on y devoit tuer le roy de Navarre et le prince de Condé) ». L'*Advertissement* a été réimprimé au t. XI, p. 3 des Arch. cur.

et à l'Église ¹ ». Elle se sent prise d'enthousiasme pour cette Inquisition d'Espagne « qui contient les hommes aux bornes de leur religion » et dont les huguenots font « un monstre, une chiche-face, une chimère dont ils font peur aux petits enfants ». C'est la « haie » qui empêche « d'entrer en la vigne ». Un moment, le Parlement de Paris a joué ce rôle de barrière contre l'invasion des hérétiques, mais, depuis qu'il condamne le pape et ses bulles, la Ligue regarde les magistrats d'un œil menaçant.

Même défiance des purs de la faction contre l'Hôtel de Ville de Paris. On l'accuse de prêter de l'argent au roi de Navarre et au prince de Condé, de tolérer le prêche et de prêter les mains à une prochaine revanche de la Saint-Barthélemy ². Cette sortie contre les magistrats municipaux de Paris est d'autant plus étrange que, de son côté, Henri III se défiait des Parisiens et de leurs administrateurs. Le 13 février 1586, il écrit au prévôt des marchands pour ordonner des perquisitions domiciliaires dans tous les quartiers de la Ville, mais il ajoute qu'elles se feront sous la surveillance de chevaliers du Saint-Esprit, désignés

1. *Advertissement, etc.* L'auteur avoue ainsi, avec une naïveté féroce, que Philippe II a fait mourir son fils don Carlos « prince certainement bien nay, mais qui trop inconsidérément avala l'amorce et l'ameçon de l'hérésie ». C'est la version de Schiller qui, dans sa tragédie de *Don Carlos*, représente le malheureux prince comme un partisan de l'insurrection des Pays-Bas et un ennemi de l'Inquisition. Don Carlos étant mort le 24 juillet 1568, l'*Advertissement*, publié en 1586, n'est pas un témoignage à dédaigner sur ce problème historique.
2. « Tant que la ville de Paris a résisté à l'hérésie, tant qu'elle a aimé les princes catholiques, tant qu'elle a offert et la vie et la bourse de ses habitans pour sauver et soustenir la religion, c'est contre elle que les huguenots ont dressé leurs plumes, leurs langues et leurs forces. Mais, à présent qu'elle preste de l'argent au roy de Navarre, que sa bourse subvient aux affaires du prince de Condé, qu'elle tolère le presche à ses yeux, c'est lors qu'ils laissent Paris en paix et n'escrivent plus contre elle; ains lui adressent leurs lettres, la recognoissent pour une très bonne ville, et s'attendent bientost d'y loger, si on veut croire leurs fourriers, afin d'y exécuter une contre-Sainct-Barthélemy ». *Ibid.* Voy. à la suite de l'*Advertissement des catholiques anglais, etc.*, la réponse de Duplessis-Mornay : *Lettre d'un gentilhomme catholique françois*. ARCHIV. CUR., t. XI, p. 203.

à cet effet et adjoints aux officiers municipaux, quartiniers, cinquanteniers et dizainiers [1]. Le prévôt des marchands dut subir ce contrôle et porter à la connaissance de chacun des quartiniers le nom du chevalier du Saint-Esprit qui ferait avec lui les perquisitions. Néanmoins, les franchises municipales étaient respectées dans le même temps et les élections des officiers de la milice s'accomplissaient librement, même quand il s'agissait des importantes fonctions de colonel. C'est ainsi que le 2 février 1586 les capitaines et lieutenants d'un des quartiers de Paris furent convoqués par le prévôt des marchands pour élire leur colonel en remplacement du président de Morsaut décédé [2]. Et, le même jour, le quartinier Leconte recevait ordre d'appeler « les bourgeois et habitans de la dizaine de....., dizinier du quartier, en la main de l'ung des plus apparens de ladicte dizaine, pour, après le serment par eulx presté ès mains du plus notable et qui présidera en ladicte assemblée, procedder à l'eslection d'un cappitaine d'icelle dizaine, au lieu de feu M. le président de Morsaut, pour, ladicte eslection faicte, nous rapporter le nom et surnom de celluy qui aura esté esleu au premier jour [3] ».

1. « Avons résolu... de faire faire une très diligente et très exacte perquisition et recherche en chacun quartier de ceste dite ville de toutes les personnes non domiciliées en icelles par aulcuns sieurs chevalliers de nostre ordre du Sainct-Esprit qu'avons nommez, choisiz et esleuz pour cest effect..... A ceste cause, vous mandons et ordonnons advertir et mander aux capitaines, quarteniers, cinquanteniers et diziniers de chacun des quartiers de ceste ville d'assister et accompaigner lesdictz sieurs chevalliers du Saint-Esprit en ladite perquisition et recherche..... » Reg. H, 1788 *bis*, f° 570.

2. « Sire Jehan Leconte, quartenier de ladicte Ville, priez Messieurs les cappitaines et lieutenans de vostre quartier de eulx assembler au premier jour, en tel lieu que lesdictz sieurs adviseront, pour eslire ung colonel dudict quartier, au lieu de feu M. le président de Morsaut, pour, ladicte eslection faicte, nous rapporter le nom et surnom de celui qui aura esté esleu au premier jour. Si n'y faictes faulte. Faict au Bureau d'icelle ville, le samedy vingt-deuxiesme de fefvrier 1586. » Reg. H, 1788 *bis*, f° 573.

3. *Ibid.* On peut conclure de ces deux textes : 1° qu'en février 1586 les colonels de la milice étaient élus par les capitaines et lieutenants du quartier; 2° que le capitaine de chaque dizaine était élu par les bourgeois

Le roi n'avait, en effet, aucune raison sérieuse de prendre des mesures de précaution contre la milice parisienne, et tout l'effort des troupes de la Ligue s'égarait en ce moment sur les bords de la Garonne et de la Dordogne, où Mayenne guerroyait, sans grand succès, contre le roi de Navarre, et surtout contre l'hiver, qui était des plus rigoureux. Les clients des moines en étaient réduits, faute de pouvoir fêter d'autres victoires, à célébrer la prise par Mayenne du château de Montignac-le-Comte en Périgord, dont la petite garnison protestante de 80 soldats avait capitulé d'une manière très honorable devant toute une armée (4 fév. 1586) [1]. Ce qui était plus grave pour Henri III, c'est que le duc de Guise venait d'arriver à Paris (15 fév.) avec une suite très nombreuse. Le roi l'avait bien mandé, mais il ne l'attendait pas si accompagné. Il fallut renforcer la garde du Louvre, et les chevaliers du Saint-Esprit, suivis des capitaines et des commissaires des quartiers, redoublèrent les perquisitions pour surveiller les étrangers et les suspects. Mais c'était aux Parisiens eux-mêmes que le duc de Guise réservait ses préférences, en travaillant surtout à se concilier la sympathie des basses classes [2]. Pendant trois mois, jusqu'au 18 mai, le chef de la Ligue continua son active propagande et n'épargna pas ses efforts pour rendre le roi odieux au peuple. Henri III semblait d'ailleurs s'étudier à faciliter les progrès de ses ennemis. Le Clergé ne lui pardonnait pas ses extorsions et faisait opposition devant le Parlement à la bulle du pape, obtenue

---

de cette dizaine; 3° que le même personnage pouvait être à la fois colonel de son quartier et capitaine d'une des dizaines de ce quartier, dont il avait la direction militaire.

1. « .... Le roy de Navarre n'avoit auparavant qu'un concierge dans ceste place, sans vouloir souffrir qu'on fist la guerre.... Et toutefois la Ligue, à Paris, en fist un trophée au duc de Maienne. » L'Estoile, t. II, p. 326.
2. « Le duc de Guise, estant à Paris, se rend si populaire, que les artizans et crocheteux en reçoivent beaucoup d'honneur et peu de profit, car ils sont caressés et salués de lui fort honorablement. » Ibid., p. 327.

par l'évêque de Paris et qui autorisait le roi à vendre le temporel de l'Église jusqu'à concurrence de cent mille écus de rente. Le 7 mars 1586, l'évêque de Noyon développa les moyens d'opposition avec une grande amertume, et il fallut que le premier président intervînt pour blâmer la violence de ses appréciations. Quelques jours après, l'évêque de Paris arrivait dans la capitale ; il fut accueilli par une tempête de malédictions, pour avoir demandé au pape et obtenu de lui une aliénation de cent mille écus de rente sur le temporel de l'Église, alors qu'il n'avait reçu du clergé que l'autorisation de consentir cinquante mille écus de rente. On le traita de Judas et de complice du roi. Henri III crut se faire pardonner au moyen de quelques capucinades. Le 26 mars il quitta Paris, suivi de deux cents pénitents, et se rendit à pied à Notre-Dame de Chartres ; il revint de même et ne rentra dans Paris, le dernier jour de mars, que pour s'enfermer au couvent des Capucins jusqu'au mardi de Pâques. C'était un bon moyen pour ne pas voir la misère publique. Le froment coûtait à Paris sept et huit écus le setier, aux Halles. Des nuées de mendiants se répandaient dans les rues et assiégeaient les portes des bourgeois. On fut obligé de recueillir des aumônes ; deux députés de chaque paroisse visitèrent chaque maison, et les bons bourgeois donnèrent ce qu'ils purent.

La guerre continuait toujours dans le Midi, mais avec lenteur. Mayenne était malade à Bordeaux, profitant de cette maladie vraie ou feinte pour essayer de rattacher la grande ville aux intérêts de la Ligue. A Paris, les ambassadeurs des princes protestants d'Allemagne et le secrétaire du roi de Navarre, La Marsilière, cherchaient à brouiller le roi avec ses amis les ligueurs ; mais le pauvre prince manquait de cœur « comme si le duc de Guise l'eût déjà tenu par le colet ». Il renvoya La Marsilière avec une réponse évasive (avril). En outre, pour dissiper les bruits qui l'accusaient de pactiser avec les hérétiques, Henri III rendit, le 26 avril 1586, un édit sévère, réglementant la vente des meubles des rebelles et des revenus de leurs immeubles. Une ambassade du roi de Danemark qui venait intercéder en faveur des huguenots fut très mal accueillie. Cela n'empêcha pas le roi de négocier avec les cantons suisses et de rester en relation avec le roi de Navarre. Afin d'empêcher la guerre d'aboutir à un résultat décisif, le roi avait fractionné ses forces en trois armées. L'une, qui devait opérer en Auvergne et en Languedoc, primitivement destinée au brave maréchal d'Aumont, avait été confiée à Joyeuse, le grand favori; la seconde, dirigée sur la Saintonge, avait pour chef Biron, et la troisième fut placée sous les ordres du duc d'Épernon, nommé gouverneur de Provence à la place du grand prieur Henri d'Angoulême, qui venait de mourir assassiné [1].

Pour entretenir ces trois armées, il fallait beaucoup d'argent. Le roi rendit en un seul jour vingt-sept édits bursaux créant des offices de vendeurs de marée, de vendeurs de bétail, de receveurs alternatifs d'épices, etc.; il força à financer les lieutenants de robe longue de chaque élection. Tous ces édits, qu'on appela les *édits guisards*, furent publiés le 16 juin, dans un lit de justice tenu au Parlement. Les procureurs au Châtelet et au Parlement cessèrent leur service plutôt que de payer des lettres de confirmation, taxées à deux cents écus. Les membres de la Chambre des comptes, auxquels le roi voulait vendre le droit de survivance, moyennant versement de moitié du prix de

---

1. Le grand prieur, bâtard de Henri II, ayant appris qu'il était desservi auprès du roi par le Florentin Philippe Altoviti, mari de la Châteauneuf, l'ancienne maîtresse de Henri III, passa son épée au travers du corps de l'Italien. Ce dernier, se sentant blessé à mort, tira son poignard et en donna un coup dans l'aine au grand prieur. Tous deux moururent. Le roi nomma grand prieur un autre bâtard, Charles, fils de Charles IX et de Marie Touchet, et investit d'Épernon du gouvernement de Provence. DE THOU, t. IX, p. 593; L'ESTOILE, t. II, p. 337.

leurs offices, résistèrent également et sortirent de la chambre de leurs délibérations. L'édit qui les concernait fut enregistré, le 27 juin, en présence de trois personnes seulement, le président Nicolaï, l'avocat du roi Pasquier et le greffier Danès. Il y eut un soulèvement général de l'opinion publique, entraînée par l'énergie de la magistrature. A Troyes, les artisans se révoltèrent et coururent sus aux huissiers. A Paris même, on craignit de graves désordres. Le roi revint de Saint-Maur coucher au Louvre pour faire tête au mouvement.

C'est dans ces circonstances que le seigneur d'O fut nommé gouverneur de Paris et lieutenant général « aux pays et provinces de l'Isle-de-France, à la survivance du sieur de Villequier, son beau-père ». Les lettres patentes qui consacraient ce beau choix avaient été signées le 2 janvier et enregistrées au Parlement le 2 juin. C'est le 9 juillet, dans une assemblée du grand Bureau, que la Ville procéda à la réception du seigneur d'O. Le prévôt et les échevins vinrent au-devant de lui jusqu'à la grande porte de l'Hôtel de Ville et le conduisirent au grand Bureau, où les conseillers de la Ville attendaient. M. d'O, « assiz au bout d'en hault, en une chaire de velours qui pour ce faire luy avoit esté préparée », prononça un discours dans lequel il se félicitait de sa nomination pour plusieurs motifs : le jugement du prince, la grandeur de la Ville, la qualité de ses habitants [1].

1. « Surtout lùy a faict entrer en ceste charge l'amitié et bienveillance que de tout temps mesdicts sieurs avoient porté à leurs gouverneurs et de laquelle il espère mériter par bons honnestes déportemens desquelz il ne perdra jamais les occasions ; s'ilz en vouloient des gages, qu'ilz prinssent pour asseurance qu'ayant des commodités ailleurs, il a choisy sa principalle retraicte dedans leur prévosté et y a mis comme entre leurs mains sa personne, sa famille, et ce que Dieu luy a donné de plus prétieux, qui estoit s'embarquer à bon escient dedans leur navire, duquel il ne vouldroit entreprendre la conduicte sans l'assurance qu'il a d'estre tousjours assisté de leurs bons et prudentz advis, avec lesquelz il promet que, nonobstant les oraiges desquelz la misère du temps nous semble menasser, nous vien-

A cette harangue, le prévôt des marchands répondit en invoquant la protection du seigneur d'O, notamment pour défendre la caisse municipale et les intérêts des Parisiens, si souvent menacés par les incursions des gens de guerre jusqu'aux portes de la capitale. C'était répondre par une ironie assez fine aux belles paroles d'un courtisan depuis longtemps connu des magistrats municipaux. Henri n'avait pas besoin de cette nouvelle maladresse pour perdre les sympathies de sa bonne Ville. Il se trouvait en présence d'une grève de magistrats si unanime qu'il fallut céder, révoquer le 14 juillet l'édit sur les procureurs et atténuer, le 15, l'édit sur l'augmentation du grand Conseil. Les conseillers en charge mirent leurs cornettes sur la table devant le roi.

Ainsi bravé, Henri III, qui, en outre, ne voulait pas recevoir les ambassadeurs protestants, quitta Paris le 23 juillet [1]: Catherine, de son côté, se rendit à Chenonceaux, dans l'intention de renouer les pourparlers avec le roi de Navarre. M. de Villequier fut chargé de maintenir l'ordre à Paris, avec le concours du chancelier Cheverny et du Conseil privé, tandis que le roi s'en allait dans le Bourbonnais, puis à Lyon, pour voir successivement Joyeuse et d'Épernon. Arrivé à Lyon, sans souci du royaume en feu, Henri III, las du bilboquet, dépensa 100,000 écus pour sa collection de petits chiens. Une multitude d'hommes et de femmes leur prodiguait des soins éclairés, ainsi qu'aux singes et aux perroquets de Sa Majesté [2]. Pour varier ses plaisirs, le roi découpait aussi les

---

drons enfin surgir au port du repos et tranquillité ». Reg. H, 1788 *bis*, fol. 599.

1. C'est la date donnée par l'Estoile et de Thou. H. Martin donne la date du 10 juillet.
2. De Thou, t. IX, p. 599. La grande faveur du bilboquet remontait à septembre 1585. « En ce temps, dit l'Estoile, le roy commencea de porter un bilboquet à la main, mesmes allant par les rues, et s'en jouoit comme font les petits enfants... »

miniatures de ses missels et les collait aux murailles de ses chapelles. A côté de ces puérilités coûteuses, des accès impolitiques de dignité qui eussent peut-être convenu à un grand roi victorieux, mais non à cette poupée sans force. Les ambassadeurs des princes allemands insistaient depuis longtemps pour remplir leur mission. Henri III revint de Lyon et leur donna audience à Saint-Germain en Laye le 12 octobre 1586; mais ce fut pour les congédier avec des paroles offensantes. Les ambassadeurs repartirent immédiatement pour l'Allemagne, où leurs récits provoquèrent une indignation universelle contre le roi de France.

Par des raisons différentes, les sujets du roi, et en particulier les Parisiens, ne lui étaient pas moins hostiles. Tous les jours, de nouveaux pasquils, de la dernière violence, étaient placardés sur les murs du Louvre. L'un d'eux, qui fut apporté « par un quidam accoustré d'une robe longue et d'une cornette, qu'on ne peust recognoistre ne descouvrir », portait que si le roi ne mettait pas fin à son système d'exactions, deux cents hommes avaient juré de le mettre à mort. Les agents de la Ligue redoublaient d'activité, représentant le roi comme un Sardanapale. Au collège Forteret, dans les conciliabules des catholiques, on agite sérieusement le projet de se saisir de la personne de Henri III. « Et combien, dit l'Estoile, que ces conseils mal rivés et ces périlleux desseins fussent plus difficiles à exécuter qu'à résoudre, si voioit-on par là que les rats, pour se garder du chat, cherchoient tous moiens pour lui pendre une sonnette à l'aureille; mais que nul n'osoit entreprendre de l'attacher. »

La manière dont le gouverneur de Paris, Villequier, traita les franchises municipales, attestait déjà une hostilité sourde entre la capitale et la monarchie. Le 16 août 1586, on avait à nommer un prévôt des marchands et deux échevins [1]. Après le vote, tout le corps de Ville, prévôt, échevins, greffier, procureur, scrutateurs, conseillers, quartiniers et bourgeois allèrent « marchant devant eulx les sergens d'icelle ville, vestuz aussi de leurs robbes de livrée, en l'Hostel et par devers monseigneur de Villequier, gouverneur et lieutenant général pour le roy en ceste dite Ville et Isle-de-France, auquel les sieurs scrutateurs auraient présenté le scrutin de ladicte eslection cloz et scellé, et d'iceluy requis la confirmation suivant l'ordonnance. Et, après ouverture et lecture faicte dudict scrutin, ledict sieur gouverneur auroit remonstré à la compagnie que le roy, avant son partement, luy auroit déclaré et audict sieur prévost des marchands, que son vouloir et intention estoit que le sieur Lugolly, conseiller dudict sieur et l'un des lieutenants de M. le grand prévost de France, *feust reçeu eschevin* avecq celuy qui se trouveroit avoir le plus de voix en ladicte eslection, commandant que l'on feist venir MM. Hector, seigneur de Perreuse, esleu prévost, de Sainct-Yon, qui avoit le plus de voix, et Lugolly,

1. Voici, d'après le REG. II, 1789, fol. 1, la teneur des mandements de convocation adressés à chacun des quartiniers pour la réunion des électeurs municipaux : « De par les prévôt des marchans et eschevins de la Ville de Paris. — Sire Guillaume Parfaict, quartenier de ladicte Ville, appellez vos cinquanteniers et dixiniers avec huict personnes des plus apparens de vostre quartier, *tant officiers du roy, s'il s'en trouve audict quartier, que des bourgeois et notables marchans non mécanicques*, lesquels seront tenuz de comparoir sous peine d'estre privés de leurs privileges de bourgeoisie, franchises et libertez, suivant l'édict du roy, et faire le serment ès mains du plus notable desdites huict personnes de eslire quatre notables personnes desdictes huict; ausqueIz esleuz dictes et enjoignez qu'ilz se trouvent en leurs maisons samedy prochain, jusques après neuf heures du matin que manderons d'eulx d'iceulx venir en l'hostel d'icelle ville pour procedder à l'eslection d'un prévost des marchans et de deux eschevins nouveaulx, au lieu de ceulx qui ont faict leur temps, et nous apporter ledict jour, à sept heures du matin, le procès-verbal cloz et scellé, ce que faict en aurez suivant l'ordonnance d'ancienne coustume. Si n'y faictes faulte. Faict au bureau d'icelle ville, le jeudi quatorzième jour d'aoust 1586. » Rappelons que, d'après l'édit de mai 1554, les quatre notables par quartier élus au premier degré ne pouvaient pas être pris parmi les cinquanteniers et dizainiers. Sur la composition du corps électoral, voir *Hist. munic.*, p. 248 et 435. Les formes de l'élection n'ont pas varié depuis l'ordonnance de 1450, rédigée sous les auspices de Charles VII, d'après les anciens Registres de la Ville.

mandez audict lieu, pour en prendre et recevoir le serment en tel cas acoustumé, qui seroient à l'instant comparus; et par ledict sieur de Sainct-Yon a esté remonstré qu'il avoit la pluralité des voix, et partant debvoit précedder ledict sieur de Lugolly, lequel même le lui avoit cy-devant accordé, au cas qu'il eust la pluralité des voix comme il avoit, et de ce se rapportoit à son serment. Sur quoy, ledict sieur gouverneur auroit ordonné qu'il recevroit ledict serment ensemblement, sans préjudicier à ladicte préséance, ce qu'il auroit faict; et, pour cest effect, auroit iceluy gouverneur faict faire les serments acoustumés ausdictz sieurs de Perreuse pour prévost des marchands et de Sainct-Yon et Lugolly pour eschevins [1], sans préjudice de ladicte préséance sur laquelle Sa Majesté déclairera sa volonté, ainsy qu'elle verra bon estre. Et estant de retour en l'Hostel de ladicte Ville, lesdicts sieurs prévost des marchands et eschevins auroient esté mis en possession desdicts estatz par les anciens, en la manière accoustumée [2]. » Ainsi le roi pratiquait ouvertement la candidature officielle et imposait la nomination d'un échevin de son choix. Il se défiait déjà de la bourgeoisie parisienne et ne cherchait plus à lui plaire.

Le 29 août 1586, le grand Bureau fut convoqué « pour adviser sur l'édit du roy de la vente et constitution de 80,000 escus de rente que S. M. veult faire à ladicte Ville sur le sel ». Le prétexte était la nécessité de payer des « colonnelz et reistres et aultres seigneurs d'Allemagne ». Mais es Parisiens préféraient employer leurs économies à défrayer la propagande de la Ligue. L'assemblée municipale décide que « remonstrances très humbles seront faites au roy

---

1. Nicolas Hector, seigneur de Pereuse et de Beaubourg, était maître des requêtes de l'Hôtel du roi. Louis de Saint-Yon était avocat; quant à Pierre de Lugolly, sa qualité est indiquée par le procès-verbal que nous citons.
2. Rig. H, 1789, fol. 2 à 5. Le registre H, 1789, commence le 14 août 1586 et finit le 30 mars 1590.

ou aux sieurs de son Conseil de la conséquence dudict édict, et à ce qu'il plaise à S. M. excuser la dicte Ville de l'ouverture du Bureau d'icelle pour le recouvrement desdictz 80,000 écus [1] ». Le Conseil d'Etat n'ayant pas fait, on le pense bien, un accueil favorable aux remontrances, l'Hôtel de Ville essaya d'abord d'éviter de garantir les arrérages des nouvelles rentes à créer par une hypothèque sur le domaine municipal. On vota dans l'assemblée du 5 septembre que le roi serait prié de fournir d'autres sûretés; mais le prince n'accepta pas cette substitution et, le 13 novembre, fit transmettre à la Ville par M. de Bellièvre, surintendant des finances, l'ordre d'obliger le domaine municipal à la garantie du payement des rentes [2].

Le moment était mal choisi pour grever de nouvelles dettes la caisse municipale. Dans toute la France, la misère publique s'accroissait de jour en jour. « En ce mois d'aoust, dit l'Estoile [3], quasi par toute la France, les pauvres gens des champs, mourans de faim, alloient, par trouppes, couper sur les terres les espis de bled à demi meurs et les manger à l'instant, pour assouvir leur faim effrenée : et ce en despit des laboureurs et autres auxquels les bleds pouvoient appartenir, si d'aventure ils ne se trouvoient les plus forts. Mesmes les menassoient ces pauvres gens de les manger eux-mesmes, s'ils ne leur permectoient de manger les espis de leur bled. » A Paris, la détresse n'était pas moindre, et la rigueur de la saison la rendait encore plus terrible. Dans une assemblée du 19 septembre, le Bureau de la Ville prit la résolution de faire renvoyer dans leur pays d'origine les pauvres valides non originaires de la capitale [4]. Quant aux pauvres valides, nés à Paris, et aux infirmes de toute provenance, on tâcha de se procurer

---

1. Reg. H, 1789, fol. 7.
2. *Ibid.*, fol. 8.
3. T. II, p. 353.
4. Reg. H, 1789, fol. 19.

des ressources pour les nourrir en taxant les bourgeois qui n'avaient pas supporté leur part dans la dernière contribution des pauvres, et au moyen de prélèvements sur les revenus des hôpitaux et du grand Bureau des pauvres. Mais tout cela restait encore au-dessous des besoins. François de Vigny, receveur de la Ville, dut avancer 3,000 écus de sa bourse « pour subvention urgente desdits pauvres ès mois de juing, juillet et aoust ». Le Bureau en demanda le remboursement à « Messieurs de la police générale » et refusa d'accorder les secours extraordinaires demandés pour les pauvres par les lettres patentes du roi. Il donnait pour excuse « que les affaires, grandes nécessitez et charges dont la Ville est à présent tellement pressée qu'elle ne peut fournir et satisfaire aux charges ordinaires ». Le Parlement, de son côté, avait ordonné l'ouverture « d'asteliers pour employer les pauvres valides ». Non seulement la Ville protesta et se déclara hors d'état d'entretenir de nouveaux ateliers sur les fonds de la caisse municipale, mais elle ajouta qu'elle « n'entendoit continuer les austres astelliers, sinon tant et si longuement que les aulmones des bourgeois continueront [1] ». Un peu plus tard, au mois de décembre, le froid redoubla d'intensité, et les glaces menaçaient de rompre les ponts de Paris. L'administration municipale prescrit le 7, « aux maistres des ponts, plancheicurs, gardes de basteaux de la Ville, marchans, voicturiers par eau et aultres qu'il appartiendra, de fermer, présentement et en la plus grande diligence que faire se pourra, à doubles cordes tous lesdictz basteaux, tant chargez que vuides estans au-dessus desdictz pontz, tant que lesdictes glaces dureront [2]... » Ceux qui n'auront pas de corde en loueront. Le tout sous peine d'amende et de punition corporelle, s'il y échet.

1. Reg. H, 1789, fol. 22.
2. *Ibid.*, fol. 19.

La misère enfante généralement les agitations sociales et fournit un aliment aux entreprises des factieux ou des fous. Comme il arrive toujours aux époques troublées, les ennemis du pouvoir rencontraient dans tous les rangs de la société des complices inconscients et qui n'en étaient pas moins passionnés. C'est ainsi que dans les derniers mois de l'année 1586 un avocat au Parlement, nommé François Le Breton, occupa tout le royaume par la violence de sa parole et de ses écrits, puis par le caractère tragique de sa fin. Le Breton, originaire d'une bonne famille de Poitiers, s'était acquis quelque réputation au Palais par une qualité ou un défaut qui, paraît-il, était bien rare au xvi⁰ siècle : il se passionnait pour les causes qui lui étaient confiées, et les considérait comme siennes. S'il perdait son procès, il injuriait publiquement les juges. La Grande Chambre du Parlement lui ayant, pour ce motif, infligé une réprimande, il alla trouver le roi au Louvre, agitant au bout d'un bâton un factum que les circonstances lui avaient inspiré. Malgré les gardes, il put arriver jusqu'à Henri III qui, après l'avoir écouté sans colère, le renvoya en lui ordonnant de ne plus parler en public. Mais Le Breton était incorrigible ; il se mit à parcourir toute la France « comme une Bacchante », suivant une expression de l'historien de Thou [1], et à se faire l'apôtre de la révolte. Où il n'allait pas, il envoyait ses écrits incendiaires. Mayenne le reçut à Bordeaux et le ménagea. L'étrange voyageur revint à Paris, se croyant déjà l'homme de la Providence, le sauveur du pays. Il débuta par de nouveaux libelles contre la magistrature et contre le roi, qu'il traitait de tyran débauché. Au lieu d'enfermer cet homme comme aliéné, on l'enferma à la Bastille comme criminel d'État, et il fut traduit devant le Parlement. Sur le rapport de M. Chartier, doyen de la

---

1. T. IX, p. 612.

Grand'Chambre, qui pourtant, si l'on en croit l'Estoile, était « homme de bien, juge entier et non corrompu », on condamna le malheureux à subir la peine de mort, comme convaincu d'avoir excité le peuple à la révolte par des paroles et des écrits séditieux. Son attitude devant la Cour avait d'ailleurs été d'une telle incohérence que la folie de l'accusé ne pouvait faire doute ; aussi le Parlement crut-il concilier ses devoirs envers le roi avec ses devoirs envers la justice, en suppliant le souverain, par un article séparé, de gracier Le Breton, qui ne paraissait guère responsable de ses actes. Mais il fallait au prince une victime expiatoire, car il n'osait atteindre les Guises et leurs agents, les vrais instigateurs de la rébellion. Le 22 novembre, François Le Breton fut pendu dans la cour du Palais. Jean du Carroi et Gille Martin, qui avaient imprimé ses libelles, furent fouettés, la corde au cou, et bannis du royaume.

Ces brutales exécutions n'eurent aucunement la vertu d'intimider les véritables ennemis de l'autorité royale. Dans une assemblée tenue à l'abbaye d'Orcamp, près de Noyon, sur la fin de septembre, les chefs de la Ligue résolurent de prendre les armes, sans autrement s'inquiéter du roi, et d'occuper plusieurs places de la frontière, notamment Sedan et Jametz, qui pouvaient servir de base d'opérations aux protestants d'Allemagne. Par des moyens assez déloyaux, le duc de Guise se saisit de Rocroi, qu'un aventurier nommé Montmarin avait un moment occupé, et de Raucour, ville du duché de Bouillon. Il établit une sorte de blocus devant la place de Sedan. Ce n'était là, d'ailleurs, qu'un épisode du plan général de la Ligue reconstituée. Les conjurés déployaient une activité sans égale et ne reculaient pas devant la mutilation du territoire national au profit de l'étranger. Philippe II voulait avoir à sa disposition un port de la Picardie pour y concentrer et y abriter la flotte formidable qu'il se préparait depuis quelques années à lancer contre l'Angleterre. Bernardin de Mendoze, son ambassadeur en France, demanda au duc de Guise de faire enlever Boulogne-sur-Mer par le duc d'Aumale, qui guerroyait en Picardie pour le compte de la Ligue, et promit en retour qu'une flotte espagnole viendrait débarquer au même endroit un corps de troupes qui se joindrait aux forces de la faction catholique française. Ces propositions furent acceptées et, dans un conseil tenu au couvent des jésuites de la rue Saint-Antoine, on arrêta les détails du coup de main. Le prévôt de la maréchaussée [1] du pays de Boulogne, le sieur Vétus, qui allait tous les trois mois dans la ville « pour faire sa chevauchée » et dont personne ne se défiait, reçut la mission de se saisir d'une des portes et de faire entrer ensuite le duc d'Aumale et un corps de ligueurs qui attendrait dans le voisinage le résultat de la tentative. Elle devait d'autant mieux réussir que le duc d'Epernon, gouverneur de la province pour le roi, était fort impopulaire. Mais Henri III fut avisé du complot par Nicolas Poulain, le lieutenant de la prévôté de Paris, qui avait assisté au conseil tenu chez les jésuites [2]. Il écrivit au sieur de Bernay, gouverneur de la Ville, et quand Vétus se présenta, on le fit prisonnier entre deux portes avec une bonne partie des siens. Le duc d'Aumale, salué à coups de canon, dut se retirer en toute hâte et faillit tomber dans une embuscade disposée par Bernay.

La Ligue essaya de se dédommager, à Paris, de l'insuccès de l'entreprise sur Boulogne. Elle comptait déjà de nombreux adhérents dans la capitale : des membres du Parlement ou de la Chambre des comptes, comme les pré-

---

1. Sur les prévôts des maréchaux ou de la maréchaussée, voir le *Dict. des arrêts* de Jacques Brillon. Édit. in-fol. de 1727, t. IV, p. 211, et t. V, p. 424.
2. Il le dit lui-même dans son *Procès-verbal* : « Ce qu'estant par moy entendu, j'en advertis aussitost Sa Majesté, etc. ». DE THOU confirme cet aveu : « Ce fut Nicolas Poulain, lieutenant de Nicolas Hardi, prévôt de l'Isle, qui découvrit le complot sur Boulogne ». T. IX, p. 659.

sidents Pierre Hennequin et Etienne de Neuilly, des prêtres, comme Jean Boucher, curé de Saint-Benoît, Jean Pelletier, curé de Saint-Jacques de la Boucherie, Jean Guincestre, fameux prédicateur, Jean Prévôt, archiprêtre de Saint-Séverin, théologien de la Faculté de Paris, des banqueroutiers comme du Rousseau; des basochiens comme Louis d'Orléans, avocat au Parlement, Crucé, procureur au Châtelet, la Morlière et Hatte, greffiers, Bussy le Clerc, procureur au Parlement et ancien maître d'armes; des nobles, comme Gilbert Coeffier, sieur d'Effiat, qui, après avoir assisté aux premières séances du collège de Sorbonne et du collège de Forteret, devait bientôt s'effrayer lui-même de sa complicité dans la rébellion et se séparer des ligueurs; ou encore comme François de Roncherolles de Maineville, frère puîné de Hugueville, gouverneur d'Abbeville. Ce Maineville était l'émissaire le plus actif du duc de Guise, et il faisait une propagande effrénée dans la capitale [1]. Ses auxiliaires de bas étage, comme Toussaint Pocard, assassin de profession, et le parfumeur Gilbert, répandaient des bruits absurdes, assurant, par exemple, que les partisans du roi de Navarre devaient s'assembler une nuit et massacrer tous les catholiques. Grâce à ces mensonges grossiers, on ameutait facilement la populace et on l'enrôlait sous la bannière des capitaines de la Ligue. De Thou dénonce une autre classe d'agents des Guises. « Les confesseurs, dit-il, abusant de leur ministère, n'épargnaient ni le roi, ni les ministres et les officiers qui lui étaient le plus attachés; et au lieu de consoler par des discours de piété les personnes qui s'adressaient

1. ANQUETIL, L'*Esprit de la Ligue*, trois vol. in-12, Paris, 1767, t. II, p. 285, constate que Maineville ou Menneville représentait seul le duc de Guise parmi les membres du comité de la Ligue qui siégeait à Paris : « Guise n'avoit entre eux qu'un homme dépositaire de son secret, savoir François de Roncherolles de Menneville, gentilhomme aimable, hardi, éloquent, propre à inspirer l'enthousiasme, mais qui ne fut pas toujours le maître de calmer la fougue qu'il avoit excitée. »

à eux, ils leur remplissaient l'esprit de faux bruits et mettaient leurs consciences à la torture par des questions embarrassées et par mille scrupules qu'ils leur jetaient dans l'esprit. Par le même moyen, ils fouillaient dans les secrets des familles, et, en alléguant quelques passages de l'Écriture et quelques raisonnements de scolastique pour prouver qu'en fait de religion les sujets peuvent faire des associations sans la permission du prince, ils les engageaient enfin dans cette ligue funeste. S'ils trouvaient quelqu'un qui ne voulût pas y entrer, ils leur refusaient l'absolution[1]. »
L'église avait installé ses officines en pleine rue, dressant des reposoirs que les fidèles chargeaient de vases d'or et d'argent pour attirer la foule. C'était autour de ces autels que s'assemblait tous les jours la grande armée cléricale, tandis que des frontières de Champagne, de Picardie et de Lorraine, le duc de Guise acheminait vers Paris d'interminables processions de dévots et de dévotes qui, en longs habits blancs ornés de croix, traversaient la ville et l'assourdissaient de chants bizarres qu'un grand historien compare aux cris effrayants des oiseaux de mer, avant-coureurs des tempêtes. Le roi, qui se souvenait d'avoir donné lui-même le triste exemple de ces mascarades pieuses, n'osait agir, et sa faiblesse encourageait l'audace des conjurés. Déjà, dans les assemblées secrètes du parti, on discutait les moyens de se défaire du Valois, lorsqu'il reviendrait de Vincennes, où il allait souvent faire ses dévotions[2]. Quelques-uns proposaient de tuer son cocher et les hommes d'escorte, de tirer Henri III de son carrosse et de l'enfermer dans une petite tour de l'église Saint-Antoine. D'autres opinaient pour l'assassinat pur et simple, d'autres enfin pour un cloître. Mais les ligueurs manquaient d'une direction suprême. Ils adressaient au duc de Guise appel sur appel,

1. De Thou, t. IX, p. 653.
2. Voy. *Procès-verbal de Nicolas Poulain*.

et le duc, tout entier à ses grands projets, rêvant la convocation des États généraux, ne se souciait pas de rentrer à Paris. Ce fut son frère, Mayenne, qui arriva, faisant sonner bien haut ses exploits de Guyenne. Une députation de ligueurs l'alla aussitôt trouver à Saint-Denis, où il s'était arrêté et, dans une assemblée nocturne, le serment de la Ligue fut solennellement renouvelé. La présence de Mayenne enhardit les factieux et leur fit prendre une attitude menaçante.

Nous avons dit plus haut que le sieur Hector de Pereuse, maître des requêtes de l'Hôtel du roi, avait été nommé prévôt des marchands le 16 août 1586. C'était un homme énergique et peu sympathique à la faction cléricale. Par ordre du roi, il avait cru devoir faire enlever et emprisonner à l'Hôtel de Ville un nommé la Morlière, qui était connu pour tenir chez lui des assemblées secrètes. Cédant aux objurgations des ligueurs, Mayenne ne craignit pas d'aller trouver le prévôt des marchands et de le sommer de mettre en liberté la Morlière. Pour donner du poids à sa brutale injonction, le duc fit entourer la maison de Pereuse par la tourbe des bateliers et des gens du port, qui se souciaient peu de respecter le premier magistrat de la cité. Le prévôt eut à peine le temps d'envoyer demander au roi quels étaient ses ordres. Henri III, sur le conseil de sa mère et de Villequier, envoya dire à Pereuse de rendre la liberté à son prisonnier, mais en ayant soin de déclarer qu'il ne l'avait arrêté qu'en vertu de sa propre initiative et non sur l'ordre du roi. Tout le monde sachant le contraire, l'injure faite au souverain prenait une gravité nouvelle.

La faiblesse insigne de la cour porta au plus haut point l'audace des ligueurs et leur inspira la résolution de s'emparer au plus tôt de la capitale, car ils ne pouvaient plus espérer de pardon et se demandaient si la mollesse du roi ne cachait pas un piège. Voici le plan qui fut adopté. Pour s'emparer de la Bastille, qui était placée sous le commandement de Laurent Testu, chevalier du guet, on devait envoyer une troupe d'une centaine d'hommes afin de l'assassiner dans son domicile privé, à la Culture Sainte-Catherine. De là, on irait faire une visite du même genre au premier président de Harlay, à Jacques Faye, sieur d'Espesse, avocat général, et chez plusieurs autres fonctionnaires fidèles. L'arsenal serait livré par un fondeur ; le grand et petit Châtelet par quelques sergents et commissaires dévoués à la Ligue ; l'Hôtel de Ville, le Temple seraient envahis au moment de l'ouverture des portes, et quatre mille arquebusiers seraient chargés d'investir le Louvre, de tuer ou d'affamer les gardes du roi et de faire le prince lui-même prisonnier. Pour contenir les pillards, des barricades seraient établies dans les rues au moyen de chaînes et de tonneaux. On ne pourrait les franchir qu'en donnant un mot de passe. Le Louvre pris, on se déferait des membres du Conseil et l'on en nommerait un autre selon le cœur de la Ligue ; le Parlement subirait le même sort que le Conseil du roi. Mayenne attendrait l'issue de l'insurrection dans un hôtel, afin de se mettre à la tête des conjurés s'ils réussissaient, et, s'ils échouaient, il sortirait de la capitale par la porte de Bussy, que gardait Bassompierre, dévoué aux Lorrains.

Poulain, qui avait déjà fait prévenir le roi par le Chancelier du projet sur Boulogne, raconte dans son procès-verbal comment l'horreur que lui inspiraient les nouveaux desseins de la Ligue, la crainte de mourir lui-même « et, au partir de là, aller droit en enfer » et aussi peut-être des motifs moins désintéressés, le déterminèrent à dévoiler le complot. Il alla donc trouver le Chancelier, qui lui donna rendez-vous pour le lendemain. Sur ces entrefaites, Poulain fut arrêté et emprisonné au grand Châtelet sur la poursuite de deux créanciers ; mais il trouva moyen de se faire conduire chez le Chancelier et de lui exposer les plans des ligueurs, sans se compromettre aux yeux de leurs agents, la Chapelle et Bussy le Clerc, qui étaient venus au Châtelet le visiter et s'enquérir des causes de son arrestation. Henri III, ému, à juste titre, de révélations aussi graves, se fit amener Poulain pendant la nuit, et l'envoya ensuite à M. de Villeroy pour consigner entre les mains de ce dernier le procès-verbal de la dénonciation [1]. Des mesures énergiques furent immédiatement prises pour mettre Paris et le roi en sûreté. Henri III concentra toutes les troupes disponibles, mit des corps de garde à toutes les portes, fit garder les ponts de Saint-Cloud sur la Seine et de Charenton sur la Marne. Des officiers dévoués se saisirent des principales positions. M. de Longueil prit le commandement du grand Châtelet, et Nicolas Rapin celui du petit Châtelet. Le coup était manqué. Mayenne, qui depuis plusieurs jours faisait le malade, trouva périlleux de sortir de la capitale par la porte Bussy. Il préféra solliciter, par l'entremise de la reine, un sauf-conduit pour aller demander au roi la permission de se retirer dans son gouvernement. « Eh quoi! lui dit Henri III en lui donnant son congé, eh quoi! mon cousin, vous abandonnez ainsi la Ligue et les ligueurs! » Mayenne joua la surprise et se hâta de quitter Paris, en assurant les ligueurs qu'il allait prendre avec son frère des mesures efficaces dans l'intérêt du parti; mais, une fois sorti des faubourgs, le duc tourna la tête du côté de Paris et maudit avec Bassompierre le peuple fanatique qui l'avait exposé à un péril mortel dont il n'avait pu éviter les suites

---

1. MICHELET fait à ce propos les réflexions suivantes : « Comment servir Henri III? Il se trahissait lui-même. Son entourage lui fit croire que Poulain était payé par les huguenots. Il l'envoya faire ses révélations à un Villeroy, ami de Guise, et qui le tenait au courant de tout. » *Hist. de Fr.*, t. X, p. 136. Certains courtisans paraissaient, en effet, trouver que Poulain faisait trop bien son métier d'espion. L'étrange personnage rapporte un peu plus loin dans son procès-verbal que M. de Villequier, le gouverneur de Paris, lui fit une scène violente et le menaça, s'il cherchait à revoir le roi, de « lui apprendre à se mêler de ses affaires et non de celles de l'Estat ».

que par une humiliation et par un mensonge. Il laissait d'ailleurs dans la capitale, sur le conseil du cardinal de Guise, son frère, soixante capitaines aguerris qui se logèrent au faubourg Saint-Germain et reçurent la mission de diriger les coups de main des ligueurs.

Ces furieux ne se décourageaient pas facilement. Sur un complot déjoué se greffait, de suite, un autre complot. Le roi devait aller à la foire Saint-Germain, où l'affluence des badauds était toujours considérable, et l'on savait qu'un dîner serait donné en son honneur à l'abbaye ; mais Henri III, averti encore par Poulain, se fit remplacer par le duc d'Épernon, qui eut, du reste, beaucoup de peine à se tirer « d'une querelle d'Allemand » suscitée par les écoliers. Cette fois, les ligueurs se le tinrent pour dit et renvoyèrent les capitaines de Mayenne, non sans les avoir grassement payés, au moyen d'une taxe levée « sur les plus affectionnez ». On avait pris pour base de cette levée la taxe des boues ; tout ligueur qui était imposé à trente sols pour cet objet versa trente écus et ceux qui étaient taxés à six sols versèrent six écus pour la cause catholique.

Lorsque le duc de Guise apprit les imprudences des Parisiens et leur piteux résultat, il témoigna un vif mécontentement. M. de Maineville vint dire de sa part aux ligueurs de la capitale que s'ils ne changeaient pas de conduite et continuaient à enfreindre ses instructions, le duc ne s'occuperait plus de leurs affaires. Les Parisiens s'excusèrent très humblement, alléguant l'arrestation de la Morlière, qui leur avait fait craindre à tous un sort semblable, et promirent de se conformer dorénavant à tous les ordres du duc. Maineville, gratifié d'une chaîne d'or de cent écus, promit de travailler à la réconciliation de Guise et des Parisiens. En effet, depuis que le duc reprend la direction du parti, l'œuvre lente et dangereuse d'une diplomatie profonde se substitue au hasard des coups de main. Tandis que le roi, mal conseillé ou impuissant, multiplie dans la capitale les mesures de police, la Ligue fortifie ses intelligences avec la province et travaille à jeter sur la France le vaste filet de ses intrigues [1]. « Furent dès lors députez quelques bons habitans de Paris, gens de cervelle, lesquels, avec bonne instruction, allèrent en plusieurs provinces et villes du royaume, pour rendre capables quelques-uns des plus affectionnez catholiques, habitans desdites villes, de la création et formation de la Ligue et de l'occasion d'icelle, des projets et intelligence avec les princes, afin de ne faire qu'un corps par une mesme intelligence en toute la France, soubs la conduite des princes catholiques et conseil des théologiens, pour combattre l'hérésie et la tyrannie [2]. » Ces agents de la Ligue, qui allaient catéchiser la province, ne partaient pas les mains vides. Ils emportaient des instructions et des circulaires écrites dont l'étude présente un vif intérêt [3]. Les pièces dont il s'agit comprenaient trois mémoires : « Le premier contenant, disaient les ligueurs, nos projects et intentions; le second la forme de s'y gouverner, et le troisième la forme de nostre serment ». Quant aux projets, voici en quoi ils consistaient. Dans le cas où les Suisses et les reîtres hérétiques se mettraient en marche

---

1. Au début de l'année 1587, les Registres de la Ville indiquent un redoublement d'activité de la police municipale : « Le roy ordonne que le lieutenant civil et les prévost des marchans et eschevins feront ensemblement les recherches en ceste Ville de Paris, et que, à ceste fin, ilz entreront dedans les maisons particulières pour y fouiller et regarder bien exactement tout ce qui se trouvera, tant des personnes, armes que aultres choses qui y pourroient estre, pour après en donner advis bien particulier à Sa Majesté, qui désire en estre esclercie, pour aulcunes considérations concernant grandement le bien de son service, voullant qu'elle soit faicte la plus exacte et particulière qu'il sera possible. Faict à Paris, le onzième jour de janvier 1587. Signé : Henry. » Reg. H, 1789, fol. 23.
2. *Dialogue d'entre le Maheustre et le Manant*, t. III, p. 439, de la *Satyre Ménippée*. Édit. de Ratisbonne de 1752.
3. Les circulaires envoyées par le conseil de la Ligue nous ont été conservées par le précepteur de Henri IV, Palma-Cayet, *chronologue de France*. Voy. l'Introd. *de la chronologie novenaire*, Coll. Michaud, 1re série, t. XII. p. 34 et suiv.

pour entrer en France, les « ecclésiastiques, gentilshommes et communautez catholiques des bonnes villes, spécialement de Paris, Rouen, Lyon, Orléans, Amiens, Beauvais, Péronne », offriraient au roi un corps de vingt mille hommes de pied et de quatre mille chevaux payés pour un an, mais sous cette condition que les villes associées nommeraient leurs capitaines, et que ces capitaines seraient pris parmi les créatures de la Ligue. On ne laisserait au roi que le choix du général en chef. Paris, pour sa part, fournirait quatre mille fantassins et mille chevaux ; le contingent des autres villes était également fixé. Prévoyant le cas où le roi refuserait des soldats dont il serait moins le chef que le prisonnier, la Ligue ajoutait qu'on n'en lèverait pas moins l'armée catholique qui, au refus du roi, prendrait pour chef un prince dévoué au parti. « Advenant le cas de la mort du roy sans enfans, que Dieu ne veuille », on réunirait entre Paris et Orléans toutes les forces qu'on aurait sous la main, on convoquerait les États, et tout serait mis en œuvre pour les décider à nommer le cardinal de Bourbon, non sans avoir réclamé la bénédiction du Saint-Père et le concours du roi d'Espagne. Ainsi se trouverait écarté « Henry de Bourbon, prince de Béarn, hérétique, relaps et excommunié », et les catholiques ne lui accordent même pas son titre de roi de Navarre.

Le second mémoire du comité parisien exposait les *projets* de la Ligue, en d'autres termes la politique à suivre et les procédés à employer pour « rétablir la monarchie et tous les estats d'icelle selon les anciennes fondamentales loix, sans se despartir de la deue obeyssance que l'on doit au roy, tant qu'il sera catholique ou qu'il ne se déclarera fauteur d'hérétiques ». Les Seize recommandent d'abord « de faire que le plus que l'on pourra de provinces et bonnes villes s'unissent ensemble de force et conseil et moyens ». Ils comptent, pour réaliser cette espèce de fédération municipale, sur « les prédicateurs ausquels le peuple a créance, gentilshommes vertueux et de bonne vie, officiers du roy qui ne sont encore corrompus, bons et notables bourgeois et marchands, tous gens de bien et de bonne conscience ». Pour diriger tous ces gens de bien, le mémoire prescrit d'établir dans chaque ville un conseil de six personnes, se réunissant une fois ou deux par semaine et servant de comité de propagande, en même temps que de centre d'action en relations constantes avec Paris. Le concours des princes catholiques sera accepté. On leur laissera le commandement, la direction des opérations militaires, mais sous le contrôle des « Estats et Conseil des catholiques, veu que les villes fourniront et souldoyeront les hommes, et feront eslection des chefs particuliers à leur volonté, et que l'on establira cependant un Conseil de gens de bien et qualité des trois estats, par l'advis desquels les affaires se manieront en la justice et finances dont ils cognoistront souverainement [1] ».

La troisième instruction contenait la formule du serment de la Ligue. Cette formule, très longue, peut se résumer en quelques propositions générales. Les affiliés doivent promettre de consacrer leurs vies et leurs biens à la défense de la religion chrétienne, catholique, apostolique et romaine »; d'empêcher la couronne de « tomber en la domi-

[1]. Il y a certes dans le second mémoire du comité parisien un programme assez net de fédération entre les diverses municipalités ligueuses et une prétention formelle de ne laisser aux princes catholiques que la direction des opérations militaires, le contrôle financier et administratif étant réservé aux « Estats et conseil des catholiques ». Mais ce n'est là qu'un programme. En fait, à cette époque, les Guises étaient les seuls chefs de la Ligue, à tous les points de vue; et quand les Parisiens voulaient agir en dehors d'eux, ils étaient vertement tancés par les princes, qui leur envoyaient Maineville ou un autre officier pour leur faire sentir que les tentatives d'émancipation ne plaisaient pas en haut lieu. L'extension des franchises municipales ne passionnait personne à cette époque : la grande affaire pour les Parisiens, au point de vue municipal, était de toucher leurs rentes sur l'Hôtel de Ville : aussi peut-on conclure que la Ligue n'a nullement été une révolution municipale, mais une révolution politique, accomplie par les Guises et par le clergé.

nation de Henry de Bourbon, prince de Béarn, hérétique, relaps et excommunié »; ils jureront de ne pas poser les armes jusqu'à ce qu'une assemblée générale des États du royaume ait rendu à l'Église ses anciennes et sainctes institutions, privilèges, honneurs, libertez et franchises » selon les décrets du concile de Trente, dont il faudra poursuivre l'*homologation* et la publication « pour estre unis et incorporez inséparablement avec l'Église catholique, apostolique et romaine, qui est la vraye et seule Église de Dieu ». Après un pathétique appel à la noblesse catholique, que les conjurés s'engageront à ne pas abandonner, les ligueurs demandent dans leur formule à « Messieurs les ecclésiastiques et nobles » de faire cause commune avec eux « jusques à ce que l'on ait asseuré et restably les corps et communautez des bonnes villes en leurs anciens privilèges, libertez, honneurs et franchises; semblablement que l'on ait pourveu aux intolérables misères desquelles le pauvre et commun peuple, nourricier de tous les autres estats, est aujourd'huy de mille façons barbarement opprimé ». Le serment se termine par une invocation « au grand Dieu du ciel, qui a seul puissance sur les empires du monde », et une hypocrite et méprisante protestation de fidélité au roi : « le tout sans nous départir de la deue obeyssance que nous devons au roy, veu que, si nostre intention, par l'ayde d'en haut, se peut accomplir, au lieu qu'il se peut dire à présent le plus pauvre et mal obey roy de la terre, on le verroit estre honnoré et mieux obey qu'autre qui vive ».

Ainsi ce roi, « le plus pauvre et mal obéi de la terre », était en présence d'une conspiration organisée, disposant de forces énormes, appuyée d'une part sur l'Église et de l'autre sur l'étranger, et dont le centre était Paris avec son peuple terrible. Dans cet extrême péril, Henri III se trouvait isolé, impuissant [1], trahi même par une partie de ses

---

1. Quelques mesures de police furent cependant prescrites aux quartiniers

courtisans. A l'ouest, après la rupture des conférences de Saint-Bris, près de Cognac (14 déc. 1586)[1], le roi de Navarre, le prince de Condé et le vicomte de Turenne avaient vigoureusement recommencé la guerre dans le Poitou et pris les places de Chisay, Sauzay, Saint-Maixent, Fontenay et Mauléon. Sur les frontières de Champagne, le duc de Guise se comportait comme un souverain, sans se soucier des ordres du roi, et guerroyait contre le duc de Bouillon, en attendant le grand choc avec l'armée des protestants d'Allemagne. Incertain encore sur la politique à suivre, Henri III n'avait qu'une idée bien nette, la défiance envers la Ligue comme envers les huguenots, et qu'un souci permanent, celui de remplir la cassette royale aux dépens des sujets. Les talents des chefs ligueurs pour mettre à contribution leurs affiliés avaient inspiré au monarque une ému-

le 23 février 1587. Le roi leur mande, à cette date, de « marquer sur le papier » le nombre des gens armés qui passaient chaque jour par chaque porte « non compris et sans faire mention de personnes aians chevaulx de harnais ou portaux ». Le lendemain, le roi envoie à la Ville de Paris un nouveau règlement de police dont voici l'intitulé : « *L'ordre que le roy entend estre observé pour sçavoir à la vérité, en temps soupçonneux, les gens de guerre et aultres personnes qui entrent ordinairement dedans ceste ville de Paris et de ceulx qui passent ès environs.* » Sa Majesté ordonne au prévôt des marchands d'envoyer dans les environs de Paris, sur des points déterminés (Corbeil, Essonne, Montlhéry, Villepreux, Poissy, Pontoise, Senlis, Dammartin, Meaux, Brie-Comte-Robert, Melun), des émissaires ayant pour mission d'observer les groupes de « plus de cinq ou six, ou seigneurs qui ayt train extraordinaire, pour en advertir par lettre, de deux jours l'un, ledictz prévost des marchans; ou bien, s'il aperçoit chose digne d'advertissement, qu'il envoie plustost homme de pied ». Même surveillance aux portes de Paris. On préviendra Sa Majesté dès que le prévôt des marchands et les échevins apprendront par les bulletins des portiers et des commis de la ferme placés aux portes « qu'il y aura un grand abord d'hommes en ladite ville ». Chaque soir, les aubergistes devront apporter au quartinier les noms de leurs locataires. Les commissaires et les gentilshommes du roi assisteront aux perquisitions des officiers municipaux. Les mesures de surveillance s'étendront aux faubourgs. (REG. II, 1789, fol. 28 et 29.)

1. Henri de Navarre avait bien compris que la reine mère ne visait qu'à gagner du temps et à retarder, s'il se pouvait, l'entrée en France de l'armée des protestants allemands. Aussi le roi de Navarre répondit-il avec amertume aux ouvertures faites par Catherine et la railla-t-il d'être venue de si loin pour « lui proposer une chose tant détestée » que le changement de religion. Voy. D'AUBIGNÉ, *Hist. univ.*, t. III, col. 40, et aussi MATHIEU, t. I, p. 519. PALMA-CAYET, Introd., p. 31.

lation ardente. Et puis, accusé de favoriser secrètement les réformés, il trouvait là un prétexte pour demander de l'argent aux Parisiens et aux bonnes villes, sous couleur de se mettre en campagne contre les ennemis de la religion catholique.

Le 10 janvier 1587, le roi assembla au Louvre plusieurs présidents et conseillers au Parlement, la plupart des membres de son Conseil, tant de robe longue que de robe courte, enfin le prévôt des marchands, les échevins et les plus notables bourgeois de la ville. Il leur déclara qu'il était résolu à faire une guerre acharnée aux religionnaires, qu'il exposerait même ses jours, s'il le fallait, pour en venir à bout, et qu'en attendant il avait enjoint à ses officiers de saisir et de mettre en vente les biens des protestants. Cette petite harangue obtint un succès d'enthousiasme ; mais Henri III gardait un *post-scriptum*... Il fit une « petite pause », comme dit l'Estoile [1], puis, se tournant vers le prévôt des marchands et les échevins, il leur demanda, pour faciliter l'exécution de ses desseins, une subvention de cent vingt mille écus. Les pauvres gens restèrent interdits « et, s'en retournans tout faschés, dirent qu'ils voioient bien qu'à la queue gisoit le venin ». Quelques jours après, le 19 janvier, le roi écrivit au prévôt des marchands pour préciser sa demande. Il dit, en substance, dans cette lettre, qu'il a besoin d'argent pour se débarrasser « des estrangers qui y ont servi l'année dernière » et subvenir aux dépenses de l'armée. Plusieurs villes ont déjà fourni des sommes importantes, mais Paris n'a encore payé aucuns subsides, bien que la capitale ait été taxée à 120,000 écus. Par bienveillance pour les habitants de la ville où il réside, le roi ne veut pas recevoir cette somme en pur don ; mais il fera dresser par son conseil « les roolles et département de ladicte somme de six vingtz mil escus sur ceulx que nous

---

[1]. T. III, p. 2. Voy. aussi Félib., *Hist. de la Ville.* t. II, p. 1157.

avons entendu avoir plus de moien en chascun quartier de nostre dicte ville ». Les quartiniers enjoindront aux bourgeois portés sur les rôles de mettre entre les mains de M. François de Vigny, receveur de la ville, « la somme que chacun d'eulx est desparty [1] ». Le receveur municipal transmettra ensuite les deniers encaissés à M. Jacques Leroy, trésorier de l'épargne. Dans l'assemblée du Bureau en date du 28 janvier, la Ville décida de faire des remontrances au roi; mais les ligueurs ne manquèrent pas de tirer parti du mécontentement du peuple pour l'exciter contre le prince et ses principaux officiers. Le premier président du Parlement, Achille de Harley, et Hector de Pereuse, prévôt des marchands, ne furent pas épargnés par les rédacteurs de placards [2].

Paris ressemblait à une mine trop chargée. Une nouvelle grave faillit provoquer l'explosion. Le 1er mars 1587, on apprit dans la capitale l'exécution de Marie Stuart, qui avait eu lieu à Fotheringay le 18 février, sur l'ordre d'Elisabeth. Bien que le roi de France eût envoyé à la reine d'Angleterre Pomponne de Bellièvre, en qualité d'ambassadeur extraordinaire, pour la prier de ne pas exécuter la sentence de mort rendue dès le 26 octobre par la haute cour, la Ligue insinuait que l'hypocrite monarque avait demandé en secret la mort de sa belle-sœur. Il y eut à Paris un concert d'imprécations en français et en latin contre « la Jézabel », contre « la louve anglaise ».

> Anglois, vous dites qu'entre vous
> Aucun loup vivant ne se trouve?
> Non, mais vous avez une louve,
> Pire qu'un million de loups.

1. Reg. de la V. H, 1789, fol. 23.
2. L'Estoile nous a conservé un sonnet bizarre, où Achille de Harlay et Hector de Pereuse sont comparés à Achille et à Hector d'Homère, avec cette différence que le poète anonyme les suppose d'accord pour faire entrer les Grecs (lisez les Huguenots) dans Paris et leur permettre de massacrer les Parisiens. T. III, p. 9.

Les Guises, qui, par leurs intrigues, avaient certes contribué à exaspérer Elisabeth et, par suite, à précipiter le dénouement, tirèrent parti de l'émotion causée au peuple par la nouvelle de l'exécution de Fotheringay et firent publier dans toutes les chaires que si le roi de Navarre devenait maître de royaume, il agirait avec la même cruauté qu'Elisabeth. Les prédicateurs ajoutaient que la religion de Marie Stuart était la principale cause de sa mort. C'était une façon ingénieuse de surexciter la haine des catholiques français contre les huguenots et de rendre impossible la paix que Henri III eût voulu rétablir [1]. Afin de donner un témoignage public de ses sentiments de douleur, le roi prit le deuil, avec toute la cour. Il ordonna qu'un service solennel aurait lieu le 13 mars à Notre-Dame, en présence de tous les grands corps de l'État, des princes et des grands du royaume. Les membres du corps de Ville y assistèrent, comme ils avaient déjà assisté la veille aux vigiles des morts qui avaient été dites également dans la cathédrale. Le roi prit à charge les frais que ces cérémonies entraînèrent pour la municipalité [2]. D'ailleurs ces démonstrations ne contre-balançaient pas l'effet des menées de la Ligue. Grâce aux avis de Poulain, le roi prenait bien quelques mesures de précaution. C'est ainsi qu'un mandement du Bureau de la Ville, qui porte

---

1. Voy. DE THOU, t. IX, p. 648. L'ESTOILE, t. III, p. 13. FÉLIBIEN, recueillant le mot d'ordre des écrivains cléricaux, écrit aussi : « La mémoire de cette reine infortunée, *dont le crime capital avoit esté l'attachement à la religion catholique*, réveilla tout de nouveau l'animosité des ligueurs de France contre les huguenots. » *Hist. de la Ville de Paris*, t. II, p. 1158.

2. Voici, d'après les Registres, le préambule de la lettre écrite à la Ville par le roi à l'occasion du service funèbre en l'honneur de Marie Stuart : « Nos très chers et bien amez, comme il a pleu à Dieu appeller à soy nostre très chère et très aimée la reyne d'Escosse, douairière de France, nostre belle-sœur, et désirant singulièrement honorer sa mémoire, pour le rang qu'elle tenoit par la pompe funèbre et service qui se fera pour son âme en l'église Nostre-Dame de ceste ville de Paris, nous voulons et vous mandons que vous, ains le procureur, receveur, greffier, conseillers, quarteniers, quatre notables bourgeois de chacun quartier de nostre dite Ville, etc. » Voy. REG. H, 1789, fol. 31.

la date du 13 mars, ordonne aux colonels des quartiers de « faire faire la ronde de nuict par l'un des capitaines de leur quartier accompaigné de trente hommes ou plus grand nombre, tant de pied que de cheval [1] ». Cette ronde commençait à onze heures du soir et finissait au point du jour. Elle se faisait « par toute la ville, ès quartiers de deçà les ponts seulement ». Mais c'étaient des alertes continuelles. Dans la nuit du 15 mars, on avait remarqué des groupes d'hommes armés singulièrement suspects, notamment rue aux Ours et dans le faubourg Saint-Germain. Il y eut une panique qui n'était pas sans fondement ; mais le Parlement s'assembla dès le lendemain et décida « qu'on feroit la nuit par la ville bonnes gardes et sentinelles, et, de jour, exacte garde aux portes : ce qui fut exécuté. — L'Estoile ». Se voyant devinés, les conspirateurs craignirent d'être victimes de la colère du roi, d'autant plus que leurs principaux chefs quittaient Paris et que le duc de Guise, éloigné aussi de la capitale, désavouait les imprudences de ses partisans. Henri III eut donc un moment de répit.

Il en profita pour essayer de regagner la faveur des catholiques par des démonstrations de piété qui, jusqu'à présent, n'avaient trompé personne. Le 5 avril, il fit assembler aux Augustins tous les capitaines des dizaines de Paris [2], assista avec eux à la messe, « durant laquelle il marmonna toujours son grand chapelet de testes de morts que, depuis quelque temps, il portoit à sa ceinture, ouist la prédication tout du long et fist en apparence tous actes d'un grand et dévot catholique ». Mais, quand les dizainiers eurent le dos tourné, le roi dit « en se moquant de toutes ces simagrées : Voilà le fouet de mes ligueux, monstrant

---

1. Reg. H, 1789, fol. 36.
2. En vertu d'un vieil usage tombé en désuétude, les dizainiers s'assemblaient le premier dimanche de chaque mois. L'Estoile, t. III, p. 39.

son grand chapelet ». Henri III allait-il prendre vis-à-vis des rebelles une attitude plus énergique? Plusieurs circonstances tendaient à le faire croire. Le duc de Montpensier lui ayant envoyé un gentilhomme de sa maison pour se plaindre du duc de Guise, qui menaçait la ville de Sedan, le roi dépêcha M. de Bellièvre au duc de Guise pour lui donner l'ordre formel de quitter les environs de la place; Guise obéit, mais sans parvenir à dissimuler sa colère. Le 14 avril, un nouveau règlement fut adressé par le souverain à M. de Villequier, gouverneur de Paris. C'est à la fois un règlement militaire, concernant l'organisation de la milice municipale, et un règlement de police, indiquant les mesures à prendre pour la surveillance des étrangers [1].

Il résulte de l'intitulé même de cette pièce importante qu'en 1587 c'était le roi qui désignait les capitaines et lieutenants de la milice municipale [2] et leur faisait prêter serment de fidélité [3]. Les capitaines désignaient ensuite

---

1. « Ordre et règlement que le roy veult et ordonne à Monseigneur de Villequier, gouverneur et son lieutenant général en sa bonne ville et cité de Paris et Isle-de-France, faire garder et observer par les prévost des marchans et eschevins, colonnelz et capitaines bourgeois de sa dicte bonne ville de Paris *esleuz par S. M.* pour son service, conservation de ladicte ville et bourgeois d'icelle soulz son obéissance ». (Reg. H, 1789, fol. 39.) Ce règlement est daté du 14 avril 1587.
2. Nous avons déjà eu l'occasion d'esquisser l'histoire de la milice parisienne au xvie siècle et de préciser les attributions respectives des quartiniers et des capitaines. A l'origine, sous Charles IX, les capitaines étaient élus par les habitants du quartier. Voy. *Hist. munic.*, p. 536 et la note.
3. « Après que les capitaines et lieutenans auront esté esleux et faict le serment, sera ordonné l'enseigne par le capitaine à tel que bon luy semblera qu'il choisira, lequel porte-enseigne ainsy choisy sera tenu de l'accepter, encore qu'il ayt cy-devant commandé un aultre degré, pour après eulx tous, ensemblement les cinquanteniers et diziniers appellez, faire description de tous les chefs d'hostel et locataires des maisons de leur dizaine, puis après yront eulx-mesmes en personne par toutes les maisons de leur dizaine où ilz feront description et roolle contenans les noms, surnoms et quallités de tous les maistres et serviteurs pouvant porter arme, desquels serviteurs les maistres demoureront responsables... Le capitaine choisira les sergents de bande qui porteront la hallebarde pour conduire la compagnie et nommera les caporaulx qu'il trouvera les plus cappables, qui auront vingt hommes soulz leur escouade; et chacun sergent aura

l'enseigne, les sergents et les caporaux. Aux chefs incombera le soin de compléter dans chaque dizaine l'effectif réglementaire et de forcer ceux qui n'auraient pas d'armes (corselets, arquebuses, morions) à se les procurer. Le lieu de rassemblement de chaque compagnie n'est autre que devant la porte du capitaine. Quand la compagnie sera *dressée* [1], le capitaine la passera en revue. Lorsqu'une place de colonel deviendra vacante, les capitaines et lieutenants du quartier dont le défunt était le chef militaire s'assembleront afin de lui choisir un successeur. Chaque jour, le prévôt des marchands fera « seize bulletins cloz et scellés du seel de la ville, dedans chacun desquelz sera escript le mot du guet ». Chaque colonel, au reçu de son bulletin, en adressera une copie, cachetée de son cachet de colonel, à chacun des capitaines du quartier. Le prévôt des marchands, les échevins ne sont pas autorisés à se décharger sur les colonels de la surveillance de la ville. « Chacun en leur tour » ils doivent aussi faire des rondes, et les corps de garde et sentinelles ne doivent être levés « qu'après qu'il fera grand jour ». Quant aux bourgeois, leurs obligations, en ce qui concerne le service de garde, sont sanctionnées par des amendes et de la prison. « Les bourgeois chefz d'hostel, tenans et logez en chambres de louaige, et aussy ceulx ayant pouvoir et puissance de porter armes » doivent aller en personne « aux guet et garde qui leur sont commandez et ordonnez par les capitaines, lieutenans et enseignes », à peine d'un écu d'amende, deux écus, en cas de récidive, et vingt-quatre heures de

---

deux escouades, tellement que quand le capitaine aura besoing d'assembler ses gens, il n'aura à faire sinon d'advertir ses lieutenans et enseignes pour commander aux sergens d'assembler les caporaulx à ce qu'ilz aient à assembler leurs escouades pour eulx trouver devant le logis de leur capitaine. » (REG. II, 1789, fol. 39.)

1. C'est-à-dire *levée*. « Dressoit deux compagnies afin qu'il se jettast dans la Réolle ». *Mém. de Montluc*, t. II, p. 75. Voy. le *Dict. de Lacurne de Sainte-Palaye*. Édit. Favre. V° DRESSER, t. V, p. 259.

prison pour la deuxième récidive. C'est le prévôt des marchands qui décerne les contraintes pour le payement des amendes.

Le service des portes de la ville est réglé avec un soin méticuleux. Chaque matin le quartinier dans le ressort duquel se trouve une porte envoie un dizainier ou un cinquantenier à cette porte avec la clef, et le capitaine de la garde montante préside à l'ouverture. De même pour la fermeture : le quartinier envoie de nouveau les clefs, qu'il est tenu de garder chez lui, car les capitaines ne sont que des agents d'exécution et non les véritables représentants de l'autorité municipale. Pendant la nuit, deux portes seulement resteront ouvertes ou du moins pourront être ouvertes. Ce sont les portes Saint-Jacques et Saint-Denis ; un quartinier y passe la nuit et reste détenteur de la clef du guichet. Une enquête sommaire sera faite chaque fois qu'un *forain* se présentera pour entrer dans Paris : on lui demandera où il va loger, ce qu'il vient faire dans la capitale. S'il a des armes, elles seront portées à son hôtelier, qui ne pourra les lui rendre qu'au départ, sous peine de dix écus d'amende, sans préjudice de la confiscation des armes.

Diverses prescriptions complètent ces mesures. « Afin que les règlements susdicts réussissent à quelque bon effet, pour l'honneur de Dieu, manutention de la religion apostolique et romaine, obéissance du roy et conservation de ladite ville, sera la messe des capitaines célébrée les premiers dimanches du mois, et fut commencée le dimanche de Quasimodo au couvent des Augustins. » Un peu plus tard, le 3 juillet 1587, la Ville assembla les colonels, lieutenants et enseignes dans la maison commune, et l'on décida, dans cette séance, que les colonels et capitaines se réuniraient tous les vendredis à l'Hôtel de Ville « pour adviser sur les affaires et occurrances qui pourront se présenter [1] ». Un ordre antérieur du Bureau, daté du 24 avril [2], avait enjoint aux cinquanteniers et dizainiers de demeurer dans la circonscription de leur dizaine, et ce dans le délai de quinze jours, sous peine de privation de leur état. Ainsi se trouvait constituée, sur le papier tout au moins, une force redoutable dont le roi désignait les chefs; mais la suite prouvera que la milice municipale n'était pas disposée à suivre aveuglément ses officiers.

Il faut remarquer que la publication de l'important règlement de police que nous venons d'analyser coïncidait avec le retour du duc d'Epernon [3] à Paris (avril). C'était le plus énergique des amis du roi et le plus hostile à la Ligue. Tout récemment, il avait failli, à Lyon, être victime d'un guet-apens tramé par Mayenne, et il s'en souvenait. Son entrée à Paris « en grande magnificence et compagnie de plus de trois cens chevaux » consterna les ligueurs, « qui disoient qu'il n'y avoit que lui qui mettoit le cœur au ventre du roi [4] ». Presque en même temps que d'Epernon, le duc de Joyeuse rentra, de son côté, dans la capitale; il arrivait de la Normandie; mais le crédit du beau Joyeuse était bien affaibli depuis que le roi avait eu connaissance de ses relations beaucoup trop cordiales avec la faction des Guises.

Henri III était toujours en butte aux insolentes déclamations des prédicateurs, qui, nous dit l'Estoile dans son pittoresque langage, « lui donnaient des coups de bec, comme s'il eust favorisé sous main l'hérétique, et là-dessus

---

1. Reg. II, 1789, f° 50.
2. *Ibid.*, f° 43.
3. Anquetil donne en quelques lignes un aperçu exact des tendances opposées des principaux courtisans de Henri III : « Dans sa cour et dans son conseil, les attachements étoient divers comme les opinions. Joyeuse, un des mignons, Villeroy, un des principaux ministres, la reine mère, beaucoup de seigneurs penchoient pour la Ligue. Espernon, autre favori, et tous ceux que les prétentions audacieuses du duc de Guise révoltaient, favorisoient les Bourbons ».
4. L'Estoile, t. III, p. 42.

le crocheteur de Paris le traînoit par la fange de ses infâmes médisances et bouffonneries ». L'argument qu'on employait alors pour le rendre odieux au peuple, c'est qu'il ne procédait pas à la vente des biens des huguenots, ordonnée par lettres patentes du 2 mai 1586 [1]. Pour priver les fanatiques de ce thème commode, le roi ordonna au Parlement de publier l'édit de confiscation; mais, en même temps, il enjoignit aux magistrats de punir sévèrement les auteurs des libelles séditieux contre la personne royale, et menaça les membres du Parlement de s'en prendre à chacun d'eux personnellement, si la répression se faisait attendre. Il sortit de ces menaces une belle ordonnance qu'on appela l'*ordonnance de cire*, parce qu'elle « se fondit aux tièdes faveurs des grands et n'eut vertu que du papier ».

Le corps municipal rivalisait avec le Parlement de froideur envers le pauvre monarque, et, d'ailleurs, la Ville n'avait pas lieu de lui témoigner un grand amour, car il venait de décider de saisir purement et simplement les fonds destinés au payement des rentes de la Ville dont le quartier venait à échéance le dernier jour de juin 1587. En apprenant cette nouvelle atteinte aux privilèges de la cité, le Bureau s'assembla, et, dans la séance du 28 avril, il fut « conclud que MM. les prévost des marchans et eschevins et conseillers de la Ville, MM. de l'Hostel-Dieu et commissaires des pauvres iroient, le lendemain, vers MM. de la Cour de Parlement pour les supplier de faire, de leur part, remontrances au roy, ad ce qu'il plaise à Sa Majesté pourveoir au paiement des arrérages des rentes d'icelle ville [2] ». La députation municipale se rendit, en effet, auprès du roi, le 29 avril, et lui adressa les remontrances qu'elle

---

1. On peut lire le texte de ces lettres patentes dans le Recueil des *Mémoires de la Ligue*, t. I, p. 310.
2. Reg. II, 1789, f° 43.

avait mission de présenter. Mais Henri III, loin d'en tenir compte, répliqua en faisant demander à l'Hôtel de Ville par M. de Villequier, gouverneur de Paris, « bonne somme de deniers pour le paiement des reîtres et des Suisses ». Il s'agissait de 140,000 écus destinés à payer la solde de 4,000 Suisses pendant quatre mois. L'assemblée générale qui eut lieu le 13 mai [1], à la maison commune, entendit avec stupeur cette nouvelle injonction. On eut recours au Parlement, qui ne refusa pas son intervention, et, le 30 mai, à ce que nous apprend l'Estoile [2], « certain nombre de présidens et conseillers de la Cour furent par icelle derechef députés pour aller au Louvre faire au roy remonstrances sur la saisie des deniers destinés au paiement des rentes de la ville et l'arrest de leurs gages, et lui dire que, s'il n'en bailloit main-levée, ils estoient résolus de n'aller plus au palais et abandonner son service accoustumé ». A cette menace directe, qui attestait le mépris profond dans lequel les magistrats eux-mêmes tenaient le roi, leur maître, Henri III répondit avec rage qu'il ferait droit à la requête du Parlement s'il « lui bailloit main-levée de la guerre », mais qu'il voyait bien ce que signifiait l'attitude des gens de justice « et qu'ils marchandoient à se faire jeter dans un saq à la rivière ». Le roi voulait dire sans doute que les magistrats avaient peur des cris et des déclamations des prédicateurs qui, dans leurs sermons de la Fête-Dieu, étaient allés jusqu'à dire qu'il fallait coudre dans un sac et jeter à l'eau « ceux de la justice », à cause de leur complaisance pour les exactions du prince. Quant à la Ville, elle supplia le roi, pour éviter la saisie des rentes, de vouloir bien se contenter de 200,000 livres, « laquelle somme seroit taxée et imposée sur tous et chacun les manans et habitans de ladicte ville et faulx-

1. Reg. H, 1789, f° 45.
2. T. III, p. 46.

bourg, le fort portant le faible, privilégiés et non privilégiés », sans excepter même les gens d'Église et les domestiques du roi [1]. C'était là le maximum des sacrifices que pouvaient alors supporter les finances municipales, car la misère sévissait durement à Paris : le blé se vendait aux Halles trente francs le setier [2] et jusqu'à trente cinq, quarante et quarante-cinq livres dans les villes voisines. Une multitude de pauvres errait dans les rues, à tel point qu'on fut obligé d'en loger deux mille à l'hôpital de Grenelle, où le roi leur faisait donner, chaque jour, cinq sous par tête.

Les circonstances ne paraissaient pas favorables au rétablissement de la prospérité publique. La France entière était en armes ; toutes les provinces se transformaient en champ clos où protestants et catholiques continuaient leur duel acharné. Sur les frontières de Champagne, le duc de Guise guerroyait contre le duc de Bouillon. Dans le Poitou et le Périgord, le roi de Navarre, le prince de Condé, le vicomte de Turenne faisaient tête vigoureusement aux troupes catholiques. Au commencement de juin, le duc de Joyeuse quitta Paris pour aller se mesurer avec le terrible Bourbon. Une grande partie de la noblesse le suivit : il emmenait environ huit mille hommes. Les premières escarmouches furent assez heureuses pour le favori, qui obtint quelques succès dans le Poitou contre les protestants, mais se déshonora en massacrant ses prisonniers, notamment lors de la prise de Saint-Eloi et de Tonnay-Charente. Le roi de Navarre ne pouvait laisser accabler en détail ses petits postes avancés. Il sortit de la Rochelle et

---

[1]. Ces 200 000 livres étaient un don gratuit. Ils furent votés dans une assemblée du samedi 11 juillet 1587.
[2]. Le setier avait une contenance d'environ 156 litres. « Le prix du blé a toujours été assez uniforme et, année commune, un setier de blé a toujours payé quatre paires de souliers depuis Charlemagne. » *Dict. Philos.*, v° Blé.

marcha contre Joyeuse, dont le quartier général était à Niort; mais le duc venait d'apprendre que son absence ruinait de plus en plus le crédit qui lui restait à la cour; ses troupes commençaient à se débander, la contagion les décimait. Laissant le commandement à Jean de Beaumanoir de Lavardin, Joyeuse abandonna ses soldats à la grâce de Dieu et revint en poste à Paris (15 août). Navarre profita de ce départ du général ligueur pour refouler les catholiques du côté de la Touraine et s'avança jusqu'à Monsoreau sur la Loire, au-dessus de Saumur. Il y bâtit un fort et fit construire un pont de bateaux pour permettre aux renforts qu'il attendait de Normandie et d'Anjou de venir le joindre.

Henri III se trouvait acculé à la nécessité de faire la guerre, mais à qui? Tous ses actes sont complexes et contradictoires. Il convoque ses compagnies d'ordonnance et forme trois corps d'armée pour combattre les huguenots, comme s'il était décidé à faire un effort décisif; mais il quitte Paris au même moment (19 juin) pour aller à Meaux, dans l'intention d'y mander le duc de Guise et de conférer avec lui sur les moyens de rétablir la paix. D'Épernon, Villeroy, les gens du Conseil et plusieurs membres du Parlement accompagnent le souverain pour l'aider de leurs lumières. La municipalité parisienne est représentée à Meaux par deux échevins, Pierre Lugoly, lieutenant criminel au Châtelet, et Louis de Saintyon, avocat [1]. Mais le roi dut revenir à Paris, le 27 juin, sans avoir vu le duc de Guise, qui, craignant quelque piège, n'avait pas répondu à l'appel du monarque. Il fallut envoyer la reine mère pour rassurer le duc, qui daigna enfin se rendre à Meaux.

1. Les élections municipales de 1587 pour le remplacement de deux échevins sortants eurent lieu le 17 août, sans incident. C'est le roi lui-même qui reçut le serment des deux échevins nouveaux, Jean Le Comte et François Bouvart, choisis parmi les quartiniers. Le scrutin fut ouvert par M. de Villeroy, secrétaire d'État. Reg. H, 1789, f° 62.

Henri III y revint de son côté, le 3 juillet, toujours suivi de d'Épernon. Tout le résultat de l'entrevue se réduisit, d'ailleurs, à quelques embrassades de commande, échangées entre le duc de Guise et le duc d'Épernon. Le premier dit résolument au roi, qui le pressait de se prêter à un accommodement avec les huguenots, « qu'il était du côté de la guerre », et engagea le prince à se souvenir qu'il était roi d'un peuple qui n'avait jamais craint autre chose que la chute du ciel. A cela, le duc ajouta d'aigres récriminations sur le gaspillage des fonds destinés à la guerre et sur la disgrâce de plusieurs gentilshommes dévoués à la Ligue. Henri III n'était jamais à court de paroles et répondit en accusant Guise d'avoir voulu, par lui ou ses lieutenants, se saisir de places fortes que les huguenots ne menaçaient nullement, comme Boulogne-sur-Mer et Vitry-le-François, et d'avoir détourné pour d'autres usages cent mille écus, levés pour reconstruire la citadelle de Verdun. En somme, le roi céda et promit de s'opposer lui-même par les armes à l'invasion des protestants d'Allemagne, et surtout à leur jonction avec le roi de Navarre. Le plan du machiavélique Valois consistait à s'établir sur la Loire avec une forte armée, tandis qu'à l'ouest Joyeuse contiendrait les forces que le Béarnais recrutait en Gascogne, et qu'en Lorraine le duc de Guise recevrait le choc des reîtres allemands et serait peut-être battu, car il ne disposait que d'un effectif insuffisant. Joyeuse vainqueur, Guise affaibli ou tué, le roi redevenait assez puissant pour braver la Ligue, et quant aux reîtres et aux Suisses huguenots, avec de l'or on s'en débarrasserait toujours. Le calcul pouvait certes réussir, et un peu de prestige était bien nécessaire au roi.

A Paris, l'audace des ligueurs ne connaissait plus de bornes. Le 3 juin, Roland, général des monnaies, que l'Estoile appelle quelque part « l'un des arcsboutans et piliers de la Sainte-Ligue », s'exprima avec une telle violence sur le compte du roi, en pleine assemblée de l'Hôtel de Ville, qu'il fallut l'arrêter et l'écrouer à la Conciergerie; mais, chose étrange, la Ligue eut le crédit de faire arrêter et emprisonner, le même jour, le Toulousain du Belloy, qui avait trop hautement pris le parti du roi de France et du roi de Navarre contre les libelles diffamatoires des catholiques. Et Roland, le ligueur, fut relâché au bout de quelques jours, tandis que du Belloy, le royaliste, resta en prison. Le Parlement devenait de plus en plus hostile : il avait refusé, le 27 juin, d'homologuer quatre édits de finances, destinés à fournir au roi les fonds nécessaires à la levée des troupes. Au-dessous de ces édits, dont l'un ordonnait l'aliénation du domaine jusqu'à concurrence de 300,000 écus, le Parlement écrivit un mot : *Néant*. Dans la rue, la foule grossière et fanatisée venait au cimetière Saint-Séverin contempler le tableau de *Madame de Montpensier* [1], ainsi nommé parce que la duchesse avait eu l'idée de parler aux yeux du peuple au moyen de cette fresque ridicule, qui était censée représenter « plusieurs cruelles et estranges inhumanités exercées par la reine d'Angleterre contre les bons et zélés catholiques, apostoliques romains ». Grâce aux commentaires enflammés des prédicateurs, les badauds parisiens prenaient pour authentiques toutes les horreurs imaginées par le peintre ligueur et s'attroupaient en criant vengeance! Les choses allèrent au point que le roi manda au Parlement de prendre des mesures pour enlever le tableau; mais telle était déjà la faiblesse des autorités que l'on n'osa pas exécuter en plein jour les ordres du roi, et que l'enlèvement de la peinture chère à Madame de Montpensier eut lieu de nuit (9 juillet) par les soins de Jérôme Auroux, conseiller au Parlement et marguillier de Saint-Séverin. Le pauvre magistrat y

1. L'Estoile, t. III, p. 53.

perdit sa popularité, car on l'avait pris jusque-là pour un zélé catholique. Comme le marguillier était fils d'un maçon, les ligueurs lui avaient décoché ces avertissements ironiques :

> .....Et toi, Hierôme, et toi, à qui l'on a donné
> Charge de faire oster ce tableau massonné,
> Garde bien d'attenter à ceste œuvre tant chère !
> Ton père, en son vivant, de son art fut masson ;
> Si tu demassonnais, tu lairrois la raison,
> Dédaingnant, fils ingrat, le mestier de ton père.

Pour ramener à lui la faveur des masses, le roi multipliait les démonstrations pieuses. Tantôt il faisait promener la châsse de sainte Geneviève, afin d'obtenir la cessation de la pluie (9 juillet); mais cela n'aboutissait qu'à discréditer les puissances célestes, car, dès le 10, si l'on en croit la chronique, la pluie « recommençait de plus belle ». Tantôt il assistait, vêtu en pénitent blanc, aux processions organisées à Saint-Germain des Prés par le cardinal de Bourbon, processions superbes où l'on voyait marcher tous les enfants, fils et filles du faubourg Saint-Germain, vêtus de blanc, pieds nus, des fleurs sur la tête et un cierge ardent à la main [1]. Ce fut très édifiant; mais le peuple parisien ne s'en trouvait pas plus heureux. Le 22 juillet, il y eut une émeute aux Halles et l'on pilla les boulangeries, sous prétexte que le pain était trop cher. Deux bourgeois qui prêchaient le respect de la propriété furent tués, et les mutins firent un feu de joie avec les charrettes et les hottes des malheureux boulangers.

Dans les chaires, les prédicateurs continuaient leurs déclamations, appelant les bénédictions du ciel sur les armes de Joyeuse et du duc de Guise. Cette tendresse de

---

1. Cette procession eut lieu le mardi 21 juillet (DU BREUIL donne à tort la date du 25, car le 25 n'était pas un mardi cette année-là). [FÉLIB., *Hist. de la Ville de Paris*, t. II, p. 1162.

la Ligue pour Joyeuse avait bien diminué la faveur de l'ancien mignon auprès du roi. Orgueilleux et brave, il ne put s'habituer à la froideur du prince et demanda avec instance la permission de livrer bataille au roi de Navarre. Henri III y consentit et Joyeuse repartit dans l'Ouest, emmenant avec lui toute la fleur de la noblesse de cour. Mais le roi de Navarre anéantit à Coutras l'armée catholique qui avait osé lui livrer bataille, et le malheureux Joyeuse périt dans la déroute des siens (20 octobre). On renvoya son corps à Paris. Henri III le pleura peu; par contre, les poètes de la cour, des Portes, Baïf, du Perron, chantèrent le défunt sur tous les modes.

Battue à Coutras, la Ligue était-elle plus heureuse du côté de la frontière de l'Est? Dès le 20 août, les reîtres allemands envoyés par l'électeur de Saxe, l'électeur de Brandebourg et le prince palatin Jean-Casimir, se trouvaient concentrés à Strasbourg, sous les ordres du baron de Dohna. Ils étaient environ huit mille, auxquels il faut ajouter seize mille Suisses des cantons protestants, quatre mille autres ayant pris la direction du Dauphiné. Enfin, le duc de Bouillon avait rejoint l'armée protestante avec deux mille hommes d'infanterie française et trois cents chevaux. Malgré les ordres de l'empereur, cette grosse armée entra en France par les défilés de Phalsbourg, que les catholiques ne surent pas défendre, et s'achemina vers la Loire, après avoir traversé la Champagne. Le duc de Lorraine et le duc de Guise ne paraissaient pas en état d'arrêter l'invasion, car ils ne disposaient que de forces insuffisantes et sans cohésion. On avait dit, en outre, aux Allemands et aux Suisses que le roi de France souhaitait ardemment la défaite de la Ligue et ne chercherait nullement à entraver la marche de l'invasion. Mais, en arrivant sur la Loire, ils trouvèrent tous les gués gardés par l'armée royale.

Henri III s'était décidé, en effet, à quitter Paris pour aller chercher ailleurs une apparence de gloire. La Ligue l'abreuvait d'humiliations, et l'on ne s'en tenait même plus aux paroles. Nicolas Poulain [1] dévoile la tactique des prédicateurs qui, par la violence croissante de leurs déclamations, avaient entrepris « de provoquer le roy à faire prendre quelqu'un d'eux, afin d'avoir subject de s'élever contre luy ». L'un de ces enragés sermonnaires [2] osa, du haut de la chaire de Saint-Séverin, faire tomber sur le roi les plus grossières injures. Henri, malgré son habitude de fermer les yeux, dut faire menacer l'insolent d'une punition sévère. Aussitôt les ligueurs répandirent le bruit qu'on voulait faire pendre ce prédicateur et se saisir des autres porteurs de la bonne parole (2 septembre). Là-dessus, Bussy le Clerc, avec sa compagnie en armes, vint s'embusquer au logis d'un notaire nommé Hatte, enseigne de son quartier, et qui demeurait proche de Saint-Séverin. En même temps, de nombreux émissaires parcouraient la rue Saint-Jacques et ses environs, criant : « Aux armes ! Qui est bon catholique, il est l'heure qu'il le montre. Les huguenots veulent tuer les prédicateurs et les bons catholiques ». Pour accroître le désordre, les curés de Saint-Séverin et de Saint-Benoît firent sonner le tocsin. Quand la nouvelle de ces préparatifs séditieux arriva au roi, il avait auprès de lui le chancelier Cheverny et M. de Villequier, gouverneur de Paris. Le premier conseilla au prince de faire un exemple et de se saisir des coupables, mais le gouverneur traita de mensongers tous les rapports qu'on apportait au Louvre, affirma que le peuple parisien aimait trop son roi pour jamais attenter contre sa personne, et, comme le chan-

---

1. Arch. cur., t. XI, p. 308.
2. D'après les *Mémoires de* Pape de Saint-Auban, dont les *Mém. de la Ligue* (t. II, p. 200) contiennent un fragment, l'auteur du sermon séditieux ne serait autre que le curé même de Saint-Séverin, le sieur Prévost.

celier insistait, Villequier ajouta sur le ton de la plaisanterie : « Sire, cela ne m'empêchera pas d'aller me verser quatre rasades. » Puis il alla se mettre à table. Comme le tumulte augmentait dans l'après-midi et devenait plus menaçant d'heure en heure, le roi envoya d'abord un gentilhomme de sa chambre au logis du notaire Hatte pour savoir ce que signifiait l'attitude hostile de ses hôtes armés, Bussy le Clerc, Crucé, Henault et les autres. Mais Hatte, qui connaissait personnellement le gentilhomme du roi, le retint prisonnier, sans même daigner lui répondre. On envoya ensuite, vers neuf heures du soir, Pierre de Lugoli, lieutenant du prévôt de l'Hôtel avec ses gens et un détachement de gardes du corps, et Lugoli fut suivi de Jean Séguier, lieutenant civil, qui manda force sergents et commissaires; mais le notaire Hatte s'était esquivé, et l'émeute grossissant toujours, les gens du roi couraient un véritable danger. Les courtisans décidèrent le faible prince à rappeler ses gardes et la police, sans qu'on eût cherché à forcer la maison du notaire, transformée en citadelle de la Ligue. C'était une victoire pour cette poignée de rebelles qui avait bravé l'autorité royale. Dès le lendemain, les manifestations hostiles recommencèrent avec plus de rage que jamais. « On voyait courir les ligueurs par pelotons dans les rues de la ville [1] et s'attrouper dans les carrefours où ils tenaient conseil entre eux et déchiraient la personne du roi et du duc d'Épernon, tandis que les prédicateurs, et Boucher surtout, le plus furieux de tous, faisaient retentir les chaires chrétiennes des invectives atroces qu'ils vomissaient contre ce prince et ses ministres. » Henri III, sur le conseil de sa mère, affecta de n'avoir reçu aucune injure, et le 3 septembre il fit bonne mine, à

---

1. DE THOU, t. X, p. 39. Voir aussi, sur la journée de Saint-Séverin : *Le procès-verbal de Nicolas Poulain*, p. 308 ; L'ESTOILE, t. III, p. 63 ; FÉLIBIEN, *Hist. de la Ville*, t. II, p. 1162.

son petit lever, aux notables du parti ligueur. Bussy le Clerc et quelques-uns des plus compromis jugèrent toutefois prudent de s'absenter jusqu'à nouvel ordre. Peut-être firent-ils sagement, car le Valois se sentait atteint dans son honneur. Villeroy lui persuada qu'il n'avait qu'un moyen d'en imposer aux factieux : quitter la capitale et se rendre à l'armée. Ses courtisans tâcheraient de lui cueillir quelques lauriers pour faire pâlir ceux du roi de Navarre et du duc de Guise.

Le 12 septembre 1587, Henri III se rendit au camp d'Étampes. Il emmenait avec lui les ducs de Nevers et d'Épernon [1]. Ce n'était pas sans regrets que le roi s'arrachait aux délices de la capitale; ce n'était pas sans craintes qu'il laissait derrière lui la grande citadelle de la Ligue. Il confia la défense de sa cause au ciel et aux autorités municipales.

Avant de partir « à Montereau dresser son camp et armée pour empescher les mauvais desseings de plusieurs estrangers qui sont entrés dans ce royaume », le souverain fit dire dans l'église de la Sainte-Chapelle « des prières publiques à Dieu, à ce qu'il luy plaise luy donner victoire à l'encontre de ses ennemis [2] ». Le corps de Ville y assista en grande pompe. Le 11 septembre, Henri manda au Louvre, en sa chambre, « les prévôt des marchands et échevins, accompaignez des sieurs capitaines, lieutenans et enseignes ou la pluspart d'iceulx », et leur enjoignit en

---

1. Le dimanche 23 août, le duc d'Épernon, que le roi appelait alors *son fils aîné*, avait épousé Marguerite de Foix, comtesse de Caudale, dont la sœur du roi, Diane d'Angoulême, avait dirigé l'éducation. Les noces s'étaient célébrées à Vincennes, avec une simplicité relative. D'Épernon était un homme rangé : il préféra garder pour lui le don du roi : *quatre cent mille écus!* A lui seul, le collier de perles que le roi donna à la mariée valait cent mille écus. Le 30, il y avait eu, en l'honneur des nouveaux époux, un bal magnifique à l'hôtel de Montmorency. Le roi y avait « ballé en grande allégresse, portant néantmoins son chappelet de testes de mort, tant que le bal dura, tousjours pendu à sa ceinture ». L'ESTOILE.
2. REG. H, 1789, f° 19.

son absence « obeyr à la royne sa mère, à monseigneur de Villequier, gouverneur et lieutenant général de Sa Majesté en ceste ville et Isle-de-France, et ausdictz sieurs prévost des marchands et eschevins ». Et le lendemain 12 septembre, jour même de son départ, le roi, étant en son conseil, publia un règlement « pour la conservation de sa ville et repos des bourgeois d'icelle [1] ». Ce règlement, qui est extrêmement développé, ressemble par beaucoup de points aux autres documents du même genre qu'on a eu déjà l'occasion de citer. Néanmoins, il contient quelques prescriptions intéressantes, relativement au mode de nomination des officiers de la milice : « Les cappitaines et lieutenans des dizaines [2] de la ville et faulxbourgs *seront choisis et esleus* comme ilz ont esté cy-devant *par Sa Majesté ou par aultre représentant sa personne au Gouvernement de la Ville* ». Ainsi, le roi retenait à lui la nomination des officiers des dizaines, ce qui suffit à expliquer le peu d'action qu'auront ces officiers sur leurs hommes dans les désordres de la Ligue. Ils devaient prêter serment aux mains du roi ou du gouverneur de Paris et, seulement à leur défaut, entre les mains du prévôt des marchands. Mais si les capitaines et les lieutenants étaient nommés par le roi, les colonels, en cas de décès ou de changement de quartier des titulaires, restaient à la nomination des capitaines et lieutenants du quartier. « Lesdictz

1. Reg. H, 1789, fol. 19.
2. C'était une chose assez grave que de modifier le nombre et l'importance d'une dizaine. Les habitants de la rue des Lombards, qui autrefois ne formaient qu'une dizaine, avaient été répartis en deux dizaines. Ils adressèrent une requête à la Ville pour protester contre ce dédoublement et réclamer la suppression de la nouvelle dizaine. La Ville soumit cette requête à une instruction et prit l'avis du quartinier Jehan Durantel et du dizainier Pierre Crochet. Ils répondirent que « soixante ans sont environ que les deux dizaines sont instituées audit quartier, et que, par jugegement du 3 février de l'an 1582, lesdictz habitans avoient esté débouttez de pareille requeste ». Aussi le Bureau de la Ville, par décision du 31 août 1587, crut-il devoir rejeter la requête. *Ibid.*, f° 67.

colonnelz, porte le règlement, esleuz comme dict est par lesdictz cappitaines et lieutenans, seront respectez comme chefz des armes en leur quartier et auront l'œil et soing sur les aultres capitaines et chefz de bande de leursdictz quartiers. » Les corps de garde sont tout simplement installés « dans la maison d'un des bourgeois d'icelle ville, par l'advis du colonel du quartier et du capitaine de ladicte dizaine; et sera tenu ledict bourgeois accomoder ledict corps de garde en sadicte maison, en le payant du loyer de son lieu et place, selon ce qui sera trouvé raisonnable, aux despens d'icelle dizaine ». Le seul bénéfice de cette hospitalité plus ou moins volontairement donnée à la garde nationale du temps, c'était, pour le bourgeois envahi, le privilège d'être « excusé de la garde tant de jour que de nuict, en récompense de l'incommodité qu'il souffrira en sa maison ». Les rondes, les patrouilles seront faites suivant le mode ordinaire, mais le règlement du 12 septembre nous apprend qu'il y avait sur les remparts des *loges* pour les sentinelles chargées de « veoir soigneusement s'il y aurait quelques gens aux champs ». En cas « d'esmotions populaires, sédition et meurtres », les colonels et les capitaines devront, sur l'ordre du prévôt des marchands, « asseoir guet et garde de jour par la ville jusques au nombre de vingt hommes par chascun jour en chascun des seize quartiers, et ung caporal avec eulx, si les capitaine, lieutenant ou enseigne n'y peulvent estre eulx-mesmes en personne ». Ces détachements parcourront le quartier en tous sens et se saisiront des séditieux, qu'ils conduiront aux prisons de la ville. Des points de ralliement pour la milice de chaque quartier sont indiqués avec précision par le règlement [1].

Ces mesures furent complétées par les précautions d'usage

---

1. Voy. le *Registre*, f° 77.

dans les temps troublés. Une décision du Bureau, en date du 26 septembre, prescrivit le licenciement « des vallides et aultres besongnans aux asteliers de la ville [1] ». C'était là surtout une mesure d'économie, car le receveur de la Ville, François de Vigny, se déclarait hors d'état de payer les pauvres diables employés dans les ateliers municipaux. En revanche, on avait levé douze cents pionniers pour travailler aux fortifications de Paris, et un ordre du Bureau en date de 2 septembre avait enjoint aux habitants de la Courtille de « les recepvoir et loger [2] ». Pour suffire à ces dépenses, la Ville avait constitué mille écus de rente sur les « aydes, dons, octrois et subsides sur le domaine de la Ville ». Les abords de la Seine furent dégagés par les soins du maître des œuvres de maçonnerie de la ville, assisté de deux commissaires des quais de la ville, « des scelles à laver, lessives, planchers pour hayons » que plusieurs personnes, sans aucune autorisation, avaient installés « le le long des portz, quaiz et rivaiges de la rivière en ceste dite ville [3] ». Un autre ordre du Bureau, en date du 28 octobre, enjoignit « au premier sergent de la ville d'aller le long de la rivière de Seine-et-Oise et faire admener en ceste ville, reaulment et de faict, tous les bacqz qui sont depuis icelle jusqu'à Mantes et Ponthoise, pour obvier à tous inconvénients qui pourroient advenir [4] ». D'autres sergents furent chargés de remplir la même mission du côté de Corbeil et Lagny. Enfin, le 7 novembre, le Bureau prescrivit « à tous soldatz estans de présent en ceste ville et faulxbourgs, de vuider de ladite ville et faulxbourgs dedans six heures après la publication de la présente, *sur peine d'estre penduz et estranglés sans forme ne figure de*

---

1. Reg. H, 1789, f° 79.
2. *Ibid.*, f° 68.
3. *Ibid.*, f° 82. La décision qui ordonne la saisie de tous ces objets encombrants est du 3 octobre 1587.
4. *Ibid.*, f° 86.

procès [1] ... » Défense était faite, en même temps, à tous bourgeois, collèges et communautés de les recevoir « sur la mesme peine ». De quels soldats voulait parler cet ordre draconien? Probablement des émissaires de la Ligue, qui comptaient profiter du départ du roi pour organiser quelque coup de main et trouvaient dans les communautés des asiles assurés. Cette hypothèse n'a rien de chimérique, car un passage du procès-verbal de Nicolas Poulain établit que les fortes têtes de la Ligue avaient l'intention de se rendre maîtres de la capitale, tandis que le duc de Guise tâcherait de faire du roi son prisonnier au cours des opérations contre les huguenots allemands. « En l'an 1587, dit l'espion du roi, Sa Majesté partit de Paris pour aller au-devant des reistres, et laissa à Paris la royne sa mère et la royne sa femme pour gouverner en son absence; et lors Messieurs de la Ligue furent en délibération de se saisir de la Ville de Paris, en l'absence du roy, selon les mémoires que leur en avoit dressé le duc de Guise, qui pensoit se saisir de la personne du roy en la campagne [2]. »

Le commissaire Louchart alla trouver le duc de Guise à son camp pour le consulter sur l'opportunité d'une révolte à Paris même; mais le duc fut effrayé encore une fois de l'audace des ligueurs parisiens et « ne trouva pas ceste entreprise seure, voyant une si grosse et forte armée près la ville, tellement qu'il la rompit ». Qui sait ce qui serait arrivé si le duc de Guise avait pu se rendre lui-même à Paris et prendre la direction du mouvement? Villequier, le gouverneur de Paris, qui avait déjà eu la plus singulière attitude lors de la journée de Saint-Séverin, n'était pas homme à contrarier un nouvel assaut de la Ligue contre le malheureux Valois. Se méfiant de Poulain, le gouverneur fit venir le personnage et chercha longtemps

---

1. REG. H, 1789, f° 87.
2. *Procès-verbal de Poulain*, p. 307. ARCH. CUR., t. XI, 1re série.

à lui arracher l'aveu de ses relations avec le roi ; mais, comme Poulain persistait à jouer l'étonnement, Villequier proféra les jurons les plus énergiques et menaça son interlocuteur d'un châtiment exemplaire, s'il continuait à se mêler des affaires de l'État. Poulain ne s'émut pas et, conformément à ce qu'il avait promis, ne se priva pas de faire ses confidences au chancelier, tant que dura l'absence du souverain. Ce Villequier apportait, d'ailleurs, dans ses relations avec les Parisiens, une grâce toute particulière. Comme on manquait de bras pour continuer les travaux des tranchées, il réquisitionna de force tous les maçons et interdit aux bourgeois de les employer. Le Bureau de la Ville porta ces ordres à la connaissance de la population [1].

Pendant qu'on prenait à Paris ces mesures de précaution contre une attaque possible de l'armée allemande, celle-ci s'efforçait de passer la Loire et s'étonnait de voir Henri III en personne leur barrer le passage, alors que l'intérêt évident de ce prince était de se servir des reîtres protestants pour abattre la Ligue. Repoussés à La Charité, les alliés tournaient sur place, en proie à une sorte de panique étrange. Le duc de Guise, renforcé par les troupes de Mayenne et des ducs d'Aumale et d'Elbeuf, et par celles du comte de Brissac, harcelait la marche pénible et em-

---

[1]. « DE PAR LE ROY. M. le Gouverneur et lieutenant général de Sa Majesté en ceste Ville de Paris et Ile-de-France et les prévost des marchans et eschevins de la Ville de Paris... Il est interdit à tous massons, aides et aultres manœuvres de quicter et laisser leur astellier, et à tous les dessusdictz et aides valides d'aller promptement besongner et travailler aux tranchées et advenues du pourtour d'icelle ville, demain matin, ès lieux et endroictz qui leur seront ordonnez par les maistres des œuvres et aultres personnes qui ont charge de ce faire, leur déclairant qu'ilz seront très bien paiez et satisfaictz, et seront faictes deffences à tous bourgeois et aultres d'employer lesdictz massons, aides, vallides en leurs astelliers et ouvraiges particuliers, sur peine de vingt escus d'amende pour le regard desdictz bourgeois, et ausdictz massons, ouvriers vallides, de pugnition corporelle, s'il y eschet, le tout jusques à ce que aultrement en ayt esté ordonné. Faict au Bureau de la Ville le mercredi 28 octobre, l'an 1587. » REG. H, 1789, f° 85.

barrassée des envahisseurs, et finalement vint se placer entre eux et la capitale, en prenant position à Courtenay, au delà du Loing : car il voulait éviter à ses amis les Parisiens le voisinage des troupes confédérées, qui auraient pu se laisser aller à la tentation de piller la banlieue. Que serait alors devenue la popularité du duc? Dans la nuit du 28 octobre, il y eut un choc entre les forces du duc de Guise et celles du baron de Dhona, à Vimori, près de Montargis. Mayenne commandait en personne la cavalerie catholique et se comporta fort bravement : il reçut du baron de Dhona lui-même un coup de pistolet dans la mentonnière de son casque et blessa son adversaire d'un coup de sabre. L'engagement n'était, d'ailleurs, qu'une échauffourée sans importance [1]. Cela n'empêcha pas les ligueurs de chanter victoire, et « la nouvelle estant arrivée à Paris, fust aussitost mise par la presse, imprimée, criée et publiée, avec les adjonctions ordinaires et accoustumées, faisans monter le cent à mil [2] ». L'armée protestante entra en Beauce, sans nouvelle attaque de la part du duc de Guise, qui passa de Montargis à Nemours et de Nemours à Montereau, puis à Étampes, où il arriva le 18 novembre. Henri III se croyait trahi et envoya Joachim de Dinteville demander au chef de la Ligue la raison de cette espèce de retraite, car on pensait, dans l'entourage du roi, que Guise pouvait bien songer à conduire ses troupes près de Paris pour en rester maître après une victoire. Cette crainte reposait d'ailleurs sur un fondement sérieux, car c'est à Étampes que le duc donna audience au commissaire Louchart, qui l'engagea vivement à s'emparer de la personne royale, tandis que les ligueurs parisiens mettraient la main sur les membres du Conseil et du Parle-

---

1. DE THOU, t. X, p. 45. Rouvray, qui portait la cornette de Mayenne, la perdit pendant l'action.
2. L'ESTOILE, t. III, p. 74.

ment, dont le dévouement à la bonne cause inspirait des doutes. Le chevalier d'Aumale s'était déjà rendu à Paris pour se tenir prêt à tout événement. Mais Guise, sans rejeter absolument ces propositions audacieuses, remit à plus tard l'exécution d'une entreprise directe contre le roi et se contenta de dire à Louchart qu'il fallait enrôler le plus d'hommes possible sous la bannière de la Ligue et... attendre.

Henri III, en effet, pouvait encore défendre sa couronne. Établi sur la Loire avec une belle armée, ayant auprès de lui son énergique favori, d'Épernon, il aurait peut-être imposé au peuple sa volonté par une victoire retentissante. Il préféra autoriser le duc de Nevers à offrir 400,000 ducats aux Suisses de l'armée alliée pour acheter leur soumission. Le duc de Guise comprit mieux ce qu'attendaient d'un général catholique l'orgueil national et le fanatisme des masses. Tandis que le roi traitait, il tombait, le 24 novembre, sur les Allemands du baron de Dhona, qui, appréhendant d'être abandonnés par les Suisses, se disposaient, avec le contingent français du brave chef huguenot Châtillon, à se frayer de nouveau un chemin vers la Loire ; il les surprit dans le bourg d'Auneau, entre Chartres et Dourdan, et leur tua environ deux mille hommes. Le vainqueur s'empressa d'envoyer le sieur de la Châtre au roi pour lui présenter neuf drapeaux enlevés à l'ennemi et lui donner les détails de la bataille. Henri eut peine à dissimuler son dépit, car il comprenait toute l'étendue des conséquences que pouvait avoir le succès de la Ligue. Pour avoir l'air de prendre, lui aussi, l'attitude guerrière des membres de l'union, il ordonna quelques escarmouches contre les débris, encore très redoutables, qu'avait pu rallier Dhona, fit un assez grand nombre de prisonniers et put réussir à enlever plusieurs canons. Un résultat plus important fut obtenu par d'Épernon : les Suisses abandonnèrent définitivement l'armée allemande [1]. Ce qui en restait, épuisé par les maladies, se dirigeait péniblement vers le Mâconnais par les bois du Morvan. D'Épernon profita de leur découragement pour décider les Allemands à faire leur soumission. Ils promirent de ne jamais servir en France sans la permission de Sa Majesté et s'engagèrent à sortir du royaume enseignes ployées (8 décembre).

Aux yeux des Parisiens, qui était le vainqueur? Le grand Guise, tout seul. Les efforts de Henri III ne servirent qu'à augmenter la popularité du chef de la Ligue. Cependant rien ne fut négligé pour provoquer dans la capitale un enthousiasme de commande, à défaut de manifestations spontanées. Le samedi 28 novembre, M. de Villequier, ayant reçu du roi des lettres annonçant la soumission des Suisses protestants, donna l'ordre au Parlement, à la Chambre des comptes, au corps de Ville, aux généraux de justice, d'assister à un grand *Te Deum* d'actions de grâces qui fut dit à Notre-Dame, en présence des reines, de Mesdames de Nemours et de Montpensier et d'un peuple immense; mais l'Estoile nous dit que « dans l'église résonnoient plus les louanges du duc de Guise que celles de Dieu ».

Après la convention pour la retraite des Allemands, qui fut connue à Paris le 14 décembre 1587 et apportée par le fils de M. de Villeroy, nouveau déploiement de réjouissances officielles. La Ville prescrivit de faire des feux de joie dans les différents quartiers afin de célébrer ce qu'on présentait comme une victoire du souverain. Les Registres contiennent l'historique de la campagne et la version officielle des triomphes de Sa Majesté. Ils rappellent que le roi quitta sa capitale le 12 septembre pour aller fermer aux reîtres

---

1. D'après l'Estoile, le roi donna deux écus à chaque soldat suisse, leur fournit des vivres jusqu'à leur sortie du royaume et leur octroya pour cinquante mille écus de drap, tant de soie que de laine. Il restait sept ou huit mille Suisses du contingent huguenot : cinq à six mille avaient péri en France par le fer et la maladie, t. III, p. 76.

et aux Allemands « le passaige de la Loire qu'ilz tenaient pour ouvert, affin de s'aller joindre avecq le roi de Navarre de ses compaignies estans en Poictou et Limosin et bransqueter [1] toute la France... » Mais sur leur route ils ont « trouvé en teste sadicte Majesté, qui n'a pareil que soymesme en force, prudence, bon confort et clémence, lequel, d'un cœur généreux et d'une prudence admirable, sans coup férir, du moins avec peu de perte des siens, a rompu leurs desseins et iceulx tous vaincus et mis à vau de route en fuite, de sorte que ce qui en reste, mesmes desdictz estrangers, n'ont pu trouver plus sûr accès pour conserver leur vye que de eulx aller gecter aux pieds de S. M. [2]... » On devine que cet éloge de la clémence royale était peu fait pour toucher les Parisiens, qui reprochaient précisément à Henri III d'avoir conservé la vie aux reîtres allemands et assuré leur retraite.

La rentrée du roi dans sa capitale avait été fixée au 24 décembre. Au jour dit, le corps de Ville fut prié au *Te Deum* solennel qui devait être dit « pour louer et magnifier Dieu de l'heureux succès et pacifique victoire qu'il luy a pleu donner contre ses ennemis ». Le prévôt des marchands et les échevins allèrent au-devant du roi jusqu'à Bourg-la-Reine et le conduisirent ensuite à Notre-Dame pour entendre le *Te Deum* [3]. Le maître de l'artillerie reçut l'ordre « de

---

1. *Bransqueter* (Mém. de Sully, t. VIII, p. 69), ou *branqueter* (Lettres de Pasquier, t. III, p. 689), ou *branstater* (Lettres de Louis XII, t. IV, p. 135), signifie *piller, mettre à contribution*. La Noue emploie aussi l'expression de *bransqueter* dans le même sens (Disc. polit. et milit., p. 749).
2. Reg. II, 1789, fol. 93 et 94.
3. Nous n'insistons pas sur les détails de cette entrée, qui fut entourée d'une grande pompe, parce que sur ce point le procès-verbal du Registre est reproduit dans Félibien (t. V, Preuves, p. 443). Le roi était arrivé à cheval avec d'Épernon et les cardinaux de Bourbon et de Vendôme. A Bourg-la-Reine, il essuya la harangue, d'ailleurs très brève, de Villequier, le gouverneur de Paris, mais dit en riant au prévôt des marchands de réserver pour le lendemain matin à son lever le discours qu'il se préparait à débiter, parce qu'on avait encore deux lieues à faire avant d'entrer à Paris. Nous citerons seulement l'inscription mise sur la porte Saint-Jacques et sur celle de l'Hôtel de Ville : « *Au roy très chrétien et très victo-*

préparer vingt-deux grosses pièces de l'artillerie et grande quantité de boestes ». Devant la maison commune, on disposa « grand amas de bois pour ung feu publicq et général ». Toutes les boutiques du pont Notre-Dame furent illuminées, ainsi que les maisons « des rues Saint-Jacques et de la Boucherie, Saint-Denis jusques au tournant de la rue de la Ferronnerye, et de là à la rue Saint-Honoré jusque vers la croix du Tiroir vers le Louvre, où le roi allait descendre; et, pour obvier à l'obscurité de la nuict, estant près de six heures lorsque le roi sortit de Notre-Dame, MM. de la Ville avoient commandé faire mettre au parvis Notre-Dame et devers l'Hostel-Dieu plusieurs grands flambeaux et feux de poix ardente pour esclairer ledict passaige [1] ». La relation officielle raconte que, sur le parcours du cortège royal, le peuple, « esmeu de joye et resjouissance », cria *Vive le roi!* avec transport, mais c'était, paraît-il, un transport intéressé, car l'Estoile rapporte que l'on avait distribué de l'argent à « quelque nombre de populasse ramassée, et, entre icelle, une bonne partie de faquins ». Voilà les gens qui criaient *Vive le roi!* « Et fust le tout, ajoute le chroniqueur, fait de l'exprès commandement de Sa Majesté, irritée et envieuse de l'honneur que donnoit ce sot peuple au duc de Guise, auquel il attribuoit la louange de tous les heureux succès de ceste victoire, sans faire aucune mention du roy, non plus que s'il ne l'eust point recongneu [2]. » Au premier abord, on serait tenté de croire que la municipalité parisienne ne fit entendre à Henri III, de retour en sa capitale, qu'une phraséologie creuse et servile; toutefois, à bien lire la harangue que le prévôt des

---

rieux, *Henri troisiesme, roy de France et de Pologne, père de son peuple, pour l'heureux succès de ses victoires contre les reistres, suisses, lansquenets et autres, sa Ville de Paris, très fidelle et très obeyssante, luy voue et donne perpétuelle félicité.* »
1. *Ibid.*
2. L'Estoile, t. III, p. 79.

marchands ne put débiter en recevant le roi à Bourg-la-Reine, mais qu'il récita le lendemain matin à huit heures, en allant au lever du roi, on se demande si l'exagération des louanges n'avait pas un caractère ironique. « Sire, dit le chef de la municipalité [1], vous veistes hier, à votre arrivée en vostre ville capitalle, très grande multitude de peuple, et dehors et dedans, plains de joye et liesse, qui tesmoignoient par les acclamations et applaudissemens de *toute sorte de gens* le grand contentement qu'ilz avoient, aians cet honneur de contempler vostre royalle majesté, après avoir entendu la bonne nouvelle de vos grandes, glorieuses et admirables victoires, pour lesquelles nous avons rendu grâces solennelles à Dieu *pour la troisième fois* en l'église Notre-Dame. » N'était-ce pas se moquer d'un prince qui, pendant sa campagne de la Loire, n'avait, pour ainsi dire, pas tiré l'épée du fourreau, que de vanter ses « grandes, glorieuses et admirables victoires » et de l'assurer qu'il venait de rendre « à jamais son nom immortel à la postérité ». Ce qui rend la supposition très plausible, c'est qu'après avoir appelé à son aide tous les écrivains de l'antiquité pour célébrer le nouveau héros, le prévôt des marchands emprunte une dernière citation à Plutarque pour soutenir cette thèse « qu'il y a plus d'avantaige, de bien et de proffict pour le repos du pays à se deffaire ainsy des ennemis, à *quelque prix que ce feust*, et en purger la province *par moiens*, que d'en venir au combat, qui est ordinairement hasardeux [2] ». On ne pouvait reprocher plus nettement au roi d'avoir reculé devant la fortune des armes et d'avoir acheté une victoire diplomatique. Le prévôt, faisant ensuite allusion au sauf-conduit donné aux reîtres pour évacuer le territoire français, ajoute « qu'on ne peut imaginer chose plus grande, ny plus sagement, prudem-

---

1. Félibien n'a pas reproduit ce passage des Registres.
2. Reg. H, 1789, f° 97.

ment et plus à propos conduicte ¹ ». Enfin, alors que tout le monde savait le roi impuissant ou la reine incapable de lui donner des héritiers, il y avait peut-être une singulière cruauté à souhaiter à Henri III « lignée masculine pour succéder à sa couronne, au bien, repos et conservation de son Estat ».

De fait, ce roi vainqueur, ce héros en l'honneur duquel on chantait des *Te Deum*, était bafoué et insulté par tout le monde, et spécialement par les ligueurs, qui ne lui pardonnaient pas d'avoir laissé perdre l'occasion d'exterminer les reîtres allemands ². La Sorbonne se distinguait par l'âpreté de son opposition. Trente ou quarante docteurs en théologie avaient tenu, le 16 décembre, une assemblée secrète où, sur un cas de conscience proposé à plaisir, il avait été décidé « qu'on pouvoit oster le gouvernement aux princes qu'on ne trouvoit pas tels qu'il falloit, comme l'administration à un tuteur devenu suspect ». Boucher, curé de Saint-Benoît, « prêchait publiquement en l'église Saint-Barthélemy que le roy vouloit empescher les prédicateurs de dire la vérité, et, à cet effet, qu'il avoit fait mourir maistre Burlat, théologal d'Orléans, ce qu'il imprima si fort en l'esprit de ses auditeurs qu'ils le croyèrent fermement et le rapportèrent par toute la ville pour chose très véritable ³ ». Le 30 décembre 1587, le roi manda au Louvre

1. Encore un amer sarcasme ! Une foule de libelles, au moment même où le prévôt des marchands prononçait ces paroles, insultaient le roi et le duc d'Épernon, qui avait négocié l'arrangement accordé aux reîtres. Un de ces libelles, que les colporteurs criaient dans tout Paris, avait pour titre : « *Grands faicts d'armes du duc d'Espernon contre l'armée des hérétiques* ». Et sur chaque page on lisait ce mot unique en gros caractères : Rien. Voy. de Thou, t. X, p. 63.
2. Le duc de Guise, par contre, ne respectait nullement la convention faite avec l'armée allemande, et, dès qu'elle eut franchi la frontière pour entrer en Savoie, il ne se fit pas faute d'attaquer en détail les détachements ennemis; le marquis du Pont et Mandelot agirent de même dans la Bresse, ce qui fit dire à Chicot « qu'il n'y avait alouette de Beausse qui ne coustast aux huguenots un reistre armé et à cheval »; car les alliés ne revirent pas tous leur pays.
3. *Traité des causes et des raisons de la prise d'armes faite en janvier 1589*. —

le Parlement et la faculté de théologie, et, prenant la parole, commença par reprocher amèrement aux docteurs de la Sorbonne l'opposition violente qu'ils faisaient à sa personne et à son autorité, ainsi que le caractère séditieux de leurs prédications. Il leur dit qu'ils étaient *malheureux et damnés* pour deux motifs, le premier pour avoir calomnié leur prince dans la chaire chrétienne, le second pour avoir dit la messe sans s'être confessés de ce crime. Tout en dédaignant la résolution du 16, dont la Sorbonne n'avait peut-être pas compris toute la gravité « parce que c'estoit après déjeuner », le roi rappela aux prédicateurs qu'il pourrait fort bien se débarrasser d'eux suivant le procédé de Sixte V, qui avait envoyé aux galères quelques cordeliers au langage intempérant. Certes, les théologiens de Paris avaient mérité un traitement plus rigoureux encore, mais le roi voulait bien encore tout oublier et tout pardonner; seulement il ordonnait au Parlement, présent à l'audience, de faire justice exemplaire, si l'on commettait de nouveaux attentats contre la personne royale. Quant à Boucher, curé de Saint-Benoît, il fut pris personnellement à partie dans cette même circonstance. Henri III lui dit que son oncle, Jean Poisle, ancien conseiller à la cour, avait été un méchant homme, mais que lui Boucher valait encore moins; qu'en effet il avait eu l'impudence d'assurer en pleine chaire que le roi avait fait mettre dans un sac et jeter à l'eau Burlat, le théologal d'Orléans, bien que ledit Burlat « fust tous les jours avec lui et ses compagnons, beuvant, mangeant et ergottant comme de coustume[1] ». La seule puni-

---

Par le duc de Nevers. Arch. cur., t. XIII, p. 173. Cette pièce, imprimée en 1590 à vingt-cinq ou trente exemplaires, a été aussi reproduite au t. II des *Mém. de Nevers*, édit. de 1665, in-f°.

1. Telle est, du moins, la version de L'ESTOILE, t. III, p. 80; le duc de Nevers (*dans l'ouvrage cité*) présente le dialogue du roi avec Boucher d'une manière un peu différente. « Sa Majesté envoya quérir plusieurs docteurs et prédicateurs de la Sorbonne, et entre autres ledit Boucher, auquel il demanda pourquoy il avoit presché qu'il avoit fait mourir ledit théologal,

tion infligée à Boucher fut l'interdiction de paraître en chaire jusqu'à nouvel ordre.

Cette excessive clémence d'un roi envers la Sorbonne qui le menaçait d'une déposition prochaine et envers Boucher, qui le traitait d'assassin, démontre la profonde impuissance de Henri III et met dans tout son jour la faute considérable qu'il avait commise en fermant aux protestants le passage de la Loire et en ruinant le parti du roi de Navarre au profit du duc de Guise, dont la journée d'Auneau avait fait l'idole de Paris et le véritable maître du pays. Le pape venait d'envoyer au duc une magnifique épée, et le duc de Parme, au nom de son maître, lui adressait ce compliment « qu'entre tous les princes de l'Europe, il n'appartenoit qu'à Henri de Lorraine à porter les armes et à estre chef de guerre [1] ». Henri III essaya en vain de prendre une revanche contre la Ligue et son chef en accablant d'honneurs le duc d'Épernon. Il était déjà colonel général d'infanterie française et gouverneur de Provence, de Boulogne et de Metz; on le nomma amiral de France, et, le 11 janvier 1588, le premier président de Harlay l'installa au siège de la Table de marbre. Un peu plus tard, le roi donna à son favori le gouvernement de la Normandie,

---

lequel respondit qu'on le luy avoit ainsi asseuré. Le roy luy dit : « L'avez-vous veu mort ? — Non, sire, respondit ledit Boucher, mais il m'a esté affirmé pour chose très véritable. » — Lors le roy luy répliqua : « Pourquoy voulez-vous croire plustost le mal que le bien, et prescher en la chaire de vérité une menterie si évidente ? » Et incontinent fit représenter ledit théologal se portant fort bien, car il l'avoit retenu au chasteau d'Amboise quelque temps en une chambre, mais fort bien traitté. Ce qui estonna bien fort ledit Boucher et beaucoup d'autres... » Mais il est possible que le duc de Nevers ait confondu la prétendue incarcération de Burlat en 1587 avec celle qu'il eut à subir à Amboise, en 1589. On lit dans les *Recherches sur Orléans*, de Lottin (t. II, p. 93), sous la date du 17 avril 1589 : « Hugues Burlat, théologal pénitencier et curé de Sainte-Catherine, furieux ligueur, ayant publié des libelles injurieux contre le roi Henri III, est enlevé d'Orléans et conduit à Amboise. » Voir aussi, sur l'audience du 30 décembre, Félibien, t. II, p. 1165. Ch. Labitte, *De la démocratie chez les prédic. de la Ligue*, p. 34.

1. L'Estoile, t. III, p. 83.

le premier du royaume. Les ligueurs ripostèrent par des chansons, et Mme de Montpensier, protégée par la reine mère, non seulement continua à tenir en haleine par ses largesses les plus violents prédicateurs de Paris, les Boucher, les Prévost, les Guincestre et tant d'autres, mais se garda bien d'obéir à un ordre royal qui lui enjoignait de sortir de la ville. Elle disait partout : Je porte à ma ceinture les ciseaux « qui donneront la troisième couronne à frère Henri de Valois [1] ».

La Ligue ne gardait plus aucun ménagement et semblait vouloir pousser le monarque à une résolution désespérée. Non contents de continuer la guerre contre les princes protestants et de chercher à mettre la main sur les places de Sedan et Jametz, après la mort du duc de Bouillon, le duc de Lorraine, le duc de Guise et les principaux chefs de la Ligue avaient ouvert à Nancy, vers la fin de janvier 1588, des conférences qui se prolongèrent jusqu'au milieu de février. Il en sortit une formule de sommation au roi, divisée en *articles*, et qui devait acculer Henri III à une véritable abdication entre les mains des Guises ou à une résistance ouverte [2].

---

1. C'est-à-dire la tonsure : les deux premières couronnes du roi étaient celles de France et de Pologne. La Ligue avait mis en vers latins la menace de Mme de Montpensier :

> *Qui dedit ante duas unam abstulit; altera nutat;*
> *Tertia tonsoris est facienda manu.*

2. On trouve le texte et le commentaire des *Articles de Nancy* dans les *Mémoires de la Ligue*, t. II, p. 269. De Thou, t. X, p. 236, en a donné aussi une analyse très exacte. Cf. aussi : Palma-Cayet, *Introduction de la chronologie novenaire*, Coll. Michaud et Poujoulat, p. 43. Voici la substance de ces articles. Ils portaient « que le roi serait sommé de se joindre plus ouvertement et à bon escient à la Ligue, et d'ôter d'entour de soi et des places, états et offices importants ceux qui lui seroient nommés... De faire publier le concile de Trente... D'établir la sainte Inquisition, au moins ès bonnes villes, qui est le plus propre moien pour se défaire des hérétiques et suspects, pourvu que ces officiers de l'Inquisition soient étrangers ou du moins ne soient natifs des lieux et n'y 'aient parents ni alliés... D'accorder aux ecclésiastiques de pouvoir racheter à perpétuité les biens ci-dessus aliénés de leurs églises... De fournir la solde des gens de guerre qu'il est nécessaire d'entretenir en Lorraine et ès environs pour

Qui le croirait? en recevant cet ultimatum, Henri III ne s'indigna pas. Quand on lui présenta les Articles de Nancy, il ne parut pas fort éloigné d'y souscrire [1]. Pure tactique, d'ailleurs, car le roi sentait bien l'amertume de l'insulte, malgré l'indolence de sa nature voluptueuse. Le duc d'Aumale, à la tête de douze cents arquebusiers et d'un état-major de gentilshommes ligueurs, s'étant emparé d'Abbeville (mars), Henri lui envoya le sieur de Chemeraut pour lui demander l'explication d'une pareille agression, et, sur la réponse insolente du duc, le roi avait dit : « Je vois bien que si je laisse faire ces gens-ci, je ne les aurai pas pour compagnons, mais pour maîtres à la fin. Il est bien temps d'y donner ordre [2] ». Mais devant Paris frémissant, déjà enrégimenté par les agents ligueurs, devant la menace de Philippe II, qui, au moment de lancer contre l'Angleterre sa *grande armada*, veut brusquer en France le déchaînement de la guerre civile, le dernier Valois hésite, comme frappé de vertige. On dirait qu'il vise à précipiter la catastrophe par mille provocations gratuites adressées au peuple. Lorsque le Trésor est à sec et qu'il devient nécessaire, pour se procurer quelques ressources, de décréter une nouvelle crue de la gabelle [3], le prodigue monarque consacre des sommes immenses aux funérailles

obvier à une invasion des étrangers voisins. Et, à cette fin, pour continuer toujours la guerre encommencée, faire vendre au plutôt et sans autres solemnités, tous les biens des hérétiques et de ceux qui leur seront associés ». Les ligueurs demandaient encore que les hérétiques convertis ou ceux qui seraient tenus pour tels, depuis l'an 1560, fussent frappés d'une contribution du quart au moins de leur bien, pendant toute la durée de la guerre; qu'en outre, les parents ou associés des hérétiques fussent contraints d'acheter leurs biens; qu'enfin on ne fît grâce de la vie à aucun prisonnier ennemi, sinon à ceux qui jureraient d'embrasser le catholicisme et de payer comptant la valeur de leurs biens.
1. De Thou l'affirme, t. X, p. 237.
2. L'Estoile, t. III, p. 131.
3. Le roi avait, en effet, créé une taxe supplémentaire de cent sols par minot de sel; or le minot revenait déjà à treize livres. La perception du nouvel impôt fut commencée avant même la promulgation de l'édit. Il y eut quelques velléités de résistance de la part du Parlement, mais le roi lui imposa silence (mars).

du duc de Joyeuse. Les Registres de la ville en décrivent le fastueux cérémonial.

Le 7 mars 1788, les sieurs de Versigny et Legoux, conseillers et maîtres d'hôtel ordinaires du roi, accompagnés d'un héraut d'armes de S. M. et de plusieurs officiers du feu duc, viennent « présenter à MM. les prévost des marchans et eschevins d'icelle ville lettres du roy pour le faict des obsèques et funérailles de feu mondict seigneur duc de Joyeuse ». Ces lettres invitaient les représentants de la cité à assister le lendemain à une heure au convoi du duc, « dont l'effigie serait portée de l'église Saint-Jacques de Haut-Pas en l'église et couvent des Augustins [1] ». C'est à Saint-Jacques du Haut-Pas que, le 8 mars, le corps de Ville, avec son cortège d'archers, d'arbalétriers et d'arquebusiers, alla chercher ce qui restait du brillant Joyeuse et de son frère Saint-Sauveur. Un immense cortège, où figuraient des pénitents de toute couleur, des compagnies de Suisses, des évêques, des délégations des compagnies souveraines et douze cents pauvres portant des torches, traversa la grande ville, indignée de tant d'honneurs, et accompagna le char funèbre jusqu'à l'église des Augustins, où furent chantées les vêpres des morts. Le lendemain 9, à la même église, eurent lieu « le service et sermon funèbre » en présence du roi, de toute la cour et des grands corps de l'État. Ce fut l'évêque de Meaux qui dit la messe et l'évêque de Senlis qui prononça l'oraison funèbre. L'Estoile a donné un post-scriptum à ce morceau d'éloquence sacrée en expliquant à sa manière la raison de toute cette pompe. « C'est la coustume ordinaire et la couverture de tout. Quand un mari a perdu ce qu'il vouloit perdre, il fait faire un beau service, qu'il avoit voué dès longtemps à Dieu pour une si bonne fortune que celle-là [2] ».

1. Reg. H, 1789, f° 106.
2. T. III, p. 129.

Joyeuse avait bien fait de mourir. Il était depuis longtemps déjà remplacé dans la faveur du prince et dans la haine du peuple par Nogaret d'Épernon, qui venait de recevoir la plus riche dépouille du mort : le gouvernement de la Normandie. D'Épernon devient le point de mire des attaques et des imprécations de la Ligue. Accusé publiquement par le favori, en présence du roi, d'avoir entretenu un commerce criminel avec sa propre sœur, Pierre d'Espinac, archevêque de Lyon, avait pris violemment parti pour la Ligue et préludé à la guerre effective par une guerre de plume, en suscitant la publication de pamphlets incendiaires contre d'Épernon [1]. De concert avec Boucher, le fanatique curé de Saint-Benoît, d'Espinac traduisit l'*Histoire tragique de Gaverston*, favori d'Édouard II d'Angleterre, que les seigneurs firent exécuter en 1302. On mit en tête de cette traduction de l'historien anglais Walsingham une lettre-préface qui en faisait l'application directe à d'Epernon et le menaçait de mort. Avec une ingéniosité de jésuite, l'auteur trouvait dans *Noguaret* l'anagramme de *Gaverston*, et, comme il y avait une S de trop, il donnait à cette lettre de supplément l'interprétation suivante : « Cette S est proche du T ; or le T est un simulacre de la potence ; l'S qui y touche figure donc le cordeau que vous traînez après vous. » Le libelliste ligueur parlait aussi dans le langage des dieux et donnait à Henri III le conseil de mettre d'Épernon à sa place :

> Tout ce que nous pouvons pour vostre Majesté
> Est vous donner conseil, en bonne conscience,

---

[1]. Voy. sur ce point Ch. Labitte, *Les Prédicateurs de la Ligue*, p. 39. M. Labitte dit que M. de Sismondi (*Hist. des Français*) a eu tort d'attribuer l'*Histoire de Gaverston* au seul d'Espinac. Mais pour attribuer le *Gaverston* à Boucher, M. Labitte ne s'appuie que sur un passage de la *Chronologie novenaire*, qui se borne à dire : « Le bruit estoit que c'estoit du curé de Saint-Benoît ». De Thou affirme d'une façon précise que c'est d'Espinac qui publia le *Gaverston*, à la suite de sa violente discussion avec d'Épernon en présence du roi, t. X, p. 239.

Que votre favory vous faciez roi de France,
Et soyez son ami; tel qu'il vous a esté...

D'Épernon répliqua par un *Anti-Gaverston*, dédié à Henri de Vaudémont (le duc de Guise). D'Espinac y était accusé d'inceste avec sa sœur, d'hérésie et de honteux excès. Quant à l'histoire, plus ou moins authentique, du favori d'Édouard II, on lui trouvait de frappantes analogies avec celle du duc de Guise, en signalant cette aggravation que la mort de Gaverston avait rendu le calme à l'Angleterre, tandis que quatre monarques français avaient déjà subi le joug des princes lorrains.

Tout Paris se passionnait pour ces tournois littéraires, et Henri III lui-même s'amusait à faire publier un pamphlet intitulé *Bibliothèque de Mademoiselle de Montpensier*. Cependant les circonstances devenaient de plus en plus critiques. Ce n'était plus le temps des paroles. Le 9 mars, une nouvelle sinistre s'était répandue à Paris. On y apprenait que « messire Henri de Bourbon, prince de Condé, étoit décédé en la ville de Saint-Jean-d'Angeli, le samedi 5ᵉ de ce mois et second jour de sa maladie, aiant esté empoisonné, selon le bruit commun, par un page, à la suscitation de la demoiselle de la Trémouille, sa femme[1] ». Cette catastrophe imprévue, qui privait les huguenots d'un de leurs chefs les plus énergiques, souleva dans les rangs ligueurs des transports d'allégresse. Le peuple de Paris,

---

1. L'Estoile, t. III, p. 130. On peut consulter le rapport des médecins de Catherine, Bontemps, Pallet, Poget, et des chirurgiens Pierre Mesnard et Chotard, qui firent l'autopsie le 6 mars. *Mém. de la Ligue*, t. II, p. 304. Ils concluent nettement à l'empoisonnement. On arrêta et on exécuta Jean-Ancelin Brillaud, domestique du prince, et, sur l'ordre du roi de Navarre, une information fut commencée contre la princesse de Condé, Charlotte-Catherine de la Trémouille, qui était alors enceinte. Elle accoucha, le 1ᵉʳ septembre 1588 et dans sa prison, d'un prince qui continua la race des Condé. Le roi de Navarre refusa de dessaisir ses commissaires du soin de suivre la procédure, et le Parlement de Paris évoqua vainement l'affaire. C'est par ce motif qu'en 1595 on cassa l'arrêt du Conseil du roi de Navarre comme ayant été rendu par des juges incompétents.

dont la préoccupation dominante était en ce moment de gagner les indulgences accordées par le pape à l'occasion du jubilé, vit dans l'empoisonnement d'un prince huguenot de trente-cinq ans, qui donnait à son parti et à la France de magnifiques espérances, un arrêt de la Providence et fit des feux de joie. Seul, le duc de Guise, comme par un pressentiment de sa destinée prochaine, accueillit avec une mélancolie sincère la nouvelle de la mort du prince son ennemi [1]. Poussé par l'immense armée de la Ligue, mis au pied du mur par Philippe II, qui, dans les premiers jours d'avril, lui envoyait à Soissons l'Aragonais Moreo pour lui promettre trois mille écus, six mille lansquenets et douze cents lances, Guise ne pouvait plus se dispenser d'agir. Il fallait obéir aux sommations des Parisiens et venir se mettre à leur tête pour donner au Valois le suprême assaut, ou bien perdre à jamais sa popularité [2]. N'hésitant plus, il arrêta ses dernières dispositions.

Depuis que Charles Hotmann, dit La Rocheblond, avait, sur la fin de 1584, jeté les bases de l'organisation de la

---

1. Voy. DE THOU, t. X, p. 247.
2. ANQUETIL, au t. II de l'*Esprit de la Ligue* (trois vol. in-12, Paris, 1767), indique exactement de quelle manière le duc de Guise a justifié par avance la vérité d'un axiome dont notre époque a trouvé la formule définitive. — *Je suis leur chef, donc je dois les suivre :* « Il est certain que le duc de Guise fut poussé plus vite qu'il ne le voulut d'abord... Qu'on examine attentivement la marche du complot, on verra que les résolutions extrêmes partirent du Conseil de la Ligue. C'étoit une espèce de comité, formé presque fortuitement de gens ramassés de tous états, plus passionnés qu'éclairés : avocats, huissiers, procureurs, greffiers, magistrats; des curés trop zélés, un apostat du calvinisme, des banqueroutiers, des prédicateurs séditieux, un Bussi-Leclerc, ancien maître en fait d'armes; des marchands : Crucé, Louchard, La Chapelle-Marteau, et d'autres, de diverses professions... Une femme furieuse souffloit aussi à ces forcenés sa haine et ses désirs de vengeance. On ignore en quoi Henri III avoit offensé Catherine-Marie de Lorraine, sœur du duc de Guise et veuve du duc de Montpensier. Il est à présumer, par la vivacité que cette princesse mit dans ses ressentiments, qu'elle avoit à venger ses appas méprisés, peut-être des avantages négligés ou des intrigues galantes révélées, crimes qu'une femme ne pardonne jamais. Quoi qu'il en soit du motif, la veuve de Montpensier jura à Henri une haine irréconciliable et le poursuivit jusqu'au tombeau. Elle se trouve dans toutes les conjurations formées tant contre son État que contre sa personne. » T. II, p. 285.

Ligue, avec la collaboration de Prévost, curé de Saint-Séverin, de Boucher, curé de Saint-Benoît, et de Mathieu de Launoy, chanoine de Soissons [1], les cadres de l'insurrection s'étaient singulièrement élargis et perfectionnés. Comme on l'a vu plus haut [2], les quatre conjurés de la première heure avaient fait de nombreuses recrues, parmi lesquelles nous avons cité l'avocat Louis d'Orléans, Jean Pelletier, curé de Saint-Jacques, Compans, marchand, Jean Guincestre, bachelier en téologie, Bussy le Clerc, procureur au Parlement, le commissaire Louchart, le notaire la Morlière, le procureur Crucé [3] et beaucoup d'autres fanatiques. La direction supérieure du parti avait été confiée à un conseil de neuf ou dix personnes, tant ecclésiastiques que laïques; mais l'autorité effective appartenait au *Conseil des Six*, qui n'était qu'une délégation de l'autre, puisque les Six en faisaient tous partie. Les Six étaient chargés des mesures d'exécution dans les seize quartiers. Crucé devait s'occuper plus particulièrement des quartiers de l'Université, Saint-Jac-

---

1. Ce sont ces quatre personnages qu'on appela les *quatre premiers piliers de la Ligue*. Voy. *Remarques sur la Satyre Ménippée*. Édit. de Ratisbonne. 1752, t. II, p. 148.
2. Voy. p. 205.
3. Voy. *Dialogue du Maheustre et du Manant. Ibid.*, t. III, p. 434. Nous avons déjà donné (voy. p. 207), quelques renseignements sur les premiers organisateurs de la Ligue et sur la constitution des comités ligueurs. Il n'est pas exact de dire, comme l'a fait H. Martin, 4º édit., t. X, p. 54, note 3, que « *les chefs des seize quartiers* faisaient partie du conseil ou comité directeur de Paris ». Il est vrai que dans le *Dialogue du Maheustre et du Manant* (p. 445 du t. III de l'édit. de Ratisbonne) on désigne souvent les chefs de la Ligue parisienne par cette qualification « les Seize »; mais nous pensons qu'il faut entendre par cette dénomination générale la réunion du Conseil des Dix et du Conseil des Six, qui délibéraient en commun. Quant aux seize quartiers de Paris, nous avons expliqué que le duc de Guise les avait groupés en cinq grandes circonscriptions, confiées à cinq membres du Conseil des Six; le sixième, qui était Charles Hotmann, n'ayant pas de commandement défini, mais jouant néanmoins un rôle très actif. Le premier Conseil comprenant dix personnes et le second six, cela fait bien seize; mais il va sans dire que les seize quartiniers, chefs officiels des seize quartiers de Paris, n'avaient rien de commun avec les seize chefs de la Ligue. Il est à remarquer que N. Poulain ne dit jamais « les Seize » dans son procès-verbal, mais emploie des termes vagues, ordinairement « Messieurs de la Ligue ».

ques, Saint-Marcel et Saint-Germain ; Compans était le chef de la Cité : La Chapelle, Louchart et Bussy surveillaient les autres quartiers. La Rocheblond complétait le comité des *Six*. Se réunissant tantôt au collège de Sorbonne, dans l'appartement de Boucher, puis au collège de Forteret, où ce dernier alla demeurer et qui fut appelé le *berceau de la Ligue;* tantôt chez La Rocheblond ou La Chapelle, les premiers ligueurs avaient observé une grande prudence et, tout en faisant une active propagande contre le roi, ne dévoilaient qu'à un très petit nombre de personnes sûres le mystère de leur organisation, « tellement qu'il n'y avoit que ces cinq personnes, avec le sieur de La Rocheblond, *au commencement* qui travaillassent par toute la ville à instituer et établir la Ligue [1]. »

L'état-major de la Ligue étant ainsi constitué, il reste à dire ou à rappeler sur quelles classes de la population parisienne il pouvait compter pour recruter ses soldats. Il disposait d'abord de l'immense armée des moines de toutes couleurs, dont les couvents ressemblaient aux citadelles de l'insurrection et qui, par leurs déclamations dans les églises ou dans la rue même, fournissaient aux Guises des milliers d'agents aussi fanatiques qui désintéressés. Les doubles d'Espagne venaient en aide à cette propagande cléricale et suscitaient des dévouements mercenaires parmi les gens du bas peuple et la tourbe qui encombrait les *ports* de la Seine. La presque unanimité du clergé, directement visé par les exactions de Henri III et hostile à tout prince hérétique, ne voyait pas de meilleur moyen pour écarter du trône Henri de Navarre que la suppression ou le renversement du dernier Valois. Quant à la noblesse, elle était divisée ; mais les gentilshommes qui suivaient la fortune des Guises devenaient, de jour en jour, plus nom-

---

[1]. *Dialogue du Maheustre et du Manant*, t. III, p. 437.

breux, car la faveur exclusive accordée par le roi à ses mignons le privait de bien des épées. Parmi les favoris, plusieurs pactisaient presque avec les chefs de la Ligue; Villequier, Villeroy s'inspiraient de la politique à double face de Catherine. Au contraire, les Guises pouvaient compter sur le zèle constant de leurs officiers qu'ils payaient bien et n'abandonnaient jamais. Dans la classe bourgeoise et la magistrature, mêmes divisions. Certes, le Parlement n'était pas clérical : il l'avait bien montré en protestant contre la bulle de Sixte-Quint et la prétention du pape de soumettre toutes les couronnes au pouvoir spirituel; mais, humiliés par Henri III, menacés dans leurs biens et leurs dignités, beaucoup avaient fait défection, parmi les membres des compagnies souveraines, qui auraient pu être les plus fermes défenseurs de la monarchie. C'est cependant dans la catégorie des hommes de robe et des riches bourgeois que le Valois et, plus tard, Henri de Navarre conservaient encore des partisans précieux, mais dont le concours était paralysé par un manque absolu de direction. Enfin, la mauvaise administration du roi, les incessantes créations d'impôts et la saisie des rentes avaient vivement indisposé contre la cour les petits rentiers et le petit commerce, réduits aux abois. Le prestige des Guises, les préjugés ou les croyances de beaucoup d'honnêtes gens grossissaient encore le nombre des complices inconscients de la Ligue. De là sa force immense à Paris ; ajoutons qu'elle étendait son action à toutes les parties du territoire.

Des émissaires bien pourvus d'argent et munis d'instructions précises reliaient les deux conseils de Paris aux centres catholiques des provinces, et quand l'envoyé d'une ville ou province arrivait dans la capitale, il savait toujours à quelle porte frapper, « car il y avoit des catholiques qui estoient commis pour recevoir lesdits agents selon les provinces, les uns de Picardie, les autres de Normandie, les autres de Bourgogne, ceux d'Orléans, de Lyon et autres villes et provinces, avec lesquels estoit fort amplement communiqué, et s'en retournoient bien instruits et avec bons mémoires et promesses de se secourir les uns les autres pour le soustènement de la religion contre les hérétiques et leurs fauteurs [1]. »

Le duc de Guise, au moment de rompre avec Henri III, disposait donc d'une organisation puissante qui avait déjà bravé la cour avec succès, notamment dans la journée de Saint-Séverin [2]; c'était lui [3] qui avait eu l'idée de grouper les seize quartiers de Paris en cinq grandes circonscriptions, afin de ne pas diviser ses forces et de ne pas mettre trop de ligueurs dans la confidence de ses desseins. En outre, comme il n'était pas absolument sûr des officiers de la milice municipale, le duc fit entrer dans les compagnies un certain nombre de gentilshommes dévoués à ses intérêts, et entre autres Urbain de Laval-de-Bois-Dauphin, Charles de Cossé, comte de Brissac, de Mayneville, de Gomeron, de Richebourg, Guedon d'Esclavolles de Chamois, Antoine de Saint-Paul. Cinq cents cavaliers dont le duc d'Aumale devait prendre le commandement furent

---

1. *Dialogue du Maheustre et du Manant*, t. III.
2. Voy. plus haut, p. 277.
3. DE THOU le dit formellement, t. X, p. 248. Le procès-verbal de Nicolas Poulain est, d'ailleurs, en parfaite concordance avec de Thou. L'espion du roi explique que, pour obéir aux instructions du duc de Guise et avant de commencer l'insurrection, les chefs de la Ligue se réunirent « au logis de Santeuil, devant Saint-Gervais ». La Bruyère, La Chapelle, Rolland, Leclerc, Crucé, Compans et Poulain lui-même assistaient à cette conférence. La Chapelle donna d'abord lecture d'une lettre du duc de Guise prescrivant aux ligueurs « d'establir secrettement leurs quartiers et voir quel nombre ils pourroient faire ». La Chapelle ajouta qu'il fallait nommer pour chaque quartier « un colonnel et, soubs chaque colonnel, quatre capitaines, afin qu'en l'exécution de leur entreprise, il n'y eust aucune confusion. Et à l'instant ledict La Chapelle auroit desployé une grande charte de gros papier où estoit peinte la ville de Paris et ses fauxbourgs, qui fut tout aussitost, *au lieu de seize quartiers qu'il y avoit à Paris*, partie et séparée en *cinq quartiers*, et à chacun quartier establi un colonnel, et depuis, soubs chacun desdicts colonnels, furent établis nombre de capitaines, à chacun d'eux baillé un mémoire de ce qu'ils avoient à faire et le lieu où devoient trouver des armes ceux qui n'en avoient point ».

logés aux environs de Paris, à Aubervilliers, à la Villette, à Saint-Ouen et Saint-Denis. Une revue secrète des forces de la Ligue fut passée par l'ordre du duc de Guise. Ce recensement donna un total de trente mille hommes, d'après Nicolas Poulain, de vingt mille, d'après de Thou [1]. Et cette armée de fanatiques s'accroissait chaque jour, grâce à l'infiltration de tous les aventuriers de la clientèle des Guises et des moines. Poussés vers la capitale par la séduction des coups de main probables, ces irréguliers « de toutes qualités, en armes et équipage, entraient par divers endroits en cette grande ville et y fondaient comme dans une mer spacieuse, sans y être de prime face aperçus ni autrement reconnus que par leurs partisans [2] ».

Tout est donc préparé pour l'émeute, et la première étincelle va provoquer l'explosion.

1. T. X, p. 249.
2. *Mém. de la Ligue*, t. II, p. 309.

CHAPITRE IV

LES BARRICADES

Depuis les Articles de Nancy jusqu'à la fuite du Roi.
(Février 1588 — 13 mai 1588.)

Les ligueurs parisiens, fiers de la connivence assurée des princes lorrains et confiants dans la puissance de leur organisation nouvelle, avaient résolu de commencer l'action par un coup de maître qui n'allait à rien moins qu'à s'emparer de la personne du roi. Le 15 avril 1588, Nicolas Poulain, se trouvant chez Bussy le Clerc, reçut la confidence de l'attentat projeté. Toutes les dispositions étaient prises. Déjà de nombreux capitaines s'étaient introduits dans Paris; la cavalerie du duc d'Aumale, logée à Aubervilliers et aux environs, n'attendait qu'un signal. Dans la nuit du dimanche de la Quasimodo (24 avril), la porte Saint-Denis, dont les clefs étaient à la disposition des conjurés, serait ouverte aux soldats des Guises [1]. Aussitôt entrés, les ligueurs devaient mettre la main sur le duc d'Épernon, qui faisait une ronde chaque nuit, entre dix heures du soir et quatre heures du matin. Deux gardes du duc, gagnés d'avance, se chargeraient d'égorger le plus énergique des amis du roi. Ensuite, on pousserait droit au

---

[1]. Les ligueurs avaient aussi essayé de se faire livrer les clefs de la porte Saint-Denis, mais l'échevin Lecomte leur avait opposé un refus formel. *Proc.-verb. de N. Poulain*, p. 311.

Louvre, on en massacrerait les défenseurs et l'on se saisirait de la personne du roi, tandis que les capitaines de la milice dévoués au parti réuniraient leurs hommes dans leurs quartiers et s'y barricaderaient. Bussy le Clerc s'était réservé le commandement d'une troupe de trois mille hommes qu'il se chargeait de conduire « aux bonnes et fortes maisons ». C'était une nouvelle Saint-Barthélemy, avec cette différence qu'elle eût été dirigée non seulement contre les hérétiques, mais encore contre le roi et ses partisans. Poulain, terrifié de ces révélations, demanda à un huissier du conseil, nommé Pinguet, de lui procurer les moyens de parler au roi secrètement. Pinguet s'adressa au seigneur de Petremol, qui avait la confiance du prince, et Petremol [1] fit part à Henri III du désir de Poulain. L'audience fut accordée aussitôt pour le lendemain, qui était le 22 avril. Poulain, s'étant présenté au Louvre de grand matin, fut introduit par Petremol dans le cabinet du roi « par une petite montée où il ne fut vu de personne ». Henri III, après avoir pris connaissance de tout ce que Bussy le Clerc avait dit à Poulain, félicita vivement le révélateur, lui promit une récompense de 20 000 écus et lui ordonna de faire sur les plans de la Ligue et ce qu'il en

---

1. Quel était ce seigneur de Petremol? Le procès-verbal de Poulain dit qu'il fut plus tard gouverneur d'Étampes; que la Ligue le fit prisonnier dans cette ville, puis l'envoya dans les prisons de Paris, où elle le fit mourir. Dans la traduction de la *Grande Histoire* de J.-A. DE THOU, édit. de Londres de 1734, t. X, p. 249, on l'appelle Pierre-Paul Tosinghi, ce qui, d'après un annotateur, ne serait autre chose que la métamorphose en italien corrompu de *Petrepol*, nom qui se rapproche de celui du *Petremol* dont il est question au procès-verbal de Poulain. C'est une hypothèse grammaticale qui paraît bien forcée. Pourquoi le Petremol signalé par Poulain en 1588 ne serait-il pas le même Petremol qui, douze ans plus tôt, avait acheté la charge de receveur de la ville à François de Vigny, le jeune, moyennant une somme de 50,000 francs, et dont le contrat fut cassé par le prévôt des marchands et l'assemblée de Ville? L'ESTOILE, qui a rapporté ce fait (t. I, p. 158), ajoutait que Petremol « estoit de la maison et famille du bastard du feu roy Henri, lors grand prieur de France ». Cela expliquerait fort bien son intimité avec Henri III. Il faut noter aussi que, d'après le chroniqueur, Petremol était, en 1576, « en mauvais nom et en soubçon de beaucoup devoir ». Voir plus haut, p. 94 à 98.

savait un mémoire qu'il remettrait à François d'O, présent à l'entretien. Le 23 avril, le roi fit venir au Louvre un certain nombre de cuirasses, en plein jour; Bussy le Clerc et La Chapelle, qui surveillaient le Louvre avec le plus grand soin, en conclurent que l'entreprise était découverte, mais ils ne soupçonnèrent nullement la trahison de Poulain, qui trouvait toujours des raisons ingénieuses pour expliquer ses visites au palais du roi. Les ligueurs consternés tinrent conseil au logis de La Chapelle-Marteau, et il eût été facile de les arrêter, puisque le roi savait par Poulain le lieu de leur assemblée; mais Villequier et la reine mère empêchèrent le faible monarque de profiter de l'occasion et de se défaire de ses plus redoutables ennemis.

Cependant le duc de Guise s'était avancé jusqu'à Gonesse, prêt à seconder les ligueurs de Paris si leur coup de main réussissait; les soldats du duc étaient déjà répandus un peu partout, à Saint-Denis, à la Villette et jusque dans les faubourgs Saint-Laurent et Saint-Denis; mais, dès qu'il apprit que le roi faisait venir quatre mille Suisses de Lagny et qu'il les cantonnait dans les faubourgs Saint-Denis et Saint-Martin, Guise rappela ses troupes en toute hâte et se retira lui-même à Dammartin. C'est là que La Chapelle, au nom des ligueurs parisiens, vint le trouver en poste pour le supplier de ne pas abandonner ses partisans à la vengeance royale. Le duc répondit qu'il était prêt à agir et qu'il reviendrait bientôt à Paris; qu'en attendant il laissait deux de ses gentilshommes, Chamois et Bois-Dauphin, pour le représenter auprès des ligueurs. Puis il retourna à Soissons. Poulain donna exactement avis au roi de toutes ces circonstances, et il y eut, le vingt-six avril, une sorte de conseil secret dans le cabinet du prince et en présence de d'Épernon, La Guiche et d'O. Henri III, avec sa nature soupçonneuse, demanda à Poulain de lui fournir des preuves matérielles de ses dires et ajouta cette question étrange : « N'êtes-vous point de la religion [1]? » Poulain, surpris, jura ses grands dieux qu'il n'avait dit que la pure vérité; qu'il n'avait jamais été protestant, et pria le roi de faire arrêter « quatre des principaux de la Ligue qu'il lui nommerait »; on saurait bien alors si les révélations étaient exactes. Henri III répondit par de bonnes paroles, félicita Poulain de son zèle et l'engagea à ne pas laisser sa vigilance s'endormir. Il annonça, en congédiant son espion, qu'il allait passer sept ou huit jours à Saint-Germain, et qu'en son absence les renseignements devaient être apportés à M. d'O. C'est le même jour, en effet (26 avril), que le roi sortit de Paris pour accompagner d'Épernon, qui allait prendre possession de son gouvernement de Normandie [2]. Le favori emmenait avec lui des forces assez considérables : quatre compagnies d'hommes d'armes et vingt-deux enseignes de gens de pied. Il avait pour conseil l'avocat du roi Séguier. Ce départ du plus énergique des courtisans n'était que l'exécution d'un plan arrêté de concert avec Henri III, qui, prévoyant de prochains conflits avec la Ligue, voulait évidemment se ménager un point d'appui en province, tout en concentrant des troupes autour de Paris. Mais après s'être séparé de d'Épernon, le roi eut comme un accès de découragement et s'enferma, le 29 avril, dans un monastère de Vincennes, disant, à ce que rapporte l'Estoile, « qu'il vouloit faire pénitence sept jours entiers et qu'on ne lui parlast d'aucune affaire ».

Le moment était mal choisi pour mener la vie contemplative. Les ligueurs, se voyant trahis par un des leurs, égaraient leurs soupçons sur Compans, parce qu'il avait été huguenot, sur l'échevin Lecomte, sur d'autres encore, et cherchaient à précipiter les événements pour que le roi

---

1. C'est-à-dire *protestant*.
2. L'Estoile, t. III, p. 134.

n'eût pas le temps de prendre des mesures décisives. Catherine-Marie de Lorraine, duchesse de Montpensier, essaya d'abord d'obtenir du roi que le duc Guise fût autorisé officiellement à venir à Paris, sous prétexte de lui permettre de se justifier « des faux bruits et calomnies qu'on luy avoit mis sus ». Mais Henri III fit voir clairement par sa réponse à la duchesse qu'il savait à quoi s'en tenir sur le dévouement de son frère à la personne royale. Mme de Montpensier n'avait, d'ailleurs, en faisant cette démarche, d'autre but que celui d'endormir le roi. Elle tramait, à ce moment même, un nouveau complot contre lui. Sachant que, le 5 mai, Henri devait aller à Vincennes, avec quatre ou cinq valets et un ou deux gentilshommes pour toute escorte, elle avait caché quelques ligueurs résolus et bien armés dans le jardin d'une maison de plaisance appelée Bel-Ebat et située hors de Paris, non loin de la porte Saint-Antoine. Leur consigne était d'arrêter le carrosse du roi à son retour de Vincennes, de massacrer l'escorte et de diriger Henri III vers Soissons, au moyen de relais préparés d'avance. En même temps, on aurait répandu à Paris le bruit que le roi avait été enlevé par les huguenots, afin d'avoir un prétexte pour se jeter sur les politiques et les sujets fidèles, non seulement dans la capitale, mais dans toutes les villes dévouées à la Ligue. Ce plan pouvait fort bien réussir, car il était d'une exécution facile ; mais Bussy le Clerc en ayant fait confidence à Poulain, le faux ligueur alla immédiatement trouver le roi à Vincennes et le mit au courant de ce qui se tramait contre lui. Henri envoya demander à Paris une forte escorte de cavalerie, qui le reconduisit jusqu'au Louvre [1]. Dès que les conjurés avaient vu passer les cavaliers allant chercher le roi à

---

1. DE THOU, t. X, p. 252. *Proc.-verbal de Poulain*, p. 319. On ne s'explique guère pourquoi Henri III, averti par Poulain du lieu où l'attendaient les agents de la Ligue, ne les fit pas cueillir au gîte.

Vincennes, ils avaient quitté à la hâte la maison de Bel-Ébat et s'étaient dispersés.

Certains d'être trahis et redoutant la vengeance du prince, les meneurs du parti dépêchèrent à Soissons l'avocat Brigard, surnommé le « courrier de l'Union », pour mettre en demeure le duc de Guise de venir immédiatement se mettre à la tête des ligueurs de la capitale. Brigard déclara au duc que, s'il temporisait davantage, tous ses serviteurs l'abandonneraient et ne manqueraient pas de révéler au roi les projets de la Ligue [1]. Le duc de Guise eut un moment de perplexité terrible. D'une part, ses partisans le menaçaient de l'abandonner et même de le trahir, s'il tardait à donner le signal de l'insurrection, et, d'autre part, le roi lui avait fait transmettre à trois reprises différentes la défense formelle de venir à Paris. Il faut préciser ce point important. En quittant Paris, le 26 avril [2], pour faire la conduite jusqu'à Saint-Germain à son favori d'Épernon qui allait prendre possession de son gouvernement de Normandie, Henri III avait envoyé une première fois Pompone de Bellièvre à Soissons, où se trouvaient réunis les princes ligués, pour engager le duc de Guise à ne pas venir à Paris. Il est probable que cette première injonction n'eut pas le caractère impératif que lui attribue Miron, le médecin du roi [3]. Si l'on en croit de Thou, l'en-

---

1. L'Estoile rapporte que Brigard « usa de ces mots : que les frères estoient fort desbauchés, mais que sa présence rabhilleroit tout, et qu'il le pouvoit asseurer sur sa vie et sur son honneur que tout se porteroit bien, s'il venoit ». De Thou est entièrement d'accord, comme presque toujours d'ailleurs, avec la version de l'Estoile.

2. C'est de Thou qui donne ce renseignement précieux, que nous complétons par le passage de l'Estoile qui mentionne, sous la date du 26 avril, le départ de d'Épernon et du roi.

3. *Relation de la mort de Messieurs les duc et cardinal de Guise, par le sieur Miron, médecin du roy Henri III*, 1588. Arch. cur., 1re série, t. XII. p. 113. « ... Sa Majesté, par le conseil de la reine sa mère, depescha le sieur de Bellièvre pour luy faire *très exprès commandement* de n'entreprendre ce voyage, sur peine de désobéissance. » Mais il est possible que ce passage se rapporte au second voyage de Bellièvre.

voyé du souverain n'aurait essayé de fléchir la résolution du duc que « par des bassesses et des prières indignes de la majesté d'un roi ». Il aurait déclaré au chef de la Ligue que jamais le roi n'avait ajouté foi aux rapports qui présentaient sa conduite sous un mauvais jour; que S. M. ne doutait nullement de sa fidélité, mais qu'elle le priait seulement de différer pendant quelque temps son voyage à la cour, afin de ne pas paraître braver ouvertement ses ordres. Le duc de Guise parut fort étonné de la demande du roi : il fit valoir ses services, qu'on récompensait fort mal, suivant lui, et ajouta que l'honneur lui commandait de protéger les fidèles et bons catholiques qui s'exposaient pour lui. Quand il aurait obtenu pour eux des garanties suffisantes, S. M. recevrait de sa part toute satisfaction; mais si les complices secrets des protestants continuaient leurs intrigues, il prendrait le parti que lui inspirerait son zèle pour la religion et pour la patrie [1]. C'est avec ces paroles vagues que le duc congédia Bellièvre, qui était de retour à Paris le jeudi 5 mai. Henri III, on peut le croire, ne fut nullement rassuré par le compte rendu de la mission. Il voulait une réponse catégorique et renvoya Bellièvre à Soissons, avec une *recharge*, comme dit l'Estoile, par laquelle il commandait au duc « qu'il n'eust à venir à Paris qu'il ne le mandast, et que, s'il y venoit, les affaires estans en l'estat qu'elles estoient, pourroient y causer une esmotion de laquelle il l'en tiendroit à jamais aucteur et coulpable de tout le mal qui en adviendroit ». Non content d'avoir ainsi renouvelé ses ordres par Bellièvre, le roi envoya encore M. de La Guiche au duc de Guise pour lui notifier une fois de plus la défense de venir à Paris [2]. Le

---

1. De Thou, t. X, p. 251.
2. « Le samedy ensuivant (7 mai) je fus advertir Sa Majesté que Monsieur de Guise venoit; laquelle me fit responce qu'il y avoit envoyé le sieur de La Guiche luy dire qu'il ne vinst pas. » *Proc.-verbal de Poulain*, p. 320.

roi avait raison de se défier de Bellièvre. Ce dernier avait vu la reine mère avant de partir¹, et Catherine lui avait donné des instructions toutes contraires à celles du roi. Bellièvre s'acquitta de sa nouvelle mission avec une indécision et une faiblesse extrêmes : le duc de Guise n'eut pas de peine à le congédier « le laissant en suspens s'il iroit ou s'il ne bougeroit² »; mais, à peine Bellièvre parti, le duc monta à cheval et se mit lui-même en route vers la capitale avec une escorte de huit gentilshommes, sans compter Brigard, l'émissaire des Parisiens. C'était le 8 mai, sur les neuf heures du soir. La petite troupe entrait à Paris le lendemain vers midi, suivant de près Bellièvre, qui, de retour à neuf heures, s'était immédiatement présenté au Louvre et n'avait pas craint « d'assurer le roi que le duc obéirait³ ». Trahi par sa mère et par une partie de ses gentilshommes, Henri n'était nullement préparé à faire front au danger qui le menaçait.

Après avoir fait une courte halte à Mortrives, qui était « des appartenances de Saint-Denis », Guise remonta à cheval, passa au travers des régiments suisses sans être reconnu et franchit à midi la porte Saint-Martin « *camu-*

---

1. Voy. *Mém. de Nevers*, t. I, p. 164. « M. de Bellièvre, envoyé vers luy (*le duc de Guise*), pour luy faire entendre de se bien garder de venir à la cour, parle à la reine-mère avant que partir; laquelle, sçachant la créance que le roy lui avoit baillée, *luy dit au contraire qu'il faut qu'il vienne :* autrement le roy est si en colère qu'un monde de gens d'importance sont perdus. Qu'il le luy doit persuader ou au moins ne l'en dissuader pas, afin que, venant, toutes choses se rhabillent et que le roy oublie le passé. »

2. *Amplification des particularités qui se passèrent à Paris lorsque M. de Guise s'en empara et que le roi en sortit.* Arch. cur., 1ʳᵉ série, t. XI, p. 352. Cette pièce se trouve aussi dans le recueil des *Mémoires de la Ligue*, t. II, p. 315, et dans les *Preuves* de la *Satyre Ménippée*, t. III, p. 64.

3. *Relation de Miron.* Le médecin du roi ajoute que Bellièvre « savoit tout le contraire, ayant veu premièrement et dit la vérité à la reine-mère du roy, laquelle, disait-on, jouoit le double sur le dessein de ce voyage, d'autant qu'elle désiroit ce duc auprès du roy pour s'en servir à reprendre et à maintenir l'autorité qu'elle avoit eue auparavant au maniement des affaires, et pour s'en fortifier contre les insolences et les dédains insupportables du duc d'Épernon, qui l'avoit réduite à telle extrémité que, quoiqu'il en peust arriver, elle estoit résolue à sa ruine ».

fato, le visage caché de son manteau jusques à ce qu'il arrivât dans la rue Saint-Denis. Et lors un jeune gentilhomme de sa troupe, nommé Fourronne, nepveu de M. Sainct-Anthoine de Vienne, luy vint, comme par jeu, lever le chappeau de sa teste et tirer le manteau d'alentour du visage, disant qu'il estoit temps de se faire cognoistre à l'hostellerye [1] ». Ce jeu de scène, prémédité ou improvisé, rendit aussitôt publique l'arrivée du chef de la Ligue. Il s'achemina, sans plus se préoccuper de son *incognito*, jusqu'à l'hôtel de la reine mère « aux Filles-Repenties [2] ». La naine de Catherine regardait, par hasard, à la fenêtre, et elle s'écria qu'elle voyait venir le duc de Guise. Croyant à une mauvaise plaisanterie, la vieille reine dit « qu'il falloit bailler le fouet à ceste nayne qui mentoit; mais à l'instant elle cogneust que la nayne disait vray, dont elle fut tellement esmeue d'aise et de contentement que l'on la vit trembler, frissonner et changer de couleur [3] ». Après quelques paroles diplomatiques qui avaient pour but de se couvrir vis-à-vis du roi, dont elle connaissait les ordres, puisqu'elle les avait contrariés, Catherine envoya M. de La Guiche avertir officiellement le roi de l'arrivée du duc, qui demandait la permission d'aller lui faire « la reverence et

---

1. *Histoire de la journée des Barricades par un bourgeois de Paris.* Cette pièce, très curieuse et remplie de détails précis, émane d'un bourgeois de Paris resté inconnu. Elle est tirée d'un recueil manuscrit de la Bibl. nat., départ. des imprimés, fonds de Thoisy, intitulé *Recueil hist.*, t. III, in-f°. On la trouve reproduite dans la *Revue rétrosp.*, t. IV, 1re série, p. 391 (1834), et dans Cimber et Danj., 1re série, t. XI, p. 365 (1836).
2. *Amplification*, etc., *loc. cit.*, p. 352. C'est-à-dire l'hôtel bâti sur l'ancien emplacement des Filles-Repenties. Il a été remplacé par la Halle au blé.
3. *Histoire de la journée des Barricades*, etc., p. 368. Nous ne savons sur quel fondement Michelet a écrit, en parlant de Catherine : « Elle qui négociait, qui croyait l'empêcher de venir, elle le voit tout venu, pâlit, bégaye.... » Ayant elle-même engagé le duc à venir de suite à Paris, la reine mère ne pouvait que manifester de la satisfaction en le voyant paraître. De Thou est, au surplus, d'accord avec le *Bourgeois de Paris* et dit « qu'elle reçut *parfaitement bien* » le duc de Guise, t. X, p. 253. Tous ces points sont fort importants et prouvent que le récit d'événements en apparence très connus peut toujours être amené à une exactitude et à une précision plus grandes.

submissions accoustumées ¹ ». Le roi fit répondre par M. de Villequier qu'il recevrait Guise.

Qu'allait-il se passer? Outré de colère, Henri III dit à Villeroy : « Il est venu! Par la mort-Dieu! il en mourra. Où est logé le colonel Alphonse? — En la rue Sainct-Honoré, dit le sieur de Villeroy. — Envoyez-le quérir et qu'on luy die qu'il s'en vienne soudain parler à moi ². » Le colonel corse Alphonse Ornano arriva sans retard au Louvre, et le roi lui dit, après s'être enfermé avec lui dans son cabinet : « Voilà donc M. de Guise qui vient d'arriver, et toutefois je lui avois mandé qu'il ne vinst point. A vostre advis, capitaine Alphonse, si vous estiez en ma place et que vous lui en eussiez mandé autant, et qu'il n'en eust tenu autre compte, que feriez-vous? — Sire, il n'y a, ce me semble, qu'un mot en cela : tenez-vous M. de Guise pour vostre ami ou pour vostre ennemi? » Le roi ayant fait un geste significatif, Ornano ajouta : « Ce qu'estant, s'il vous plaist de m'honorer de cette charge, sans vous en donner autrement peine, je vous apporterai aujourd'hui sa teste à vos pieds ou bien vous le rendrai en lieu là où il vous plaira d'en ordonner, sans qu'aucun homme du monde bouge ne remue, si ce n'est à sa ruine ³. » Bien que cette offre hardie ait été directement provoquée par Henri III, il n'osa pas l'accepter et répondit en termes vagues « qu'il n'estoit encores besoin de cela et qu'il espéroit de donner ordre à tout en bref par un autre et plus court moien ». Le moyen d'Ornano ne laissait pas cependant d'être expéditif.

Tandis que ces projets violents s'agitaient dans le cabinet du roi, Catherine, sachant par M. de Villequier que Henri III refusait de se rendre chez elle, comme elle

---

1. *Histoire, etc.*, p. 368. Miron, de son côté, dit, dans sa narration, que ce fut M. de Villeroy qui, averti au milieu de son dîner par un de ses amis de l'arrivée du duc, alla immédiatement prévenir le roi au Louvre.
2. *Relation de Miron*, p. 115.
3. L'Estoile, t. III, p. 136.

l'en avait prié, car elle se trouvait fort souffrante [1], prit la résolution de conduire elle-même le duc de Guise au Louvre. La vieille reine se fit mettre dans une « chaire à bras » et s'achemina vers le palais de son fils. Le duc de Guise la suivit à pied, à travers les rues remplies d'une foule enthousiaste. On criait : *Vive Guise! Vive le pilier de l'Église* [2]! Des femmes s'attendrissaient, cherchant à toucher le bord de son manteau. Une boutiquière, qui était sur le pas de sa porte, s'écria tout haut : « Bon prince, puisque tu es ici, nous sommes sauvés [3]! » Lui restait calme, dissimulant sous un air de hauteur affectée la joie intérieure que lui causaient les manifestations de l'amour populaire [4]. Il arriva ainsi au Louvre, comme porté par un flot vivant. Ce qu'il vit là était fait pour diminuer un peu son assurance. Sous le coup de sa colère, Henri III avait pris quelques mesures menaçantes : les abords et les escaliers du palais étaient occupés militairement par les gardes françaises et suisses [5]. Guise dut traverser ces haies de fer avant de parvenir jusqu'au roi [6]. Il saluait en souriant,

1. D'après une des quatre lettres sur les Barricades qui se trouvent dans les manuscrits de Baluze, la reine mère, dès l'arrivée chez elle du duc de Guise, aurait envoyé chercher M. de Villequier, dont elle connaissait l'influence sur le roi, et l'aurait chargé d'aller demander à Henri III de venir chez elle. Le roi se serait emporté contre sa mère et Villequier, et aurait formellement refusé de sortir du Louvre. D'après la relation du Bourgeois de Paris qui se trouve dans le *Recueil hist. de la Bibl. nat.*, c'est, comme nous l'avons dit plus haut, M. de la Guiche qui aurait été le messager de Catherine, et Villequier n'aurait fait que porter la réponse du roi à sa mère, réponse qui autorisait seulement le duc de Guise et la reine mère à se présenter au Louvre.
2. L'Estoile, t. III, p. 137.
3. *Ibid.*, et *Amplif. des partic.*, etc., p. 354.
4. De Thou, t. X, p. 253.
5. La *Relation du Bourgeois de Paris* dit qu'après avoir expédié M. de Villequier à la reine mère pour l'autoriser à venir au Louvre avec le duc de Guise, le roi avait « fait en diligence assembler ses gardes, tant françaises que suisses, et les ranger en meilleur ordre et plus apparant que de coustume ».
6. Nous suivons la version de l'historien de Thou, toujours si exact, mais il faut noter que, suivant la *Relation du Bourgeois*, Catherine et le duc entrèrent au Louvre « par la petite porte qui est près du jeu de paume, afin de ne passer parmi les gardes ».

multipliant les efforts de sa grâce, comme pour abaisser devant lui les épées. Peut-être, à ce moment, la présence de Catherine fut-elle sa meilleure sauvegarde. Enfin le duc et la reine mère furent introduits auprès de Henri III. Le roi attendait, avec cette dignité hautaine qu'il savait prendre dans les circonstances graves. Il était dans « la chambre de la reine [1] » assis près du lit [2] « et ne se remua point pour l'entrée dudit sieur de Guise qui lui fit une révérence, touchant quasi le genou en terre; mais le roi, irrité de sa venue, ne lui fit autre accueil, sinon lui demander : « Mon cousin, pourquoi estes-vous venu [3]? » Le ton de ces paroles en rendait la concision plus menaçante. Henri III était blême, dit Miron, et mordait ses lèvres. Le duc se crut perdu. Cependant, comme le roi ne l'interrompait pas, il entama une longue justification de sa conduite et de celle de la Ligue, disant qu'on l'avait calomnié et priant S. M de soumettre tous ses actes à une enquête impartiale. Le roi, s'adressant alors à M. de Bellièvre, lui dit : « Ne vous avais-je pas commandé de lui faire entendre mon intention? » Bellièvre balbutia, troublé de la colère de son maître, essayant de soutenir qu'il avait fidèlement transmis ses ordres; mais Guise, qui jouait sa tête, interrompit le malheureux courtisan et lui rappela de quelle manière équivoque et à double entente il avait rempli la mission. Henri III pénétra-t-il l'énigme de cette trahison? Le visage de Catherine resta-t-il impassible devant le regard de son fils? On ne sait : le roi démêla toujours une partie de la vérité, car il foudroya Bellièvre par ces mots significatifs : « Je vous en avais dit

---

1. *Relation de Miron.*
2. *Amplification des particularités*, etc.
3. *Ibid.*, p. 353. L'auteur de l'*Amplification* ajoute que le duc de Guise, en répondant à la question du roi, était « tout ému et fort pasle, comme s'il eust craint que le roi ne se voulust dès lors ressentir du mépris qu'il avoit fait de ses commandemens ».

davantage. » Une réponse imprudente du pauvre Bellièvre pouvait à jamais perdre Catherine dans l'esprit du roi et faire tomber la tête du duc de Guise. La vieille reine savait par expérience à quelles extrémités s'emportait soudain le sang des Valois, et la sauvage fureur de Charles IX au moment de la Saint-Barthélemy risquait d'être égalée en ce moment par la rage froide et concentrée de Henri III. Mais il y avait là trop de femmes, surtout les deux reines, également intéressées à sauver Guise, l'une parce qu'elle était sa complice, l'autre parce qu'elle était du même sang que le chef de la Ligue [1]. Aussi, coupant, en quelque sorte, l'aigre dialogue du roi et de Bellièvre, Catherine s'entremet [2] aussitôt, enveloppe son fils de ses paroles mielleuses, et la reine Louise engage une conversation avec le duc, comme pour le prendre sous sa protection pendant « le pourparler de la reine-mère avec le roi [3] ». Les courtisans à moitié traîtres comme Villequier, un pied dans les deux camps, mais haïs du peuple, appuyaient les instances des reines et agitaient devant les yeux et l'âme vacillante du roi le spectre des représailles de Paris, si l'idole des foules succombait. Cette étrange conférence se prolongea longtemps : pendant trois mortelles heures [4]. Guise se répandait en protestations de fidélité, allant jusqu'à dire « qu'il portait une épée bien tranchante pour tirer raison de ses calomniateurs [5] ». A ces audacieuses excuses, Henri III répondait qu'il savait à quoi s'en tenir sur les menées de la Ligue; il accusa le duc « de mener

1. La reine Louise, rappelons-le, était fille de Nicolas de Lorraine, comte de Vaudémont, et cousine des Guises.
2. C'est l'expression dont se sert Miron.
3. *Amplification des particularités*, etc.
4. A lire les historiens de Paris, on pourrait croire que l'entrevue du roi avec Guise dura à peine quelques minutes; mais la relation attribuée à Sainct-Yon (Arch. cur., t. XI, 1re série, p. 329) nous dit que Guise entra au Louvre à *deux* heures et n'en sortit qu'à *cinq*. C'est ce que confirme aussi le *Procès-verbal de Poulain*.
5. Lettre tirée des Mss. de Baluze par Cimber et Danjou, t. XI, p. 354.

par le nez comme buffles » tous les princes du parti, notamment les ducs de Lorraine et de Mayenne, et ajoutait qu'il était leur roi et saurait se faire obéir. C'était peut-être l'occasion de se venger que le roi devait saisir; mais il n'osa... Guise profita rapidement de l'hésitation du prince et prit congé « sans être suivi ni accompagné d'un seul des serviteurs du roi [1] ».

Tandis que le chef de la Ligue jouait ainsi sa tête, un homme attendait dans l'antichambre royale : c'était Nicolas Poulain. En vain le prévôt Hardy, créature de Villequier, avait essayé d'intimider l'espion et de le déterminer à prendre la fuite, afin de pouvoir dire au roi que l'auteur de toutes les dénonciations contre le duc de Guise n'était qu'un calomniateur éhonté, qui n'avait pas osé attendre de pied ferme la victime de ses mensonges. Poulain accourut au Louvre pour maintenir énergiquement l'exactitude de tous ses dires : le duc se trouvant dans le cabinet du roi, il dut attendre jusqu'à cinq heures, et dès que Guise eut quitté le palais, le sieur Petremol introduisit Poulain auprès de Henri III. « Qu'y-a-t-il? dit le roi. — Sire, répondit l'espion, j'ay esté adverty que monsieur de Guise est venu ici se justifier; s'il plaist à Vostre Majesté me faire mettre prisonnier et en envoyer guérir quatre ou cinq que je vous nommeray, ils vous confirmeront ce que je vous ay dit, et le soustiendray à peine de ma vie, devant qui il vous plaira [2]. » Le pauvre prince n'avait plus, hélas! d'illusions

---

1. *Amplificat. des partic.* Voy. aussi *l'Esprit de la Ligue*, t. II, p. 21. ANQUETIL, citant PASQUIER (lettres 12 et 21), exprime l'opinion que le roi commit une grande faute en laissant partir le chef de la Ligue : « Puisque le duc avoit eu l'imprudence de venir, lui septième, le roi aurait dû le faire arrêter. »
2. *Procès-verbal de Nicolas Poulain*, p. 321. Le départ de Poulain ouvrit enfin les yeux des ligueurs parisiens, qui jusque-là n'avaient nullement soupçonné sa trahison. Après les barricades, ils firent chez lui une perquisition domiciliaire, ne trouvèrent aucuns papiers compromettants et, dans leur rage, pillèrent la maison de Poulain et mirent sa femme en prison. Quant à l'espion, il alla retrouver le roi à Chartres et continua

sur les intentions du chef de la Ligue, et l'ayant tenu à sa discrétion, il venait de le laisser partir; il se contenta donc d'engager Poulain à se tenir sur ses gardes et à veiller à sa sûreté personnelle. L'étrange personnage se le tint pour dit, et, après avoir donné à M. d'O tous les renseignements dont il disposait, il quitta Paris deux jours après, « attendant les nouvelles qui demeureroit le plus fort ».

Le roi de France allait-il reculer sans lutte devant le roi de Paris qui, s'étant trouvé à deux doigts de la mort, transformait son hôtel en forteresse, ralliait ses gentilshommes et faisait entrer ses Albanais et ses capitaines dans la capitale? Malgré son inertie naturelle, Henri III avait pris quelques mesures de défense. Il avait d'abord songé à faire poignarder le duc par les Quarante-cinq, le lendemain matin 10 mai, quand il se présenterait au lever, et à faire jeter le corps par les fenêtres du Louvre, « l'exposant à la veue d'un chacun pour servir d'exemple à tout le monde et de terreur à tous les conjurés [1] ». Mais Villequier et La Guiche dissuadèrent le prince d'employer ce moyen violent et prévinrent le duc de Guise qu'il pouvait se présenter impunément au Louvre le lendemain matin. Et c'est ce que fit le chef de la Ligue, le mardi dix mai; il avait, cette fois, une escorte de « trente et quarante chevaux [2] »; le lendemain, ce fut le roi qui alla trouver le duc

---

son métier d'agent de police à la suite de la cour, jusqu'à la mort de Henri III. Il se vante, en terminant son curieux *Procès-verbal*, d'avoir rendu à son maître de « signalés services qu'on ne peut pas écrire au vrai, sans en toucher quelques-uns qui n'en seroient pas contens ».

1. *Relation de Miron*, p. 116.
2. *Amplific. des partic.*, etc. Dissimulant sa colère, le roi fit, dans cette seconde entrevue, bon visage au duc et l'autorisa à faire venir à Paris l'archevêque de Lyon, d'Espinac, l'un des ligueurs les plus énergiques et les plus dangereux. Mais le 11 au matin, lorsque le roi, se trouvant chez la reine mère, vit arriver le duc, « il tourna le visage d'austre costé, qui fut cause que monsieur de Guise s'assit sur un coffre près monsieur de Bellièvre et luy tint plusieurs propos, se plaignant des mauvais rapports qu'on avoit faits de luy à Sa Majesté.... » *Hist. de la journée des Barric.* Arch. cur., 1ʳᵉ série, t. XI, p. 371. — Michelet a placé cet incident, que raconte le Bourgeois de Paris, dans la première entrevue de Guise et du

à l'hôtel de la reine mère. Dans ces deux entrevues, Henri III et Guise échangèrent sans fin des récriminations et des griefs réciproques. Cette situation tendue ne pouvait se dénouer que par un coup de force. Les deux adversaires le comprenaient bien et se préparaient à la lutte. On connaît les forces de la Ligue ; elles s'accroissaient tous les jours par l'accession des aventuriers que Guise faisait entrer dans Paris, par l'ardente propagande des curés, des moines et des agents patentés du parti. Qu'avait fait le roi pour se défendre et sur qui pouvait-il compter?

Le jour même de l'arrivée du duc de Guise dans la capitale, le roi avait fait faire par le Bureau de la Ville « deffenses très expresses, sur peine de la vye, à tous bourgeois, manans et habitans de la Ville et faulxbourgs de Paris et autres personnes, de quelque qualité ou condition qu'ilz soient, de sortir hors leurs maisons avecq armes aultres que l'espée et dague après 9 heures du soir sonnées, sinon à ceulx ausquelz il a esté commandé de eulx tenir prestz en armes pour le service de S. M. et repos de ladite Ville [1] ». Un autre mandement, en date du même jour, ordonne que « les gardes soient faites tant aux portes de ceste ville que par la ville, suivant les règlements qui ont esté donnés aux prévost des marchans et eschevins, lesquelz commenceront dès ce soir à establir

roi au Louvre, celle du 9 mai. *Hist. de Fr.*, t. X, p. 148. Il n'est pas indifférent de noter qu'il se place dans l'entrevue du 11 : car cela prouve que le duc de Guise se crut menacé de mort deux jours après son arrivée à Paris.

1. REG. DE LA V. H, 1789, f° 116. Voy. aussi lettres de PASQUIER, livre II, lettre 3. ANQUETIL, parlant de la situation de Paris dans les premiers mois de 1588, dit, de son côté : « Henri III crut arrêter les complots des ligueurs par un simple édit qui défendait les levées d'hommes et les attroupements, mais on n'en tint aucun compte. A Paris même, sous ses yeux, le roi souffrait que le peuple se familiarisât avec les armes : tolérance toujours dangereuse, surtout quand les esprits sont échauffés. Pasquier écrivait à un de ses amis : « Nous sommes maintenant devenus tous guerriers désespérés. Le jour nous gardons les portes, la nuit nous faisons le guet, patrouilles et sentinelles. Bon Dieu! que c'est un métier plaisant à ceux qui en sont apprentis! » *L'Esprit de la Ligue*, t. II, p. 243.

les corps de garde pour la nuit et, demain du matin, la garde des portes ¹ ». Afin de prêter main forte à la garde du roi, qui n'était pas très nombreuse, le 9, le prévôt des marchands avait adressé à plusieurs colonels de la milice municipale un ordre ainsi conçu : « M..., colonel au quartier de X..., quartenier, nous vous prions de faire armer jusques au nombre de vingt hommes de chacune dixaine de vostre colonnelle et eulx tenir pretz cejourd'hyuy *à l'heure de midy* pour obéir ad ce qui leur sera enjoinct et commandé pour le service du roy et de la Ville. Faict au Bureau d'icelle, le lundi 9 mai 1588 ². » Il ne faudrait pas croire, au surplus, que la milice municipale fût entièrement dans la main du roi. Henri III pouvait compter sur le dévouement du prévôt des marchands, Nicolas-Hector de Pereuse, maître des requêtes de l'Hôtel, et sur les échevins Le Comte et Pierre Lugoly, mais dans le corps de Ville même il y avait d'ardents ligueurs, Sainct-Yon, par exemple, auquel on doit l'une des plus intéressantes relations de la journée des Barricades. De même, dans les rangs de la milice municipale, se trouvaient un fort grand nombre de ligueurs. Les officiers étaient fort divisés, bien que le roi eût nommé un grand nombre de capitaines en vertu de son bon plaisir et sans tenir compte des élections traditionnelles. Dès le 7 mai, dans une grande assemblée de ville « en laquelle tous les capitaines et lieutenans commandans à Paris furent mandez », plusieurs d'entre eux avaient été notés comme suspects, parce qu'ils avaient émis l'avis d'appliquer un remède violent à la crise où l'on

---

1. Reg., *ibid.*
2. *Ibid.* Ce mandement paraît établir que l'Hôtel de Ville fut averti de l'arrivée du duc de Guise avant même qu'il eût franchi les portes de Paris, car les documents que nous avons cités disent que Guise arriva *sur le midy* (voy. notamment la relat. du Bourgeois de Paris, *Hist. de la journée des Barricades* et *Amplific. des partic.*). Le mandement est évidemment antérieur à l'heure de midi, puisque les capitaines doivent avoir réuni tous leurs hommes à midi.

s'agitait, remède qui eût consisté à faire une nouvelle Saint-Barthélemy d'hérétiques. Les capitaines hostiles aux ligueurs accusaient, d'autre part, ces derniers de n'être que des rebelles et des perturbateurs de l'ordre public. Les deux camps se réunissaient d'une manière distincte et se mesuraient de l'œil. Sur le bruit qui se répandit, le 7 au soir, que le duc de Guise était au Bourget avec une armée de trente mille hommes, les échevins et les capitaines royalistes mirent leurs hommes sur pied : les capitaines ligueurs prirent alors les armes afin de se garder d'une surprise [1]. Le dimanche 8, Perreuse, prévôt des marchands, accompagné de l'échevin Le Comte, voulut mener les archers de la Ville au Temple pour prendre possession des poudres qui s'y trouvaient; mais les archers, ou du moins la plus grande partie d'entre eux, firent mine de quitter leurs hoquetons, s'écriant bien haut qu'ils étaient catholiques; et peu s'en fallut, Sainct-Yon l'affirme, qu'ils ne missent à mort le prévôt des marchands et l'échevin Le Comte. La nuit du 8 au 9, les capitaines des deux factions prirent la garde, se surveillant mutuellement, et, bien que le prévôt des marchands n'eût adressé de mandements pour la garde qu'aux officiers dévoués au roi, les archers de la Ville refusèrent tout service [2]. C'était déjà une situation révolutionnaire, puisque les ligueurs, non convoqués pour le service de garde, prenaient les armes

1. *Hist. très vérit.*, etc., relation attribuée à Sainct-Yon, t. III des *Preuves de la Satyre Ménippée.* Edit. de Ratisbonne de 1752, p. 40.
2. *Ibid.* ANQUETIL (*Esprit de la Ligue*, t. II, p. 21) paraît un peu s'aventurer, quand il déclare que jusqu'au jeudi matin le roi aurait pu faire arrêter le duc de Guise, « parce qu'il avoit pour lors *tous* les capitaines de quartier, *toutes* les cours souveraines, la bonne bourgeoisie et 4,000 Suisses, outre sa garde ». Les documents que nous avons analysés au texte établissent, d'une manière certaine, que, dès le 7 mai, une grande partie des capitaines de la milice refusaient tout service à la municipalité royaliste, et que les archers de la Ville se mettaient en révolte ouverte dès le dimanche 8 mai. Le maréchal de Biron sera beaucoup plus dans la vérité, en disant au roi, le 12, que les 30,000 hommes de milice forment le principal contingent de l'émeute.

d'eux-mêmes. Cette attitude d'une bonne partie de la milice dut rendre illusoires ou tout au moins paralyser les mesures de police qu'ordonna le Bureau dans les journées des 10 et 11. Il avait été prescrit aux quartiniers d'appeler les cinquanteniers et dizainiers, et de faire des perquisitions dans toutes les hôtelleries, tous les garnis et autres lieux, afin de rechercher les vagabonds et les étrangers, et d'avertir le prévôt des marchands de tout ce qui se passerait dans chaque quartier. Quant aux colonels, ils reçurent l'ordre « de faire faire corps de garde aux portes et par la Ville, suivant les règlemens qui ont esté cy-devant faictz », et d'empescher « qu'il ne soit tiré aulcun coup d'harquebuze après neuf heures du matin sonnées jusques au matin que la garde soit levée [1] ». Le lendemain, le Bureau transmet aux quartiniers l'injonction « d'advertir par chacun matin à l'ouverture des portes MM. les colonels et capitaines de la Ville qui entreront en garde ès-portes d'icelle Ville, de ne laisser rentrer ne sortir aulcunes personnes par lesdites portes portans armes à feu », de fouiller ceux qui entrent et de saisir les lettres et paquets qu'on pourrait trouver sur eux, puis de porter le tout à l'Hôtel de Ville [2]. Le même mandement invite les quartiniers à continuer les perquisitions domiciliaires et à « entrer eulx-mesmes dedans chacune des maisons ».

Le 11 mai, à cinq heures du soir, eut lieu, dans la maison commune et sur l'ordre du roi, une assemblée où figurèrent le sieur d'O, le prévôt des marchands, les échevins et « aucuns colonels ». Il y fut décidé qu'on ferait, la nuit suivante, « bonne garde par quelques places », mais que ce service de surveillance ne serait confié qu'à certains colonels ou capitaines sur qui le roi pouvait compter. L'échevin Sainct-Yon représenta vainement que chaque

---

1. Mandement du 10. (Reg. de la V. H. 1789, fol. 117.)
2. *Ibid.*, fol. 118. Mandement du 11 mai.

colonel devait régler dans son quartier le service de garde, et qu'en dirigeant telle ou telle compagnie sur d'autres circonscriptions militaires on s'exposait à mécontenter la population et à provoquer une émeute. Un des présidents du Parlement ayant appuyé ces observations, M. d'O y coupa court par cette brutale apostrophe : « Par la mort Dieu! messieurs, je n'ay que faire de vostre conseil en cest endroit. J'ay la volonté du roy; il veut estre maintenant obéy [1]. » Cette violente attitude n'était pas faite pour calmer les esprits : aussi, l'aspect de Paris devint-il de plus en plus menaçant. Le roi en fut avisé et manda aussitôt quelques magistrats notables dont il connaissait le dévouement et qu'il avait nommés capitaines dans la milice municipale. Il leur prescrivit de rassembler leurs hommes et d'occuper fortement le cimetière des Innocents dont deux portes débouchaient rue Saint-Honoré et deux autres rue du Fouare [2]. C'est Augustin de Thou, président au Parlement, qui fut choisi par le prince pour commander les onze compagnies fidèles ou présumées telles, qui devaient prendre position au cimetière. De Thou reçut la consigne de ne point quitter son poste jusqu'à l'arrivée de Nicolas de Brichanteau, sieur de Beauvais-Nangis. Ces ordres furent exécutés à neuf heures du soir; mais le moral de la milice était si peu affermi que, malgré les objurgations du vieux président de Thou, quatre compa-

---

1. *Relation de Sainct-Yon.*
2. DE THOU, t. X, p. 255. D'après cet historien, les ordres auraient été donnés directement par le roi à Augustin de Thou et à l'échevin Le Comte, tandis que Sainct-Yon dit que les colonels avaient reçu leurs instructions de M. d'O au conseil de Ville dont nous avons parlé. Les Registres de la Ville attestent que les ordres du roi furent, en tout cas, régulièrement transmis au président de Thou. Voici le texte même du mandement : « De par les prévost des marchans et eschevins, M. le président de Thou, colonel, nous vous prions de mander vostre compaignie et celle de M. Tronson cejourd'huy, heure de huict heures du soir, pour de là les mettre en garde au cimetière des Saincts-Innocens, et ne les lever jusques à demain cinq heures, suivant l'exprès commandement du roy. Faict au bureau de la Ville, le 11 mai 1588. » (REG. H, 1789, fol. 118.)

gnies sur onze refusèrent de se laisser enfermer dans le cimetière et allèrent se poster dans la rue Saint-Honoré et dans la rue du Fouare. Vers trois heures du matin [1], M. d'O, suivi d'une petite escorte d'arquebusiers, vint visiter le cimetière, et, s'adressant aux officiers des quatre compagnies dissidentes, leur demanda avec arrogance pourquoi ils avaient quitté leur poste. Les officiers répondirent sur le même ton qu'ils avaient voulu se mettre en mesure de défendre leurs femmes et leurs enfants contre la soldatesque étrangère qui allait mettre Paris au pillage. D'O n'osa pas insister, car il craignait de provoquer une mutinerie ouverte, et se contenta de dire aux quatre compagnies qu'elles faisaient leur devoir. Il pénétra ensuite dans le cimetière et félicita, au nom du roi, ceux qui n'avaient pas quitté leur poste. Il s'approcha du président de Thou et lui dit à l'oreille de faire encore patienter ses gens quelque temps, en attendant les troupes que le roi avait mandées. D'autres détachements de la milice, notamment les compagnies de la rue Saint-Honoré, avaient occupé le petit Châtelet et le pont Saint-Michel. A la place de Grève, M. de Marle, maître des requêtes, avait établi un poste avec les compagnies de la rue Saint-Antoine; le chevalier du guet, avec cinquante archers, s'y trouvait aussi. M. d'O, en quittant le cimetière des Innocents, se rendit chez un quartinier nommé Canaye, qui était tout dévoué au roi et auquel on avait confié la garde des clefs de la porte Saint-Honoré. Il se tint chez Canaye une sorte de conseil; l'échevin Le Comte [2] y assista, ainsi que l'échevin Lugoly, qui avait passé la première partie de la nuit à l'Hôtel de

1. C'est l'heure indiquée par de Thou, dont nous suivons la version. D'après la relation de Sainct-Yon, M. d'O aurait fait sa ronde à une heure du matin.
2. Le Comte avait servi de lieutenant au président de Thou dans le cimetière des Innocents; c'est lui qui avait harangué les capitaines pour les engager à défendre la cause du roi. Il avait les clefs du cimetière et en avait fermé les portes, sauf un guichet. Voy. la *Relation de Sainct-Yon*.

Ville. Après une courte délibération, d'O, suivi de Le Comte et Lugoly, alla ouvrir la porte Saint-Honoré, vers quatre heures du matin, au régiment des gardes et aux onze enseignes de Suisses que le roi avait mandés. Ces troupes défilèrent en silence jusqu'au cimetière des Innocents[1], puis se dispersèrent et s'avancèrent tambour battant vers les postes qui leur étaient assignés. Le maréchal de Biron conduisit trois enseignes de Suisses et deux françaises au Marché-Neuf, et détacha une compagnie au Petit-Pont, sous le commandement de Joachim de Dinteville. Une compagnie de gardes-françaises, commandée par le capitaine Claude de l'Isle, sieur de Marivaux, s'empara du pont Saint-Michel que la milice avait presque abandonné[2], et une autre, commandée par le Gascon du Gast, occupa le petit Châtelet. Louis Berton de Crillon, maître de camp du régiment des gardes et qui devait plus tard acquérir une si brillante réputation militaire, avait ordre de se saisir de la place Maubert, position stratégique de premier ordre; mais il se trouva, au carrefour Saint-Séverin, en présence d'une troupe de factieux et allait la charger quand il reçut ordre de battre en retraite. Il ne s'y résigna qu'avec colère, comprenant bien que cette reculade allait singulièrement encourager les émeutiers d'un quartier populaire entre tous et qu'il aurait fallu maîtriser sans retard. C'est, en effet, de là que l'insurrection se répandit sur la ville entière. Dès quatre heures du matin, le procu-

---

1. Quatre ou cinq compagnies de Suisses restèrent au cimetière, sous les ordres du capitaine Bonouvrier de Saintonge.

2. L'échevin Sainct-Yon, qui avait affecté d'agir en sens contraire de ses collègues Le Comte et Lugoly, nous apprend dans la relation qui lui est attribuée qu'il *aida fort à faire retirer* un capitaine nommé Riolle, cordonnier du roi, qui voulait prendre position sur le pont Saint-Michel. Ce Riolle avait été huguenot : aussi Sainct-Yon n'eut-il pas de peine à détourner ses hommes de lui obéir. Quant au quatrième échevin (que la relation de Sainct-Yon appelle tantôt Bonnet, tantôt Bonnard, comme la plupart des documents du temps), il était au pont Saint-Michel avec Sainct-Yon et ne joua qu'un rôle effacé.

reur Crucé, apprenant l'entrée des Suisses, avait ameuté toute l'Université en faisant crier par ses émissaires : *Alarme! alarme!* et en répandant le bruit que Châtillon avec ses huguenots était dans le faubourg Saint-Germain [1]. Les écoliers de l'Université, voyant les troupes se retirer, descendirent de la montagne Sainte-Geneviève, occupèrent la place Maubert [2] et construisirent immédiatement quelques barricades à dix pas des Suisses. Pendant ce temps, d'O, à la tête de quatre compagnies suisses et de deux compagnies de gardes-françaises, se rendit maître de la Grève et de l'Hôtel de Ville, où le prévôt des marchands, Nicolas-Hector de Pereuse, avait passé la nuit, assisté de Christophe de Marle Versigny et de Laurent Têtu, chevalier du guet ; on a dit plus haut que l'échevin Pierre Lugoly était resté aussi en permanence à la maison commune, qu'il n'avait quittée qu'à quatre heures du matin pour aller ouvrir la porte Saint-Honoré aux Suisses et aux gardes françaises. Ainsi mis à l'abri d'un coup de main des ligueurs, l'Hôtel de Ville devint, en quelque sorte, le quartier général des royalistes. Le prévôt des marchands y convoqua tous les colonels de la milice pour se concerter avec eux [3].

1. Voy. PALMA-CAYET, *Introd. à la Chronologie novenaire.*
2. *Amplific. des partic.* et *Relat. de Sainct-Yon.* L'échevin ligueur dit que Crillon, voulant se saisir de la place Maubert, avait trouvé « l'embouchure de ladicte place Maubert fermée à l'endroict du carrefour Sainct-Severin où estoit descendu un capitaine de l'Université ». Palma-Cayet ajoute que « la Cité et toute l'Université fut toute barricadée sur les neuf heures ; la ville ne le fut que sur le midy ».
3. « *De par les prévost des marchans et eschevins de la Ville de Paris.* M. le président de Thou, colonel, nous vous prions de vous trouver présentement en l'hostel de ceste ville pour adviser ad ce qui est à faire pour la seureté de la ville, et oultre mander à tous les cappitaines de vostre quartier qu'ilz aient à tenir les bourgeois et leurs serviteurs de leurs dizaines en armes en leurs maisons pour le service du roy et conservation de ladite ville. Faict au Bureau, le 12 mai 1588, dix heures du matin. » (REG. H, 1789, fol. 119.) Pareil mandement fut envoyé à MM. de Pereuse, Tambonneau, Bellanger, Néré Brisson, de Charmeau, Allegrain, Abelly, Bodat du Blanc-Mesnil, du Four, de Brion, de Thou, Huberdeau, Perrot, Boursier, Fournier, Gaillart.

Toutes ces allées et venues des troupes et de la milice avaient profondément ému la population. L'aspect des rues était lugubre : « chacun fermait sa boutique avec un étrange courroux [1] ». Sur les huit heures, les présidents Brisson et Séguier vinrent trouver le roi pour appeler son attention sur cette attitude des bourgeois et le prièrent d'envoyer le gouverneur de Paris afin de décider les boutiquiers à ouvrir leurs volets [2]. Henri III prescrivit à M. de Villequier de monter à cheval et d'aller donner ordre aux habitants de tenir leurs maisons ouvertes : il se plaignit aux membres du Parlement du peu de soin que les bourgeois avaient apporté dans l'exécution de ses ordres relatifs aux perquisitions domiciliaires. Villequier ne rencontra pas de résistance; mais à peine était-il passé que les habitants refermaient leurs boutiques.

Au moment, du reste, où le roi recevait la députation du Parlement, la situation n'était nullement désespérée. Les rues n'étaient pas encore barricadées, sauf dans la Cité; le duc de Guise se tenait enfermé dans son hôtel, avec peu de monde autour de lui. Il fut sur le point de se rendre aux instances de Catherine et de Bellièvre, qui l'engageaient, au nom du roi, à quitter Paris, sous promesse qu'aucun de ses partisans ne serait inquiété [3]. Son ami, d'Espinac, l'archevêque de Lyon, étant venu au Louvre pour supplier le roi de « faire retirer ses gardes et ses Suisses, de crainte de quelque mauvais accident », trouva Henri III plein d'assurance et de gaieté. Le roi exprima même avec tant d'énergie la certitude de se faire obéir

---

1. *Hist. très véritable*, etc. *Relat. de Sainct-Yon*.
2. *Hist. de la Journée des Barricades par un Bourgeois de Paris*. Le Parlement s'était réuni le matin, de très bonne heure. « Les présidents et aucuns conseillers » avaient d'abord montré « un visage riant et fait bonne contenance »; mais, quand ils surent que l'émeute grandissait d'heure en heure, ils « changèrent de couleur » et rentrèrent chez eux. *Relat. de Sainct-Yon*.
3. De Thou, t. X, p. 259.

que l'archevêque, qui pourtant n'était pas facile à intimider, se crut lui-même menacé, « tellement qu'estant venu à pied, il emprunta un mulet d'un sien amy voizin du Louvre, sur lequel il s'en retournast le plus tost qu'il peust à l'hostel de Guise, où, après avoir rendu compte de son ambassade, il dit audit sieur de Guise qu'il s'estoit venu rendre là pour vivre et mourir avec luy [1] ». D'autre part, les officiers et les soldats du roi, loin de trembler devant le peuple, ne lui ménageaient ni les quolibets, ni les menaces. « Les garnisons demandoient aux femmes contre les logis desquelles ils estoient campez, si elles avoient de gros demisaints d'argent, et touchoient sous leurs robbes, cherchant leurs bourses avec folles paroles [2]. » Il arriva même à Crillon de dire tout haut que « qui seroit si hardi de sortir de sa maison avec l'espée, il le feroit pendre au bout d'une picque et qu'il mettroit le feu dedans la maison pour la brusler, et les femmes et enfans; mesmement usa de ce mot de chevaucher les filles [3] ». Au cimetière des Innocents, le capitaine Bonouvrier, qui commandait un détachement de soldats des gardes et plusieurs enseignes de Suisses, prenait en pitié les bourgeois de la milice en train d'ébaucher des barricades; et, interpellant M. de Sainct-

---

1. *Hist. de la Journée des Barricades*, etc.
2. *Relation de Sainct-Yon*. L'échevin ligueur dit ailleurs que « la Bastille estoit remplie de soldats, tant de ceux des gardes du roy que Crillon avoit baillés au chevallier du guet il y avoit jà dix jours que des mortes-paies ordinaires, et estoit toute couverte de fauconneaux qui flanquoient tout au long de la rue Sainct-Anthoine ». Et le Bourgeois de Paris, dans son *Hist. de la Journée des Barricades*, ajoute, de son côté : « L'on tenoit, le matin, M. de Guise pour perdu. Il y avoit en l'Arsenal vingt pièces d'artillerie chargées, en l'Hostel de Ville deux cens petites pièces fauconneaux, pièces à croc et autres; ceux du Parlement qui l'aiment le désiroient à vingt lieues de Paris ». Guise n'avait même pas de cuirasse; un sieur de Grande-Rue lui envoya la sienne. *Ibid*. Les forces dont le roi disposait eussent été encore plus considérables si le régiment de Picardie, qu'il avait mandé, avait pu entrer dans Paris; mais les gens de Pontoise lui refusèrent le passage du pont. Six compagnies de gendarmes furent aussi contremandées, à ce que rapporte Sainct-Yon.
3. *Ibid*.

Paul, leur capitaine, lui conseillait ironiquement de s'en aller à Châlons, où il serait plus en sûreté [1]. Saint-Paul répondait sur le même ton, et les bourgeois de la rue Saint-Denis laissaient les troupes royales à leur joie pour aller communier, puis s'armer. A la place de Grève, M. d'O répondait, avec sa forfanterie habituelle, à sept ou huit officiers de la milice et conseillers de Ville qui lui demandaient s'il était nécessaire que les sujets fidèles prissent les armes : « Il n'est besoing de s'armer, ains apprendre seulement à obeyr; aujourd'huy le roy sera maistre [2] ». Quelques marchands des environs de l'Hôtel de Ville vinrent le prier d'engager le roi à retirer ses soldats, « parce qu'ils craignoient quelque émotion du peuple; mais M. d'O, frappant par trois fois sur l'espaule de l'un d'eux, leur fit response que par la mort-Dieu, ils estoient trop forts... » Et alors, sous le porche de l'Hôtel de Ville, on vit un valet du bourreau !

Les bourgeois indignés allèrent s'armer, commencèrent à élever des barricades dans toutes les avenues qui conduisaient à la place de Grève, même du côté de la Seine, et interceptèrent les munitions destinées aux soldats du roi, immobiles devant l'Hôtel de Ville. Le capitaine Cossin, que d'O avait laissé là, ne tarda pas à se rendre compte du danger de la position et se plaignit du prévôt des marchands qui avait promis au roi le concours de trente mille hommes de la milice. Je vois bien, disait le pauvre capitaine, que les trente sont pour moi et les mille pour M. de Guise [3] !

Il y avait deux tactiques possibles pour reprendre pos-

---

1. *Hist. de la Journée des Barric.*, par un bourgeois de Paris.
2. *Ibid.*
3. Ce détail, donné par le *Bourgeois de Paris*, est confirmé par un passage de la relation de Sainct-Yon : « Le bruit commun estoit que les prévosts et eschevins s'estoient faits forts de trente mille hommes pour assister les conjurés lorsque les garnisons se seroient saisies des places et advenues de Paris, ce que toutefois ne peurent exécuter ».

session de la capitale : ou bien concentrer les troupes régulières dans les environs du Louvre, en se ménageant une ligne de retraite vers l'extérieur, ou bien marcher sans délai sur les premières barricades et balayer ceux qui les construisaient. Mais le roi ne sut prendre à temps ni l'une ni l'autre de ces résolutions, bien qu'il eût sous la main des hommes d'action comme Alphonse Ornano, Crillon et le maréchal de Biron. C'était d'ailleurs Catherine qui donnait les ordres. Se flattant de venir à bout du duc de Guise par ses petites ruses ordinaires, elle lui dépêchait Bellièvre à plusieurs reprises, tandis qu'elle répondait aux pressants messages de M. d'O de se tenir sur la défensive et de contenir les troupes [1]. Pendant que le roi reculait ainsi devant la lutte « avec défense à tous les siens de tirer leurs espées seulement à moictié, sur peine de la vie, espérant que la temporization, douceur et belles paroles accoiseroient la fureur des mutins et désarmeroient peu à peu ce sot peuple [2], » l'attitude des ligueurs devenait de plus en plus menaçante. Excités par les agents du duc de Guise qui mettaient dans le désordre un ordre relatif [3], les bourgeois multipliaient les barricades et, se sentant plus forts, commençaient « à regarder de travers les Suisses et soldats françois estant par les rues et à les braver de con-

1. DE THOU, t. X, p. 259.
2. L'ESTOILE, t. III, p. 140, *accoiseroient*. Le mot *accoiser* veut dire calmer, rendre *coi*.
3. CHEVERNY assure dans ses *Mémoires* que dès le jeudi matin le duc de Guise lui envoya « son plus confident secrétaire » pour lui demander si l'entrée des troupes régulières avait pour but « d'entreprendre quelque chose sur sa personne ». Ce confident, qui n'était autre que l'archevêque de Lyon, d'Espinac, comme on l'a dit plus haut, fut amené par Cheverny au roi lui-même; et c'est après l'entrevue de l'archevêque et de Henri III que le duc de Guise « commença d'envoyer quelques gentilshommes des siens aux quartiers..., et de fait, ajoute Cheverny, l'on vit incontinent par la ville lesditz gentilshommes, assistez de quelque menu peuple des plus inconsidérez, commencer à fermer et retrancher les rues de barricades, puis peu à peu forcé habitans à piocher leurs maisons et y faire grandes provisions de pierres pour jeter par les fenêtres... » *Mém.*, coll. Michaud, 1re série, t. X, p. 486.

tenance et de parolles, les menassant si bientost ils ne se retiroient de les mettre tous en pièces ». A la place Maubert, rue Neuve-Notre-Dame, rue de la Calandre, les bourgeois qui gardaient les barricades et les sentinelles des royalistes étaient à quelques pas les uns des autres. Un blocus de fait entourait tous les détachements de l'armée régulière; les fenêtres étaient garnies d'arquebusiers et les auvents abattus : un convoi de vivres destiné aux compagnies de Suisses qui occupaient le cimetière des Innocents, fut intercepté par les ligueurs, et la milice but à leur santé en les narguant.

Qui tira le premier coup de feu? On ne sait; dans ces terribles convulsions qui secouent à certaines heures la population de Paris, une étincelle suffit pour tout embraser. « Aucuns, dit un document du temps [1], imputent le commencement de l'émotion de ceux de la ville à ce qu'aucuns des soldats françois (soit que cela se fist à la main et par personnes interposées ou autrement pour avancer l'émotion) qui étoient mis en garde crièrent à aucuns des habitants qu'ils missent des linges blancs en leurs lits et que, ce même jour, ils coucheroient en leurs maisons. » A neuf heures du matin, il y avait eu une *alarme* du côté du pont Notre-Dame : tous les ligueurs prirent leur poste de combat, chaque barricade étant garnie de quarante arquebusiers au moins; les femmes aussi étaient aux fenêtres « bien résolues de se défendre ». Il y eut quelques coups d'arquebuses tirés un peu au hasard; un tailleur d'habits fut atteint mortellement au bout de la rue Neuve-Notre-Dame [2]. Les Suisses du Mar-

---

1. *Amplific. des partic.*, etc.
2. Nous suivons ici la relation de Sainct-Yon; dans celle du Bourgeois, ce tailleur aurait été tué plus tard, dans l'après-midi, au moment où les Suisses, ayant quitté le Marché-Neuf, passaient sur le pont Notre-Dame, ce qui aurait été la cause du massacre d'un certain nombre de Suisses, parce qu'on disait que le tailleur avait été tué par eux.

ché-Neuf se croyaient déjà sur le point d'être assaillis de toutes parts; mais leurs capitaines vinrent dire aux bourgeois qui gardaient les barricades qu'ils étaient chrétiens et amis, que Biron les avait postés là malgré eux et « que maudite fut l'heure en laquelle ils y estoient venus ». On leur promit de ne pas les attaquer, « à condition, dit Sainct-Yon, qu'ils se retirassent au fond du Marché-Neuf, afin que leur présence ne faschast le peuple ». Le capitaine La Rue, qui commandait une troupe de ligueurs sur le pont Saint-Michel, ordonna au capitaine Malivaut, de la garde suisse, d'avoir à évacuer de suite les abords du pont et à se retirer dans le Marché-Neuf, où les autres compagnies suisses étaient déjà immobilisées. « Malivaut, se voyant assiégé par les deux bouts du pont, ne se fist prier deux fois[1]. » L'Université, depuis la retraite de Crillon, avait mis également le temps à profit. Trois barricades avaient été construites, à la hauteur de l'église Saint-Yves, devant l'horloge Saint-Benoît et devant les Jacobins; puis, laissant dans ces citadelles improvisées des garnisons suffisantes, les capitaines ligueurs de la rue Saint-Jacques s'étaient mis en marche vers le carrefour Saint-Séverin, qui commandait l'issue principale de la place Maubert, et avaient placé une barricade à six pas des Suisses. Dans toute l'étendue de la ville, on ne pouvait plus circuler sans un mot de guet, un passeport ou un billet particulier des capitaines et colonels dévoués à la Ligue[2]. Le maréchal d'Aumont, qui avait en vain essayé de se rendre maître du grand Châtelet et avait dû se retirer avec ses deux arquebusiers devant les barricades des bourgeois en se « mordant les doigts »[3], se rendit vers midi à la barricade de la rue de la Calandre avec le maréchal de Biron et M. d'O, pour parlementer avec les bourgeois. Mais

1. *Relat. de Sainct-Yon.*
2. *Amplific. des partic., etc.*
3. *Relat. de Sainct-Yon.*

ceux-ci réclamèrent avant tout qu'on fît sortir de Paris les troupes étrangères, et comme les fiers gentilshommes répondirent qu'ils n'avaient pas « charge d'entendre les remontrances » des sujets du roi, on les coucha en joue, en les sommant à l'instant de se retirer, s'ils ne voulaient pas assister au massacre des Suisses [1]. Personne ne prenait au sérieux les ordres du roi transmis par la municipalité officielle, qui enjoignaient aux bourgeois de rester chez eux [2], pas plus que les objurgations des gentilshommes qui, depuis le matin, parcouraient les rues pour apaiser la population ou faire arrêter les mutins [3]. Ils couraient plutôt risque d'être arrêtés eux-mêmes. Quant au prévôt des marchands, il était également maudit par les courtisans et par les ligueurs. D'une part, le maréchal de Biron disait au roi que les trente mille hommes de milice dont le chef de la municipalité avait promis le concours actif au monarque formaient le principal contingent de l'émeute, et, d'autre part, les ligueurs accusaient de trahison [4] Pereuse et deux des échevins, Le Comte et Lugoly, parce qu'ils

1. *Relation de Sainct-Yon.*
2. Voici le texte de ces mandements : « Colonnel, nous vous prions de mander à tous les capitaines de vostre quartier d'assister X... quartenier, pour asseurer les bourgeois de son quartier de la bonne intention du roy et les contenir armez, chacun d'eulx en leur maison, soulz la charge de leur capitaine, pour le service du roy et conservation de la ville. Faict au bureau d'icelle, le douzième jour de may, l'an 1588 ». (Reg. II, 1789, fol. 119.
3. Voici, d'après les Registres de la Ville, le texte même des instructions données par le roi à ces officiers : « Le roy commande aux sieurs et gentilshommes qui ont esté ce matin départiz par les quartiers de cette ville sy en ayent incontinent, se y logent et demeurent pour commander à tous les bourgeois desdictz quartiers de se contenir en repos et donner tel ordre que ne puisse advenir aulcune esmotion, tant de jour que de nuict ; et sy aulcuns se voulloient réunir et esmouvoir, les faire arrester et asseurer ung chacun que l'intention de Sa Majesté n'est aultre que de conserver en repos ses bons subjectz de sa ville de Paris et tous ceux qui y sont, commandant sadite Majesté aux prévost des marchans et eschevins d'envoyer les doubles de la présente commande aux quarteniers, afin qu'ilz se rangent et aillent incontinent trouver lesdictz sieurs et gentilzhommes et les assister incessamment, ensemble les colonnelz et capitaines desditz quartiers, pour suivre et observer la bonne et saincte intention de sadicte Majesté. Faict à Paris, le 12 mai 1588. » Signé : Henry ; et plus bas : Pinart.
4. *Relation de Sainct-Yon.*

avaient ouvert la porte Saint-Honoré aux Suisses et aux gardes-françaises. Aussi, dès que l'émeute devint menaçante, les trois magistrats se cachèrent et ne parurent plus de la journée [1].

Cependant l'effervescence croissait de minute en minute. Une chaleur lourde régnait dans Paris, et les hommes de la Ligue, à force de boire, s'exaltaient de plus en plus [2]. Enfin, sur les deux heures, ceux qui gardaient les barricades de la Cité, notamment celles de la rue de la Calandre, firent circuler la consigne de charger les Suisses lorsque retentirait « la batterie, tant du clocher de Saint-Germain-le-Vieil que de toutes les maisons de la rue de la Calandre » qui dominaient le Marché-Neuf [3] ». En même temps, les capitaines de l'Université s'assemblaient chez un bourgeois, nommé Pigneron, et décidaient d'envoyer une députation à l'Hôtel de Ville pour annoncer leur intention de chasser par la force les troupes étrangères, si le roi ne les rappelait pas de bon gré. On confia cette mission au colonel du quartier de l'Université : un de ses capitaines l'accompagna. Les autres regagnèrent leurs postes respectifs. Crucé [4], qui commandait la barricade du carrefour Saint-Séverin, était en train de réunir ses hommes, quand un coup d'arquebuse fut tiré par les Suisses. Il croit que les soldats du roi veulent en venir aux mains et ordonne de faire feu. Les

---

1. *Relation de Sainct-Yon.* Il faut cependant ne pas oublier que Sainct-Yon, en présentant sous un jour peu favorable la conduite du prévôt des marchands de Pereuse et celle des deux échevins Lugoly et Le Comte, plaide sa propre cause, puisqu'il était lui-même du parti de la Ligue.
2. De Thou, t. X, p. 259, *Mém. de Cheverny*, Coll. Michaud, 1re série, t. X, p. 486.
3. *Relation de Sainct-Yon.*
4. Nous pensons que le capitaine du carrefour Saint-Séverin était Crucé, parce que la relation de Sainct-Yon dit un peu plus loin que c'est *ledit capitaine* (celui de la barricade de Saint-Séverin) qui occupa le petit Châtelet en poursuivant les Suisses. Or Palma-Cayet (*Introd. à la Chron. novenaire*) écrit ce qui suit : « Crucé, qui conduisoit ceux de l'Université, estoit des plus ardents ; des paroles il vint aux effects, *les siens* font retirer les gardes du roi et se saisissent du petit Chastelet. »

Suisses s'enfuient dans la direction du petit Châtelet; Crucé et les siens les poursuivent, tirant « à coup perdu [1] », et leur tuent cinq hommes. Ils occupent en passant le petit Châtelet et y laissent une petite garnison de vingt ligueurs qui paradent aussitôt sur la plate-forme et continuent le feu sur les malheureux gardes du roi. Ceux-ci sont refoulés vers le Marché-Neuf [2], où se trouvaient déjà entassées d'autres compagnies suisses, et se heurtent aux insurgés, qui débouchaient du pont Saint-Michel, sous la conduite du comte de Brissac, un des plus ardents officiers du duc de Guise. Le comte avait mis la hallebarde à la main [3]; il haranguait furieusement le peuple, et, prenant à partie le roi, s'écriait : « Il a dit de moi que je n'étais bon ni sur terre ni sur mer; il saura maintenant que j'ai trouvé mon élément et que je suis bon sur un pavé [4] ». Ces imprécations contre la personne royale n'étaient pas isolées. Déjà beaucoup songeaient à mettre la main sur Henri III. Un avocat, nommé La Rivière, criait, avec des jurons à épouvanter les Suisses : « Courage, messieurs! C'est trop patienter; allons prendre et barricader ce bougre de roy dans son Louvre [5] ». Et, de fait, le roi paraissait perdu. Ses soldats fuyaient de toutes parts, criblés de coups d'arquebuses, assommés par les pavés que les femmes et les enfants

---

1. D'Aubigné, *Hist. univ.*, p. 113, col. 1. « Lors chascun voulut montrer qu'il sçavoit tirer et, bien que la pluspart le fissent à coup perdu, toute la ville crut que les royaux estoient enfoncez... »
2. Palma-Cayet rapporte que les Suisses perdirent au Marché-Neuf une vingtaine des leurs et eurent une trentaine de blessés.
3. *Histoire de la Journée des Barricades par le Bourgeois de Paris*. Le comte Charles II de Cossé-Brissac était le second fils du maréchal de Cossé-Brissac, qui avait été gouverneur de Paris en 1562. Charles de Brissac avait d'abord servi dans la marine, et pris part, en 1582, à la malheureuse expédition de Strozzi aux îles Açores. Il y avait d'ailleurs déployé un grand courage. C'est lui que Mayenne nommera plus tard gouverneur de Paris, et qui ouvrira au roi Henri IV la porte de la capitale. L'Estoile assure que ce fut Brissac qui fit faire les premières barricades rue Saint-Jacques et place Maubert.
4. Voy. d'Aubigné, col. 114.
5. L'Estoile, t. III, p. 142.

jetaient sur eux par les fenêtres de chaque maison. Les Suisses se mirent à genoux, montrant leurs chapelets, criant : *Bonne France! Miséricorde! Bon catholique!* On en eut pitié; on les laissa partir. Quelques bourgeois en firent entrer chez eux. C'est à ce moment même que d'O et le maréchal d'Aumont se présentèrent de la part du roi, avec l'ordre de faire retirer les troupes [1]. La députation des capitaines de l'Université était arrivée à l'Hôtel de Ville vers trois heures et avait déclaré aux personnages officiels qui se trouvaient dans la maison que « le feu s'allumait de telle façon qu'il était urgent d'y pourvoir ». Il fut décidé que le sieur Bellanger, conseiller au Parlement, colonel au quartier de l'Université, et l'échevin Sainct-Yon iraient immédiatement trouver le roi pour le mettre au courant de ce qui se passait. Bellanger et Sainct-Yon remplirent sans retard leur mission, et c'est sur leurs instances que l'ordre avait été donné par Henri III au maréchal d'Aumont de ramener les Suisses vers le Louvre. Quand d'Aumont, suivi de M. d'O, arriva au Marché-Neuf, il était environ quatre heures. Le maréchal obtint sans difficulté qu'on livrât passage aux soldats du roi. Il fut décidé que la compagnie de gardes-françaises commandée par le capitaine Malivaut marcherait en tête et celle du capitaine du Gast en queue : au milieu se placèrent les compagnies suisses, mousquetaires, arquebusiers et piquiers. Tout alla bien d'abord, mais, au moment où les arquebusiers suisses défilaient sur le pont Notre-Dame, plusieurs bourgeois leur crièrent d'éteindre les mèches de leurs arquebuses. Ils eurent l'imprudence de refuser et firent même une décharge qui tua deux bourgeois de la milice et blessa un lieutenant à la gorge. Cette agression d'hommes qu'on considérait dans le peuple comme des prisonniers et des vaincus que le

---

1. *Relation de Sainct-Yon.*

vainqueur daigne épargner, ralluma la colère des gens de la milice. Ils chargèrent les Suisses avec un redoublement de furie et les refoulèrent vers le Marché-Neuf, d'où ils venaient de sortir. En un moment, et depuis la rue Neuve-Notre-Dame jusqu'à Saint-Denis de la Chartre, les royalistes perdirent cinquante ou soixante des leurs. Affolés, ils jetaient leurs armes, tombaient les uns sur les autres assommés par les pierres que leur lançaient les femmes de toutes les fenêtres. Ils levaient les bras au ciel, criant : « France, France, chrestiens nous! » Mais les ligueurs n'écoutaient plus rien et le sinistre mot d'ordre : « Tue! Tue! » couvrait les supplications des fuyards [1]. « Un grand Suisse, armé tout à blanc [2], qui avoit une grande barbe qui

1. *Relation de Sainct-Yon.*
2. *Hist. de la Journée des Barric. par un Bourgeois.* Armé à blanc est synonyme de *armé à crud*, c'est-à-dire sans cotte d'armes sur la cuirasse. Il serait intéressant d'étudier à ce propos les variations du costume des Suisses de la garde royale. Une relation de l'entrée de Louis XII à Paris, en 1498, dit en parlant des Suisses de la garde de ce prince, qu'ils étaient habillés « tous d'une livrée, hocquetons rouges et jaunes et grands plumeaux sur leurs testes ». *Hist. de Louis XII*, par Jehan de Sainct-Gelais, p. 126-127 (Paris, 1622, in-4°). Le *Cérémonial de Godefroy*, t. I, p. 266, édit. in-fol. de 1649, rendant compte de l'ordre observé à l'entrée de François Ier à Paris en 1514, au retour de son sacre, dit que les Suisses de la garde du roi étaient « tous acoustrez de pourpoints de damas, d'un costé tout rouge, et de l'autre demy blanc et demy jaune ; les chausses et leurs plumails sur le bonnet de mesmes couleurs, chacun la hallebarde sur l'espaule, quatre tambours et deux fifres au milieu d'eux, vestus de damas blanc ». A l'entrée de Henri II, le 26 juin 1549, les Suisses de la garde royale étaient vêtus « de pourpoints et chausses écartelées, moitié de toile d'argent, et moitié de velours noir, leurs bonnets couverts de grands pennaches à leur mode, aux couleurs du roy ». *L'Histoire militaire des Suisses au service de la France*, du baron de Zur-Lauben (Paris, 5 vol. in-8°, 1751), ne donne pas de renseignements suffisants sur ce point; mais en revanche, cet ouvrage contient un assez bon récit de la journée des Barricades, t. V, p. 248, et reproduit la traduction en français d'une lettre écrite en allemand que le colonel Gallaty adressa de Chartres, le 20 mai 1588, aux cantons catholiques. Le colonel suisse déclare que le roi avait donné aux officiers la consigne de ne faire de mal à personne et de tâcher d'apaiser l'émeute, si elle se produisait. Il ajoute que les Suisses se croyaient « au milieu de leurs bons amis », proteste contre « l'attaque infâme qui les a surpris », annonce que son régiment a laissé quarante soldats sur la place, mais qu'aucun officier n'a été tué. Gallaty termine en disant qu'après sa sortie de Paris, le roi a donné une gratification aux Suisses blessés, et que Sa Majesté est très aigrie contre les Parisiens.

luy pendoit jusques à la ceinture, se mit à genoux, tendant les mains au ciel, monstroit son chapelet; il fut pris par un bourgeois et retiré en une maison pour le sauver. » Le notaire Cotereau, qui cherchait à mettre fin au massacre, reçut un coup de mousquet dans la jambe et en mourut quelques jours après. Une partie des Suisses fut sauvée par Brissac, et, après avoir jeté ses armes, rentra dans le Marché-Neuf. Quant au capitaine du Gast, qui commandait la compagnie de gardes-françaises, il prit peur en voyant tomber quatre ou cinq des siens et, bien que placé à l'arrière-garde de la colonne, il abandonna ses soldats pour se réfugier dans la maison d'un marchand. Les débris de la colonne, qui n'étaient pas revenus au Marché-Neuf, traversèrent à grand'peine le pont Notre-Dame « et furent les seigneurs d'O et Corse, qui les ramenoient, en grand danger de leurs vies et personnes, confessans qu'ils n'avoient jamais eu tant de peur qu'à ceste heure-là [1] ». Les détachements laissés au cimetière des Innocents et à la place de Grève ne se trouvaient pas dans une situation sensiblement meilleure. Ils savaient que le combat s'était engagé dans la Cité et étaient bloqués de tous côtés par les bourgeois en armes, qui n'attendaient qu'un signal pour commencer l'attaque.

Un seul homme pouvait apaiser l'insurrection et sauver les malheureux soldats du roi : c'était le duc de Guise. Henri III, prévenu du péril que couraient ses Suisses et ses gardes par le conseiller Bellanger et l'échevin Sainct-Yon, avait envoyé le maréchal de Biron à l'hôtel de Guise, en même temps qu'il donnait l'ordre à d'O et au maréchal d'Aumont d'aller donner à la garnison du Marché-Neuf l'ordre de battre en retraite. On a vu comment cette retraite avait dégénéré en massacre et en déroute. Biron réussit

---

1. L'ESTOILE, t. III, p. 141.

mieux dans sa mission. « Eh bien! monsieur, qu'est-ce que cela? dit-il au duc en l'abordant. — Vous voyez, mon père, répondit Guise, ce n'est pas moy; je n'ay bougé de céans¹, encores que j'aye esté fort solicité de sortir; c'est le bon conseil du roy, c'est ce coquin d'O qui l'a si bien conseillé. Je suis asseuré que ce n'est pas vous. Je voudrois bien sçavoir s'il auroit la hardiesse de venir céans pour m'assaillir. Il n'est pas de nostre mestier; vous le sçavez bien, mon père. Il dit que je ne m'accompaigne que de crochetteurs; mais qu'il se tienne asseuré que, si je le tiens, je le feray foucter par des crochetteurs depuis la porte Sainct-Anthoine jusques à la porte Sainct-Jacques² ». Biron finit par décider Guise à se rendre aux ordres du roi et à sortir pour aller dégager les Suisses et les gardes. Le chef de la Ligue était en pourpoint de satin blanc, sans autre arme qu'une épée au côté. Deux pages suivaient, l'un portant sa rondache, l'autre un coutelas. Quelques gentilshommes entouraient leur maître, armés seulement de leurs épées, qu'ils tenaient sur l'épaule. Quand le duc, qui allait à pied, parvint à la place de Grève, après avoir traversé les barricades au milieu de l'enthousiasme populaire, les troupes

1. Sur ce point, tous les historiens ne sont pas d'accord. Sainct-Yon dit, comme le bourgeois de Paris, que le duc « ne s'estoit tout le jour bougé de sa maison, pensant à part soy quelle seroit l'issue de ceste tragédie ». Il ne serait sorti qu'à cinq heures du soir, d'après la relation de l'échevin. L'Estoile dit, de son côté : « Il n'estoit sorti, tout ce jour, de son logis et avoit tousjours esté aux fenestres de son hostel de Guise, avec un pourpoint blanc découppé et un grand chappeau, jusques à quatre heures du soir de ce jour qu'il en sortist pour faire ce bon service au roy. » Mais il résulte des détails (fournis par l'illustre et sincère historien de Thou) que Guise sortit au moins une fois *vers midi* et se promena assez longtemps dans les environs de son hostel, en habit de campagne et d'un air intrépide. Il était accompagné de l'archevêque de Lyon et donnait ses ordres aux exprès que lui envoyaient ses officiers des différents points de la Ville. De Thou affirme même qu'étant sorti lui-même, un peu avant midi, pour observer l'attitude des deux partis, il passa par l'hôtel de Guise et rencontra le duc qui se promenait, le visage rayonnant de gaieté et de confiance. L'historien en fut frappé et dit à un ami qui l'accompagnait : « Ce jour verra porter le dernier coup à l'autorité royale. » DE THOU, *Hist. univ.*, t. X, p. 260.
2. *Hist. de la Journée des Barric.*, *par un Bourgeois de Paris.*

royales négociaient avec les bourgeois pour obtenir passage et avaient déjà donné deux de leurs officiers en otage; mais ils faisaient difficulté d'éteindre les mèches de leurs arquebuses, comme le demandaient les ligueurs, et ces derniers s'apprêtaient « à commencer le jeu ». L'intervention de Guise pacifia tout. En le voyant arriver, les Suisses se mirent à genoux, l'appelant leur sauveur et le suppliant de les laisser partir. Saint-Paul, un des officiers de la Ligue, fut chargé de les conduire à la porte Saint-Honoré. M. de Plaisance, par l'ordre du duc, alla dégager les compagnies royalistes qui étaient bloquées dans le cimetière des Innocents. Sur bien des points, il y avait encore des furieux qui voulaient massacrer les vaincus. Quand le duc de Guise passa rue de la Juiverie, il fut acclamé par des bourgeois qui lui dirent : « Nous avons défait nos ennemis; il en reste encore un peu sous le petit Châtelet; nous allons les tailler en pièces, car ils nous ont trop bravés ce matin. » Mais le triomphateur apaisa la colère de ses partisans et obtint qu'ils ne feraient pas de mal au capitaine du Gast et à ses soldats, qui s'étaient réfugiés dans les maisons avoisinant le petit Châtelet. Le pauvre gascon du Gast n'avait plus sa morgue du matin. « Il se leva du lieu où il estoit, plus pasle que la mort, avec ses soldats si effrayez qu'ils ne pouvoient quasi marcher, tant ils trembloient [1]. » Saint-Paul, qui revenait après avoir conduit à la porte Saint-Honoré les Suisses de la place de Grève, fut encore chargé d'assurer la retraite de du Gast et de ses hommes. Ils marchaient « en confusion, de crainte du peuple, l'enseigne roullée, le tambour sur le dos, et les mèches esteintes, en la façon des garnisons de la Grève ». Leur conducteur, Saint-Paul, tenait une houssine à la main avec une grâce parfaite. Il avait l'air de surveiller un convoi de bestiaux :

---

1. *Relation de Sainct-Yon.*

cela faisait rire le peuple. Ce Saint-Paul était ironique et, comme un des gardes l'appelait « monseigneur », il répliqua : « Quand monsieur de Guise arriva au Louvre, ny encores depuis, vous ne daigniez le regarder et saluer, et maintenant à moy, qui ne suis que son petit serviteur, vous donnez le titre de monseigneur et me parlez avec si grand respect et révérence [1]. » Ayant opéré ce second sauvetage, Guise se rendit au Marché-Neuf. Sur son passage on criait : « Vive Guise! » et lui, faisant l'offensé, disait tout haut : « Mes amis, vous me ruinez; criez : Vive le roi! » En arrivant au Marché-Neuf, le duc trouva le maréchal de Biron et Bellièvre au milieu des Suisses désarmés et à genoux, qui, croyant toucher à leur dernière heure, se répandaient en lamentations. Dès qu'ils aperçurent Guise, tous ces malheureux crièrent : « Bon duc de Guise, bonne France, chrétiens! » Le chef de la Ligue fut ému, et, soupirant, dit à Biron : « Ceux qui ont allumé le feu le devraient éteindre. » Alors le maréchal répliqua : « Malheur sur celuy qui en a donné le conseil; j'ay obéi au roy les conduisant en ce lieu, mais je ne les retireray comme je les ay posez, car de si grand nombre que j'ay amené, en voilà quatre cents de reste, tous blessez et désarmez [2]. » Guise les fit à l'instant conduire au Louvre et se retira au milieu des acclamations populaires. Il répondit par des sourires et des flatteries. Passant sur le pont Notre-Dame, la vue des barricades lui arracha ce compliment, qui alla droit au cœur des bourgeois : « Vous avez merveilleusement bien fait! » A quoi l'un des barricadeurs répliqua : « Monseigneur, cy-devant nous n'estions que mouches, mais vostre présence nous a faict devenir lions [3]. » Ces lions réclamaient une dernière proie : M. d'O, qui était resté prisonnier de l'émeute avec

---

1. *Relat. du Bourgeois.*
2. *Relat. de Sainct-Yon.*
3. *Hist. de la Journée des Barricades.*

le corse Ornano. D'O était aussi impopulaire que son beau-père Villequier. Le bruit public leur reprochait à tous deux d'avoir conseillé au roi de « faire ceste belle disposition de trouppes armées par la ville, comme aussi ç'avoit esté lui qui, le matin, les y estoit venu poser et disposer avec Crillon, auquel on n'en vouloit pas moins pour avoir esté si insolent et vilain en paroles que de menasser les bourgeois de Paris, ceste nuit-là, du déshonneur de leurs femmes, et ce en termes injurieux et impudiques tout oultre [1]. » Mais, sur le soir, le chevalier d'Aumale vint, au nom de Guise, délivrer d'O et son compagnon le corse, Alphonse Ornano. Le chef de la Ligue ne voulait plus de sang : il jetait sa clémence à la face du roi, comme une injure suprême.

Ce jeu ne réussit pas avec l'ambassadeur d'Angleterre, le comte de Stafford, auquel Guise députa le comte de Brissac, avec mission d'offrir une sauvegarde à l'ambassadeur, qui demeurait sur le quai des Bernardins, un peu au-dessous de la place Maubert. Une pareille offre pouvait n'être pas inutile, car l'ambassadeur d'Elisabeth subissait le contre-coup de la haine que les prédicateurs de la Ligue avaient vouée à la reine d'Angleterre. Ces fanatiques faisaient courir le bruit que Stafford avait converti son hôtel en forteresse, afin d'avoir un prétexte de l'attaquer et de le piller. Un bourgeois important du parti, le marchand de drap Nicolas Pigneron, avait vivement pressé le duc de Guise d'ordonner une perquisition. Brissac devait donc à la fois examiner avec soin ce qui se passait à l'ambassade et agir comme l'envoyé du véritable maître de la France, ce qui était une manière de se faire valoir aux yeux de l'étranger et d'abaisser encore l'orgueil de Henri III. Mais

---

[1]. L'Estoile, t. III, p. 142. L'auteur de l'*Amplification sur les particularités*, etc., ajoute « qu'en cette émeute aucuns voulurent tuer messieurs de Biron et Bellièvre, ce que toutefois M. de Guise empescha ».

Stafford arrêta Brissac dès les premiers mots, dit que « ce qui se passoit à Paris seroit trouvé très étrange et très mauvais par tous les princes de la chrétienté qui y avoient interest; que nul habit, diapré qu'il fust, ne le pourrait faire trouver beau, étant le simple devoir du sujet de demeurer en la juste obéissance de son souverain »; et, comme Brissac insistait, essayant de lui faire peur et s'étendant sur les sentiments d'hostilité du peuple parisien envers Elisabeth et son représentant; comme il lui conseillait de fermer les portes de son hôtel, Stafford répliqua : « Je ne dois pas le faire, la maison d'un ambassadeur doit estre ouverte à tous allans et venans, joint que je ne suis pas en France pour demeurer à Paris seulement, mais près du roi, où qu'il soit [1] ».

La nuit tombait, mais les Parisiens ne dormirent pas. Ils restaient sur le pied de guerre, refusant d'accepter le mot d'ordre que le prévôt des marchands voulait leur donner au nom du roi, comme à l'ordinaire [2]; en revanche, ils allèrent recevoir le mot du duc de Guise. Il y avait « des feux par toutes les rues et à chasque fenestre une chandelle allumée, tout le peuple estant en armes et faisant bon guet [3]... » Les capitaines de la milice et les officiers du duc de Guise parcouraient les postes et passaient de maison en maison pour tenir en haleine l'enthousiasme du peuple et l'exciter contre le roi. Brissac surtout déploya une activité sans égale; il disait partout qu'il avait assemblé au carrefour Saint-Séverin une petite armée d'écoliers et

---

1. *Amplific.*, etc. De Thou, t. X, p. 266.
2. De Thou, *Ibid.*, p. 262. L'historien, en relevant cet acte de rébellion, le trouve beaucoup plus grave que les barricades de la veille et leurs suites, qui pouvaient trouver une excuse dans la provocation.
3. *Relation de Sainct-Yon.* Quant à l'échevin lui-même, après le sauvetage des Suisses par Guise et Saint-Paul, il était allé prendre un repos nécessaire « las et recreu, pour avoir seul travaillé depuis sept heures du matin jusques à sept heures du soir, sans boire ny sans manger, avec le grand péril de sa vie, pour la conservation de ses concitoyens ».

qu'il la tenait toute prête « pour la faire marcher quand besoin seroit [1] ». Au Louvre, on veillait aussi : car les barricades du quartier Saint-Honoré, celles de Saint-Germain-l'Auxerrois et de la chapelle de Bourbon ressemblaient aux travaux d'approche d'un siège. « Dans la chambre du roy, chacun tenoit l'espée au poing, toute nue; et dura cest effroy plus d'une heure entière, soulz un faux bruict qu'on les venoit assiéger [2]. » Henri III n'était pas, d'ailleurs, sans défense. En dehors de ses gentilshommes, il était entouré de la majeure partie des compagnies suisses et françaises, qui, au lieu de sortir de la ville, comme elles s'y étaient engagées envers le duc de Guise et les bourgeois, étaient venues prendre position dans les jardins et la basse cour du Louvre [3]. Le, roi dans la soirée, avait aussi « envoyé quérir le régiment de Picardie [4] ». Vers les deux heures du matin, le bruit se répandit que toutes ces troupes allaient charger « à la dianne » et aussitôt les ligueurs furent sur pied; mais le bruit fut reconnu faux, en ce qui concerne du moins l'arrivée du régiment de Picardie et de six compagnies d'hommes d'armes qu'on croyait à la porte Saint-Honoré. Les Suisses et les gardes-françaises se tenaient « tous en bataille près le Louvre [5] ».

Le jour qui se levait allait sans doute éclairer la défaite finale du dernier Valois. Guise semblait avoir résolu de frapper le coup suprême et d'abattre ce fantôme de roi. Il écrivait, le 13 au matin, à M. d'Entragues, gouverneur d'Orléans, pour lui donner l'ordre de jeter dans la lutte parisienne le poids des forces insurrectionnelles dont dis-

---

1. L'ESTOILE, t. III, p. 143.
2. *Relat. du Bourgeois.*
3. C'est ce qu'affirme Sainct-Yon, en ce qui concerne notamment les Suisses et gardes-françaises que Saint-Paul avait ramenés de la place de Grève, et M. de Plaisance du cimetière des Innocents.
4. *Relat. du Bourgeois de Paris.*
5. *Relat. de Sainct-Yon.*

posait la Ligue, à proximité de la capitale [1]. Pendant la lutte du 12, toutes les portes de Paris avaient été fermées, sauf une, la porte Saint-Honoré. Le 13 au matin, le roi voulut faire occuper par ses gardes les portes Saint-Jacques, Saint-Marceau, Buci et Saint-Antoine; mais les bourgeois refusèrent de s'en dessaisir. Ils les laissèrent ouvertes aux ligueurs du dehors, qui « entraient à la file dans la ville [2] », et fermées aux officiers du roi qui accouraient des environs pour lui prêter main forte. C'est ainsi qu'à huit heures du matin, M. de Méru, qui s'était avancé avec cent quarante chevaux jusqu'à la porte Saint-Honoré, dut rebrousser chemin [3]. Le roi ne disposait plus que de la porte Neuve, située sur le bord de la Seine, et qui faisait communiquer le Louvre avec les Tuileries. Des profondeurs de la ville de sourdes rumeurs montaient. Dans le quartier de l'Université, Brissac avait passé la nuit à réunir dans le cloître Saint-Séverin et « à faire armer sept ou huit cens escoliers et trois ou quatre cens moines de tous les couvens, prests à marcher sur le Louvre [4] ». Leurs capitaines étaient trois docteurs en théologie, dont le *Bourgeois de Paris* nous a conservé les noms : Péginard, Martin et de Guische.

1. « Avertissez nos amis de nous venir trouver, en la plus grande diligence qu'ils pourront, avec chevaux et armes et sans bagage; ce qu'ils pourront faire aisément, car je crois que les chemins sont libres d'ici à vous. J'ai défait les Suisses, taillé en pièces une partie des gardes du roi *et tiens le Louvre investi de si près que je rendrai bon compte de ce qui est dedans*. Cette victoire est si grande qu'il en sera mémoire à jamais. » *Mém. de la Ligue*, t. II, p. 313. Cette lettre fut interceptée et portée au roi quelques jours après.
2. L'Estoile, t. III, p. 143.
3. *Relat. de Sainct-Yon*. L'Estoile confirme le fait (t. III, p. 144) et dit que Mérus ne se retira que sur un ordre du roi. « Aussi lui manda le roy qu'il se retirast, craignant qu'on ne courust à lui et à ses gens comme on estoit prest à ce faire. » Le Bourgeois de Paris dit, de son côté : « L'après-disnée dudit jour, monsieur d'Anville se présenta à la porte Sainct-Honnoré avec soixante chevaulx ou environ; on lui reffusa l'entrée, de quoy il advertit le roy et la royne mère aussy, qui luy mandèrent tous deux qu'il s'en retournast, encore que le roy avoit trouvé mauvais le reffus qu'on luy avoit faict. Il fut environ une heure à compter les chevilles de la porte. »
4. L'Estoile, *Ibid.*, p. 145.

Ces gens-là portaient la cuirasse et prêchaient leurs ouailles, les exhortant « à combattre pour la liberté de la Ville et pour la religion [1] ». Du grenier des boucheries du Marché-Neuf on avait porté des brassées de piques « prises par comptes et à charge de les rendre » au collège des jésuites, transformé en caserne pour la circonstance. Tous ces écoliers, tous ces moines « avoient tous les bords de leurs chapeaux retroussez, et sur le troussis chacun une croix blanche, armez d'espée et de poignard [2] ». Dès six heures du matin, le roi, effrayé de l'aspect de la ville, fit mander au Louvre les officiers municipaux. Sainct-Yon vint le premier et essuya les premières récriminations du malheureux prince, qui ne comprenait pas l'acharnement de la population, ayant consenti lui-même à subir ses exigences et à rappeler ses troupes. L'argument, certes, manquait de force, car si les troupes n'avaient pas été rappelées ou plutôt si le duc de Guise n'était pas intervenu pour faciliter leur retraite, elles n'eussent pas échappé à une mort certaine. L'échevin ligueur se borna à faire observer au roi que « le pauvre peuple n'avoit jamais pensé d'entreprendre aucune chose contre Sa Majesté et n'avoit passé les bornes de la défensive », car il croyait « qu'on le vouloit tuer ». Au mot de défensive, Henri III s'écria : « Comment ! entrer en défensive contre leur roi ! » Alors Sainct-Yon se mit à pleurer et « remontra audit seigneur que Dieu et nature avoient donné à un chacun, tant grand que petit, un désir de conserver sa vie et celle des siens ! [3] ... »

---

1. *Relat. du Bourgeois.*
2. Palma-Cayet, *Introd. à la Chron. novenaire.*
3. *Relat. de Sainct-Yon.* Il est possible que l'échevin exagère ici son rôle personnel. Il dut venir trouver le roi avec le prévôt des marchands, les autres échevins et plusieurs capitaines de la Ville, qui, à ce qu'assure l'Estoile, se rendirent au Louvre le matin du 13 « voyans que le peuple armé et mutiné, qui toute la nuit estoit demeuré tumultuant, les armes au poing et bravant sur le pavé, continuoit encore ce jour et menaçoit de faire pis... »

Il finit par conseiller au roi de faire appel au duc de Guise pour lui demander de monter à cheval avec les sieurs de Villequier et de Lansac, et de « faire ôter les barricades ». Le roi suivrait à cheval et irait à la Sainte-Chapelle. Ayant donné au prince ce conseil étrange, Sainct-Yon se retira « plein de fièvre » et se mit au lit. La reine mère arriva vers huit heures, ainsi que trois présidents du Parlement et la plupart des officiers municipaux qui insistèrent vivement pour que le roi donnât l'ordre de faire sortir de Paris toutes les troupes régulières. C'était, suivant eux, le seul moyen de rétablir la tranquillité dans la ville. Henri III voulait bien y consentir, mais il désirait d'abord « que le peuple levast les barricades et posast les armes, les asseurant en foy et parole de roy, qu'il feroit retirer ses forces à sept lieues de Paris, voire à dix, si ce n'estoit assez, et contremanderoit les autres qu'il avoit mandées venir à lui [1] ». Le prévôt des marchands insista, disant que le temps pressait et que si le roi ne prenait pas immédiatement la résolution de renvoyer ses soldats, lui et ses collègues « avoient peur qu'on y vinst trop tard ». Henri céda enfin et promit de transmettre ses ordres sur-le-champ. C'est ce qu'il fit. « Sur les dix heures du matin, le roy manda par tous les quartiers au peuple qu'on eust à s'apaiser et qu'il avoit contremandé le régiment de Picardie, et que, pour le regard des compagnies estrangères et françaises, elles sortiroient avant midy [2]. » La plupart des Suisses sortirent, en effet, vers onze heures par la porte Saint-Honoré [3]; et comme on continuait à faire courir le bruit que le roi allait faire rentrer par la porte Neuve les Suisses et le régiment de Picardie, Henri déclara aux délégués des bourgeois, notamment au président Tambonneau, qu'il

---

1. L'Estoile, p. 143.
2. *Relat. de Sainct-Yon.*
3. *Ibid.*

avait contremandé ce régiment et qu'il permettait à la milice de ne pas poser les armes avant d'être certaine que les troupes régulières s'étaient éloignées à une distance de sept lieues de Paris [1]. Tous ces actes de faiblesse ne firent, comme il arrive d'ordinaire, que porter à son paroxysme l'audace des insurgés. Déjà, le roi était bloqué dans son Louvre. Il voulut sortir pour aller à la Sainte-Chapelle; on lui refusa le passage. Catherine fut plus heureuse. Accompagnée de M. de Villequier et de plusieurs gentilshommes, elle se dirigea « à beau pied » vers la Sainte-Chapelle, « chacun luy faisant passage partout, avec beaucoup de contentement, comme aussi à la royne régnante [2] ». A chaque barricade, on ôtait une barrique « par où elle passoit, et soudain on la remettoit en son lieu pour serrer le passage; elle monstroit un visage riant et asseuré, sans s'estonner de rien [3] ». Mais c'était, de la part de la vieille reine, une attitude de commande. Elle avait trop d'expérience pour ne pas se rendre compte de la gravité du péril.

Sainct-Yon dit que les deux reines « furent fort étonnées de voir tant de forces ». L'Estoile ajoute que « tout le long de son disner, elle ne fit que pleurer [4] ». Le roi, d'abord impassible, dut cependant s'émouvoir des nouvelles qui arrivaient au Louvre. « Un familier et domestique du duc de Guise et un gentilhomme bien qualifié » vinrent lui annoncer que « monsieur de Guise et ceux de Paris, ses partisans, avoient résolu de faire sortir, la nuit suivante, douze ou quinze mille hommes par la porte Neuve ou autres portes, pour aller investir le Louvre par dehors et en barrer

---

1. *Relat. du Bourgeois.*
2. *Relat. de Sainct-Yon.*
3. *Relat. du Bourgeois.*
4. T. III, p. 143. L'auteur de l'*Amplificat. des partic. qui se passèrent à Paris* est entièrement d'accord sur ce point avec l'Estoile et s'exprime dans les mêmes termes.

l'issue au roi pour le prendre là-dedans [1] ». Un émissaire du roi, grâce à un déguisement et à la complicité d'un des capitaines de la Ville, put *se couler* jusque dans le palais et confirma les informations qui venaient de l'hôtel de Guise [2]. L'Hôtel de Ville et l'arsenal étaient aux mains de l'émeute. Dans le quartier de l'Université, les écoliers et les moines, tout enflammés par les prédications des docteurs en théologie « qui marchoient en teste comme colonnels des mutins et ne tenoient autre langage, sinon qu'il falloit aller quérir frère Henri dans son Louvre [3] », commençaient à s'ébranler au bruit du tocsin [4]... En présence de cette marée montante de l'insurrection, qui menaçait de submerger le trône et la personne royale, les membres du Conseil, réunis autour du prince, l'engagèrent à quitter Paris, en lui « remonstrant quelques exemples de la furie des peuples, lesquelles il vaut mieux esviter qu'attendre [5] ». Mais Catherine, toujours confiante dans sa diplomatie, prit la parole pour combattre l'avis unanime du Conseil : « Hier, dit-elle, je ne cognus point aux paroles de M. de Guise qu'il eust d'autre envie que de se ranger à la raison ; j'y retourneray présentement le veoir et m'asseure que je luy feray apaiser ce trouble [6] ». La vieille reine monta en effet dans « sa chaire » et se dirigea vers l'hôtel de Guise, à travers les barricades que le peuple, comme le matin, ouvrait

---

1. *Amplification des partic.* DE THOU dit que les ligueurs voulaient faire sortir huit mille hommes pour se saisir des dehors du Louvre.
2. Cette circonstance qu'un *familier* du duc de Guise annonça au roi l'intention où étaient les ligueurs d'aller se saisir de sa personne, rend très vraisemblable une hypothèse de Michelet. Il dit, en parlant du duc : « Je ne crois pas qu'un homme si avisé, si informé, ait ignoré que le roi avait toujours une porte libre pour s'en aller. Si Guise les faisait garder toutes, moins *une* (celle des Tuileries), c'est que probablement, n'osant défendre le roi et cependant craignant pour lui, il voulut que son mannequin royal gardât la clef des champs. » T. X, p. 154.
3. L'ESTOILE, p. 145.
4. *Mém. de Cheverny*, Coll. Michaud, 1re série, t. X, p. 487.
5. PALMA-CAYET. *Introd. à la Chronologie novenaire.*
6. *Ibid.*

pour lui livrer passage et refermait derrière elle ¹. Arrivée en présence du chef de la Ligue, Catherine le supplia d'apaiser l'émeute et de venir trouver le roi pour « lui faire paroistre, en une si urgente occasion, qu'il avoit plus de volonté à servir qu'à dissiper sa couronne ² ». Mais le duc, glorieux de sa victoire, ne se donnait même plus la peine de feindre. Il répondit « faisant le froid », qu'il n'en pouvait mais, et qu'il était aussi malaisé de retenir le peuple que d'arrêter « des taureaux échauffés ». Quant à se rendre auprès du roi, c'est ce qu'il ne ferait jamais, le Louvre lui étant « étrangement suspect » ; et puis il n'était pas assez naïf, pour « se jetter foible et en pourpoint à la merci de ses ennemis ³ ». Catherine, voyant qu'elle n'arrivait pas à ébranler le duc, dit tout bas au secrétaire d'État Pinart, qui l'avait accompagnée à l'hôtel de Guise, d'aller informer le roi de l'attitude peu rassurante du chef de la Ligue. Lorsque Pinart arriva au Louvre, le roi n'y était plus ; craignant de voir son palais envahi par les ligueurs, qui rapprochaient de plus en plus leurs barricades ⁴, supplié par ses émissaires de quitter Paris « plutôt tout seul », s'il ne voulait pas tomber aux mains de l'émeute, Henri III sortit du Louvre à pied par la porte Neuve « sur les quatre heures après midy ⁵ ». Il avait une baguette à la main et

1. L'ESTOILE et l'auteur de l'*Amplification des partic.*, etc., s'expriment encore ici dans les mêmes termes. Seulement il semblerait ressortir de l'*Amplif.* que Catherine alla *deux fois* trouver le duc de Guise dans l'après-midi, ce qui est en contradiction avec les autres documents que nous avons analysés. Il résulte, en effet, du récit de Sainct-Yon que Catherine alla le 13 à la Sainte-Chapelle *dans la matinée*, et de la relation de l'Estoile qu'elle se rendit à l'hôtel de Guise dans l'après-midi. Mais rien n'indique qu'elle ait fait deux fois le voyage à travers les barricades dans cette journée du 13. Il faut conclure seulement des paroles que Palma-Cayet met dans sa bouche, que Catherine avait déjà fait une visite au duc la veille, c'est-à-dire le 12.
2. L'ESTOILE, p. 144.
3. *Ibid.*, p. 145.
4. Un tavernier, nommé Perrichon, que l'Estoile appelle un coquin et qui depuis fut pendu à Paris même par ses compagnons, avait dressé une barricade contre les portes mêmes du Louvre.
5. Cette heure est indiquée dans la relation de Sainct-Yon.

l'on aurait pu croire qu'il allait faire sa promenade habituelle. Comme il franchissait la porte Neuve, un bourgeois royaliste, qui, la veille, avait sauvé le maréchal de Biron, s'approcha de lui et lui dit de se hâter, parce que le duc de Guise s'apprêtait à marcher sur le Louvre avec une troupe de douze cents hommes du parti ligueur. Le sieur Boursier, capitaine de la rue Saint-Denis, avait annoncé tout haut le but de l'expédition [1]. Le roi s'arrêta aux Tuileries « quelque peu, appuyé sur une pierre, il pleura fort chaudement et dit : O ville ingrate, je t'ay plus aymée que ma propre femme! [2] » A cinq heures du soir [3], Pinart rejoignit son maître et lui apporta le message de Catherine. Il n'y avait plus à hésiter. Henri se rendit aux écuries, qui se trouvaient aux Tuileries, et monta à cheval avec toute sa suite. Son écuyer du Halde, tout ému, le botta, et, dans sa précipitation, lui mit un éperon à l'envers : « Je ne vais pas voir ma maîtresse, dit le roi; nous avons un plus long chemin à faire ». Et il prit la route de Saint-Cloud, après s'être retourné vers Paris pour maudire la ville et jurer qu'il n'y rentrerait « que par la brèche [4] ». Les courtisans qui se trouvaient là se procurèrent des chevaux comme ils purent « et en trouvant à grand'peine; nous monstames tous la pluspart sans bottes », dit Cheverny. Avec le chancelier, le roi emmenait le duc de Montpensier [5], M. de Longueville,

---

1. L'Estoile, t. III, p. 145.
2. *Relat. du Bourgeois.*
3. C'est l'heure indiquée par Cheverny dans ses *Mémoires.* Palma-Cayet dit que le roi reçut l'avis de la reine-mère « entre cinq et six heures du soir ».
4. L'Estoile, p. 146.
5. M. de Montpensier avait envoyé chercher ses chevaux, qui se trouvaient au faubourg Saint-Germain. Il voulait leur faire traverser l'eau dans le bac où se trouvaient déjà quelques gardes du roi. Mais les bourgeois, croyant que les troupes allaient attaquer le faubourg Saint-Germain, coupèrent la corde du bac qui s'en alla jusqu'aux Bons-Hommes, où le rejoignirent les chevaux de M. de Montpensier. (*Relat. du Bourgeois.*) Le même récit prétend que le roi partit en carrosse et non à cheval, et que ce carrosse ne le vint chercher qu'aux Bons-Hommes, où il se serait rendu à pied. Mais Cheverny, témoin oculaire et qui était du voyage, dit formellement que Henri III partit à cheval avec toute sa suite. L'Estoile et

M. d'O, le comte de Saint-Paul, le cardinal de Lenoncourt, les maréchaux de Biron et d'Aumont, Jacques Faye, avocat au Parlement, M. de Bellièvre et les secrétaires d'État Villeroy et Brulart. Les magistrats étaient en robe longue. L'avocat d'Espesses n'avait pas d'éperons; Mme de Fréluc lui en fit un en bois dans les Tuileries; mais le pauvre homme, dans son empressement à suivre le roi, perdit sa bourse, qui contenait trois cents écus. Le secrétaire Brulart partit avec « deux testons en poche, pour n'avoir eu le loisir d'aller jusques à sa maison en prendre davantage [1] ». Quant à Pinart, le roi le renvoya à l'hôtel de Guise « afin de faire entendre à la reine sa mère les raisons de son subit partement [2] ». Le chef de la Ligue savait déjà que le roi était parti. Dès que Henri III sortit du Louvre, le bruit de sa fuite courut dans Paris et fut porté à l'hôtel de Guise par plusieurs émissaires, notamment par Maineville, l'un des plus intimes confidents du duc. Catherine conférait avec Guise, cherchant à gagner du temps; mais le mot que Davila prête au duc : « Me voilà mort, madame! tandis que Votre Majesté m'amuse ici, le roi s'en va pour me perdre! » paraît bien problématique. Le *Bourgeois de Paris* rapporte, au contraire, et avec beaucoup plus de vraisemblance, qu'aux ligueurs qui lui demandaient s'il fallait empêcher le roi de quitter Paris « il fit response, avec grande véhémence, que non; que c'estoit son roy et qu'il estoit en sa liberté d'aller ou de demeurer où bon luy sembleroit ».

Cependant la retraite du roi de France rappela beaucoup trop par sa précipitation et ses côtés presque ridicules la manière dont, quatorze ans auparavant, il avait quitté la

---

Sainct-Yon confirment les détails donnés sur ce point par Cheverny. D'après Sainct-Yon, la petite troupe comprenait environ soixante chevaux.
1. *Relat. du Bourgeois.*
2. *Mém. de Cheverny.*

Pologne et perdu sa première couronne. Alors qu'il avait autour de lui quatre mille Suisses et soldats de sa garde française et de nombreux officiers, fort braves, qui lui auraient au moins assuré une retraite fière et digne, il fuit éperdûment, sans donner d'ordres à sa garde, avec une escorte de chevaux de louage et de courtisans, sans manteaux et sans bottes, poursuivi par les huées du peuple et les arquebusades de la milice [1] !

En quittant Paris, Henri III avait l'intention de se rendre à Saint-Germain; mais il fit cette réflexion qu'il serait là trop près de la terrible capitale, et, après avoir hésité un moment entre Rouen et Beauvais, il finit par se décider pour Chartres [2]. Cheverny, qui était gouverneur de cette ville, partit en avant pour annoncer l'arrivée du roi, qui fit collation à Trappes et coucha à Rambouillet « tout botté [3] ». Le lendemain, 14 mai, Henri III entra, vers onze heures du matin [4], dans la ville de Chartres, dont l'évêque, Nicolas de Thou, était fervent royaliste. Ce prélat ne négligea rien pour recevoir magnifiquement son souverain malheureux, et Henri put même entendre les cris de : *Vive le roi !* que les Parisiens ne lui prodiguaient pas [5]. Ni les Suisses,

---

1. « Ainsy que le roy sortoit par la Porte-Neuve, quelque quarante harquebusiers que l'on avoit mis à la porte de Nesle tirèrent vivement sur luy et ceux de sa suite; le menu peuple, qui ne va que comme on le pousse, crioit au bord de l'eau mille injures contre le roy. » PALMA-CAYET. *Introduction à la Chronologie novenaire.*
2. *Mém. de Cheverny.*
3. L'ESTOILE. DE THOU, t. X, p. 267, assure qu'à Trappes le roi fit placer des gardes à toutes les avenues, car il craignait d'être poursuivi par les troupes de la Ligue, envoyées de Paris.
4. *Relat. du Bourgeois.*
5. Cet enthousiasme était d'ailleurs superficiel. L'historien de Thou, qui devait être bien renseigné par son oncle, dit que c'est uniquement à ce dernier que le roi dut l'accueil chaleureux d'une partie de la population de Chartres. Il ajoute que « le reste du clergé et du peuple s'était déjà laissé aveugler ou corrompre par les émissaires de la Ligue. » T. X, p. 267. Il est possible aussi que les hôteliers de Chartres aient été sensibles aux bénéfices que leur attirait l'arrivée du roi. « La cherté y est si grande, écrit l'auteur de la *Journée des Barricades*, que les hostelliers font payer pour homme et pour cheval trois escus la journée, et que le chapon couste cinquante solz et va jusque à un escu. »

ni les autres troupes n'entrèrent dans la ville. Dégoûtés de servir un pareil monarque, les Suisses furent même sur le point de faire défection et de passer à la Ligue [1]. Toutefois, ils se décidèrent à ne pas déserter les drapeaux royalistes, d'abord parce qu'ils espéraient rentrer dans l'arriéré de leur solde, et ensuite parce que le régiment de Picardie et les compagnies des gardes les menacèrent de les attaquer s'ils refusaient de suivre [2].

Guise est maître de Paris. Que va-t-il faire de sa victoire? Henri III est chassé de sa capitale et humilié par la Ligue? Comment va-t-il réparer sa défaite? La municipalité parisienne est désorganisée : les échevins Le Comte et Lugoly, qui avaient joué un rôle actif dans la lutte de l'autorité régulière contre l'organisation insurrectionnelle des ligueurs, se sont soustraits par la fuite aux conséquences de de leur fidélité à la cause royale [3]. Les deux autres éche-

---

1. Félibien, *Preuves*, t. I, p. 776. Le colonel et les capitaines des Suisses du roi écrivirent de Trappes au duc de Guise une lettre, datée du 14 mai, et qui est fort curieuse. Les officiers suisses prétendent que, trois ans auparavant, c'est le duc de Guise qui demanda un régiment de Suisses « pour le service de la couronne de France ». Après la défaite de l'armée des protestants allemands qui avaient envahi la France, le roi, « par la trop grande facilité de leur colonel », les aurait retenus en leur promettant de les envoyer contre le roi de Navarre. Mais on les aurait fait venir à Paris « avec ruse et artifice », en leur faisant croire qu'il s'agissait de faire une exacte recherche des hérétiques, avec l'aide des bourgeois et du duc de Guise. On les a trompés et *vendus à la boucherie*. C'est Guise qui les a sauvés. Le roi leur doit quatre soldes. Il est parti, en leur disant seulement « qu'ils pouvaient se retirer ». Ils ont cherché en vain à rejoindre le monarque à Saint Cloud, puis à Trappes, où ils sont arrivés après son départ. Les Suisses demandent au duc de Guise « ce qu'ils ont à faire ». Ils consentent à revenir à Paris et promettent de vivre et mourir au service du duc. La lettre se termine par cette mention : « *Ecrit en secret* à Trappes, le 14 mai 1588 ».
2. C'est ce qu'atteste formellement le *Bourgeois de Paris*, auteur de la *Journée des Barricades*.
3. *Relat. de Saint-Yon.* Le royalisme du prévôt des marchands, Hector de Perreuse, et des échevins Le Comte et Lugoly, n'est pas douteux. Sainct-Yon affiche, dans la relation qui lui est attribuée, des sentiments très favorables à la Ligue, bien que mélangés d'un certain respect pour le roi, qu'il appelle à plusieurs reprises « son bon prince ». Quant au quatrième échevin, sa personnalité et ses actes sont plus effacés. Il y a même quelque incertitude sur l'orthographe de son nom. De Thou (t. X, p. 269) et l'Es-

vins, Bonnard et Sainct-Yon, avaient gardé pendant la journée une attitude fort équivoque qui devint tout à fait sympathique à la Ligue après la victoire. Suspects aux meneurs de la faction cléricale, ils éprouvèrent le besoin « d'attester le ciel et la terre qu'ils estoient innocens de ce dont on les chargeoit; que leurs compagnons les avoient trahis, faisant leur conseil à part sans les y appeller ». Quant au prévôt des marchands, Hector de Pereuse, qui était courageusement resté à Paris après la fuite du roi, il n'allait pas tarder à être arrêté.

Ainsi, la royauté, chassée de la capitale, laisse encore une fois le champ libre à une émeute triomphante. En 1588, l'ennemi n'est plus un seul homme, s'appelât-il Étienne Marcel, qui ne réussit qu'un moment à entraîner des masses ignorantes et versatiles : c'est la puissante union d'une partie des chefs de la noblesse, du clergé tout entier et de la fraction la plus énergique de la bourgeoisie: c'est une organisation savante, dès longtemps mûrie et perfectionnée, mise en œuvre par des mains habiles et vigoureuses, puissamment secondée ou, si l'on veut, dominée par l'impérieuse complicité de Philippe II. La révolution de mai 1588 a fait table rase non seulement du gouvernement royal, mais de la municipalité traditionnelle. Elle ne vise pas à donner à la prévôté des marchands une extension presque souveraine ou, comme on dirait aujourd'hui, une autonomie complète. En 1358, le vainqueur, dans la lutte engagée contre le pouvoir central, c'est le prévôt des mar-

---

TOILE (t. III, p. 151) l'appellent *Bonnard*. Sainct-Yon, dans sa relation, l'appelle d'abord *Bonnet*, puis *Bonnard*. Quant à LEROUX DE LINCY, dans sa *Chronologie des officiers municipaux* (appendice IV de l'*Hist. de l'Hôtel de Ville de Paris*), qui rectifie souvent le travail de J. Chevillard, il adopte l'orthographe de *Bouvart*. La chose, au fond, n'a pas une extrême importance ; mais il est certain que Bouvart, Bonnard ou Bonnet conforma son attitude à celle de Sainct-Yon, c'est-à-dire fut sympathique à la Ligue. Palma-Cayet s'est trompé lorsqu'il a écrit que « trois des quatre échevins trouvent moyen de suivre le roy; un seul d'entre eux se trouva du costé des factieux ». Le Comte et Lugoly suivirent seuls le roi.

chands, Étienne Marcel, et la révolution prend, de la sorte, un caractère presque exclusivement municipal; en 1588, le prévôt des marchands compte parmi les vaincus, et si le vieux cadre des institutions n'est pas modifié en apparence, toute la réalité du pouvoir municipal passe aux Conseils de la Ligue. Certes, on a dit que le duc de Guise et les Seize avaient inscrit sur leur programme « le rétablissement de l'antique liberté des élections municipales [1] »; mais c'est là une vaine apparence. Au fond, la Ligue substituera des élections tumultuaires aux élections régulières; il n'y aura pas plus de liberté dans les choix, parce qu'ils seront dictés par les meneurs d'une faction, au lieu d'être dictés par le roi. En dernière analyse, le véritable but, comme le véritable résultat des Barricades, c'est l'attribution du gouvernement au clergé et à ses hommes; c'est ce que la langue moderne appellerait le triomphe du cléricalisme. L'histoire ne peut douter des tendances audacieuses de tous ces sermonnaires qui commandaient les quatre cents moines et les huit cents écoliers dont nous avons dit le rôle pendant la Journée des Barricades. Ils invoquaient pour le peuple comme pour le pape le droit de déposer le roi! Qui leur soufflait cette doctrine? Le duc de Guise. Et pourtant ce fut lui qui recula et laissa échapper « la beste qu'il tenoit en ses filets ». Étienne Marcel avait épargné le dauphin Charles, et il en mourut; Henri de Guise épargne le roi Henri III, et il en mourra. Un roi qui se laisse insulter en face par un sujet, a peu de chances de conserver sa couronne; un sujet « qui tire l'épée contre son prince, en doit à l'instant jeter le fourreau ». C'est ce que dit le duc de Parme en apprenant l'issue des Barricades. Quant au pape, il blâma également Henri de Guise de s'être mis, lors de son arrivée

---

1. H. Martin, t. X, p. 77.

dans la capitale, à la discrétion d'un roi qu'il avait cruellement outragé; et Henri III, de l'avoir laissé échapper : « O le lâche prince ! ô le pauvre prince ! dit Sixte V, d'avoir ainsi perdu l'occasion de se défaire d'un homme qui semble être né pour le perdre [1] ». Le duc de Guise, de son côté, après avoir commis l'énorme imprudence de se rendre presque seul au Louvre, en commit une seconde, plus grave encore, lorsqu'il permit au roi vaincu de quitter Paris. Une demi-rébellion est un non-sens, et, « à la vérité, qui a voulu boire une fois du vin des dieux, jamais ne se doit recongnoistre homme..., car il faut être César ou rien du tout [2]... »

1. DE THOU, t. X, p. 266.
2. L'ESTOILE, t. III, p. 147. Voy. aussi PASQUIER, lettres 12 et 21. ANQUETIL, *l'Esprit de la Ligue*, t. II, p. 24.

CHAPITRE V

GUISE ET PARIS APRÈS LES BARRICADES

(Depuis le 13 mai jusqu'au 1er septembre 1588.)

Le duc de Guise ne perdit pas de temps pour compléter sa victoire. Dans la soirée même du 13, il retourna chez la reine mère pour lui témoigner l'étonnement, plus ou moins sincère, que lui causait le départ du roi, et il affecta de dire que rien ne motivait la brusque détermination de Henri III [1]. Après cette visite diplomatique, Guise parcourut à pied la capitale et posa lui-même les corps de garde, causant avec les principaux ligueurs et conservant malgré tout l'air de dignité grave qui seyait si bien à sa physionomie. Complètement édifié sur la chaleur de l'enthousiasme populaire, le chef de la Ligue se rendit ensuite chez les principaux membres du Parlement, car une séance était indiquée pour le lendemain. Au cours de sa visite au premier président Achille de Harlay [2], il lui déclara que,

---

1. De Thou, t. X, p. 268.
2. Achille de Harlay, né à Paris le 7 mars 1536, avait été nommé conseiller à vingt-deux ans, sous le bénéfice d'une dispense d'âge, et président dès 1572, par suite de la retraite de son père. En 1568, il avait épousé Catherine de Thou, fille du premier président. En 1582, il succéda à son beau-père. Il avait su résister avec fermeté aux édits de proscription de 1585 contre les huguenots et aux bulles du pape qui, après la mort du duc d'Alençon, déclarèrent le Béarnais déchu de son droit au trône. Il restera premier président jusqu'en 1616. C'est une des plus belles figures, la plus belle peut-être, de la magistrature française, qui a compté tant de nobles caractères.

par suite du départ du roi, il était contraint de veiller à sa sûreté ainsi qu'à celle de ses amis, et qu'il priait le président de ne pas assembler la compagnie le lendemain. Mais de Harlay répondit que les convocations étaient faites, qu'il ne pouvait plus donner contre-ordre et que, d'ailleurs, il ne reconnaissait d'autre autorité que celle du roi [1]. Guise, décontenancé par cette ferme attitude du premier président, le regarda « sans mot dire, environ l'espace d'un quart d'heure [2] », et finit par le prier de ne pas revenir sur les faits accomplis, ce que de Harlay accorda. En sortant de chez le premier président, le duc de Guise dit à haute voix : « Je me suis trouvé à des batailles, à des assauts et à des rencontres les plus dangereuses du monde ; mais jamais je n'ai été étonné comme à l'abord de ce personnage [3] ». Cependant, à minuit, Guise avait retrouvé son sang-froid, et il envoya un message à de Harlay pour lui enjoindre de contremander les membres du Parlement. « Deux heures après, la royne mère l'envoya prier à mesme fin [4]. » Déférant à cette double injonction, le premier président fit contremander ses collègues, le samedi 14, de grand matin ; mais plusieurs ne reçurent pas le billet et vinrent au palais. Il y trouvèrent de Harlay et le prièrent de présider l'assemblée. Un grand silence régna d'abord ; « on se regardait l'un l'autre, sans mot dire, sinon que de myne ou des épaules ». Enfin, quelques conseillers des enquêtes proposèrent d'envoyer une députation au roi, si

1. D'après certains historiens, le premier président aurait fait une phrase à hermine : « Quand la Majesté du prince est violée, le magistrat n'a plus d'autorité ». Voy. ANQUETIL, *l'Esprit de la Ligue*, t. III, p. 23 ; MATHIEU, livre VIII, p. 548. Cette réponse a dû être fabriquée après coup, comme la plupart des mots historiques.
2. *Hist. de la Journée des Barric. par un Bourgeois de Paris.*
3. *Mém. fort singuliers servant à l'Hist. de Fr.* Ms. de Dupuy, col. 661. Récit du président du Vair.
4. *Relat. du Bourgeois.* H. MARTIN se met en contradiction (t. X, p. 75) avec le récit du Bourgeois, lorsqu'il écrit que « le lendemain, *sur l'express invitation de la reine mère*, les magistrats se rendirent au palais ».

cette mesure était approuvée par la reine mère. Le président de Thou alla demander aussitôt le consentement de Catherine, qui le donna avec empressement et ajouta qu'elle enverrait à Chartres le secrétaire d'État Pinart, avec charge d'avertir le roi de la résolution de la cour. On nomma, pour faire partie de la députation qui devait partir le lendemain, les conseillers Courtin, Brissard, Bonnin, Gillot, le président de la Guesle et son fils, le procureur général. Ce dernier était fort compromis, car il « avoit esté des plus aspres à faire dresser la barricade de son quartier, où il auroit tousjours esté armé d'une cuirasse [1] ». Il avait à cœur de se justifier auprès du roi et prétendait n'avoir agi que contraint et forcé, afin de diminuer l'antipathie que le peuple avait vouée à sa maison.

A cela se borna la protestation du Parlement. Guise, sans s'arrêter aux récriminations de Catherine, appelait des troupes de Picardie, faisait des levées dans Paris même et se saisissait des positions importantes de la capitale. C'est ainsi que, dès le samedi 14 mai, le surlendemain des Barricades, et sur les deux heures, il fit occuper la Bastille par Jean Le Clerc, procureur au Parlement et capitaine de la dizaine de la rue des Juifs [2]. Laurent Tétu, chevalier du guet, qui commandait la forteresse au nom du roi, ne fit pas l'ombre de résistance. Alphonse Ornano, qui avait sollicité le poste de gouverneur, se fût défendu tout autrement. Mais le chevalier du guet tenait à son argenterie. Il quitta Paris dès le lendemain par la porte Saint-Antoine avec quatre bons chevaux et un passeport. Le peuple ne vit pas d'un bon œil le départ d'un fonctionnaire détesté; sa propre femme lui reprocha sa lâcheté en termes violents [3]. S'il s'était rendu

---

1. *Relation du Bourgeois.*
2. L'Estoile, t. III, p. 147. Il s'agit de Bussy Le Clerc.
3. *Relat. du Bourgeois.* De Thou, t. X, p. 269.

à Chartres, le roi l'aurait fait pendre. On trouva dans l'intérieur de la Bastille de grandes quantités de farine, de viande salée, de vin et, sur la plate-forme, quinze ou seize canons braqués sur la ville et chargés. Le cabinet du roi, qui avait été placé dans la citadelle, fut respecté, comme la vaisselle plate du gouverneur. Quelques prisonniers politiques furent mis en liberté, notamment l'avocat Bamnus, syndic du pays d'Agénois, que le roi avait envoyé à la Bastille quatre ans auparavant pour avoir eu le verbe trop haut dans les assemblées de Guyenne, et le marchand Feuillet, qui ne voulut plus se séparer de la clef de son cachot et prétendait qu'on l'avait laissé trois jours sans boire ni manger. Bussy Le Clerc porta les clefs de la porte Saint-Antoine au duc de Guise, qui ne voulut pas les recevoir, mais les laissa prendre à un de ses gentilshommes. Le château de Vincennes tomba également aux mains des ligueurs, le 18 mai [1]. On y mit une garnison d'une soixantaine d'hommes, qui trouvèrent la place abondamment approvisionnée. Toutefois le pillage ne fut pas autorisé; la vaisselle d'argent et une grosse somme en espèces, qui se trouvaient à Vincennes, furent mises en lieu sûr. Guise fit sceller les coffres de l'Hôtel de Ville qui contenaient les recettes municipales et promit qu'un quartier ou deux seraient payés aux rentiers. Les prédicateurs devenaient bénins et pacifiques. Ils cherchèrent à prévenir toutes les violences envers les personnes. Deux soldats ayant fait quelques prisonniers sans ordre, le duc de Guise fit venir les deux coupables « et, à la chaude, bailla à chacun d'eux un coup d'épée [2] ». Quant à Pereuse, le

---

1. H. Martin (t. X, p. 77) écrit : « Le 17, Vincennes capitula ». Or on lit dans la *Relation du Bourgeois de Paris* que « le lundy on s'assura de l'Arsenal, et le *mercredy ensuivant* du chasteau de Vincennes, etc. ». Le mercredi était le 18 mai, comme il est facile de le constater en parcourant le journal de l'Estoile.
2. *Relat. du Bourgeois.*

prévôt des marchands, il courait un véritable danger, car sa fidélité au roi ne faisait aucun doute, et l'on savait qu'il était de ceux qui avaient conseillé au roi de « chastier les meschans ». Il était, en outre, en relations intimes avec M. d'O et avec d'Épernon, qui, lors de son départ pour la Normandie, avait chaudement recommandé Pereuse à Henri III. Afin de soustraire le prévôt des marchands aux représailles populaires, on l'arrêta et on le conduisit, le dimanche 15 mai, à la Bastille, en compagnie de quelques huguenots ou politiques. Le duc de Guise s'était montré fort embarrassé quand les capitaines ligueurs et les bourgeois « armés et mutinés » lui avaient amené le prévôt, qu'ils venaient d'arrêter à son domicile, rue Vieille-du-Temple. Le duc, après avoir un moment conféré avec le chef de la municipalité, l'avait même autorisé à rentrer chez lui; mais Bussy Le Clerc l'alla saisir de nouveau et le conduisit à la Bastille. C'était là un acte grave, qui mettait la Ligue en état de rébellion ouverte non pas seulement contre le roi, mais contre des institutions séculaires. Aussi Catherine, malgré sa modération affectée, crut-elle devoir protester hautement contre la violence faite au premier des magistrats municipaux. Guise répondit aux réclamations de la reine mère : « S'il vous plaist, madame, qu'il sorte, je vous l'iray quérir moi-mesmes et vous le ramènerai par la main; mais il est mieux là qu'en sa maison et plus seurement qu'en lieu où vous le scauriez mettre [1] ».

L'arrestation, préméditée ou non, du prévôt des marchands, laissait le champ libre aux ligueurs pour installer leurs créatures à l'Hôtel de Ville. Aucune résistance n'était à craindre : les échevins Le Comte et Lugoly avaient suivi le roi; Sainct-Yon [2] était malade ou feignait de l'être;

1. L'Estoile, t. III, p. 150.
2. De Thou donne quelques détails intéressants sur Sainct-Yon, avocat au Châtelet. Il aurait été nommé échevin par la protection du roi, et, pen-

Bonnard n'avait aucune autorité. Le duc de Guise, au surplus, ne perdit pas de temps et ne s'attarda pas à discuter la légalité du renouvellement des officiers municipaux. Le 18 mai 1588, une grande assemblée fut convoquée à l'Hôtel de Ville. La composition en était parfaitement irrégulière, car, au lieu de convoquer les soixante-dix-sept électeurs de droit (savoir le prévôt et les échevins, les vingt-quatre conseillers de Ville, les seize quartiniers et les trente-deux notables choisis par le grand Bureau [1]), les chefs de la Ligue avaient réuni dans la grand'salle de la maison commune ce que Palma-Cayet appelle « une assemblée générale du peuple » et ce que les *Registres de la Ville* [2] nomment plus exactement une « compagnie de bons bourgeois catholiques », ou, pour parler net, de ligueurs dévoués. Il ne faut donc pas s'étonner si les élections du 18 mai [3] présentent une physionomie toute particulière. Le duc de Guise, tenant la place du premier prince du sang, le cardinal de Bourbon, qui était indis-

---

dant la Journée des Barricades, joua, comme on l'a vu plus haut, un rôle assez équivoque. Il alla plusieurs fois au Louvre avec Jacques Bellanger, conseiller au Parlement et commandant de la milice du quartier de la place Maubert; mais, après la défaite des Suisses, Sainct-Yon conseilla au roi de s'entendre avec le duc de Guise et de chevaucher avec lui dans Paris. On trouva le conseil suspect (t. X, p. 269).

1. En ce qui touche la composition du corps électoral qui nommait le prévôt des marchands et échevins, voy. l'ordonnance de 1450 sur la juridiction de la prévôté des marchands. Nous l'avons analysée dans notre *Hist. munic. de Paris*, p. 247, spécialement sur le mode de désignation des bourgeois notables. Voy. (*Ibid.*, p. 455), l'analyse de l'édit de mai 1554.

2. REG. II, 1789, fol. 127. Nous ferons remarquer que nous reprenons ici la série des *Registres*, qui n'a pu être mise à profit pour tracer le tableau de la Journée des Barricades, par ce motif qu'il y a dans les Registres une lacune regrettable, depuis le 12 jusqu'au 18 mai 1588. Les feuillets 120 à 126 sont en blanc dans le registre original, ce qui suppose que ces feuillets ont existé sous une autre forme. Est-il téméraire de supposer qu'une main puissante a fait disparaître ces pages, peu flatteuses pour l'amour-propre royal? CIMBER et DANJOU, au t. XI de la 1re série des *Arch. cur.*, p. 414, ont reproduit plusieurs extraits des Registres, depuis le 18 mai jusqu'au 28 juillet 1588.

3. L'ESTOILE, ordinairement si exact, dit par erreur que ces élections eurent lieu le « mardi 17e ». La date des Registres fait foi; elle est, d'ailleurs, confirmée par de Thou.

posé, se présenta dans la grand'salle de l'Hôtel de Ville avec une brillante escorte et pria l'assemblée d'élire de nouveaux officiers municipaux « au lieu des anciens, aulcuns desquels se sont absentés, les autres sans exercice, pour estre mal voullus et hays du peuple à l'occasion des choses naguères advenues en ladite Ville [1] ». Après avoir joui des applaudissements de ses partisans, le duc se retira. Aussitôt après son départ, l'assemblée décida à l'unanimité qu'il y avait lieu de procéder aux opérations électorales, et arrêta, en outre, que « les suffrages seroient donnés par les assistans à haulte voix *pour éviter à tous abbus* ». C'était un moyen assuré de prévenir toute surprise, mais c'était aussi une violation des vieilles coutumes, qui garantissaient le secret du vote. On remplaça les quatre scrutateurs traditionnels par deux bourgeois « commis et députés pour tesmoignage de fidélité au recueillement des voix », et il ne paraît pas avoir été question de serment prêté sur le tableau juratoire [2]. Le sieur de Marchaumont, ancien ambassadeur en Angleterre, ancien chambellan de feu Monsieur, fut élu prévôt des marchands par la majorité des suffrages. Les électeurs nommèrent échevins Nicolas Rolland, général des monnaies, Jehan de Compans, François Costeblanche et Robert Desprès, tous bourgeois de Paris [3]. François Brigard, avocat au Parlement, fut désigné pour remplir les fonctions de procureur du roi près l'Hôtel de Ville, en remplacement de Pierre Perrot. Mais Marchaumont ayant

---

[1]. Reg. H, 1789, *ibid*.
[2]. Voy. notre *Hist. munic.*, p. 458.
[3]. De Thou (t. X, p. 269) commet une erreur en disant que Sainct-Yon et Bonnard, ayant convaincu les ligueurs de leur fidélité, furent conservés dans leurs charges d'échevins. Le texte des *Registres* dit le contraire, et l'Estoile explique, avec plus de précision encore, que Costeblanche, drapier, demeurant rue de la Tonnellerie, fut nommé *au lieu de* l'avocat Sainct-Yon « malade », et Robert Desprès, marchand teinturier de la pelleterie, *au lieu de* Bonnard.

refusé les fonctions de prévôt des marchands, d'abord parce qu'il n'était pas Parisien et ensuite à cause de sa qualité de « serviteur et commis domestique du seigneur de Guise [1] », il fallut réunir une seconde assemblée et procéder à de nouvelles élections. Cette seconde assemblée eut lieu le vendredi 20 mai et fut beaucoup plus nombreuse que la précédente. Le duc de Guise s'y rendit, accompagné du prince de Joinville, son fils et « autres princes, seigneurs et gentilshommes ». Il fit lire par le greffier des lettres du cardinal de Bourbon qui étaient ainsi conçues : « Messieurs, ne pouvant aller en vostre Hostel de Ville, à cause de mon indisposition, j'ay prié M. de Guyse, mon nepveu, d'y voulloir aller et adviser à tout ce qui sera besoing pour le repos de ladicte ville et des gens de bien, soubz le bon plaisir et aucthorité du roy mon seigneur ». Le duc de Guise prit ensuite la parole et déclara lui-même que le sieur de Marchaumont, « pour n'estre natif de ceste ville et pour estre son ami domestique », ne pouvait accepter la charge de prévôt des marchands sans contrevenir aux coutumes et privilèges de Paris. Il conclut en priant l'assemblée d'élire un autre prévôt des marchands. Plusieurs proposèrent alors de nommer La Chapelle-Marteau, qui avait eu le plus de voix dans la dernière élection après M. de Marchaumont. Guise ayant adhéré à cette motion, La Chapelle-Marteau fut « nommé et confirmé tout d'une voix et par acclamation publicque ». Les nouveaux officiers municipaux, et Brigard, le nouveau procureur de la Ville [2], prêtèrent ensuite serment sur « le

---

1. Reg. *Ibid.*
2. Étienne Pasquier fait deux remarques importantes au sujet de la constitution de la nouvelle municipalité. Il dit d'abord qu'on ne donna pas à Brigard le titre traditionnel de *Procureur du roi et de la Ville*, mais simplement celui de *Procureur de la Ville*, par cette raison « que tous les estats de l'Hostel de Ville estoient populaires et qu'il n'y falloit point de procureur du roy ». Pasquier ajoute « qu'en toutes ces assemblées de Ville, nul de messieurs du Parlement, des comptes et généraux des aides n'a esté

livre des saincts Évangiles et figures de la mort et passion de nostre Sauveur Jésus-Christ » que leur présenta le duc de Guise. Il y eut un remarquable incident. Nicolas Rolland, l'un des échevins élus, déclara qu'il ne pouvait accepter sa charge « sinon soubz le bon plaisir du roy et jusques à ce que aultrement en ayt esté ordonné par Sa Majesté » et requit acte de sa déclaration. La Chapelle, Compans et Brigard imitèrent son exemple. Compans manifesta à son tour son intention de ne pas prêter serment si Rolland, qui cependant avait eu moins de voix que lui, refusait d'accepter le titre de premier échevin. Rolland finit par accepter cet honneur, non sans beaucoup de façons. Guise, après avoir reçu tous les serments, délivra à La Chapelle les sceaux de la Ville et enjoignit aux nouveaux élus « de bien et deuement exercer leurs charges et y servir fidèlement Sa Majesté *et le publicq* [1] ».

La municipalité ligueuse montra immédiatement de quelle façon elle entendait respecter la volonté du roi en destituant « tous les présidents, conseillers et officiers du roy qui avoient esté créés colonels et capitaines l'an 1585 [2] ». On les remplaça par des hommes de bas étage dévoués à

---

délégué pour s'y trouver ». *Lettres*. liv. XII, l. 6, édit. d'Amsterdam, 1723, 2 vol. in-fol., t. II, p. 338.

1. Reg. H, 1789. *Ibid*. Il est à remarquer que le Parlement refusa d'envoyer aucun délégué aux deux assemblées qui remplacèrent la municipalité régulière. Si l'on en croit le récit du président du Vair (manuscrit de Dupuy, n° 664), Guise, étant allé au palais avec le cardinal de Bourbon, pour arracher aux magistrats la consécration de la révolution municipale, se troubla au point d'en perdre la parole et s'attira une foudroyante réplique du premier président, qui lui dit : « Pour cette compagnie, elle est assise sur les fleurs de lis, et, étant établie par le roi, elle ne peut respirer que pour son service : nous perdrons trestous plutôt la vie que de fléchir à rien de contraire ». Palma-Cayet, *Introd. à la Chronol. nov.*, dit que la reine mère reçut le serment des nouveaux officiers municipaux « et les eut pour agréables ». Ce fait important n'est pas consigné dans les *Registres de la Ville*.

2. Palma-Cayet, *Ibid*. Cet historien dit avec précision : « Du consentement du duc de Guise, la première chose qu'ils firent (*les ligueurs*), ce fut de changer les colonels, capitaines et quarteniers qui n'estoient de leur faction ». Le *Dialogue du Maheustre et du Manant* constate que Catherine s'opposa vainement à ces destitutions.

la faction des Seize. Il n'y eut aucune résistance, mais le peuple, tout en obéissant aux nouveaux officiers de la milice, ne tarda pas à les tourner en dérision et à les appeler, suivant le métier qu'ils exerçaient : « capitaines de la morue, capitaines de l'aloyau ». Les vainqueurs complétèrent l'occupation de Paris en mettant la main sur la justice du Châtelet, où les causes se jugeaient en première instance et qui connaissait des contraventions à la police municipale. La charge de lieutenant particulier fut donnée à **La Bruyère**, qui avait pris une si grande part à la formation de la Ligue : quant à Autruy Séguier, lieutenant général civil, chef de la justice du Châtelet, il resta sourd à toutes les avances et, quand les ligueurs firent succéder les menaces aux caresses, il quitta Paris pour aller rejoindre le roi. La Sorbonne et l'Université furent aussi l'objet d'une épuration : Boucher et les jeunes docteurs n'eurent pas de peine à y prendre une influence absolue [1].

Maître incontesté de Paris, le duc de Guise pouvait ou bien se mettre en lutte ouverte avec le roi ou bien entamer avec lui des négociations. Il débuta par une guerre de plume à laquelle s'associa la nouvelle municipalité de la capitale. Dès le 17 mai, le duc adressait au roi à Chartres une lettre curieuse où il essayait de justifier sa conduite. Rappelant les « faux bruits et calomnies dont l'on usait pour entretenir toujours Sa Majesté en défiance de lui », les mesures violentes prises par le roi, notamment l'introduction de soldats étrangers dans Paris, il soutient « qu'il n'a jamais tant craint que de déplaire au roi », et qu'il l'a bien prouvé « en contenant le peuple », en l'empêchant « de venir aux effets », en sauvant les Suisses et les officiers des gardes. Il affirme que le départ du roi lui a causé « un des plus grands déplaisirs qui lui pouvoient

[1]. Palma-Cayet, *Ibid*.

advenir », car il a ainsi « perdu l'occasion d'accommoder toutes choses à son contentement »; en terminant il promet « de se comporter en très fidèle sujet et serviteur utile [1] ». Mais ce n'était là qu'un langage diplomatique. Dans les lettres qu'il écrivait à ses amis, le duc de Guise ôtait son masque et prenait le ton glorieux d'un vainqueur. Accusant nettement Henri III d'avoir provoqué les catholiques, alors que lui, Guise, était venu « baiser les mains de Sa Majesté, ne portant autre sauf-conduit que ses services », le duc avoue qu'il « a mis de l'ordre » dans l'émeute, mais qu'après la victoire il a sauvé neuf cents Suisses et parcouru Paris jusqu'à deux heures du matin, « priant, suppliant, menaçant le peuple, si bien que, par la grâce de Dieu, il ne s'ensuivit aucun meurtre, massacre, pillerie, ni perte d'un denier, ni d'une goutte de sang ». Il met tous les torts à la charge du roi et de ses courtisans, car le peuple que « Dieu avoit miraculeusement excité à courir unanimement aux armes » n'avait pu contenir sa fureur, « pour avoir vu vingt potences prêtes avec quelques échafauds » et les exécuteurs de justice qui devaient frapper cent à cent vingt personnes qu'on nommait et dont le duc aime mieux « laisser deviner qu'écrire » les noms. Puis, la joie du triomphe éclate : « Je ne vous puis celer combien de contentement m'apporta cette grâce immense de Dieu. » Il se vante « d'avoir pu, mille fois, s'il l'eût voulu, arrêter le roi »; mais il ajoute : « A Dieu ne plaise que j'y aie jamais songé »! Certes il n'ignore pas que le roi « depuis son par-

---

1. *Mém. de la Ligue*, t. II, p. 331, et *Preuves de la Sat. Mén.*, t. III, p. 76. Édit. de Ratisbonne, 1752. La même lettre a été réimprimée au t. XI, 1re série des *Arch. cur.* de Cimber et Danjou, p. 449. Palma-Cayet, parlant de la lettre du duc au roi et de celle que Guise adressa à ses amis, assure « que ces lettres ne furent si tost publiées et imprimées que le duc de Guise eust voulu les retenir en son cabinet : le commissaire Louchart fut employé pour en soliciter la déffense; il meine les imprimeurs et ceux qui les vendoient prisonniers. Il fut toutefois comme contraint de les laisser vendre, puisqu'aussi bien il ne retenoit pas les copies qu'il avoit luy-mesme, avec le conseil des Seize, envoyées hors et dedans le royaume ».

tement, a quelque autre conseil et aigreur ». Mais le roi s'adoucira : Guise a « l'Arsenal, la Bastille et les lieux forts entre ses mains... et si le mal continue, il espère *par les mêmes moïens* conserver ensemble et la religion et les catholiques, et les dégager de la persécution que leur préparoient les confédérés des hérétiques auprès du roi [1] ».

Suivant l'exemple du duc et certainement d'accord avec lui, les nouveaux magistrats de l'Hôtel de Ville adressèrent au roi une lettre officielle, datée du 22 mai. Elle est fort courte et assez insignifiante. On y découvre cependant une intention ironique quand elle établit une corrélation entre la prospérité des affaires et l'amour que les Parisiens portent à leurs rois ; puis, lorsqu'elle constate que le navire symbolique de la Ville « a passé légèrement » sur les écueils qu'il a rencontrés « au milieu de sa navigation en la personne de ceulx qui approchoient les princes [2] ». Le lendemain 23 mai, de concert avec le cardinal de Bourbon et le duc de Guise qui mirent leurs signatures à côté des leurs, la Chapelle-Marteau, Rolland, Compans et Costeblanche [3] rédigèrent et transmirent une « requête au roi », qui est un document de plus longue haleine et constitue comme un programme des revendications de la Ligue après la victoire [4].

1. *Mém. de la Ligue*, IBID., p. 334. — *Sat. Ménip., Preuves*, t. III, p. 79. Les *Mém. de la Ligue*, p. 337, donnent aussi une lettre circulaire que le duc de Guise écrivit le 17 mai « aux manans et habitans des villes du roïaume de France qui sont de la religion romaine ». Tout en se montrant respectueux pour le roi, Guise engage les catholiques des villes de province « de ne laisser être faite aucune altération dans leur ville, et de ne pas prêter leurs demeures pour servir d'arsenal aux passions inconsidérées de quelques-uns qui seroient bien aises, sous prétexte du service du roi, de dresser une armée dans leurs murailles et possessions... »

2. REG. DE LA V. H, 1789, fol. 139. — FÉLIBIEN, t. V, p. 445. — *Arch. cur.*, t. XI, p. 433.

3. Le quatrième échevin, Robert Desprès, n'a pas signé la requête au roi dont il s'agit.

4. REG. DE LA V., fol. 133. — *Arch. cur.*, t. XI, p. 422. — *Mém. de la Ligue*, t. II, p. 34 — La requête fut présentée au roi, à Chartres, par une députation que conduisait la reine mère elle-même, si l'on en croit Palma-Cayet. Cet

C'est, on le pense, sur le terrain « de l'honneur de Dieu et conservation de son Église » que se placent les ligueurs parisiens. Ils font remarquer au roi avec une ironie cruelle qu'après « les grandes victoires qu'il a pleu à Dieu lui donner », il lui est très facile d'arracher « la mauvaise plante d'hérésie qui a faict naistre en ce royaume tant de dommageables rejettons ». Mais c'est M. de Guise qu'il faut charger de l'opération. Sans doute, le roi a d'excellentes intentions, mais les bons yeux des ligueurs reconnaissent « quelques empeschemens qui peulvent non seulement traverser son sainct désir, mais encore amener ung jour la subversion de la religion catholique et de l'Estat de ce royaume ». Les principaux s'appellent le duc d'Épernon et le sieur de La Vallette son frère, que la France et la chrétienté reconnaissent comme « les principaux fauteurs et suposts des hérétiques ». Et les chefs de la Ligue parisienne font, à leur manière, la biographie de cet horrible d'Épernon d'où vient tout le mal. Ils l'accusent, ainsi que son frère, de haïr les catholiques, d'avoir favorisé la retraite des reîtres, et surtout « d'avoir ravy et mis en leurs coffres toutes les finances de France ». Après avoir engagé le roi à prendre conseil sur ce point « de la royne sa mère qui, par la prudence de laquelle elle a usé au gouvernement de cest État, par le rang qu'elle tient, s'est acquise assez de puissance de parler franchement des choses », les auteurs de la requête somment nettement Henri III de bannir d'Épernon et son frère et de leur enlever leurs charges et leurs gouvernemens. Alors tout ira beaucoup mieux : on pourra poursuivre la guerre en Guyenne contre les hérétiques, tandis que la reine mère « tiendra les choses très tranquilles » à Paris et que le duc de Mayenne, de son côté, se portera au secours des catho-

---

écrivain donne (*Introd. Chron. nov.*, p. 53) la harangue de la députation au roi et analyse le contenu de la requête.

liques dans le Dauphiné. Débarrassé des courtisans qui le ruinent, le roi sera en mesure d'alléger le poids des impôts et d'abolir les édits fiscaux de récente création ; bref, de supprimer tous les abus. Puis vient le chapitre des réformes qui intéressent spécialement la capitale : « Pour ce qui concerne vostre bonne Ville de Paris, Sire, vos très humbles, très obéissans et très fidèlles subjets les bourgeois et habitans d'icelle, et nous avecq eulx, oultre ce que dessus, vous supplions en toute humilité... qu'il vous plaise croire qu'en tout ce qui s'est passé ces derniers jours, ils n'ont jamais eu volonté ny intention de se départir de la vraie obéissance que les subjetz doivent à leur roy. » Ce qui n'empêche pas les fidèles sujets qui ont été très calomniés auprès de Sa Majesté de lui demander « seureté de pouvoir cy-après vivre en tranquilité et repos », et, *pour commencement,* ils réclament le congé de M. d'O et expriment le désir formel « qu'il se desparte doresnavant du maniement des affaires de la Ville et commandement en icelle, pour quelques raisons qu'ilz ayment mieulx taire que publier, si Sa Majesté ne le commande ». Les Parisiens prient également le roi d'approuver le remplacement des anciens prévôt des marchands et échevins par les nouveaux magistrats que « le corps des habitans » a mis *pour deux ans* en leur place. « Autrement, disent les ligueurs, la Ville ne pouvoit estre disposée à la tranquilité que Votre Majesté y désire. » Quant à l'avenir, on revendique la restauration des libertés municipales, l'abolition de la vénalité des offices qui depuis quelque temps s'était intronisée à l'Hôtel de Ville.

Il faut que désormais « vaccation advenant par mort ou forfaiture desditz officiers, tant des conseillers de Ville que quarteniers et autres, il y soit pourveu par eslection, pour en joyr par lesditz esleus durant deux ans, ou tel aultre temps qu'il sera advisé pour le mieulx ; et, ce temps expiré, sera procéddé à de nouvelles eslections, selon qu'en avez esté cy-devant requis par plusieurs fois ». Les ligueurs parisiens, en terminant leur requête, supplient le roi « quand il luy plairoit retourner en ceste ville » de n'amener avec lui que ses gardes ordinaires, et de tenir éloignées les autres troupes d'au moins douze lieues de la capitale.

C'était sur ce ton menaçant et superbe que les Parisiens et leurs chefs parlaient au roi de France, humilié et presque déchu. Ils adressèrent en même temps aux villes catholiques une série de lettres pour célébrer la victoire de la Ligue et jeter les bases d'une sorte de fédération contre les ennemis de la religion. Plusieurs de ces lettres sont déjà connues et publiées [1], mais d'autres, et non des moins curieuses, sont encore inédites. Pour donner une idée du ton et de l'esprit de ces correspondances municipales, nous ne reproduirons que la circulaire uniforme que l'Hôtel de Ville de Paris adressa le 28 mai 1588 aux villes de Rouen, Troyes et Sens [2]. Au point de vue commercial, la Ville de

---

1. Cimber et Danjou, *Arch. cur.*, t. XI, 1re série, p. 436, ont reproduit, d'après les registres de la Ville II, 1789, fol. 141, une lettre de la municipalité de Paris à celle de Lyon en date du 26 mai 1588. Elle se trouve aussi imprimée dans les *Preuves* de Félibien, t. V, p. 445. — Félibien, *ibid.*, p. 446, a donné aussi, d'après le registre II, 1789, fol. 150, une lettre de la municipalité de Paris à celle de Tours, en date du 8 juin. — Capefigue, dans son livre intitulé : *la Ligue et Henri IV*, a publié des lettres de l'Hôtel de Ville de Paris aux magistrats municipaux de Montereau, d'Orléans, et des réponses des échevins d'Amiens et d'Abbeville qui font acte d'adhésion à la Ligue des *villes catholiques*.

2. « A messieurs les maire et eschevins de la ville de Rouan. Pareilles à messieurs les bourgeois, manans et habitans de la ville de Troyes, du XXX may 1588; aultres pareilles lettres aux maire et eschevins de la ville de Sens ». « Messieurs, sy les malheurs procédans de la désunion des François n'estoient congneus à ung chacun, ne sçavoit que la racine en est extraicte des hereticques et pullule maintenant par leurs confederez et associez qui par ruses et artiffices veullent rendre le party des catholicques si foible par leur discussion qu'avec le temps ilz puissent parvenir à nostre entière ruyne, si les effectz de telz desseings ne nous en faisoient saiges; nous ne serions esbahis comme nous sommes d'ouyre dire que, tout à coup et sans congnoissance de cause, on vous veult persuader de rompre avec nous le commerce par lequel nous avons eu ensemble telle communaulté que noz affaires sont parmy plusieurs sy annexes et conjoinctes que infailli-

Paris invoque la nécessité de maintenir des relations d'affaires qui ont existé de tout temps entre Paris et les autres cités, relations dont la rupture causerait une ruine générale; au point de vue politique, la municipalité parisienne prend violemment à partie le « pernicieux conseil du roy » qui, après avoir déchaîné la guerre sur la capitale, vise à troubler l'ordre établi de toute antiquité dans le royaume, met le feu aux quatre coins de la France, ôte leurs dignités aux grands officiers de la couronne et est

blement la ruyne des ungs attire après elle la ruyne des aultres, et sans lequel vous confesserez que sy aisément ne feussiez-nous en la commodité qui tient voz ayses jusques icy, pour n'avoir l'oraige encores esté jusques à vous, nous recongnoissons vivement ung mesme Dieu, une mesme foy et ung mesme roy, nous protestons d'y voulloir vivre et mourir, et ne prétendons privileiges ou franchise que celles que nous sommes légitimement acquises, sy ce qui s'est passé depuis quinze ou seize jours en ça a esté, comme beaucoup d'aultres choses, tant artificiellement desguysé, le mal qui en proviendra ne se doibt prendre particulier à nostre ville. Le pernicieux conseil du roy, qui a recongneu sa faulte en nous prostituant à une sédition et sac de nostre ville dont il a pleu à Dieu seul par sa bonté préserver ses bons et fidelles serviteurs, ne veult cesser de dissiper l'antien ordre estably en ce royaume; et comme désespéré de veoir seullement esmouvoir les plainctes du peuple françois contre soy, il vouldroit par quelque moien que ce feust avoir mis le feu aux quatre coings du royaume pour ne faire qu'une ruyne des bons et des mauvais, tant ilz se sentent coulpables des crimes qui leur sont imputez, pour lesquelz sy toute la France a paty, sy les grands ont esté deschassez, sy les officiers de la couronne, de la justice et de la police ont esté changez et corrompus par argent, par mescontentement et aultres voyes, et sy tout le peuple a esté mangé jusques aux os pour engraisser ung si petit nombre de gens qui ne se peulvent encores rassasier et assouvir, est-il raisonnable que Paris seul porte le faix du restablissement, et qu'ayant, comme la première et capitalle ville du royaume, commencé à le demander par très humble requeste à leur roy, elle soit en cause sy juste abandonnée de toutes les aultres qui n'y ont moings d'intérest à ceste réformation? Non, elle ne le sera pas ainsy. Mais d'ouyr maintenant dire que la ville de Sens, qui tient au cœur de ce royaume ung rang notable des bonnes villes, se voullust séparer ou se mettre à l'abry et aux escouttes, pendant que les aultres travaillent à ung si sainct œuvre, ce seroit chose monstrueuse, et plus encores de la veoir pour telle occasion rendre partie et unie à celle qui luy est la plus utille, voire nécessaire de toutes les aultres, nous ne demandons rien pour nous en particullier, nous demandons pour vous et pour toutes les aultres villes, voire pour tout le royaume; du fruict que nous en espérons, nous n'en prendrons plus de part que vous et y ont tous les gens de bien ung pareil et commung interest. Que si par lesdictz artifices on vous desguyse nos prétentions, patience du moings que vous soiez bien informez de la vérité et sachiez quelle est nostre requeste, et en ce que vous trouverez à redire, refusez vostre assistance, mais précipitamment ne vous rendez pas concause que « tout le peuple a esté mangé jusques aux os pour engraisser ung petit nombre de gens qui ne se peuvent encore rassasier et assouvir ». Paris ne trouve pas juste de supporter seul le poids de la résistance et demande le concours des bonnes Villes catholiques, en faisant valoir que la capitale est le centre de l'administration du pays, le siège de ce Parlement qui homologue tous les édits et statuts, le grand marché de tous les commerçants de France, le foyer intellectuel qui attire toute la jeunesse du pays. En terminant, les magistrats parisiens prient

traire ou ennemy de vos amys. Pensez à plus d'une fois desquelz membres est composé le corps de Paris, que la court la plus souveraine des parlemens, la court des Pairs, unicque en France, est celle de nostre Ville ; qu'en icelle doivent estre osmologuez les eedictz et statutz, plus important que la négociation et commerce d'entre nous et vous. Pensez encores combien il y a de communaultez entre les marchans de vostre ville et la nostre et à ung plus chair depost que nous avons de vous par les colleiges de ceste ville où vous ne vouldriez desnier à vos enffantz ce que l'on vous veult et aux aultres villes persuader de nous desnier, par les vivres et aultres commoditez desquelles de tout temps nous nous sommes secourus réciproquement ; et pour ne vous laisser du tout en suspens de ce qui s'est *passé* par deça et sur quoy ledict mauvais conseil fonde et exige soubz main des causes artificielles pour faire faire en cachette ce qu'il n'ose ordonner publiquement, nous ne vous représenterons que l'union admirable et comme infuze spirituellement « par tous nos concitoyens pour, soubz la bonté de Dieu, nous préserver de la tirannye en laquelle ce malheureux conseil vouloit prostituer les plus fidelles et respectueulx subjectz du roy nostre souverain Seigneur, pour le service duquel nous protestons derechef vouer en perpétuelle dévotion de sacriffice noz vies, nos enffans et noz biens, en l'obéissance et fidellité que Dieu nous commande de luy porter. Et cependant vous prions, s'il vous demoure quelque scrupule de noz actions, que par la conférance qui nous est aysée, pour estre si voisins que nous sommes, vous en soiez esclaircis, sans vous despartir d'ung seul poinct de nostre antienne et invétérée amityée, association et commerce ; nous mandant sur ce de voz nouvelles par le porteur de la présente qui vous pourroit rendre compte d'aultres particularitez que désirez sçavoir. Messieurs, nous estans en cest endroict très affectueusement recommandez à vos bonnes graces, nous prions Dieu vous donnez en très parfaicte santé très longue et très heureuse vye. Du bureau de la Ville de Paris, le XXVIII° may 1588 ». Vos très affectionnez frères et amys les prévost des marchans et eschevins de la Ville de Paris ». Reg. H, 1789, fol. 143. Une autre lettre, datée du 30 mai 1588 et adressée par les prévost des marchands et échevins de la ville de Paris à « Messieurs les maire et eschevins de la ville de Chaalons, aussy aux maire et eschevins de la ville de Reims, et aussy aux maire et eschevins de la ville d'Amiens. Pareilles aussy à messieurs les maire et eschevins de la ville de Montdidier », diffère peu de la précédente. Nous nous bornons à en analyser au texte les passages les plus intéressants.

leurs collègues de se mettre en relation avec eux et de demander tous les éclaircissements nécessaires au porteur de la circulaire.

Dans la lettre adressée aux municipalités de Châlons, de Reims, de Montdidier, d'Amiens, sous la date du 30 mai, la Ville de Paris développe des considérations analogues. Il faut toutefois citer un passage de cette seconde circulaire où les membres de la nouvelle municipalité ligueuse exposent les raisons qui les ont portés à supprimer révolutionnairement les magistrats en fonction, ainsi que beaucoup de capitaines de quartier : « Que sy les mesmes magistrats du corps de ceste Ville estoient encore à leur authorité, nous sçavons qu'il seroit fort malaisé et peut-être impossible de les faire condescendre à nostre requeste, pour avoir esté les ungs d'eulx tellement entachez d'hérésie que leurs œuvres ont tousiours faict paroistre combien ilz inclinent de ce costé-là ; les aultres guaignez et corrompus de la faveur d'ung siècle sy misérable, cela nous a meu de procedder à nouvelle eslection d'ung prévost des marchans et eschevins, et d'ung procureur de ville, et mesmes des cappitaines de quartiers où nous avons pensé la nécessité le requérir, espérant par ce moyen, désormais diriger noz actions, de telle sorte que Dieu les bénice, le roy en soit plus fidellement servy et le peuple mieulx asseuré et aultrement soullaigé qu'il ne l'auroit esté par telz magistratz [1]. » Il y a aussi quelque intérêt à relever dans le document auquel nous faisons allusion, la prétention des administrateurs parisiens de donner le mot d'ordre à toute la France. « Comme de toute partye au moins où Dieu a conservé les catholiques en leur estat, l'on nous a plusieurs fois faict entendre que selon les déportementz de Paris, toutes les aultres villes s'y conduiroient, qui nous

---

1. Reg. H, 1789, *ibid.*

a faict vous prier fort affectueusement vouloir adviser à establir un bon ordre pour le gouvernement de vostre ville... » La devise que la Ligue parisienne propose aux cités de l'Union c'est « un même Dieu, une même foi, un même roi et une même loi ». Les villes dissidentes seront exclues de tout *commerce et négotition* avec les villes confédérées, et l'on déjouera tous les complots des traîtres et des ambitieux qui s'efforcent de diviser les catholiques, dans la conviction que « par l'union et mutuelle intelligence des gens de bien, leurs tyrannies, extorsions et pilleries sont sy descouvertes qu'infailliblement ilz encourent la pugnition de leurs faultes ».

A cette campagne audacieusement entreprise par les ligueurs, maîtres de Paris, contre la couronne et l'autorité royales, Henri III allait-il opposer le langage qui convient à un monarque absolu, et aurait-il le courage de conformer ses actes à la fierté de ses paroles? « Les lettres que le roi adressa à tous les gouverneurs des provinces étaient, dit de Thou, un aveu tacite de la lâcheté de la cour [1]. » Henri III débute par un récit des événements qui ont amené les barricades. Il rappelle l'arrivée imprévue du duc de Guise à Paris, les menées des factieux pour aigrir l'esprit de la population; affirme qu'il n'a fait entrer les Suisses et les gardes dans la capitale que pour assurer le service des perquisitions; qu'il avait si peu l'intention de prendre des mesures violentes contre les Parisiens et de leur imposer des garnisons étrangères, que les chefs des troupes royalistes avaient reçu l'ordre « d'endurer et souffrir plustost toutes les extrémitez du monde » que « d'at-

---

1. Voy. le texte de la circulaire royale dans PALMA-CAYET, *Introd. à la Chron. nov.*, et dans les *Arch. cur.*, t. XI, p. 441. — DE THOU, t. X, p. 271, en donne une analyse très complète. D'après PALMA-CAYET, la circulaire royale portait la date du 17 mai. La même date est donnée dans les *Mém. de la Ligue*, t. II, p. 328, qui reproduisent le texte de l'expédition de la circulaire royale adressée à Monseigneur de Boisséguin, gouverneur de Poitiers.

tenter aucunes choses contre les habitans ». C'est grâce à cette consigne qu'on a pu « éviter un sac général de la ville, avec une très grande effusion de sang ». S'il avait eu le dessein de sévir, il l'aurait mis à exécution avant que les habitants eussent commencé à tendre leurs chaînes et à dresser leurs barricades. Mais on ne lui a su aucun gré de sa modération. Les « gentilshommes, capitaines, ou autres estrangers envoyez par le duc de Guise et qui se trouvèrent en bien peu de temps départis et rangez par chacune des dizaines » ont poussé le peuple à la révolte, fait tirer sur les Suisses, pris l'Hôtel de Ville, saisi les clefs de la porte Saint-Antoine et d'autres portes ; enfin, poussé leurs corps de garde jusque devant le Louvre. Malgré tout, le roi n'a pas voulu « employer ses forces contre les habitans, pour lui avoir esté toujours la conservation de la Ville et des bons bourgeois et habitans d'icelle aussi chère et recommandée que celle de sa propre vie ». Il a mieux aimé « s'absenter et esloigner de la chose du monde qu'il aime autant, comme il désire faire encore, que de la voir courre de plus grand hazard et en recevoir aussi plus de déplaisir ». Il est donc parti, laissant à la reine mère le soin « d'assoupir le tumulte » et il s'est rendu à Chartres. Le roi termine en insistant sur les conséquences déplorables de la division des catholiques qui, au lieu de combattre ensemble comme autrefois, pour la propagation de la religion, vont tourner leurs armes les uns contre les autres. La conclusion est qu'il faut faire prier Dieu dans les églises pour que cette scission prenne fin et que les villes « ne se desvoyent pas du droit chemin », mais demeurent fidèles à leur roi. Henri III ne se borna pas à transmettre sa circulaire aux gouverneurs des villes du royaume ; il adressa des lettres spéciales aux corps municipaux de chacune d'elles pour les prier de repousser les « inventions et inductions » de la Ligue et manifester le regret profond de voir « qu'aucuns ont eu pouvoir d'imprimer au cœur des habitans de la ville de Paris qu'il ait eu volonté de leur donner des garnisons étrangères et qu'il soit en doute de la fidélité et dévotion des bons bourgeois d'icelle [1] ».

Le 29 mai, le roi répondit à la requête que le duc de Guise, le cardinal de Bourbon et les membres de la nouvelle municipalité de Paris lui avaient adressée le 23 mai [2]. Henri débute par protester « du zèle très ardent et constant qu'il porte à l'honneur de Dieu et du soin qu'il a toujours eu de défendre son Église catholique, apostolique et romaine ». Il a tout récemment encore, dans la guerre contre les reîtres, exposé sa propre personne et arrêté l'invasion des hérétiques sur les bords de la Loire. S'il n'a pas tiré profit de ses succès, c'est à cause des défiances et des jalousies que sa politique a rencontrées. Il n'a rien épargné et n'épargnera rien pour les dissiper ; il oubliera « les choses advenues ces jours passés en sa ville de Paris dont il a senti en son âme tous les regrets et déplaisirs qu'il est possible de supporter », aussitôt que les Parisiens se comporteront en bons et loyaux sujets. S'ils se confient en la bonté de leur prince, leurs libertés, droits et privilèges ne recevront aucune atteinte. Henri III invite ensuite les princes catholiques et ses autres sujets à s'unir à lui « de cœur, d'affection et de leurs personnes pour tous ensemble aller faire la guerre aux hérétiques, le plus diligemment que faire se pourra ». Quant aux désordres et aux abus dont se plaignent les ligueurs, le roi a jugé ne pouvoir mieux faire que de confier le soin d'y remédier aux États généraux du royaume et il a résolu de les convoquer à Blois pour le 15 août suivant. En attendant la réunion des

---

1. Voy. dans les *Mém. de la Ligue*, t. II, p. 329, la lettre donnée à Chartres, le 17 mai 1588, aux maire, échevins, manans et habitans de la ville de Poitiers.
2. Voy. plus haut, page 370.

États, on supprimera plusieurs édits, impositions et commissions qui surchargent et grèvent les sujets. Le prince termine par une déclaration assez embarrassée, en ce qui concerne d'Épernon et la Vallette : « Pour le regard de la plainte particulière que font lesdits princes contre les sieurs duc d'Épernon et de la Valette, comme Sa Majesté doit rendre justice et faire raison à tous ses sujets, de quelque qualité qu'ils soient, elle fera toujours paraître, en cette occasion, comme en toutes autres, qu'il est prince équitable et droiturier, qui a pour principal but de ne faire tort ni injure à personne et avec cela préférer l'utilité publique de ce royaume à toute autre chose [1]. »

Il faut le dire : ce qui éclate à chaque ligne de cette pitoyable réponse à la hautaine sommation des princes, c'est la peur. Les courtisans fidèles [2], les huguenots eux-mêmes en rougirent pour lui. D'Épernon, avant de quitter la cour et de donner sa démission de gouverneur de Normandie, réfuta énergiquement dans un factum les accusations des ligueurs. Aux Parisiens qui prétendent n'avoir fait les barricades que pour forcer le roi à se débarrasser de d'Épernon et de son frère, il répond, en s'adressant au roi : « Le jeu est trop découvert et cette couleur ne mérite point de réponse. Votre Majesté le sait et tout le monde l'a vu. Quelle apparence, je vous supplie, de faire

---

1. *Ibid.*, p. 350. D'Épernon était arrivé le 20 mai à Chartres (*Hist. de la Journée des Barricades par le Bourgeois de Paris*). D'après le Bourgeois, MM. de Montpensier, de Longueville, d'Aumont et autres auraient dit au roi que « s'il venoit, ils s'en iroient tous ». D'Épernon fit tête à l'orage et publia une apologie en réponse à la requête des princes de la Ligue. Cette réplique, qui porte le titre de *Remontrance au roi par un vrai catholique romain, son serviteur fidèle, répondant à la requête présentée par la Ligue contre les sieurs d'Épernon et la Vallette*, se trouve réimprimée au t. II, p. 354, des *Mém. de la Ligue*. Voy. aussi PALMA-CAYET, *loc. cit.*
2. Voy. la *Remontrance de d'Épernon*, *loc. cit.*, et l'*Excellent et libre discours sur l'État présent de la France*, attribué à Michel Hurault du Fay, huguenot et chancelier du roi de Navarre, petit-fils du chancelier de l'Hospital. Ce discours, très remarquable, se trouve au t. III, p. 2, des *Mém. de la Ligue*, et au t. III, p. 84, de la *Satyre Ménippée*. Édit. de Ratisbonne (1752).

entreprise à Paris pour prendre le duc d'Épernon qui étoit à Rouen ; et quel sujet de se barricader à la porte du Louvre, armer et mutiner le peuple et s'emparer de tous les chefs de la Ville, pour chasser le sieur de la Vallette de Valence, en Dauphiné, où il étoit? » Aux cléricaux qui soutiennent que d'Épernon est le complice et l'allié du roi de Navarre, le duc riposte par une apostrophe ironique à ces *bons catholiques,* à ces *gens de bien* « qui ont fait soulever toute la France contre leur roi et prince naturel, l'ayant depuis peu de temps chassé de son siège et ville capitale, de façon qu'à leur mode c'est être huguenot ou hérétique de ne reconnoître en France que le roi; et le premier point de la religion catholique qu'ils introduisent et qu'ils veulent à tout hasard défendre, c'est être rebelle comme ils sont mutins et séditieux ». Il sied bien de parler de réformes aux ambitieux qui « seroient bien marris, les bons réformateurs, qu'il n'y eût rien à réformer, et faudroit que les choses allassent bien, s'ils ne trouvoient à remuer et à crier ». Il sied bien de parler du désordre des finances à ces princes lorrains « de race étrangère et adoptée à la ruine de la France » qui, sous Henri II et François II, ont tenu dans leurs mains les finances du royaume, comme en font foi les registres de la Chambre des comptes et qui sont « parvenus d'un très petit commencement à une extrême et formidable grandeur... maison agrandie qui veut envelopper sa tête dans la hauteur des nues et remuer du pied la couronne du roi ». Si d'Épernon et son frère ont reçu des bienfaits du roi, du moins ils n'ont jamais rien sollicité « et louent Dieu au moins de ce qu'on ne les peut accuser d'être pensionnaires du roi d'Espagne, d'avoir reçu argent de lui pour faire la guerre à leur roi et empêcher qu'il ne reprît la seigneurie des Pays-Bas, ni d'avoir repris par force les deniers de ses recettes générales, volé le coche de Bourges et contraint, en pleine paix, d'accompagner de cent hommes d'armes l'argent de Normandie jusqu'aux portes de Paris ». Néanmoins d'Épernon et son frère, qui n'ont commis aucun crime et auxquels on n'a pas même permis de se justifier, vont être obligés de quitter la cour et de se dépouiller de leurs charges et gouvernements; ils se sacrifieront pour assurer le repos du roi; mais ils voudraient voir leurs accusateurs faire de même. En terminant, d'Épernon donne à son maître ce dernier conseil d'apporter plus de soin et d'énergie que par le passé à « se garantir des conspirations de ceux qui, la première année de leur entreprise, se cantonèrent à une journée de Paris, la seconde faillirent prendre Paris; la troisième l'ont pris, n'aïant failli Vostre Majesté que d'un quart d'heure et qui, à la première occasion (ce que Dieu ne veuille), la dépouilleront d'honneur, d'état, de liberté et de vie bientôt après [1] ».

Quant aux protestants, ils étaient tenus à moins de ménagements envers le roi, et le chancelier du roi de Navarre, Michel Hurault du Fay, se chargea de traduire tout leur mépris à l'égard d'un prince qui montrait si peu de dignité. La circulaire de Henri III aux gouverneurs de provinces « sur ce qui est avenu à Paris, le douzième de mai, contre lui-même » paraît au confident du Béarnais, dont il reflète probablement la pensée, « si froide, si timide que rien plus, comme d'un homme qui se plaint et n'ose nommer celui qui l'a battu; comme d'un homme qui a peur que son ennemi soit encore en colère et ne se veuille contenter du mal qu'il lui a déjà fait. Il n'ose dire qu'il ait été contraint de s'enfuir, ni qu'on l'ait chassé, n'ose appeler cela injure; à peine déclareroit-il qu'il en fera punition; ne commande plus à son peuple, mais le prie et au bout du compte, ce qui est le plus ignominieux, mande que l'on

---

1. *Remontrances au roi*, loc. cit.

fasse des supplications aux Églises afin que cette querelle se puisse bientôt appaiser, comme s'il avoit peur que Monsieur de Guise fût offensé de ce qu'il ne s'étoit laissé prendre dans son Louvre, mais s'en étoit fui. » A cette plate déclaration, Michel Hurault oppose les lettres du duc de Guise, dont nous avons plus haut donné l'analyse, « toutes deux lettres de soldat, braves, audacieuses où il se loue galamment de ce qu'il a fait... » Le chancelier du roi de Navarre divise la France en trois partis : celui de la Ligue, qui est le plus grand ; celui du roi, le plus légitime, mais le plus faible ; enfin celui du roi de Navarre, qui est le plus juste et le plus sûr. Il accuse nettement le duc de Guise de viser « à se faire roi, s'il peut ; sa procédure et ses moiens, c'est la guerre civile et la division des Français catholiques contre ceux de la religion... » L'auteur de l'*Excellent discours*, après avoir esquissé en traits incisifs les portraits des chefs de partis qui se disputent la France et des princes étrangers qui sont mêlés plus ou moins directement aux luttes du royaume, terminait par une longue apostrophe au duc de Guise, qui est pleine d'éloquence et de feu [1].

---

[1] « Je veux finir par toi, flambeau de la guerre, qui as tourné à la ruine de ton roi et de ta patrie les grandes grâces que Dieu t'avoit données pour pouvoir dignement servir et l'un et l'autre. Penses-tu point que tu seras puni un jour du parricide que tu commets contre ta propre mère?.. Non, non, il ne te faut point d'autre punition que les propres desseins ; voilà ta gêne. Pauvre homme ! tu as déjà presque quarante ans sur la tête et tu n'oses encore prendre le nom du roi !.... Mais tu ne veux pas régner ! Eh ! qui donc, misérable ! si ce n'est cela, qui te mène ? si ce n'est une grande et puissante ambition qui t'anime, telle que l'avoient autrefois ou Marius, ou Sylla ou César ; on te détestera bien aux siècles à venir d'avoir fait tant de mal au monde pour néant..... Ce n'est point encore tout cela. Quoi donc ? Le seul zèle de la religion catholique t'échauffe le cœur ? Je crois que tu le dis en public, non pas en ton cabinet... Il y a encore tant de Turcs et de Sarrasins au monde qui te détiennent le roiaume de Jérusalem, héréditaire à ta maison : que ne tournes-tu plutôt là tes desseins que sur celui de France ? Mais c'est pour le défendre : hé ! qui l'attaque ? qui ose rien demander aux catholiques... Non, n'allègue point ces excuses ; on s'en moque : dis seulement que tu veux régner, que tu veux être roi : voilà la plus vraie et la plus belle couleur de ton enseigne..... Tu te plains encore que l'on avoit fait courir de mauvais bruits contre toi et contre ton honneur... certes, tu t'en es

Ainsi, les protestants se chargeaient de confondre l'ambition des Guises, au nom d'un roi dégénéré, qui oubliait la dignité de son rang et mendiait la clémence du chef de la Ligue.

Les Parisiens, pleins de confiance dans le duc de Guise, suivaient aveuglément l'impulsion de leur idole. De là une tactique à la fois prudente et active ; on prodigue au roi les témoignages de soumission et, en même temps, l'on resserre de toutes parts les mailles du filet où la dynastie des Valois agonise. Le 17 mai, le frère Ange, ci-devant Henri de Joyeuse, comte du Bouchage et frère du feu duc de Joyeuse, quitta processionnellement Paris, une croix sur le dos, et suivi de trente cinq pénitents de la confrérie fondée par Henri III cinq ans auparavant. Cette troupe pieuse, qui se composait presque exclusivement de ligueurs, se rendit « à beau pied et nuds pieds »[1] à Chartres pour prier le roi d'accorder son pardon aux Parisiens. Les confrères ou les compères entrèrent à Chartres en chantant et jouèrent leur mystère à l'antique. Frère Ange, figurant le Christ, semblait succomber sous sa croix de carton, le front couvert d'un sang bien imité ; des bourreaux le frappaient sans relâche, et deux jeunes capucins déguisés figuraient la Vierge et la Madeleine. « Tout ce peuple de Chartres, dit l'Estoile, espandu par les rues pour les regarder, estoit étonné ; les uns trouvans beaux ces nouveaux mistères, les autres s'en rians et s'en moquans et beaucoup s'en offensans, comme si on eust voulu se servir des cérimonies de la religion catholique, apostolique et romaine pour mas-

---

bien purgé. On t'accusoit d'avoir mutiné le peuple de quelques villes de ce roïaume contre les gouverneurs que le roi vouloit y établir ; tu as effacé ce bruit en mutinant celui de Paris contre le roi même..... Ainsi tu essuies bravement un larcin par un sacrilège, un meurtre par un parricide, un parricide par un crime. »

1. L'Estoile, t. III, p. 152.

que et risée. » Toutefois, cette mascarade n'était qu'un prétexte : la Ligue faisait de la dévotion pratique, et de Thou affirme que les pénitents ne se proposaient qu'un but : reconnaître de près la situation de la Cour et pousser la population de Chartres à la révolte [1]. Le président de Neuilly, l'un des confrères, s'acquitta consciencieusement de sa mission, sous les yeux du roi, et alla partout quêter des adhésions à la Ligue. Un chanoine avait averti le maréchal de Biron du lieu où se réunissaient le président et ses affiliés de Chartres, et le maréchal engagea le roi à faire arrêter les factieux; mais Henri III resta inerte, comme naguère à Paris, lorsque Nicolas Poulain lui avait dénoncé les conciliabules de la Ligue.

Guise et Catherine s'entendirent pour envoyer à Chartres une députation d'un autre genre. La reine mère avait fait dire sous main au premier président de Harlay et au président de La Guesle qu'il lui semblait à propos que le Parlement députât quelques-uns de ses membres au roi pour lui donner un témoignage public de fidélité qui, dans les circonstances présentes, ne serait pas indifférent au malheureux monarque. Conformément à cet avis officieux, le Parlement rendit un arrêt, sur les réquisitions conformes du procureur général, et une députation fut chargée d'aller faire hommage au roi. Elle se composait du président de La Guesle, du procureur général, fils du précédent, des conseillers Jacques Brisard, Jean Courtin, Prosper Bauin, Jacques Gillot. Les magistrats arrivèrent à Chartres le 16 et furent reçus par Henri III, qui, en réponse à leur harangue, fit une déclaration assez ferme, où il promettait de pardonner aux Parisiens, pourvu qu'ils se soumissent et fissent l'aveu de leur faute. Dans l'après-midi, le roi rappela près de lui les parlementaires, donna de longues

---

1. De Thou, t. X, p. 293.

explications sur la bienveillance de ses intentions envers les Parisiens, qui s'étaient crus à tort menacés dans leurs biens et leurs vies par l'entrée des troupes étrangères, alors que ces troupes ne devaient rester que vingt-quatre heures dans la capitale, pour faire une visite exacte des maisons et chasser de la ville les suspects, évalués à quinze mille. Le roi fit suivre ces doléances d'assez vives menaces et assura que si les Parisiens abusaient de sa patience, « elle se tourneroit en furie ». Il termina en autorisant le Parlement à rester en fonctions et chargea les délégués de rapporter aux habitants de la capitale tout ce qu'il avait dit. Quelques jours après, le roi envoya au Parlement Claude Dorron, maître des requêtes, pour annoncer que les États généraux seraient réunis vers la fin de l'année [1], mais qu'il fallait auparavant que les rebelles missent bas les armes, à peine d'être traités en criminels de lèse-Majesté [2]. Henri III reçut à Chartres beaucoup d'autres députations; tous les corps de l'État firent cette promenade. Le clergé régulier députa le cordelier Feuardant, et le clergé séculier maître Faber, curé de Saint-Pol, et de Ceuilli, curé de Saint-Germain l'Auxerrois. Au président de Neuilly, député par la Cour des aides et l'un des sui-

---

1. L'ordonnance de convocation des États généraux fut signée le 31 mai 1588 et publiée le 17 juin à son de trompe et cri public. Le texte de ce document est assez curieux. Après des considérations vagues sur le malheur des temps, le roi fixe la date du 15 août, comme devant être celle de l'ouverture des États à Blois; puis, au moment de signer, le roi fait la rectification ci-dessous : « Comme nous voulions signer la présente, nous avons jugé que, pour donner plus de loisir de faire l'assemblée pour venir ausdictz estats, il estoit nécessaire de proroger le terme jusques au 15e jour de septembre; ce que nous avons ainsi advisé, afin que l'on n'y faille point, et que l'on s'y trouve précisément audit 15 septembre, en nostre ville de Bloys. » Isambert, *Rec. des anc. lois françaises*, t. XIV, p. 613.
2. De Thou, t. X, p. 285 à 289. L'Estoile, t. III, p. 152. On peut consulter dans l'*Hist. de la journée des Barricades* par un Bourgeois de Paris le compte rendu fait le président de la Guesle et le procureur général, son fils, du voyage de Chartres. Les *Mém. de la Ligue*, t. II, p. 362, donnent le texte des deux discours du roi. Voy. aussi Palma-Cayet. Édit. Michaud, p. 56.

vants de la procession de frère Ange, le roi fit une réplique assez mordante. Comme le président « pleuroit comme un veau et s'excusoit de ce qui estoit advenu, il (*le roi*) dit ces mots : Hé! sot que vous estes, pensez-vous que si j'eusse eu quelque mauvaise volonté envers vous et les autres de votre faction, que je ne l'eusse bien peu exécuter? Qui m'en eust gardé, si j'en eusse eu envie? Non, non, j'aime les Parisiens en dépit d'eux, combien qu'ils m'en donnent fort peu d'occasions [1]... » C'était dissimuler son impuissance avec une grâce légère qui n'était pas indigne du premier gentilhomme de France. Le Bourgeois de Paris et l'Estoile s'accordent à dire que le Valois affectait à Chartres une gaieté et une bonne humeur inaltérables. Il écrivait, dit le *Bourgeois*, des lettres « aussi enjouées qu'il fit jamais, par lesquelles il se gaussoit de sa façon de desloger soudainement et de Cracovie et de Paris ». Il faut reconnaître que ce roi, en apparence si résigné aux humiliations, déploya, en cette circonstance du moins, une certaine activité. Après le renvoi de d'Épernon et le départ du favori disgracié pour la Saintonge et l'Angoumois, Henri III envoya dans les provinces douteuses plusieurs commissaires, qui étaient pour la plupart des maîtres des requêtes ou des membres soit du Parlement, soit du Grand Conseil. Jacques-Auguste de Thou, le célèbre historien [2], alla en Normandie; Charles Turquant, en Limousin, pour déjouer les manœuvres d'Edmond de Hautefort; Pierre Lubert, en Champagne, où le cardinal de Guise dirigeait les affaires de la Ligue; Prévôt de Saint-Cyr, en Touraine; Adrien du Drac, en Picardie, sans parler des autres [3]. Un coup de théâtre qui ne man-

---

1. L'Estoile, *ibid.*, p. 153.
2. Il était alors président à mortier au Parlement, en survivance de son oncle Augustin. Sa mission lui valut le titre de conseiller d'État, le 26 août 1588.
3. De Thou, t. X, p. 305 à 310, raconte longuement les péripéties de sa mission en Normandie.

quait pas d'habileté fut la révocation en bloc, par lettres patentes (27 mai), de trente-cinq à quarante édits bursaux, résultats des concussions financières des dernières années [1]. On coupait court ainsi aux déclamations des ligueurs, qui se plaignaient hautement du poids des impôts.

Tandis que le roi cherchait à constituer à Chartres un centre de gouvernement et à ressaisir une ombre d'autorité, la Ligue, installée à Paris comme dans une citadelle imprenable, étendait ses intrigues à toutes les provinces et recueillait les fruits de sa victoire. Le duc de Guise en personne, laissant à Paris le vieux cardinal de Bourbon et le cardinal de Vendôme, neveu du précédent et fils du prince de Condé, Guise, disons-nous, avait poussé une pointe jusqu'à Meaux et à Château-Thierry. Un brave officier, Tristan de Rostaing, gouverneur du château de Melun, empêcha Saint-Paul, lieutenant du duc de Guise, de prendre cette dernière place. Jean d'Hemery, sieur de Villers, conserva aussi quelque temps la place de Corbeil que le roi l'avait chargé de défendre; mais Henri III, ne voulant pas laisser écraser son lieutenant par les Parisiens, lui donna l'ordre d'évacuer cette position. Troyes avait d'abord résisté aux avances de la Ligue, et les échevins de cette ville avaient même renvoyé au roi les lettres du duc de Guise et des Parisiens; malheureusement, si les magistrats municipaux donnaient l'exemple de la fidélité à l'ordre établi, il n'en était pas de même du bas peuple, travaillé depuis longtemps par les émissaires cléricaux. Après avoir échoué dans une première tentative pour entrer dans la ville, le cardinal de Guise, qui avait quitté Paris déguisé sur la fin de mai et avait dû y revenir, jetant feu et flammes contre les Troyens, réussit, le 11 juin, à pénétrer dans leur cité, grâce à la complicité

---

1. L'Estoile, t. III, p. 185.

peu désintéressée du gardien de l'une des portes. Il fit nommer maire le sieur Nicolas de Haulte, son ami; chassa Pierre Lubert, membre du Grand Conseil, que le roi avait envoyé à Troyes pour résister à la Ligue; confisqua les fonds des receveurs, leva des impôts, nomma une nouvelle municipalité, donna des jeux et des festins et, pour compléter le programme des divertissements, fit allumer des feux où l'on brûlait les effigies de l'hérésie et de Théodore de Bèze[1]. Cette singulière administration du cardinal se prolongea jusqu'à son départ pour les États de Blois, au commencement de septembre[2].

Ainsi rayonnait autour de la capitale l'action formidable de la faction qui avait fait de la grande ville son quartier général. L'influence des Guises et de leur clientèle réussit bien vite à transformer en administration régulière les éléments fort disparates que la fuite du roi avait laissés maîtres de Paris. Pendant les mois de juin et de juillet, de nombreuses mesures de police furent prises par la municipalité. Les quartiniers reçurent, le 31 mai, l'ordre de visiter en toute diligence les « chesnes, rouetz et poteaulx de leurs quartiers[3] ». Le 1ᵉʳ juin, un mandement du Bureau invite les quartiniers à convoquer les dizainiers de leur quartier et à leur adjoindre « quatre notables bourgeois de chacune desdictes dizaines, affectionnez à l'honneur de Dieu, service du roy et seureté de la Ville », sur lesquels le Bureau en retenait deux « pour visiter les coffres, malles, quesses, balles, tonneaux ou aultres choses que l'on vouldra faire transporter hors ceste ville[4] ». Ces mesures furent

---

1. C'était, paraît-il, une distraction à la mode, car L'ESTOILE (t. III, p. 165) nous raconte qu'à Paris même, « le 23ᵉ juin, au feu de la Saint-Jean, le prévost des marchans et les eschevins firent mettre sur l'arbre la représentation d'une grande furie qu'ils nommèrent *Hérésie*, plaine de feux artificiels, dont elle fut toute bruslée ».
2. Voy., sur la prise de possession de Troyes par le cardinal de Guise, DE THOU, t. X, p. 310.
3. REG. H, 1789, f° 147.
4. *Ibid.*

complétées par un mandement du 4 juin qui prescrivait aux bourgeois chargés de cette besogne d'apposer « leur cachet en cire au lieu de l'ouverture, afin que, après ladicte visitation, il ne soit rien remis ny chargé èsdictz coffres, tonnes et balles [1]. »

Il était urgent de rétablir dans la Ville une police régulière, car les actes de pillage et de désordre n'y étaient pas rares. Tantôt c'est un pauvre pédagogue, le nommé Mercier, qui est poignardé et jeté à l'eau, sous prétexte d'hérésie, par deux coquins, le potier Poccart et le tailleur Pierre la Rue (mai); tantôt c'est le prévôt des marchands, Pereuse, qui, après avoir été mis en liberté par le duc de Guise, est assiégé dans sa maison et ramené à la Bastille (4 juin); tantôt ce sont des étrangers, comme l'Italien Masseï, le Portugais Roderic, qui subissent les attaques à main armée des « capitaines et gens de guerre affamés, se renommans du duc de Guise », simples brigands au fond qui visaient principalement à mettre la main sur les bourses bien garnies. Guise s'indignait de ces désordres et menaçait de les réprimer avec la plus grande énergie; mais il fallait compter avec ceux qui s'abritaient sous son grand nom, même pour le compromettre. Le 28 juin, en vertu d'une sentence du prévôt de Paris, confirmée par le Parlement, on brûla en place de Grève les deux filles de Jacques Foucaud, procureur au Parlement [2]. Leur crime

---

1. *Ibid.*, f° 149. Les relations du temps prouvent que cette inquisition était poussée très loin. Le dernier jour de mai, les bourgeois qui gardaient la porte Saint-Antoine avaient arrêté 13 mulets appartenant au duc d'Épernon et dont chacun portait deux bahuts pleins de vaisselle d'argent. Bien que les gens du duc fussent munis d'un passeport signé de la reine mère et que les mulets portassent des couvertures aux armes royales, le convoi fut conduit à l'Hôtel de Ville, et l'Estoile conclut par cette réflexion mélancolique : « Tant se monstroient hardis et insolents les Parisiens, sous couleur de l'appui et support du duc de Guise. »

2. Le 16 juillet 1588, en vertu d'un arrêt du Parlement, on brûla encore sur la place de Grève un sieur Guitel, accusé de calvinisme. En réalité, c'était un athée qui n'était pas plus catholique que protestant. Voy. L'Estoile, t. III, p. 171.

était de refuser d'abjurer le protestantisme. On les mena bâillonnées au supplice, et tel était l'acharnement du peuple que l'une des deux sœurs fut brûlée toute vive, des forcenés ayant coupé la corde avant qu'elle fût étranglée [1].

Le beau temps de la Saint-Barthélemy revenait : chacun dénonçait ses ennemis et voulait en faire un suspect. La soif du sang, la passion de l'or s'alliaient au fanatisme. Autour de la capitale, dans la banlieue, des bandes de partisans erraient, comme des bêtes de proie le soir d'une bataille. On s'en émut à l'Hôtel de Ville, et un mandement du 2 juin, « pour ce que ès-environs de ceste ville de Paris se retirent nombre de gens de guerre qui font grans degatz, ruyne et oppression au peuple du plat pays, y consommant tous vivres et commoditez ; par là disette et pénurie de vivres en ceste ville, s'il n'y estoit promptement pourveu.... », fit défense « aux capitaines et aux autres chefs des gens de guerre d'approcher à six lieues à la ronde de ceste dicte ville, ny aulcune chose y prendre, fourraiger et enlever, sous peine de la vie et d'estre les contrevenans taillez et mis en pièces ». Par le même mandement, il fut enjoint à tous les gens sans aveu de quitter promptement Paris « sur peine de la hart [2] ». Un peu plus tard, le 20 juin, sur les remontrances du procureur du roi et de la Ville, qui avait cru devoir s'élever contre les actes de pillage commis dans Paris et dans la banlieue, le Bureau décide que « les quarteniers de chacun quartier de ceste dicte ville feront assembler, en chacune dixaine de leur quartier, les capitaines, lieutenans et bourgeois d'icelles dixaines, pour faire eslection et convenir ensemblement de dix personnes, bourgeois et habitans de chacune desdictes dixaines, tant mousquetaires, harquebuziers que picquiers

---

1. L'Estoile, t. III, p. 166.
2. Reg. H, 1789, f° 147.

qui seront toujours prestz pour faire service quand besoing sera[1] ».

C'était une nécessité de la situation faite aux Guises par leur succès même d'enlever aux gens de robe que le roi avait chargés de commander la milice municipale, leurs grades et, par suite, leur autorité. La nouvelle municipalité fut chargée de cette besogne. Pendant les quatre premiers jours de juillet, le prévôt des marchands et les éche-

---

1. *Ibid.*, f° 164. Voy. sur l'élection des capitaines les détails curieux que donne Pasquier, livre XII, lettre IX. *Œuvres*, t. II, p. 347. Il rappelle qu'en 1585 le roi avait mis à la tête de chaque dizaine des capitaines et des lieutenants de son choix, presque tous gens de qualité. Voici comment les meneurs de la Ligue procédèrent pour *désappointer* ces officiers nommés par le roi. Une commission, présidée par le prévôt des marchands et composée de ligueurs fanatiques, notamment Bussy le Clerc, Crucé, Senault, Louchard, Boucher, le curé de Saint-Benoît, fit venir chaque jour à l'Hôtel de Ville les dizaines comprises dans un quartier, et, comme il y avait seize quartiers, l'opération dura seize jours. Une liste d'officiers préparée d'avance était recommandée aux électeurs, et ces candidatures officielles devenaient définitives « par la voie du Saint-Esprit », c'est-à-dire qu'il s'agissait d'une simple ratification. On faisait d'ailleurs voter ensemble toutes les dizaines du quartier, au lieu de faire voter séparément les membres de chaque dizaine au logis de son dizainier, conformément aux vieux usages. En outre, les électeurs notables, et surtout les membres des compagnies souveraines, s'abstinrent de se rendre aux convocations. Pasquier fit exception et réclama avec énergie le maintien des formes traditionnelles. Il obtint, malgré les menaces de Bussy et de ses acolytes, que les dizaines qui n'avaient pas encore été convoquées, voteraient séparément, mais cela n'empêcha pas la Ligue de faire nommer des taverniers « et autre telle engeance de gens ».

Le Parlement aurait peut-être été en mesure de se mettre à la tête d'une résistance efficace contre les mesures violentes de la Ligue. La destitution des officiers de la milice lui fournissait un excellent terrain de lutte, d'autant plus qu'un grand nombre de capitaines étaient membres des compagnies souveraines. Le 7 juillet, il y eut au Palais une grande assemblée, à laquelle assistèrent le cardinal de Bourbon et le duc de Guise. « En ceste assemblée, dit l'Estoile, le premier président parla longuement et fortement pour la manutention de vieux capitaines et abolition des nouveaux, et fut bien secondé de plusieurs de ceste compagnie. » Mais pour briser ces résistances, le duc de Guise n'eut qu'à prier les magistrats « avec beaucoup de soubmission et reverence, qu'ils voulussent encore donner cestui-là au temps et au publiq... » On comprit à demi-mot : c'était la menace de la justice populaire dont le duc agitait le spectre. Deux jours après, le peuple vint lui-même au Palais sommer le Parlement d'envoyer au bûcher un protestant, nommé du Beloy, qui se trouvait en prison à la Conciergerie ; les ligueurs criaient qu'en cas de refus « il y avoit danger que le peuple ne fist justice ». Le Parlement manda le prévôt et les échevins, qui désavouèrent les mutins; mais, comme le dit philosophiquement le chroniqueur, « ce n'estoient que mines et dissimulations ».

vins firent assembler les dizaines pour procéder à la déposition des officiers suspects; « et déposèrent singulièrement, écrit l'Estoile [1], les gens de robbe longue, nommément ceux qui estoient officiers du roy, pour ce qu'ils estoient tous hérétiques, à leur dire, et le faisoient ainsi crier et croire à cette sotte populasse parisienne, tellement qu'au lieu d'hommes de qualité et d'honneur qui commandoient à la Ville, furent establis de petits mercadans et un tas de faquins ligueux, tous bons catholiques, pour ce qu'ils tenoient le parti du duc de Guise et non celui du roi ». Ce travail d'élimination fut assez laborieux, car une ordonnance du 28 juillet qui se trouve dans les Registres de la Ville [2], porte que les bourgeois de chaque quartier seront assemblés alternativement à l'Hôtel de Ville pour « procéder à la confirmation ou nouvelle élection des colonels, capitaines, lieutenans et enseignes, qui presteront serment à la manière accoustumée, sans qu'il tourne à marque ou blasme d'avoir esté changez et destituez ». Le changement des quartiniers s'opéra plus facilement, à cause de leur petit nombre; la plupart d'entre eux avaient d'ailleurs volontairement cessé de remplir leurs fonctions [3]. On les remplaça dans les formes accoustumées [4].

---

1. T. III, p. 167. Le 25 juin, une assemblée de ville convoquée « de l'exprès commandement du duc de Guise » avait sanctionné les mesures d'épuration.
2. Reg. H, 1789, f° 182. Voy. aussi Félibien, *Preuves*, t. V, p. 447.
3. Dans plusieurs quartiers, les bourgeois de la milice refusèrent d'accepter les nouveaux capitaines. C'est ainsi que, le 5 juillet, on dut laisser fermée la porte Saint-Germain, parce que M. Alexandre Legrand, conseiller au Parlement et capitaine de son quartier, avait été destitué par la Ligue, et que la dizaine refusait d'accepter son successeur. Ce fut une grosse affaire. Le prévôt des marchands et les échevins furent mandés au Parlement : on consulta la reine mère et le duc de Guise, qui fit venir Legrand, lui demanda « de se déposer lui-même » et lui dit « qu'il estoit contraint d'en endurer lui-même et que, la colère des Parisiens estant rassise, il donneroit ordre à tout ». L'Estoile, t. III, p. 168.
4. Voici le texte du mandement qui ordonne d'élire un quartinier en remplacement de Leconte : « Sur la remontrance du procureur du roy et de la Ville, avons ordonné et ordonnons par la présente qu'il sera procédé à eslection nouvelle d'ung quartenier de ladicte Ville, au lieu dudict Le-

Lorsque la Ligue eut ainsi rempli de ses créatures les cadres de la milice et accaparé les fonctions municipales, elle éprouva le besoin de jouer une comédie qui ne trompa personne. Le 15 juillet 1588, Michel Marteau, sieur de La Chapelle, conseiller du roi et maître ordinaire de ses comptes; Nicolas Rolland, général des monnaies; Jehan de Compans; François de Costeblanche, sieur de l'Isle; Robert Desprez et François Brigard, avocat au Parlement [1], se présentèrent devant la reine mère, qui était encore à Paris, et lui déclarèrent « qu'ayant esté esleuz depuis le douziesme de mai dernier par l'assemblée générale des bourgeois de la Ville pour prévost des marchans, eschevins et procureur de ladicte ville de Paris, au lieu et place des derniers précédens prévost, eschevins et procureur de ladicte Ville, ils auroient accepté et exercé lesdictes charges jusqu'à présent, plus pour le bien du service du roy et seureté de ladicte Ville que pour aultre respect ny considération, lesquelles charges, à présent que les affaires sont plus tranquilles qu'elles n'estoient lors, ils désireroient volontiers remettre et s'en décharger ès-mains de Sa Majesté, pour y estre pourveu suivant les privilèges de ladicte Ville, sy elle avoit agréable de les y admettre et recevoir, comme ils l'en ont suplié et suplient très humblement [2] ». Prenant cette offre de démission pour ce qu'elle valait, Catherine tira cependant parti de la démarche peu sincère des officiers municipaux de la Ligue pour affirmer les droits du roi, et répondit qu'elle allait s'in-

conte *absent*, selon et suivant la forme prescrite sur les ordonnances de la Ville; et à ces fins sera expédié mandement aux cinquanteniers dudict quartier. Faict au Bureau d'icelle ville, le quatriesme jour de juing, l'an 1588. » Reg., *ibid.*, f° 148.
    1. On avait fait sur la nouvelle municipalité ligueuse la plaisanterie suivante, que l'Estoile a conservée : « J'ai vu Rolland qu'on pend en cotte blanche entre la Chapelle et des Prés, » c'est-à-dire au gibet de Montfaucon, qui est entre la Chapelle et les Prés Saint-Gervais.
    2. Reg. H, 1789, f° 178. Voy. aussi Arch. cur., 1re série, t. XI, p. 439.

former de sa volonté; en attendant, elle invitait le sieur de
La Chapelle et ses collègues à continuer l'exercice de leurs
charges et lui fit délivrer par Villequier, gouverneur de
Paris, le cachet de la Ville et « ensemble les clefs du Bureau
et armoiries ». Il y eut un procès-verbal de cette remise
qui fut contresigné par le secrétaire d'État Brulard et
signé par Catherine. Quelques jours après, le 20 juillet,
Catherine manda au Louvre La Chapelle-Marteau avec les
quatre échevins et leur « fit entendre le roy avoir accepté
la démission cy-dessus déclairée, et néantmoings, pour le
bon rapport qui a esté faict à Sa Majesté de leurs personnes
et aultres considérations, veult qu'ils demeurent ès-
charges des prévost des marchands, eschevins et procureur de ladicte Ville, pour en continuer l'exercice jusques
au jour de la fête de Notre-Dame de my-aoust que l'on
contera 1590, en la manière accoustumée ». Après quoi,
les cinq ligueurs desquels on avait fait au roi « un bon
rapport » prêtèrent le serment ordinaire entre les mains
de Catherine [1]. Le 28 juillet, les nouveaux élus envoyèrent
une délégation au roi pour le remercier de sa bienveillance, « luy rendre compte de l'état de la Ville et supplier
de très fidèle affection S. M. de ne la priver plus lon-
temps de sa présence [2] ». Mais personne à l'Hôtel de Ville
ne pouvait se faire d'illusion sur le résultat de cette démarche.

On comprend que le malheureux roi ne fût nullement
disposé à se remettre à la discrétion des Parisiens. Il voulait bien négocier, traiter avec eux, mais à distance. Encore
le redoutable réseau des intrigues cléricales menaçait-il
d'envelopper la monarchie en fuite et de l'étouffer à jamais.
Le travail diplomatique de la municipalité parisienne à cette
époque est vraiment extraordinaire, et il ne paraît avoir été

---

1. REG. H, 1789, f° 179, et ARCH. CUR., p. 440.
2. *Ibid.*, f° 181, et ARCH. CUR. p. 441.

suffisamment étudié. L'Hôtel de Ville, depuis la retraite du roi, entretient avec toutes les grandes villes une correspondance infatigable dont nous avons donné plus haut quelques échantillons [1]. Cette correspondance se poursuivit pendant le mois de juin 1588 avec une rare activité. Elle était évidemment inspirée par ce que Pasquier appelle le conseil d'État du duc de Guise [2]. Il se composait, entre autres, de Bussy le Clerc, Senault, Aimonnot, Louchard, Heuron et Crucé; le prévôt des marchands et les échevins y avaient voix délibérative. Sous l'impulsion des chefs du parti, la municipalité ligueuse se met en relation avec toutes les grandes villes de France et varie son langage avec un tact et une habileté qui révèlent et trahissent la collaboration du duc de Guise. Tantôt les magistrats parisiens félicitent une municipalité qui est avec eux en complète communauté de vues et l'exhortent à nouer des intelligences avec les villes voisines. C'est ainsi que, le 9 juin, ils écrivent au maire et aux échevins d'Orléans : « Sy vous recongnoissez entre vous combien vostre dernier bon œuvre apporte de seureté à vostre ville, nous ne pouvons exprimer la conjouissance que nous en recepvons de tous costés »; et le prévôt des marchands prie le maire d'Orléans de nouer une correspondance suivie avec Tours, Chartres, Angoulême, villes avec lesquelles « il a le commerce le plus fréquent [3] ». Tantôt on engage les autres villes à envoyer des députés au roi pour appuyer les revendications parisiennes [4], et l'on affirme que le roi s'est résigné « à don-

---

1. Voy., page 373, les lettres adressées le 28 mai à la ville de Rouen et, vers la même époque, aux villes de Lyon, Sens, Troyes, Reims, etc.
2. PASQUIER, livre XII, lettre IX, t. II, p. 346.
3. REG. II, 1789, f° 152. DE THOU (t. X, p. 317 et suiv.) raconte longuement les négociations entreprises par le comte de Schomberg, au nom du roi, pour décider d'Entragues, lieutenant du gouverneur d'Orléans, qui était alors nominalement le chancelier Cheverny, à remettre la ville à Henri III. Ces négociations, qui occupèrent beaucoup la cour ambulante du vaincu des Barricades, n'aboutirent à aucun résultat.
4. Lettre au maire de Dijon, REG. II, 1789, f° 157. Dans cette lettre, la

ner audience aux députés de toutes parts »; qu'il a même envoyé plusieurs de ses officiers à la reine mère « pour adviser à pacifier toutes choses avec messieurs les princes ». Les mêmes exhortations sont adressées à la ville de Lyon et à son gouverneur Mandelot, dont l'attitude était douteuse. Ici les Parisiens, craignant sans doute que leur dépêche ne soit communiquée à la cour, protestent de leur fidélité et de leur respect pour la personne royale, tout en regrettant que Sa Majesté se trouve circonvenue par les ennemis des bons catholiques. Aussi convient-il que Lyon appuie les requêtes présentées au roi par la capitale, et l'on prie le gouverneur Mandelot, « non sans se recommander très humblement à ses bonnes grâces », de favoriser la négociation entamée avec la mairie de Lyon [1]. A cette première lettre en est jointe une autre qui est adressée à « messieurs les maire et eschevins de la ville de Lion ». Le prévôt des marchands y développe toutes les raisons qui doivent engager Lyon à s'unir à Paris. Les principales sont tirées de la fréquence des relations commerciales, qui fait que « l'une des deux villes ne peult estre destruicte sans trayner après soy la ruyne totale de l'autre »; et, en second lieu, les souvenirs de la Saint-Barthélemy qui ont rendu les Lyonnais aussi odieux que les Parisiens à ceux de la nouvelle religion. « Davantage, nostre zelle commun à l'honneur de Dieu nous a rendus esgallement hays des hérétiques et de ceulx qui portent leur parti, pour ce que, au temps de la Saincte-Barthelmy,

---

Ville de Paris accuse « ceux qui abusent de l'autorité du roi, d'avoir voulu se saisir de la ville capitale et de plusieurs aultres pour les rendre pivotz de l'establissement d'un roy hérétique en France »; et elle déclare que l'*Union* « n'est qu'une ferme alliance que les princes et villes catholiques ont ou prennent ensemble pour l'extirpation des hérésies, pour la tuition et deffense de la religion catholique contre les forces de ses ennemis, ruses et artifices de leurs fauteurs, pour le soulaigement du peuple français, tant opprimé, et le bien et repos universel du seul royaume ».

1. Reg. H, 1789, f° 165. Lettre à Mandelot, en date du 23 juin.

journée de laquelle ilz portent une cruelle vengeance escritte en leur âme, nous avons faict une toute pareille démonstration à l'encontre d'eulx [1]. »

Les ligueurs parisiens ne se contentent pas d'une première adhésion ; ils tiennent à maintenir les relations établies et à leur donner une sanction effective. C'est ainsi que, par lettre du 24 juin, ils remercient d'abord le maire et les échevins de Bourges de leur avoir envoyé, le 18, leur procuration ; mais il faudra que les magistrats municipaux de Bourges s'occupent de dresser des cahiers de remontrances destinés à être présentés à S. M. par des délégués spéciaux, car tel est le mot d'ordre donné aux autres villes [2].

La Ville de Paris a évidemment la prétention d'exercer une véritable suprématie sur les autres cités. Elle distribue les félicitations, les menaces, les conseils suivant l'occurrence. Nous avons vu plus haut [3] que Saint-Paul, l'un des lieutenants du duc de Guise, n'avait pu réussir à s'emparer de Melun. A la date du 10 juin, les magistats municipaux de la capitale écrivent, en termes aigres-doux, au maire et aux échevins de cette ville pour exprimer le regret d'apprendre que la municipalité de Melun s'est laissé persuader par les agents du roi « de se distraire de la communaulté et antienne amitié que nous avons eue ensemble », disent les bons ligueurs parisiens ; ces derniers supplient leurs collègues provinciaux de ne pas se laisser influencer « par les passions de quelques particuliers » et de contracter

---

1. Reg. H, 1789, f⁰ 167.
2. *Ibid.*, f⁰ 169. Dans une autre lettre datée du 10 juin (*ibid.*, f⁰ 152), la Ville de Paris avait fait savoir au maire et aux échevins de Bourges que les agents du roi vont venir saisir tous les deniers de la recette générale qui se trouvent dans leur ville « affin d'oster le moien d'acquitter les gaiges, les rentes ou aultres debtes au payement desquelles ilz sont affectez et d'aultant augmenter le nombre des malcontents ». C'est un prétexte pour accuser les courtisans « d'avoir machiné la ruyne géneralle » de la France et pour les traiter d'ennemis jurés du repos de la nation.
3. Voy. p. 388.

union avec « nos seigneurs les princes, comme font toutes ou la plupart des villes [1] ». Corbeil, ainsi que nous l'avons dit également, avait été évacué par les troupes royales ; mais la Ligue n'y avait pas mis de garnison ; le prévôt des marchands écrit le 15 juin, au maire, « qu'on lui donne souvent allarme et deffiance que l'on ne surprenne cette ville, qui est une des advenues » de Paris [2] ; en conséquence, les Parisiens, tout en consentant à ne pas loger de troupes à Corbeil, y envoient un délégué, le sieur de Courty, pour assister les bourgeois de Corbeil, ou, en d'autres termes, pour les surveiller et leur inculquer les bons principes.

La correspondance des ligueurs parisiens avec le maire et les échevins d'Angoulême présente un vif intérêt, parce que cette ville se trouvait dans le gouvernement du duc d'Épernon, et que l'ex-favori s'était dirigé de ce côté après sa disgrâce. Aidé par la reine-mère, Villeroi, qui négociait alors avec le duc de Guise, désirait ardemment se venger des affronts que d'Épernon lui avait prodigués en mainte circonstance. Le roi avait lâchement abandonné le duc à ses ennemis et à la Ligue, et avait même transmis à Norman, consul d'Angoulême, et à Pierre des Bordes, gouverneur de la citadelle de cette ville, l'ordre de n'y recevoir personne avec des troupes. C'était la fermer à d'Épernon, qui se trouvait déjà à Loches, en Touraine. Averti par ses amis de ce qui se tramait contre lui, le duc devança de trois jours les ordres du roi et tomba comme la foudre à Angoulême. Jean du Houssay, sieur de la Borde, agent du roi de Navarre, vint l'y retrouver et s'entendre avec lui sur les moyens de faire face à la Ligue. Toute la noblesse de la province accourut pour rendre hommage à l'orgueilleux d'Épernon, qui donna des tournois comme

---

[1]. Reg. H, 1789, f° 153.
[2]. *Ibid.*, f° 163.

un vrai souverain. Mais, dans l'ombre, le consul Norman tramait la perte de l'ancien mignon et obtenait de Henri III, par l'intermédiaire de son beau-frère, un sieur Souchet, qui alla en poste à la cour, l'ordre formel de se saisir de d'Épernon, afin qu'on pût l'obliger à remettre au roi les villes de Boulogne et de Metz et à se contenter de son gouvernement de Provence. Le 10 août, Norman, avec quarante hommes dont les armes étaient dissimulées, envahit le château d'Angoulême et marcha droit à l'appartement de d'Épernon ; mais il rencontra dans l'antichambre cinq ou six secrétaires et amis du duc qui firent une terrible résistance. A lui seul, le Florentin Gieronymi blessa quatre des assaillants. Quelques gentilshommes organisèrent la lutte et tuèrent le consul Norman. Mais la duchesse était prisonnière de l'émeute, et les agents de Villeroy et de la Ligue parisienne avaient soulevé le peuple, qui cernait le château. Les conjurés attendaient un détachement de troupes royales que le baron d'Aubeterre devait amener. Déjà l'on approchait les pétards des portes du château, quand l'arrivée du sieur de Tagent, lieutenant de d'Épernon, qui revenait de Saintes avec un détachement de cavalerie, et surtout l'apparition d'un corps protestant, expédié par le roi de Navarre et commandé par le comte de Larochefoucauld, sauvèrent le malheureux d'Épernon. Il était temps ; le duc avait passé, avec ses gens, trente heures sans boire ni manger, et il manquait de poudre. L'abbé d'Elbène, familier du duc, servit d'instrument de transaction : les barricades élevées autour du château furent abattues ; la duchesse d'Épernon fut rendue à son mari, qui, de son côté, rendit les cadavres de Norman et de son frère, ainsi que les prisonniers qu'il avait faits, grâce à des prodiges de valeur qui prouvent, une fois de plus, que les mignons de Henri III étaient d'héroïques soldats. A peine libre, d'Épernon écrivit au roi pour accuser Villeroy de cet abominable complot, et la responsabilité de Henri III lui-même n'était pas niable, car le consul Norman, mourant et mis à la question par d'Épernon [1], avait tout révélé. Le roi s'en tira par une lâcheté nouvelle, en répondant à d'Épernon qu'il n'avait voulu le faire arrêter que pour le ramener auprès de lui et le traiter comme son propre fils.

Il fallait résumer ces étranges événements, qui pourraient fournir le sujet d'un roman d'aventures, avant de citer la lettre de la Ville de Paris au maire ou consul d'Angoulême, dont la destinée devait être si tragique. Cette lettre est antérieure au guet-apens tenté contre le château d'Angoulême, puisqu'elle porte la date du 18 juin. Elle fut confiée à un émissaire que l'Hôtel de Ville de Paris avait chargé de faire de vive voix aux ligueurs d'Angoulême le récit des événements survenus dans la capitale. Envoyez-nous des députés, disaient les Parisiens, « avecque amples pouvoirs et mémoires tant sur vostre advis des choses publicques que pour ce qu'en particullier vous pouvez désirer, à ce que unanimement et communément nous dressions noz supplications et requestes à S. M. entre celles qui desjà lui ont esté faictes par messeigneurs les princes catholiques de notre Union [2] ». Et, dans un post-scriptum, le prévôt des marchands ajoutait que la Ligue avait saisi des lettres du duc d'Épernon qui ne laissaient aucun doute sur les tentatives faites par lui pour détourner Angoulême de l'Union catholique; en conséquence, les magistrats parisiens annonçaient au maire qu'ils donnaient mission à M. de Saint-Luc de maintenir les habitants d'Angoulême dans des sentiments sympathiques à la Ligue. La suite prouva que Saint-Luc remplit consciencieusement sa mission, car la population d'Angoulême passa presque

---

1. De Thou n'affirme pas le fait, mais le rapporte comme une probabilité; et l'on sait que d'Épernon n'avait pas l'âme tendre, d'autant qu'il courait lui-même danger de mort.
2. Reg. H, 1789, f° 169.

tout entière au parti des conjurés, et elle eût fait un mauvais parti à d'Épernon si ce dernier n'avait pas été secouru à temps.

La Ville de Paris ne se bornait pas à correspondre avec les principales cités de France; elle se tenait également en relations suivies avec les principaux seigneurs du royaume. C'est ainsi, par exemple, qu'elle écrit le 7 juin 1588 au duc de Nevers pour le prier « de vouloir s'unir avecq les princes catholiques en la poursuite de la requeste par eulx pour cest effect présentée à S. M. [1] »; le 14 juin, à M. de Villars, gouverneur du Havre, pour le prier de donner son adhésion « à la requeste présentée au roy par messeigneurs les princes catholiques » et la plupart des bonnes villes. Les Parisiens essayent de démontrer au gouverneur que ladite requête ne tend « que par suite de religion, à rendre au roy, nostre souverain seigneur, toute obéissance et fidellité, de le requérir du repos de son pauvre peuple [2] ». De Villars, ami du duc de Guise, n'avait pas besoin de méditer ce langage hypocrite pour donner son concours à la Ligue; mais la municipalité du Havre penchait plutôt pour le parti du roi, et la Ville de Paris dut lui adresser, le 24 juin, une lettre particulière pour la presser « de se résoudre à l'Union, soubz la bonne conduite de M. de Villars, son gouverneur [3] ». Lorsque la Ville n'écrit plus à des princes encore hésitants, mais à des chefs de la Ligue et surtout aux membres de la famille de Lorraine, c'est le ton du dithyrambe qu'elle emploie. Dans sa lettre du 10 juin, elle félicite le duc de Mayenne d'être « l'ung des princes de la France ausquelz Dieu a mis en main les armes et la magnanimité en son couraige pour s'opposer

---

1. Reg. H, 1789, f° 149.
2. *Ibid.*, f° 156.
3. *Ibid.*, f° 156. De Thou dit que de Villars finit par se déclarer ouvertement pour le duc de Guise, malgré les pressantes sollicitations de Crillon, que le roi envoya deux fois au Havre. T. X, p. 324.

à l'hérésie et à la tyrannie que l'on veoit pied à pied envahir ce royaume, par le mauvais conseil de ceulx que, pour la pugnition de noz faultes, Dieu a permis s'eslever aux plus grandes dignitez et entreprendre une aucthorité par-dessuz les naturelz *conservateurs* et de la religion et de l'Estat [1] ». Quand le cardinal de Guise se rendit maître de Troyes [2] dans les circonstances que nous avons racontées, la municipalité parisienne écrivit « à l'illustrissime et révérendissime cardinal, duc et archevêque de Rheims et premier pair de France » pour le féliciter de « l'heureux succès de ses affaires avecq MM. de la ville de Troyes ». Le prévôt des marchands et les échevins, qui se disent eux-mêmes « tous gens de bien, catholiques et fidelles subjectz du roy », se déclarent, en outre, « obligés à sacriffier leurs vyes et moyens, après la cause générale, au service particulier qu'ils doibvent au cardinal, et ils terminent par cet acte de soumission respectueuse : Commandez doncques, s'il vous plaist, et aux effectz vous congnoistrez que vous n'avez et n'aurez jamais de plus affectionnez serviteurs que nous [3] ».

En face de cette coalition des villes et de l'aristocratie ligueuses, Henri III paraissait bien faible. Promenant sa petite cour de Chartres à Vernon, puis de Vernon à Rouen, où il était entré le 11 juin, il n'essayait même pas un semblant de résistance et, tandis qu'il s'amusait à donner des joutes, comme si le royaume eût joui de la tranquillité la plus profonde, ses émissaires avaient pour mission exclusive de chercher à deviner les conditions auxquelles le duc de Guise accepterait un accord. Gaspard de Schomberg, Marc Miron, premier médecin du roi, Nicolas de Neuville, sieur de Villeroy, servaient d'intermédiaires habituels entre Henri III, d'une part, et Catherine et Guise, d'autre part.

---

1. Reg. H, 1789, f° 155.
2. Voy. plus haut, p. 388.
3. *Ibid.*, f° 163.

Le roi avait autorisé Villeroy à offrir au vainqueur des Barricades le titre de connétable. Catherine conseilla de ne lui donner que celui de généralissime. Elle savait par Schomberg qu'il s'en contenterait. Après bien des pourparlers, les chefs de la Ligue firent remettre au roi le dernier mot de leurs revendications. Elles différaient peu des Articles de Nancy. Les princes demandaient, en résumé, que le roi reconnût la Sainte-Union, lui laissât pendant six années la jouissance des villes de sûreté, fît publier et observer en France les décisions du concile du Trente, ordonnât la vente des biens des protestants et mît sur pied deux armées, dont l'une agirait en Poitou, sous les ordres du duc de Guise, et l'autre en Dauphiné, sous les ordres du duc de Mayenne.

Telle était, en substance, cette fameuse *requête des princes catholiques* dont il est si souvent question dans les lettres de la municipalité parisienne et que Villeroy porta au roi le 15 juin. Mais, en dehors de cette requête des princes, à laquelle se joignit l'Hôtel de Ville de Paris, les meneurs parisiens adressèrent au roi, sous le titre de remontrances, une série d'articles supplémentaires dont ils demandaient la ratification [1]. Voici le résumé de ces articles : Le prévôt des marchands et les échevins seront investis du soin d'assurer la police de la Ville, ce qui ne constituera qu'un retour aux coutumes anciennes et mettra Paris sur le même pied que beaucoup d'autres villes moins importantes, comme Toulouse, Bordeaux, Amiens, Châlons ; M. d'O ne sera jamais gouverneur de Paris ; la Bastille sera remise à la garde du prévôt des marchands ou bien elle sera rasée, si Sa Majesté le préfère ; défense sera faite aux gens de guerre de se loger à moins de douze lieues de Paris, et, s'ils enfreignent cette prohibition, le prévôt des

---

1. *Mém. de Nevers*, t. I, p. 733. Ces remontrances portent la date du 5 juillet, et chaque article est suivi de la réponse du roi.

marchands et les échevins pourront « leur faire courre sus »; le prévôt Rapin sera destitué [1], et sa charge sera donnée à un catholique non suspect; le roi nommera un chevalier du guet sur une liste de trois candidats dressée par la Ville; le roi ne détournera plus les deniers des recettes générales, grenier à sel, ou du clergé, affectés au payement des rentes sur l'Hôtel de Ville; les lettres d'anoblissement données par le roi en 1577 aux prévôts des marchands et aux échevins seront vérifiées en Parlement « fors et excepté pour le regard des derniers prévost des marchands et quatre échevins qui, par la voix commune, ont esté démis de leurs charges ». S. M. révoquera les survivances consenties sur la demande de certains conseillers de Ville ou quartiniers et, advenant leurs démissions ou leurs décès, il y sera pourvu par voie d'élection. En outre, sans attendre la démission ou la mort des quartiniers en charge et autres officiers municipaux, on en élira d'autres selon les formes accoutumées, et leur mandat ne sera valable que pour deux ou trois ans; les élus ne seront rééligibles qu'après un intervalle de quatre ou six ans, et ils devront être nés à Paris.

« Afin que les quartiers de la ville puissent estre remarquez et signalez par autres marques que des noms des-

---

[1]. Il s'agit ici du poète co-auteur de la Ménippée. Voici ce que dit l'Estoile à ce sujet : « M. Rappin, prévôt de l'hostel, fut chassé en ce temps (11 juillet) de Paris, pour estre fidelle serviteur du roy, et despouillé de son estat, duquel la Ligue investit un larron nommé La Morlière ». On devine bien que le poète illustré par la puce de Mlle Desroches se vengea de la Ligue par des vers que l'Estoile nous a conservés. Leur accent est celui de la douleur et de la misère. Le pauvre Rapin avait une femme et neuf enfants.

Quo fugiam extorris, sine munere privus et exspes,
Conjuge cum chara pignoribusque novem?

Voici la réponse du roi aux Parisiens qui demandaient sa destitution « attendu que ses déportemens l'ont rendu très odieux à tous les habitans de la ville ». Henri III ne montra jamais moins de dignité : « Pour le regard dudit Rapin, Sa Majesté, *voulant s'en servir ailleurs*, luy commandera de résigner ladite charge à personne capable et fidelle à son service ».

dits quarteniers, qu'il plaise à Sa Majesté trouver bon que les quartiers soient nommez ou par les Églises principales ou par les places communes qui sont en iceux, sans que doresnavant ils puissent porter les noms desdits quarteniers [1]. » Les colonels, capitaines, lieutenants et enseignes qui ne seraient pas élus selon les formes seront destitués et remplacés par les suffrages des bourgeois de chaque dizaine pour les capitaines et officiers subalternes, et par les suffrages des capitaines et lieutenants pour les colonels. Les interdictions de prêcher faites à certains prédicateurs seront levées. Nul hérétique ne sera admis à remplir les charges publiques de la Ville. « Justice sera promptement faicte tant de ceux qui sont à présent ès prisons que des autres qui y seront amenez cy-après. »

Le roi accueillit toutes ces sommations, malgré l'insolence de la forme où elles étaient présentées, avec une patience et une faiblesse étonnantes. Il céda sur presque tous les points; promit de combler les fossés de la Bastille, du côté de Paris; d'interdire aux protestants l'accès des

---

[1]. En marge de cet article, le roi écrivit *accordé*, et il tint sa promesse, car nous trouvons dans les REGISTRES DE LA VILLE, f° 185, II, 1789, le document ci-dessous :
État des noms desquelz le roi veult que les seize quartiers de la ville de Paris soient doresnavant nommez. Le quartier que l'on souloit appeler de Carrel se nommera doresnavant *de Saincte-Genefiesve;* celuy de Huot se nommera *Sainct-Sevrin;* celuy de Guerrier, *de Nostre-Dame;* celuy de Danès, *du Saint-Esprit;* celuy de Goix, *de Saint-Jehan;* celuy de Choilly, *de Saint-Gervais;* celuy de Parfaict, *de Saint-Anthoine;* celuy de Charpentier, *du Temple;* celuy de Vasseur, *de Saint-Martin;* celuy de Beausse, *le Sépulchre;* celuy de Bourlon, *Saint-Jacques de l'Hospital;* celuy de Gambier, *de Saint-Eustache;* celuy de Canaye, *de Saint-Honoré;* celuy de Parlan, *de Saint-Germain de l'Auxerrois;* celuy de Durantel, *Saint-Jacques de la Boucherie;* celuy de Bourgeois, *des Sainctz-Innocentz.* Faict à Chartres le 1ᵉʳ jour d'aoust 1588. Signé HENRY; et plus bas DE NEUFVILLE.
Ce document est important, puisqu'il constitue l'abolition d'une coutume introduite par les quartiniers. Seulement il a servi de texte à des appréciations inexactes; c'est ainsi que Leroux de Lincy (*Hist. de l'Hôtel de Ville de Paris*, p. 198) attribue à Henri III l'initiative de cette réforme, alors que le texte des remontrances des Parisiens que nous analysons prouve que le roi ne fit qu'obéir à une sommation. C'est ici l'occasion de rappeler que Paris comptait seize quartiers depuis 1383, sous Charles VI. Auparavant, il n'en comprenait que huit, et quatre avant Philippe-Auguste.

charges publiques ; de nommer une commission pour statuer sur la question de la police de la ville ; d'éloigner les gens de guerre de la capitale, dans un rayon de douze lieues ; de ne plus saisir les deniers affectés au payement des rentes ; de réduire le nombre des conseillers de Ville au chiffre de 24 ; de révoquer les survivances, de rendre électives les charges de quartiniers, de colonels, capitaines et lieutenants... Il exprima seulement le désir de laisser les quartiniers en charge exercer leurs fonctions pendant deux ou trois ans, dans le cas où une assemblée de Ville déciderait de rendre les quartiniers *temporels ;* et la volonté de maintenir les colonels, capitaines et lieutenants en charge [1].

C'est à Rouen, le 5 juillet, que le roi avait donné ses réponses aux requêtes des Parisiens [2]. C'est aussi à Rouen, et quelques jours plus tard, qu'il signa l'Édit sur l'union de ses sujets catholiques ou, pour parler clairement, sa capitulation devant la Ligue [3]. Dans un onctueux préambule, Henri III dissimule son profond dépit sous un flot d'épanchements mystiques. A l'en croire, s'il traite avec ceux qui l'ont humilié et chassé de sa capitale, c'est uniquement pour obéir à des scrupules de conscience. « Remettant devant nos yeux ce à quoi le devoir d'un bon roi très chrétien et premier fils de l'Église nous oblige, avons

1. Nous avons vu plus haut, p. 392, que la Ville n'avait tenu aucun compte de la volonté du roi et avait complètement renouvelé les cadres des colonels, capitaines et lieutenants, ainsi que ceux des quartiniers.
2. Les *Mém. de Nevers*, p. 741, donnent, à la suite des *remontrances* des Parisiens, une décision du Conseil du roi, signée par Catherine le 14 juillet, qui contient « ce qui a esté depuis advisé sur aucuns articles des susdites remonstrances ». Catherine nomme une commision, où figurent le prévôt des marchands, l'un des échevins et quatre notables, pour « adviser... de tout ce qui concernera le fait et l'ordre de la police de la ville ».
3. *Mém. de la Ligue*, t. II, p. 368. Le Père Lelong, dans sa *Bibl. de la France*, reproduit l'intitulé de l'édit dans les termes suivants : « Édit du Roi sur l'union de ses sujets catholiques, avec les articles accordés au nom de Sa Majesté entre la Reine sa mère, d'une part ; le cardinal de Bourbon, le duc de Guise et autres qui ont suivi ledit parti, d'autre part. Du 21 juillet, in-8°, Tours, 1588. »

résolu (toutes autres considérations postposées) de pourvoir, tant qu'il plaît à Dieu qu'il soit au pouvoir des hommes, à ce que, de notre vivant, il soit établi au fait de notre religion catholique, apostolique et romaine, un bon et assuré repos; et lorsqu'il plaira à Dieu disposer de nos jours pour nous appeler à sa foi, nous puissions nous représenter devant sa sainte face, portant en notre conscience que nous n'avons rien obmis de ce, où l'esprit humain s'est pu étendre, pour obvier, qu'après notre décès il n'advienne en celui notre roïaume changement ou altération au fait de la religion. » Après cette explication édifiante, le roi renouvelle solennellement le serment, prêté par lui lors de son sacre, d'extirper du royaume « tous schismes et hérésies, condamnés par les saints conciles, et principalement par celui de Trente, sans faire jamais aucune paix ou trêve avec les hérétiques, ni aucun édit en leur faveur ». Il exhorte ses sujets à l'aider dans cette œuvre pie et leur ordonne, pour le cas où il mourrait sans enfants, « de ne recevoir à être roi, prêter obéissance à prince quelconque qui soit hérétique ou fauteur d'hérésie ». Il promet de ne pourvoir d'aucune charge ou office ceux qui ne justifieraient pas de leur catholicisme par l'attestation de l'évêque ou de ses vicaires « avec la déposition de dix témoins, personnages qualifiés et non suspects ». Par une contradiction bizarre, qui caractérise admirablement la fausse situation du monarque, il enjoint à tous les sujets « qui se sont ci-devant déclarés associés ensemble contre les hérétiques » de jurer « de se défendre et conserver les uns les autres sous son autorité et commandement », ce qui est bien permettre et légitimer la Ligue; puis, dans un autre article, il veut que les mêmes sujets « jurent de se départir de toutes unions, pratiques, intelligences, ligues et associations contraires à la présente union et à la personne et autorité royale ». Une amnistie générale était enfin accordée par l'édit à tous les méfaits passés des ligueurs, sans excepter « ce qui est advenu et s'est passé les douze et treizième du mois de mai ».

Cet édit fut enregistré au parlement de Rouen le 19 juillet, et, deux jours après, au parlement de Paris. Il était complété par des articles secrets, beaucoup plus importants que les dispositions de l'édit lui-même, qui ne consistaient guère que dans des phrases creuses [1]. Cette convention portait, en substance, que le roi confirmait le traité passé à Nemours le 7 juillet 1588; qu'il lèverait deux armées pour opérer contre les hérétiques, l'une en Poitou, dont le roi désignerait le chef, l'autre en Dauphiné, sous le commandement de Mayenne; que le concile de Trente serait publié au plus tôt, sous réserve des droits de la couronne et des libertés de l'Église gallicane, lesquels seraient définis par une assemblée spéciale; que les places de sûreté accordées aux princes par le traité de Nemours ne seront pas rendues à S. M. avant l'expiration d'un délai de six ans; que Valence serait remise au sieur de Gessan, chassé de cette place par La Valette; que M. de Belloy rentrerait en possession du Crotoy; que le gouvernement de Boulogne serait enlevé à M. de Bernay, ce lieutenant du duc d'Épernon qui s'était si bien défendu contre le duc d'Aumale. Les articles secrets disaient encore qu'il serait procédé incessamment à la vente des biens appartenant aux hérétiques; que le roi entretiendrait à ses frais les régiments de Saint-Paul et de Sacremore, et les garnisons de Toul, Verdun, Marsal et Metz; que les compagnies de cavalerie légère levées par les princes seraient

---

1. Voy. dans les *Mém. de Nevers*, t. I, p. 725, le texte complet des articles secrets. En voici l'intitulé : « Articles accordez au nom du roy, entre la reine sa mère, d'une part, monseigneur le cardinal de Bourbon et monsieur le duc de Guise, tant pour eux que pour les autres princes, prélats, seigneurs gentilhommes, villes, communaustez et autres qui ont suiviz leur party, d'autre part; la reine présente. » DE THOU en donne une fidèle analyse, t. X, p. 325.

traitées sur le même pied que les autres troupes du roi.

Si toutes ces exigences devaient sembler intolérables à l'orgueil du roi, les conditions relatives à Paris avaient quelque chose de plus amer encore et de plus humiliant pour le souverain. Henri III s'engageait à confirmer dans leurs charges le prévôt des marchands, les échevins et tous les officiers municipaux et les capitaines de la milice qui tenaient leur nomination de la Ligue. Ils donneraient seulement leurs démissions pour la forme et seraient réinstitués par S. M. Tous les prisonniers faits de part et d'autre depuis le 12 mai seraient remis en liberté, et la Bastille ferait retour au roi [1]. Rien ne pouvait être plus pénible au vaincu des Barricades que le maintien à l'Hôtel de Ville de ceux qui avaient remplacé, grâce à l'émeute, les magistrats légitimes. De Thou atteste qu'après la douleur qu'il éprouva en quittant Paris comme un fugitif, Henri n'en connut pas de plus vive que cette sorte de révo-

1. Voici le texte même des articles concernant Paris : « Ceux qui exercent à présent les charges de prévost des marchands et eschevins de la Ville de Paris, remettront présentement lesdites charges ès mains de sadite Majesté, laquelle, ayant esgard à la remonstrance qui luy a esté faite du besoin qu'a ladite Ville qu'ils continuent à servir en icelle, ordonnera qu'ils y soient réintégrez et maintenus, tant jusques à la Nostre-Dame d'aoust prochain venant que pour deux ans après. Quant à Brigard, qui a esté esleu en l'estat et office de procureur du roy et de la Ville, il le remettra pareillement entre les mains de Sadite Majesté, laquelle ordonnera qu'il exercera jusqu'à la my-aoust 1590. Et cependant Perrot jouira des gages ordinaires que la Ville a accoustumé payer et des pensions qu'il a pleu au roy cy-devant accorder pour ledit office ; et sera remboursé par celuy qui sera esleu pour exercer ledit office après ledit jour de my-aoust 1590, de la somme de 40,000 livres, au cas qu'il plaise à Sa Majesté continuer audit nouveau esleu lesdites pensions. Et où Sa Majesté ne voudroit continuer lesdites pensions, sera ledit Perrot seulement remboursé de la somme de 3,000 livres. — Le chasteau de la Bastille sera remis entre les mains de Sa Majesté pour en disposer ainsi qu'il luy plaira. Sa Majesté fera eslection d'ung personnage à elle agréable et à ladite Ville, pour estre pourveu de l'estat de chevalier du guet. Les magistrats, conseillers et autres officiers des corps des villes, ensemble les capitaines qui ont esté changez ès-villes de ce royaume, qui ont suivy le party desdits seigneurs princés, se démettront pareillement entre les mains de Sadite Majesté desdites charges ; laquelle les y fera réintégrer promptement pour le bien et la tranquilité d'icelle. » *Mém. de Nevers*, t. I, p. 728.

lution municipale, parce qu'elle creusait un abîme entre les Parisiens et la couronne [1]. L'Estoile, de son côté, affirme — et on le croira sans peine — que « le roy fist ce second édit de juillet pour la Ligue, autant contre son cœur que le premier, et le vid-on pleurer en le signant, regrettant, ce bon prince, son malheur, qui le contraignoit, pour asseurer sa personne, de hazarder son Estat [2] ».

Il fallut encore que le pauvre roi ordonnât des réjouissances et des fêtes pour célébrer sa propre humiliation! Après la publication de l'édit d'Union au parlement de Paris (21 juillet), il y eut un *Te Deum* solennel auquel assistèrent les grands corps de l'État et tout ce qui restait de la cour dans la capitale, car les royalistes fidèles entouraient le monarque à Rouen, où fut d'ailleurs célébré un autre *Te Deum* dans la cathédrale de cette ville. La municipalité parisienne ne manqua pas de donner le plus d'éclat possible aux cérémonies de commande dont le véritable but était la glorification d'une émeute victorieuse que le vaincu lui-même devait consacrer [3]. Un mandement du Bureau avait prescrit aux quartiniers de convoquer deux notables bourgeois de chaque quartier pour qu'ils se joignissent au corps de Ville et assistassent « au *Te Deum* qui sera donné en l'Église de Paris pour l'unyon faicte par le roy avec ses subjectz catholicques pour l'extirpation des hérésies [4] ». Ils se rendirent à la convocation et assistèrent en robes au *Te Deum*. Le lendemain, 22 juillet, « feste de la Magdeleine, le feu d'alégresse en fust fait en Grève, devant l'Hôtel de Ville ». Si l'on en croit certaines chroniques, la population parisienne aurait accueilli avec froideur

---

1. T. X, p. 270.
2. T. III, p. 172.
3. Il y eut, le 17 août, une assemblée générale à l'Hôtel de Ville « pour prêter le serment prescrit par l'édit d'Union ». La Ville adressa à ce sujet un mandement aux quartiniers. Reg. H, 1789, f° 190.
4. Reg. H, 1789, f° 182.

la célébration officielle du triomphe de la Ligue. L'Estoile dit que les feux de joie de la place de Grève ne provoquèrent que « peu ou point de resjouissance du peuple, qui murmuroit sourdement que les princes s'estoient bien accordés avec le roy, mais qu'ils avoient laissé le peuple en crouppe [1] ». Jacques de Thou affirme, au contraire, que les Parisiens, depuis longtemps acquis à la cause de ce qu'ils appelaient *la Sainte-Union*, apprirent la signature de l'édit avec une joie indicible [2]. Honorat du Laurent, avocat général au parlement d'Aix, composa spécialement, à cette occasion, un ouvrage qu'il intitula *l'Henoticon*. C'est un panégyrique de l'unité de religion et de ses bienfaits.

Voyant que le roi cédait tout, la Ligue eut une dernière audace : elle entreprit de ramener par la persuasion le malheureux prince dans ce Louvre d'où l'émeute l'avait chassé et qu'elle espérait bien transformer en prison. Catherine, toujours complaisante, fut envoyée en avant-garde à Mantes le 23 juillet, mais elle fut « refusée et esconduite tout à plat de S. M., dont elle revinst à Paris mal contente le mercredi 27e du présent mois de juillet [3] ». Les ligueurs ne se tinrent pas pour battus. Dès le 29, et toujours d'accord avec la reine mère, le prévôt des marchands, accompagné des échevins Compans et Costeblanche, du capitaine Bussy le Clerc et de quelques autres notabilités du parti, se mit en route pour aller trouver le roi à Chartres. Le lendemain, le duc de Guise en personne, avec une suite de quatre-vingts chevaux ; le cardinal de Bourbon, « précédé de cinquante archers de sa garde, vestus de cazaques de velous cramoisi, bordées et enrichies de passemens

---

1. T. III, p. 172.
2. T. X, p. 326. Le témoignage de l'illustre historien est d'autant plus digne de créance qu'il expose avec énergie toutes les raisons politiques qui auraient dû porter les Français à s'affliger d'une paix qui semblait consacrer la déconsidération et l'humiliation du souverain.
3. L'Estoile, t. III, p. 173.

d'or »; d'Espinac, le dangereux archevêque de Lyon, et un grand nombre de gentilshommes ligueurs quittèrent à leur tour Paris et arrivèrent à Chartres le lundi premier août. Le roi leur fit l'accueil le plus bienveillant et prodigua ses sourires à ceux qui lui avaient prodigué l'insulte, mais il refusa même de discuter la possibilité d'un retour à Paris. Vainement Catherine insista « aiant recours aux larmes (qu'elle a toujours eu fort à commandement)..... Comment, mon fils, que dira-t-on de moi? et quel compte pensez-vous qu'on en fasse, quand on me verra ainsi esconduite de vous, et que moi, que Dieu a fait naistre votre mère, ait si peu de crédit en vostre endroit? Seroit-il bien possible qu'eussiez changé tout-à-coup vostre bon naturel, car je vous ai toujours congneu de bonne nature, prompte et aisée à pardonner. » Henri ne se laissait plus prendre aux larmes de sa bonne mère. Il répondit en ricanant : « Il est vrai, ce que vous dites, madame; mais que voulez-vous que j'y fasse? C'est ce méchant Desparnon qui m'a gasté et m'a tout changé mon bon naturel [1]. » Et, le lendemain, ayant à sa table le duc de Guise, il lui propose gaiement de boire « à ses bons barricadeux de Paris » qu'il n'a garde d'oublier. Guise rit du bout des lèvres et se retire pensif. Eh quoi! tous les honneurs dont le roi l'accable ne seraient-ils qu'un piège et une ironie? Par lettres patentes du 4 août, datées de Chartres, Henri confère « à son très cher et très amé cousin, pair et grand maistre de France », une autorité supérieure sur toutes les armées du royaume [2]. Guise se sent confus d'une dignité si haute. Il envoie au roi d'Espinac et la Châtre, pour dire qu'il ne peut l'accepter et qu'il se contente bien de sa charge de grand maître de la maison royale.

---

1. L'Estoile, t. III, p. 174.
2. On trouve te texte des lettres patentes dans les *Mém. de Nevers*, t. I, p. 729. Elles furent publiées en Parlement le 26 août.

Aussitôt le chœur de la Ligue vante et publie partout ce désintéressement admirable. Mais Henri III insiste et, sur le conseil de Villeroi, force le duc à recevoir le commandement suprême des armées, à devenir, en fait, une sorte de connétable de France. Tous les autres princes eurent leur part de la curée : au cardinal de Bourbon, le privilège souverain de faire un maître de chaque métier dans chaque ville du royaume; au cardinal de Guise, la promesse de demander pour lui au pape la légation d'Avignon; à l'archevêque de Lyon, la promesse des sceaux; au duc de Mayenne, le commandement de l'armée du Dauphiné; au duc de Nevers, le gouvernement de Lyon. Le lâche abandon du duc d'Épernon, dont nous avons dit les tragiques aventures à Angoulême, couronnait cet ensemble de concessions et lui donnait le caractère d'une abdication.

Tant de faiblesse serait incroyable si elle ne trouvait une excuse dans la terreur qu'inspirait au roi l'immense effort de l'Espagne pour abattre l'Angleterre protestante. Après la victoire, qui empêcherait Philippe II d'abaisser sa lourde main sur la chétive couronne des Valois et de la briser en se jouant? Henri III se crut habile en traitant à tout prix avec Guise, l'allié et l'agent du terrible Espagnol. L'édit d'Union produisit cet effet imprévu qu'il faillit brouiller le duc de Guise avec Philippe II. Quelques articles des conventions secrètes enjoignaient aux princes du parti ligueur « de se départir de toutes autres unions, pratiques, intelligences, ligues et associations, *tant dedans que dehors le royaume* ». Le roi d'Espagne affecta de considérer ce passage comme une violation du pacte qu'il avait conclu au mois d'avril avec le duc de Guise. Ce dernier écrivit à Philippe II pour le rassurer et lui expliquer la véritable portée de l'édit d'Union (24 juillet). Mais ce qui rapprocha, mieux que toutes les explications, le sombre Espagnol et l'ambitieux chef de la Ligue, ce fut l'immense désastre de l'*Armada* (août-septembre 1588), qui sauva l'Angleterre du plus grand péril qu'elle ait jamais couru, et permit aux alliés, non moins qu'aux ennemis de Philippe II, de relever un peu la tête. Henri III osa refuser à l'ambassadeur d'Espagne de lui livrer quelques centaines de forçats barbaresques qui avaient pu s'échapper d'un navire espagnol échoué près de Calais; et le duc de Guise n'eut pas besoin de faire comprendre à Philippe qu'il fallait encore compter avec les ligueurs français, devenus les véritables maîtres du royaume. L'étrange humilité de Henri III paraissait suspecte au roi d'Espagne et il fit dire au duc de Guise de prendre garde [1]. Le chef de la Ligue méprisait trop Henri III pour le croire encore redoutable. Une lettre du pape Sixte V [2] qui comparait Guise aux Machabées, porta le comble à son orgueil : il fit traduire et imprimer cette lettre et la répandit dans le peuple de Paris.

Les catholiques parisiens n'avaient pas besoin de ces excitations nouvelles pour perdre complètement le respect de l'autorité royale. Henri III avait délivré au comte de Soissons, qui venait de se brouiller avec le roi de Navarre, des lettres patentes l'absolvant d'avoir combattu dans les rangs des hérétiques et déclarant qu'on lui reprochait à tort d'avoir tué le duc de Joyeuse, son beau-frère, dans la

---

1. CAPEFIGUE, dans *la Ligue et Henri IV*, 3ᵉ édit., p. 36, donne la traduction de la lettre de Philippe II à son ambassadeur en France, pour blâmer l'édit d'Union et mettre en garde le duc de Guise : « ... Don Bernardino Mendoça, je vous engage à avertir le cardinal de Bourbon et le duc de Guise de ne pas autant s'aventurer auprès du roi dont ils doivent avoir tant de défiance. Insistez bien pour leur démontrer le danger qu'ils courent; il faut que, sans s'écarter des devoirs qu'ils doivent à leur souverain, ils prennent leurs précautions. Conseillez-les ainsi de nouveau, de ma part; quelles que soient les tendresses (*caricias*) du roi, qu'ils ne se fient point à ces trompeuses démonstrations; rien saurait-il inspirer de la confiance dans cette volonté variable, dans cette pensée dangereuse? » PALMA-CAYET rapporte que « les princes et conseil de la ligue des Seize à Paris » répondirent à Philippe II qu'ils restaient plus que jamais ses alliés et que l'édit d'Union « n'avoit esté que pour mieux préparer les choses ».
2. DE THOU, t. X, p. 344.

journée de Coutras. Mais les Seize et leurs amis ne l'entendaient pas ainsi. Le 30 août, un grand nombre de bourgeois et de capitaines de la milice envahirent le Palais, à l'heure où le Parlement entrait en séance, et remirent à Nicolas Perrot, conseiller de la Grande Chambre, qui était désigné pour faire le rapport sur l'homologation des lettres-patentes, une requête rédigée « au nom de tous les catholiques unis de la France » et par laquelle le peuple faisait opposition à la vérification des lettres d'abolition. Cédant à cette injonction brutale, le Parlement n'enregistra pas les lettres et, sur le rapport de Perrot, on renvoya la requête des catholiques au roi, en conseil privé, ou bien aux États généraux, convoqués à Blois pour le mois suivant. C'était là un triomphe pour Guise, qui haïssait les Condé, et une nouvelle humiliation pour le roi, dont la volonté devenait un objet de risée. La municipalité parisienne porta encore plus loin la bravade en refusant d'exécuter la clause des articles secrets qui stipulait que la Bastille serait rendue au roi et que le chevalier du guet, son ancien gouverneur, que les ligueurs avaient déposé, serait réintégré dans ses fonctions. A l'instigation du duc de Guise, Le Clerc, un des plus énergiques ligueurs, continua d'occuper la forteresse [1].

La Ville n'avait pas lieu, d'ailleurs, de se féliciter des

---

[1]. L'Estoile, t. III, p. 185. Les Registres de la Ville donnent le texte de la déclaration formelle par laquelle la Ville refusa de rendre à Testu, chevalier du guet, la garde de la Bastille : « Certificat des prévost et eschevins par lequel, sur la présentation faite par le chevalier du guet, le sieur Testu, de l'ordre du roy par lequel S. M. veut qu'il continue l'exercice de sa charge et que, pour la récompense de la capitainerie de la Bastille dont il estoit pourveu et que le roy auroit remise à leur garde, il luy fust par eux donné 4,000 livres, ils déclarent que, sur ce qu'ils auroient escrit à S. M. du trouble qui pourroit arriver, s'il rentroit dans l'exercice de sadite charge, S. M. par lettre du 28 aoust trouve bon qu'il ne l'exerce et que, pour la récompense de ladite capitainerie, elle ne leur auroit esté laissée à condition d'icelle récompense par l'escrit signé du roy au mois de juillet dernier. Du dernier aoust. » Reg. H, 1789, f° 191. — Voy. aussi Félib., *Preuves*, t. V, p. 448.

procédés du roi à son égard. Henri III, ne pouvant plus puiser à son aise dans les caisses municipales, cherchait visiblement à intercepter les sources des revenus de l'Hôtel de Ville. Dans une lettre, datée du 5 août 1588, il avoue au prévôt des marchands qu'il a saisi et affecté aux dépenses de la guerre « les deniers laissez en fonds pour le payement durant la présente année des rentes constituées en la maison de Ville de Paris, tant sur les receptes généralles que particullières de nos finances que de ceulx du clergé sur M. Philippe de Castille, recepveur général d'icelluy, et aultres recepteurs particulliers desditctz decymes establys en l'estandue des générallitez du royaume [1] ». La lettre du 5 août a pour effet de restreindre au quartier de juillet la main-levée donnée, le 23 juillet, par le roi à la Ville de Paris pour les deniers des rentes, comme une sorte de conséquence gracieuse de l'édit d'Union. Quant à ce qui a été encaissé par le trésor royal sur les quartiers de janvier et d'avril, le roi entend le garder dans ses coffres. Défense expresse à la Ville de Paris de répéter ces sommes sur les receveurs généraux ou particuliers des finances ou sur le receveur du clergé. Le roi tempère, il est vrai, l'odieux de cette injonction par quelques assurances consolantes. Nous ferons remplacer, dit-il, « ainsy que nous le désirons, au plus tost que faire se pourra, lesdictes sommes dont nous nous sommes, ainsy que dict est, aydés pour employer aux dépenses de guerre [2] ». Mais, comme pour mieux accentuer l'ironie de pareilles promesses, Henri III, dès le lendemain, 6 août, écrit à la Ville de Paris une nouvelle lettre pour lui rappeler que, l'année précédente, elle a voté 666,666 écus « pour ayder à supporter partie des dépenses de l'armée ». Cette somme n'ayant pas été versée assez vite, le roi a dû em-

---

1. Reg. H, 1789, f° 186.
2. *Ibid.*

prunter à « plusieurs de ses bons subjets et serviteurs » qui désirent rentrer dans leurs fonds. Il faut donc que la Ville s'occupe de percevoir les taxes et cotisations afin de parfaire la somme qu'elle a promise.

Rien n'indique que la municipalité ait fait la moindre diligence pour adresser des subsides au monarque qui cherchait à faire le vide dans les caisses de l'Hôtel de Ville. En revanche, le prévôt des marchands et ses collègues continuent, avec une singulière insistance, à demander le retour du roi à Paris. Dans une première lettre, datée du 11 août, ils s'adressent à la reine mère et, après force compliments pour les services qu'elle a déjà rendus au royaume et à la Ville, lui demandent d'interposer ses bons offices pour décider le roi à « honorer les Parisiens *d'un voyage* par deçà, pour tant et sy peu de temps qu'il luy plaira avant l'assemblée générale de ses Estats [1] ». Et, le lendemain, les officiers municipaux adressent une seconde lettre au roi lui-même, pour l'engager à venir visiter ses bons sujets. Veuillez, disent-ils, « oyr les députez de la Ville qui, sur toutes aultres choses, ont charge de représenter à V. M. combien nous jugeons non seullement utile, mais très nécessaire, pour l'asseurance et bien de voz affaires, qu'il luy plaise, pour tel temps qu'elle trouvera bon, faire un voyage par deçà, maintenant que toutes choses sont pacifiées et réduittes en tel estat que le pouviez désirer, en estant la conséquence très grande pour plusieurs bonnes villes qui, pendant votre absence et jus-

1. Reg. H, 1789, f° 188. Nous ne donnons pas le texte entier de cette lettre inédite, parce qu'elle fait un peu double emploi avec celle du 12 adressée au roi. Il faut cependant noter que les ligueurs parisiens déclarent qu'entre toutes les obligations qu'ils ont à Catherine « la dernière et la plus grande par laquelle, lui disent-ils, vous nous avez faict ressentir les effectz de vostre prudence et bonté plus vifvement que nous ne faisons oncques, c'est en l'ecdict de réunion que, de vostre grâce, il vous a pleu impétrer du Roy ». Cette façon de faire comprendre qu'ils ne savent aucun gré au roi lui-même de sa complète soumission, est assez remarquable.

ques à ce qu'il vous ayt pleu honorer de vostre présence celle de Paris, ne se peuvent retenir de penser diversement de la cause de cestuy vostre retardement. Pardonnez-nous, Sire, sy le zelle que nous avons à vostre service nous faict représenter à Votre Majesté sy franchement la vérité des choses qui importent au bien de voz affaires, pour la prospérité desquelles nous continuerons noz très dévotes prières envers Dieu. Qu'il luy plaise, Sire, assister vos sainctes intentions, continuer à vostre royaume par vostre lignée la bénédiction qu'il a reçu de ses bons roys, et donner à Vostre Majesté, en parfaicte santé, très longue et très heureuse vie! De vostre ville de Paris le douzième jour d'aoust 1588. Voz très humbles, très obéissans serviteurs, les prévost des marchans et eschevins de la Ville de Paris [1] ».

Prévoyant que le roi ne se montrerait pas touché de ces pressantes objurgations, la Ville avait cru habile d'envoyer à la cour un agent permanent, pour renseigner l'Hôtel de Ville sur ce qui se passerait dans l'entourage du monarque. C'était le sieur Jean-Baptiste de Champion, conseiller, notaire et secrétaire du roi [2]. Non contents d'avoir ainsi placé un espion auprès du prince, les Parisiens cher-

---

1. Reg. H, 1789, f° 189.
2. Sa commission, datée du 11 août, sous le scel de la prévôté des marchands, charge Champion « de poursuivre, pourchasser et requérir au nom de la Ville, tant envers Sa Majesté, messeigneurs de son Conseil, nos seigneurs les chancellier et tous aultres, toutes et chacunes, les lectres, brevetz, expédition, commission et aultres provisions nécessaires qui nous ont jà esté et seront cy-après accordées pour bien et affaires de ladicte ville, et pour poursuivre et pourchasser toutes choses au bien d'icelle; et en tout vous y conduire, gouverner selon noz mémoires, instructions et avis qui vous seront par nous donnés et envoyez, vous tenant à cest effect à la suitte de la cour de sadicte Majesté, y usant en tout des debvoirs, diligence et fidelité que nous nous sommes promis de vous, comme bon citoyen, bien zellé et affectionné aux bien et affaires de ladicte ville, à telz gages, taxations et droictz qui vous seront par nous ordonnez cy-après, vous donnant de ce faire pouvoir. En tesmoing de quoy, nous avons mis à ces présentes le scel de ladicte prévosté des marchans. » Reg. H, 1789, f° 189.

chaient à se rendre de plus en plus indépendants et à se dégager complètement de l'autorité royale. Le 17 août, « sur ce que les prévost des marchans et eschevins supplioient le roy d'éloigner les troupes de 12 lieues de Paris, sauf ses gardes, et qu'en cas de contravention il leur fust permis de faire courre sus auxdictes troupes », Henri III dut signer un brevet par lequel « il accorde de soulager les environs de Paris le plus qu'il se pourra et donnera ordre, en cas de licence des troupes, au gouverneur de Paris, d'y pourvoir, et, en son absence, au prévost de Paris ou son lieutenant, auxquels S. M. aura agréable que les prévost des marchans et eschevins donnent assistance [1] ». Le roi a bien essayé de conserver la direction supérieure des affaires parisiennes en signant à Chartres, le 17 août, des lettres par lesquelles il « a accordé, veult et entend que le sieur de Villequier, gouverneur et lieutenant général de Sa Majesté à Paris et Isle de France, s'entremette seul en icelle charge de gouverneur et lieutenant général en icelle ville [2] ». Mais la ville ne prit nul souci du gouverneur royal et arrêta, de sa propre autorité, toutes les mesures de police qui lui paraissaient nécessaires. Dès le 5 août, l'accord entre les princes de la Ligue et le roi étant bien consacré, la municipalité avait diminué de moitié la garde des portes et supprimé les passeports, sauf pour les armes et la poudre, ainsi que pour les groupes de plus de six personnes. Les gens armés qui entreront dans Paris devront les remettre aux capitaines et gardiens des portes jusqu'à ce qu'un hôtelier vienne les reprendre en certifiant la *preudhomie* du nouveau venu. La nuit, il n'y aura plus que huit hommes de garde dans chaque quartier, et trois rondes d'officiers, suivis de quinze hommes, chaque nuit, dans les quartiers de la Grève, de l'Université et des

1. Reg. H, 1789, f° 190. Félib., *Pr.*, t. V. p. 448.
2. *Ibid.*, f° 191.

Halles ¹. Mais le 30 août, « pour ce que, chacun jour, il arrive en ceste ville nombre effréné de soldats vagabonds et aultres personnes sans adveu qui ne peuvent apporter que rumeur en ceste dicte ville et y troubler le repos », le prévôt des marchands prescrit aux colonels de faire, dans la journée du 1ᵉʳ septembre, « recherche des vagabonds dans toutes les maisons, chambres garnies, hostelleryes et aultres lieux ² ». Ce service de recherches et de garde, qui incombait à la milice, lui semblait probablement assez lourd, car il résulte d'un mandement, en date du 9 septembre, que « plusieurs chefs d'hostel » avaient délaissé leurs maisons « pour ne pas monter leurs gardes ». Le mandement invite les colonels à réunir les capitaines, lieutenants et enseignes de leurs quartiers respectifs pour « leur faire entendre la nécessité de continuer les gardes de jour et de nuict, pour maintenir la ville en seureté et repos contre les desseins des ennemis de Dieu et du roy ». Les bourgeois, on serait presque tenté d'écrire les gardes nationaux, sont priés de se faire remplacer par quelqu'un, s'ils sont empêchés, « sous peyne de 1/2 escu d'amende, aplicable en la manière accoustumée pour la première fois et, pour la seconde fois, du double, aplicable moictié aux frais du corps de garde, l'autre moictié aux pauvres de l'Hostel-Dieu de Paris ³ ».

Enfin, comme pour montrer son dédain pour le Valois, à ce moment même où la royauté, humiliée et bafouée par la Ligue, peut se retourner contre Paris et menacer dans un effort suprême la capitale de la rébellion, l'Hôtel de Ville ne soupçonne pas qu'un danger sérieux puisse venir de ce vaincu qui pardonne, et l'on s'occupe gravement de rece-

1. REG. H, 1789, f° 185.
2. *Ibid.*, f° 191.
3. *Ibid.*, f° 193. Il faut croire que la bonne volonté des ligueurs laissait à désirer, car les admonestations municipales seront renouvelées le 10 octobre. REG. H, 1789, f° 196.

voir la démission de Nicolas Quetin, « conseiller du roi au Châtelet de Paris, concierge de l'hostel commun de l'hostel de ladite ville et garde de l'estappe d'icelle », au profit de M. Charles Tamponnet, « bourgeois de Paris, juré, vendeur et controlleur des vins en ladite ville [1] ».

Si l'on s'en rapporte aux déclarations des contemporains [2], les Seize avaient ouvertement jeté le masque : ils adressaient « à toutes les villes et communautez de la ligue » un véritable programme de révolution cléricale, faisaient imprimer « une remontrance sur les désordres et misères du royaume, causes d'icelles et moyens d'y pourvoir », qui était l'œuvre des fortes têtes du parti, notamment de l'avocat Roland, et dont le but était de rendre le

1. Reg. II, 1789, f° 191. La charge de concierge de l'Hôtel de Ville, dont Leroux de Lincy ne parle pas dans son *Histoire de l'Hôtel de Ville*, avait une certaine importance que nous ne voyons expliquée nulle part. Il était garde de l'*estappe*, c'est-à-dire du marché aux vins de la place de Grève. Le mot estappe vient soit du vieux mot latin *staplus*, lieu à découvert, ou de l'allemand *Staple*, marché ou foire publique. Delamare, dans son *Traité de la Police*, t. III, p. 548, rapporte que le marché aux vins de Paris se trouvait primitivement aux Halles, et qu'il fut transporté à la place de Grève par lettres patentes de Charles VI, en date du mois d'octobre 1413. Mais ce que Delamare ne dit pas et ce que nous apprennent les Registres de la Ville, c'est que le concierge de l'Hôtel de Ville avait « la garde des vins, charriotz, charrettes et voictures de la d. estappe, aux droictz, proffictz et charges y déclarées ». Nous lisons dans une sentence du prévôt de Paris, en date du 1er juin 1580 : « Il fut ordonné que, pendant les mois d'octobre, novembre, décembre et janvier, par chacune année, le garde de ladicte estappe sera tenu nectoyer et faire vuider toutes et chacunes boues qui pourront survenir en ladite place de Grève, ensemble tous feurres (*pailles*) et ordures, provenans des chariotz et charrettes amenans vin en ladite place; mesurer les boues et immondices et ordures qui proviendront des maisons desdictz habitans, fors et excepté les fiens (*fumiers*), gravois et grosses vuidanges qui pourront y estre mises; et, le surplus de l'année, seront lesdictz habitans tenuz faire nectoyer chacun au droict soy et devant leurs maisons; comme aussi le garde de ladicte estappe ès-endroictz de ladicte estappe, qui sera tenue et occupée par les marchans et forains, admenans vin en ladicte place. » A l'époque où Tamponnet succéda à Nicolas Quetin, le concierge de l'Hôtel de Ville était tojours chargé du nettoyage de la place de Grève et prélevait sur chaque charrette amenant du vin sur la place un droit de deux deniers parisis par jour, et un droit de 12 à 16 deniers parisis sur les charrettes qui passaient la nuit et auxquelles le concierge fournissait des *tréteaux*.

2. Voy. notamment Palma-Cayet (*Introd. à la chronol. novenaire*, Coll. Michaud, p. 62).

roi odieux au peuple. A Villars, gouverneur du Havre; à Corbon, gouverneur de Ham; aux gouverneurs de Rocroy et de Vitry, qui leur avaient envoyé des députés « pour scavoir comment ils se devoient gouverner, puisque par l'édict d'union ils avoient juré de se départir de toute ligue et que, suivant ledit édict, ils se devoient ranger du tout auprès du Roy », les membres du conseil de la Ligue avaient répondu « qu'il ne falloit rien changer de l'intelligence et association précédente qu'ils avoient entre eux, mais qu'il falloit toujours continuer plus que jamais, affin de parvenir à l'effect désiré ». Des émissaires étaient envoyés au maréchal de Montmorency pour traiter de nouveau avec lui, et, en Suisse, pour s'assurer le concours du colonel Phiffer. Enfin la Ligue portait une atteinte directe à l'autorité royale, à propos de la Picardie. Le gouvernement de cette province étant disputé au duc de Nevers par le duc d'Aumale, le roi avait donné l'ordre au duc de Nevers d'aller en prendre possession avec deux maîtres des requêtes. Le duc se disposait à quitter Paris pour exécuter cet ordre, quand le prévôt des marchands et les échevins « le vinrent trouver en son logis et luy dirent qu'il se donnast de garde de toucher au lieutenant-général d'Amiens et à d'autres leurs confederez, par ce qu'ils ne vouloient ny ne pouvoient les abandonner [1] ». Nevers dut subir cet affront et renoncer au voyage de Picardie pour recevoir le commandement de l'armée du Poitou qui n'existait pas. Le 6 août, il écrivit au roi une lettre désolée, en suppliant Sa Majesté de la communiquer au Conseil. Comment faire la guerre, disait le duc, en substance, quand le trésor est à sec? Nevers offrait au roi d'entretenir à ses frais cent gentilshommes pendant trois ans, et de servir sous les ordres d'un autre général. Verbalement,

---

1. PALMA-CAYET.

il noircissait le duc de Guise dans l'esprit du roi, et insistait sur le danger de confier au chef de la Ligue le commandement suprême des armées. Il allait jusqu'à insinuer que Guise ne reculerait pas devant les grands attentats[1]. La lettre audacieuse du duc de Nevers fut communiquée au Conseil.

Henri III, ébranlé, sombre, partageait toutes les craintes du duc et voulait révoquer les lettres patentes qui nommaient Guise généralissime. Mais Catherine, soutenue par Villeroy, éteignit ce brusque éclair de rage sous le flot mielleux de sa rhétorique. La paix était faite, après maintes difficultés vaincues. Pourquoi risquer encore le sort de la couronne? pourquoi refuser à Guise un vain titre, quand le roi avait la réalité du pouvoir? Mauvaises raisons qui sonnaient faux. Depuis qu'elle avait voulu le ramener à Paris, le livrer aux ligueurs, Henri se défiait de sa mère plus que de personne. Cependant, encore une fois, il céda et expédia au chef de la Ligue le brevet qui faisait de lui le vrai maître de la France. Mais, alors même qu'il tendait ainsi la joue aux soufflets, le roi sentait croître sa haine contre Guise. Plus il se faisait souple devant les princes catholiques, devant les Parisiens rebelles, plus il s'affermissait dans une idée fixe qui l'obsédait jour et nuit : se défaire de ce grand rival, idole de tout un peuple, et jeter sa tête comme un suprême défi à la ville ingrate qui avait chassé son roi.

Mais on dirait qu'au moment d'agir il se trouve encore trop près du monstre; toutefois, le théâtre sera grand et aura pour spectateurs tous les représentants du pays. Le lieu désigné, c'est Blois, où les lettres patentes signées le le 15 juillet ont convoqué les États généraux pour le 15 septembre 1588. Henri III, dit Palma-Cayet, « partit de Char-

---

[1]. De Thou, t. X, p. 346, 348.

tres après la Nostre-Dame de septembre et alla coucher à Chasteaudun, le lendemain à Marché-Noir; et, le troisième jour de son départ de Chartres, il arriva, sur les trois heures après midy, dans son chasteau de Blois, accompagné de M. le duc de Guise et d'une vingtaine de gentilshommes ». C'était le premier septembre. La vie politique de la France va se concentrer pendant quelque temps dans l'enceinte du château de Blois, et il faut y suivre les députés de Paris, dont le rôle promet d'être considérable.

CHAPITRE VI

PARIS A BLOIS

LES ÉTATS GÉNÉRAUX

(Depuis le 1er sept. 1588 jusqu'au 15 janvier 1589.)

C'est le 13 août 1588 qu'eurent lieu les « assemblées des trois Estats de la prévosté de Paris pour députer aux Estats généraux de Blois ». Les formes suivies pour les élections aux États généraux ayant varié suivant les régions, il importe de préciser comment on procédait au XVIe siècle. Tantôt directement, tantôt par l'intermédiaire des gouverneurs de provinces, les lettres de convocation étaient adressées par le roi aux baillis et sénéchaux de premier ordre [1]. Ceux-ci en ordonnaient la lecture publique à leur audience et l'enregistrement sur les registres de leur juridiction, puis ils les faisaient publier à son de trompe et afficher dans les endroits les plus fréquentés de la ville de la résidence. La même publicité était faite ensuite dans tous les sièges particuliers des juridictions inférieures; puis les ecclésiastiques et les nobles du ressort recevaient l'invitation de se rendre, à tel jour, à l'assemblée générale

---

1. Il y avait, en effet, des bailliages et sénéchaussées de premier ordre, ressortissant aux cours souveraines, et des bailliages et sénéchaussées de second ordre, ressortissant aux précédentes, sans compter les bailliages des seigneuries particulières, qui relevaient immédiatement des juges royaux de second ordre, et médiatement des baillis du premier ordre. Voy. *Bibliothèque de l'Ecole des Chartres*. 2e série, t. II, p. 422. Étude de M. A. TAILLANDIER.

du bailliage. Quant aux habitants des paroisses, c'était au prône des messes paroissiales qu'on leur lisait les lettres royales, avec injonction de députer deux d'entre eux, munis de pouvoirs réguliers, à l'assemblée générale du bailliage, où ils apporteraient les cahiers de leurs plaintes, doléances et remontrances. Ces assemblées générales de bailliage constituaient la réunion des électeurs primaires. Elles avaient lieu le dimanche, au son de la cloche, à l'issue de la messe, et étaient présidées par le juge de la localité, s'il en existait, et en présence des procureurs du roi ou fiscaux. Dans les villages dépourvus de siège judiciaire, le notaire présidait l'assemblée et en dressait le procès-verbal. Un certain nombre d'habitants recevaient la mission de dresser les cahiers de doléances, que signaient les rédacteurs et le président; puis l'assemblée primaire nommait les députés, ordinairement au nombre de deux, qui devaient faire partie de l'assemblée du bailliage principal et y porter les cahiers de leurs commettants, soit figurer aux États généraux, s'ils relevaient directement d'un bailliage de premier ordre. Dans les villes, sièges d'un grand bailliage ou d'une sénéchaussée principale, on convoquait aussi une assemblée primaire qui se réunissait, sous la présidence du maire ou du bailli, voire de son lieutenant, à la maison de ville, dans une salle qu'on appelait *chambre de l'échevinage*. Cette assemblée se composait des officiers municipaux, des bourgeois, députés par chacune des paroisses de la ville et nommés dans des réunions particulières; des députés des différents corps de la ville, médecins, notaires, sergents et autres; enfin des délégués des corporations et communautés d'arts et métiers, tous munis des cahiers que leurs commettants spéciaux avaient élaborés. L'assemblée primaire de la ville nommait d'abord une commission pour coordonner les cahiers des différents groupes que nous avons indiqués, et en former un cahier unique, destiné à l'assemblée générale du bailliage; ensuite on procédait à la nomination des délégués qui devaient se rendre à l'assemblée générale dont il s'agit. Elle se tenait au tribunal du bailliage, sous la présidence du bailli ou de son lieutenant, et comprenait les délégués des trois ordres. Celui du tiers état était représenté, comme on l'a dit, par les députés des villages ou *plat pays*, par ceux de la ville et des faubourgs ressortissant au bailliage. Celui du clergé se composait de l'évêque, des délégués des communautés, chapitres, abbayes et de tous les curés du ressort; dans celui de la noblesse figuraient tous les possesseurs de fiefs ou biens nobles domiciliés dans l'étendue du bailliage. Après la séance générale où le président donnait lecture des lettres royales et de l'objet de la convocation, chaque ordre tenait des réunions séparées, compilait ses cahiers et procédait à la nomination des députés qui devaient figurer en son nom aux États généraux du royaume. En réalité, les députés aux États généraux étaient issus d'un suffrage à deux ou trois degrés pour les communes rurales et pour les villes, avec cette particularité que, dans les villages, le suffrage fonctionnait, au premier degré tout au moins, tandis que, dans les villes, les assemblées primaires du tiers état n'étaient formées que des représentants de corps privilégiés, nommés eux-mêmes dans des réunions antérieures, ce qui écartait absolument l'application du suffrage universel pour la désignation des électeurs primaires.

Tel était le système électoral dans la plupart des provinces; mais il y avait des usages particuliers çà et là, notamment dans la Champagne, le Languedoc et les pays d'États. Il a semblé nécessaire de tracer ce tableau d'ensemble avant d'aborder ce qui concerne spécialement les élections parisiennes [1].

1. *Conf.* les détails donnés au chap. I, p. 62 à 69, sur les assemblées préparatoires tenues à Paris en vue de la réunion des États généraux à

Au point de vue électoral, la situation de Paris était un peu complexe et n'a pas toujours été bien comprise. Paris jouissait d'un double droit de représentation : la Ville et les faubourgs avaient une voix aux États généraux; la prévôté et vicomté une autre voix, lorsqu'on opinait par bailliage. Aussi, tout le mécanisme des élections des députés aux États généraux resterait-il incompréhensible, si l'on confondait, comme beaucoup d'écrivains le font journellement, le prévôt de Paris et le prévôt des marchands [1], le premier, magistrat d'épée, représentant du roi, chef de la juridiction du Châtelet; l'autre, magistrat purement municipal. Quand il y avait lieu de procéder à des élections pour les États généraux, le roi envoyait une lettre au prévôt des marchands pour mettre le corps de Ville en demeure d'exercer son droit de nomination; une autre lettre royale était, en même temps, adressée au prévôt de Paris, comme aux autres baillis du royaume, car le prévôt de Paris faisait fonctions de bailli pour la capitale. Il faisait lire les lettres du roi dans la Chambre du conseil du Châtelet, les faisait enregistrer et fixait le jour de l'assemblée de la prévôté. Les opérations de publicité et d'affichage étaient analogues à celles que nous avons déjà indiquées. Chaque communauté tenait ses réunions particulières, préparait son cahier de doléances et nommait ses délégués à l'assemblée générale de la prévôté. Au jour fixé, cette assemblée générale se réunissait à l'évêché, à cause de la grandeur des salles de cet édifice, sous la présidence du prévôt de Paris, entouré de ses lieutenants civil, criminel et particulier, ainsi que des procureurs et avocats du roi [2];

Blois qui était indiquée pour le 15 novembre 1576. Ils ne s'ouvrirent que le 6 décembre.

1. Cette confusion s'est glissée dans quelques-uns des articles publiés à l'occasion de notre *Hist. municipale de Paris jusqu'à l'avènement de Henri III*.

2. Cette assemblée générale avait pour but de faire entendre la lecture des lettres royales par le greffier du prévôt et de recevoir le serment des

puis les trois ordres se rendaient dans des salles distinctes afin d'y procéder à l'élection des députés de la prévôté et vicomté de Paris. Pour le tiers état, il résulte du procès-verbal de l'élection, qui nous a été conservé, qu'il ne fut nommé qu'un seul député pour la prévôté de Paris : ce fut le prévôt des marchands, La Chapelle-Marteau, nommé à la majorité relative et au premier tour par 139 suffrages sur 386 votants. Venaient après lui, dans l'ordre des voix, le lieutenant particulier, Mathias de La Bruyère, avec 105 suffrages, le sieur Marion avec 37, Louis d'Orléans avec 32, etc. [1].

Les élections pour la Ville de Paris proprement dites eurent lieu le 3 septembre, et il est à remarquer que la

« gens des trois estats ». Ils juraient « d'eslire, chacun en leurs corps, ung personnage tel qu'ilz estimeroient estre capable pour comparoir devant ladicte Majesté auxdictz estatz pour faire leurs plainctes et doléances ». Il faut noter que, comme d'habitude, le corps de Ville de Paris reproduisit dans l'assemblée générale de la prévôté du 13 août 1588 la protestation traditionnelle. L'échevin Compans, assisté de deux bourgeois notables, Oudineau et Louis Bourdin, « requit acte de sa comparution pour la ville et dict que ce qu'il comparoissent n'estoit en vertu du mandement de monsieur le prévost de Paris, ains par le commandement du roy porté par les lettres de Sa Majesté... » Il déclare réserver les droits du corps de ville et faire opposition à ce que les corps et communautés de la ville et des faubourgs de Paris « fassent le serment, eslisent et baillent leurs plaintes et dolléances à autre que audict prévost de marchands ». Le prévôt des marchands, en effet, avait toujours émis la prétention que c'était à lui et non au prévôt de Paris qu'il appartenait de convoquer le tiers état de Paris.

1. M. Taillandier (*loc. cit.*) a découvert et publié dans un vol. manuscrit appartenant à la bibliothèque de la Chambre des députés, aux armes de Colbert de Croissy, archevêque de Rouen, le procès-verbal de « l'assemblée des trois Estats de la prévosté de Paris pour députer aux Estats généraux de Blois ». Ce document, très curieux et dont l'original n'existe pas aux Archives, contient la nomenclature des paroisses qui jouissaient du droit d'envoyer des délégués élus par le suffrage universel des habitants, à l'assemblée générale de la prévôté. Il prouve que, dans cette assemblée générale, les suffrages s'exprimaient à haute voix et publiquement et que l'élection avait lieu au premier tour; la majorité relative suffisait. On remarque que les paroisses le plus rapprochées de Paris, telles que le Pré Saint-Gervais, Passy, Auteuil, Montmartre, Charenton, Sèvres, Saint-Cloud, Boulogne, etc., votèrent pour le prévôt des marchands. Un assez grand nombre de paroisses dont les noms figurent au procès-verbal ont aujourd'hui disparu et ne se retrouvent ni dans le coutumier général, ni dans l'abbé Lebœuf (*Hist. du diocèse de Paris*), ni dans le *Dict. alph. des environs de Paris*, par Ch. Oudiette.

composition du corps électoral parisien reposait sur des bases beaucoup moins larges que celle du corps électoral des bailliages ruraux. Dans l'assemblée qui avait lieu à l'Hôtel de Ville pour s'occuper des élections aux États généraux, on ne trouvait guère que le prévôt des marchands, les échevins, les conseillers de Ville, les délégués des cours souveraines désignés par leurs compagnies respectives, les quartiniers et six notables bourgeois de chaque quartier. Ainsi ce corps électoral était même plus restreint que les assemblées générales de la Ville. Lorsque cette petite poignée d'électeurs avait nommé des commissaires pour recevoir les plaintes et doléances de la population, tous les habitants de Paris pouvaient venir remettre leurs vœux aux commissaires ou, s'ils préféraient garder l'anonyme, déposer leurs mémoires dans un coffre en forme de tronc, fermé de trois serrures et placé dans la salle du *Grand Bureau* de la Ville. A l'expiration d'un certain délai, les commissaires se réunissaient et rédigeaient le cahier des doléances de Paris. Puis on convoquait une nouvelle assemblée où figuraient, à côté des membres de la première [1], les gardes des marchands et jurés des métiers. Le texte définitif du cahier général étant arrêté, on procédait à l'élection des députés aux États généraux. Il est assez étrange que les *Registres de la Ville* ne fassent pas mention des opérations électorales du 3 septembre 1588, soit que le procès-verbal en ait été rédigé à part, soit qu'une raison d'État en ait motivé la suppres-

---

1. Les registres du Parlement indiquent que la Ville, pour les élections du 3 septembre, demanda à la cour de désigner une délégation qui s'adjoindrait aux magistrats municipaux pour nommer les députés aux États : « Du troisième septembre. Ce jour deux des eschevins sont venus supplier la cour député aulcuns des présidens ou conseillers pour assister, cejourd'hui de relevée, en l'Hôtel de Ville, à l'eslection des personnes qui seront retenues pour aller ès-estatz, *ainsi qu'en cas pareil elle a accoustumé faire*. A quoy par M. le président Brisson a été dict que la cour fera en la manière accoustumée. »

sion. On trouve seulement, sous la date du 28 septembre, cette indication assez précieuse qu'on procéda, ce jour-là, en assemblée générale de l'Hôtel de Ville, « à la lecture des coppies des plainctes et doléances de la Ville et faubourgs de Paris faictz et dressez pour porter aux Estats généraux assignez en la ville de Blois [1] ». Or la lecture des cahiers ayant lieu d'habitude avant l'élection des députés aux États, il est singulier qu'en 1588 l'Hôtel de Ville ait élu les députés dès le 3 septembre, pour revenir le 24 à la lecture des cahiers. Aussi croyons-nous que, dans cette assemblée du 24, les électeurs parisiens ne firent que relire et non lire pour la première fois des cahiers de doléances rédigés antérieurement; cela est d'autant plus vraisemblable que l'on prit, dans la même séance, une résolution portant qu'au cahier des plaintes de la Ville serait annexée une requête du 30 août pour s'opposer, au nom de Paris, à l'entérinement des lettres de réhabilitation obtenues du roi par le comte de Soissons. On a lieu de croire que ce vote des électeurs parisiens était dû à la pression des Guises, qui avaient déjà empêché le Parlement d'enregistrer les lettres d'abolition accordées au comte par le pape, et qui, à Blois, reprirent avec plus ou moins de succès la même attitude.

Quoi qu'il en soit, l'ensemble de la députation de la Ville, prévôté et vicomté de Paris aux États généraux de 1588 était foncièrement dévoué à la Ligue. Voici la nomenclature complète de ces députés [2] : *pour la noblesse :* M. Robert de Pié-de-Fer, seigneur de Guyencourt; *pour*

---

1. Reg. H, 1787, f° 195.
2. Il est bon de consigner ici, d'après un manuscrit provenant de la bibliothèque de Saint-Germain-des-Prés et qui est reproduit dans le *Recueil des pièces originales et authentiques concernant la tenue des États généraux* (Paris, chez Barrois l'aîné, 1789), l'intitulé de cette précieuse liste : « Noms, surnoms et qualités de ceux qui ont été élus par les duchés, comtés, bailliages, sénéchaussées, provinces et villes de ce royaume pour être envoyés comme députés aux États généraux tenus à Blois l'an 1588. »

le clergé : M⁰ Pierre Ruellé, président ès enquêtes; Lazare Cocquelay, conseiller au Parlement, chanoine de l'Église de Paris; frère Michel, prieur des Chartreux de Paris; Jean Hérault, prieur de Saint-Victor; Jacques Cuelly, curé de Saint-Germain l'Auxerrois; Julien Pelletier, curé de Saint-Jacques de la Boucherie; enfin, *pour le tiers état :* Michel Marteau, prévôt des marchands, nommé doublement par les électeurs de la prévôté et par ceux de la Ville de Paris proprement dite; Étienne de Neuilly, premier président de la Cour des aides; Jean de Compans, échevin; Nicolas Auroux et Louis Bourdin, bourgeois de Paris; Louis d'Orléans [1], avocat au Parlement.

Le rôle de ces personnages dans le grand drame des États de Blois a été assez considérable pour mériter d'être étudié avec soin, d'autant plus qu'on ne paraît pas avoir signalé encore avec une suffisante précision les rapports entretenus, pendant la durée des États, entre la députation parisienne et l'Hôtel de Ville de Paris. C'est le 14 septembre que les députés de Paris arrivèrent à Blois [2]. Dès le 16, le tiers état tient sa première réunion à deux heures, dans une des salles de l'Hôtel de Ville de Blois, « suivant la publication faite ledit jour matin, à son de trompe et cri public par ordonnance du roi Henri III ». La convocation fut faite par le sieur Merle d'Oignon, maître des cérémonies. Jehan Courtin, l'un des députés du bailliage de Blois, fut chargé d'enregistrer les noms des membres présents, sans être pour cela nommé greffier ou secrétaire

---

1. Louis d'Orléans est appelé Louis Dorlet par le *Procès-verbal de l'enrollement du tiers état. Recueil*, etc.
2. *Des États généraux et autres assemblées nationales.* Paris et La Haye, 1789, t. XIV. Ce volume contient, à partir de la p. 440, le *Journal des États de Blois tenus en 1588 et 1589, par M⁰ Étienne Bernard, avocat au parlement de Dijon, député du tiers état de ladite Ville pour y assister.* Par sa sincérité et sa précision, ce journal est un document précieux pour l'histoire; et il trouve un utile complément dans le procès-verbal du tiers état qui se trouve au t. IV du *Recueil des pièces originales* cité plus haut.

de l'assemblée. Cette opération préliminaire, qui avait une grande importance, à cause de l'habitude qu'ont les hommes de ratifier le fait acquis, fut dirigée sans opposition par le prévôt des marchands La Chapelle-Marteau. « Messieurs de Paris étant arrivés à ladite maison de Ville, écrit Étienne Bernard dans son journal, fut proposé par le prévôt des marchands qu'il seroit expédient de nommer quelqu'un de la compagnie pour recevoir la comparution des présens, avec protestation que ce qu'il avoit pris la parole n'étoit pas pour revendiquer l'autorité de président, laquelle il savoit bien dépendre de la nomination des États, ains seulement pour acheminer les progrès desdits États, suivant la volonté de Sa Majesté ; *ce qui fut trouvé bon.* »

Dans cette première séance, se produisit un curieux incident. « Honorable homme Jean de Compans, bourgeois de Paris, l'un des échevins de ladite Ville et l'un des députés d'icelle », vint déclarer à ses collègues « qu'il a ceddé et cedde le lieu de sa nomination deuxième à M. le président de Nully [1], tenant l'un des premiers lieux de ladite ville de Paris et ayant séance au Conseil privé du roi, et aussi qu'il a été, puis peu de temps, par quatre années consécutives, prévôt des marchands, sans avoir occasion, en protestant toutesfois que ladite cession ne puisse, en quelque sorte et manière que ce soit, préjudicier par ci-après, en la qualité ou autorité du lieu et rang que tient

---

1. On remarquera cette manière d'orthographier le nom du premier président de la Cour des aides. C'est celle du *Procès-verbal de l'enrollement et évocation des pays, gouvernemens, provinces, sénéchaussées et bailliages du royaume de France et présentation des députés pour le tiers état du royaume, etc.*, qu'on trouve avec une pagination spéciale dans le t. IV du *Recueil des pièces originales*. Il est assez curieux que la *liste des noms et surnoms* des élus qui se trouve en tête du même volume, donne l'orthographe suivante : *Étienne de Neuilly*, qui est aussi adoptée par L'ESTOILE, t. III, p. 153. LEROUX DE LINCY, dans sa chronologie des députés de Paris, écrit ce nom de la même manière ; il est vrai que, dans sa chronologie des officiers municipaux, le même auteur imprime *Étienne de Neully*. C'est une troisième variante.

et possède pour lejourd'huy ledit de Compans en ladite Ville, et que ce qu'il en fait n'est pour diminuer ni amoindrir ledit lieu et place qu'il tient, ains seulement pour ledit respect, en considération desdites qualités, lieux et place tenus par ledit sieur président... »

Le tiers état aurait de suite constitué son bureau définitif si le roi ne l'avait prié, par l'intermédiaire de M. de Rambouillet, de reculer l'élection du président, du greffier et des autres officiers jusqu'à l'arrivée des députés retardataires (séance du 19 septembre). Il fut décidé d'un commun accord « que l'on iroit vers Sa Majesté pour la supplier de limiter un temps dans lequel les absens seroient attendus, vu que le jour de l'assignation des États étoit passé et que les présens y étoient à grands frais pour leurs provinces, pour leur particulier, avec beaucoup d'incommodité [1] ». Conformément à ce vote, l'assemblée nomma une commission, dans laquelle figurait le président de Neuilly. Cette commission alla trouver le roi (20 sept.), qui fixa un délai de huit jours, avant l'expiration duquel il était interdit de nommer un président. Henri III ferait ensuite connaître sa volonté. Une réponse aussi hautaine n'était pas propre à satisfaire les députés, et dès le 24 ils délibéraient déjà sur la question de savoir s'il n'y avait pas lieu d'envoyer au roi une députation nouvelle, quand le sieur de Marle, maître des cérémonies, se présenta dans la salle de l'Hôtel de Ville où se réunissaient les députés du tiers, et leur déclara que Sa Majesté désirait que les députés nouvellement arrivés et qu'il n'avait pas encore vus, eussent à venir « le lendemain, jour de dimanche, à l'issue de son dîner, pour lui faire la révérence et lui baiser les mains ». Puis de Marle, « ayant tiré son rôle de tous les gouvernemens et bailliages de ce royaume, auroit sur

---

1. *Procès-verbal de l'enrollement, etc.*

icelui cotté les présens qui restoient à faire la révérence à Sadite Majesté [1] ». C'est le même jour qu'une sorte de panique se répandit parmi les députés. On faisait courir le bruit « que les hérétiques et leurs partisans montoient à cheval et que le roi de Navarre approchoit de cette ville ; que plusieurs gens de guerre y devoient arriver pour attenter quelque chose contre la liberté des États ». Très peu rassurés, les députés du tiers nomment aussitôt une commission de dix membres, parmi lesquels le président de Neuilly représentait le gouvernement de Paris et Ile-de-France, pour aller s'entendre avec les deux autres ordres, et supplier Sa Majesté « de pourvoir à la sûreté requise et nécessaire pour la conservation de tous en général, afin que librement on pût vacquer à la tenue des États ». Deux jours après, le 26 septembre, le président de Neuilly vient rendre compte de la conférence qu'il a eue avec le roi, en compagnie des délégués du clergé et de la noblesse. L'archevêque de Bourges, qui se piquait de beau langage, avait informé le roi « des levées et assemblées de gens qui se faisoient par ceux de la nouvelle opinion et de la venue de quelques princes [2] que l'on assuroit venir fort accompagnés en cette ville, qui pourroient empêcher la sûreté de leurs personnes et libertés ». Henri III ne s'était nullement ému de ces insinuations, assez semblables à des menaces, puisque le comte de Soissons ne venait aux États qu'après avoir obtenu l'autorisation royale. Le mo-

1. *Procès-verbal de l'enrollement, etc.* Palma-Cayet, *Introd. à la chrónol. novenaire*, dit, de son côté : « A mesure que les députés arrivoient, Sa Majesté avoit donné ordre qu'ils fussent conduits par devers luy pour les voir et recognoistre... »

2. C'est évidemment une allusion à la prochaine arrivée du comte de Soissons (Charles de Bourbon, fils de Louis Ier, prince de Condé), qui, en effet, fit son entrée à Blois quelques jours après, le vendredi 7 octobre, « fort accompagné de noblesse ». Voy. l'Estoile, t. III, p. 188. Réconcilié avec Henri III, le comte était également suspect à Henri de Navarre, qui l'avait éloigné de lui, et aux ligueurs, qui le considéraient toujours comme un hérétique.

narque congédia donc la délégation des trois ordres en l'assurant « qu'il feroit en sorte que la force lui demeureroit comme elle lui appartenoit, et régleroit tellement les trains des princes que nul n'en pourroit prendre aucun doute ». Ainsi l'astucieux Valois, fort capable de glisser dans ses paroles des sous-entendus redoutables, laissait comprendre qu'il n'était pas moins choqué que les députés du train de certains princes, qui peut-être n'étaient pas les princes protestants. Les ligueurs sentirent sans doute l'ironie et méditèrent une revanche prochaine; mais il fallait avant tout constituer les États par la nomination des bureaux des trois ordres. Dès le 26 septembre, le tiers, après avoir entendu le rapport verbal du président de Neuilly, décide que la même députation retournera le lendemain trouver le roi, avec mission de lui demander la permission pour le tiers de procéder à l'élection de ses officiers, car, sur douze gouvernements, dix étaient déjà représentés.

Henri III se décida, dès le lendemain, à faire droit aux réclamations des députés, et Nicolas d'Angennes, sieur de Rambouillet, vint, en compagnie du sieur de Versigny, déclarer aux trois ordres que le roi leur permettait de nommer leurs officiers le lundi suivant, et que, huit jours après, il ouvrirait solennellement les États. Sa Majesté terminait sa communication en invitant les députés à invoquer la grâce du Saint-Esprit, et « à se préparer par jeunes et abstinences pour dignement se présenter à la sainte communion ». On peut croire qu'il était temps pour le roi de mettre fin à sa résistance, car les députés commençaient à perdre patience, et, dans la séance du 27 septembre, le tiers état, sans daigner répondre à la communication royale qu'il jugeait sans doute trop tardive, vota une motion qui avait tous les caractères d'un nouvel acte d'hostilité contre la couronne. C'était une protestation contre « l'édit créant de nouveaux bailliages de six lieues ». Le tiers demandait au roi sa révocation, ainsi que celle de « tous autres édits et commissions concernant la création de nouveaux officiers, nouvelles impositions d'aides, emprunts, subsides et subventions, aliénations ou reventes du domaine »; et, prévoyant le cas où les députés seraient éconduits, la délibération ajoutait que « Sa Majesté seroit suppliée licencier et congédier les députés ». Il était difficile, on le reconnaîtra, de prendre une attitude plus comminatoire; et, en cette circonstance, les deux autres ordres faisaient absolument cause commune avec le tiers. Une députation collective, composée de dix députés du tiers, dont le président de Neuilly, dix du clergé et six de la noblesse, se présenta au palais le vendredi 30 septembre. Henri III se formalisa et refusa de recevoir une députation aussi nombreuse : il demanda qu'elle fût réduite à neuf personnes, quatre pour l'Église, deux pour la noblesse et trois pour le tiers. Il fallut se soumettre à cette exigence du prince. L'audience ouverte, Henri déclara qu'il ne pouvait reconnaître aux États le droit de prendre aucune *résolution* et n'admettait que des *requêtes*. En ce qui concernait spécialement l'édit relatif aux nouveaux bailliages, il fit entendre qu'on lui cherchait à ce propos une méchante querelle, car l'édit dont il s'agissait n'avait pas reçu d'application : « le camp étant à Beaugency, il en avoit été parlé, pour la nécessité qui étoit trouver argent, mais, depuis, le tout avoit été délaissé ». En congédiant les députés, Henri ne parvint pas à dissimuler sa colère et s'éleva vigoureusement contre « les gens, si peu affectionnés au repos de son État, qui ne cessoient d'y semer de faux bruits [1] ».

A la suite de cette audience royale du 30, il y eut un moment de répit : la noblesse cessa même de tenir séance;

---

1. *Procès-verbal de l'enrollement*, etc.

on ne s'assembla que pour la forme. Quant au tiers état, il consacra la séance du 1ᵉʳ octobre à s'occuper de la question de la vérification des pouvoirs et des contestations diverses auxquelles cette vérification donnait lieu. Le tiers état revendiquait le droit pour les États de statuer souverainement sur ces contestations. Consulté à son tour, le clergé, par l'organe de l'archevêque de Bourges, déclara aux délégués du tiers, MM. La Chapelle-Marteau et de la Fosse, qu'au sein de l'ordre ecclésiastique deux opinions s'étaient manifestées : les uns estimaient que « les États devoient prendre connaissance des différends et oppositions dont il est question, sans s'arrêter aux arrêts et jugements qui pourroient être donnés par le roi en son conseil, et passer iceux par connivence, à l'exemple du bon pilote, lequel étant en pleine mer ne laisse, pour les chants des syrennes, eccueils et dangers qui se rencontrent, de continuer sa course et navigation ». D'autres, au contraire, pensaient « qu'il valloit mieux attendre jusques à lundi que l'on procédera à l'élection d'un président et officiers, parce que, iceux étant élus, les États avoient pouvoir d'en connoître, et cesseroit l'objet que Sa Majesté a proposé qu'ils n'avoient encore aucuns officiers ». Le tiers état finit par se ranger à cette dernière opinion.

C'est le 3 octobre que le tiers état constitua son bureau, après avoir assisté à une messe du Saint-Esprit dans l'église des frères prêcheurs [1]. On procéda à l'élection du

---

1. BERNARD donne sur le cérémonial de cette messe des détails assez curieux : « Le lundi, troisième jour dudit mois, les députés du tiers état se trouvèrent en l'église des Jacobins pour ouïr la messe. Au commencement, fut chanté le *Veni creator;* ladite messe fut célébrée du Saint-Esprit, et après icelle fut chantée la prière *Domine, non secundum.* Le premier banc fut pour ceux de la Ville de Paris seulement, le second pour les députés de notre province de Bourgogne, et en ce même rang fûmes à l'*Offertoire.* La messe dite, chacun marcha en son rang, ceux de Paris les premiers, nous après, ayant le concierge de la maison et ville de Blois, qui marchoit le premier avec sa verge, portant une robe violette et une manche pendante à la gauche, battue en or, en laquelle sont représentées les armes de la ville. »

président « par bailliages et à haute voix, à la pluralité desquelles messire Michel Marteau, conseiller et maître de la Chambre des comptes de Paris, prévôt des marchands de ladite Ville, a été élu président de la compagnie, par protestation que ladite élection ne puisse empêcher, en convocation d'États qui se feront par cy-après, que les députés du tiers état ne puissent élire pour président tel d'entre eux qu'il leur plaira ». Ainsi l'assemblée consignait son désir d'observer la tradition qui attribuait au prévôt des marchands l'honneur de la présidence, et réservait le droit des députés du tiers de porter leurs suffrages sur le représentant d'une autre circonscription. Après avoir prêté serment « sur l'image de Notre-Seigneur Jésus-Christ, de bien et duement et fidellement s'acquitter de sa charge de président, de tenir secret tout ce qui seroit proposé, conclud et arrêté sans révéler aucune chose », La Chapelle-Marteau prit la parole et prononça le discours suivant :

« Messieurs, je reçois à très grand honneur la charge à laquelle il vous plaît m'appeller et ressens de tout mon pouvoir l'obligation que j'en ai à une si notable compagnie, élue et choisie en tous les endroits de la France; mais je crains, messieurs, que vous ne soyez bientôt déçus en l'opinion qu'avez conçue de moi, plus par aventure pour mon zèle auquel je ne céderai à l'homme vivant, et pour le respect de cette grande Ville de laquelle je suis envoyé que pour aucune capacité qui soit en moi. Il me restera de suppléer à mes défauts par une entière correspondance que j'apporterai à vos bonnes et saintes intentions, sans aucun intérêt ni passion particulière, n'ayant tout autre but que l'honneur de Dieu, la manutention de Sa Majesté, le service du roi, le bien de son état et le soulagement de son pauvre peuple, duquel nous sommes députés pour procureurs et conservateurs de ses droits et libertés, procureurs de sa décharge et restaurateurs de ses droits et libertés, en tant que nous y pouvons servir par très humbles remontrances de son repos. En cela, messieurs, j'avouerai n'être moins riche et abondant en affection que manquer d'ailleurs en suffisance, vous suppliant de recevoir l'une de bonne part et couvrir l'autre de vos faveurs, avec protestations que je vous fais que je n'oublierai en rien du respect que je vous dois à tous ; or, messieurs, je ne vous dirai point à quelle fin nous sommes colloqués, et n'entre en discours du besoin que nous avions de cette tenue d'états ; je me déporterai pareillement de vous représenter les nécessités de ceux qui nous ont choisis, les remèdes et moyens qui se peuvent appliquer. Vous n'en avez moins de connaissance que moi. Il n'y a celui de vous lequel soit bien instruit et informé de tout ce qui appartient à sa charge ; seulement, j'ai à vous faire une très instante prière au nom de Dieu, lequel, s'il lui plaît, au milieu de nous, que tous soyons unis et concluant en même volonté de bien faire, et qu'avant qu'entrer en aucune délibération que tout ce qui se proposera et fera soit tenu secret, et que tous fassions un religieux et étroit serment de ne le révéler à aucune personne, de quelque qualité et condition qu'elle soit ; et, pour fin de mon propos, je prie Dieu de tout mon cœur qu'il nous veuille tous inspirer et faire tant de grâces que nos conseils ne soient infructueux, ainsi que nous en rapportions à nos provinces l'utilité que chacun s'en promet, et que le besoin le requiert [1]. »

Au moment où l'on allait voter pour compléter le bureau, les sieurs de Chantonnel, de Celles et le baron de Bethomas se présentèrent de la part de l'ordre de la noblesse et demandèrent aux membres du tiers « de vouloir bien leur dire la forme qu'ils tenaient pour élire leur président et

---

[1]. *Procès-verbal de l'enrollement*, etc. Le *Journal de Bernard*.

autres officiers... » L'assemblée répondit à cette demande, qui ressemblait fort à un hommage, en députant deux des siens, Bernard, de Bourgogne, et Damonville, de Normandie, pour porter à la noblesse les renseignements dont elle avait besoin. On procéda ensuite à la nomination, toujours à haute voix et par bailliages, du secrétaire, du greffier et des deux évangélistes du tiers. Jehan Courtin, seigneur de Nanteuil, député de Blois, fut élu secrétaire ; Jehan Guillau, avocat au bailliage de Rennes, Le Duc et Auroux furent désignés pour remplir les autres fonctions d'officiers du tiers [1]. Tous les députés prêtèrent ensuite le serment de ne révéler à personne le secret des délibérations, à genoux devant un crucifix de bois.

Dans la même séance du 3 octobre, se produisit une querelle de préséance assez singulière entre le sieur de Marchepareau, qui venait d'arriver la veille avec le titre de délégué de la Ville de Paris [2], et l'un des députés de

---

[1]. Après avoir également rapporté la nomination du sieur Nanteuil en qualité de secrétaire du tiers état, le *Journal de Bernard* ajoute que l'on nomma *contrôleurs* et *évangélistes* M. Faron, député de Paris, et Guilleaume, avocat, député de Bourgogne. On voit qu'il y a ici un certain désaccord entre le *Procès-verbal* et le *Journal de Bernard*. C'est dans ce dernier document qu'on trouve l'indication du nombre de suffrages obtenu par chacun des élus. La Chapelle-Marteau, pour la présidence, eut 65 voix ; le président de Neuilly, 16 ; le sieur Davinet, 2, et le sieur de Marchepareau, 1. Bernard donne ce détail personnel que « comme l'on procédoit à la nomination des *évangélistes*, il eut quelques voix, ce qui lui donna occasion de se lever pour rompre ce coup et s'excuser ».

[2]. Nous donnons ici l'orthographe du *Journal de Bernard*. Les *Registres de la Ville*, en plusieurs endroits (voy. notamment II, 1789, fol. 194 et 214), apppellent le même personnage « M. de Masparault ». Il paraît avoir été surtout chargé par la Ville de s'occuper des questions de finances intéressant Paris. Le 18 septembre 1588, il avait été désigné avec les sieurs Dampierre et de Champin, pour s'entendre avec trois commissaires, nommés par le fermier général du sel, sur les moyens « de convertir les deniers des gabelles en payement des rentes constituées par ladite Ville ». Ces pourparlers traînèrent en longueur, à cause de la prétention de la Ville de nommer elle-même le receveur de la gabelle, prétention que le roi n'admit pas. C'est ce que fit savoir La Chapelle-Marteau dans une lettre du 10 octobre 1588, adressée de Blois à la municipalité de Paris. Il y eut alors une assemblée de Ville le 13 octobre, dont le résultat fut que le receveur et le contrôleur de la gabelle seraient nommés d'un commun accord par les trois délégués de la Ville de Paris dont nous avons donné les noms, et trois

Paris, l'échevin Jehan de Compans. On se rappelle qu'il avait déjà spontanément cédé son rang de séance au président de Neuilly. Marchepareau, qui se croyait sans doute un aussi gros personnage que le président de Neuilly, allégua, pour justifier sa prétention, « qu'il étoit conseiller de la Ville, que ledit état étoit perpétuel, qu'il avoit été conseiller au Parlement, depuis maître des requêtes et conseiller d'État ; que ledit échevin n'étoit en sa charge qu'à tems ; qu'il étoit simple marchand drapier et qu'il avoit quitté sa place au sieur president de Nully, l'un des élus ; par ainsi que, par même raison, il devoit siéger devant ledit échevin ». Jean de Compans, quoique simple marchand drapier, ne baissa pas pavillon devant l'orgueilleux conseiller d'État. Il insista sur son titre de député et dit à Marchepareau « qu'il ne falloit pas mettre en avant ses grades et honneurs passés, et que la gratification qu'il avoit faite audit sieur de Neuilly n'étoit obligatoire pour en faire autant pour le sieur Marchepareau ». L'assemblée du tiers, fort embarrassée, ajourna la solution du litige.

Le tiers employa les séances suivantes (4, 5, 6 octobre) à des vérifications de pouvoirs très fastidieuses et à la discussion de contestations diverses entre les députés. Il faut cependant en citer quelques-unes, parce qu'elles ont donné lieu aux intéressés de rappeler les privilèges de la Ville de Paris. Robert Hannivel, député de la ville de Rouen, contestait les pouvoirs du sieur Vauquelin, lieutenant au bailliage de Caen, et refusait à la ville de Caen le droit d'avoir deux voix aux États. Les députés de Caen revendiquaient au contraire le droit dont il s'agit « tout ainsi

délégués du fermier général. L'assemblée recommanda la candidature de Nicolas Parent au choix des six membres de la commission mixte. H, 1789, fol. 197. Au mois de décembre 1588, on retrouve Masparault à Paris, et le Bureau le convoque au Conseil de Ville. *Ibid.*, fol. 214.

et en la même forme que ceux de la ville de Rouen et bailliage ». L'assemblée du tiers, se plaçant apparemment au point de vue de la stricte équité, ne vit pas bien, en effet, pourquoi Rouen prétendait être traité plus favorablement que la ville de Caen, et elle allait ouvrir la discussion sur ce point ; mais Robert Hannivel s'y opposa vigoureusement et justifia sa thèse en critiquant les privilèges de la Ville de Paris. Il supplia la compagnie « de n'entrer en jugement du privilège et possession en laquelle ladite ville de Rouen est d'avoir, pour le corps de ladite ville, une voix séparée et distincte d'avec le bailliage dudit Rouen, ainsi que Messieurs de Paris d'avec la prévôté et vicomté de Paris, parce que lesdits de Paris et Champaigne l'ont voulu empêcher ; aussi qu'il entend donner empêchement que lesdits sieurs de Paris n'ayent en leur compagnie plus grand nombre de députés que de coutume ». Comme il arrive souvent dans les assemblées, on évita de donner au débat de trop grandes proportions, et les choses restèrent en l'état.

Ce droit de vérifier les pouvoirs paraît avoir été exercé simultanément par le tiers et par le roi. Ainsi, d'une part, le roi se réserva l'examen des contestations fort vives qui s'élevèrent entre les députés des treize bonnes villes d'Auvergne et ceux du plat pays de cette province. D'autre part, l'assemblée exclut certains députés, par exemple Lazarre Colesse, député du bailliage de la Ferté-Alais ; et si nous parlons de ce personnage, c'est que l'opposition à son admission fut formée par Michel Marteau, le député de Paris. Il fut décidé que Lazarre Colesse « n'auroit séance en ladite compagnie, ains se retireroit à mettre ès-mains dudit sieur Marteau, député de la prévôté et vicomté de Paris, le cahier et mémoire de la Ferté-Aleps ». Le motif donné à l'appui de cette décision était que le bailliage de la Ferté-Alais avait fait retour à la prévôté et vicomté de

Paris, par suite de la réunion du duché d'Orléans à la couronne.

Un peu plus tard, dans la séance du 19 décembre, « fut remuée une contention entre les députés de Bourgogne et ceux de l'Ile-de-France ». Les premiers soutenaient « qu'ils avoient eu en tous les États le premier rang, séance et avis *après ceux de la Ville de Paris;* que ce que ceux de l'Isle-de-France étoient sous le même gouvernement n'étoit pas pour participer aux droits et privilèges de la Ville de Paris, mais seulement avoient-ils été mis et rangés sous ledit gouvernement pour éviter la multitude des suffrages; par ainsi ils étoient bien du même gouvernement *ad hoc* seulement; qu'insensiblement ils donneroient voix et avis, mais que *ratione dignitatis* ils étoient tous distingués, et qu'ainsi ne fut ils étoient appellés par les hérauts, non seulement après la province de Bourgogne, mais après plusieurs autres gouvernemens, marchoient des derniers, opinoient des derniers, sauf et excepté quand il s'agissoit du cahier général où, pour la facilité et breveté, l'on les faisoit opiner avec ceux de la Ville de Paris, de laquelle Ville, en acte particulier, ils prenoient toute leur clarté et lumière... » Ici encore, ce n'est pas le tiers état, mais le roi en Conseil privé qui jugea le différend; et il convient d'ajouter que la compétence du Conseil privé fut invoquée non par la couronne, mais par les députés de l'Ile-de-France, qui avaient formellement refusé de prendre l'assemblée du tiers pour arbitre. On peut supposer que la décision du Conseil ne fut pas favorable aux députés de l'Ile-de-France, car, après l'arrestation des députés de Paris, on verra Bernard, député de Bourgogne, présider la séance du 31 décembre, probablement par ce motif que la Bourgogne prenait rang après la Ville de Paris.

Il faut passer rapidement sur ces questions de détail,

malgré toute l'importance qu'elles avaient pour l'époque, et aborder le récit de faits d'un caractère plus général.

C'est dans la séance du 7 octobre que M. de Marle vint annoncer au tiers, de la part du roi, que l'ouverture solennelle des États aurait lieu le dimanche 16 octobre. Il semble bien que l'approche d'un événement aussi considérable et aussi désiré stimula encore l'audace des députés ligueurs et les décida à mettre le comble à leurs exigences. Nous avons déjà signalé leurs protestations violentes contre les édits créant de nouveaux impôts et de nouvelles charges vénales [1]. Le projet de renouvellement du bail de la gabelle, dont l'adjudication devait avoir lieu dans les premiers jours d'octobre, avait déjà donné lieu entre la représentation nationale, la Ville de Paris d'une part, et la couronne d'autre part, à un conflit des plus graves. On sait que l'impôt sur le sel formait une des branches les plus importantes de l'administration financière de l'État : le service chargé de son recouvrement s'appelait la *gabelle* et avait à sa tête un fermier général auquel ressortissaient plusieurs généralités. Le fermier général passait un marché avec les propriétaires des salines, afin de se procurer les quantités de sel nécessaires à la consommation du royaume; puis il prélevait sur la vente du sel un droit fixé par le bail ou contrat. Or la perception de cet impôt avait donné lieu à de scandaleux abus. Dans un curieux mémoire, le président Mallet et le sieur Bobier, secrétaire de feu Monsieur, établirent que sur le bail de 1582-1585 le fermier, qui n'avait droit qu'à une recette de 800,000 écus. destinés au trésor royal, avait, en réalité, perçu 1,315,333 écus. Or, les frais de perception n'étant que 15,333 écus par an, le roi perdait par an 500,000 écus. Sur le contrat valable de 1585 à 1588 fin septembre, la

---

1. Voy. plus haut, p. 437.

perte du Trésor et le bénéfice illégal du fermier s'élevaient à 2,508,000 écus, soit 836,000 écus par an [1]. Il paraissait impossible que le roi, ainsi éclairé sur les concussions des fermiers du sel, renouvelât leur bail dans les mêmes conditions.

Chose curieuse et qui n'est indiquée, croyons-nous, par aucun historien, la Ville de Paris s'était mise sur les rangs pour prendre à son compte ce qu'on appelait « le parti du sel ». La demande avait été présentée au roi par La Chapelle-Marteau et Compans. Dans l'assemblée de Ville du 13 octobre 1588, le sieur Roland, premier échevin, qui était resté à Paris, donna lecture de lettres datées de Blois, 8 octobre, par lesquelles le prévôt des marchands et son collègue Compans faisaient savoir à la municipalité parisienne qu'ils avaient prié Henri III « d'accorder à la Ville de Paris le party entier dudict sel, tenu à présent par M. Noël de Hire, pour être employé tant en l'acquit des arrérages de toutes les rentes constituées sur l'Hostel de ladite Ville que au rachapt d'icelles ». Dans ces lettres, les députés de Paris ajoutaient qu'ils n'avaient pas voulu « passer oultre à la poursuite dudict affaire sans en avoir prins l'advis des aultres eschevins et conseil de ladicte Ville ». C'est Nicolas Auroux, conseiller et aumônier de la reine mère, aussi député de Paris aux États généraux, que le prévôt des marchands chargea d'aller prendre l'avis des officiers municipaux restés dans la capitale. Après l'avoir entendu, l'assemblée de Ville décida que « ledict faict seroit remis à la prudence et fidellité desdicts sieurs députez pour en faire toutes les poursuites requises [2] ».

---

1. *La descouverture des deniers salez, dédiée au Roy et à messieurs des États à Blois, advis très utile et nécessaire pour le recouvrement de notables sommes de finances sur les partizans du sel. Au grand soulagement du peuple à Paris. De l'imprimerie de Denys Duval, au Cheval-Volant, rue Saint-Jean de Beauvais* (1588), *avec privilège*. — ARCHIV. CUR., 1ʳᵉ série, t. XII, p. 48.
2. REG. DE LA VILLE, H, 1789, fol. 198.

Mais la Ville dut ajourner la réalisation de ses désirs, car les États firent opposition à l'adjudication de la gabelle, afin d'ouvrir sur les concussions des partisans un débat approfondi. Henri III se montra profondément irrité de cette ingérence des députés dans l'administration de ses finances, et il avait peut-être des raisons de craindre que la curiosité des réformateurs ne s'attaquât à de plus hauts personnages que le fermier de la gabelle.

Sans se soucier de cette mauvaise humeur du prince, les États l'excitèrent, une fois de plus, en proposant le renouvellement de l'édit d'Union et le serment solennel des députés. C'est le tiers qui prit l'initiative de cette mise en demeure dans la séance du 14 octobre [1]. On décida de faire des démarches immédiates auprès des deux autres ordres pour inviter le roi à jurer de nouveau l'édit. Henri III, informé de cette décision du tiers état, la prit en fort mauvaise part, estimant que « c'étoit révoquer en doute la fermeté de son serment ». Il eût bien préféré qu'on s'occupât « de faire fonds de quatre à cinq cent mille écus pour l'entretènement des armées ». Dans cette circonstance, le clergé et la noblesse firent cause commune avec le tiers état, et c'est au nom des trois ordres que l'évêque d'Embrun adressa un discours au roi pour le décider à renouveler son serment à l'ouverture des États. Irrité d'une pareille insistance, Henri opposa d'abord un refus formel et fit observer que son premier serment était *bon et franc*. Il répéta que le forcer à renouveler ce serment, c'était « douter de sa foi et intégrité ». Mais les États ne cédèrent pas et allèrent même jusqu'à faire prévoir une demande de licenciement pour le cas où l'on ne tiendrait pas compte de leurs vœux. Dès le lendemain 15 octobre,

---

1. M. Picot, dans son *Hist. des États généraux*, t. III, p. 95, attribue à l'ordre du clergé l'idée première de faire jurer de nouveau l'*édit d'Union* au roi. Mais le procès-verbal de la 23ᵉ séance du tiers état paraît bien formel.

le roi déclara aux délégués des trois ordres que, tout en trouvant la requête qu'on lui adressait *un peu étrange*, il consentait à ce que l'édit « fût de nouveau juré en son trône de justice, en pleine assemblée et avec les plus grandes solennités que faire se pourrait ».

L'ouverture solennelle des États eut lieu le 16 octobre 1588 dans la grand'salle du château de Blois. Ce devait être un magnifique spectacle que celui de cet immense vaisseau, garni de riches tapisseries et de velours violet semé de fleurs de lis d'or [1], avec le miroitement de tous les costumes splendides des princes, des cardinaux, des seigneurs, des conseillers d'État, et l'encadrement imposant des dames de la cour qui garnissaient les galeries fermées de jalousies, au-dessus des hautes tribunes où s'étageait une foule éblouie. Entre le troisième et le quatrième pilier, on avait dressé « un grand haut dais en forme d'échaffaut » pour le roi, les deux reines et les princes du sang, sorte de temple de la royauté française, qui se donnait à elle-même, par le déploiement de cet appareil orgueilleux, l'illusion d'un pouvoir presque divin, alors que la terre ne la respectait déjà plus. Entouré des capitaines des gardes et des deux cents gentilshommes avec leurs haches ou becs de corbin, le roi portait un costume simple, « ses habits ordinaires », dit le journal de Bernard, avec le grand ordre du Saint-Esprit au cou; devant lui, deux massiers chacun une masse d'or à la main. Les bancs des secrétaires du roy, du conseil d'État de robe longue et de robe courte séparaient l'estrade royale des bancs du clergé et de la noblesse; ceux du clergé, au nombre de huit, se trouvaient à droite, ceux de la noblesse, au nombre de neuf, à gauche [2]. Quant aux

---

[1]. Voy. le *Cérémonial françois* de Théodore Godefroy. Paris, 2 vol. in-fol., 1649, t. II, p. 322.

[2]. Le clergé comptait 134 députés, dont 4 archevêques, 21 évêques et

députés du tiers, la place qui leur était assignée montrait assez en quelle mince considération les tenait la Cour : « Tout cela estoit environné et clos de grandes et fortes barrières, hautes de trois pieds, ayant une seule ouverture vis-à-vis du roy, entre les susdits trois et quatrième piliers, par laquelle entroient les députez. Et par dedans l'enclos de ces barrières et *tout à l'entour*, estoient les bancs des *députez du peuple* [1]. » Un huissier les appela suivant un ordre déterminé et en commençant par les députés de la ville et prévôté de Paris ; puis les hérauts de Normandie, d'Alençon et de Valois, revêtus de leurs cottes d'armes de velours violet, allèrent les recevoir à l'entrée extérieure des barrières et les conduisirent un à un dans la salle où les hérauts de Bretagne les remettaient entre les mains des sieurs de Rhodes et de Marle, maîtres des cérémonies, qui leur assignaient une place, suivant la province dont ils étaient députés.

Quand tous eurent pris place, « le duc de Guise assis en sa chaire [2], habillé d'un habit de satin blanc, la cappe retroussée à la bizarre, perçait de ses yeux toute l'épaisseur de l'assemblée pour reconnoistre et distinguer ses serviteurs, et d'un seul eslancement de sa veüe les fortifier en l'espérance de l'avancement de ses desseins, de sa fortune et de sa grandeur, et leur dire sans parler : Je vous voy ». Il se leva, fit une grande révérence et, suivi des capitaines des gardes et des deux cents gentilshommes, alla chercher le roi. Henri fit son entrée, avec cette majesté qu'il savait prendre dans les grandes occasions, et tandis qu'il descen-

---

2 chefs d'ordre ; la noblesse, 180 gentilshommes ; et le tiers état, 191 députés, tous gens de justice ou de robe courte.

1. *Cérémonial*, d'après MATHIEU, *Hist. de Henry le Grand*, livre VIII. Voy. aussi D'AUBIGNÉ, *Hist. univ.*, livre II, chap. v, p. 173.

2. La chaire du duc de Guise était « une chaire à bras non endossée, couverte de velours violet semé de fleurs de lys d'or ». Elle se trouvait devant le grand marchepied sur le grand dais royal. C'était la place du *grand maître de France*. Il tournait le dos au roi, « la face vers le peuple ».

dait le grand escalier qui aboutissait à l'estrade royale, tous les députés se levèrent, tête nue, et les princes demeurèrent debout jusqu'à ce qu'on leur commandât de s'asseoir... Puis le roi prit la parole et prononça un discours fort long et fort étudié dont l'audace étonne encore aujourd'hui [1].

Il débute par accorder quelques mots d'éloge à la reine « sa bonne mère... qui ne doit pas seulement avoir le nom de mère du roi, mais aussi de mère de l'État et du royaume », puis il explique le but qu'il s'est proposé en convoquant les États généraux; c'est de « restaurer cette belle monarchie... de raffermir la légitime autorité du souverain, plutôt que de l'ébranler ou de la diminuer, ainsi qu'aucuns malavisés ou pleins de mauvaise volonté, déguisant la vérité, voudroient faire accroire... Je suis votre roi donné de Dieu et je suis le seul qui le puisse véritablement et légitimement dire; c'est pourquoi je ne veux être, en cette monarchie, que ce que j'y suis, n'y pouvant souhaiter aussi plus d'honneur et d'autorité. » Après l'apothéose de la royauté absolue vient le panégyrique personnel. Henri rappelle « les batailles qu'il a gagnées, cette grande armée de reistres dont il a abattu la gloire », puis l'édit d'Union, son dévouement à la cause de la religion catholique; il fulmine contre l'hérésie, qui n'a pas de plus grand ennemi que lui : « La juste crainte que vous auriez de tomber après ma mort sous la domination d'un roi hérétique, s'il advenoit que Dieu nous défortunât tant que de ne pas me donner lignée, n'est pas plus en racine dans vos cœurs que dans le mien. » Après cette profession de foi, destinée à flatter la Ligue, il esquisse tout un programme de réformes et fait

---

1. D'Aubigné, *loc. cit.*, p. 175, qui donne une analyse intéressante des deux premières séances des États, attribue le discours du roi à la plume de du Perron, le futur cardinal : « Qui voudra voir tout le discours au long, il le trouvera aux œuvres diverses du cardinal du Perron, qui n'a pas voulu avoir fait ce présent à son maistre, sans se garder l'usufruict de la réputation. »

briller aux yeux des députés « la répression des blasphèmes et juremens qui sont si desplaisans à Dieu... la recherche et la punition de la simonie, la suppression de la vénalité et la diminution du nombre des offices. Il promet de ne plus donner de survivances, de rendre la justice moins coûteuse, d'encourager les lettres, les arts, le commerce, « de retrancher du luxe et des superfluités et taxation des choses qui sont montées à un prix excessif ». Mais tout cela n'est que pour la forme. Les deux idées capitales de ce curieux discours se résument dans une demande d'argent et une menace contre la Ligue. « Il me fâche infiniment que je ne puisse maintenir ma dignité royale et les charges nécessaires du royaume sans argent... C'est un mal nécessaire ; la guerre aussi ne se peut dignement faire sans finances ; et puisque nous sommes en quelque beau chemin pour extirper cette maudite hérésie, il sera besoin de grandes sommes de deniers pour y parvenir. » Quant aux menaces contre la Ligue, elles sont formulées avec une énergie singulière : « Aucuns grands de mon royaume ont fait telles ligues et associations, mais, témoignant ma bonté accoutumée, je veux bien mettre pour ce regard tout le passé sous le pied ; mais, comme je suis obligé et vous tous de conserver la dignité royale je déclare dès à présent pour l'avenir, après que la conclusion sera faite des loix que j'aurai arrêtées en mes États, atteints et convaincus de même crime de lèze-majesté, ceux de mes sujets qui ne s'en départiront et y tremperont sans mon aveu. » Pasquier[1] ajoute même que le roi se plaignit d'avoir été empêché d'exterminer complètement l'hérésie « par l'ambition démesurée de quelques-uns de ses sujets ». Enfin, dans une péroraison éloquente, Henri III conjura ses sujets « de s'unir et de se rallier autour de lui pour com-

---

1. Tome II, col. 360.

battre le désordre et la corruption de l'État... Si vous en usez autrement, s'écria-t-il dans un beau mouvement oratoire, vous imprimerez une tache d'infamie perpétuelle à votre mémoire; vous ôterez à votre postérité ce beau titre de fidélité héréditaire envers votre roi qui vous a été si soigneusement acquis et laissé par vos devanciers. Et moi je prendrai à témoin le ciel et la terre, j'attesterai la foi de Dieu et des hommes qu'il n'aura point tenu à mon soin ni à ma diligence que les désordres de ce royaume n'aient été réformés; mais que vous avez abandonné votre prince légitime en une si digne et si louable action. Et finalement vous ajournerai à comparaître devant le juge des juges et le roi des rois où les intentions et les passions se verront à découvert, là où les masques des artifices et des dissimulations seront levés pour recevoir la punition que vous encourrez de votre désobéissance envers votre roi et de votre peu de générosité et loyauté envers son État [1]... »

Si grande que fût l'audace du duc de Guise, qui était placé immédiatement devant le roi, il ne put entendre ces fières paroles sans « changer de couleur et perdre contenance et le cardinal son frère encores plus [2] ». Cependant la séance continua. Le nouveau garde de sceaux [3], François

---

1. *Recueil des pièces originales et authentiques concernant les États généraux*. Édit. de 1786, t. VII. V. aussi PALMA-CAYET, *Introd. à la chron. nov.*, D'AUBIGNÉ et DE THOU, t. X, p. 373.
2. L'ESTOILE, t. III, p. 189.
3. Au commencement de septembre, le roi avait brusquement renvoyé ses ministres : le chancelier de Cheverny, le surintendant des finances Bellièvre, le puissant Villeroy et les secrétaires d'État Pinart et Brûlart. PALMA-CAYET (*Introd. à la chr. nov.*) et D'AUBIGNÉ (col. 166) attribuent cette détermination du roi aux ordres de la Ligue. Cheverny, l'un des intéressés, avoue dans ses *Mémoires* (Coll. Michaud, t. X, p. 489) qu'il a cherché en vain les motifs de sa disgrâce; mais il rapporte les explications diverses qui avaient cours et notamment celle-ci : que le roi n'avait plus aucune confiance dans la reine mère, ni par suite dans les membres de son conseil « que ladite dame avoit tous advancez ». C'est aussi le motif que donne DE THOU (t. X, p. 369), et ce doit être le vrai. Montholon était le fils d'un ancien garde des sceaux de François 1er. D'une grande probité, il n'avait aucune habitude de la politique : c'était un protégé du duc de Nevers.

de Montholon, avocat général au parlement de Paris, prit ensuite la parole pour expliquer les intentions du roi et tracer la peinture des maux du royaume qui se recommandaient à la sollicitude des États. Puis les orateurs des trois ordres adressèrent au roi les compliments d'usage. Nous ne dirons rien des discours de Renaud de Beaune, archevêque de Bourges, orateur du clergé, sinon que c'est un chef-d'œuvre de pédantisme et de pathos [1]. L'allocution du baron de Bauffremont-Senecey, président de la noblesse, fut au contraire simple et brève, mais absolument banale [2]. La Chapelle-Marteau, prévôt des marchands de Paris, parla le dernier, au nom du tiers état, et s'exprima en ces termes [3] : « Sire, ayant plu à Votre Majesté ouvrir son cœur et ses saintes intentions à son peuple et l'assurer de sa charité vraiment paternelle, vos très humbles, très obéissans et très fidèles sujets du tiers état, louent premièrement Dieu qui a jeté ses yeux de miséricorde sur nous, en l'extrémité de nos afflictions, et après rendent infinies grâces à Votre Majesté, laquelle, reconnaissant sa puissance ordonnée d'en haut, pour régir cette très chrétienne monarchie par toute douceur, a daigné s'incliner à nos très humbles requêtes, ouïr nos griefs et doléances, et montrer

---

1. On y trouve tous les personnages de l'histoire sainte et de l'histoire ancienne : David, Daniel, Nabuchodonosor, Cyrus, Darius, Artaxerxès, Salomon, etc. En voici seulement une phrase : « *Vive Rex in sempiternum;* vivez roy, vivez éternellement. Vivez çà bas les ans de Nestor, voire ceux de Arganthonius, roy des Gades, qui vescut neuf vingts ans, vivez par représentation et suitte de lignée longue, espèce selon les philosophes d'une immortalité... » On peut juger du reste par cette tirade pleine d'à propos, adressée à un prince qui passait pour impuissant. — Voy. le discours complet dans le *Recueil de pièces originales, etc.* Il en existe un tirage à part en 15 feuillets, daté de 1588. Bibliothèque de la ville de Paris, n° 18120.

2. On en trouve, dans le même recueil, un tirage à part en trois feuillets, avec ce titre : *Remerciement faict au nom de la noblesse de France par le baron de Senecey.* A Lyon, par Benoist Rigaud, 1588, avec permission.

3. *Recueil de pièces originales, etc.*, p. 88. (D'après le recueil de Quinet, 2ᵉ partie, p. 135.) La Chapelle-Marteau prononça son discours à genoux. (D'Aubigné, liv. II, chap. V, col. 176.)

un singulier désir de remettre son peuple en vigueur, auquel certes il ne reste que la parole, encore bien foible et débile. Sire, la bonté et clémence qui est née avec cette majesté que Dieu fait reluire en votre face, nous promet ce que nous avons requis et souhaité avec tant de larmes et de continuelles prières ; que Votre Majesté, suivant les vœux qu'il lui a plu d'en faire et l'exemple de ses ancêtres, lesquels elle égale, voire surpasse en toute piété, rétablira notre sainte religion en son entier, par l'extirpation de toutes erreurs et hérésies, réglera et remettra tous les ordres, altérés par l'injure du temps, en leur première forme, et donnera soulagement à son pauvre peuple, sans lequel nous pouvons dire avec vérité que nous sommes menacés d'une entière désolation et ruine de tout l'État. En quoi, Sire, nous protestons de ne manquer nullement de notre très humble, très fidèle et très dévotieux service et de n'y épargner nos propres vies jusqu'au dernier soupir : ne les pouvant mieux employer que pour l'honneur de celui lequel a répandu son sang pour nous, et duquel nous n'attendons moins qu'en la damnation éternelle (si nous connivons en l'avancement de sa gloire par des considérations de quelque prudence humaine) ou l'immortelle béatitude, si constamment nous persévérons à embrasser sa cause en la foi et créance qu'il nous a laissée, sur laquelle, Sire, est fondée la perdurable fermeté de votre très chrétienne couronne, et sans laquelle elle ne peut en façon quelconque subsister. »

Les chefs de la Ligue étaient sortis furieux de la séance royale, et le cardinal de Guise reprocha durement à son frère « de ne faire jamais les choses qu'à demi [1] ». Excité par les propos violents du prélat, le duc envoya au roi, dès le lendemain, l'audacieux archevêque de Lyon, après avoir

---

1. L'Estoile, t. III, p. 187.

en vain sollicité l'intervention de la reine mère. D'Espinac somma Henri III d'adoucir certaines expressions trop vives de son discours d'ouverture des États, car les chefs de la Ligue ne pouvaient tolérer qu'on le publiât tel qu'il avait été prononcé. Le roi résista d'abord, alléguant qu'il n'avait nommé personne, mais que, s'il ne prétendait pas porter atteinte à la liberté des États, il ne souffrirait pas non plus qu'on entreprît sur la sienne. L'archevêque de Lyon, voyant qu'il ne gagnait rien, haussa immédiatement le ton et en vint aux menaces ; il déclara que si le roi ne donnait pas satisfaction aux Guises, la plupart des députés quitteraient Blois sur-le-champ et que la guerre civile recommencerait [1]. Henri III, comprimant sa colère et circonvenu par la vieille Catherine, consentit à laisser détruire les exemplaires déjà imprimés de sa harangue. D'ailleurs, les ligueurs les avaient saisis avec une audace incroyable, avant même d'avoir obtenu le consentement du roi. La phrase « aucuns grands de mon royaume ont faict des ligues, etc., » disparut de la version officielle. L'Estoile raconte « que pendant cette rétractation, il survinst une si grande obscurité par un orage et gresle qu'il falust allumer la chandelle en plain jour, pour lire et escrire : ce qui fist dire à quelqu'un que c'estoit le testament du roy et de la France qu'on escrivoit, et qu'on avoit allumé la chandelle pour lui voir jetter le dernier souspir ».

Chaque jour apportait, en effet, au roi, une humiliation nouvelle. Le mardi 18 octobre eut lieu la seconde séance royale pour renouveler le serment à l'édit d'Union. Après quelques mots prononcés par le roi, le secrétaire d'État Ruzé de Beaulieu donna lecture d'une déclaration royale confirmant et déclarant loi fondamentale du royaume l'Édit l'Union. Puis la parole fut donnée à l'archevêque de

---

[1]. De Thou, t. X, p. 392. Palma-Cayet.

Bourges, qui disserta pompeusement sur la gravité du serment et les peines éternelles qui sont réservées aux parjures. Cette harangue terminée, Henri jura foi de roi qu'il observerait l'édit « tant que Dieu lui donnerait vie ici-bas » et reçut le serment des députés « mettant par les ecclésiastiques les mains à la poitrine et tous les autres levant les mains au ciel ». L'assistance couvrit le prince d'applaudissements que de Thou qualifie d'ironiques, puis on se rendit à l'église Saint-Sauveur pour entendre un *Te Deum* [1]. Henri III avait tellement perdu l'habitude d'entendre crier *Vive le roi!* qu'il se laissa gagner lui-même par la joie de la Ligue triomphante, sans songer qu'elle triomphait contre lui. « En cette joye populaire, écrit Palma-Cayet, il se resjouit et dit à plusieurs, et mesmes au prévost des marchands de Paris, qu'il sçavoit estre un des premiers de la faction des Seize, qu'il oublioit la journée des Barricades et tout le ressentiment qu'il en pourroit avoir; que jamais il ne s'en souviendroit ny de tout ce qui s'estoit passé, pourveu qu'on n'y retournast plus [2]. »

Pour célébrer tant de bonheur, un seul *Te Deum* ne suffisait pas. Henri III crut nécessaire d'envoyer un messager à la Ville de Paris pour lui donner l'ordre de faire chanter un second *Te Deum* à Notre-Dame, d'allumer des feux de joie et de tirer le canon en signe d'allégresse [3]. L'ambas-

---

1. Voy. sur cette seconde séance la brochure intitulée : « *Actes de la seconde séance des Estats généraux de France* ». Lyon, par Jean Pillehotte, 1588. Avec privilège du roi. Conf. DE THOU, t. X, p. 393; D'AUBIGNÉ, col. 177; PALMA-CAYET, introd.
2. BERNARD rapporte le même fait dans son journal : « .... Jamais le roi, la cour et le peuple ne furent si joyeux. Le roi déclara au prévôt de Paris, qui l'avait remercié avec moi, qu'il oublioit tout ce qui avoit été fait à Paris, selon que jà il l'avoit promis et lui promettoit encore, parole et foi de roi. » T. XV, p. 14 du *Recueil des États généraux*. Voy. aussi D'AUBIGNÉ (col. 178), qui ajoute ce détail qu'au moment où le roi invita les députés à renouveler le serment d'observer l'édit d'Union « tous levèrent les mains et la voix, avec une joye si grande et un si haut cri de VIVE LE ROI! qu'il courut par toute la ville ».
3. Voici, d'après les Registres de la Ville, le texte même de la lettre du roi : « DE PAR LE ROY. Chers et bien amez, nous envoyons en nostre bonne

sadeur que choisit le roi dans cette circonstance, fut maître Pierre Senault, clerc du greffe, « qu'il congnoissoit pour un des plus mutins ligueurs de Paris et le plus factieux de tous les Seize, lequel il voulust honorer de ceste commission exprès pour agréer à la Ligue, laquelle connoissait ledit Senault pour le plus mauvais serviteur qu'eust le roy à Paris [1] ». La Ville de Paris fut-elle sensible à cette attention du roi? Toujours est-il qu'elle fit chanter le *Te Deum* en grande pompe et adressa au monarque une belle lettre, en date du 23 octobre, qui, à travers force marques de respect, exprime quelques souhaits ironiques, tels que « lignée capable de succéder à la couronne », et le plaisir qu'auraient les Parisiens à revoir le roi dans la capitale [2].

---

ville de Paris Senault pour vous faire entendre bien particullièrement ce qui s'est passé à ceste ouverture de nos Estatz généraulx; desquelz nous voyons le commencement estre tant favorisé de Dieu que nous n'en pouvons attendre que une semblable yssue, au contentement général de toute la France; et, pour ceste occasion, vous ferez rendre louange et actions de grâce à sa divine bonté par un *Te Deum* que vous ferez chanter en l'église Notre-Dame où ceulx de noz courtz souveraines assisteront, suivant ce que nous leur en avons mandé, faisant aussy faire des feux de joye et tirer l'artillerie, en signe de resjouyssance, que nous espérons augmenter dans peu de temps par la nouvelle d'une bonne résolution des Estatz... Escript à Blois le XIXᵉ jour d'octobre 1588. Signé Henry. » Reg. II, 1789, fº 201.

1. L'Estoile, t. III, p. 190.
2. Voici la lettre de la Ville de Paris au Roi, d'après le Reg. H, 1789, fº 202 :
« Au roy. *Sire,* Ayans receu cest honneur d'estre advertis par Vostre Majesté de ce qui s'est passé à l'ouverture de vos Estatz généraulx et de la déclaration que vous avez faicte en l'assemblée desdictz Estatz touchant vostre édict de l'Union, nous avons respandu ceste dicte nouvelle par toute vostre ville, au grand plaisir et contentement de voz bons subjectz qui, dès le mesme instant, en ont loué Dieu et vous en ont remercié avec beaucoup d'allégresse, recevant ceste nouvelle, par excès du bien que chacun se promet de ladiete assemblée de vos Estatz, espérans que soubz vostre aucthorité Dieu sera pour l'advenir mieux servy et vostre peuple plus soulagé qu'il n'a jamais esté, de quoy chacun a rendu ce jourd'huy plus apparent et public tesmoignage au *Te Deum* qui a esté chanté fort solennellement en la principalle Église de ladicte ville, auquel ont assisté Messieurs de vostre Parlement, Chambre des Comptes et Court des Aydes, le recteur de l'Université et nous avec eulx, le plus honnorablement qu'il nous a esté possible; ayant oultre cela l'artillerie esté tirée et feux de joye faicts en la place de Grève et aultres endroictz de ladicte ville, avec peintures et acclamations publicques à l'honneur de Vostre Majesté, selon que vous 'avez désiré et ce nous l'avez commandé par voz lectres, ce qui sera

Après ces moments d'effusion, plus ou moins sincère, les trois ordres s'occupèrent de la rédaction de leurs doléances. Le 3 novembre, on procéda à l'ouverture des cahiers, en commençant par celui de Paris. Ce cahier de Paris contenait, entre autres articles, « une requête présentée à la Cour du Parlement de Paris contre M. de Soissons, pour le faire déclarer indigne de la couronne [1] ». On sait qu'on lui reprochait son alliance avec le roi de Navarre et sa prétendue complicité dans l'assassinat du duc de Joyeuse. Une discussion s'ouvrit sur la proposition du cahier de Paris. « Quatre gouverneurs adhérèrent à ladite requête, quatre autres opinèrent à ce que ledit article fût communiqué aux Chambres; quatre à ce qu'il fût rayé, avec bonnes raisons, car il avoit juré l'édit d'Union, il avoit eu absolution de Sa Sainteté; il étoit en cour, faisant le catholique, par ainsi il n'y avoit pas raison; aussi qu'il étoit incivil d'apporter aux États généraux une requête d'une ville particulière pour être avouée par toute la France. » Bernard ajoute que cette opinion était celle de sa province et qu'il déclara lui-même au président de Neuilly que « cet article ne seroit jamais avoué par les autres ordres et que

poursuyvi, Dieu aydant, d'infinis jeûnes et prières, lesquelles se préparent entre cy et ce jour de Toussainctz pour vostre prospérité et supplier nostre Dieu qu'il vous donne lignée capable de succéder à vostre couronne, à sa gloire et au salut commun de cest Estat et de toute la chrestienneté, en quoy nos prédicateurs font ung très grand et très fidelle debvoir, et, de nostre part, nous tâchons de tout nostre pouvoir de les seconder et de vous rendre le service que nous vous debvons pour maintenir vostre ville en l'obéissance et fidélité qu'elle vous doibt; en quoy nous estimons jusques ici n'avoir perdu nostre peine, y estans toutes choses calmes et paisibles soubz vostre auctorité et ung chacun désireux de vous y veoir en prospérité et bonne santé, comme nous espérons de brief et le nous avez promis. Cependant nous continuerons en ce debvoir et attenderons ung commandement pour y obéir d'aussy bonne et fidelle affection que nous supplions le Créateur, Sire, vous donner en toute prospérité longue et heureuse vie. De vostre Ville de Paris, en l'hostel public d'icelle, le vingt-troisième jour d'octobre 1588. Voz très humbles, très obeyssans et très fidelles subjectz et serviteurs les Échevins de vostre Ville de Paris. »

[1]. *Journal de Bernard. Rec. des États généraux*, t. XIV, p. 21.

ce n'étoit qu'à exciter du bruit mal à propos [1] ». Quand on alla aux voix, il se trouva que la majorité fut d'avis de rayer l'article du cahier de Paris qui visait le comte de Soissons.

Les députés de Paris se trouvèrent intimement mêlés aux discussions et aux conférences qui eurent lieu dans le courant de novembre, à propos du chapitre des finances. Bien que les gens du roi eussent reçu l'ordre de soumettre aux États tous les comptes et tous les documents de nature à faciliter leur enquête, il ne fut pas difficile de constater que le plus grand désordre régnait dans l'administration des finances. L'évêque du Maine et le président de Neuilly signalèrent directement au roi ces graves lacunes de la comptabilité publique, et, dans la séance tenue par le tiers état le 21 novembre, Neuilly déclara que le roi avait envoyé en poste à Paris pour « prendre mémoire en la Chambre des Comptes ». Sans se laisser détourner de leur but par les préoccupations extérieures que venait de provoquer l'audacieuse conquête du marquisat de Saluces par le duc de Savoie Charles-Emmanuel (fin oct., début de novembre), le tiers état soumettait aux deux autres ordres un projet de réduction des tailles. Le 23 novembre, l'union de tous les députés était faite sur ce point et le texte même de la requête se trouvait déjà rédigé quand arriva un gentilhomme de la reine mère pour mander le prévôt des marchands et le président de Neuilly. Voici comment le procès-verbal du tiers rend compte de l'entrevue, à cette même date du 23 novembre : « M. le président de Nully a fait rapport que M. le prévôt des marchands et lui avoient été mandés par la reine, mère du roi, pour parler à S. M., laquelle lui avoit dit que le roi étoit duement averti de la requête que les députés avoient présentée à S. M. pour le rabais des

---

1. *Journal de Bernard.*

tailles, qu'il n'étoit besoin de passer outre ; qu'ayant demandé la guerre pour l'extirpation de l'hérésie, néanmoins l'on n'y vouloit entendre, n'y vouloit rien frayer pour la poursuite d'icelle, et que c'étoit, en propres termes, bailler d'une main et retenir de l'autre; que si l'on persistoit en ladite requête, le roi s'indigneroit et fâcheroit grandement; qu'il ne la falloit point présenter; aussi bien que S. M. n'en feroit rien ». Cet essai d'intimidation ne réussit pas, et, après avoir entendu les volontés du roi, le tiers s'empressa de voter « que ladite requête sera poursuivie et présentée à S. M., et qu'à défaut de l'obtenir, l'on demandera à se retirer ». De son côté, la noblesse faisait savoir au tiers, le lendemain 24 novembre, qu'elle avait présenté une requête au roi pour obtenir la réduction des tailles au taux de 1576 et révoquer tous « les subsides, subventions, impositions, levées de clochers et tous autres » qui avaient été levés depuis cette époque [1]. Sans désemparer, les trois ordres se réunissent et se rendent au chateau [2] : le tiers état était là presque au complet, pour que la démonstration fût plus imposante. Henri III se porte au-devant d'eux et les reçoit dans son antichambre, qui, malgré ses vastes dimensions, ne peut contenir toute cette foule. Après un discours de l'archevêque de Bourges (dont les conclusions tout au moins sont graves, puisqu'elles tendaient à la nomination d'une Chambre composée de 24 personnes, sur lesquelles 18 nommées par les États pour faire rendre gorge *aux gens du Conseil du roi*) [3], La Chapelle-Marteau, délégué du tiers,

---

1. Cette requête de la noblesse ne diffère pas des documents du même genre dus à la plume des députés du tiers. En voici un fragment : « Le pauvre peuple est réduit à telle extrémité que le paysan est ruiné, une bonne partie des villages est demeurée sans habitans, la terre sans labour, les seigneurs sans fermiers et le bourgeois de ville sans trouver à quoi débiter sa marchandise. » *Procès-verbal du tiers état. Rec. de pièces orig.*, p. 216, t. VII.
2. C'est évidemment par erreur que certains historiens placent au 25 nov. la démarche des trois ordres. Voy. Henri-Martin, 4ᵉ édit., t. X, p. 106.
3. *Procès-verbal, Ibid.*

prit la parole à son tour et fit un tableau poignant de la misère publique, laissant entendre même que cette misère pouvait porter les sujets au désespoir et leur faire perdre le respect de l'autorité royale.

On s'attendait à un accès de rage, à l'un de ces emportements furieux qui sauvent ou perdent les princes poussés à bout. Henri III répondit avec plus d'onction que jamais. A l'entendre, il n'avait convoqué les États que pour travailler au soulagement de son peuple et « il avoit l'âme trop bonne pour devenir tyran [1] ». Il se bornait à demander qu'on lui permît d'entretenir sa maison et de soutenir la guerre. Au surplus, il ferait en sorte de contenter les députés avant leur départ.

Malgré son calme apparent, le roi ne prenait pas aisément son parti de l'attitude hautaine des États, et il descendit aux démarches les plus humiliantes pour essayer de fléchir les représentants de la nation. Le 26 novembre, il manda La Chapelle-Marteau et le président de Neuilly, puis leur déclara qu'il se contenterait de trois millions d'or « pour l'entretènement de son État » et consentait à laisser le reste « en telles mains que les provinces aviseroient, sauf que les trésoriers en eussent le maniement [2] ». A ces confidences officieuses, Henri mêlait de vives récriminations contre les exigences des députés, d'amères protestations contre le refus de voter les tailles. Le lendemain 27, à l'issue de la messe, car c'était un dimanche, le roi fait dire à Bernard, l'orateur du tiers, et au sieur Coussin, échevin et député de Dijon, de venir le trouver à une heure « en la salle de la reine-mère ». Après avoir déjeuné chez M. de Lux, ils se rendirent au château. M. de Marle les introduisit auprès du roi, qui conférait déjà avec l'arche-

---

1. D'après Bernard, le roi aurait dit « qu'il ne vouloit écorcher ses sujets ». T. XV du *Recueil des Ét. gén.*, p. 58.
2. *Procès-verbal du tiers*, p. 227.

vêque de Lyon et le président de Neuilly. Henri III prit la parole et dit « qu'il vouloit régler sa maison et la réduire au petit pied ; que, s'il avoit trop de deux chapons, il n'en vouloit qu'un ; qu'il avoit trop de regret d'avoir vécu de la façon du passé, et qu'avant de partir il promettoit aux députés grand contentement ». Mais ce *mea culpa* n'était que pour la forme : au fond, le prince refusait de ramener la taille au pied de l'année 1576, comme le demandaient les États ; il avait besoin de ressources pour continuer la guerre contre les hérétiques, « et ce n'étoit pas lui donner du courage que de lui retrancher ses moyens [1] ». Content de sa rhétorique, il faisait monter les députés du tiers qui attendaient dans la cour du château l'issue de la conférence, et rééditait son discours. Puis Coussin et Bernard répondirent longuement, ne tarissant pas sur la misère du peuple et la mauvaise administration du Trésor. Écoutez ce que vous dit Bernard, interrompait le roi en s'adressant à MM. Marcel et Pétremol, intendants des finances, qui se trouvaient présents. Enfin Henri reprit encore une fois la parole, compensant le refus de diminuer les tailles par de bonnes paroles : « Nous tendons au même but, mais nous y venons par divers chemins ». Ni le but, ni les chemins ne se ressemblaient, mais la douche émolliente de l'éloquence royale détrempait un peu l'arrogance des députés du tiers.

Un auxiliaire inattendu s'entremit, et cet auxiliaire n'était autre que le duc de Guise. Le chef de la Ligue commençait à trouver que les députés allaient trop loin et poussaient le roi aux extrêmes. En bonne conscience, il fallait voter quelques sommes pour continuer la guerre civile, car si le roi se décourageait et se jetait dans les bras des huguenots, que deviendraient les Guises, sinon de purs rebelles ? Alors, coup sur coup, il assemble les députés notables,

---

1. *Journal de Bernard*, p. 61.

d'abord le 28 novembre, chez le prévôt des marchands de la ville de Paris, La Chapelle-Marteau. Un souper sert de prétexte : Coussin, Bernard, les présidents de Normandie, de Guyenne, de Provence, de Lyon et Bassompierre. « La table levée », Guise prend la parole, insiste sur la détresse du roi et prie les députés de faire quelque chose « pour son soulagement [1] ». Mais, malgré la popularité de l'orateur, les convives de La Chapelle-Marteau restèrent froids, et le duc ne gagna rien sur eux [2]. Il revint à la charge le lendemain et manda le président de Neuilly, Bernard, Du Vert, représentant de Provence, Le Roy, représentant de Picardie, et d'autres députés. « Après nous avoir fait préparer des sièges en son cabinet, écrit Bernard, il nous déclara le zèle qu'il avoit à la conservation de l'État, que s'il avoit hier soupé avec nous, ce n'étoit que par exprès commandement du roi, afin d'empêcher la rupture des États, les huguenots ne demandant autre chose... » Mais, comme il arrive souvent aux chefs de partis, qui s'étonnent de ne pouvoir arrêter les fanatiques par eux déchaînés, le duc de Guise ne put décider ses amis des États à faire au roi la moindre concession. « Nous lui fîmes entendre, écrit Bernard, qu'il étoit impossible d'ébranler la compagnie. »

1. *Journal de Bernard*, p. 64.
2. Plusieurs historiens, notamment Palma-Cayet, affirment que toutes les requêtes des États avaient été délibérées au Conseil du duc de Guise : « ... Mesmes le Roy creut, comme plusieurs ont escrit, qu'il ne se faisoit aucunes remonstrances ny requestes que premièrement elles n'eussent esté résoluës en un conseil *qui se tenoit au cabinet dudit duc* par les principaux de la Ligue, qui avoient avec animosité brigué, chacun en la province d'où ils estoient, pour estre députez aux Estats et qui, dans chaque chambre, poursuyvoient ce qu'ils avoient conclu au Conseil du duc de Guise ». *Introd. à la Chronol. novenaire*. V. aussi Pasquier, *lettre XXI*. Mais, comme l'a fait judicieusement remarquer M. Picot (*Hist. des États généraux*, t. III, p. 124), il n'est pas invraisemblable de supposer que le duc de Guise, « charmé au début de voir les députés résister au roi, commençait lui-même à s'inquiéter de leurs projets ». De Thou raconte que, dans ce banquet du 28 nov., le président de Neuilly et La Chapelle-Marteau prédirent au duc que le roi attenterait à sa vie en le faisant tomber dans une embûche, et lui conseillèrent de quitter la cour, t. X, p. 468.

Étonné, le duc va immédiatement prévenir Henri III de l'attitude intransigeante des députés. Le roi se résigne à une dernière tentative. Le 30 novembre, il fait appeler au château Bernard et Coussin. Ceux-ci trouvent le prince seul avec Bellegarde, qui lui mettait son ordre et son ceinturon. On ne peut qu'admirer la parfaite humilité du roi qui, après avoir promis « de vivre de toute autre façon qu'il n'avoit fait par le passé », se plaint de sa profonde détresse, comme un fils de famille aux abois. A l'entendre, « il n'avoit plus un sol ; c'étoit une honte que, dans son conseil, l'on tirât la langue d'un pied de voir ses nécessaires ; ses dépêches demeuroient, faute d'avoir cent écus pour payer ses courriers... » Et comme à la misère du roi les députés opposent la misère du peuple et déclament contre « les belles gens » qui l'exploitent, c'est-à-dire contre les courtisans et les partisans, Henri leur répond avec douceur : « Je vous aime d'ainsi parler ». Mais le roi ne restait si aimable que pour masquer sa défaite. Le tiers état restait inébranlable et annonçait, le 30, son intention d'aller le lendemain en corps « quérir la résolution du roi » sur les requêtes des États. A grand'peine, on put ajourner au 2 décembre l'effet de cette sommation ; mais, ce jour-là, le roi dut essuyer les plaintes et remontrances de M. de Bourges, au nom des trois chambres des États. Ne faire aucune concession eût été périlleux. Henri III s'en tira par une gasconnade. Assis « dans une chaire, accompagné de M. de Guise et de M. de Lyon, tenant le flambeau, il dit : Je vous accorde vos requêtes. Un chacun se mit à crier *Vive le roy!* sans lui donner le temps de parachever. Mais, le bruit fini, il nous dit que c'est à la charge que vous me fassiez fonds et donniez moyens assurés pour l'état de ma maison et fonds de la guerre, suivant votre promesse [1] ». Les naïfs députés ne prennent pas garde

---

1. *Journal de Bernard*, p. 69.

au correctif et applaudissent à tout rompre. Bien mieux, ils font chanter un *Te Deum*, le 4 décembre, à l'église Saint-Sauveur pour remercier le prince. Le Valois allait-il donc, une fois de plus, endormir la Ligue? Cela ne faisait plus l'affaire des meneurs. Après ce *Te Deum* du 4, le théologal de Senlis monte en chaire, et, devant la vieille Catherine, prononce un sermon d'une violence inouïe, plein de personnalités amères. Il reproche aux députés « de branler à tous vents, d'être des États d'oiseaux », auxquels on envoie un *merle* pour chanter et un *faucon* pour donner quelques coups de bec [1]. Ces jeux de mots plus ou moins spirituels ayant fait rire l'assemblée, le président [2] de Neuilly dit à ses collègues : « Cela n'est pas sujet à risée; sont oiseaux qui ne nous sont pas propres; ils sont maudits par l'Évangile ». Le théologal continue ; il traite M. d'O de Satan [3], tout crûment, et, s'attaquant au roi lui-même, le compare à Roboam, lequel s'entourait d'un conseil de jeunes gens « qu'il avoit nourris pages, qui le mirent en pauvreté, car de tout son royaume il ne demeura roi que d'une ville, appelée Juda, et d'une autre, mais tout le reste se révolta ». Cette furieuse harangue se termine par un véritable appel à l'insurrection. Le roi, suivant le prédi-

1. L'orateur sacré faisait ainsi allusion à MM. de Faucon et de Merle (ou de Marle) que le roi envoyait fréquemment aux États pour leur faire entendre ses volontés.
2. Nous supposons que Bernard parle ici du président de Neuilly, bien qu'il attribue le propos « au sieur président » sans citer de nom. Peut-être s'agit-il du président du tiers état, La Chapelle-Marteau, prévôt des des marchands de Paris?
3. Ces violentes attaques du prédicateur contre M. d'O forcèrent le roi de le congédier avec Miron, le premier médecin. L'Estoile, qui place ce fait assez curieux sous la date du 4 décembre, c'est-à-dire le jour même où fut prononcé le sermon du théologal, dit que le roi « se disait fort importuné de ce faire par les députés des Estatz, c'est-à-dire par le duc de Guise, qui les connoissoit pour estre plus au roy qu'à lui ». T. III, p. 193. Miron, dans sa relation de la mort des duc et cardinal de Guise (*Arch. cur.*, t. XII, p. 121), prétend que le duc provoqua la disgrâce de Miron en disant de lui trop de bien à Henri III. Le soupçonneux monarque envoya son médecin à Paris porter des parements d'autel au couvent des Capucins. D'O rentra en grâce, après avoir fait ses soumissions au duc de Guise.

cateur, a bien fait de diminuer les tailles, sans quoi « il faut croire que le peuple, vexé de subsides extraordinaires, eût secoué le joug de son obéissance ».

Au fond, ce prêtre fanatique exprimait les véritables sentiments du tiers. Le conflit tournait à l'état aigu. Dès le 5 décembre, le lendemain du *Te Deum,* Bernard et Coussin, mandés par le roi, refusent de se rendre au château, « parce que l'honneur qu'on leur faisoit donnoit occasion à ceux qui ne savoient l'intégrité des deux députés d'en entrer en quelque doute [1] ». Dans sa séance du même jour, le tiers état reçut les trésoriers de France [2], qui, au nombre de trente-cinq, venaient, en compagnie d'un notaire, « pour faire quelques protestations » contre les accusations que les députés avaient dirigées contre eux. M. de Neuilly « prit le propos et leur fit entendre la faute qu'ils commettoient ; qu'ilz s'oublioient par trop en leur devoir et ne savoient pas l'honneur et le respect dû aux États ». Et les malheureux trésoriers, ayant essuyé cette rebuffade, se retirent avec leur notaire, non sans déposer sur le bureau du tiers un factum en trois feuilles, rempli de propos injurieux. Henri III, réduit à une véritable détresse, se fait de plus en plus humble ; il envoie dire au tiers par l'archevêque de Lyon, MM. de Rambouillet et Marcel, qu'il a un pressant besoin d'argent pour les armées du Poitou et du Dauphiné ; qu'en

---

1. D'après le *Procès-verbal,* le tiers état décide, le 5 décembre, de persister dans ses requêtes et d'en aviser la noblesse et le clergé. De son côté, le roi fait demander l'état des impôts dont la suppression est réclamée et l'indication des moyens qu'on propose pour faire face aux besoins de l'Etat. *Rec. de pièces orig.*, t. VII, p. 234.

2. Les États avaient décidé que les charges de trésorier général, grandement multipliées par les édits bursaux, seraient réduites au nombre ancien, c'est-à-dire à deux par élection (il y en avait dix en moyenne). Près de 300 trésoriers s'assemblèrent au couvent des Cordeliers et choisirent Scévole de Sainte-Marthe, homme très estimé, pour plaider leur cause devant les États. Sainte-Marthe se serait exprimé avec une grande vivacité, en accusant les députés de s'être fait élire par brigue et par cabale. Le tiers envoya le président de Neuilly se plaindre au roi, et Henri III adressa aux trésoriers une réprimande qui ressemblait à des félicitations. Voy. DE THOU, t. X, p. 436.

outre « son pourvoieur lui a déclaré qu'il quittoit l'entretien et fourniture de sa table, et que ses chambres lui avoient dit qu'ils quitteroient aussi le service et ne chanteroient plus qu'ils n'eussent leurs gages ». Le siège des députés influents continue, et les députés de Paris, considérés comme plus dangereux que les autres, sont l'objet d'obsessions multiples. Bernard, après avoir dîné le 8 chez le garde des sceaux, qui « sourit à lui fort chaudement », consent à s'entremettre pour amener au roi le président de Neuilly. Tous deux se rendent, le 9, au château, et trouvent le roi entouré de ses secrétaires Beaulieu, Revol et Marcel. Henri tenait à la main le petit discours prononcé par l'archevêque de Bourges, le 2 décembre précédent, et qui arrivait de l'impression. Le texte n'était pas conforme, paraît-il, à la teneur de l'allocution réellement prononcée, et le roi « s'émerveilla de ce que si impudemment l'on osoit écrire ce qui étoit contenu au dit discours, le sieur de Bourges ne lui en ayant dit un seul mot ». Puis le roi s'attendrit, dit « qu'il a reçu le matin son Créateur et qu'il jure sur la damnation de son âme que jamais roi n'eut si bonne volonté au soulagement de son peuple ». Il va plus loin, promet de rendre « son État à demi-démocratique » comme celui de Venise et offre d'avoir un coffre « duquel l'une des clefs lui demeureroit et l'autre aux États, sans l'avis desquels il juroit ne vouloir rien mettre sur son peuple [1] ». Cette fois, l'enchantement des députés fut complet et sans mélange. Le président de Neuilly, en racontant à ses collègues l'entrevue qu'il venait d'avoir avec le roi, versa de véritables larmes [2]. La Chapelle-Marteau proposa d'offrir au roi « mis à la besace » une aumône de 120,000 écus, mais en spécifiant que ces sommes étaient destinées à MM. de Nevers et du Maine

---

1. *Journal de Bernard*, p. 81.
2. « Ce rapport fut fait à ceux du tiers état avec un tel contentement que plusieurs en pleurèrent, mêmement ledit sieur de Neuilly, tant estoit-il satisfoit. » *Ibid.*, p. 83.

« pour être employées à l'entretènement des armées [1] ». Ces fonds seraient avancés par un certain nombre de députés, qui se rembourseraient sur les premiers produits des impôts de l'année 1589. Le tiers vota cette proposition et chargea son président de la notifier au roi. Mais, dès le 14 décembre, le tiers paraissait déjà disposé à revenir sur son vote, et l'on disait couramment qu'il ne s'agissait que d'une simple promesse de s'obliger qui n'engageait à rien. Et, de fait, personne ne s'occupa de réunir les 120,000 écus. Le roi, inquiet, envoya au tiers état, le 16 décembre, M. de Rambouillet pour demander la réalisation de la promesse de subside; mais l'envoyé royal faillit rester à la porte de la salle des délibérations, parce qu'il figurait sur la liste des *suspects*. On le reçut cependant, mais uniquement à cause de d'Espinac, l'archevêque de Lyon, qui l'accompagnait. Le prélat, en bon guisard, écouta béatement les doléances des députés et se chargea, sans se faire prier, de rapporter au roi le sentiment des États à l'endroit de « ceux qui possédoient S. M. au commencement de l'année et avoient tout perdu et dissipé ». Dans la même séance, le président du tiers, La Chapelle-Marteau, prévôt des marchands de Paris, fit le compte des sommes énormes gaspillées par les courtisans et réclama énergiquement l'épuration du Conseil du roi. Quant aux 120,000 écus, il exprima cet avis qu'il convenait de prélever sur cette somme 100,000 écus pour les armées de MM. de Mayenne et de Nevers. Cela revenait à dire que les États ne voulaient presque rien donner au roi et se souciaient peu de la pénurie de sa cassette. En outre, le tiers persistait à demander la constitution d'une Chambre de justice pour rechercher les financiers et partisans qu'on accusait d'avoir mis à sac le trésor public.

---

1. *Procès-verbal*, p. 234.

Ainsi le roi se trouvait placé entre un coup d'État et une abdication [1]. La duchesse de Montpensier montrait à toute la cour ses ciseaux d'or, destinés à tondre le moine Henri. Elle quitta brusquement Blois, sous prétexte d'accompagner Catherine de Clèves, duchesse de Guise, qui allait faire ses couches à Paris, et le roi crut qu'elle retournait dans la capitale afin de fomenter une nouvelle insurrection [2]. Le propre frère de Guise, le duc de Mayenne, faisait dire au roi par le colonel Ornano de se défier du chef de la Ligue. Dans une audience particulière, obtenue d'ailleurs à grand'peine, la duchesse d'Aumale donna au Valois les mêmes avis que Mayenne [3]. Une intervention énergique du maréchal d'Aumont, que Guise avait essayé en vain de gagner à sa cause, et qui déclara que le duc voulait se faire nommer connétable par les États; enfin l'audacieuse demande du gouvernement d'Orléans par Guise, achevèrent de porter au comble l'exaspération de Henri III; mais ce qui contribua peut-être plus que tout le reste à lui inspirer un acte de désespoir, c'est la crainte d'être ramené de force à Paris. Le cardinal de Guise conseillait à son frère d'aller occuper Orléans, tandis que lui-même enlèverait le roi et

---

1. L'assassinat du duc de Guise s'explique, à coup sûr, par les raisons politiques qui sont indiquées au texte, mais il peut avoir été décidé sous l'influence d'un état pathologique de Henri III. C'est le chancelier Cheverny qui a donné à l'historien de Thou de bien curieux détails sur la santé du dernier Valois. Il était, en hiver, sujet à des accès de bile, et alors il devenait intraitable pour ses ministres et ses serviteurs. « Je me souviens, écrit de Thou, que, quelque temps avant la mort du duc de Guise, comme je passais par son château d'Esclimont, au pays chartrain, pour me rendre à la cour, ce magistrat (Cheverny) me parla de ces humeurs du roi et me prédit que, si le duc continuait à pousser ce prince, il serait homme à le faire quelque jour *assassiner sans bruit dans sa chambre même, parce qu'on était dans une saison où il s'irritait aisément et où sa colère approchait fort de la fureur.* » T. X, p. 678.

2. De Thou, t. X, p. 445.

3. *Ibid.*, p. 444. L'Estoile ajoute avec plus de précision que Mayenne faisait allusion à un prochain attentat contre le roi (t. III, p. 196). D'Épernon écrivit aussi pour informer son maître d'une « conspiration contre sa personne ». Le bruit courait à la cour que « ce seroit le jour de Saint-Thomas ». L'Estoile confirme également la dénonciation faite au roi par la duchesse d'Aumale. T. III, p. 196.

le conduirait dans la capitale. Un courtisan apprit l'existence de ce projet de la bouche du sieur de Provenchères, domestique du duc de Guise, et alla aussitôt en informer le roi [1]. Mayenne, d'après certains historiens, aurait également appris au roi le but final du plan des ligueurs. Étienne Pasquier, qui constate ce fait grave, rapporte qu'il courut à Blois « un bruit sourd que l'opinion de M. de Guise estoit de ramener le roy à Paris, après la closture des Estats, et de disposer tellement les affaires qu'il ne l'en eust osé éconduire »; Pasquier assure « que ce fascheux bruit n'apporta de petits tintoüins en la teste du roy [2] ». Un violent entretien qu'eut le duc de Guise avec Henri III le jeudi 22 décembre, à l'issue de la messe, entretien qui dura jusqu'à midi, dissipa les dernières hésitations du roi [3]. Il prit, d'ailleurs, le temps de la réflexion, car, dès le 18 décembre, il avait tenu un conseil avec quelques courtisans dévoués : le maréchal d'Aumont, Nicolas d'Angennes, seigneur de Rambouillet, et Antoine de Brichanteau, sieur de Beauvais-Nangis [4]. Aucune résolution ne fut arrêtée ce jour-là; mais, le lendemain, dans un second conciliabule auquel prit part Louis d'Angennes, frère de Rambouillet, la mort du duc fut décidée. On reconnut également la nécessité de mettre la main sur le cardinal de Guise, le prince de Joinville, les ducs de Ne-

---

1. *Relat. de Miron.*
2. *Lettres de Pasquier*, livre XIII, lettre VI, édition d'Amsterdam in-f° de 1723, t. II, p. 371. Pasquier s'élève vivement contre le dessein des Guises de ramener le roi à Paris, « dans une ville où il avoit receu tel affront; et, à bien dire, ce n'estoit pas l'accompagner, ains mener en triomphe dans Paris ».
3. Voy. sur ce point la *Relation de Miron*, qui entendit le roi faire à la duchesse d'Angoulême le récit de cette dernière entrevue, où s'échangèrent de vives récriminations.
4. D'après DE THOU, qui n'avance rien à la légère, le roi aurait adressé à ses conseillers un long discours pour leur expliquer ses griefs contre le duc de Guise. Il dit notamment que Guise voulait se faire connétable, c'est-à-dire donner à la France un second roi; or il ne pouvait y avoir qu'un roi, de même qu'il n'y a qu'un soleil pour éclairer le monde : deux soleils brûleraient la France. T. X, p. 450.

mours et d'Elbeuf, et enfin sur le cardinal de Bourbon. Le secret fut si bien gardé que, le 22 décembre, les États députèrent auprès du roi pour lui demander la liste des membres du Conseil, ce qui constituait une provocation de plus, et Henri III leur fit répondre par M. de Marle que, le lendemain 23, tout le monde connaîtrait la volonté royale.

Aucun soupçon ne troublait la quiétude des États, et il faut lire le *Journal de Bernard* pour se rendre bien compte de la stupeur des députés du tiers, lorsque le grand prévôt de l'hôtel, François du Plessis de Richelieu [1], après le meurtre du duc de Guise et l'arrestation du cardinal son frère et de l'archevêque de Lyon, vint frapper à la porte de l'Hôtel de Ville de Blois, où le tiers état tenait ses séances [2].

« Le vingt-troisième (décembre), la Chambre étant assemblée tant pour la séance accoutumée que par exprès commandement du roi de nous trouver tous ledit jour, il vint un homme avertir notre président qu'il y avoit du bruit et émotion au château, que les ponts étoient levés et les soldats en garde. Cet avis fut confirmé par Crespy, messager de Dijon, lequel m'ayant fait aussi savoir qu'il y avoit du murmure et que les boutiques de la ville se fermoient, cela donna occasion de commettre le sieur de La Fosse, député de Caen, pour aller au château et nous rapporter la vérité; pendant que le sieur Duret, député de Moulins, fit son rapport de ce qu'il avoit été chargé de dire au clergé, touchant l'aliénation des biens de l'Église,

---

1. C'est le père d'Armand de Richelieu, le futur ministre de Louis XIII, qui était né en 1585.
2. Nous ne croyons pas utile de refaire ici le récit de l'assassinat du duc de Guise, qui se trouve dans toutes les histoires. On peut consulter sur ce drame extraordinaire les diverses relations insérées au t. XII des *Arch. cur.*, notamment celle de Miron. Voir aussi L'ESTOILE, t. III, p. 197; DE THOU, t. X, p. 469; D'AUBIGNÉ, 2ᵉ partie, col. 211; PASQUIER, livre XIII, lettre V, p. 366 du t. II de l'édit. d'Amsterdam; PALMA-CAYET, *Introd. à la Chron. nov.*, Coll. Michaud, 1ʳᵉ série, t. XII, p. 79.

M. Le Roy, d'Amiens, proposa qu'il falloit se retirer. M. de Neuilly dit qu'il ne falloit faire compte du bruit; que ce pouvoit être quelque mutinerie de laquais. Les autres, parlant sérieusement, proposèrent que nous ne devions bouger du lieu qui étoit l'asile d'assurance et une partie du corps de la France. Il advint qu'au fil de nos propos plusieurs soldats, armés de piques, hallebardes et arquebuses, se présentèrent à la porte de la salle, car nous n'avions voulu permettre que la première porte de la cour fût fermée; ils entrent avec furie et avec grand étonnement. Le grand prévôt entra des premiers, avec plusieurs, les épées nues, criant : « Tue! Tue! Tire! Tire! L'on a voulu tuer le roi et que les coupables de la conspiration étoient de la compagnie [1] ». Chacun fut ému et étonné, et furent plusieurs qui se départirent, de peur extrême. Je m'avançai pour parler et dire que le roi ne pouvoit permettre telle insolence si grande au mépris des États; mais les raisons peuvent peu parmi les armes! Lors ledit prévôt, nommé le sieur de Richelieu, prit un billet où étoient compris ceux que l'on disoit savoir l'entreprise mise en avant. Les sieurs de La Chapelle, de Neuilly, Compans, Orléans, Le Roy, Aurou, Du Vert et Du Vergier étoient au rôle, et, nonobstant toutes prières et remonstrances, furent emmenés lesdits sieurs de

---

1. On peut comparer au récit de Bernard la déposition faite le 24 juin 1585 par La Chapelle-Marteau devant MM. Michon et Courtin, chargés, à la requête de la duchesse de Guise, d'informer sur « les massacres commis à Blois ès-personnes des duc et cardinal de Guise ». On trouve l'information dans l'*Histoire des cardinaux* par Aubery, t. V, et le t. XII, 1re série, des *Arch. curieuses*, p. 188. La déposition de La Chapelle-Marteau concorde parfaitement avec le *Journal de Bernard*. Elle ajoute cependant quelques détails précis : « ... Environ entre huict et neuf heures du matin, entra le sieur de Richelieu, grand prévost de l'hostel, lequel demeurant à la porte dict : « Messieurs, personne ne bouge; l'on a voulu tuer le roy, il y a deux soldats qui sont pris. » Et lors la compagnie s'estonnant et quelques-uns se voulant lever, ledit grand prévost mit l'espée au poing, et, suivy de trente ou quarante, tant de ses archers que des soldats des gardes-françoises à pied, ayant la mesche sur le serpentin et les piques dressées contre la poitrine des députés, crians : « Tue, tue, mort-Dieu! tue! que personne ne bouge. »

La Chapelle, de Neuilly, Compans et Le Roy. Les sieurs Aurou et Du Vergier n'y étoient pas. Le sieur Du Vert se sauva [1]. Ce fut un grand crève-cœur à tous les députés de voir à leurs yeux leurs présidens et confrères traités avec tant d'indignité. Je pensois inviter la compagnie à les suivre, mais la force se fit donner place et n'eut la raison point de lieu. Nous fûmes réservés en notre chambre, et tôt après vinrent des particuliers qui nous dirent que M. de Guise, ayant été mandé au Conseil du roi et de là appellé au cabinet de S. M., avoit été tué par les Quarante-cinq ; l'on nous rapporta pareillement que M. le cardinal de Guise, le sieur de Lyon et autres avoient été tués. Jamais on ne vit un si grand étonnement. Le lieutenant de Blois me dit à part ces mots : *Actum est de Gallia.* »

Les archers du grand prévôt n'avaient pas même donné le temps aux députés arrêtés de prendre leurs manteaux et leurs chapeaux, et les avaient, sous la pluie qui tombait avec violence, « rudement et indignement » conduits jusqu'au château. Les portes en étaient fermées et des compagnies de Suisses et de gardes-françaises, rangées en bataille, gardaient les issues. On fit passer les prisonniers par un guichet, et on leur fit monter le grand escalier, à travers la foule des soldats et des courtisans. Terrorisés par le tragique événement, ceux-ci n'osaient plus reconnaître les députés de Paris. Dunes, qui avait avec La Chapelle-Marteau des relations familières, se trouvait sur son passage ; il ne l'honora pas d'un regard [2]. A l'entrée de la

---

[1]. D'après la déposition du prévôt des marchands, le grand prévôt aurait eu avec lui le dialogue suivant : « Vous êtes le premier accusé d'avoir voulu tuer le roy ; je dis vous, monsieur le président de Neuilly, monsieur Compans, monsieur d'Orléans, le président Du Verger, de Tours, Le Roy, lieutenant d'Amiens, et Du Vair... A quoy respondit le déposant qu'il louoit Dieu et qu'il espéroit que bientost son innocence seroit connue. » Conf. L'ESTOILE, t. III, p. 200.

[2]. *Information faicte par P. Michon et J. Courtin.* Déposition de La Chapelle-Marteau.

salle du Conseil, les députés rencontrèrent les Quarante-cinq qui affectaient un air triomphant; puis ils furent introduits dans la salle même où se trouvaient « grand'-partie de ceux qui avoient accoustumé d'assister au Conseil, estans debout, fort pasles et étonnez ». Le grand prévôt poussa la cruauté jusqu'à conduire ses captifs à la porte du cabinet du roi et les laissa là [1], dans la chambre royale, à deux pas du cadavre, qui était dissimulé par un tapis. Il y avait près de la porte « deux grands tas de sang fumant, et lors le président de Neuilly dit aux députés : Hé, mon Dieu! il y a quelque malheur icy [2] ». Les Quarante-cinq allaient et venaient, regardant les députés les uns après les autres. Un valet vint, sur ces entrefaites, avec un flacon d'argent rempli d'eau et un balai, pour effacer les taches de sang.... Telle était l'horreur du crime que les courtisans eux-mêmes ne pouvaient céler leur indignation. Devant Loignac, le chef des assassins, M. de Marle s'approcha des prisonniers et dit à La Chapelle-Marteau : « Je voudrais être à cent pieds sous terre ». Et, comme le prévôt des marchands ne comprenait pas, M. de Mauvissière lui demanda s'il avait vu le corps de M. de Guise.

---

1. Le cabinet du roi communiquait par une porte située à gauche avec la chambre royale. C'est en soulevant la tapisserie du cabinet que le duc de Guise avait reçu le premier coup de poignard. Voy. DE THOU, t. X, p. 470; L'ESTOILE, t. III, p. 199; le Martyre des deux frères, ARCH. CUR., t. XII, 1re série, p. 83.

2. Information, etc., Le Martyre des deux frères ajoute quelques détails curieux sur l'attitude du prévôt des marchands et de ses compagnons : « On les faict entrer en la chambre du massacre, où estans apperceurent le sang du prince martyrisé, et, s'estant enquesté M. le prévost des marchands de ce que pouvoit estre, l'un des enfants du père du mensonge, ennemy de toute vérité, luy dit que c'estoit une bouteille de vin espendue... Un autre, s'approchant du sieur prévost, voyant que de plus près il le regardoit et jugeoit que pour le certain c'estoit du sang, luy dit : Ne l'avez-vous point veu? Ledit sieur prévost luy respond : Qui? — L'autre réplique : Monsieur de Guise; il n'est pas à trois pas de vous, tout roide mort en ceste ruelle (montrant le lit du traistre Henry); il est couvert d'un vieux tapis. Lors, ledit sieur prévost s'approcha de M. le président de Neuilly et luy dit : « Monsieur, nous sommes morts; ils ont assassiné ce bon prince. »

— Comment! est-il mort? — Oui, répliqua de Mauvissière, le roi l'a fait mourir. » — Terrifié, La Chapelle-Marteau murmura seulement : « Voilà un pernicieux conseil ».

En réalité, les députés de Paris avaient lieu de concevoir de vives appréhensions pour leur sécurité personnelle. On eut l'attention sauvage de donner devant eux l'ordre à l'huissier Nambu d'aller faire immédiatement dresser des potences et des échafauds. Ce n'était là sans doute qu'une mystification funèbre. Sur le coup de dix heures, Larchant, capitaine des gardes, sortit du cabinet du roi, et, appelant un officier de sa compagnie, le sieur Hamilton, lui confia les prisonniers, avec défense de les laisser parler à personne. Sous l'escorte de douze gardes, ils furent d'abord menés dans une chambre basse, puis dans une autre pièce située au-dessus de l'escalier de la salle des États. Quatre archers et un exempt des gardes, nommé Duglas, restèrent pour les garder. A quatre heures, cet exempt vint inviter les députés à faire leur examen de conscience, car leur mort était décidée. C'est à ce moment que Costeblanche, échevin de la Ville de Paris, fut amené dans la prison, où se trouvaient déjà le prévôt des marchands et ses collègues. Tous priaient, à genoux.... Ainsi se passa la première journée : le lendemain à neuf heures, l'exempt Duglas leur annonça la mort du cardinal de Guise. Dans l'après-midi, l'un des capitaines des gardes et M. de Richelieu, le grand prévôt de l'Hôtel, les visitèrent et leur firent savoir qu'ils seraient interrogés par le garde des sceaux. Une grande chambre « en galletas qui estoit au-dessus » devait être préparée à cet effet pour l'interrogatoire, et ils remarquèrent qu'on y portait « grande quantité de bois ». En attendant, l'enseigne Hamilton vint les chercher, à six heures, en appelant d'abord le président de Neuilly. et on les conduisit de nouveau dans une chambre basse.

Ils y devaient rester jusqu'au vendredi suivant, 30 décembre. Alors on les mena « dans une chambre prochaine », et le prévôt des marchands raconte qu'ils y passèrent un mois. Le roi se donna le cruel plaisir de faire revenir La Chapelle-Marteau, séparé de ses compagnons, dans la première salle qu'ils avaient occupée « au-dessus de la viz de la salle des Estatz... pour aller en laquelle on le fit monter par une petite montée, le noyau de laquelle estoit tout ensanglanté. Et dès l'entrée de la chambre jusques au feu, la chambre estant petite, se voyoit la figure d'un corps, et en plusieurs endroits d'icelle force taches de sang, et sentent en icelle une fort grande puanteur comme de corps bruslez; dont se plaignant aux gardes, luy dirent que c'estoit où les corps des deffuncts sieur cardinal et duc de Guise avoient esté bruslez [1]. »

Pendant que son président était captif, que faisait le tiers état? Il avait d'abord manifesté l'intention de suivre

---

1. *Information des massacres commis à Blois...* L'Estoile n'est pas ici parfaitement d'accord avec La Chapelle-Marteau. Il écrit ce qui suit : « Le soir de ce jour (24 décembre) les corps du duc de Guise et cardinal furent mis en pièces par le commandement du roy, *en une salle basse du chasteau*, puis brûlés et mis en cendres : lesquelles après furent jettées au vent, afin qu'il n'en restât ne relique, ne mémoire. » D'après de Thou, « la nuit de la veille de Noël, on descendit les deux cadavres avec une corde dans la basse-cour du château où on les mit dans de la chaux qu'on avait préparée pour cela par le conseil d'un des chirurgiens du roi, afin qu'il n'en restât aucune trace ». T. X, p. 479. Une petite pièce, reproduite par les Arch. cur., t. XII, p. 144, et qui est intitulée *Advis de ceux qui ont esté à Blois*, etc., 1588, in-8°, donne des détails très précis sur la crémation des deux frères : « Le samedi sur le soir (*24 déc.*) estans les deux corps estendus sur le pavé *dans l'oratoire*, le Roy commanda que l'on posast celui du cardinal sur une couchette, en une petite chambre prochaine où il y avoit un matelas couvert de vert; et furent en telle sorte jusques après la feste de la Nativité du Seigneur, demeurant le corps du duc de Guise sur le pavé, estendu en mesme contenance qu'il estoit décédé, le poing en la bouche et l'autre main en derrière sur son poignard. Le *mercredi* (*28 déc.*) les deux corps furent portéz *en la grande salle* et consumez et réduits en cendres par feu avec chaux vifve et soulffre meslé, et les cendres jectées par les fenêtres. » Il est donc probable que les deux cadavres furent plusieurs fois changés de place avant l'incinération finale. C'est dans l'intervalle que la mère des Guises pria en vain le roi de lui rendre les corps des victimes pour les faire inhumer. Voy. sur ce point de Thou, *Ibid.*, p. 479.

en masse La Chapelle-Marteau et les autres prisonniers, mais M. de Richelieu avait coupé court à ce beau mouvement par une brutale injonction. Cependant personne n'empêcha les députés de quitter la salle de leurs délibérations et de se répandre dans la ville. Seulement, les portes du château et l'accès du pont étaient gardés. Il fut aisé aux membres du tiers de savoir la vérité sur la fameuse conspiration qui avait servi de prétexte à l'arrestation du prévôt des marchands, ainsi que sur le sort du duc de Guise et de son frère le cardinal. Les deux autres ordres n'étaient ni moins émus, ni plus rassurés. Aussitôt après le coup de force exécuté par le grand prévôt de l'Hôtel, M. de Bauffremont-Senecey, président de la noblesse, manda Bernard et Coussin. Il leur fit part de sa douleur, « car les plus sages et résolus ne savaient que dire [1] ». Quant à l'avocat de Dijon, il éprouvait de telles appréhensions qu'il soupa avec messieurs d'Autun et de Charolais et coucha dans la même chambre qu'eux. Le soir, on fit défense aux députés par cri public de sortir de Blois. Il fallut tenir séance le 24 au matin, sur l'ordre formel du roi. M. de Rostaing et le président de Ris [2] vinrent, de sa part, rassurer les députés et, en même temps, leur enjoindre d'effectuer le dépôt des cahiers avant le 8 janvier 1589. Les délégués du roi, faisant allusion aux arrestations qui avaient si fort ému la compagnie, déclarèrent que si Sa Majesté « en avoit tiré quelques-uns, il ne falloit point penser que ce fût pour diminuer la liberté que l'on doit avoir, mais parce que iceux n'avoient apporté la volonté qu'ils devoient ». Après le départ des deux hommes de cour, on prit la résolution de se concerter avec le clergé et la noblesse pour clore les cahiers et aller demander la liberté des députés captifs. Les trois ordres tombèrent

---

1. *Journal de Bernard.*
2. Faucon, sieur de Ris, président au Grand Conseil.

d'accord à l'instant, et chacun d'eux nomma une délégation de six membres pour aller trouver le roi [1]. Mais les députés ne purent arriver jusqu'au prince. M. de Marle leur barra le passage, en disant « que le roi ne les pouvoit ouïr et que, si l'on vouloit parler aussi pour le cardinal de Guise, il étoit mort ». La délégation insista en vain, et M. de Marle lui enjoignit de se retirer.

On n'était plus au temps où les États se croyaient tout permis et envoyaient au roi des sommations, plus ou moins respectueuses; la crainte de provoquer la mort du prévôt des marchands et de ses collègues étouffait maintenant toute velléité de résistance. Cependant le tiers n'alla pas jusqu'à ratifier le coup d'État sanglant qui venait de se produire. Le 28 décembre, le procureur général au Parlement, Jacques de la Guesle, et le sieur d'Espesses, avocat du roi, s'étaient présentés dans la salle des délibérations, pour inviter le tiers à insérer au cahier général « quelques articles concernant le crime de lèse-majesté, à ce que, ceux-ci étant connus, l'on prît garde à ne pas se méprendre et tomber en semblable faute ». Dans l'assemblée du lendemain matin, le tiers refusa net l'insertion de ces articles, « d'aultant que ledit cahier ne comprenoit que les plaintes et doléances du peuple ». Henri III eut beau donner aux députés l'ordre formel d'insérer les articles, en invoquant cet argument que la plupart d'entre eux avaient déjà figuré au cahier général des derniers États de Blois; il eut beau employer la séduction et la menace, le tiers état, après avoir pris l'avis du clergé et de la noblesse, décida, dans la séance du 3 janvier 1589, « que les articles du crime de lèse-majesté ne seroient insérés au cahier général, mais que l'on se tiendroit aux

---

[1]. C'est l'indication donnée par Bernard. Toutefois le procès-verbal du tiers état porte que la délégation du tiers se composait seulement de quatre personnes, à savoir MM. de La Fosse, Martin, Descaffort, Liberge.

ordonnances et coustumes des provinces faites pour la punition dudit crime ». Il refusa aussi d'entrer en conférence avec MM. du Conseil du roi sur le fait des finances et sur les cahiers, bien que le roi eût réclamé le 31 décembre l'envoi de quatre ou six députés, par l'intermédiaire d'une grande ambassade où figuraient le cardinal de Vendôme, le cardinal de Gondy, le maréchal de Retz, le garde des sceaux et MM. de Rambouillet, d'O, de Ris et de Petremol. Bernard avait répondu à tous ces hauts personnages en déclarant qu'il ne devait pas y avoir d'intermédiaires entre le roi et les États généraux; et quant aux subsides que demandait la cour, il était difficile de traiter la question en l'absence des hommes les plus compétents. C'était une allusion audacieuse à La Chapelle-Marteau et au président de Neuilly. D'ailleurs, l'orateur du tiers demanda formellement à la délégation royale « d'intercéder vers Sa Majesté pour ses confrères détenus et arrêtés et faire en sorte qu'ils fussent conservés et remis en liberté, tant en leurs personnes qu'en leur renommée ». On ne fit que rire de l'éloquence emphatique du cardinal de Vendôme, qui avait pris pour texte de sa harangue *Hannibal ad portas*.

Tout se préparait pour le départ, et les députés, dès le 29 décembre, avaient alloué au concierge de la salle une gratification de 44 écus et une autre de 20 écus pour le salaire du greffier et de ses aides. Le 4 janvier, tout le tiers état alla prendre le clergé à l'église des Jacobins, puis présenter au roi le cahier général, dont la minute était signée par les présidents des douze provinces. L'archevêque de Bourges parla pour le clergé, M. de Brissac pour la noblesse et Bernard pour le tiers état. A lire le discours de Brissac, il serait difficile de reconnaître l'un des acteurs les plus fougueux de la journée des Barricades, l'ami intime du duc de Guise, celui que le roi avait fait arrêter en même temps que les députés parisiens et n'avait relâché qu'à grand'peine. Rien de plus incolore et de plus plat que sa harangue. Celle de l'orateur du tiers état fut, au contraire, pleine d'énergie et de force. Elle traçait un sombre tableau du royaume de France et dénonçait formellement les concussionnaires. « Il est temps, dit-il au roi, de comprimer l'éponge trop remplie. Le secours sera prompt et facile, parce que les deniers ne sont hors du royaume, ni en Allemagne ou à la banque de Venise : ils sont aux coffres de quelques particuliers qui, abusant de vos grâces et faveurs, se sont enrichis et élevés successivement. » Il pria le roi, au nom du tiers état, de lui permettre de se séparer et déclara en terminant « que ses collègues lui avoient donné charge expresse de supplier S. M. qu'en continuant sa clémence et bonté ordinaires, il lui plaise mettre en liberté ses confrères détenus et arrêtés, et les rendre à la compagnie du tiers état entiers de leurs personnes et réputation ». Fort embarrassé, le roi essaya une justification timide de l'assassinat du duc de Guise, disant « que quelques choses étoient avenues ces jours passés à son regret, mais que, contre son naturel, il avoit esté forcé de ce faire et qu'il n'y avoit aucun de ses sujets hors de passion qui, mettant la main à la conscience, ne dît que ce qui a été fait l'a été justement, *et qu'il ne pouvoit faire autrement* ». Il fallait bien répondre enfin aux prières des députés tendant à l'élargissement de La Chapelle-Marteau et de ses collègues. Henri III s'en tira par cette déclaration vague : « Quant aux prisonniers, je ne puis, pour le présent, accorder vos requêtes, mais je ferai toujours paraître ma bonne clémence. » C'était, du moins, la vie sauve pour les captifs.

La tragi-comédie des États de Blois était terminée. Personne n'y avait rien gagné : ni la Ligue, qui avait perdu ses deux puissants chefs, ni le roi, que son attentat avait rendu odieux à la grande majorité de la nation. Le 14 janvier 1589, le lit de justice de clôture s'ouvrit à midi dans la grande salle du château. On entendit encore deux interminables harangues de l'archevêque de Bourges et du comte de Brissac, si bien que, « la nuit approchant », Bernard dut remettre au lendemain le discours qui résumait « les plaintes et doléances du tiers état ». Il s'en acquitta fort bien, si l'on en croit son témoignage. Après quoi, le roi permit aux députés de prendre congé et fit lire les réponses préparées d'avance à certains articles des cahiers. Les députés du tiers se réunirent une dernière fois, le 17 janvier, à huit heures du matin. Louis Bourdin, député de Paris, remercia Bernard de ses courageux efforts, au nom de la députation de Paris et de l'Ile-de-France. Unis dans la même pensée douloureuse, les députés nommèrent encore une députation pour réclamer la mise en liberté du prévôt des marchands et des autres prisonniers, pour présenter au roi les articles omis ou altérés dans le cahier général et requérir la taxe des députés. Mais le roi n'avait garde de rendre ses otages. Bernard, qui avait accepté la mission « de porter le propos, quoiqu'il fût périlleux d'en parler davantage », ne craignit pas cependant d'aborder Henri au sortir de la messe et de lui soumettre sa requête. Le roi « fit réponse qu'il y aviseroit et que c'étoit une affaire d'État où il vouloit penser de près ». Tristes et découragés, les députés rentrèrent dans la salle des délibérations et se firent leurs adieux, « avec beaucoup de regret des choses passées et appréhension des périls et troubles prochains; plusieurs avoient la larme à l'œil et disoient que leur séparation auguroit que la France s'en alloit séparée ».

En effet, il y avait de quoi pleurer sur la France. La guerre civile, l'anarchie, le fanatisme, tous les fléaux, tous les crimes semblaient se conjurer contre elle. Les astrologues prédisaient que le monde allait s'abîmer [1]. En frappant le duc de Guise, « le roi de Paris », Henri III avait cru décapiter la rébellion, et voilà qu'à un chef de grande race, non moins diplomate que général, la Ligue allait substituer le furieux élan des foules et la féroce énergie de moines sans scrupules. La vieille Catherine elle-même n'était plus là pour amortir les haines. Déjà malade, au moment des exécutions des 23 et 24 décembre, l'émotion de l'assassinat des Guises l'avait achevée (5 janvier 1589). Cette femme, qui avait gouverné la France sous quatre rois et dont les yeux impassibles étaient restés secs devant tant d'horreurs et tant de crimes, ne put supporter la sénile colère et les apostrophes indignées du cardinal de Bourbon, lui aussi prisonnier du roi. D'ailleurs qu'eût-elle pu faire, si elle avait survécu? Malgré les vraisemblances, le peuple, surtout celui de Paris, l'accusait « d'avoir donné consentement et occasion à la mort des deux princes lorrains. Et disoient les Seize que si on apportoit le corps à Paris, pour l'aller enterrer à Saint-Denis, au sépulcre magnifique que, de son vivant, elle avoit basti à elle et au feu roy Henri son mari, qu'ils le traîneroient à la voirie ou le jetteroient dans la rivière [2]. » Vivante, celle qu'hier encore on appelait la « Junon de la Cour » n'eût pas reçu de la capitale un meilleur accueil, et elle se serait vainement efforcée de réconcilier Paris et le roi...

Henri III avait dit : « Morte la bête, mort le venin », mais, comme dit Pasquier, la queue de la bête était longue. Laissé sans argent par les États, qui, deux jours avant de se séparer, lui avaient interdit même d'aliéner les biens

---

1. Voy. PALMA-CAYET, *Introd. à la chronol. novenaire.* PASQUIER (livre XIII, lettre VI) cite les vers de Nostre-Dame (dans ses centuries de 1553) :

> Paris conjure un grand meurtre commettre :
> Bloys lui fera sortir son plein effect.

2. L'ESTOILE, t. III, p. 233.

du domaine, il était aussi presque sans soldats. A la suite de l'assassinat des Guises, l'armée du duc de Nevers s'était débandée, ne voulant plus servir l'assassin, et le général était revenu seul à la cour. Orléans avait forcé le maréchal d'Aumont d'évacuer la place. Charles VII un moment avait été le *roi de Bourges;* Henri III n'était plus que le *roi de Blois.* Il allait se diminuer encore en se faisant le geôlier du prévôt des marchands, de l'archevêque de Lyon, du prince de Joinville et du duc d'Elbœuf, dont la captivité gênait l'audace de la rébellion ligueuse.

Si maintenant on jette un coup d'œil en arrière pour résumer le rôle des députés parisiens aux États généraux de Blois, on arrive à cette conclusion qu'ils ne brillèrent ni par leur éloquence, ni par leurs lumières, ni par leur énergie. Président élu du tiers état, chargé de le diriger par une tradition séculaire, le prévôt des marchands, La Chapelle-Marteau, ne fut qu'un médiocre auxiliaire de l'ambition des Guises. On chercherait vainement dans ce personnage effacé l'étoffe et les grandes vues d'un successeur de Marcel. Le président de Neuilly, Jean de Compans, Nicolas Auroux, Louis Bourdin, Louis d'Orléans, ses collègues de la députation parisienne, pour le tiers état, pâlissent comme lui à côté de la grande victime du drame de Blois. Les députés de la noblesse et du clergé, pour la Ville, prévôté et vicomté de Paris, font encore plus mince figure dans la lutte contre Henri III; on ne trouve aucune trace de leur action dans le procès-verbal des États. Un seul homme, en dehors des princes, montre quelque initiative et dépasse de la tête tous les agents de la Ligue; c'est Étienne Bernard, député de Dijon. Par son honnêteté, son courage, son éloquence, il réussit un moment à intimider le roi, qui le ménage et le respecte. C'est Bernard qui ose, après l'assassinat des Guises, refuser, au nom du tiers, d'entrer en délibération avec le Conseil « sur le fait des finances », et réclame à plusieurs reprises la mise en liberté des députés parisiens. Il eût mérité de présider le tiers état et de tenir la place du prévôt des marchands. Quant à La Chapelle-Marteau, il n'apporta, dans ces circonstances tragiques, qu'un petit esprit et de petits moyens ; alors qu'il aurait pu parler au nom d'un grand peuple et s'ériger en redresseur des abus criants de la monarchie des Valois, il ne fut que le plat valet des Guises et l'une des causes de leur fin sanglante par ses basses adulations, par ses conseils provocateurs. Il n'eut ni la grandeur du vaincu, ni l'audace du roi meurtrier. Ayant pu être un tribun ou un réformateur, il ne fut qu'un comparse, un otage vulgaire auquel on laissa la vie, par dédain.

Désormais l'intérêt n'est plus à Blois, mais à Paris, où la Ligue va installer le quartier général de l'insurrection. Certes, ce n'est pas uniquement la municipalité parisienne qui se chargera à elle seule d'organiser la résistance ; mais, à côté des prédicateurs, à côté de l'ambassadeur d'Espagne Mendoza, elle jouera néanmoins un rôle considérable dans les préparatifs de la lutte. Tout en gardant prisonnier le prévôt des marchands, Henri III commit une grande imprudence. Pour essayer de se concilier les Parisiens, il leur renvoya, vers la fin de décembre, les échevins Compans et Costeblanche, qui avaient d'abord été arrêtés, et il se contenta de leur faire jurer de servir ses desseins. C'était Claude Marcel (l'ancien prévôt des marchands de 1570, dont nous avons dit les états de service lors de la Saint-Barthélemy), c'était Claude Marcel qui avait reçu du roi la mission de reconduire les échevins mis en liberté et de ménager une transaction avec l'Hôtel de Ville. Compans et Costeblanche oublièrent de suite leurs serments, et les confesseurs de la Ligue ne manquèrent pas de les en délier. Quant à Marcel, il perdit toute son influence en devenant l'homme du roi : mais ce qui prouve bien que le soulèvement de Paris ne fut pas immédiat, c'est que les meneurs ne repoussèrent pas violemment les ouvertures du souverain et députèrent à Blois Pierre le Maître, président aux enquêtes, afin d'amuser le roi et de surveiller ses actes.

Il faut se transporter maintenant dans la capitale pour voir à l'œuvre les meneurs de la Ligue, moines, princes, bourgeois, agents de l'Espagne ou du pape, et suivre de près l'organisation et les péripéties de la lutte suprême contre le dernier des Valois.

CHAPITRE VII

PARIS RÉGICIDE

(Depuis l'assassinat des Guises jusqu'à l'assassinat du Roi.
23 décembre 1588 — 2 août 1589.)

Le duc de Guise avait été assassiné dans la matinée du 23 décembre 1588. Dès le 24 au soir, la fatale nouvelle était apportée à Paris, mais pas par les courriers de Henri III, bien que le roi eût pris des mesures pour avertir immédiatement les fonctionnaires dévoués qu'il comptait dans les principales villes. En cette circonstance, la haine fut plus diligente que le zèle officiel, et les chefs de la Ligue apprirent le drame de Blois avant les autorités régulières de la capitale [1]. Ils profitèrent de cette avance pour organiser sans délai l'insurrection, mirent sur pied les dizaines, déployèrent « leurs vieux drapeaux et commencèrent à crier *Au meurtre!* au feu! au sang! et à la vengeance [2] ». On se saisit de toutes les portes et des positions stratégiques de la Ville; un émissaire fut dépêché immédiatement au duc d'Aumale, qui faisait ses dévotions au couvent des Chartreux, pour le prier de rentrer dans Paris; enfin, l'on mit garnison chez les principaux membres du parti royaliste [3]. Dans la nuit du 24 au 25, les ligueurs de

---

1. PALMA-CAYET, *Chron. nov.*, livre Iᵉʳ. DE THOU, t. X, p. 487. PASQUIER, *Lettres*, livre XIII, lettre IX.
2. L'ESTOILE, t. III, p. 202.
3. PALMA-CAYET dit que les partisans du roi étaient appelés « *politiques*

marque tinrent conseil chez le duc d'Aumale et prirent la résolution de s'emparer de la capitale, sauf à s'inspirer ensuite des circonstances [1]. Il ne paraît pas que les royalistes aient essayé de résister sérieusement. Prévenus plus tard que les ligueurs, ils perdirent encore du temps à se consulter, tandis que leurs adversaires descendaient dans la rue [2]. L'Estoile affirme, un peu légèrement peut-être, que les royalistes, « mesme les premiers de la justice », eussent été les plus forts, s'ils s'étaient décidés à agir ; mais ils se laissèrent intimider et montrèrent leurs craintes, si bien que les mutins, « voians qu'ils avoient peur d'eux, leur sautèrent au colet et, aians pris les armes pendant qu'ils consultoient, ce qui devoient avoir jà fait, frappèrent les premiers et par ce moien obtinrent l'avantage et la victoire, laquelle, en toutes révoltes et séditions populaires, demeure à ceux qui entreprennent les premiers ».

Ainsi maîtres de Paris sans combat, les membres du conseil de la Ligue (qui avaient à leur dévotion Roland et Desprez, les seuls magistrats municipaux restés en fonction à l'Hôtel de Ville depuis l'arrestation de La Chapelle-Marteau, Compans et Costeblanche) employèrent la nuit du 24 décembre à rédiger, sous le nom de la Ville, des lettres et circulaires à différentes cités et à plusieurs grands personnages qu'il était important de se concilier.

Une formule collective paraît d'abord avoir été arrêtée pour informer les villes fidèles à l'Union de l'assassinat du duc de Guise et les grouper autour de la capitale. C'est la circulaire intitulée « A plusieurs villes [3] » ; mais d'autres

---

et ont esté appelez depuis *catholiques royaux*, à différence des catholiques liguez, qui se qualifièrent du tiltre de *catholiques unis* ou *de l'Union* ». L'Estoile emploie également les expressions de *royaux* et de *politiques*.

1. De Thou, *Ibid*.
2. « Soudain qu'ils eurent advis de la mort des deux frères, la révolte fut générale... » Pasquier.
3. Nous croyons inutile d'en reproduire le texte, d'autant qu'il a été imprimé dans les *Preuves* de Félibien, t. V, p. 449, et réimprimé par

lettres furent adressées par des émissaires spéciaux à quelques cités importantes [1], ou à des princes du parti catholique. Le duc de Lorraine, par exemple, fut honoré d'une communication datée du 24 décembre *à minuit* [2]. Dans cette nuit terrible du 24 au 25, la stupeur fut indicible. De Thou affirme que personne ne dormit; les prédicateurs eux-mêmes étaient si étourdis du coup qui venait de frapper la faction, qu'ils ne semblaient pas songer à la vengeance; les politiques se demandaient avec angoisse comment le roi allait faire face au prochain réveil de la colère publique. Ce calme, précurseur des tempêtes, dura encore pendant la matinée du 25, jour de Noël; toute la population était rassemblée dans les églises. Mais, dans l'après-midi, les prédicateurs commencèrent à déclamer contre les assassins du chef de la Ligue [3], et les meneurs du

---

H. MARTIN, t. X; p. 118. Toute la circulaire se résume, d'ailleurs, dans les phrases suivantes : « Nous travaillons icy tant que nous pouvons; nous nous assurons que vous ne ferez pas moins de vostre côté. C'est à cette fois ou jamais qu'il se faut aider... Autrement nos ennemis sont au-dessus de leurs affaires. » REG. II, 1789, f° 212.

1. C'est ainsi que les échevins de Paris écrivirent à « Messieurs les colonels de la ville de Rhodez » une lettre qui débute ainsi : « Vous avez entendu la tragédie jouée à Blois, tant contre les députez de tout ce royaume que particulièrement à l'encontre de ceux qui se seroient opposez vaillamment aux perturbateurs de cet Estat... » REG. H, 1789, f° 214. FÉLIB., *Preuves*, t. V, p. 449.

2. Voici cette lettre, qui a son intérêt. (Cf. FÉLIB., *Pr.*, t. V, p. 449.)
« MONSEIGNEUR. Vous entendrez par la despêche de monseigneur d'Aumale le malheureux acte commis en la personne de monseigneur de Guise, ainsi que nous l'avons entendu *par deux courriers présentement arrivez*. Cette nouvelle nous a réduits en telle perplexité et affliction que nous ne vous en pouvons rien représenter, mais que nous connoissons qu'il ira de la perte ou conservation de nostre religion et de tout ce qui nous est de plus cher en ce monde. Nous aurons recours à Dieu et à tout ce qu'il nous a donné de meilleur, pour de tout nostre cœur embrasser sa querelle et la nostre. En telle querelle, sa divine bonté nous a toujours assistez des princes de vostre nom. Nous nous assurons, de vostre costé; de nous aussi il vous plaira faire estat. De Paris, le 24 décembre, à minuit, 1588. » REG. *Ibid.*, f° 1.

3. Ce fait est attesté nettement par PALMA-CAYET : « Les prédicateurs de la faction des Seize, *en leurs prédications qu'ils firent le jour de Noël*, incitèrent tellement le peuple à la rébellion que, dez le lendemain, contre le gré de messieurs de la Cour de Parlement, en une assemblée qu'ils firent en l'Hostel de Ville, ils esleurent M. d'Aumalle pour gouverneur de Paris... » *Chron.*

parti, se voyant absolument maîtres de la situation, résolurent de se mettre en état de rébellion ouverte. Le lendemain après les vêpres, ils assemblèrent leurs partisans à l'Hôtel de Ville et forcèrent le premier président de Harlay et le président Augustin de Thou [1] à se rendre à la séance. Toute discussion sérieuse paraissait impossible, tellement étaient bruyantes les vociférations des factieux, qui cherchaient évidemment à provoquer les magistrats et à faire naître l'occasion de les mettre en pièces. Cependant l'échevin Jean Roland, dont la réputation de violence était bien établie et qui, peu de temps auparavant, avait été arrêté avec Pierre Belloy par ordre de Henri III, Jean Roland fit signe qu'il voulait parler et réussit à obtenir le silence. Il en profita pour prononcer une harangue dont le but était d'exhorter les assistants à s'unir pour la défense de la religion et de la liberté, et à ne faire qu'un seul corps sous la main d'un chef digne d'assumer une tâche aussi importante. Il conclut en proposant de nommer le duc d'Aumale gouverneur de Paris. Cette motion fut accueillie avec un vif enthousiasme ; le peuple, qui avait forcé les portes de l'Hôtel de Ville, poussait d'étourdissantes clameurs, et, comme il faut des jouets sanglants à ces foules déchaînées, quelques fanatiques portaient déjà la main sur les deux magistrats quand l'intervention du duc d'Aumale les sauva.

Les Seize, qui venaient de faire nommer un gouverneur de Paris, usurpant ainsi sur les prérogatives du roi,

---

nov., chap. Ier. Les prédicateurs n'attendirent donc pas le 29 décembre pour rompre le silence, comme le dit M. Ch. Labitte, *De la démocratie chez les prédicateurs de la Ligue*, p. 43.

1. Oncle de l'historien Jacques-Auguste de Thou, qui a donné un dramatique récit des insistances faites auprès des deux magistrats par leurs amis pour les décider à ne pas se rendre à l'Hôtel-de-Ville, où l'on pensait qu'ils trouveraient la mort. C'est le président de Thou qui conseilla au premier président de répondre, comme lui-même, à la convocation menaçante des ligueurs, en disant qu'ils ne trouveraient jamais l'occasion de mourir plus glorieusement. De Thou, t. X, p. 488.

commirent une seconde illégalité en reconstituant la municipalité parisienne par des élections non moins irrégulières que les précédentes. Une autre assemblée générale [1] nomma les sieurs Drouart, avocat, Crucé, le fameux procureur au Châtelet, et de Bordeaux, marchand, pour tenir la place du prévôt des marchands La Chapelle-Marteau, et des eschevins Compans et Costeblanche, qui étaient les prisonniers du roi [2]. L'Hôtel de Ville affirma immédiatement sa résurrection en adressant force mandements aux officiers municipaux et en se plaçant humblement sous l'autorité des Seize et du duc d'Aumale [3], entre les mains duquel les nouveaux élus prêtèrent serment. Dès la date du 28 décembre, on trouve d'ailleurs dans les *Registres de la Ville* des ordres qui portent cette formule : « *De par monseigneur le duc d'Aumalle, gouverneur de ceste ville de Paris, et les Prévost des marchans et Eschevins de ladicte Ville.* » Ainsi s'opère la fusion, jusque-là inconnue, de l'exécutif et du délibérant. L'Hôtel de Ville n'est plus qu'un organe du gouverneur de Paris, agent lui-même des conseils occultes de la Ligue.

Certes, il est difficile de donner une idée nette et précise du nouveau pouvoir qui va dominer Paris, par cela

---

1. Cette assemblée générale se tint le 5 janvier 1589. Les *Registres* constatent que les nouveaux élus « vacqueront aux affaires de la Ville pendant la détention du prévost des marchands et deux échevins », mais qu'ils n'auront pas *qualité d'échevins* et ne porteront robbes de livrée. Félib., Pr., t. V, p. 452. Les mandements de convocation, datés du 4 janvier, convoquent les quartiniers « pour eslire et commettre un prévôt des marchands et deux eschevins pendant la rétention de ceulx qui sont absents jusques à leur retour ». Reg. H, 1789, f° 229.

2. Palma-Cayet, *Chron. nov.*, chap. I. *Dialogue du Maheustre et du Manant*. Cette source présente une autorité spéciale pour la période qui nous occupe, surtout si, comme on l'a souvent prétendu, le dialogue a pour auteur l'échevin Roland. Cf. *Preuves de la Satyre Ménippée*, t. III, p. 367, édit. de Ratisbonne de 1752.

3. Dès le 26 décembre, un mandement du Bureau de la Ville, signé le *Prévost des marchands et Eschevins de la Ville de Paris*, invite les conseillers de la Ville à se rendre le lendemain à la maison commune pour désigner une délégation chargée « d'assister au Conseil qui se tiendra près la personne de monseigneur le duc d'Aumale ». Reg. H, 1789, f° 214.

même que le mécanisme en est modifié à toute heure par les circonstances. « Tout le bâtiment des Seize, dit l'auteur anonyme du *Dialogue du Maheustre et du Manant*, a ressemblé à l'entreprise de la Tour de Babel. » Ce n'est guère qu'en suivant l'ordre chronologique qu'on peut atteindre, à cet égard, la vérité historique. Déjà, nous avons essayé de retracer la genèse, pour ainsi dire, de ce fameux comité des Seize [1], qui au fond a toujours compris plusieurs comités. Les événements de Blois lui firent subir une transformation nouvelle. Aussitôt après la nomination du duc d'Aumale en qualité de gouverneur de Paris et la reconstitution de la municipalité parisienne, les meneurs du parti « firent élire *par le peuple* [2] un *Conseil général de l'Union des catholiques*, composé des trois Estats, gens de bien et de créance [3] ». Ce Conseil général ne s'attribuait pas une moins haute mission que celle « d'ordonner des affaires de l'État et recevoir en conférence toutes les provinces et villes catholiques, les députés desquelles avoient séance et voix délibérative audit Conseil ». Un de ses premiers soins fut de décerner au duc de Mayenne, alors en Bourgogne, le titre de lieutenant général de l'État et couronne de France. Mais la composition du Conseil général de l'Union ne semble pas avoir été définitivement fixée avant l'arrivée de Mayenne à Paris; et cette arrivée n'eut lieu que le 12 février 1589. Jusque-là, l'administration de Paris paraît avoir été confiée aux échevins, titulaires et provisoires, auxquels le duc d'Aumale adjoignait quatre ou six conseillers de Ville, désignés chaque semaine [4].

1. « On dit que les Seze, des plus séditieux de Paris, gens de basse condition, y ont empiété toute authorité et puissance, que l'on appelle le *Conseil de Seze*. C'est une vraye anarchie... » Pasquier, Lettres, livre XIII, l. IX, p. 379.
2. Il va sans dire que cette élection *par le peuple* fut absolument fictive, et que les membres du Conseil général de l'Union n'étaient que les créatures des comités insurrectionnels.
3. *Dialogue, etc.*, p. 453.
4. C'est ce qui résulte d'un procès-verbal tiré des Registres et qui porte

La force principale de l'organisation nouvelle résidait d'ailleurs dans les comités de quartiers. « Au mesme temps, l'on establit des conseils particuliers en chacun des seize quartiers, composés chacun de *neuf* personnes notables, esleues par chacun quartier, en intention de veiller chacun en son quartier sur tout ce qui s'y faisoit, et en advertir le prince et les magistratz pour y donner ordre selon les occurrences. Quand le Conseil général fut establi, les *Seize*, de jour à autre, rapportaient l'estat de la ville et des provinces de la Ligue, desquelles ils avoient advertissement par la praticque qu'ils avoient observée auparavant les Barricades [1]. » Ainsi : un gouverneur de Paris, le duc d'Aumale, un Conseil général sur le papier, un Bureau de la Ville, complété par une adjonction de quatre ou six conseillers de Ville qu'un roulement renouvelait chaque semaine, seize quartiniers et seize comités de neuf membres, telle était la composition du gouvernement insurrec-

---

la date du 27 décembre 1588 : « .... A été advisé et conclud que l'on laissera en la liberté de monseigneur le duc d'Aumalle, gouverneur de ladite ville, et desdictz sieurs eschevins, de appeller *par chacune huitaine* quatre ou six desdictz sieurs conseillers, qui se rendront assiduz pour assister au Conseil de ladite ville, selon qu'ilz adviseront. » Reg. H, 1789, f° 213. Le Bureau de la Ville, ainsi complété, était un rouage nouveau que le procès-verbal du 16 février 1589 qualifie de « Conseil particulier de la Ville ».

1. *Dialogue*, etc. De Thou écrit de son côté : « Après s'être donné un gouverneur à leur dévotion, ils avoient mis à la tête des seize quartiers de Paris seize personnes tirées de la lie du peuple, tous gens ruinés ou qui avoient sujet d'appréhender la rigueur de la justice. C'étoient *les Seize* qui étoient chargés de sonder les dispositions des bourgeois de cette capitale. » T. X, p. 511. Nous croyons que la version du dialogue et celle de l'historien de Thou peuvent aisément se concilier. Chaque quartier avait un comité, et le chef de ce comité était, à coup sûr, le quartinier établi par la Ligue. La délibération du 18 février, sur laquelle nous reviendrons, fait une allusion formelle « au *conseil* establi en chacun des seize quartiers », et, d'autre part, elle se termine par un mandement « aux *quarteniers* de se trouver au bailliage du palais avec les colonels, capitaines, lieutenans, enseignes, cinquanteniers et dizeniers.... » Félibien, *Pr.*, t. V, p. 457. Le *dialogue* lui-même rapporte d'ailleurs tous les noms des Seize : « Le premier desquels est de La Bruyère, en après Crucé, et puis suivent Bussy Le Clerc, le commissaire Louchart, de la Morlière, Senault, le commissaire de Bart, Drouart, avocat, Alvequin, Emonnot, Jablier, Messier, Passart, colonel, Oudineau, Le Tellier et Morin, procureur au Chastelet. »

tionnel) avant l'arrivée de Mayenne. Voyons maintenant ses moyens et ses actes, dans cette sorte d'interrègne démocratique qui laisse le champ libre aux couches inférieures de la faction cléricale.

A en juger par les textes, la municipalité ligueuse, à la fin de 1588 et au commencement de 1589, a déployé une activité extraordinaire. Son premier soin fut d'emprisonner les royalistes fidèles « sans aucune distinction de sexe ny d'aage [1] ». Ce n'était pas un simple système de vexation, c'était aussi une façon ingénieuse de se procurer de l'argent. L'Estoile dit que le duc d'Aumale « commença la guerre par les bourses [2] », celles des amis comme celles des ennemis, car le chroniqueur ajoute qu'on adressa « mandement aux curés des paroisses de la ville et des faubourgs de lever de chacun de leurs paroissiens le plus de deniers qu'ils pourroient pour les affaires de la guerre et défense de la ville ». Dans une assemblée générale tenue le 31 décembre en la grande salle de l'Hôtel de Ville et présidée par l'échevin Roland [3], il fut reconnu « qu'il estoit requis et nécessaire faire quelque

---

1. Palma-Cayet, *Ibid.*
2. « Il commença la guerre par les bourses, envoiant fouiller les maisons des roiaux et politiques par les Seize (comme fust la mienne, la première du quartier, fouillée par maistre Pierre Senault et La Rue, mercredi 28e de ce mois, jour des Innocens) et tout plain d'autres, emprisonnés pour avoir de l'argent. » T. III, p. 203. Pasquier écrit à son fils : « On fait très bon marché des bourses, spécialement de celle des absents; cela s'appelle cinq ou six cens escus pour le moins, pour subvenir aux affaires de la Saincte Union qu'il faut que nos femmes trouvent, sur peine d'espouser une prison. » Livre XIII, lettre IX, p. 379.
3. Les couvocations étaient adressées aux « deputez des courtz souveraines, corps, collèges, chappelles, communaultez ecclésiastiques, quarteniers et huit notables bourgeois de chacun quartier d'icelle ville, encore esmeue et troublée à l'occasion des meurtres et emprisonnement des princes, seigneurs et bourgeois tant de ladite ville que aultres de ce royaume, mesmes du prévost des marchans et deux eschevins de ladite Ville, députez en l'assemblée générale des Estatz de ce royaume convocquez en la ville de Blois... » Reg. H, 1789, f° 219. Il est assez curieux de remarquer que les bourgeois notables ne répondirent pas avec empressement à la convocation de la municipalité ligueuse. Sur les 128 mandés, il n'en vint que 35!

fondz notable de denyers d'entrée, et puis après contribuer de quelque médiocre somme par mois, tant que la nécessité durera ». L'affectation à donner aux fonds ainsi demandés aux Parisiens devait être double : ils serviraient à solder les gens de guerre « levés pour la manutention de la religion catholique, apostolique et romaine » et, en outre, à ouvrir des ateliers municipaux, destinés au « menu peuple, lequel demeurant oyseux et en nécessité, pourroit s'esmouvoir et se mutiner ». Roland, dans son discours, propose d'employer tous ces pauvres gens à la réparation des fortifications et autres travaux d'édilité [1]. Quant aux moyens de se procurer des ressources, ils seront d'une grande simplicité. On fera une « levée générale sur tous les bourgeois, manans et habitans de la ville », et ou les invitera « à contribuer gratieusement et sans crainte pour une sy juste et saincte cause ». Les quêtes seront faites par les curés, accompagnés de quatre bourgeois, ou bien par ceux délégués des capitaines et bourgeois de chaque dixillizaine. Il est aisé de deviner à quel point les bons Parisiens étaient libres de refuser leurs cotisations à des curés si escortés. La Ligue complétait ces procédés de perception gracieuse en recouvrant, dans toute l'étendue de l'élection de Paris, les tailles et subsides arriérés, sur le taux de 1576 ou dans la proportion des deux tiers de l'impôt de l'année précédente. Toutes ces recettes devaient être centralisées à Paris, entre les mains de l'échevin Roland [2].

1. Sous la date du 5 janvier 1589, nous trouvons dans les Registres un commandement ainsi conçu : « On faict assavoir à tous pauvres, manouvriers, mercenaires et gens de peyne vallides qui vouldront estre employez aux astelliers de ladite ville et du boys de Vincennes, qu'ils ayent à se trouver et présenter samedy, une heure de relevée, au parc des Tournelles, pour estre receuz et enrollez ausditz astelliers, et estre conduictz où il sera ordonné, esquelz astelliers ilz seront payez raisonnablement, en se garnissant de outilz propres à remuer et porter la terre. » Reg. H, 1788, f° 230.
2. « 5 janvier 1589. Il est ordonné que les deniers qui ont esté receuz par les paroisses seront remis ès-mains de monsieur l'elleu Rolland, commis et députté à faire la recepte et despence de l'armée qu'il convient

Avec de l'argent on fait la guerre, et le roi n'est pas si riche que la Ligue, mais il a contre Paris des otages précieux, le prévôt des marchands et deux échevins. Pour les lui arracher, l'Hôtel de Ville n'a qu'une arme : la diplomatie ! Dès le 28 décembre 1588, la Ville écrit au roi une lettre très respectueuse pour demander la liberté de La Chapelle-Marteau et de ses deux collègues, et elle confie au président Le Maistre la mission de porter cette supplique à Blois [1]. Le pauvre homme avait peur et fit son testament avant de partir; mais « le tyran », déjà rassasié de vengeance, ne songeait guère à prendre la vie de l'ambassadeur des Parisiens. Sollicité par les députés du tiers état, dont nous avons dit plus haut les courageuses instances, bercé aussi de l'illusion d'apaiser Paris à force de mansuétude, Henri III va lui rendre la duchesse de Nemours, mère de Guise l'assassiné, et les échevins Compans et Costeblanche ; quant à Le Maistre, il reviendra avec l'édit du 31 décembre par lequel Henri III s'amnistiait et amnistiait ses ennemis.

En attendant, les ligueurs parisiens ne perdaient pas une minute. A chacun sa tâche : le prêtre et le moine fulmi-

---

mettre sus pour la deffence de la religion catholique, apostolique et romaine. » Reg. H, 1789, f° 234. Un mandement du Bureau enjoignit aux curés de remettre à Roland l'argent recueilli par eux. S'ils tardent, ils sont menacés. C'est ainsi qu'un mandement du Bureau, en date du 19 janvier, fait savoir au curé de Saint-Médéric que, s'il ne presse pas ses paroissiens d'apporter leur obole à la Ligue, on s'en prendra à lui « par les voyes qui seront ». Reg. H, 1789, f° 236. Il ne faut pas s'étonner si, comme l'écrivait, le 8 janvier 1589, le duc d'Aumale à un prêtre, « MM. du clergé ont très sainctement consenty la vente d'une partie de leur temporel, affin d'en employer les deniers aux fraiz de la guerre contre les hérétiques. » *Ibid.*, f° 235. M. Binet, receveur des décimes de la généralité de Paris, centralisait ces pieuses offrandes.

1. Reg. H, 1789, f° 216. Nous ne reproduisons pas le texte de cette lettre, que Félibien a déjà insérée au t. V, *Preuves*, de son *Hist. de la V. de Paris*. p. 450. Tout en réclamant la mise en liberté des députés de Paris aux États généraux, l'Hôtel de Ville avait pris une précaution dans l'assemblée générale du 31 décembre 1588. Elle avait révoqué les pouvoirs des députés dont il s'agit et fait homologuer cette révocation par les trois cours souveraines. Félib., *Pr.*, t. V, p. 451.

nent dans les chaires, les Conseils et l'Hôtel de Ville réquisitionnent, encaissent, arment et font de la propagande. Il faut suivre tous ces acteurs; et d'abord les curés, les moines, les théologiens.

Depuis les Barricades et la fuite du roi, Paris est la proie du clergé révolutionnaire. Il s'installe dans la capitale comme en place conquise, occupe toutes les cures, s'installe de force dans toutes les chaires. François Pigenat, un des plus fougueux élèves des Jésuites [1], déposséda le curé de Saint-Nicolas des Champs, Legcay, qui passait pour royaliste. Guincestre, autre énergumène dont l'attitude scandalisait les ligueurs un peu civilisés, surtout lorsqu'il suivait les processions *tout nud et vestu d'une simple guilbe de toile blanche* [2], se fit installer avec le même sans-gêne dans la cure de Saint-Gervais. Le curé titulaire, Pierre Chauveau, fut évincé, grâce à des procédés extrêmement ingénieux. A la date du 12 novembre 1588, Chauveau est mandé au Bureau de la Ville, et il apprend « qu'il se prépare quelque émotion au sujet de sa cure ». Le pauvre homme répond en vain qu'on a profité d'une absence qu'il avait dû faire, par suite de maladie, pour « le calomnier d'être hérétique »; il invoque sans plus de succès les « attestations de ses paroissiens pour justifier sa probité », les ligueurs du Bureau de la Ville ne veulent rien entendre et l'invitent à « se retirer de Paris jusqu'à ce que les choses soient plus calmes, luy faisant connoistre qu'on avoit droict de le luy enjoindre [3] ». Il fallut obéir à

---

1. Il ne faut pas le confondre avec son frère, Odon Pigenat, qui fut provincial des Jésuites après le décès du Père Mathieu et fit partie du conseil des Seize. Voy. Le Duchat, *Remarques sur la Satyre Ménippée*, t. II, p. 82, et, sur l'installation de Pigenat dans la cure de Saint-Nicolas des Champs, l'Estoile, t. III, p. 187.
2. *Journal des choses advenues à Paris*. M. Labitte, dans les *Prédicateurs de la Ligue*, p. 43, donne bien quelques renseignements biographiques sur Guincestre, mais il ne raconte pas les mésaventures de Pierre Chauveau, son prédécesseur à Saint-Gervais.
3. Reg. II, 1789, f° 204, et Félib., t. V, *Preuves*, p. 448.

cette injonction. Mais ce n'était là que le premier acte de la comédie. Le 22 novembre, MM. Chauveau père et fils sont de nouveau mandés à l'Hôtel de Ville. Le père, qui était procureur au Parlement, comparaît seul. Il dit que Pierre. son fils, est empêché, et demande ce qu'on lui veut. La réponse fut « qu'on estoit averti que Chauveau fils, quoiqu'il eût résigné sa cure », avait l'intention de se présenter dans sa paroisse aux fêtes de Noël et d'y faire l'office du curé. Or, il n'en avait pas le droit « étant prévenu et poursuivi par-devant M. l'évêque de Paris pour avoir presché plusieurs propositions erronées ». Au surplus, le dessein du curé causerait forcément du désordre, car il était soutenu par une partie de ses paroissiens, et la Ville prétendait s'opposer à ce conflit. Chauveau père répond à cela que son fils a renoncé à se présenter dans son église avant de s'être purgé devant l'évêque des accusations dirigées contre lui. Le même jour, à quatre heures, Pierre Chauveau comparaît à son tour au Bureau et fait des déclarations identiques à celles de son père. Il prie la Ville de l'autoriser à rentrer dans sa cure quand il aura obtenu « sentence à son proffict ». Il avoue « qu'il a eu mauvaise opinion des princes catholiques et de ceux de leur party, mais que, à présent, il avoyt changé d'advis et étoit d'opinion toute contraire ». Cette rétractation ne réussit pas à fléchir le Bureau. Il répliqua « qu'une sentence au proffict de Chauveau seroit suffisante pour l'entier recouvrement de son honneur, sans qu'il luy soit besoin de rentrer en ladite cure, parce qu'il n'en a poinct esté chassé, ains s'en est desmis volontairement, et qu'il avoyt plus de commodité d'en tirer une honneste récompense, sy faire se pouvoit, que d'affecter trop opiniastrement de rentrer en ladite cure [1] ».

---

1. Reg. H, 1789, f° 210-211. L'extrait donné par Félibien est une analyse très incomplète du procès-verbal des registres de la Ville. Cf. L'Estoile,

C'est ainsi que Guincestre devint curé de Saint-Gervais. Il promena son éloquence dans toutes les paroisses de Paris [1]. Le 29 décembre 1588, il prêchait à Saint-Barthélemy ; échauffé par les déclamations de ce fanatique, le peuple, en sortant de l'église, arracha les armoiries royales qui en décoraient le portail, les jeta dans le ruisseau et les foula aux pieds [2], avec des cris insultants pour *ce vilain Hérode ;* « ainsi avoient les prédicateurs, dit l'Estoile, anagrammatizé le nom de Henri de Valois ». Le 1er janvier 1589, autre fête. Guincestre prêchait encore à Saint-Barthélemy, et il termina son sermon en faisant lever la main à tous les assistants pour jurer « d'employer jusques au dernier écu de leur bourse et jusques à la dernière goutte de leur sang » à venger les princes lorrains assassinés. Et, comme en face de lui, au banc d'œuvre, se trouvait le premier président de Harlay, il l'interpella à deux reprises : « Levez la main, monsieur le président, levez-la bien haut, encores plus haut, s'il vous plaist, afin que le peuple le voie [3]. » De Harlay jura et, s'il eût refusé, le peuple l'aurait sans doute assommé sur place.

Ce Guincestre ne respectait même pas la mort. Le 8 janvier, il commentait devant ses ouailles la mort de Catherine de Médicis, dont la nouvelle avait été apportée à Paris la veille : « Elle a fait, dit le curé de Saint-Gervais

---

t. III, p. 187. Le chroniqueur dit que la cure de Saint-Gervais avait « esté résignée par le petit curé Chauveau vivant à maistre Michel Du Buisson, qui, comme vicaire d'icelle, l'avoit desservie vingt ans durant, soubs deffunct Antoine Du Vivier, curé, au contentement de tous les paroissiens ». C'est ce Michel Du Buisson auquel les ligueurs auraient substitué Guincestre. L'Estoile ajoute ce détail que « le roy, ayant entendu ces beaux mesnages, dit tout haut qu'il voioit bien que les Parisiens estoient rois et papes, et que qui les voudroit croire, qu'ils disposeroient à la fin de tout le temporel et spirituel de son royaume ».

1. « Il est à remarquer, écrit Ch. Labitte, que pour mieux animer la foule, sans doute, et varier les émotions, les curés prêchaient rarement dans leurs paroisses. » *Les prédicateurs de la Ligue*, p. 43.
2. L'Estoile, t. III, p. 204.
3. *Ibid.*, p. 230. Cf. Palma-Cayet, *Chronol. nov.*, chap. Ier.

en parlant de la reine mère, beaucoup de bien et beaucoup de mal, et croi qu'elle en a encores plus fait du dernier que du premier. Je n'en doute point. Aujourd'hui, messieurs, se présente une difficulté, sçavoir : si l'Église catholique doit prier Dieu pour elle, aiant vescu si mal qu'elle a vescu, avancé et supporté souvent l'hérésie... Sur quoi, je vous dirai, messieurs, que si vous lui voulez donner à l'avanture, par charité, ung *Pater* et un *Ave*, vous le pouvez faire : il lui servira de ce qu'il pourra, sinon il n'y a pas grand intérest. Je le laisse à vostre liberté [1]. »

C'est encore Guincestre qui accusait Henri III d'avoir commerce avec les démons de l'enfer, et, à l'appui de son dire, exhibait en chaire les figurines d'argent doré trouvées au château de Vincennes [2]. Des moyens aussi grossiers suffisaient auprès du peuple parisien, qui a toujours aimé faire ou briser des idoles. Après un sermon de Guincestre (2 janvier) n'alla-t-il pas à l'église Saint-Paul démolir le mausolée élevé par le roi à la mémoire de Saint-Mesgrin, de Quélus et de Maugiron? Ne s'amusa-t-il pas une autre fois à lacérer le tableau du couvent des Augustins qui

1. L'Estoile, t. III, p. 233.
2. La *Satyre Ménippée* fait allusion à ces stupides accusations : « Nos prescheurs et docteurs ont-ils pas presché que le feu roy estoit sorcier et adoroit le diable, au nom duquel il faisoit toutes ses dévotions, et mesmes aucuns ont esté si impudens de montrer en chaire publiquement à leurs auditeurs des effigies *faites à plaisir*, qu'ils juroient estre l'idole du diable que le tyran adoroit. » T. 1, p. 156. Ces figurines n'étaient pas, d'ailleurs, imaginées à plaisir. Elles venaient réellement de la résidence du roi au bois de Vincennes et consistaient dans « deux satyres d'argent doré, de la hauteur de quatre poulces, tenans chacun en la main gauche et s'appuyant dessus, une forte massue, et de la droite soustenans un vase en crystal pur et bien luisant; eslevez sur une base ronde, goderonnée et soustenue par quatre pieds d'estal.... Ils estoient au-devant d'une croix d'or au milieu de laquelle y avoit enchâssé du bois de la vraie croix de Notre Seigneur Jésus-Christ ». Voy. *Les sorcelleries de Henry de Valois et les oblations qu'il faisoit au diable dans le bois* de *Vincennes*. Paris, 1589. Arch. cur., t. XII, p. 488, 1re série. En admettant, comme l'auteur du factum, qu'auprès d'un morceau de la vraie croix « deux anges ou simples chandeliers eussent esté plus décens que ces satyres », il ne faut voir dans cette trouvaille qu'une preuve du scepticisme de Henri III et non de ses intelligences avec le diable de ce temps-là.

représentait Henri III instituant l'ordre du Saint-Esprit [1] ?
Mais la partie honnête de la population ne se laissait pas
encore séduire par la Ligue et se faisait scrupule d'entrer
en rébellion ouverte contre le roi légitime [2]. Pour rassurer
ces consciences délicates, les meneurs de la Ligue imaginèrent un expédient décisif. Le 7 janvier, ils firent présenter à la Faculté de théologie, sous le couvert du prévôt
des marchands et des échevins, un mémoire qui posait la
question suivante : Les Français pouvaient-ils se considérer
comme dégagés du serment de fidélité qu'ils avaient prêté
à Henri III ? En second lieu, pouvaient-ils prendre les armes
contre un roi qui avait violé la foi publique aux États
généraux de Blois ? Les docteurs de la Faculté, au nombre
de soixante, s'assemblèrent, et, après avoir assisté à une
messe du Saint-Esprit, ouvrirent la discussion. Jean le
Fèvre, doyen de la Sorbonne, Robert Vauvarin, Denis
Sorbin, docteurs estimés, soutinrent vainement que l'autorité du roi était inviolable. Leur avis ne put prévaloir
contre les déclamations de Guillaume Rose, de Jean
Hamilton, du feuillant Bernard, du cordelier Feu-Ardent
et du jésuite Commolet. Tous les prêcheurs, les Boucher,
les Prévost, les Aubry, les Pigenat « qui avoient esté les
principaux inventeurs de la question, en baillèrent eux-mesmes la conclusion le 7 janvier avec quelques jeunes
docteurs [3] ». La Sorbonne déclarait le peuple dégagé du
serment de fidélité envers Henri de Valois, rayait son nom
des prières de l'Église, et permettait à tous de prendre les
armes contre lui pour la défense de la religion. Ce décret [4]

---

1. Palma-Cayet, *loc. cit.*
2. De Thou, t. X, p. 511. Palma-Cayet, *Ibid.*
3. Palma-Cayet. *Ibid.* De Thou, t. X, p. 511. *Introd. aux Économies royales*, 2ᵉ série, t. I, p. 109. L'Estoile, t. III, p. 242. Voy. au t. III des *Mém. de la Ligue*, p. 187, *l'examen de la résolution de la Faculté de théologie* (par un protestant).
4. On en trouve le texte au t. XII, 1ʳᵉ série, p. 349, des Arch. cur. Il porte le titre de *Responsum facultatis theologicæ parisiensis*; il n'est, en

fut envoyé au pape, imprimé et rendu public. Dans les dernières couches du peuple, l'impression fut assez vive, mais la haute bourgeoisie et le Parlement, ou du moins les plus marquants de ses membres [1], restaient hostiles à la

effet, que la réponse à la requête présentée par les « bons bourgeois, manans et habitans de la ville de Paris à monseigneur le duc d'Aumalle et à messieurs les prévost des marchands et eschevins de la ville de Paris».
Une pièce curieuse, conservée par les *Registres* (II, 1789, f° 246), atteste ce fait important que plusieurs villes de l'Union donnèrent pouvoir aux envoyés parisiens, qu'on chargea de porter au pape le décret de la Sorbonne, de parler en même temps au nom de ces municipalités provinciales. « A tous ceux qui ces présentes lectres verront, Mayeur et Eschevins de la ville d'Abbeville en Ponthieu, salut. Sçavoir faisons comme nous avons sur les remuements faict union avec les villes cathol. de ce royaume pour la conservation et manutention de nostre saincte Religion catholicque, apostolicque et romaine, repos et tranquilité publicque, après avoir entendu le désastre très pernicieux survenu à Bloys le XXIII décembre 1588, pour la mort arrivée de Messeigneurs les duc et cardinal de Guise, qui y ont esté misérablement massacrez, recongnoissans combien il est de besoing et nécessaire que nostre Sainct Père en soit deuement adverty, en luy donnant advis de l'union qu'avons d'abondant jurée et promis tenir, sans nous en pouvoir départir, nous à ces fins et par ces présentes donnons pouvoir à.... députez de Messieurs de Paris pour le regard vers Sa Saincteté de, pour et en nostre nom, faire telles remonstrances et doléances qu'ilz adviseront bon estre vers nostre Sainct Père pour le bien et conservation de nostre saincte Religion ; et, à ce faire, leur donnons tout pouvoyr et puissance, promectans avoir agréable tout ce qui sera par eulx faict et apporté, sans aucunement y contrevenir, mais en tout et partout y satisfaire et obéir, comme vraiz enfans de l'Église catholique. En tesmoing de quoy, nous avons fet expédier les présentes et y fet apposer le grand scel de la Ville. Au grand eschevinage, le XIII° jour de janvier 1589. »
Pour compléter ce qui concerne l'envoi au pape du décret de la Sorbonne et les démarches faites par la Ligue en vue d'aigrir Sixte V contre Henri III, il faut ajouter que Mayenne, dès le 8 janvier, envoya, de Dijon, le chevalier Jacques de Dion à Rome, avec mission de prier le pontife de prendre sous sa protection les catholiques de France et de venger l'outrage fait à l'Église dans la personne d'un cardinal. D'autre part, la Ligue parisienne fit partir pour Rome Lazare Coquelev, conseiller au Parlement, et lui donna pour second Nicolas de Pilles, abbé d'Orbays, qui, accusé de faux près la cour pontificale, avait été redevable de son acquittement à l'intervention du cardinal de Lorraine. Henri III, de son côté, avait envoyé à Rome, Claude d'Angennes, évêque du Mans, et avait écrit au marquis de Pisani, son ambassadeur près le Saint-Siège. Voy. De Thou, t. X, p. 535.

1. *Le Dialogue du Maheustre et du Manant* dit que le duc d'Aumale, les Seize et Mayenne, qui avait donné des instructions aux chefs de la Ligue, ne demandaient l'arrestation que de « dix ou douze des plus apparans de la Cour de Parlement, vrais partisans du roy Henri ». Sat. *Ménippée*, t. III. *Preuves*, p. 451. Le Parlement se composait, à cette époque, de 180 membres environ, dont 126 avaient juré sur le crucifix de ne pas se séparer de la Ligue. Cf. *Mémoires secrets d'un politique*. Arch. cur., 1re série, t. XII, p. 249, note 1, p. 277.

Ligue. Aussi, les Conseils, de connivence avec le duc d'Aumale, prirent-ils la résolution de se débarrasser d'une opposition gênante.

Le lundi 16 janvier, Jean Le Clerc, ce procureur devenu capitaine de la Bastille par la grâce du duc de Guise, investit le palais avec « vingt-cinq ou trente coquins, tous comme lui armés de leurs cuirasses, aiant la pistole en la main [1] ». Dès le matin, de très bonne heure, la compagnie de Compans, qui s'assemblait d'ordinaire dans la cour du palais, était là, cernant toutes les issues. Néanmoins, les magistrats ne s'étaient pas inquiétés. A leur arrivée, on avait expliqué par différents prétextes un déploiement de forces inusité; mais, à huit heures, Bussy pénétra avec sa bande dans la Grand'chambre dorée et se mit en devoir de lire à haute voix la liste des magistrats qu'il avait charge d'arrêter. Elle « s'ouvrait par les noms du premier président, Achille de Harlay, et du président Augustin de Thou. Ce dernier interrompit Le Clerc [2] et dit qu'il n'était pas nécessaire de lire d'autres noms, car tous les magistrats étaient résolus à suivre leur chef. Les membres du Parlement qui assistaient à l'audience se levèrent, en effet, et se laissèrent emmener par Le Clerc jusqu'à la Bastille « tout au travers des rues, plaines de peuple, qui, espandu par icelles, les armes au poing et les boutiques fermées pour les voir passer, les lardèrent de mille brocards et

---

1. L'Estoile, *Ibid.* De Thou donne les noms de quelques-uns des ligueurs qui accompagnaient Bussy Le Clerc. C'étaient Jean-Baptiste de Machault, Michel de Marillac et Baston.

2. D'Aubigné, *Hist. univ.*, t. II, col. 231, raconte très brièvement l'invasion du palais par les Ligueurs et ajoute : « Pour eschantillon ou chef-d'œuvre de quoi, un procureur nommé le Cler, qui ayant fait le coup que je vous conterai, se fit appeler quelques mois après Bussy. L'auteur des *Remarques sur la Satyre Ménippée*, t. II, p. 103, ajoute que ce qui donna à Le Clerc l'idée de se parer de ce nom de Bussy, ce fut le désir « de faire renaître pour lui dans l'âme des Parisiens les mêmes égards de terreur et d'estime qu'ils avoient eus autrefois pour le brave Bussy d'Amboise, dont le nom valloit encore chez eux autant que celui de César ».

vilanies [1] ». Le bruit s'était répandu qu'on conduisait les magistrats à l'Hôtel de Ville, et une multitude de portefaix et de gens du port avaient pris possession de la place de Grève dans l'intention de massacrer les robes rouges et de provoquer un tumulte qui aurait permis de piller les demeures des riches bourgeois; mais on réussit à faire prendre une autre route aux Parlementaires et à les soustraire aux mains furieuses de cette foule en délire [2]. Le Clerc et ses complices, les Louchart, les Senault, les La Morlière, les Olivier ne se contentèrent pas de ce vaste coup de filet; ils allèrent arrêter à domicile de nombreux membres de la Cour des Aides, de la Chambre des Comptes et des autres grandes compagnies. Beaucoup furent élargis, il est vrai, dans les jours qui suivirent, nullement par bonté d'âme, mais parce que Le Clerc trouvait dans ces marques de clémence une magnifique source de revenus. Ils ne sortaient de prison, dit l'Estoile, en parlant des magistrats, « que quand il plaisoit à monseigneur de Bussi; auquel (outre les trois, quatre et cinq escus que par jour il exigeoit de chaque teste pour leur journalière despense, encores qu'elle fust bien maigre), il fallait encores faire quelque présent de perles ou de chaisnes d'or à madame, de vaisselle d'argent ou de deniers clairs et comptans à monsieur, avant qu'en pouvoir sortir ».

Le Parlement de Paris était brisé. Dès le lendemain, 17 janvier, « on plaida en la Grand'Chambre, à huis ouverts »; la peur avait ramené au palais la plupart des magistrats que l'émeute avait épargnés. L'audience était présidée par le président Brisson, jurisconsulte érudit, mais caractère flottant et indécis, qui essayait de conserver à la fois les bonnes grâces de la Ligue et celles du roi. Ce personnage singulier, qui devait payer cher la duplicité

1. L'Estoile, t. III, p. 255.
2. De Thou, t. X, p. 515.

de son attitude, exerça de fait les fonctions de premier président[1]. Comme le procureur général, M. de La Guesle, et deux avocats généraux avaient quitté Paris, le Parlement nomma procureur général le conseiller Molé, sous la pression du populaire, qui criait *Molé! Molé!* et chargea de remplir les fonctions d'avocats généraux Jean le Maistre et Louis d'Orléans, avocats. Ainsi reconstituée, la Cour souveraine donna immédiatement la mesure de ses sentiments. Le 19 janvier, elle rendit un arrêt portant qu'elle s'unissait avec le corps de Ville de Paris pour l'assister en toutes choses et contribuer même aux frais de la guerre[2]. Un autre arrêt (du 20 janvier) autorisa les échevins Compans et Costeblanche, que le roi avait envoyés à Paris sur parole, et sous serment de revenir à Blois dans un délai de quinzaine, à ne poinct retourner d'où ils venaient; l'évêque de Paris et ses vicaires reçurent, en outre, injonction de les délier de leur serment[3].

Enfin, pour compléter l'asservissement du Parlement, les ligueurs lui présentèrent le 30 janvier[4] une formule de serment par laquelle tous les magistrats s'engageaient devant Dieu à vivre et à mourir dans la religion catholique, à « employer leurs vies et biens pour la conservation et accroissement d'icelle sans y rien espargner, jusques à la dernière goutte de leur sang..., à résister de toutes

1. Barnabé Brisson, pour prendre ses sûretés contre les représailles éventuelles du roi, déposa, le 22 janvier, entre les mains d'un notaire, une déclaration dont l'Estoile donne le texte (t. III, p. 239) et dans laquelle il « proteste devant Dieu que tout ce qu'il a fait et dit, proposé et délibéré en la Cour de Parlement et ce qu'il fera, dira, délibérera, jugera ou signera cy-après, a esté et sera contre son gré et volonté, et par la terreur des armes et licence populeuse qui règne à présent en ceste ville.... »
2. Voir dans le même sens *Réponse aux mémoires d'un politique*. Ap. Arch. cur., T. XII, 1re série, p. 278 : « Or, depuis lesdits emprisonnemens et eslargissement de quelques-uns, le Parlement n'a pas délaissé de continuer, et mesme, deux jours après, il authorisa tout ce que la Ville désiroit de luy, etc.... »
3. L'Estoile, t. III, p. 238.
4. C'est la date indiquée par de Thou. Palma-Cayet donne celle du 26 janvier.

leurs puissances à l'effort et intention de ceux qui ont violé la foy publique, rompu l'édit de la réunion, franchises et libertez des Estats de ce royaume par le massacre et emprisonnement commis en la ville de Blois les 23 et 24 décembre dernier, et en poursuivre la justice par toutes voyes, tant contre les auteurs, coupables et adhérans que contre ceux qui les assisteront et favoriseront cy-après ». Enfin les magistrats promettaient de « ne jamais s'abandonner les uns les autres et n'entendre à aucun traicté, sinon d'un commun consentement de tous lesdits princes, prélats, villes et communautez unies [1] ». Ce serment fut prêté le 30, par tous les présidents et conseillers, et le lendemain, par tous les avocats et procureurs. Un de ces derniers, nommé Baston, qui avait naguère offert à Henri III d'assassiner Guise, et, sur le refus du roi, s'était jeté dans la Ligue, s'ouvrit la veine et signa l'acte avec son sang.

Une autre scène à effet fut préparée par la Ligue. A cette même date du 30 janvier, Catherine de Clèves, veuve du duc de Guise, vint, en grand deuil et suivie d'un cortège imposant, présenter requête au Parlement pour obtenir qu'il fût informé contre les auteurs du crime de Blois. La cour commit les conseillers Pierre Michon et Jean Courtin pour procéder à cette information. Statuant ensuite sur les conclusions d'une seconde requête tendant à faire opposition à l'instruction commencée à Blois contre les prétendus crimes du duc de Guise et du cardinal son frère, la Cour « fit inhibitions et défenses particulières aux commissaires et tous autres de passer outre, ny entreprendre aucune court, jurisdiction ou cognoissance du faict contenu en ladite requeste, circonstances et dépendances, sur peine de nullité de procédures [2] ».

1. PALMA-CAYET, livre I, et *Mém. de la Ligue*, t. III, p. 178.
2. *Arrests de la Cour souveraine des pairs de France donnez contre les meur-*

Le roi ne pouvait manquer de se montrer sensible à la défection des grands corps de l'État, ainsi qu'à la constitution, à Paris, d'un véritable gouvernement insurrectionnel. Il envoya le héraut Auvergne signifier au duc d'Aumale « qui se disoit et se portoit gouverneur de Paris » l'ordre de quitter la capitale, et au Parlement, à la Chambre des Comptes, à la Cour des Aides, au prévôt des marchands et à tous les autres officiers royaux ou municipaux, interdiction d'exercer aucune juridiction (26 janvier). Mais on ne se donna même pas la peine d'ouvrir le paquet de dépêches qu'apportait le pauvre Auvergne. Il fut renvoyé « sans réponse, avec injure et contumélie, tant estoient les Parisiens insolens, envenimés et animés contre leur roy [1] ».

Ainsi, toutes les bornes sont franchies : on ne garde plus, vis-à-vis du roi, ces apparences de soumission et de respect, si mensongères qu'elles pussent être, que le duc de Guise et la municipalité ligueuse s'étaient fait une règle de conserver dans leurs communications et leurs correspondances avec la cour, après le succès des Barricades. Henri III n'est plus le roi ; on l'appelle Henri de Valois, comme la Faculté de théologie l'a officiellement prescrit. On a effacé du canon de la messe *Pro rege nostro Henrico*. Le Parlement cesse également de rendre la

---

triers et assassinateurs de messieurs les cardinal et duc de Guyse. Imprimé à Paris, chez Nicolas Nyvelle, 1589, in-8°. Arch. cur., t. XII, 1re série, p. 222. De Thou, t. X, p. 518. Palma-Cayet, *loc. cit.*, dit que « plusieurs ont tenu que ceste resqueste, quoy qu'elle ait esté imprimée, n'avoit jamais esté présentée, non plus que beaucoup d'autres choses qui ne furent pour lors imprimées à Paris que pour entretenir le peuple au party de l'Union. » L'*information* faicte par P. Michon et J. Courtin se trouve imprimée dans l'*Histoire des cardinaux* d'Aubery, t. V, et dans le t. XII des Arch. cur., p. 289.

1. L'Estoile, t. III, p. 241. L'auteur de la *Réponse aux mémoires d'un politique*.... écrit, de son côté : « que si la populace eust esté creue, il eust espousé la prison, car elle croioit en public qu'il ne falloit pas garder la foy à celuy qui leur avoit plus que barbarement violée. » Arch. cur., t. XII, p. 280.

justice au nom du roi. Quant aux mandements de la Ville, ils sont précédés de la formule : « De par les princes catholiques unis avec le clergé, la noblesse et le peuple pour la religion et le bien de l'État [1] », ou de cette autre : « De par monseigneur le duc d'Aumale, gouverneur de Paris et les prévost des marchands et eschevins de la Ville. »

Il y a quelque intérêt à étudier les procédés et les allures de ce gouvernement mixte et un peu confus qui a précédé l'organisation de la lieutenance générale du duc de Mayenne. Le duc d'Aumale [2] a déjà la prétention de dicter des lois à la France, témoin son édit du 19 janvier 1589 par lequel il prescrivit à tous les receveurs et trésoriers de France de réduire d'un quart le principal de la taille, libéralité d'ailleurs inutile, puisque, le 3 décembre précédent, le roi avait accordé aux États une réduction identique; mais c'était encore une façon de nier l'autorité royale [3]. Quelques jours après, le 4 février, le gouverneur et la municipalité présentèrent au Parle-

---

1. Reg. II, 1789, f° 237, mandement aux pionniers et manouvriers, daté du 11 janvier 1589.

2 De Thou (t. X, p. 513) dit que le duc d'Aumale était un homme *sans expérience*. Quant au chevalier Claude de Lorraine, son frère, on peut consulter, sur ses excès et ses débauches, le pamphlet intitulé : *Conseil salutaire d'un bon Français aux Parisiens*. Paris, 1589. Voy. aussi Arch. cur., 1re série, t. XII, p. 333. *Mém. de la Ligue*, t. III, p. 399, et *Sat. Ménippée*, t. III, p. 268. M. Labitte, *Prédic. de la Ligue*, p. 50, proteste contre les assertions de Fontette qui, dans ses additions à la *Bibl. hist.* du P. Lelong, appelle ce pamphlet « un mélange confus de citations et d'injures ».

3. Reg. II, 1789, f° 255. Cet édit porte l'intitulé suivant : « Les princes catholiques, villes et communautez, unies avec les trois estatz du royaume pour la conservation de la religion catholique et libertez du peuple. » Il expose que les tailles ont été réduites par la Ligue au taux de 1576, mais que le roi veut réclamer aux contribuables les mêmes impôts qu'en 1588. C'est pourquoi « par l'advis et délibération du Conseil général de la Ville, il est fait défense aux trésoriers généraux de France et autres officiers de lever plus des trois quarts de la taille », et les contribuables sont invités à verser les fonds entre les mains « des receveurs de tailles et taillon de leurs eslections, résidans aux villes de l'Union catholicque et, en leur absence, ès-mains des commis qui seront à ce faict députez et non aultres, sur peine de payer deux fois ». Ordre est enfin donné de saisir les sergents qui viendraient lever d'autres taxes que celles qui sont autorisées par l'Union, et de les emprisonner « comme exacteurs et concussionnaires publicqz ».

ment une requête qui fut suivie d'un arrêt conforme; cet arrêt défend « à tous les gentilshommes et autres personnes, quelles qu'elles soient, de mettre obstacle aux progrès de la Sainte-Union, d'empêcher le transport des vivres dans la capitale, de s'opposer à la liberté du commerce des villes de l'Union, ou de rien entreprendre à leur préjudice ». Enfin, ledit arrêt ordonne « de faire de nouveau jurer l'observation de l'édit d'Union dans toutes les villes du royaume [1] ». Ainsi les autorités parisiennes essayaient bien de se substituer au pouvoir royal et d'exercer sur toute l'étendue du pays le pouvoir législatif.

La correspondance de la Ville de Paris avec les principales cités du royaume atteste, d'ailleurs, mieux que tous les raisonnements et que tous les textes, la tendance de la municipalité ligueuse à s'attribuer toutes les prérogatives du pouvoir central. Nous avons déjà cité la circulaire collective adressée par les échevins aux villes de France dans la nuit du 24 décembre 1588, ainsi que la lettre au duc de Lorraine pour lui annoncer les événements de Blois, rédigée dès l'arrivée des deux courriers [2] qui apportèrent à Paris les terribles nouvelles. Depuis ces premières dépêches, l'ardeur épistolaire de la Ville ne s'était pas ralentie. Il serait oiseux de reproduire, d'après les *Re-*

---

1. De Thou, t. X, p. 520.
2. Voir plus haut, p. 408. Félibien, t. V, *Preuves*, p. 454, reproduit le texte d'une autre circulaire, adressée par la Ville de Paris aux villes de l'Union, qui est extraite du Registre II, 1789, f° 242, et porte la date du 12 janvier 1589. Il est donc inutile de la reproduire de nouveau. C'est toujours le même commentaire indigné des événements de Blois. Nous n'en citerons que la conclusion : « Unissons-nous donc plus estroitement que nous ne le fusmes oncques, puisque le sacrement de baptesme nous y a premièrement obligez, et le serment d'un si saint édit nous oste tout scrupule d'autre considération humaine. Secourons ceux que nous voulons secourir et qui nous veulent secourir. Continuons nostre commerce et nous maintenous la foy mutuelle, nous donnant sur ce, s'il vous plaist, vostre responce et assurance, nous faisant sçavoir souvent de vos nouvelles et nous aimant comme vos confrères et amis, qui veulent en si juste cause ne se départir autrement d'avec vous, nous recommandons de très bon cœur à vous, et prions le Créateur, messieurs, vous conserver en tout bien et prospérité. Du Bureau de la Ville de Paris, ce 12 janvier 1589. »

gistres, le texte de toutes ces lettres, qui présentent, un fonds commun, puisqu'elles exploitent uniformément l'assassinat du duc de Guise et du cardinal son frère, en vue de provoquer une insurrection générale contre le roi. Habituellement, la municipalité parisienne, après les considérations de style sur la cruauté du meurtrier, demande à ses correspondants de province une assistance effective. S'il s'agit d'une ville pourvue d'un château ou citadelle, on lui demande de faire avec Paris « bonne union et amitié [1] » et de s'opposer à l'entrée d'une garnison royale, ou bien de mettre « nombre de genz assurez dans ce chasteau pour le pouvoyr conserver contre tous [2] ». A la ville de Dreux, et à ses magistrats, on écrit : « C'est à vous à y songer et de croire que la ruyne de Paris est la vostre inévitable [3]. » A une autre cité, les officiers municipaux de la capitale assurent que, « si l'on ne s'oppose vertueusement dès le commencement » à tous les attentats de Henri III, « cette tirannye prendra tel accroissement qu'il n'y aura personne qui puisse vivre en la saincte religion ny en seureté de sa personne et biens... » Et les échevins ajoutent : « Ces considérations, murement débatúes en plusieurs conseilles tenuz en ceste ville entre plusieurs grans et graves personnages de toutes qualitez et provinces qui y ont esté appelez et ouys, nous ont faict résoudre de nous opposer *par les armes* à telle force et violence [4]. » C'est une véritable déclaration de guerre au roi légitime, déclaration qui est renouvelée d'ailleurs dans une autre lettre adressée à la ville d'Étampes, avec cette particularité que les Parisiens annoncent leur intention de se tenir « sur la deffensive jusque l'arrivée de monseigneur

---

1. *Lettre à une ville*, du 28 décembre 1588, Reg. H, 1789, f° 215. Autre lettre, même date, *ibid.*, f° 217.
2. *Lettre à une ville*, du 9 janvier 1589, f° 228.
3. Reg. H, 1789, f° 218. Lettre du 29 décembre 1588.
4. Reg., *ibid.*, f° 224. Lettre du 11 janvier 1589.

le duc de Mayenne » qu'ils « espèrent recevoir dans le XVe de ce moys au plus tard, accompagné d'une belle et gaillarde armée, résolu d'assister les catholicques de sa vye et moyens [1] ». Voilà un argument décisif qui va entraîner tous les hésitants ! Aussi la Ville de Paris le replace-t-elle dans le sermon qu'elle adresse sous pli à *un seigneur* qu'elle ne nomme pas sans doute pour éviter de le compromettre. « Le duc du Maine s'avance avec l'armée qu'il a mise sus [2]. »

La Ligue parisienne étend sans difficulté l'effet des mesures militaires à toutes les parties du territoire, et principalement à la région du centre, du nord et de l'ouest. Après l'assassinat des Guises, Orléans s'était soulevé, à l'instigation de la congrégation du *nom de Jésus* et de Roissieux, écuyer du feu duc et maire de la ville. Le maréchal d'Aumont s'était enfermé dans la citadelle avec un corps de gardes suisses et de gardes françaises, et

---

1. Reg. H, 1789, fo 231. Lettre du 6 janvier 1589.
2. Lettre du 8 janvier. *Ibid.*, fo 232. Dans cette curieuse épître, la Ville, après avoir rappelé toutes les victoires du duc de Guise, flétrit l'assassinat de son frère le cardinal... « 27 heures après sa détention, de sang-froid et sans luy permettre seullement le sacrement de pénitence, sans respect de l'ordre de prêtrise et de la dignité d'archevesque, de premier pair de France... ». Elle s'élève aussi contre « la détention du premier prince de sang, monseigneur le cardinal de Bourbon, de messeigneurs les ducs de Nemours et d'Elbœuf et du prince de Joinville, et aussy celle de plusieurs seigneurs et autres notables personnages qui, en l'assemblée des Estatz où ils ont esté convocquez sous la foy publicque, travaillans pour le service de Dieu et du public, contre tout droict divin et humain et contre la franchise naturelle de telles assemblées, ont esté pris par le grand prévost, accompagné du bourreau... » La Ville proteste d'ailleurs contre l'excuse alléguée en faveur du Roi, qu'il aurait été poussé à bout par la sommation que lui avaient faite les Etats de jurer l'édit d'Union : « Car ce feust estre forcé de bien faire, estant cest édict par les trois ordres des Estatz recongneu d'une voix très utile, voire nécessaire et l'exécution d'icelluy requise, icelluy en assemblée générale juré solennellement, mesme sur le sainct sacrement du précieux corps de Jésus-Christ, et non seulement une fois, mais plusieurs. C'est chose horrible, seullement à penser, que des chrétiens veullent rendre une telle foy viollable et blasphème exécrable, que la saincte communion doibve servir de masque à l'entreprise de telles cruaultez, et que les corps ainsy inhumainement meurtriz doibvent estre escartellez et bruslez pour les priver de leur sépulture. »

la population surexcitée le bloquait étroitement, tandis que Henri III, mal conseillé par le duc de Retz, hésitait à envoyer au maréchal les renforts qu'il demandait avec instance. C'est dans ces circonstances que la ville de Paris résolut d'expédier des secours aux Orléanais. Le chevalier d'Aumale, Claude de Lorraine, frère du gouverneur, s'offrit pour commander cette expédition : c'était d'ailleurs une excellente occasion de débarrasser la capitale de tous les brigands qui infestaient les faubourgs et la banlieue. Un ordre du gouverneur enjoignit « à tous maistres de camp, capitaines et chefz, conducteurs de gens de guerre, tant de cheval que de pied, estant levez pour la déffence de la saincte religion catholicque, de s'acheminer avec leurs trouppes et compagnies, en la plus grande dilligence qui leur sera possible, vers Orléans, pour rejoindre à l'armée de monseigneur le duc de Mayenne, sans plus séjourner ès-environs de ceste ville de Paris, ny en aultre lieu, sur peine de la vye [1] ». Chef de ces bandits, le chevalier d'Aumale commença la guerre sainte en pillant l'hôtel de Gondy au faubourg Saint-Germain où il se procura économiquement plusieurs chevaux de prix [2]. Néanmoins, le petit corps parisien arriva sans obstacle jusqu'à Orléans et redoubla l'ardeur des habitants qui continuaient d'assiéger le château, sous la direction des sieurs de Trémont et de Roissieux. Une seconde colonne, partie après le chevalier d'Aumale, avec un convoi de poudre, fut moins heureuse que la première; elle rencontra en route un détachement royaliste, commandé par Philippe d'Angennes et François de la Grange de Montigny, qui enlevèrent le convoi et mirent en déroute les ligueurs de l'escorte. La situation du maréchal d'Aumont n'en était pas moins des plus critiques. Il n'avait avec lui que quatre cents hommes

---

1. Reg. II, 1789, f° 275.
2. De Thou, t. X, p. 489.

en face d'une véritable armée, et la citadelle, déjà mal fortifiée, était à moitié ruinée par le canon des ligueurs. En outre, Mayenne se dirigeait vers Orléans, à travers la Champagne, et toute ligne de retraite serait bientôt coupée. Dans cette extrémité, d'Aumont enleva ou détruisit ses canons et, abandonnant la place, se retira en bon ordre sur Beaugency avec ses quelques compagnies suisses et françaises (31 janvier). La nouvelle de la prise d'Orléans parvint à Paris dès le 1er février [1], et le même jour, à dix heures du soir, le duc de Nemours [2], frère utérin du feu duc de Guise, « par subtil moien, eschappé du chasteau de Blois où il estoit prisonnier, arriva à Paris, où il fust par les Parisiens veu et receu en grande joie, comme estimé, par eux, l'un des princes les plus affectionnés à leur parti ». On cria : « Loué soit Dieu ! Voilà encores un de nos bons princes, et des meilleurs, eschappé des griffes du tyran ! [3] »

Cet accueil enthousiaste fait à des princes qui, comme le duc de Nemours, n'avaient jamais donné de grandes

---

1. C'est ce qui résulte d'une lettre écrite par les échevins parisiens à une ville non désignée et que les *Registres* nous ont conservée. Datée du 1er février 1589, elle porte que le siège d'Orléans a été levé, que la citadelle a été prise par le chevalier d'Aumale et que le duc de Mayenne est entré à Orléans. REG. II, 1789, f° 273. DE THOU dit, au contraire, que Mayenne n'entra dans Orléans que quelques jours après le départ du maréchal d'Aumont (t. X, p. 521). En revanche, le *Registre*, sous la même date du 1er février, porte la mention ci-dessous : « *Depuis* ceste lettre, nous avons eu cest honneur de recevoir en ceste ville monseigneur le duc de Nemours, en très bonne santé, grâces à Dieu eschappé de sa prison. » Il est probable que ce post-scriptum fut ajouté dans la soirée du 1er février, puisque L'ESTOILE dit formellement que le duc arriva dans Paris « le premier février, sur les dix heures du soir ».
2. Charles-Emmanuel de Savoie, duc de Nemours (1567-1595), était fils de Jacques de Savoie, duc de Nemours, qui, en 1566, avait épousé Anne d'Este, veuve de François de Guise.
3. L'ESTOILE, t. III, p. 245. DE THOU n'attribue pas la fuite du duc de Nemours à une cause très précise, car il suppose, ce qui va de soi, qu'il corrompit ses gardes ou qu'il trompa leur vigilance. Quant à Mme de Guise, sa mère, elle avait été conduite à Amboise avec les autres prisonniers. Mais le roi la laissa partir, soit par compassion, soit par politique, avant Compans et Costeblanche. DE THOU, *ibid.*, p. 485.

preuves de capacité personnelle, attestait chez les Parisiens le besoin instinctif d'un gouvernement quelconque et d'une direction suivie, en même temps qu'une réaction naturelle contre le désordre. Depuis la fuite du roi, l'état matériel et moral de la capitale avait laissé beaucoup à désirer.

La municipalité ligueuse n'était ni moins tracassière ni moins inquisitoriale que la municipalité royaliste qu'elle avait remplacée révolutionnairement le 20 mai 1588. Elle soumit les hôteliers à une surveillance étroite et les obligea à venir chaque jour remettre à l'Hôtel de Ville « ung roole de tous ceulx qui arrivoient et logeoient en leurs maisons », en indiquant le jour de leur départ [1]. Elle chargea les colonels de se livrer à une véritable chasse des vagabonds, de soldats isolés et « aultres personnes sans adveu [2] ». Le service des gardes de nuit fut énergiquement réorganisé et des amendes, dont la moitié revenait aux pauvres de l'Hôtel-Dieu, frappèrent les bourgeois qui ne répondaient pas à la convocation des colonels et ne se faisaient pas remplacer [3]. Ces mesures n'ayant pas encore paru suffisantes, le prévôt des marchands assembla, le 13 octobre 1588, les colonels et les capitaines de la milice municipale, dont les cadres avaient été, comme nous l'avons expliqué, renouvelés tumultuairement dans les premiers jours de juillet, et cette assemblée militaire élabora un nouveau règlement « touchant le faict des gardes de la nuict, pour le service du roy et sureté de la ville [4] ». On décida qu'outre les gardes de nuit ordinaires, il y aurait désormais trois rondes supplémentaires « ès trois grands quartiers de la

---

1. Reg. H, 1789, f° 179. Mandement du Bureau en date du 16 juillet 1588.
2. Mandements du 30 août et du 1ᵉʳ septembre 1588. Reg. H, 1789, f° 191.
3. Mandements du 9 septembre 1588, *ibid.*, f° 193, et du 10 octobre, *ibid.*, f° 196.
4. *Ibid.*, f° 199.

ville, asscavoir une au quartier des Halles, une aultre au quartier de Grève, et une aultre au quartier des pontz, citté et Université ». Le guet devrait donner le mot aux rondes de bourgeois lorsqu'il les rencontrerait; un roulement serait établi entre les colonels et les capitaines des différents quartiers pour surveiller l'exécution de ces mesures. C'étaient surtout les écoliers qui, paraît-il, se plaisaient à maintenir la tradition du tapage nocturne. Le 29 octobre 1588, le procureur de la Ville vient déclarer au bureau que « plusieurs escolliers et aultres personnes vont la nuict par troupes avecq armes et, le plus souvent, sans avoir lumière ou mot de guet par les rues de la ville... » Sur ces observations, le Bureau prend aussitôt une délibération contenant « défense d'aller à heure indue, avec armes ou sans armes, en troupes de plus de trois ou quatre ensemble, par les rues de ceste dicte ville, sur peine d'amende arbitraire et pugnition corporelle, s'il y eschet [1] ». Il faut peut-être attribuer au peu de confiance que les écoliers inspiraient à la Ville l'ordre du 28 décembre de la même année qui enjoignit « à tous les principaux des collèges d'envoyer au bureau de l'hostel de la ville, dans trois jours, les noms et surnoms des maîtres, pédagogues, régens, enfans et serviteurs estans en leurs dictz collèges, soyt qu'il y ayt exercice ou non, et ce à peine de cinq cens escus d'amende, qui se payera sans déport [2] ». Cette supposition est d'autant plus vraisemblable qu'un ordre du prévôt des marchands, en date du 28 janvier 1589, défend aux principaux des collèges « de laisser sortir les écoliers hors de leurs collèges [3] ».

Après l'assassinat des Guises, l'état de guerre s'ouvrait de fait entre le roi et Paris. De là, pour la municipalité, une

1. Reg. II, 1789, f° 204.
2. *Ibid.*, f° 217.
3. *Ibid.*, f° 270.

double préoccupation : réunir des soldats pour soutenir la cause de la Ligue et réprimer les désordres et les excès de ces soldats improvisés. On ne donne pas d'armes à n'importe qui, et les *armuriers* et *quincailliers* ne peuvent en vendre « sans l'exprès congé de monseigneur le duc d'Aumale ou du corps de ville [1] ». De nombreuses perquisitions, faites à la fin de décembre par les colonels et capitaines de la milice, ainsi que par les quartiniers, cinquanteniers et dizainiers, permirent de s'assurer si les suspects ou les tièdes cachaient des armes dans leurs maisons. D'autre part, la Ligue tient à conserver sous sa main la fortune mobilière des royalistes : c'est un gage dont elle ne veut pas se dessaisir. Aussi un ordre du duc d'Aumale et de « messieurs les prévost des marchans et eschevins » fut-il publié pour défendre aux Parisiens « de faire transporter aulcuns biens, meubles et argent ou aultres choses quelconques hors de la ville », sans l'autorisation du gouverneur ou des Échevins. Les habitants qui ont quitté Paris sont sommés d'y rentrer « dedans huictaine pour tout délay... aultrement sera mis garnison en leurs maisons et gens commis pour eulx et à leurs despens aux guetz et gardes, tant de jour que de nuict [2] ». Un ordre du Bureau prescrit de rouvrir les maisons fermées et abandonnées par leurs propriétaires et de faire inventaire des meubles qu'elles contiennent. Toutefois, on ne va pas jusqu'à les réquisitionner pour y installer de bons ligueurs. La Ville interdit même aux colonels de « loger aulcune personne ès-maisons et logis des quartiers, sous prétexte que les bourgeois, locataires ou propriétaires, sont absents hors de la ville [3] ». S'il

---

1. Mandement du 28 décembre 1588. *Ibid.*, f° 217.
2. Reg. H, 1789, f° 253. Ordre du 18 janvier 1589.
3. *Ibid.*, f° 297. Aux termes d'un ordre du Bureau du 28 janvier, les *absents* furent assimilés aux *refusants*, en ce qui touche « la cueillette des deniers ordonnés pour la conservation de la Ville et destinés pour le faict de la guerre ». *Ibid.*, f° 271. Le recouvrement des rôles avait lieu par les soins des curés et des capitaines de la milice. Quatre bourgeois, élus

faut s'en rapporter aux documents officiels, l'Hôtel de Ville et le duc d'Aumale n'avaient pas moins à surveiller leurs propres soldats que les agents royalistes. La discipline était déplorable parmi les troupes de l'Union. Dans un ordre du jour daté du 20 janvier 1589, le duc d'Aumale et les échevins constatent eux-mêmes que les gens qu'ils avaient envoyés au bois de Vincennes « se débandent et abandonnent souvent leurs corps de garde pour aller fourrager èsdits villages circonvoisins [1] ». En conséquence, on autorise les villageois à leur courir sus et à les amener prisonniers à Paris. D'autres mandements, de la fin de janvier et des premiers jours de février, permettent à certains faubourgs et villages de la banlieue de construire des murs afin de repousser plus facilement les incursions des pillards. Charonne, Vanves, Vaugirard, Clamart, Bagneux, Fontenay, Arcueil, Gentilly, Montrouge obtinrent des autorisations de ce genre. Repoussés sur un point, les batteurs d'estrade se portaient sur d'autres, envahissant et pillant les villages non fortifiés. Issy, qui appartenait au cardinal de Bourbon, ne fut pas des moins visités par ces hôtes incommodes et obtint le 9 février la faveur de se clore [2].

Malgré l'indiscipline de pareilles troupes, la Ligue parisienne se préparait aussi activement que possible à soutenir un siège. Le 11 janvier, elle faisait appel « à tous pionniers et manouvriers qui volontairement vouldront

par les dizaines de chaque quartier, avaient charge de conserver les rôles pour les représenter à l'Hôtel de Ville ». Le 1ᵉʳ février, Jehan Lechassier fut nommé « contrôleur des recettes et dépenses de tous les deniers levés sur les bourgeois de Paris pour le faict de la guerre et conservation de la Ville ». *Ibid.*, f° 274.

1. REG. H, 1789, f° 260. Voy. aussi FÉLIB., *Preuves*, t. V, p. 456.
2. Le 3 février 1589, Charonne présenta une requête au bureau de la Ville afin de clore *ses avenues*. Cette requête fut accueillie favorablement, ainsi qu'une autre analogue des bourgs Saint-Liénard et Saint-Jacques près Corbeil. FÉLIB., *Ibid.*, p. 457. Il faut remarquer que le terrain nécessaire à la construction des murailles fut acquis par les villages intéressés « en les payant au dire de gens » et aux frais de la collectivité.

s'employer au faict des tranchées et forteresses¹ »; ces ouvriers devaient se réunir à l'Arsenal, près les Célestins, et être payés directement par la Ville. D'autre part, Pierre Guillain, maître des œuvres de maçonnerie de la Ville, reçut l'ordre de prendre chez les taillandiers, merciers et ferronniers, tous les outils nécessaires aux travaux des tranchées et à les faire apporter à l'Hôtel de Ville. Les marchands furent payés sur la caisse municipale, au vu des bons que leur laissait Pierre Guillain. Le même mandement ordonnait « à tous officiers, sergens et commissaires des quais de la ville ou aultres qu'il appartiendra assister ledit Guillain, faire lesdictes saisies et transports d'outilz ² ». On chargea les colonels et les officiers de la milice de réquisitionner quatre cents chevaux « pour les affaires de la Ville ³ ». Des mesures spéciales furent prises pour

1. Reg. II, 1789, f° 237.
2. Voici le texte du mandement adressé à Pierre Guillain : « Il est enjoinct à Pierre Guillain, M⁰ des œuvres de la maçonnerie de la d. ville, de soy transporter présentement, sur peyne de privation de sa charge, ès-maisons des taillandiers, marchans merciers, ferronniers et aultres où il pensera qu'il puisse y avoir des outils pour servir à la suitte de l'armée, pour prendre et soy saisir de telle quantité d'outils qui luy a esté commandée, comme picqz, hoyaulx, pelles ferrées et non ferrées, congnées, tarrières, bisagues, ciseaulx, pinses et aultres ustancilles que besoing est pour l'effet que dessus, et iceulx faire apporter en l'hostel de ladicte ville, délaissant toutesfois mémoires à ceux à qui appartiendront lesdictz outilz, signez de sa main, contenant le nombre et qualité d'iceulx, en vertu desquelz sera faict payement ausdictz marchans, ferronniers et aultres des sommes qu'il appartiendra... » En outre, le mandement prescrit « à tous officiers, sergents et *commissaires des quais de la ville* ou aultres qu'il appartiendra, assister le d. Guillain, faire lesdictes saisies et transportz d'outilz. » Reg. II, 1789, f° 235.
3. Il semble, d'après la teneur du mandement, que la conscription des chevaux existait à Paris vers la fin du xvɪᵉ siècle, et que chaque propriétaire de chevaux était tenu d'en faire déclaration. En cas de réquisition, on ne remboursait la valeur des animaux réquisitionnés que s'ils venaient à périr. Voici, d'ailleurs, le texte du mandement : « Il est enjoinct à tous colonelz, cappitaines, quarteniers et autres ayans charge en ladite ville, de promptement faire bailler et délivrer au porteur du présent mandement la quantité de 400 chevaux pour estre employez et envoyez pour les affaires de la Ville, et, pour cest effect, contraindre tous et ung chacun les particulliers ayans chevaux, *suivant les rooles qui en ont esté cy-devant faictz,* leur déclarant qu'*au cas où lesdictz chevaulx périssent,* ilz seront remboursés de la valleur d'iceulx, selon la taxe qui en sera faicte par les

mettre les ponts en état de défense ou en construire de nouveaux sur les rivières des environs de Paris et sur la Seine. A la date du 18 janvier 1589, le duc d'Aumale et trois échevins mandent au sieur de Boulle, « garde-marteau de la forêt de Crécy », de marquer et faire abattre dans la forêt de Crécy « cent pieds d'arbres chesnes, veuz bons, propres à bâtir et édiffier pontz-levis et pieux [1] ». Au pont de Saint-Maur, fut placée une garde particulière, composée de six bourgeois de Paris et de quatorze personnes de Nogent-sur-Marne et Fontenay-sous-Bois [2]. De nombreuses dépêches prient différentes villes de disposer des étapes pour les forces catholiques qui vont à Paris ou qui en sortent, ou bien de faciliter la tâche des émissaires chargés de rassembler des munitions et des vivres pour les troupes de l'Union [3].

Au milieu de tous ces préparatifs, un sentiment dominait la population parisienne et les conseils de la Ligue. Ils attendaient et appelaient le duc de Mayenne, qui paraissait beaucoup plus capable que le duc d'Aumale d'imprimer aux forces catholiques une direction politique et militaire. C'est seulement après la mort du duc de Guise que Mayenne s'était déclaré ouvertement pour la Ligue. Une grande affection n'unissait pas les deux frères, et l'on rapporte qu'à propos d'une femme, ils s'étaient même provoqués

---

quartiers, suivant les précédentes ordonnances de la ville. Faict au bureau d'icelle le XIIe jour de janvier l'an 1589. » Reg. H, 1789, f° 242.

1. Reg. H, 1789, f° 250, et Félib., *Preuves*, t. V, p. 456. Le mandement porte cet intitulé pompeux : « Les princes catholiques uniz avec les prélats et aultres ecclésiastiques, seigneurs, gentilshommes, bonnes villes et communautez de France pour la deffence et protection de la religion catholique, apostolique et romaine, et soulagement du peuple, hault et puissant prince Charles de Lorraine, duc d'Aumalle, gouverneur de Paris, et les prévost des marchans et échevins d'icelle, stipulans pour les dessus dits. »
2. *Ibid.*, f° 272.
3. *Ibid.*, f° 240. Lettre du 12 janvier adressée par le duc d'Aumale à une ville; lettre du 16 et 17 janvier pour les *étapes* des troupes catholiques, f°[s] 249 et 252.

en duel et ne s'étaient réconciliés que sur le terrain, par une sorte de honte que motivait bien l'énormité de cette haine [1]. Il n'en était pas moins resté le chef de la faction *Caroline*, composée des princes lorrains et ainsi nommée parce que le duc de Nemours, frère de mère de Mayenne, ainsi que les ducs d'Aumale et d'Elbœuf, ses cousins, portaient tous le nom de Charles. Mayenne, on s'en souvient, avait fait prévenir le roi par le colonel Ornano des ambitieuses visées de Guise [2] : le duc et la duchesse d'Aumale ne s'étaient pas abstenus davantage de dénoncer à Henri III le chef de la Ligue; mais le drame de Blois, en faisant passer Mayenne du second plan au premier, changea brusquement ses dispositions intimes. Sans doute, les excitations violentes de Mme de Montpensier, sa sœur, qui, à la première nouvelle de l'assassinat des Guises, s'était

1. De Thou, t. X, p. 443. Au surplus, presque tous les princes de la maison de Lorraine jalousaient la puissance du duc de Guise, à commencer par le duc de Mercœur, frère de la reine et gouverneur de la Bretagne.

2. Dans une déclaration royale, datée de février 1589, Henri III explique lui-même comment il a été averti par Mayenne de se garder du duc de Guise : « Sans nous amuser aux particularités de la vie desdits feu duc de Guise et de son frère, dont la mémoire est encore trop fraîche en ce roïaume, principalement entre ceux qui les connoissoient le mieux, pour ne perdre temps à l'écrire, il nous suffira seulement de dire que, peu de jours auparavant sa mort, icelui duc de Mayenne, entr'autres choses, nous manda par un chevalier d'honneur, qu'il nous envoia exprès, que ce n'était pas à son frère de porter des patenôtres au col, mais qu'il falloit avoir une âme et une conscience; que nous prissions bien garde à nous; qu'il falloit que lui-même duc de Mayenne ou ledit chevalier vinssent pour nous avertir, et que le terme étoit si brief, et que, s'il ne se hâtoit, il étoit bien à craindre qu'il n'arriveroit pas assez à temps. » *Déclaration du roi sur l'attentat, félonnie et rébellion du duc de Mayenne, duc et chevalier d'Aumale et ceux qui les assisteront.* Mém. de la Ligue, t. III, p. 203.

On lit, d'autre part, dans la harangue de d'Aubray (*Sat. Ménippée*, t. I, p. 138) : « Aucuns ont voulu dire que vous, M. le lieutenant, estant jaloux de la grandeur et haute fortune de Monsieur votre frère, advertistes le deffunct roy de l'entreprise qu'on faisoit de l'emmener et l'admonestiez de se haster d'y prévenir. Si cela est vray, je m'en rapporte à vous; mais c'est chose tout vulgaire que Madame d'Aumale, vostre cousine, fut à Blois exprez pour descouvrir tout le mystère au roy : où elle ne perdit pas ses peines, et dit-on que son mary et elle eussent dès lors fait banqueroute à la Ligue, si on luy eust voulu donner le gouvernement de Picardie et de Boulogne et payer ses dettes. »

rendue en poste auprès de lui, purent contribuer à l'affermir dans ses projets de vengeance, mais l'intérêt, à défaut d'autre motif, l'eût décidé à se ranger au parti ligueur. Aussi les Parisiens le trouvèrent-ils parfaitement préparé, lorsqu'ils lui écrivirent, dès le premier janvier 1589, pour le féliciter d'avoir échappé lui-même *aux machinations* et le prier de venir à Paris prendre la direction de la guerre sainte [1].

Le duc rassemble immédiatement des troupes avec le concours de ses officiers, notamment de Chrétien de Savigny de Rosne, de Roger de Grammont, de Mauléon et d'Esclavoles de Chamois, puis il se mit en marche vers Orléans (qu'il ne fit que traverser, puisqu'il trouva la citadelle évacuée par d'Aumont), et entra à Chartres, le sept février. Malgré l'opposition sourde de l'évêque Nicolas de Thou, Mayenne fut accueilli dans la capitale de la Beauce avec un grand enthousiasme, et Nicolas de Thou fut contraint par les chanoines et par le peuple de venir recevoir à la cathédrale le chef de la Ligue. Cependant les Parisiens avaient hâte de voir leur prince. Ils lui écrivaient lettres sur lettres pour presser sa marche triomphale à travers la France [2].

---

1. Reg. II, 1789, f° 223. Cette lettre, d'ailleurs fort curieuse, étant reproduite par Félibien, *Preuves*, t. V, p. 451, nous n'en citerons qu'un passage : « Pour ce que le péril n'est qu'au trop de remise et de langueur, nous vous supplions très humblement, monseigneur, faire estat de cette Ville pour estre du tout à vostre dévotion, et, à ceste cause, y venir en personne, vous offrant nos vies et nos biens. » Puis vient une orgueilleuse affirmation du rôle prépondérant de la capitale : « Considérez que toutes les bonnes villes ayant l'œil sur celle-cy comme la capitale et de laquelle la ruine attireroit après elle celle de tout le reste du royaume, il est besoin surtout, premièrement pourvoir à nostre conservation, estant aisé à juger qu'icy tombera le grand effort; remédiant auquel, aussi le reste se conservera aisément. » La Ville termine par une sorte de menace et par une allusion à l'opinion publique que le duc ne peut mépriser : « Les affaires disposées comme elles sont, s'il se reconnoissoit quelque retardement, pour quelque occasion que ce soit, nous ne pourrions retenir les jugements de tant de personnes qui n'ont mis de longue main par vostre promesse leur espérance tant en personne qu'en vous. »

2. Voici une de ces lettres, datée du 18 janvier 1589 : « Monseigneur,

En attendant, la Sainte-Union entretenait le fanatisme du peuple par maints spectacles émouvants. Tantôt, c'était une exhibition de tableaux à sensation. La municipalité plaçait sur l'arbre de la Saint-Jean « la représentation d'une grande furie qu'ils nommèrent Hérésie, dont elle fut toute bruslée[1] ». Tantôt c'étaient des processions extraordinaires. « Sur la fin de janvier, dit l'Estoile, les petits enfans, fils et filles de la ville de Paris, commencèrent à faire processions et prières publiques par la ville, allans d'église en autre, en grandes trouppes, marchans deux à deux, portans chandelles de cire ardantes en leurs mains, chantans les letanies, les VII psaumes pénitentiaux et autres psalmes, himnes, oraisons et prières, faites et dictées par les curés de leurs paroisses[2]. » Tous les jours, ces processions se renouvelaient, et l'on s'habituait à voir passer ces étranges cortèges de femmes en chemise et portant des cierges allumés qu'elles éteignaient sur un mot d'ordre, en s'écriant : « Dieu, éteignez la race des Valois! » Le 14 février, jour du mardi gras, « se firent à Paris de belles et dévotes processions, au lieu des dissolutions et ordures de mascarades et quaresmeprenans qu'on y souloit faire les années précédentes[3] ». Une troupe de 600 écoliers, dont la plupart

l'ardente affection qu'avez toujours montrée avoir à la manutention de nostre religion catholique, apostolique et romaine et nostre commune conservation, amitié et bonne intelligence, nous ont faict prendre occasion de vous faire mot, oultre nos précédentes, par lequel nous vous prions affectionnément de vous acheminer de nostre costé avec voz trouppes, le plus tost qu'il vous sera possible, où vous pouvez vous promettre que vous serez très bien receu et respecté... » Reg. H, 1789, f° 253.

1. L'Estoile, t. III, p. 165.
2. *Ibid.*, p. 243.
3. *Ibid.*, p. 247. Plusieurs de ces processions eurent un caractère absolument officiel. C'est ainsi que le jeudi 16 février 1589, second jour de carême, les capitaines de Paris firent une procession imposante. « Ils estoient huit vingt en nombre, dit l'Estoile, et autant de lieutenants, et encore autant de porte-enseignes, pource qu'aux seize quartiers de Paris on compte huit vingt dizaines. » T. III, p. 249. Précédés de congrégations nombreuses qui marchaient pieds nus et chantaient des psaumes, ils allèrent de Saint-Martin-des-Champs à Sainte-Geneviève « deux à deux, tous en deuil, portans torches, flambeaux et cierges blancs, armoiriés des armoiries des

avaient dix ou douze ans, promena dans Paris ses cierges et ses litanies discordantes. Tout cela était si captivant que la nuit ne mettait pas fin à ce mardi-gras sacré. Les chroniqueurs les plus dignes de foi affirment même que l'intérêt du spectacle augmentait encore avec les ténèbres. L'Estoile rapporte que les ligueurs se levaient souvent pour aller quérir le curé de leur paroisse et le forcer de prendre la direction d'une procession nocturne. La chose arriva au curé de Saint-Eustache, qui trouva le zèle de ses paroissiens bien intempérant; et puis cet ecclésiastique « avec deux ou trois autres de Paris et non plus » constatait que dans ces promenades politico-religieuses « tout estoit de quaresmeprenant et que bonne maquerelle pour beaucoup estoit umbre de dévotion. Car, en icelles, hommes et femmes, filles et garsons, marchoient pesle mesle ensemble, tout nuds, et engendroient des fruits autres que ceux pour la fin desquels elles avoient esté instituées [1] ». La fille d'une bonnetière du quartier de la Porte-Montmartre en sut quelque chose au bout de neuf mois, et « un curé de Paris qu'on avoit ouï prescher, peu auparavant, qu'en ces processions les pieds blancs et douilletz des femmes estoient fort agréables à Dieu, en planta un autre (*un fruit*) qui vinst à maturité au bout du terme [2] ». Le chevalier d'Aumale, qui n'était pas ennemi des plaisirs profanes, s'amusait à jeter aux dames, au moyen d'une sarbacane, des dragées musquées, et réchauffait les pénitentes transies « par les colations qu'il leur aprestoit, tantôt sur le pont au Change, autrefois sur le pont Nostre-Dame, en la rue Saint-Jacques-la-Verrerie et partout ailleurs [3] ». Ces scandales

---

deffuncts duc et cardinal de Guise avecq chapiteaux noirs semés de larmes. » Le duc et le chevalier d'Aumale se trouvaient en tête du cortège.
1. L'Estoile, t. III, p. 247.
2. *Ibid.*, p. 248.
3. *Ibid.*, p. 248. Le grave historien DE THOU confirme absolument le dire de l'Estoile, toujours si exact et de si bonne foi : « Il s'en trouvoit

contristaient bien quelques bonnes âmes, mais on fermait les yeux dans l'intérêt de la bonne cause.

D'ailleurs, des distractions d'un caractère différent étaient, en même temps, offertes aux Parisiens.

Le lundi 30 janvier 1589 [1], eut lieu à Notre-Dame un service solennel pour le salut des âmes du duc et du cardinal de Guise. Tous les chroniqueurs du temps s'accordent à reconnaître qu'on ne déploya jamais pareille pompe pour les funérailles des rois. Aimar Hennequin, évêque de Rennes, officia, et Pigenat, le fameux curé de Saint-Nicolas des Champs, prononça l'oraison funèbre. La Ville de Paris, en corps, toutes les cours souveraines et le duc d'Aumale assistèrent à la cérémonie. C'est la municipalité qui supporta les frais de la cire des cierges, et le chapitre métropolitain prit à sa charge le reste de la dépense.

Quelques jours plus tard, le 7 février, une autre solennité passionna les Parisiens. Peu de temps avant la mort de son mari, la duchesse de Guise [2] avait quitté Blois pour venir faire ses couches à Paris. L'enfant vint

---

même, dit-il, quelques-unes des plus jolies filles qui, pour rendre leur dévotion plus agréable à ceux qui en étoient témoins, n'étoient couvertes que d'une seule toile de lin très fine, qui n'opposoit aucun obstacle aux regards curieux, ni souvent même aux caresses empressées des jeunes gens qui les conduisoient galamment par-dessous les bras. » *Hist. univ.*, t. X, p. 529. — Conf. *Conseil salutaire d'un bon Français aux Parisiens*, après *Sat. Ménippée*, t. III, p. 268.

1. C'est la date donnée par l'Estoile. FÉLIBIEN (t. II, p. 1179) dit que le 30 était un jeudi, mais c'est évidemment une erreur.

2. Catherine de Clèves, née en 1548 de François de Clèves, duc de Nevers, et de sa première femme, Marguerite de Bourbon-Vendôme. Veuve en 1566 d'Antoine de Croy, prince de Portien, qu'elle avait épousé en octobre 1560 et qui lui avait fait embrasser le calvinisme, elle abjura, sur les instances de Catherine de Médicis, et se remaria en 1570 avec Henri de Guise. Ses mœurs avaient été plus que légères. Comme sa sœur aînée, la duchesse de Nevers, elle portait dans ses heures les portraits de ses amants peints en crucifix. Le comte de Saint-Mégrin, que Mayenne fit tuer au sortir du Louvre, figurait sur cette liste. Voy. dans Tallemant des Réaux l'histoire du bouillon que le duc de Guise fit prendre à sa femme, (T. I, p. 80. Édition Monmerqué et Paulin Paris.) La duchesse ne devait mourir que le 11 mai 1633, en odeur de sainteté, à cause de ses largesses aux jésuites (*amore incensa societatis Jesu*).

au monde après l'assassinat de son père et cette délivrance de la duchesse souleva parmi la population parisienne un enthousiasme universel. Conformément à la demande qu'ils avaient faite, le prévôt des marchands et les échevins tinrent sur les fonts l'enfant du chef de la Ligue, à l'église Saint-Jean-en-Grève. La duchesse d'Aumale fut la marraine et l'on donna au posthume les noms de François-Alexandre, *Paris* de Lorraine [1]. Ce baptême se fit remarquer par un faste inaccoutumé et « de la magnifique cérimonie, comme dit l'Estoile, car la plus part des capitaines des dixaines de Paris marchoient deux à deux, portans flambeaux de cire blanche et ardante, et estoient suivis des archers, harquebouziers et arbalestriers de la Ville, vestus de leurs hoquetons, marchans en même ordre et portans semblables torches ou flambeaux ». Pour terminer la fête, une magnifique collation fut offerte dans la maison commune aux princes et princesses de la Ligue et l'artillerie municipale retentit en signe d'allégresse. « Le peuple de Paris en grande affluence estoit espandu par les rues où passait la pompe, bénissant l'enfant et regrettant le père avecq douleur et gémissements très grands [2] ».

Malgré l'attrait de toutes ces cérémonies à effet, les meneurs de la Ligue comprenaient fort bien qu'elles ne suffisaient pas à occuper l'esprit du peuple et qu'un chef était plus que jamais nécessaire pour imprimer une direction suivie aux forces de la faction. Enfin Mayenne fit son entrée à Paris le 12 février 1589 [3], au milieu d'un enthou-

---

1. Il mourut en juin 1614, des suites d'un accident, et fut gouverneur de Provence. La mort des barons de Luz, père et fils, sont les deux actions qui ont illustré le filleul de Paris, et c'est une célébrité qui serait aujourd'hui de la compétence de la cour d'assises.
2. T. III, p. 246. Conf. PALMA-CAYET. *Chronol. nov.*, livre I.
3. Il avait été précédé de la duchesse de Montpensier arrivée le 9, de la duchesse de Mayenne arrivée le 10, de la duchesse de Nemours arrivée le 11. L'ESTOILE, t. III, p. 246.

siasme indescriptible. Il avait à ses côtés le duc de
Nemours et devant lui le duc et le chevalier d'Aumale.
Du premier coup d'œil, le nouveau maître de Paris vit
qu'il fallait soustraire à la démagogie le gouvernement de
la capitale et il profita, non sans habileté, des bonnes
dispositions du peuple pour prendre des mesures décisives. Une assemblée générale fut convoquée à l'Hôtel de
Ville le 16 février. Elle comprenait les ducs de Mayenne,
de Nemours, d'Aumale, le comte de Chaligny, les échevins, les conseillers de Ville, les députés des cours,
corps, collèges, chapitres et communautés ecclésiastiques,
les quartiniers et « quatre notables bourgeois des neuf élus
pour le conseil de chacun quartier [1] ». Mayenne, qui présidait, dit « qu'il estoit expédient d'establir un Conseil
général de tous les ordres ès estats de la Ville pour pourvoir à toutes les affaires concernantes ladite Ville et tout
l'Estat, tant au fait de la guerre que finances et police du
royaume, attendant la tenue des Estats généraux ». Il ne
paraît pas y avoir eu de discussion sérieuse : la proposition du duc fut renvoyée à ce « Conseil particulier de la
Ville » dont nous avons dit plus haut la composition [2] et
qui n'était qu'une sorte de réduction de ce qu'on appelait
autrefois le Grand Bureau de la Ville. C'est là qu'on
devait dresser « le rôle des personnes jugées capables »
d'entrer dans le conseil général de l'Union. Il fut décidé
que ce rôle serait ensuite soumis à tous les comités de
quartier et que « seroit rapporté le lendemain au conseil
qui seroit assemblé près lesdits seigneurs princes, pour

1. Reg. H, 1789, f° 284. Ce passage met en relief l'existence des seize comités de quartiers, composés chacun de neuf membres. Les *Registres* concordent parfaitement avec le passage du *Dialogue du Maheustre et du Manant* qui paraît appliquer cette dénomination énigmatique *les Seize* à
l'ensemble des seize comités. Nous avons déjà cité plus haut, p. 493, ce
texte qui se trouve au t. III de la *Satyre Ménippée*, édit. de Ratisbonne,
p. 454.
2. Voy. p. 492, note 4.

sur iceux *arrester le rolle du Conseil général, sans autre plus grande assemblée* ». Ainsi, en définitive, les princes devaient avoir le dernier mot. Le lendemain 17, ils se réunirent en conseil avec quelques membres des compagnies souveraines, quelques gentilshommes, les échevins et « aucuns bourgeois notables de la Ville » pour examiner les rôles « baillez tant par la cour de Parlement, chambre des comptes et généraux de la justice des aydes que par les députez des quartiers, suivant la délibération faicte lejourd'hier, en l'assemblée générale des habitans d'icelle ville, contenant les noms de ceux qui sembloient propres pour assister au conseil général *que l'on a désiré* estre estably comme nécessaire pour pourvoir à l'entretenement de l'Union et conservation de la religion catholique, apostolique et romaine et de l'estat [1] ». A la suite de cette conférence, Mayenne arrêta la composition du Conseil général de l'Union. C'est très improprement qu'on l'a appelé le *Conseil des quarante*, car, ainsi que nous l'avons dit plus haut [2], il ne paraît pas avoir été constitué avec des cadres bien arrêtés, lors de la nomination du duc d'Aumale en quantité de gouverneur de Paris et de la reconstitution de la municipalité parisienne. Quant à Mayenne, il éleva le nombre des membres du conseil général de l'Union, le 17 février 1589, à cinquante-quatre membres, si l'on en croit le *Dialogue du Maheustre et du Manant* [3]; et les personnages sur lesquels il porta son choix pour contrebalancer l'influence démagogique des élus du peuple [4] appartenaient tous aux plus hautes classes

---

1. *Extraits des ordonnances.* Félib., *Pr.*, t. III, p. 306.
2. Voy. p. 492.
3. T. III de la *Sat. Ménippée*, p. 472.
4. Les membres du conseil élus par le peuple ou, pour être plus exact, par les comités de quartier, étaient, d'après le *Dialogue du Maheustre et du Manant*, les sieurs de Brézé, évêque de Meaux; Roze, évêque de Senlis; de Villars, évêque d'Agen; Prévost, curé de Saint-Séverin; Boucher, curé de Saint-Benoist; Aubry, curé de Saint-André; Pelletier, curé de Saint-Jacques;

de la société. C'étaient l'évêque de Rennes, Hennequin, l'abbé de Lenoncourt, les présidents Jeannin, du parlement de Dijon, et Vétus, du parlement de Rennes; le président le Maistre, du parlement de Paris; le conseiller d'Amours, les Villeroy père et fils, qui décidément prenaient parti pour la Ligue; le sieur de la Bourdaizière, le sieur du Fay et les présidents d'Ormesson et Videville; mais Mayenne ne se borna certainement pas à l'addition de ces quatorze membres, car la liste définitive du conseil que collationna Pierre Senault, d'après l'original et qui est citée par Félibien, indique des noms qui ne figurent ni parmi les quarante membres de la fondation, ni parmi les quatorze de la seconde fournée. Nous citerons notamment L'Huillier, maître des comptes; de Sarmoise, de Dampierre, maîtres des requêtes; Lescaut, Gobelin, sieur de Saint-Germain. D'ailleurs l'ordonnance du 7 février, qui porte établissement définitif du Conseil [1], comprend cette disposition finale : « A esté arresté que messieurs les présidens, advocats et procureurs au parlement, estans à présent en exercice, y pourront assister quand bon leur semblera *et y auront voix délibérative.* Pareillement, les autres évesques de l'Union y auront séance et voix par l'advis du conseil. Les prévost des marchans et eschevins et le procureur de la Ville qui sont de présent en charge,

---

Pigenat, curé de Saint-Nicolas, et de Launoy, chanoine de Soissons, pour l'Eglise. — Les sieurs de Maineville, de Canillac, de Saint-Pol, de Rosne, de Montbercauld, de Hautefort et du Saussay, pour la noblesse. — Les sieurs de Masparault, de Neuilly (*le prévôt des marchands absent*), Coqueley, Midorge, de Machault, Baston, Michel de Marillac (le futur garde des sceaux sous Louis XIII), conseillers au Parlement; Acarie, maître des comptes; de Bray, intendant des finances; le Beau Clerc, de la Bruyère, lieutenant civil; Anroux, Foutanon, le jurisconsulte; Drouart, Crucé, de Bordeaux, Halvequin, Soly, Bellanger, Poncher, Charpentier et Pierre Senault, commis au greffe du Parlement et nommé secrétaire et greffier du Conseil. On peut compléter ou rectifier cette liste d'après l'extrait des ordonnances que cite Félibien, *Pr.*, t. III, p. 306.

1. Cette ordonnance est signée de Charles de Lorraine, Charles-Emmanuel de Savoie, Henry de Lorraine, Roland, de Compans, Costeblanche et Desprez. Voy. Félibien, *Pr.*, t. III, p. 307.

y auront séance et voix délibérative à tousjours, sans le tirer à conséquence pour leurs successeurs et seoiront immédiatement après les présidens des cours et compagnies souveraines et maistres des requestes. Des députez des trois ordres des villes et provinces unies y auront aussi séance et voix. » Par conséquent, les cadres du conseil général de l'Union restaient élastiques, se resserrant et s'élargissant suivant la volonté de son président. Le *Dialogue* accuse, du reste, les princes d'avoir fait entrer de nouveaux membres au conseil « sans les suffrages du peuple », dans le seul dessein « d'emporter les voix des denommez par le peuple ». Ceux que le *Manant* appelle les *supernuméraires*, c'est-à-dire les magistrats et les officiers municipaux qui avaient droit d'entrée au conseil quand bon leur semblait, ou plutôt quand il semblait bon aux princes, devaient servir à noyer les suffrages des représentants des couches inférieures de la population [1], car ils étaient plus nombreux que les membres primitifs du conseil.

Ayant ainsi assuré la prépondérance de son autorité quasi souveraine, le duc de Mayenne décida que le conseil général se réunirait « à la maison du bailliage du Palais »

---

1. Le *Manant* dit que Mayenne ajouta quatorze membres au conseil, dont il cite les noms, « et depuis eux plusieurs autres de leur façon et pratique, pour emporter les voix des denommez par le peuple ; de sorte que, le plus souvent, ils estoient en contradiction, tellement que, quand les grands vouloient frapper quelque coup au désavantage du party des catholiques et favoriser les ennemis, ils faisoient venir les présidens de la cour et gens du roy avec leurs adhérans, comme le président le Sueur de Bragelogne, trésorier, Rolland, l'eschevin, et autres de semblable farine, qui avoient séance et voix délibérative audit conseil, afin d'emporter ce qu'ils vouloient par la pluralité des voix, d'autant que ces supernuméraires surpassoient le nombre de ceux nommez par le peuple ». P. 473, t. III, édit. de Ratisbonne. — Il est assez difficile de concilier ce passage avec les appréciations de L'ESTOILE (t. III, p. 250), qui attribue à Senault « une merveilleuse auctorité et plus d'audivit et de commandement lui seul que tous ceux du conseil ensemble ». D'après le chroniqueur, quand on faisait une proposition désagréable à Senault, il se levait et disait : « Messieurs, je l'empesche et m'y oppose pour 40,000 hommes », à laquelle voix ils baissoient tous la teste comme cannes et ne disoient plus mot ».

et que la liste de ses membres serait enregistrée au Parlement. Cette formalité fut remplie le 20 février, à la requête du procureur général [1].

Le nouveau chef de la Ligue craignait si peu que la fraction démagogique du parti clérical pût être tentée de protester [2], qu'il partit à Rouen, le 21 février, avec le duc de Nemours, le prédicateur Pigenat et un délégué spécial de la Ville de Paris, le sieur de Saliot [3]. Il s'agissait de briser la résistance du parlement de Rouen qui refusait de prêter serment à l'Union. Ce résultat fut obtenu sans difficulté. Tandis que Mayenne exécutait en Normandie cette espèce de coup d'État parlementaire, le conseil général de l'Union témoignait sa servilité envers le duc en lui conférant le titre de *lieutenant général de l'Estat royal et couronne de France* (4 mars 1589) [4]. C'était là, il faut le reconnaître, un titre singulier et fort ambigu, car il était à la fois trop ambitieux et trop timide, puisqu'il impliquait l'existence d'une autorité supérieure, qui, selon le droit monarchique, ne pouvait être que celle du roi [5]. Le prési-

---

1. Félib., *Pr.*, t. III, p. 307.
2. Le *Dialogue du Maheustre et du Manant* atteste cependant que l'élément populaire du conseil vit avec colère la fournée de hauts fonctionnaires introduite par Mayenne assurer la prépondérance de l'élément aristocratique : « Si le conseil général de l'Union s'est fourvoyé, dit le Manant, ça esté par l'introduction des grands que l'on y a mis sans les suffrages du peuple. » P. 472, *Sat. Ménippée*, t. III.
3. Le Reg. H, 1789, f° 228, contient le texte de la procuration donnée par le prévôt des marchands et les échevins au sieur de Saliot « pour se transporter avec monsieur le duc du Mayne à Rouen et partout ailleurs, et traiter au nom de la Ville tout ce qui sera jugé utile pour ladite Union. Du 20 février 1589 ». Voy. aussi Félib., *Pr.*, t. III, p. 459.
4. C'est la date donnée par de Thou, t. X, p. 524.
5. C'est ce qu'a parfaitement exprimé Pierre Pithou dans la harangue de d'Aubray : « Lieutenant de l'Etat et couronne est un titre inouy et estrange qui a trop longue queue, comme une chimère contre nature qui fait peur aux petits enfants. Quiconque est lieutenant est lieutenant d'un autre, duquel il tient le lieu, qui peut faire sa fonction, à cause de son absence ou autre empeschement; et lieutenant est lieutenant d'un autre homme, mais de dire qu'un homme soit lieutenant d'une chose inanimée, comme l'Estat ou la couronne d'un roy, c'est chose absurde et qui ne se peut souffrir ». *Sat. M.*, t. I, p. 150.

dent Brisson, auquel de Thou attribue la paternité de cette qualification étrange, prétendait se faire un mérite d'avoir sauvé ainsi le symbole et le principe de la royauté française. Les lettres de lieutenance furent scellées d'un nouveau sceau qui portait l'inscription suivante : *Le Scel du royaume de France* [1]. Mayenne, de retour à Paris, prêta serment devant « cette assemblée d'esclaves, cette canaille prostituée qu'ils apeloient le Parlement [2] », le lundi 13 mars 1589. Par la formule que le président Brisson prononça et que Mayenne répétait, le lieutenant général promit de combattre pour la religion catholique, de maintenir l'autorité des parlements, les privilèges du clergé et de la noblesse et de diminuer les impôts [3].

En attendant l'ère des dégrèvements, le conseil de l'Union avait une façon primitive, mais assez pratique de se procurer des ressources. Il confisquait les biens des royalistes et, comme le dit énergiquement la *Satire Ménippée* [4], « curait rudement les bourses ». Ayant appris que la maison de Pierre Molan, trésorier de l'épargne, recélait des meubles précieux et des sommes d'argent considérables, les ligueurs y envoyèrent Baptiste de Machault et Bertrand Soly, conseillers au Parlement, pour mettre la main sur ce trésor, dont l'existence avait été révélée par les maçons qui avaient pratiqué les cachettes. L'Estoile, qui

---

1. PALMA-CAYET, p. 103. L'ESTOILE, t. III, p. 258. Pour être tout à fait exact, il convient de dire qu'il y eut deux sceaux, fabriqués sur l'ordre des ligueurs, un grand pour le Conseil et un plus petit pour les parlements et les chancelleries. — Quant aux arrêts du Parlement, ils furent dorénavant précédés d'une mention ainsi conçue : « Les gens tenant le Parlement », substituée à l'intitulé : *Henry, par la grâce de Dieu, roy de France et de Pologne*. Les lettres de grâce, rémission, abolition, délivrées par le duc de Mayenne, portèrent ce titre : *Charles, duc de Mayenne, pair et lieutenant général de l'estat et couronne de France*. Voy. PALMA-CAYET. *Ibid.*
2. L'ESTOILE. *Ibid.*
3. DE THOU, t. X, p. 526. Les lettres furent lues, publiées et registrées au Parlement le 19 février. La Chambre des comptes et la Cour des aides ne les reçurent qu'en avril et en mai.
4. *Harangue de d'Aubray.*

reproduit le procès-verbal de la saisie, déplore le malheur des temps et la chance des « larrons de l'Union », tout en traitant aussi d'*archi-larron* le trésorier Molan, lequel « avoit si excessivement volé et dérobbé le roy et le peuple qu'il méritoit bien d'estre pendu... » Quoi qu'il en fût, c'était pour l'Union une bonne aubaine dont le total s'élevait à environ trois cent mille écus. « Affriandés aux inventaires des *Politiques* », comme dit le chroniqueur, les ligueurs ne bornèrent pas là leurs exploits, et leurs limiers multiplièrent les perquisitions. On inventoria les meubles et les valeurs appartenant au sieur Amelot, prieur de Saint-Martin des Champs, et au président Amelot son frère. Chez le président de Verdun, on saisit une somme de 40,000 écus qui passa dans la caisse du parti catholique [1]. Il faut d'ailleurs reconnaître que dans cette campagne financière la Ligue parisienne déploya le génie le plus inventif. Un grand nombre de magistrats royalistes avaient été mis à la Bastille. Bussy Le Clerc se montra disposé à ouvrir la porte de la prison dont il était gouverneur à quelques-uns d'entre eux; c'est ainsi que furent mis en liberté les conseillers Perrot, du Puis, Jourdain, Tournœbus, les présidents Forget et Amelot, le doyen Séguier, le secrétaire Mortier et l'avocat Boncy, « mais il y falust employer, comme on dit, le vert et le sec et le sang de la bourse [2] ». Quant aux autres, sans doute plus riches et dont le geôlier espérait tirer de fortes sommes, ils durent rester en prison; la duchesse de Guise, *la Sainte-Veuve*, comme on l'appelait, s'amusait beaucoup « des damoiselles et femmes de bien qui alloient visiter leurs maris prisonniers, disant qu'elle prenoit un singulier plaisir à voir ces damoiselles crottées qui s'en alloient à la Bastille raccoustrer les hauts de chausses à leurs maris ». Cet aventurier de Bussy Le

1. L'Estoile, t. III, p. 257.
2. *Ibid.*, p. 259.

Clerc entendait, d'ailleurs, la tolérance à sa manière, et il se montra plein d'égards pour un de ses prisonniers, le ministre huguenot Damours, « disant le dit Bussi et jurant Dieu en catholique zélé qu'il étoit plus homme de bien, tout huguenot qu'il estoit, que tous ces beaux politiques de présidens et conseillers qu'on lui avoit baillés en garde, qui n'estoient que des hipocrites, et qu'il eust mieux aimé lui faire plaisir qu'à eux, encores qu'il n'alloit point à la messe [1] ».

Tandis que ses alliés se donnaient ces distractions lucratives, Mayenne, avec une persévérance remarquable, s'occupait de « nouër et estraindre par un ordre et reglement toutes les villes qui s'estoient déjà mises du party de l'Union et celles qui s'y mettroient encor à l'advenir [2] ». C'est dans ce dessein qu'il publia, au commencement d'avril, un règlement en vingt et un articles, pour régulariser l'action combinée des forces de l'Union et arrêter les actes de pillage. Plusieurs articles défendent : de saisir « les biens meubles appartenans aux ennemis... n'est raisonnable de souffrir que les biens des particuliers soient exposez au pillage et appliquez au profit particulier d'aucuns, mais qu'ils doivent estre employez au secours des affaires publiques » ; ainsi la Ligue ne rend pas l'argent, mais elle veut régler l'emploi des biens confisqués. Défense aussi d'arrêter les suspects sans ordonnance écrite des magistrats ; d'occuper les maisons des absents et de s'en approprier le contenu, comme le faisaient, paraît-il, certains « gentilshommes du party de l'Union ». D'autres articles convoquaient les États généraux à Paris pour le 15 juillet suivant et rétablissaient le Grand Conseil, « à la charge que les officiers d'iceluy feraient le serment de l'Union [3] ».

---

1. L'Estoile, t. III, p. 260.
2. Palma-Cayet, p. 103. Il donne le texte entier du règlement.
3. Dès le mois de mars, le président d'Orsay réunit chez lui le Grand

Le règlement indiquait aussi, avec minutie, de quelle manière et devant quelles autorités chaque catégorie de Français devait prêter ce fameux serment à défaut duquel on n'était pas « tenu et réputé du corps de l'Union ».

Chaque cité catholique envoyait au Bureau de Ville de Paris des délégués pour présenter son adhésion « à l'acte de serment de l'Union [1] ». Des correspondances curieuses s'échangeaient entre la Ville de Paris et certains grands seigneurs, d'attitude hésitante. Le duc de Nevers était un de ceux-là. Aux instances de la Ville de Paris, qui le pressait d'entrer dans l'Union, il avait répondu de Tours, le 23 mars, qu'il désirait connaître plus clairement « les intentions et desseings de Paris [2] ». Les ligueurs de

Conseil et lui fit jurer l'édit d'Union. Il siégea depuis lors aux Blancs-Manteaux. Martin Langlois fut nommé procureur général et Ordineau grand prévôt. Voy. Félibien, t. II, p. 1186.

1. Le Registre II, 1789, f° 288, porte, sous la date du 20 février 1589, que « les eschevins, gouverneur et syndic de la ville de Senlis viennent au Bureau de la Ville de Paris « présenter l'acte de serment de l'Union faict par lesdietz manans et habitans, dacté du 17e des présens mois et an ».

2. En même temps qu'il écrivait aux magistrats municipaux de Paris cette lettre officielle du 23 mars, le duc de Nevers rédigeait, sous le nom d'un bourgeois de Paris, un long *advertissement* que reproduisent les *Mém. de Nevers*, t. I, p. 885. Dans ce document fort curieux, le duc s'efforce de plaider les circonstances atténuantes en faveur du roi, meurtrier des Guises. Il combat timidement l'avis de la Sorbonne qui a délié les sujets du roi de leur serment de fidélité et il invoque ce singulier motif qu'on n'aurait pas dû condamner le roi « sans informer et sans l'ouyr ». Le duc reconnaît cependant que « les meurtres des Guises sont exécrables et inhumains ». Néanmoins, il trouve « qu'il est contraint de dire que ce n'est pas chose nouvelle que pour affaires d'Etat l'on ait fait tuer des cardinaux ». Quant au duc de Guise, c'était un grand et valeureux prince, « mais, pour dire vray, chacun jugeait bien clairement qu'il estoit impossible que les riotes qui à toutes heures survenoient à Blois entre le roy et nosdits princes n'amenassent quelque grand esclat »..... Et puis, est-ce que Philippe II n'a pas fait tuer son fils « pour la jalousie de sa vie et de son Estat »? La reine d'Angleterre n'a-t-elle pas fait exécuter par justice la reine d'Ecosse, sa cousine, etc.? L'histoire est pleine de pareils exemples. Le duc proteste contre le projet de tuer le roi ou de le chasser de son royaume, et il objecte surtout que le pape n'a pas excommunié Henri III et n'a pas autorisé la prise d'armes contre lui. « Il n'y a pas d'occasion apparente n'y pressée qui doive induire à élire un autre roy. » On ne peut « longuement demeurer en l'establissement qui a esté fait de la personne de monseigneur le duc de Mayenne pour lieutenant général de l'Estat et de la couronne de France ». Nevers ne prend pas au sérieux le projet de donner la couronne à Mayenne, car ce n'est « qu'un puisné des puisnez de la maison de Lorraine ». Le duc

l'Hôtel de Ville s'empressèrent de donner au duc tous les éclaircissements qu'il réclamait. Ils déclarent, dans leur réplique, qu'ils ne peuvent tolérer que le gouvernement passe au roi de Navarre, qui est un hérétique. D'ailleurs le serment d'Union dont la formule est adressée au duc l'éclairera sur les intentions des princes catholiques. Quant à la croyance exprimée par Nevers que « le roy est fort enclin à extirper les hérésies du royaume et a pour agréable de se servir de ceulx qui le pourront assister en telle occasion », la Ville ne peut la partager et elle fait cette objection que le duc et le cardinal de Guise étaient de bons catholiques « ne tendans toutes leurs actions et leurs desseings qu'à la gloire de Dieu ». Et pourtant le roi les

trouve plus *aisé* de « réduire le royaume en république », mais il ne pense pas qu'un pareil changement puisse avoir lieu « sans amener un très dangereux et tyrannique événement ». Ce serait une véritable anarchie. Ni les officiers de la couronne, ni les princes, ni l'Église ne pourraient conserver leurs privilèges et leur autorité. La soldatesque se croirait tout permis et pillerait villages et monastères. On s'emparerait par la force de la maison de son voisin, si on la trouvait à sa bienséance. Partout se produiraient des massacres, comme ceux de Toulouse. Enfin une désolation universelle.
Paris perdrait plus que toute autre ville à la continuation de la guerre civile, « car ayant toujours esté la capitale de toutes les autres et où les rois, le Parlement, la Chambre des comptes, la Cour des aydes et le Grand Conseil ont fait par si longtemps leur résidence, ce qui y a fait apporter de si grandes commoditez et richesses que justement l'on peut dire qu'elle estoit le gouffre des richesses de tout le royaume ». L'absence de la cour et des grands corps de l'État va la priver de toutes ces prospérités « et l'herbe croistra dans peu de temps sur nos Ponts au Change et de Nostre-Dame ; et après que nous aurons consommé ce que nous avons pillé aux maisons de nos bourgeois, pour n'estre de nostre Ligue, et que nous aurons espuisé nos bourses pour nostre dépense ordinaire et pour les frais de la guerre, nous maudirons nos folies et l'ambition d'autruy, qui nous aura réduits à une telle extrémité et à une telle misère » ! Les *bons bourgeois*, « rudoyez par les saffranniers et en danger d'estre pillez et tuez », laisseront la ville déserte ; les artisans, ne gagnant plus leur vie, s'emporteront à tous les désordres ; déjà il n'y a plus d'autorité municipale, car le prévôt des marchands et les échevins sont annihilés par le conseil des Quarante, « ce qui les rend contemptibles par le peuple ». Ils craignent « de faire chose contraire au vouloir des impudens et arrogans, de peur d'estre eux-mêmes saccagez et tuez ». En terminant, le pseudo-bourgeois engage les Parisiens à rendre l'unité et la paix à la France, et déclare que, s'il voit « les cœurs endurcis à nil faire et hors d'espérance d'une bonne réconciliation, il se résoudra d'essuyer sa plume, de reposer sa langue et d'abandonner tout son pauvre petit mesnage pour se retirer avec Dieu hors de la patrie ..... »

a traités comme on sait. Le duc de Nevers devrait bien savoir que le roi ne l'aime pas; que ce prince a violé les serments les plus sacrés. Comment s'endormir sur *ses bons visages?* Le bruit court que le duc de Nevers veut quitter la France; c'est donc qu'il n'a pas confiance dans la sincérité du roi. La Ville de Paris termine enfin cette épître assez amère en mentionnant une calomnie qui accusait le duc de Nevers de vouloir « s'enrichir des dépouilles de feu M. le duc de Guise et supplanter M. son fils, son neveu, auquel il debvoit servir de père, au gouvernement de Champagne [1] ».

Pour que la Ville de Paris se permît un langage aussi audacieux à l'encontre d'un des plus grands seigneurs du royaume, comme le duc de Nevers, il fallait que la Ligue eût une idée très haute de sa force. De fait, toutes les villes, tous les fonctionnaires, même dévoués au roi, tremblaient devant cette nouvelle puissance qui s'était constituée dans la capitale. A Chartres, l'évêque, Nicolas de Thou, François d'Escoubleau de Sourdis, gouverneur de la place, et François d'Escoubleau, évêque de Maillezais, frère du gouverneur, avaient voulu résister au torrent populaire déchaîné par les agents des échevins de Paris. Les ligueurs coupèrent violemment la parole à leur évêque, arrêtèrent le procureur général de la Guesle qui voulait aussi les haranguer au nom du roi et forcèrent toutes les autorités de la ville, à commencer par l'évêque et le gouverneur, à jurer les articles de l'Union [2], dans une assemblée solennelle tenue le 13 février 1589.

Une seule humiliation gâtait le triomphe des Parisiens. Le prévôt des marchands était toujours prisonnier à

---

1. Reg. H, 1789, f° 291.
2. *Ibid.*, f° 281. Il est vrai de dire que le duc de Mayenne avait passé à Chartres le 7 février et y était resté deux jours, avant de faire son entrée à Paris, qui eut lieu le 12 février. (Voy. plus haut p. 521.)

Amboise. Nous avons dit plus haut [1] que le roi avait laissé partir la duchesse douairière de Nemours, ainsi que les échevins Compans et Costeblanche, soit qu'il ait voulu accorder quelque satisfaction aux réclamations des Etats généraux, soit qu'il ait nourri l'illusion d'apaiser la rage des ligueurs parisiens qui, par lettre du 28 décembre 1588, avaient mis le roi en demeure de leur rendre les trois magistrats municipaux incarcérés. D'autre part, à la faveur de la panique qui avait suivi l'évacuation d'Orléans par le maréchal d'Aumont (31 janvier 1589), le duc de Nemours avait réussi à s'échapper de sa prison et à gagner Paris. Mais Henri III gardait soigneusement les autres otages, parmi lesquels se trouvait La Chapelle-Marteau. Trouvant même que le château de Blois, « simple maison de plaisance », comme dit Palma-Cayet, n'était pas une prison assez sûre, le roi s'abaissa au métier de geôlier et s'embarqua sur la Loire avec ses prisonniers, qu'il écroua au château d'Amboise entre les mains du capitaine Du Guast, l'un des principaux figurants du drame de Blois. Telle était pourtant la triste destinée du roi que ses plus fidèles serviteurs songeaient successivement à le trahir. C'est ainsi que le fameux Loignac, l'un des maîtres de la garde-robe, le gouverneur d'Anjou et Touraine, qui avait plus que personne trempé les mains dans le sang des Guises, n'avait pu résister au dépit que lui causait la perte de la faveur du prince et s'était, une belle nuit, échappé de Blois, roulant dans son esprit des projets de vengeance. Loignac alla trouver, sans désemparer, son ami Du Guast, gouverneur d'Amboise, et n'eut pas de peine à lui faire comprendre que les prisonniers confiés à sa garde valaient un trésor. Mais Du Guast, qui goûtait le conseil, voulut en garder pour lui les avantages éven-

---

1. Voy. p. 513.

tuels, et un jour que Loignac revenait au château d'Amboise, après avoir cherché sans succès des pillards imaginaires que l'ingénieux gouverneur lui avait signalés, il trouva la porte close et dut reprendre le chemin de son pays de Gascogne, où il était destiné à périr obscurément [1]. Quant à Du Guast, il ouvrait complaisamment l'oreille aux offres de La Chapelle-Marteau et traitait en roi le cardinal de Bourbon. Henri III, informé de l'étrange attitude de Du Guast, qui venait d'envoyer son propre frère aux ligueurs parisiens pour leur servir d'otage [2], mit tout en œuvre pour détourner le gouverneur d'Amboise de livrer ses prisonniers à la Ligue. Il y avait urgence, car déjà les émissaires de l'Union « approchoient en troupe, avec force de gens et d'argent, qui venoient, ainsi que l'on disoit, pour arrhes et avance de ce qu'ils avoient promis [3] ». Enfin, par l'entremise d'un certain capitaine Gotz, Du Guast entra en composition et convint de rendre au roi, moyennant trente mille écus, le cardinal de Bourbon, le prince de Joinville et le duc d'Elbœuf. Quant à l'archevêque de Lyon, au prévôt des marchands et aux autres prisonniers, ils devaient rester entre les mains du gouverneur d'Amboise, qui toucherait leur rançon. Cette honteuse transactions fut religieusement exécutée ; le roi lui-même [4] vint prendre livraison du cardinal de Bourbon, du prince de Joinville et du duc d'Elbœuf et les ramena à Blois sous

---

1. Voy. *Lettres* de Pasquier, t. II, p. 383, et Palma-Cayet, p. 97.
2. De Thou, t. X, p. 509.
3. Pasquier, *Ibid.*
4. Palma-Cayet. Il faut signaler la curieuse hypothèse de l'Estoile, qui prétend que Loignac trahissait non pas le roi, mais les Parisiens auxquels il voulait extorquer 200,000 écus, sous prétexte de leur rendre les prisonniers d'Amboise. Le chroniqueur ajoute que les ligueurs de Paris le prirent bien pour un traître et emprisonnèrent son oncle le seigneur de Bourbonne et le frère du capitaine Du Guast qui étaient venus traiter cette affaire. « Les Parisiens, aians descouvert la fraude, les serrèrent tous deux prisonniers en la Bastille dont ils furent, quelque temps après, retirés et rendus en eschange du seigneur de La Chapelle-Marteau, prévost des marchans de Paris. » T. III, p. 253.

bonne escorte. Libre de mettre à rançon La Chapelle-Marteau, le président de Neuilly et l'archevêque de Lyon, Du Guast ne fit pas avec la Ville de Paris un moins bon marché qu'avec le roi. Dès le 25 février 1589, « le conseil général des catholiques establi à Paris, attendant l'assemblée des Estats du royaume [1] », avait prescrit à la municipalité de réunir une assemblée générale pour traiter la question de la délivrance et de la rançon des prisonniers d'Amboise. Cette assemblée eut lieu le 27 février. Il y « fut exposé qu'on estoit convenu à 200,000 livres pour la délivrance des princes, prévost des marchands, président de Neuilly et autres prisonniers d'Amboise, ladite somme payable par termes, à quoi dix ou douze notables personnages offrent de s'obliger, qu'il est raisonnable d'indemniser [2] ». Cette proposition fut adoptée, et l'assemblée, après avoir voté des remerciements aux notables qui garantissaient la rançon des prisonniers, autorisa la levée « d'une capitation sur tous les habitans sans exception » pour rembourser aux capitalistes du parti le montant de leurs avances. Dès que Du Guast eut touché la rançon convenue, il mit en liberté le prévôt La Chapelle-Marteau, le président De Neuilly et l'archevêque de Lyon. On peut aisément se faire une idée de l'atteinte profonde que tous ces marchandages portèrent à l'autorité royale, déjà si affaiblie. Il faut conclure sur ce point comme Palma-Cayet : « Les choses laides sont tousjours laides, quelque couleur qu'on leur donne ».

1. *Extraits des registres.* Félib., *Pr.*, t. V, p. 459.
2. *Ibid.* Pasquier paraît exagérer quand il écrit que la convention passée entre Henri III et Du Guast stipulait que ce dernier « prendroit des ligueurs les dix mil escus qu'ils luy apportoient ». On peut supposer peut-être que, outre la part contributive de Paris, les princes, villes et communautés de l'Union avaient aussi fourni leurs cotisations. En tout cas, il semble incontestable que le roi donna 30,000 écus comptant. Sans parler du témoignage de Pasquier, liv. XIII, lettre X, de Thou, X, p. 510, affirme que les 30,000 écus furent payés comptant par Pierre Molan, trésorier de l'épargne.

L'excès des humiliations eut cependant pour effet de rendre un peu d'énergie au roi. Il exprima d'abord sa colère dans une série de manifestes ou déclarations [1]. La première déclaration enlevait au duc de Mayenne, au duc et au chevalier d'Aumale toutes leurs charges et dignités, en les qualifiant « d'infidelles, rebelles, atteints et convaincus des crimes de rébellion, félonnie et de lèze-majesté au premier chef ». La seconde, datée comme la première de février 1586 et signée à Blois, vise spécialement les villes de l'Union. Elle porte que les « Villes de Paris, Orléans, Amiens et Abbevilles et toutes les autres, si aucunes y en a qui les assistent, sont aussi déchues de tous les états, offices, honneurs, pouvoirs, gouvernements, charges, dignités, privilèges, prérogatives, dons, octrois et concessions quelconques ». Le roi les déclare coupables de félonie et de lèse-majesté dans les mêmes termes que les princes de l'Union. Il accorde à Paris et aux autres cités rebelles jusqu'au 15 mars 1589 pour « reconnaître leur faute et se remettre en l'obéissance [2]... » En outre, et doutant lui-même de l'effet de ces excommunications laïques, Henri III expédia des lettres patentes pour convoquer la noblesse, le ban et l'arrière-ban et les compagnies de gendarmerie. Un édit de février, enregistré plus tard dans un lit de justice du 23 mars, transféra à Tours le Parlement et la Chambre des comptes [3]. Enfin, Henri III expédia en Suisse Nicolas Harlay de Sancy, avec des pouvoirs illimités pour faire des levées, mais sans lui donner un écu. Sancy dut prendre un déguisement pour

---

1. *Mém. de la Ligue*, p. 203 et suivantes.
2. *Ibid.*, p. 213. Lettres patentes des 6 et 11 février 1589.
3. *Ibid.*, p. 224. L'édit ordonne à « tous les officiers de la cour de parlement de Paris, de quelque qualité qu'ils soient, de se rendre dans la ville de Tours, dans le quinzième jour du mois d'avril prochain, hormis ceux qui sont détenus en prison pour s'être montrés fidèles à leur roi légitime et naturel ».

traverser Lyon et arriva à Genève le 14 février. Sa mission réussit au delà de toute espérance [1].

Encore une fois, le roi luttait pour la couronne et pour la vie. Soutenu par une partie de la noblesse et par quelques villes fidèles, à cause de l'énergie des gouverneurs royalistes, Henri III ne paraissait pas en mesure de résister aux forces immenses et à l'audacieuse propagande de la Ligue. Il avait vu successivement passer à ses ennemis Rouen (9 février), le Mans (12), dont le gouverneur Philippe d'Angennes du Fargis avait été blessé et envoyé à la Bastille de Paris; Melun, Senlis, Lyon (24 février), où Charles de Neuville d'Alincour, gendre de Mandelot, s'était mis à la tête de la révolte [2]; Bourges, dont Claude de la Châtre, gouverneur du Berry, provoqua et partagea la défection; presque toutes les villes picardes et celles de Provence, y compris Marseille, Arles, Toulon et Aix, avec presque tout son Parlement! Si Ornano contenait le Dauphiné, si le maréchal d'Aumont, au début d'avril, réussit à mettre en fuite le comte de Brissac, qui avait donné à la ville d'Angers une seconde édition de Barricades; si le maréchal de Matignon fit rentrer Bordeaux dans le devoir avec quelques volées de canon et grâce à l'expulsion des jésuites, convaincus d'avoir fomenté l'insurrection, sur d'autres points la Ligue obtenait des avantages importants. Le duc de Mercœur (frère de la reine et auquel le roi avait donné le gouvernement de la Bretagne après l'avoir enlevé au duc de Montpensier et au prince de Dombes, son petit-fils) profitait

----

1. DE THOU, t. X, p. 511. — PALMA-CAYET dit que le roi avait d'abord chargé le maréchal de Retz de faire des levées en Suisse, mais que le maréchal fut fait prisonnier par le sieur de Neuvy Le Barrois et amené à Orléans, p. 97.

2. Voy. dans les *Mém. de la Ligue*, t. III, p. 271 la *déclaration des consuls, échevins, manans et habitans de la ville de Lyon sur l'occasion de la prise d'armes par eux faite le 24 février 1589*. Elle passe pour avoir été rédigée par Claude de Rubys, qui fut avocat et procureur général à Lyon pendant trente années. — DE THOU, t. X, p. 555, dit qu'il était né pour son malheur et pour celui de la ville de Lyon.

de l'anarchie où se débattait la France pour seconder les menées de l'évêque de Rennes, Hennequin, membre du conseil général de l'Union, que le parti avait envoyé en Bretagne. Rennes chassa René de Montbarot, son gouverneur royaliste; Fougères, Dinan, Dol, suivirent la défection de Mercœur. Sa femme, l'ambitieuse Marie de Luxembourg, héritière de la maison de Penthièvre, souleva Nantes [1] (7 avril), tandis que Rennes rappelait le gouverneur royal (5 avril). L'Auvergne aussi se divisait en deux : Riom tenait pour la Ligue et Clermont pour le roi.

Mais nulle part les désordres ne furent aussi graves qu'à Toulouse, et il est triste de constater que Paris approuva les assassinats qui se commirent de ce côté. Au lendemain de la mort des Guises, une fermentation menaçante s'était produite à Toulouse. Bien qu'ennemi déclaré des protestants, le premier président du Parlement, Jean Duranti, avait essayé d'en imposer aux ligueurs et de faire respecter l'autorité du roi. Mais l'arrivée de l'évêque de Comminges, Urbain de Saint-Gelais, qui avait failli, à Blois, partager le sort du cardinal de Guise, redoubla l'audace des agitateurs. Ils constituèrent une sorte de comité de Salut public à l'Hôtel de Ville et firent nommer gouverneur l'évêque de Comminges par le Parlement divisé et terrorisé. Bientôt, le Parlement fut mis en demeure de déclarer que la ville n'obéirait plus au roi. Des barricades s'élevèrent de toutes parts; le premier président se rendit au Palais, mais, au retour, son carrosse fut criblé de coups d'épée et lui-même fut obligé de se réfugier à l'Hôtel de Ville. En vain, le Parlement, pour le sauver, l'autorisa à se retirer à deux lieues de la ville, au château de Balma. La populace empêcha l'exécution de l'arrêt et l'enferma au couvent des dominicains. Daffis, l'avocat général au parlement de Tou-

---

1. De Thou, t. X, p. 558. — Palma-Cayet, p. 108.

louse, avait écrit à son frère Guillaume Daffis, premier président au parlement de Bordeaux, et au maréchal de Matignon pour les prier de faire secourir Duranti, mais les ligueurs saisirent la lettre et arrêtèrent également Daffis. Le bruit que le premier président voulait livrer la ville au maréchal de Matignon acheva d'exaspérer les Toulousains. Ils se portèrent le 10 février, à quatre heures du soir, au couvent des dominicains, mirent le feu aux portes, s'emparèrent de Duranti et le massacrèrent. Puis, après avoir traîné son cadavre à travers les rues, on le cloua au pilori, en face d'un portrait du roi, avec cette inscription : « Tu as tant aimé le roi ; jouis présentement de sa vue à ton aise et meurs avec lui. » Ce fut ensuite le tour de l'avocat général Daffis ; les ligueurs le tirèrent de la Conciergerie et le tuèrent en sortant de la prison [1].

C'est à la suite de ces exploits que la Ville de Paris crut devoir adresser une lettre de félicitations aux capitouls de Toulouse. La lettre porte la date du 27 février 1589 [2] : « Messieurs, ce nous a esté un grand contentement et consolation d'avoir appris par vos propres lettres les moyens desquels vous avez usé pour vostre conservation et de la religion catholique; en quoy nous pensons avoir bonne part, par l'alliance et union que nous avons avec vous en cette si juste et sainte cause; c'est pour quoy nous nous en réjouissons et en louons Dieu et vous en remercions de tant de résolutions et devoirs que y avez faits en cette nécessité... » Dans une seconde lettre, qui porte la même date, la Ville de Paris expose au parlement de Toulouse l'organisation générale du parti : « Il ne reste plus sinon d'establir un bon ordre aux affaires, à quoy nous travaillons tant que nous pouvons par l'establissement du conseil

---

1. De Thou, t. X, p. 563.
2. Reg. H, 1789, f° 297. — Félibien, t. V, p. 459, Pr., paraît avoir fondu ensemble les deux lettres relatives aux événements de Toulouse.

général de l'Union, composé d'un grand nombre de grandes et honnectes personnes des trois ordres, auquel conseil s'expédient et ordonnent toutes les affaires de nostre Union avec messieurs les princes catholiques, lesquels ont les premiers juré d'obéir audit conseil [1] ». La Ville de Paris annonce ensuite aux capitouls de Toulouse que toutes les dépêches du conseil sont scellées « d'un sceau nouveau aux armes de France, en la légende duquel sont escrits ces mots : *Sigillum regni Franciæ* [2] ; que le parlement de Paris a autorisé le conseil et son sceau, qui figure également sur toutes les expéditions d'actes judiciaires. Elle ajoute que « toutes les capitales villes des provinces ralliées ne laissent pas d'avoir un conseil provincial pour les affaires de la province, qui reconnoist et se réfère au conseil général de Paris et y a recours, quand on a besoin du sceau pour les affaires susdites ». Ces villes envoient au conseil général des délégués auxquels on accorde voix délibérative. Telle est l'organisation qui fonctionne, en attendant la réunion des Etats généraux qui a été ordonnée par le Conseil et le Parlement. En terminant, la municipalité parisienne demande au parlement de Toulouse d'imiter l'exemple du parlement de Rouen et d'adhérer aux mesures prises par l'Union.

Dans les premiers jours de mars, le roi s'était installé à Tours après avoir signé l'édit qui transférait dans cette ville le Parlement et la Chambre des comptes [3]. Mais cette monarchie errante paraissait bien chétive en face de la Ligue et de la formidable Union des cités catholiques. Autour de lui, tout était en feu. Il était pris entre les forces ligueuses de la Beauce et l'insurrection bretonne, tandis que les huguenots devant lesquels l'armée du duc

---

1. Reg. H, 1789, f° 297.
2. Voy. plus haut p. 531 et note 1.
3. Palma-Cayet, p. 107. — De Thou, t. X, p. 582.

de Nevers s'était, pour ainsi dire, fondue, occupaient en maîtres le Poitou, une partie du Berry et venaient jusqu'en Touraine montrer leurs enseignes aux derniers défenseurs du roi de France comme une espérance ou comme une menace. Le roi de Navarre, remis d'une maladie grave [1], voyait tomber toutes les places devant la seule terreur de son nom ou le prestige de sa politique de clémence. Après Niort, il avait pris Saint-Maixent, Maillezais, Mirebeau, Vivonne, l'Ile-Bouchard, Argenton et Chatellerault [2]. C'est de cette ville qu'à la date du 4 mars 1589 il adressa un manifeste célèbre aux trois états du royaume. Le Béarnais, tout en refusant d'abjurer sa religion « la dague sur la gorge », affirme ses sentiments de tolérance à l'égard des catholiques, d'amour et de pitié pour le peuple que ruine une guerre fratricide, de fidélité au roi « son seigneur »; il somme les ligueurs de mettre fin à leurs entreprises et les menace, s'ils refusent, de rendre la paix au royaume, soit tout seul et « au hasard de dix mille vies », soit avec le concours du roi, s'il l'appelle auprès de lui [3].

Ainsi Henri de Bourbon préparait sa réconciliation avec Henri III et mettait une délicatesse pleine de dignité à faciliter une alliance qu'une partie de la cour du Valois estimait nécessaire [4]. Mais, malgré toutes les humiliations dont il était redevable à la Ligue, Henri III éprouvait une répugnance invincible à se jeter dans les bras du roi huguenot. Fidèle à ses habitudes de duplicité,

---

1. Le roi de Navarre était tombé malade à Saint-Père, le 9 janvier, en allant secourir la place de la Ganache, assiégée par le duc de Nevers. Le bruit courut à Blois que Henri de Bourbon était mort, et la Ganache capitula. Voy. PALMA-CAYET, p. 99.
2. DE THOU, t. X, p. 584, et D'AUBIGNÉ, *Hist. univ.*, livre II, chap. xv.
3. *Mém. de la Ligue,* t. III, p. 230. — PALMA-CAYET, p. 112.
4. Louis d'Angennes de Maintenon pressait plus que personne Henri III de s'accorder avec le roi de Navarre et de rappeler les forces royalistes qui se trouvaient en Poitou. DE THOU, t. X, p. 588.

il essaya de négocier en même temps avec Mayenne par l'intermédiaire du légat Morosoni, et avec le roi de Navarre par l'entremise de la duchesse d'Angoulême. C'est seulement après le refus hautain de Mayenne que le roi se décida à traiter avec les huguenots, sous la forme singulière d'une trêve d'un an [1] dont les conditions avaient été arrêtées à Tours, dès le 3 avril, entre Henri III et Philippe Duplessis-Mornay, mais dont la ratification avait été ajournée sur la demande du roi, qui voulait se ménager le temps de recevoir la réponse de la Ligue. Il était convenu que le roi de Navarre entretiendrait à ses frais un corps de douze cents chevaux et deux mille arquebusiers, et qu'il recevrait une place sur la Loire pour le passage de ses troupes. Le Béarnais, dès le 18 avril [2], publia un nouveau manifeste qui était une déclaration de guerre à la Ligue et la constatation éclatante de son alliance avec Henri III. Martin Ruzé de Beaulieu livra Saumur aux huguenots le 21 du même mois, conformément aux ordres de la cour.

Que faisaient pendant ce temps les Parisiens et Mayenne, leur grand homme de guerre? La nouvelle de l'alliance conclue entre les deux rois produisit, à coup sûr, un grand effet dans la capitale. On fit un nouvel appel au fanatisme des prédicateurs pour relever le courage des ligueurs. Dans cette campagne de calomnies et de diffamations, ceux qui se distinguèrent par-dessus les autres s'appelaient Guillaume Rose, évêque de Senlis, cet extravagant auquel la *Ménippée* a donné l'immortalité du ridicule [3], Guincestre, Jean Hamilton, le père Bernard, de l'ordre des Feuillants, Christophe Aubry, Pierre Christin, Guillaume Lucain, Mauclerc, le père Jacques

---

1. La déclaration de trêve fut enregistrée au parlement de Tours le 29 avril 1589. *Ibid.*, p. 593.
2. De Thou, p. 593. — Palma-Cayet, p. 122.
3. *Sat. Mén.*, t. I, p. 78 à 96. La harangue attribuée à Rose est de Rapin.

Commolet, jésuite, Jean Guarinus, Jacques Cueilly, Pigenat, Gilbert Genebrard, professeur royal de la langue hébraïque, nommé archevêque d'Aix par Grégoire XIII, et le cordelier François Feuardent [1]. Au-dessus de tous ces énergumènes se plaçaient, par l'ascendant naturel de leur rage implacable, Mathieu de Launay, le chanoine de Soissons dont nous avons déjà parlé plus haut, l'ancien calviniste apostat, le grand remueur des *opinions de la populace*, selon l'expression de Pasquier, l'un des quatre piliers de la Ligue, et pour tout dire un scélérat, comme l'appelle Le Duchat; et, en second lieu, le non moins

---

1. De Thou, t. X, p. 594. Guincestre et Feuardent étaient les principaux instigateurs du décret de la Faculté de théologie qui déclara Henri III déchu du trône. Nous avons déjà parlé du premier, le fameux curé de Saint-Gervais, qui avait forcé le président De Harlay à jurer fidélité à la Ligue. — François Feuardent, né à Coutances en 1539, était un érudit fanatique, auteur de la *Theomachia calvinistica* ou Entremangerie des protestants. Voy. sur lui Wadding, *Script. ordinis minorum* (1650, in-fol., p. 115). — *Bibl.* de Duverdier, v° *François*. — Bail, *Sapientia toris prædicans*, part. III, p. 478. — Bayle et Moréri, *Lettres de Pasquier*, t. II, p. 456. — Ch. Labitte, *De la démocratie de la Ligue*, p. 71. — Génébrard, né à Riom en 1537, était un bénédictin de mœurs austères, mais d'une excessive violence de plume. Éditeur d'Origène, traducteur de Josèphe, il n'a pas écrit moins de trente et un ouvrages. François de Sales fut son élève au Collège royal. Voy. Goujet, *Hist. du Collège royal* (1758, in-4°, part. I, p. 102). — Nicéron, t. XXII, p. 1 à 18. — Teissier, *Éloge des savants* (1715, in-12, p. 301 à 309). — Labitte, p. 69. — Le P. Bernard, fils de Bertrand Percin, seigneur de Montgaillard. Né en 1563, d'après Bayle, et âgé par conséquent de vingt-six ans en 1589, il entra à seize ans dans l'ordre des Feuillants, fut distingué par Henri III, prêcha au Louvre et acquit une grande réputation. On l'avait surnommé le *Petit Feuillant*. L'Estoile affirme que les dames l'aimaient fort et lui envoyaient souvent des confitures. Il contribua, dit-on, à la conversion de Henri IV, et sut conserver son estime, bien que certains auteurs l'accusent d'avoir trempé dans les conspirations contre le roi (voy. notamment sur le *Petit Feuillant*, qui ne mourut qu'en 1628, à son abbaye d'Orval, après mille pérégrinations, les *Remarques sur la Sat. Ménip.*, t. II, p. 56 à 65). — Jean Hamilton, curé de Saint-Cosme, était Écossais; docteur en 1586, il *s'espagnolisa* vite, comme dit Le Duchat (*Hist. Gymn. Navarr. ap. Launoii oper.*, t. VII, p. 754; Ch. Labitte, p. 74). — Voy. sur Christophe Aubry, curé de Saint-André des Arcs, les *Mém. de la Ligue*, t. V, p. 434. — Jacques Cueilly, d'origine parisienne, tenait la cure de Saint-Germain-l'Auxerrois, après avoir été recteur de l'Université en 1574 (du Boulay, *Hist. univ. Parisiens.*, t. VI, p. 806). — Pierre Christin, de Nice, Jean Guarinus ou Garin, cordelier savoyard, le franciscain Panigarolla, représentaient le contingent des moines étrangers. — Guillaume Lucain avait le titre de docteur.

célèbre Jean Boucher, qui, malgré ses alliances avec les meilleures familles de la capitale, notamment avec celle des de Thou, s'était furieusement jeté dans le parti de la Ligue, croyant y trouver des satisfactions sans limites pour sa dévorante ambition. Successivement professeur à Reims, régent de philosophie au collège de Bourgogne, prieur de Sorbonne, recteur de l'Université en 1580, à trente ans, il était en 1589 curé de Saint-Benoît et candidat malheureux à tous les évêchés vacants [1]. Pour donner une issue au fiel qui l'étouffait, il composait alors un libelle de la dernière violence contre le roi. Cela était intitulé : *De justa Henrici abdicatione* [2]. « Jamais, dit de Thou, dans ces temps de licence et de désordre, il n'avait encore paru d'ouvrage aussi exécrable. » Tous ces prêtres fanatiques et ambitieux entretenaient les Parisiens dans un état permanent de fureur et d'exaltation et ne se faisaient pas faute de répandre les fausses nouvelles du haut de la chaire chrétienne. Elle ne retentissait plus que des exploits militaires de la Ligue, et Mme de Montpensier n'était pas satisfaite quand on se couchait sans apprendre une prise de ville ou une bataille gagnée [3].

Il faut néanmoins reconnaître que les ligueurs faisaient preuve d'une grande activité et n'étaient pas assez remplis d'illusions pour espérer vaincre les royalistes avec des sermons et des libelles. Dès le 7 avril, Mayenne avait écrit au pape Sixte V et lui avait dépêché Pierre Frison, doyen de Reims, pour le supplier de ne pas accorder à Henri III l'absolution qu'il réclamait avec tant d'instances. Le lendemain, il sortait de Paris avec

---

1. Voy. sur Boucher : *Mém. de la Ligue*, t. IV, p. 22. — Le Duchat, *Notes sur la Ménippée*. — Brulé, *Chronol. des curés de Saint-Benoît* (1752, in-8°, p. 32). — Ch. Labitte, p. 61. — De Thou, t. X, p. 595.
2. Cet ouvrage parut avec le nom de l'auteur à Paris chez Nivelle et ne fut achevé qu'un peu après la mort de Henri III. La seconde édition fut donnée à Lyon en 1590, chez Pillehotte.
3. Voy. de Thou, t. X, p. 598.

une armée assez belle dont les trésors saisis chez Pierre Molan [1] avaient singulièrement facilité la levée et l'équipement et s'était dirigé sur Châteaudun. Son avant-garde, commandée par M. de Rosné, s'empara de Vendôme que livra son gouverneur Jacques de Maillé, faillit faire prisonnier le comte de Soissons et garda comme otages tous les membres du Grand Conseil que le roi avait imprudemment laissés dans la ville ; on arrêta même les gros plaideurs afin d'en tirer rançon. Mayenne ayant rejoint la tête de ses colonnes poussa jusqu'à Châteaurenault, à sept lieues de Tours ; puis, profitant d'un avis de l'archevêque de Lyon, fondit à l'improviste sur la cavalerie royaliste de Charles de Luxembourg, comte de Brienne, beau-frère du duc d'Épernon, qui s'était logé à Saint-Ouen, tout près d'Amboise. Ce fut une déroute. Assiégé dans le château de Saint-Ouen, Brienne n'attendit pas les secours que lui amenait le roi de Navarre, à la prière de Henri III, et se rendit avec les gentilshommes de sa suite. Cette défaite, de mauvais augure pour la campagne décisive qui s'ouvrait, força le Valois à unir complètement sa fortune à celle du Béarnais. L'entrevue de Plessis-les-Tours [2] dissipa toutes les préventions qui avaient existé jusque-là entre les deux rois (30 avril).

« La confédération et association des deux rois », bien que prévue depuis quelque temps, ne manqua pas de provoquer à Paris une recrudescence de fureur. « Madame

1. Voy. plus haut, p. 531.
2. Voir pour les détails de cette entrevue PALMA-CAYET, p. 127, et DE THOU, t. X, p. 618 et suivantes. C'est Duplessis-Mornay et François de Châtillon qui contribuèrent surtout à décider Henri de Navarre à venir au rendez-vous fixé par Henri III. Beaucoup de gentilshommes protestants prédisaient à leur maître qu'il se rendait à la boucherie. Du reste, les gens du Béarnais prirent quelques précautions contre une trahison possible, et se saisirent d'une des portes du château du Plessis-les-Tours. L'entrevue fut attendrissante. Les deux rois « s'estans joints, s'entrebrassèrent très amoureusement, mesmes avec larmes, principalement le roy de Navarre, des yeux duquel on les voit tomber grosses comme poix, de grande joie qu'il avoit de voir le roy ». (L'ESTOILE, t. III, p. 277.)

de Montpensier, par ses prédicateurs gagés et appointés à cet effect, y fist prescher partout que le masque estoit descouvert, que le tiran avoit osté le voile de son hipocrisie, s'estant tout à fait déclaré fauteur et partisan de l'hérétique [1]. » Il y eut un nouveau déchaînement de sonnets satiriques et de libelles diffamatoires. L'Estoile dit en avoir ramassé plus de trois cents qu'il avait fait relier en quatre gros tomes, sans compter un gros in-folio « plein de figures [2] ». Cette littérature sainte était « farcie de toutes les plus atroces injures qu'on se pouvoit aviser, jusques à en rechercher des mémoires sur les vieux ruffiens, maquerelles, garces et harangères du Petit-Pont ». Les ligueurs mettaient à profit la rage anti-monarchique que les prédicateurs développaient dans l'esprit du peuple pour continuer les levées d'hommes et fortifier la capitale, tandis que Mayenne guerroyait en Touraine contre les deux rois [3]. Pour leur donner du cœur, on montra aux Parisiens le comte de Brienne, fait prisonnier par Mayenne, et l'on attacha aux voûtes de Notre-Dame six enseignes à titre de trophées royalistes. Il est vrai que les ligueurs n'en avaient pris que trois au combat de Saint-Ouen, mais il ne fallait pas lésiner sur ces glorieuses étoffes, « y en aiant toujours de toutes prestes et cousues à cest effect par la sage conduite et pourvoiance de Madame de Montpensier [4] ».

1. L'Estoile, t. III, p. 278.
2. *Ibid.*, p. 279. Voy. les échantillons que donne le chroniqueur.
3. Voici un extrait des Registres qui prouve qu'on faisait surtout appel aux enrôlements volontaires : « Les princes catholiques, unis avec les trois estats de France pour la protection et deffense de la religion catholique, apostolique et romaine, libertez de la noblesse et descharge du peuple, et les prévost des marchands et eschevins, représentans toutes les autres villes et communautez de ladite Union, etc..., commission au sieur de Crécy pour armer gens de compagnie de pied et de cheval des bourgeois *qui le voudront volontairement suivre,* pour charger les troupes des hérétiques et politiques qui ravageront le plat pays des environs de Paris. Du 24 avril. » (Reg. H, 1789, fol. 289, et Félib., *Preuves*, t. V, p. 460.)
4. L'Estoile, t. III, p. 285.

Malgré tout, le peuple souffrait cruellement de la guerre. Il y avait longtemps que les rentes sur l'Hôtel de Ville n'étaient plus payées; les loyers ne rentraient pas davantage et, par arrêt du 15 avril, le Parlement dut en remettre aux locataires qui ne s'étaient pas acquittés [1]. Ces souffrances, que la continuation de la guerre devait aggraver de plus en plus, se perdaient d'ailleurs dans l'agitation belliqueuse de la capitale et dans le déchaînement des haines religieuses. On pouvait se croire revenu au temps de la Saint-Barthélemy : d'odieux spectacles étaient offerts au peuple. « Le samedi 6e may, écrit l'Estoile, fust, par sentence du prévost de Paris, confirmée par arrêt de la Cour, attachée à un posteau et bruslée vive en Grève une pauvre femme huguenote qui ne se voulust jamais desdire et mourut ferme et constante en sa religion. » Le brigandage politique était légalement autorisé par la municipalité ligueuse : un ordre du prévôt des marchands en date du 3 mai 1589 porte « qu'il est enjoint et permis au capitaine de la Vigne de prendre et saisir aux corps ceux qu'il reconnoistra hérétiques et fauteurs d'iceux, tenans le parti de Henry de Valois, demeurans à Briecomte-Robert et environs seulement, ensemble se saisir de leurs biens [2] », d'en prélever une partie pour lui-même et de verser le reste « pour la cause de l'Union [3] ».

Quant à la guerre proprement dite, elle se faisait avec des raffinements de cruauté incroyables. Après la prise du

[1]. De Thou, t. X, p. 598. Cette mesure n'était pas applicable aux immeubles appartenant à la Ville et aux Hôpitaux.
[2]. Félib., Pr., t. V, p. 460.
[3]. Sans négliger ces recettes extraordinaires, la Ville pressait la rentrée des taxes de guerre que centralisaient les curés. Un mandement municipal du 29 avril 1589 les prie d'exhorter leurs paroissiens « à porter ou envoyer, en la plus grande diligence qu'il sera possible, ès mains du recepveur de leur quartier, tant les deniers jà levez par advance que aultres deniers de leurs taxes pour employer au payement des gens de guerre levez pour la deffense de nostre saincte religion et conservation de ladite Ville, assaillie et environnée de toutes partz de nos communs ennemys ». (Reg. H, 1789, fol. 323.)

faubourg Saint-Symphorien à Tours par les troupes ligueuses, et l'échec subi par Henri III en personne (8 mai), le chevalier d'Aumale lâcha la bride à la soldatesque, vola les vases sacrés, força la porte des églises où s'étaient réfugiées les femmes, avec leurs objets les plus précieux, et en laissa violer trente ou quarante au pied des autels. Pour sa part de butin, il eut « une fille de douze ans, des meilleures maisons de Tours, laquelle il força dans un grenier, lui tenant tousjours le poignard à la gorge [1] ». Tels étaient les exploits des contingents parisiens et leur manière de combattre pour la sainte cause. Ils affirmaient que tout leur était permis et que le pape absoudrait leurs péchés, tandis que les huguenots n'avaient pas les mêmes protections auprès de Dieu [2]. Mayenne, de son côté, s'acharnait sur les cadavres. Sainte-Maline, l'un des meurtriers du duc de Guise, avait été tué au combat du faubourg Saint-Symphorien. Le général ligueur condamna le mort à être pendu par les pieds, après qu'on lui aurait coupé la tête et le poing. Un écriteau serait attaché au gibet, avec cette inscription : « Que pour la punition exemplaire de sa damnable exécution, la teste serait portée à Montfaucon, mise au lieu plus éminent, attendant qu'elle soit accompagnée de celle de Henri de Valois [3] ».

Ainsi, du côté de l'ouest, les événements semblaient prendre une tournure assez favorable à la Ligue, et les Pa-

1. L'Estoile, t. III, p. 288.
2. De Thou, t. X, p. 626.
3. L'Estoile a pris cela dans une relation imprimée à Paris par Nicolas Nivelle et Rolin-Thierry, imprimeurs de l'Union. Elle avait pour titre : « *Discours ample et véritable de la desfaite obtenue aux fauxbourgs de Tours sur les trouppes de Henri de Valois, par Monseigneur le duc de Maienne, pair et lieutenant général de l'Estat roial et couronne de France* ». — De Thou cite également cette relation ligueuse, mais il ajoute qu'il a lui-même interrogé les habitants du faubourg Saint-Symphorien pour savoir ce que les troupes ligueuses avaient fait pendant la nuit du 8 au 9, et qu'il n'a pas entendu parler du traitement barbare auquel aurait été soumis le cadavre de Sainte-Maline. T. X, p. 627.

risiens purent chômer, le 12 mai, la fête des Barricades avec un enthousiasme sans mélange. La châsse de sainte Geneviève fut promenée en grande pompe. Mais cette allégresse n'allait pas tarder à être douloureusement troublée, grâce à l'impéritie des lieutenants que Mayenne avait laissés derrière lui pour diriger son expédition contre Tours. C'était le duc d'Aumale qui commandait en chef dans la Picardie et l'Ile-de-France, et sa tâche paraissait aisée, puisque Melun s'était rendu et que le parti royaliste ne possédait plus dans les environs de Paris que le château de Vincennes. Chaque jour, un des seize quartiers envoyait mille ou douze cents hommes pour en continuer le siège, et la famine semblait devoir accélérer la capitulation de la forteresse [1]. Mais l'éloignement du duc de Mayenne et l'alliance des deux rois ranimèrent bien vite le courage des royalistes. MM. de Givry, de la Grange-le-Roy et plusieurs autres gentilshommes entrèrent en campagne du côté de la Brie. Senlis, à dix lieues de la capitale, fut occupé vers la fin d'avril par Guillaume Montmorency de Thoré [2]. Tous les gentilshommes royalistes des environs, MM. de Fontenay, de Moussy, le baron de Bondy et une centaine d'autres, se jetèrent aussitôt dans la place avec quatre cents hommes de pied. C'était une menace directe pour les ligueurs parisiens, et ils organisèrent immédiatement une grande expédition contre Senlis. Maineville, gouverneur de Paris pour l'Union, partit le premier, et le duc d'Aumale le rejoignit avec quatre mille hommes, y compris les cavaliers. D'autres contingents suivirent et la milice municipale fut mise à contribution. Il est à croire qu'elle ne témoignait pas de grandes dispositions pour s'éloigner de ses pacifiques

---

1. PALMA-CAYET, p. 140.
2. Sur l'affaire de Senlis, voy. le *Discours* qui se trouve au t. III des *Mém. de la Ligue*, p. 550.

foyers, car les chefs ligueurs avaient recours à de singuliers stratagèmes. Le 5 mai, Brigard, procureur de la Ville, se mit en route afin de conduire au camp du duc d'Aumale deux canons, une coulevrine et un convoi de poudre; mais, arrivé au Bourget, il s'arrêta, ne se trouvant pas suffisamment escorté. Pour lui donner cette escorte, la Ville envoya l'ordre au colonel Aubry, dont c'était le tour d'aller relever les troupes qui assiégeaient le château de Vincennes, de sortir par la porte Saint-Martin au lieu de la porte Saint-Antoine et de rallier Brigard au Bourget. Aubry et les douze cents hommes de son quartier arrivèrent le lendemain soir devant Senlis et saluèrent la Ville d'un coup de canon. Les assiégés parurent en bataille sur les murs et aux sommations de se rendre répondirent que, si les Parisiens s'engageaient à donner l'assaut, ils abattraient eux-mêmes une partie de leurs murailles pour les mieux recevoir. L'assaut n'eut pas lieu toutefois, et, dès le 7 mai, Gilles des Ursins d'Armentières réussit à forcer le blocus et à faire entrer dans la place une troupe de royalistes déterminés. Une sortie, vigoureusement exécutée par cent cavaliers, permit aux assiégés d'expédier des messagers à Henri d'Orléans, duc de Longueville, qui était alors à Compiègne, afin de presser l'arrivée des secours, annoncée par d'Armentières. D'autre part, le duc d'Aumale ne déployait pas moins d'activité, et il avait fait venir Jean de Balagny, gouverneur de Cambrai, avec quatre mille hommes et sept pièces de canon, tirées de Péronne et d'Amiens. Le 17 mai, au matin, l'artillerie ligueuse commença à battre furieusement la place et pratiqua une brèche considérable. Avec un peu d'ordre et de sang-froid, Senlis était emporté, avant l'arrivée des renforts que les royalistes attendaient; mais les troupes de l'Union montèrent à l'assaut avec une telle confusion qu'elles furent repoussées et perdirent beaucoup des leurs. Le manque de poudre et de balles empêcha les royalistes de profiter de leur succès, et ils acceptèrent même une capitulation, aux termes de laquelle ils devaient rendre la place s'ils n'étaient pas secourus le jour même. Mais à midi la petite armée commandée par le brave La Noue et le duc de Longueville parut en vue des murailles. Elle ne se composait que de huit cents chevaux et de quinze cents arquebusiers; aussi, en présence du nombre des ligueurs, La Noue hésita-t-il un moment à engager le combat. Il céda cependant aux instances de ses officiers, et les deux armées s'abordèrent. D'Aumale, peu renseigné par ses espions, croyait que les royalistes n'avaient pas de canon et se flattait de les vaincre avec sa seule cavalerie. Ce fut précisément l'artillerie, bien commandée par M. de Sermoise, qui décida du sort de la journée. Lorsque le ligueur Balagny, avec la cavalerie de Cambrai, fut arrivé à deux cents pas des arquebusiers royaux, ceux-ci ouvrirent leurs rangs, et trois décharges consécutives mirent la confusion dans les bataillons catholiques. Une charge de la cavalerie royale acheva leur déroute. D'Aumale et Balagny, blessés tous deux, ne purent même établir un semblant d'ordre dans la retraite précipitée de l'armée parisienne. Dix canons, d'immenses approvisionnements et un camp rempli de marchandises de toute espèce furent le prix de la victoire. Plus de douze cents ligueurs [1] étaient restés sur le champ de bataille, entre autres le gouverneur de Paris, Maineville, qui s'était battu en désespéré.

Le duc d'Aumale ne s'arrêta qu'à Saint-Denis, qu'il essaya de fortifier, et Balagny alla remplacer Maineville à Paris dont il devint gouverneur. Pour calmer la colère du

---

[1]. C'est le chiffre donné par DE THOU, t. X, p. 640. — PALMA-CAYET parle de deux mille morts du côté de la Ligue. Le président d'Assi, dans sa lettre à Mayenne du 18 mai 1589, indique aussi le chiffre de deux mille morts.

peuple, il affirma qu'on n'avait perdu que cent hommes et quelques canons, en ajoutant que dans trois jours une nouvelle armée serait mise sur pied, et que les Parisiens se trouveraient en état de prendre leur revanche[1]. En attendant, les ligueurs éprouvèrent un nouvel échec à Bonneval, localité du pays chartrain. Deux cents lanciers et cinquante arquebusiers, commandés par les sieurs de Saveuse et de Forceville, venaient de Picardie rejoindre l'armée de Mayenne quand ils rencontrèrent un corps de trois cents chevau-légers et de quatre cents arquebusiers à cheval que M. de Châtillon conduisait du côté de Chartres pour essayer de reprendre cette ville. Après une charge héroïque qui enfonça les premiers rangs des royalistes, les ligueurs succombèrent sous le nombre. Saveuse et Forceville moururent de leurs blessures, et le premier, transporté à Beaugency, refusa même de se laisser panser et de prendre aucune nourriture. Châtillon envoya au roi la cornette du vaincu, qui portait la croix de Lorraine avec cette devise espagnole : *morir o mas contento*. Enfin, pour comble de mauvaise fortune, La Noue et le duc de Longueville ravitaillèrent le château de Vincennes dès le 19 mai [2], et M. de Givry, poussant jusqu'à la Villette, salua Paris de plusieurs volées de canon. Cette audacieuse démonstration provoqua dans la capitale une émotion extraordinaire. Les boutiques se fermèrent et les bourgeois en armes se répandirent dans les rues. Un ordre de la Ville du 19 mai, « sur l'advis que les ennemis menaçoient les fauxbourgs Saint-Honoré, Saint-Martin et Saint-Denis », prescrivit aux colonels de « faire garde à leur tour, par manière de provision, et d'assister les chefs en personne, pourveu qu'ils soient valides et au-dessous

---

1. « Il faisoit lors dangereux à Paris de rire, pour quelque occasion que ce fust, car ceux qui portoient seulement le visage un peu guay estoient tenus pour politiques et roiaux. » (L'Estoile, t. III, p. 290.)
2. Palma-Cayet, p. 143.

de cinquante ans [1] ». Chaque dizaine envoya dix hommes pour garder les portes et les avenues, afin de repousser une attaque possible.

La Ligue n'avait encore affaire qu'aux coureurs de l'armée royale. Néanmoins le peu de sang-froid de la population effrayait les chefs du parti catholique. Ils crurent nécessaire d'adresser un mémoire aux prédicateurs de Paris pour « avertir et exhorter le peuple continuellement en leurs prédications et à toutes occasions, afin de le contenir en l'obéissance de leurs magistrats et supérieurs en cette Ville de Paris [2]. L'Hôtel de Ville trouve fort mauvais qu'à l'occasion de la défaite de Senlis « ce peuple, estant surpris d'effroy et se sentant incommodé de ces guerres et troubles, se soit licentieusement avancé de discourir sur cet accident, et sans respect aucun, sinon du mal qui le presse, et ne jugeant les affaires que par les effets et succez, se soit émancipé de blasmer et calomnier les chefs conducteurs de l'armée et les autres magistrats de ladite Ville. » Voilà qui est pour les meneurs de la Ligue l'abomination de la désolation, et ils accusent les hérétiques de « susciter plusieurs espions et mauvais garnemens, qui se coulent finement parmi les troupes oiseuses du peuple assemblé devant l'Hostel de Ville et y sèment leurs calomnies, faux bruits et mauvaises nouvelles pour diviser le peuple d'avec les princes et les magistrats ». Seuls, les prédicateurs peuvent ramener au bien les esprits égarés et leur inspirer le remords des péchés qu'ils commettent. Aussi la Ville fait-elle un énergique appel au dévouement du clergé [3]. Elle termine en

---

1. *Ext. des reg.* — FÉLIB., *Pr.*, t. V, p. 461.
2. *Extr. de registres.* — FÉLIB., *Pr.*, t. V, p. 461.
3. En même temps qu'elle réveillait le zèle des prédicateurs, la Ville de Paris écrivait aux autres villes de l'Union une sorte de lettre circulaire qui est conservée dans les REGISTRES H, 1789, fol. 22. Elle avait pour objet d'engager les cités catholiques à se mettre sur leurs gardes pour échapper au sort de Senlis. « Faisans votre proffict du dommage d'autrui, à l'exemple

raillant le roi, qui avait prédit dès le mois de janvier que les Parisiens n'attendraient pas deux mois « pour se couper la gorge les uns aux autres ».

De son côté, Mme de Montpensier, pour atténuer l'effet de la déroute de Senlis, avait recours à son procédé ordinaire. Elle se servait des prédicateurs pour répondre de fausses nouvelles, annonçait qu'Edmond de Hautefort avait tué quatre mille hommes à des Essarts de Saultour, qui, avec un parti royaliste, assiégeait le château de Méry, près de Troyes; et que Guillaume de Hautemer de Fervaques et Antoine du Prat, baron de Viteaux, avaient mis en déroute un autre corps de royaux, du côté de Doulevant, en Bourgogne. Et comme les Parisiens se plaignaient de ne pas voir les drapeaux conquis sur l'ennemi, Mme de Montpensier sortit de ses coffres quelques nouvelles pièces de taffetas et en fit fabriquer des drapeaux. Puis, après les avoir déchirés et traînés dans la boue, on les suspendit aux voûtes de Notre-Dame comme autant de glorieux trophées conquis sur les politiques. Au fond, la duchesse se rendait parfaitement compte de la gravité de la situation, et elle écrivit de suite à Mayenne pour l'engager à revenir à Paris. Le sieur Bernardin, valet de chambre du feu duc de Guise, que la duchesse avait chargé de porter le message, devait, en outre, dire à Mayenne ce que sa sœur pensait de la capacité et de la valeur du duc d'Aumale. Mais, arrivé à Chartres, Bernardin, qui venait d'apprendre la défaite de Saveuse, se découvrit aussitôt une maladie grave, et, après avoir couché ses instructions par écrit, il les confia à un autre messager. Ce courrier suppléant eut la maladresse de se laisser

d'icelluy, lequel voyant le feu en la maison de son prochain, se peine et travaille par telle occasion à conserver la sienne. » La lettre dont il s'agit fut envoyée notamment aux villes de Melun, Montfort, Dreux, Étampes, Montlhéry, Chartres, Corbeil, Moret, Nemours, Saint-Denis, Beauvais, Pontoise, Creil, Chaumont-en-Vexin.

prendre, et ses lettres furent portées au roi de Navarre. Le Béarnais y trouva la confirmation de la prise de Senlis et profita de la circonstance pour semer la discorde dans la maison de Lorraine. Il envoya un trompette à Paris, avec ordre de remettre au duc d'Aumale les petits papiers de Bernardin et de Mme de Montpensier. Par manière de consolation, Henri ajoutait que si d'Aumale voulait tirer raison de l'insulte qui lui était faite, il s'offrait en bon cousin pour lui servir de second [1].

Les Parisiens pouvaient craindre à bon droit que le terrible roi de Navarre ne suivît de près son trompette. Paris était décidément l'objectif de l'action combinée des deux Henri. Ils assemblaient une grosse armée sur la Loire, tandis que Sancy, qui était arrivé à Genève vers la fin de mars, réalisait ce tour de force d'obtenir des cantons cent mille écus d'or et un contingent de douze mille Suisses, sous cette seule condition que la France entrerait en campagne contre le duc de Savoie, l'ennemi commun. Mais l'habile envoyé de Henri III se servit de l'argent des Bernois pour lever encore mille lansquenets, trois mille hommes d'infanterie française et quelque cavalerie allemande; puis, après plusieurs escarmouches avec les troupes savoyardes, il persuada aux troupes suisses d'entrer en France, passa le Rhône le 20 mai, traversa la Franche-Comté et fit sa jonction dans l'évêché de Langres avec le comte de Tavannes, que le roi avait envoyé au devant de lui [2]. Le duc de Longueville et La Noue recevaient en même temps l'ordre de rassembler des troupes en Champagne et de les réunir à celles de Sancy. Malgré certaines défections, malgré l'hostilité du pape Sixte V, qui venait, après de longues hésitations, de rompre définitivement avec le meurtrier des Guises, malgré les

1. De Thou, t. X, p. 645.
2. *Ibid.*, p. 646 à 658, et Palma-Cayet, p. 146 à 148.

menaces de l'Espagne, qui avait promis 600,000 écus et tout son concours à la Ligue, la fortune semblait décidément sourire à la cause, naguère désespérée, des Valois [1].

Mayenne, rappelé d'ailleurs par la duchesse de Montpensier, jugea qu'il était temps de ramener son armée dans l'Ile-de-France. Il quitta donc Alençon, qu'il venait de forcer à capituler (22 mai), et s'achemina rapidement du côté de la capitale. Les ligueurs parisiens n'avaient pas attendu le retour du lieutenant général de l'Union pour organiser la défense. Depuis le commencement de mai, de nombreuses mesures militaires avaient été prises. On avait fortifié les faubourgs Saint-Honoré, Saint-Denis et Saint-Martin, et chaque jour deux compagnies de bourgeois allaient monter la garde aux tranchées [2]. Tous les bateaux qui se trouvaient sur la Seine jusqu'à Corbeil avaient été amenés à Paris, et le prévôt de Corbeil, le sieur Berger, s'était vu destituer comme suspect [3]. A Montereau, le capitaine Clerc avait été envoyé avec une petite garnison pour défendre ce point important contre les royalistes (15 mai) [4]. Une autre garnison occupait le pont de Charantonneau, depuis le 4 mai; et un mandement, adressé aux colonels de la milice, leur avait prescrit de « recouvrer

---

1. Dans un consistoire du 5 mai, le pape lut un monitoire qui sommait Henri III de rendre, dans les dix jours, la liberté au cardinal de Bourbon et à l'archevêque de Lyon, faute de quoi il était déclaré excommunié et soumis à toutes les censures de l'Église. Ce monitoire fut publié le 24 mai et affiché aux portes des églises Saint-Pierre et Saint-Jean de Latran. Il fut également publié dans plusieurs villes de l'Union, notamment à Meaux, le 23 juin, et à Chartres, malgré l'opposition de l'évêque. (De Thou, t. X, p. 608.)
2. Reg. H, 1789, fol. 333.
3. *Ibid.*, fol. 327.
4. *Ibid.*, fol. 329, et Félib., *Pr.*, t. V, p. 461. Quelques mandements prennent un ton fanfaron qui atteste une certaine panique. C'est ainsi qu'à la date du 24 mai « il est ordonné que les habitans des villages de Vanves, Issy, Vaugirard, Montrouge, Gentilly, Arcueil, Bagneux, Clamart, Châtillon et Meudon se mettront en armes, *pour mettre en pièces* les compagnies des ennemis qui se présenteront »; et le mandement ajoute naïvement : « aux quels habitans nous donnons tout pouvoir de ce faire ». (Reg. H, 1789, fol. 339.)

le plus de gens possible pour aller en toute diligence secourir le pont de Gournay [1] ».

Le 30 mai, Mayenne venait dîner à Saint-Cloud et couchait à Saint-Denis. Il n'entra dans Paris que le lendemain, dans l'après-midi, assista à une séance du conseil général de l'Union et revint coucher à Pantin [2]. C'est de là qu'il partit pour faire une pointe dans la Brie, où il s'empara du château de la Grange-le-Roi et de quelques autres points fortifiés. Il revint dans la capitale, après avoir repris aux royalistes Montereau-faut-Yonne, où le duc d'Épernon avait récemment jeté une petite garnison, sous le commandement de Jussac d'Ambleville [3]. Grâce à l'activité de Mayenne, un ordre relatif put se maintenir dans Paris, malgré l'émotion que soulevait une attaque imminente. Des approvisionnements considérables furent réunis [4]. Les boulangers reçurent l'ordre de cuire du pain [5] dans la proportion des besoins du peuple et de le mettre en vente tous les jours. Enfin les pauvres, valides, furent mis en réquisition pour travailler aux fortifications. Un mandement municipal, en date du 5 juin, ordonna aux quartiniers de réunir les habitants des dizaines afin de leur annoncer « qu'il avoit esté trouvé expédient et nécessaire faire ouverture de quelques ateliers pour faire travailler ung bon et grand nombre de pauvres vallides qui sont en ceste ville, affin que par ce moien trois choses, grandement utiles, fussent faictes et accomplyes, dont la

---

1. Reg. H, 1789, fol. 324.
2. L'Estoile, t. III, p. 295.
3. De Thou, t. X, p. 665. — Palma-Cayet, p. 143.
4. Le 6 juin, la ville envoya un émissaire à Étampes « pour admener la plus grande quantité de bledz et grains qu'il sera possible, et iceulx faire venir en ladite ville de Paris ». (Reg. H, 1789, fol. 346.)
5. « *De par les prévost des marchans et eschevins de la ville de Paris*, il est enjoinct à tous les boullangers, pâtissiers et aultres de cuire présentement du pain pour subvenir à la nécessité, lequel doresnavant, sans avoir esgard au mercredy ou samedy, ils pourront vendre tous les jours indifféremment, tant aux places que partout où ilz verront bon estre, tant que la nécessité durera. Faict au bureau de la Ville, le 24ᵉ jour de may 1589. » (*Ibid.*, fol. 339.)

première est la charité, par la nourriture des pauvres ; la seconde, la fortiffication et réparation de ceste ville et lieulx et endroictz nécessaires ; et la troisième, l'empeschement de l'oysiveté, mère nourrice de tous maux entre les gens inutiles et vagabonds ¹. » Les principaux ateliers de travaux avaient été ouverts aux faubourgs Saint-Honoré, Saint-Denis et Saint-Martin ². Du côté des faubourgs Saint-Germain, Saint-Jacques, Saint-Marcel et Saint-Victor, les tranchées se trouvaient déjà en bon état de défense et étaient gardées chaque jour par seize compagnies qu'envoyaient les seize quartiers de la ville ; le service commençait à six heures du matin et finissait le lendemain à une heure de l'après-midi ³.

A mesure que l'armée des deux rois se rapprochait de Paris, le conseil général de l'Union et l'Hôtel de Ville multipliaient les mesures militaires. Chaque jour, arrivait une mauvaise nouvelle : après Gergeau-sur-Loire, dont le gouverneur Jallange et la garnison furent impitoyablement massacrés ; après Pithiviers, dont les principaux défenseurs avaient été pendus, l'armée royaliste avait pris Étampes (1ᵉʳ juillet) et poussé ses coureurs jusqu'à Clamart, Meudon, Issy et Vaugirard. Les pauvres paysans de la banlieue affluèrent à Paris « en grande désolation, chassant devant eux bœufs, vaches, moutons, chevaux, asnes et tout ce qu'ils pouvoient sauver de leurs meubles, comme faisoient aussi les religieuses des monastères voisins ⁴ ». Pour calmer la panique qui régnait déjà dans les faubourgs, on envoya tous les jours quinze cents ou deux mille bourgeois aux tranchées, et les quartiniers furent invités à

---

1. Reg. H, 1789, fol. 344. Les deniers destinés au paiement des pauvres valides étaient recueillis dans chaque dizaine par un bourgeois que nommaient les cinquanteniers et dizainiers. *Ibid.*, fol. 335.
2. *Ibid.*, fol. 378.
3. *Ibid.*, fol. 351.
4. L'Estoile, t. III, p. 297.

provoquer de nouvelles collectes dans les dizaines [1].
M. Pierre Guillain, maître des œuvres de maçonnerie de
la ville, reçut le 6 juillet l'ordre « de mettre et employer
gens ouvriers pour rompre l'une des travées du pont
dormand de la porte Saint-Michel, mettre le bois et pavé
en lieu de seureté et faire murer, de mur de maçonnerie, la
porte et entrée du boullevart de ladite porte Saint-Michel
du costé des champs [2]... » Le blocus était déjà presque
réalisé, car, le 1er juillet, le chevalier du guet, Congi, qui
avait voulu faire une reconnaissance avec un homme du
côté de Bourg-la-Reine, avait été chargé par les royalistes
et n'avait ramené dans Paris que cinq ou six soldats de sa
compagnie [3].

On se vengeait de ces échecs répétés en persécutant les
suspects. Le 6 juillet, en vertu d'une délibération de « messieurs du Conseil, le président de la Cour des comptes,
Amelot, fut conduit à la Bastille par le capitaine Perrichon,
et un autre capitaine reçut l'ordre de se saisir « de la
personne de l'advocat Canaye et icelluy constituer prisonnier au chasteau de la Bastille, jusques à ce qu'il ayt
fourni la somme de douze cens escus qu'il a promise pour
employer aux frais de la guerre de la Saincte-Union [4] ».
Des archers furent mis chez certains bourgeois du quartier
Saint-Lambert qui étaient aussi en retard pour le payement
des taxes de guerre [5]. Quant aux moines, ils se consolaient
des défaites de la Ligue en mutilant les statues ou les portraits du roi qui se trouvaient dans leurs couvents. Les
cordeliers avaient au-dessus du maître autel un tableau où
Henri III « estoit peint à genoux, priant Dieu auprès de la
roine sa femme ». Ils lui enlevèrent la tête. Autre portrait

---

1. *Extraits des reg.* — Félib., *Pr.*, t. V, p. 462.
2. Reg. H, 1789, fol. 364.
3. L'Estoile, *Ibid.*
4. Reg. *Ibid.*, fol. 365.
5. *Ibid.*, fol. 366.

aux Jacobins : ces bons moines « barbouillèrent et chafourrèrent tout le visage » du prince [1]. Mais ces compensations étaient minces pour la Ligue. Mayenne, qui aurait peut-être réussi à retarder la marche de l'armée royaliste, après son succès de Montereau, avait dû revenir en toute hâte dans la capitale, rappelé encore par Mme de Montpensier et l'effervescence de la capitale. Le duc de Longueville et La Noue en avaient profité pour faire leur jonction avec l'armée suisse de Sancy et pour passer la Seine à Poissy. Henri III, qui assiégeait Pontoise depuis quelques jours, passa en revue les contingents étrangers, qui s'élevaient à dix mille Suisses, deux mille lansquenets et quinze cents reîtres.

Le lendemain de l'arrivée des Suisses (26 juillet) [2], l'église de Pontoise, où les ligueurs avaient concentré la défense, fut emportée d'assaut par les assiégeants; et le roi ordonna à Pierre de Mornay de Buhy de raser cette citadelle improvisée. Mayenne avait cependant envoyé quinze cents arquebusiers de renfort aux défenseurs de Pontoise et les officiers ligueurs s'étaient bravement battus ; mais la fortune du Béarnais entraînait tout. Plusieurs capitaines et soldats catholiques de la garnison vaincue se rendirent à lui, pour éviter la vengeance de Henri III. Le roi huguenot n'eut garde de laisser échapper l'occasion de se rendre populaire parmi ses ennemis ; il reconduisit lui-même jusqu'aux portes de Paris les prisonniers catholiques. Le

---

1. L'Estoile, *Ibid.*, p. 298. Le mot *chaffourer* équivaut à salir, griffonner. On lit dans Rabelais, t. I, p. 64 : « *Chaffouroit* le parchemin sans m'amuser à *chaffourer* le papier. » On disait quelquefois *chaforer* ou *chafourer*. — Voy. La Curne de Sainte-Palaye, édit. Favre (1877).

2. C'est la date donnée par l'Estoile, p. 301. Il résulte de la relation de l'historien de Thou que Pontoise aurait capitulé douze jours après la mort d'Edme de Hautefort, second de Charles de Neuville d'Alincourt, gouverneur de la place pour la Ligue. Or Hautefort fut tué le 12 juillet, t. X, p. 661. D'autre part, l'auteur de la relation sur l'*Assassinat de Henri III*, insérée au t. III, p. 559 des *Mém. de la Ligue*, dit que Pontoise capitula le 25 juillet.

prédicateur Boucher dit publiquement qu'il aimerait mieux traiter avec lui qu'avec « le tyran [1] ». De leur côté, les pauvres gens de la banlieue faisaient une comparaison tout à l'avantage des royalistes et s'indignaient contre les pillards de la Ligue qui commettaient force atrocités. C'est ainsi que le 7 juillet une bande, sortie de Paris, avait envahi Villeneuve-Saint-Georges, « où ils tuèrent, pillèrent, ravagèrent, violèrent femmes et filles, faisans tous actes d'hostilité, pires qu'en pays d'ennemis et de conqueste [2]... » On se plaignit à Mayenne, qui répondit aux malheureux « de patienter et qu'il avoit affaire de toutes ses pièces pour ruiner le tiran ».

La situation des Parisiens devenait effectivement bien critique. Tandis que l'armée des deux rois grossissait par l'arrivée des contingents suisses, et que toutes les places des environs capitulaient ou étaient enlevées de vive force, la Ligue ne recevait, en guise de renforts, que des bandes de pillards dont le concours était plus dangereux qu'utile [3]. Les troupes lorraines et les auxiliaires allemands que Mayenne avait appelés n'avaient pas osé traverser les lignes de l'armée royale [4], et le duc de Nevers, qui assemblait des

---

1. L'ESTOILE, t. III, p. 302. — D'AUBIGNÉ, *Hist. univ.*, livre II, chap. XXI, dit que les assiégés obtinrent une capitulation honorable, « particulièrement en ce qu'on les fournit de charriotz et de brancarts, à quoi il falut 1,800 chevaux, qui voulurent estre conduits par les troupes du roi de Navarre, disans assez licencieusement qu'ils ne trouvoyent foi que de ce côté-là... »
2. *Ibid.*
3. L'ESTOILE raconte, par exemple, que le 19 juillet « le sieur de la Chastre arriva à Paris, menant quelques compagnies de gens de guerre, de pied et de cheval, qui furent logées à Gentilli, Arcueil et autres villages voisins où ils firent des maux et meschancetés innumérables ». (T. III, p. 300.)
4. A la date du 25 juin, Charles de Lorraine, duc d'Aumale, écrivait de Meaux à la Ville de Paris : « Messieurs, je m'achemine, suyvant la résolution que nous avons prise icy, pour aller aux plus grandes journées qu'il me sera possible, recevoir noz estrangers, qui sont pretz d'entrer dans le royaume pour, incontinent les avoir jointz, chercher tous les moiens qui me seront possibles de combattre ceux de noz ennemis, espérant, avec l'ayde de Dieu, que, quand nostre armée sera toute ensemble, elle sera telle et sy forte que nous pourrons avoir la raison de nozdictz ennemys. » (REG. H, 1789, fol. 364.)

forces dans le Lyonnais, ne paraissait pas en vue de la capitale. Même avant la prise de Pontoise par les royalistes, on était découragé dans les conseils de l'Union. Le 10 juillet, la Ville de Paris chargeait le sieur Boursier de porter une lettre désolée à la ville d'Amiens : « Il y a de quoy espérer, dit la municipalité ligueuse, que Dieu ne nous abandonnera pas et qu'il fera bientôt paroistre quelque rayon de sa grâce [1]. »

Paris n'avait plus qu'à compter sur lui-même, et délibérément il ferme son enceinte ; un mandement ordonne aux capitaines de visiter toutes les portes et poternes et de faire boucher toutes les issues [2]. Dès le 18 juillet, la Ville a prescrit à MM. de Compans, de Costeblanche, échevins, Pigneron, colonel du quartier Sainte-Geneviève, B. Le Clerc, capitaine de la Bastille, Delarue, dizainier au quartier Saint-Martin des Champs, de rapporter au Bureau les clefs des portes Saint-Jacques, Saint-Honoré, Montmartre, Saint-Martin, Saint-Antoine, Saint-Victor, Saint-Marcel, Saint-Michel, Saint-Germain, Bussy et de Nesle, « lesquelles clefz, dit le mandement, leur ont esté baillées en garde, pour estre les dites clefz baillées et distribuées à chacun de nous et estre par nous gardées durant les troubles présens, suivant les antiens règlements et ordonnances de la Ville [3] ». C'était Mayenne qui avait provoqué cette mesure. Il obligea les colonels à venir chaque matin chercher les clefs à l'Hôtel de Ville et à les renvoyer chaque soir [4]. Maintenant ce ne sont plus les dizaines qui ont à fournir des hommes aux tranchées. Des sommations individuelles mettent les bourgeois riches et surtout les suspects en demeure « d'en-

---

1. Reg. H, 1789, fol. 365.
2. *Ibid.*, fol. 374. Plus tard, on ordonna aux habitants de n'avoir qu'une porte ouverte en leurs maisons et de maçonner les autres. (Félib., *Pr.*, t. III, p. 463.)
3. Reg. H, 1789, fol. 376.
4. *Ibid.*, fol. 376-377.

voyer aux tranchées et fortifications de la ville, vers les faubourgs Saint-Honoré et Saint-Denis, chacun ung homme garny d'outilz propres pour y travailler durant ceste sepmaine seullement, affin que par cest ayde, provenant de leur franche et bonne volonté, ladite Ville soyt secourue et préservée du dommage que pouvaient faire les ennemys [1] ». Les perquisitions, les visites domiciliaires se multipliaient. Tantôt elles avaient pour but de chercher du blé [2], tantôt de découvrir des dépôts d'armes [3]. Malgré les violences des prédicateurs et les bulletins mensongers des chefs de la Ligue, le mécontentement grandissait. Pour prévenir un mouvement possible des royalistes restés à Paris, le conseil général fit emprisonner, à la fin de juillet, trois cents notables bourgeois, sous le simple soupçon « de favoriser le parti du roi en leur cœur ». La capitale n'en était pas moins frémissante, et les plus compromis, édifiés par les exécutions de Gergeau et de Pithiviers, se demandaient déjà si leurs têtes étaient bien fermes sur leurs épaules [4]. Si l'on en croit une relation ligueuse attribuée à Charles

---

1. Reg. H, 1789, fol. 381. Mandement du 25 juillet.
2. Le 24 juillet, la Ville prescrit aux colonels de faire faire par les capitaines et lieutenants, assistés des dizainiers et de deux bourgeois par chaque dizaine, des perquisitions dans *toutes* les maisons, « et faire commandement aux habitans, chefz d'hostel d'icelles maisons, *sans aulcune* excepter, de leur dire et déclarer fidellement la quantité de grains, tant de bled que avoyne, qu'ilz ont en leurs dictes maisons ou ailleurs, soyt pour leur provision ou aultrement, et combien chascun desdictz chefs d'hostel a de bouches à nourrir ». (Reg. H, 1789.) Un procès-verbal devait être dressé chaque jour et copie en devrait être portée à M. Brisson, président au Parlement, et au sieur Rolland, premier échevin. Une autre perquisition pour constater l'approvisionnement de blé que possédait chaque particulier, fut faite le 9 août. (*Ibid.*, fol. 389.)
3. Perquisition du 26 juillet. *Ibid.*, fol. 381. Les armes trouvées étaient transportées à l'Hôtel de Ville.
4. Ils ne se trompaient pas, car Henri III, au dire de tous les historiens, était décidé à faire des exemples. Le 27 juillet, il avait envoyé un gentilhomme à Mme de Montpensier pour lui dire « qu'il estoit bien advert que c'estoit elle qui soutenoit et entretenoit le peuple de Paris en sa rébellion; mais que s'il y pouvoit jamais entrer, comme il l'espéroit de faire et bientost, qu'il la feroit brusler toute vive. A quoi, sans autrement s'estonner, fist response que le feu estoit pour les sodomites comme lui et non pour elle ». (L'Estoile, t. III, p. 302.)

Pinselet, chefcier de Saint-Germain-l'Auxerrois [1], « il n'y avoit maison qui ne fust jà donnée au pillage et en proye : les rues et les quartiers estoient marquez, tous les hommes au fil de l'espée ; les plus catholiques, les uns pendus, les autres noyez, austres bruslez et austres escartelez, et toutes telles autres cruautez estoient jà arrestées par le tyran et par ses satellistes... » Les politiques osaient « lever le nez, braver, se moquer et dire à haute voix qu'avant trois jours passez, il y auroit tant de pendus qu'il ne se trouveroit pas assez de bois dans Paris ». Telles étaient les conséquences de l'approche des forces royalistes.

Après la prise de Pontoise, l'armée des deux rois avait reçu la soumission de l'Isle-Adam, Beaumont et Creil. Allait-on entreprendre le siège de Paris avec une trentaine de mille hommes ? C'était une bien périlleuse entreprise. Seul, Givry la conseillait, en alléguant qu'après la victoire de Senlis il avait bravé la capitale avec 400 hommes ; les vieux officiers résistaient, insistant sur toutes les difficultés du siège. Mais le roi de Navarre « donna l'esperon à tout », suivant la pittoresque expression de d'Aubigné, et ajouta « qu'il y alloit du royaume à bon escient d'estre venu baiser cette belle ville et ne lui mettre pas la main au sein [2] ». Le 30 juillet, vers le soir, les royalistes, déjà maîtres des passages de l'Oise, s'emparèrent du pont de Saint-Cloud ; quatre canons suffirent à forcer à la retraite les soldats de la Ligue qui s'étaient retranchés sur quelques arches du pont. Henri III prit ses quartiers à Saint-Cloud dans la belle maison de Jérôme de Gondy [3], tandis que le

---

1. Voy. ARCH. CUR., 1re série, t. XII, p. 398. Voici le titre du libelle : *Le martyre de frère Jacques Clément, de l'ordre de Sainct-Dominique, contenant au vray toutes les particularitez plus remarquables de la saincte résolution et très heureuse entreprise à l'encontre de Henry de Vallois* (Paris, 1589, in-8º), chez Fiselier.

2. *Hist. univ.*, livre II, chap. XXI.

3. Gondy, l'évêque de Paris, était resté fidèle au roi. Henri III se trouvait

roi de Navarre, soutenu par un régiment de Suisses, occupait la rive de la Seine jusqu'à Vaugirard. Le 1ᵉʳ août, au matin, le Béarnais, « n'ayant que 800 chevaux, se vint mettre en bataille à la veue de la ville, aux carrières de Vaugirard ¹ ». Rien ne bougea dans la place. Quant aux huguenots, ils « estoient ravis de joie d'ouyr siffler les balles de Paris ». C'était à qui ferait le coup de pistolet avec les ligueurs, et l'une des vedettes du roi de Navarre sauta même par-dessus le fossé du Pré-aux-Clercs pour aller combattre un cavalier parisien qui l'avait défiée, et elle l'amena prisonnier au prince de Conti. On s'amusait, au camp huguenot, de ces beaux coups d'épée qui rappelaient Bayard et la chevalerie du vieux temps, lorsque Roquelaure « éteignit les gayetés » en annonçant à ses compagnons qu'un moine venait de blesser le roi de France...

L'attentat n'était qu'une conséquence de la situation désespérée de la Ligue et la conclusion logique des doctrines des théologiens du parti. Il serait puéril de contester que ces doctrines autorisassent le régicide. Sans parler du décret de la Sorbonne, rendu en janvier 1589 ², qui permettait au peuple de s'armer contre le roi, tous les prédicateurs excitaient depuis plusieurs mois la fureur homicide des fanatiques. Guincestre notamment n'éprouvait pas la moindre hésitation. Au mois d'avril, le vendredi saint, il avait dit à un des principaux personnages de l'Union « qui

---

bien là pour « voir tout à son aise sa ville de Paris qu'il disoit estre le cœur de la Ligue et que, pour la faire mourir, il lui faloit donner le coup droit au cœur ». (L'Estoile, t. III, p. 302.)

1. D'Aubigné, *loco cit.*
2. On en trouve le texte en latin dans Cimber et Danjou, 1ʳᵉ série, t. XII, p. 349. « .... Populus hujus regni solutus est et liberatus a sacramento fidelitatis et obedientiæ præfato Henrico regi præstito. Deinde idem populus licite et tuta conscientia potest armari, uniri et pecunias colligere et contribuere ad defensionem et conservationem religionis catholicæ, apostolicæ et romanæ adversus nefaria consilia et conatus prædicti regis... »

faisoit scrupule de faire ses Pasques pour la vengeance qu'il avoit empreinte dans le cœur contre Henry de Valois, qu'il s'arrestoit en beau chemin et qu'il faisoit conscience de rien, attendu qu'eux tous, et luy-même le premier qui consacroit chacun jour en la messe le corps de Nostre-Seigneur, n'eust fait scrupule de le tuer, ores qu'il eust esté à l'autel, tenant en main le précieux corps de Dieu [1] ». Était-ce une exaspération isolée, le mot d'un maniaque sanguinaire? Non, c'était la conviction sérieuse de tous les moines, et la conduite du pape après le meurtre démontre qu'aucune voix ne s'élevait dans l'Église pour interdire de tuer un tyran. Avec une naïveté féroce, les pamphlets ligueurs ont développé eux-mêmes la thèse. Puisque le roi « est un homme distrait et séparé de l'Église, qui bouffoit de tyrannies exécrables et qui se déterminoit d'estre le fléau perpétuel et sans retour de la France, celuy qui le mettroit à mort, comme fit jadis Judith un Holoferne, *feroit chose saincte et très recommandable* [2] ». Enfin les ligueurs répandaient le bruit que, de concert avec le Béarnais, Henri de Valois allait suivre l'exemple d'Elisabeth d'Angleterre et abolir dans ses États tous les ordres religieux. Un moine devait nécessairement se charger de faire disparaître le prince qui nourrissait de tels desseins. Ce moine s'appela Jacques Clément.

---

1. L'ESTOILE, t. III, p. 340. *Var.* de l'édit. 1621, in-8°, p. 253. Dans son traité *De justa abdicatione Henrici tertii*, qui était déjà à moitié imprimé lors de l'assassinat de Henri III, Boucher, le fameux curé de Saint-Benoît, le théoricien et le théologien de la Ligue, développe cette doctrine, hardie pour le temps, que c'est le peuple qui fait les rois; que le droit d'élection étant supérieur au droit d'hérédité, la république, après avoir nommé un roi, garde son pouvoir et a sur lui droit de vie et de *mort*. D'autre part, Boucher reconnaît à l'Église le même droit de déposer les rois. — Voy. Ch. LABITTE (*les Préd. de la Ligue*, p. 92).

2. *Discours véritable de l'estrange et subite mort de Henry de Valois*. Mém. DE LA LIGUE, t. IV, p. 6, et ARCH. CUR., 1re série, t. XII, p. 385. Il n'y a pas à taxer de partialité DE THOU et d'autres historiens qui ont cité la consultation donnée à J. Clément par le père Bourgoing, prieur de l'ordre, puisque DE THOU, t. X, p. 668, n'a fait que reproduire les aveux des relations ligueuses et notamment celle du *Discours véritable*.

Né au village de Sorbonne, près de Sens, il avait été élevé au couvent des dominicains de cette ville. D'esprit grossier, de mœurs plus que douteuses, ayant peut-être commis « quelques crimes énormes auxquels les cloîtres sont sujets [1] », cet homme était admirablement préparé à servir d'instrument aux doctrines du *Gesu* sur le tyrannicide [2]. On exalta son cerveau comme on avait exalté celui de Balthasar Gérard, et à vingt-deux ans [3] il était mûr pour l'assassinat. Telle était déjà la furie de son langage et l'intempérance militaire de ses allures que ses camarades de couvent lui avaient donné un surnom ; ils l'appelaient le *capitaine Clément*. Enfin, obsédé par les visions, ce bourreau mystique ne peut plus attendre. Le père Bourgoing, son prieur, lui promet que, s'il succombe après avoir accompli l'œuvre sainte, il ira droit au ciel [4]. Alors, toute hésitation disparaît. Jacques, pendant plusieurs jours, jeûne, fait abstinence, puis « se confesse, se fait communier et recevoir le précieux corps de nostre sauveur Jésus-Christ, se disposant comme un homme qui va rendre son âme à Dieu [5] ». Mais comment parvenir jusqu'au roi ? D'après les relations ligueuses [6], Jacques Clément se serait adressé « à un honneste personnage, bourgeois de Paris », qui trouva moyen de lui donner accès auprès du comte de Brienne, beau-frère du duc d'Epernon et qui était

---

1. D'Aubigné, livre II, chap. xxiii.
2. Voy. le beau chapitre de Michelet sur l'enseignement des séminaires de Douai et de Reims d'où étaient sorties les conspirations d'Angleterre en 1579, et l'assassinat du prince d'Orange en mars 1581.
3. Le procureur général, Jacques de La Guesle, dit que le moine paraissait de vingt-sept à vingt-huit ans. Voy. sa lettre après l'Estoile, t. III, p. 376. L'Estoile lui donne de vingt-trois à vingt-quatre ans.
4. De Thou, t. X, p. 668, et *Discours véritable, etc*.
5. *Ibid.*, Arch. cur., t. XII, p. 386.
6. Voy. notamment le *Discours aux Français, avec l'histoire véritable sur l'admirable accident de la mort de Henry de Valois, naguères roy de France, advenue au bourg de Sainct-Cloud-lès-Paris*, le 1er août 1589. Cette pièce, imprimée à Paris en 1589 et qui est rare, a été reproduite par Cimber et Danjou, t. XII, p. 362. — Voy. aussi *le Martyre de J. Clément* (*Ibid.*, p. 397).

alors prisonnier au Louvre. Ce dernier, plein de confiance dans les déclarations royalistes du moine, lui donna un passeport et des lettres pour le roi. De là, Clément se rendit au faubourg Saint-Martin, où il eut une conférence avec La Chapelle-Marteau, et à Saint-Lazare, où il s'entretint avec Mayenne en personne [1]. Le duc promit à l'assassin que la vie des nombreux politiques arrêtés dans les jours précédents répondait de la sienne. Mme de Montpensier employa peut-être des arguments plus décisifs encore [2]. Quoi qu'il en soit, le moine se met en route (31 juillet) et tombe, au sortir de Paris, entre les mains de deux soldats du régiment de Comblanc qui se mettaient en devoir de le conduire à leur quartier, quand le procureur général de La Guesle et sa suite, qui se rendaient également à Saint-Cloud, rencontrent ces trois voyageurs. La Guesle s'informe, apprend que le moine porte au roi des lettres et des nouvelles et, croyant être agréable au prince dont il connaissait les prédilections pour le froc, prend Jacques Clément sous sa protection, en fait son hôte et va prévenir le roi, qui promet une audience pour le lendemain matin, entre six et sept heures. L'assassin dîna joyeusement chez le procureur général et « tailla ses morceaux du funeste couteau ». Il dormit si paisiblement qu'il fallut le réveiller pour le conduire au roi. Du Halde introduisit La Guesle et le dominicain; Henri III venait de se lever (il était environ huit heures), et il se trouvait « sur sa chaise, tout débraillé [3] ». Le procureur général avait pris les lettres du

1. DE THOU donne ces deux faits comme constants. D'Aubray, dans la *Sat. Mén.*, p. 145, affirme également que Mayenne vit et encouragea J. Clément.
2. Il est juste de reconnaître que DE THOU est sur ce point moins affirmatif et ne fait que rapporter les allégations de « ceux dont les recherches ont été plus malignes ». Il ajoute même, avec sa bonne foi ordinaire, qu'il ne peut croire à l'abnégation suprême de Mme de Montpensier. — Conf. SAT. MÉN., *loc. citato*... D'Aubray fait allusion à l'influence des jésuites sur l'assassin.
3. Nous suivons ici la relation de La Guesle, témoin oculaire du meurtre. Elle a été reproduite dans L'ESTOILE, t. III, p. 376, et par CIMBER et DANJOU,

comte de Brienne et une lettre fausse du premier président dont le moine était porteur, et il les remit au roi. Henri fit signe à Jacques Clément d'approcher afin d'exposer ce qu'il avait à dire. Sur l'insistance du misérable, qui prétendait ne vouloir parler qu'au prince lui-même sans témoin, La Guesle et le grand écuyer Bellegarde durent se reculer et faire place à Jacques Clément. Tandis que le roi tendait l'oreille et relisait le billet du comte de Brienne, le dominicain tira un couteau, dissimulé dans sa manche, et frappa vigoureusement Henri III dans le ventre, au-dessous du nombril. « Ah! malheureux, que t'avais-je fait pour m'assassiner ainsi? » s'écria le Valois, en arrachant le couteau pour en frapper l'assassin au front. Eperdu, La Guesle tira son épée et, « lui baillant des gardes dans l'estomac », poussa le moine dans la ruelle. Il fut aussitôt achevé par les *ordinaires*, « nonobstant que La Guesle leur criast par plusieurs fois qu'ils n'eussent à le tuer ; mais leur juste colère ne put permettre que son advertissement servît d'aucune chose [1] ». (1ᵉʳ août.)

Le premier moment de stupeur passé, on mit le roi sur son lit, et les chirurgiens qui le pansèrent ne crurent pas la blessure mortelle : des nouvelles rassurantes furent envoyées aux princes étrangers et aux gouverneurs des pro-

---

1ʳᵉ série, t. XII, p. 376. En voici le titre exact : *Lettre d'un des premiers officiers de la cour de Parlement, escrite á un de ses amis, sur le subject de la mort du roy.*

1. Telle est du moins la version de La Guesle. — D'Aubigné, *Hist. univ.*, liv. 2, chap. xxii, raconte, au contraire, qu'après avoir frappé le roi, J. Clément « estendit ses deux bras contre une muraille contrefaisant le crucifix ; que là le procureur général, troublé de desplaisir se voir l'instrument d'une chose tant à contre-cœur, donna de son espée à travers le corps du jacobin et le tua de ce coup seul ». De Thou dit que le moine fut tué par Montpesat de Lognac et Jean de Levis, baron de Mirepoix, peu maîtres de leur premier mouvement, et cela concorde bien avec le récit du procureur général, de l'Estoile et de Palma-Cayet. D'après l'auteur du *Discours aux Français*, Arch. cur., t. XII, p. 366, c'est Henri III lui-même qui aurait ordonné de tuer J. Clément, et l'ordre aurait été exécuté par Montferrier, l'un des assassins du duc de Guise. Edme Bourgoing, dans son récit de la mort de Henri de Valois, dit que Jacques Clément « fut, à l'instant, tué de divers coups par les gardes. » (*Ibid.*, p. 387.)

vinces ¹. Il ne paraît pas que le roi de Navarre se soit rendu immédiatement auprès de Henri III blessé. Peut-être appréhendait-il les défaillances morales ordinaires aux mourants et voulait-il l'éviter d'entendre des déclarations contraires à ses droits ou simplement ambiguës. Peut-être aussi crut-il nécessaire, comme l'insinuent certains historiens, de prendre des précautions militaires contre une sortie probable des ligueurs parisiens ². Mais cette sortie n'eut pas lieu : le conseil général de l'Union s'occupa toute la matinée de remplir les prisons du grand et du petit Châtelet et y fit écrouer tous ceux qui avaient des parents dans l'armée royale. D'autres furent dirigés sur le Louvre et la Bastille. Le roi passa la journée avec son chapelain, Louis de Parade, et les courtisans préférés, d'Épernon, Bellegarde, d'O, Châteauvieux, de Clermont, d'Antragues, de Beaulieu-Ruzé et Charles d'Orléans, comte d'Auvergne, duc d'Angoulême, fils de Charles IX et de Marie Touchet. C'est seulement vers le soir, alors que l'état du blessé était déjà beaucoup plus grave, qu'il reçut le Béarnais et ordonna à tous ses officiers de le reconnaître pour son successeur ³. Quant aux discours que Palma-Cayet et de Thou prêtent au Valois moribond, ils sont trop arrangés pour mériter qu'on s'y arrête ⁴. Henri III mourut dans cette

1. Voy. le texte de cette dépêche dans PALMA-CAYET, p. 149, et au t. III, p. 563 des *Mém. de la Ligue*. Lettre au comte de Montbéliard.
2. PALMA-CAYET, p. 140. « Il fut advisé par le roy de Navarre et par les princes et seigneurs qui avoient charge en l'armée que l'on devoit se tenir en armes et prests, de peur d'une surprise du costé de Paris, ce qu'ils firent tous. Leur raison estoit que l'assassinateur en estant sorty, il n'y avoit point de doute que c'estoit un fait prémédité dans ceste Ville, et que les chefs de guerre qui y estoient, estans advertis de la blessure du roy, présumeroient qu'il adviendroit du trouble en l'armée, sous la faveur duquel, en attaquant quelque quartier, ils pourroient faire quelque effort notable. »
3. *Ibid.*, p. 150. La version de PALMA-CAYET s'accorde avec la relation ligueuse, *Discours aux Français*, etc. Il est à noter que DE THOU ne fait même pas mention de l'entrevue de Henri III mourant avec le roi de Navarre. L'ESTOILE imite ce silence, et il en est de même du certificat des seigneurs qui assistèrent le roi.
4. L'auteur anonyme du *Discours aux Français* prétend même que Henri III

nuit du 2 au 3 août, sur les trois heures. Il avait trente-huit ans et dix mois, et avait régné quinze ans et deux mois sur le royaume de France.

Ainsi, le Paris de Jacques Clément et de la Saint-Barthélemy avait couronné son œuvre de vengeance et de haine. Quelle suite de péripéties terribles, depuis les Barricades jusqu'au drame de Saint-Cloud, en passant par celui de Blois et l'assassinat du grand Guise! Tout ce foyer de crimes, il est à Paris et rayonne au loin. Sous la main meurtrière de l'Église, qui bénit les régicides et brise les couronnes, tous les fanatismes se fondent et se soulèvent dans un bouillonnement colossal. A l'apothéose de l'assassin par la capitale de la France, répondent la joie funèbre de Philippe II et la tranquille apologie du crime par le Saint-Siège. Entre l'explosion d'enthousiasme des ligueurs parisiens et le discours pontifical de Sixte-Quint au consistoire du 11 septembre, il n'existe qu'une différence de milieu. Au fond, c'est l'Église qui tient le couteau sanglant et elle commet cette horrible impiété de vouloir rendre Dieu complice. Le pape, dans un discours étudié à loisir, compare l'action du moine à l'incarnation du Verbe et au mystère de la résurrection du Sauveur : il place le régicide au-dessus de Judith et d'Éléazar, et conclut qu'un dessein si glorieux n'a pu être exécuté sans la volonté et le secours de la Providence [1].

---

n'eut pas le temps « de se reconnaître et de penser à son salut, dont il n'a point eu de soing, n'ayant receu ses sacrements ny parlé à aucun prestre, à la manière de Henry huictième, premier tyran des catholiques angloys ».

1. De Thou, t. X, p. 679, après avoir donné une exacte analyse de ce discours du 11 septembre, ajoute qu'il eût été de l'intérêt de Sixte V et du Saint-Siège de supprimer un pareil écrit, au lieu de le publier. Conf. *l'Esprit de la Ligue* par le chanoine Anquetil, t. III, p. 94. — Le libelle intitulé *le Martyre de frère Jacques Clément*, reproduit la thèse du pape : « Dieu s'est voulu servir du plus simple et plus humble et infirme, suivant l'apparence humaine, de tous les religieux, pour terrasser l'orgueil et

Paris, depuis les princesses jusqu'aux portefaix, ne témoigna ni moins de cynisme, ni moins d'hypocrisie mystique, en apprenant la mort de Henri III. Le conseil de l'Union adressa aux prédicateurs une circulaire officielle qui les invitait à développer en chaire ces trois points : « 1° Jacques Clément est un héros et un martyr; 2° Le Béarnais ne peut succéder à Henri III; 3° Ceux qui soutiendront son parti seront excommuniés [1]. Guincestre fit l'apothéose de Jacques Clément et toutes les chaires retentirent des mêmes hyperboles. De nombreux libelles chantèrent les louanges « du saint martyr de J.-C., du bienheureux enfant de Saint-Dominique [2] ». On gravait des portraits du meurtrier avec des vers en son honneur [3]. Des cierges furent allumés dans les églises autour de sa statue, et l'on fit venir sa mère, du village de Sorbonne, pour montrer au peuple celle qui avait mis au monde le libérateur de Paris. Mme de Montpensier [4] logea dans son hôtel de la rue de Tournon la mère du martyr, et cette femme, comblée

---

l'audace de Henry de Valois, etc. » (Arch. cur., t. XII, p. 399.) — Quant à L'Estoile, il s'indigne de voir que « l'homme d'Église, qui doit servir au peuple de patron et d'exemplaire d'obéissance envers les supérieurs, soit si soudainement changé et métamorphosé en un meurtrier sanguinaire de son prince, signes certains de l'absence de l'esprit de Dieu... » (T. III, p. 308.) Ailleurs, il flétrit la « jurisprudence des moines et prescheurs de ce temps auxquels les parricides et les assassinats plus exécrables estoient censés des miracles et des œuvres de Dieu. » (T. V, p. 4.) — Voy. aussi dans la *Sat. Ménippée* le discours de d'Aubray (p. 146), qui s'élève contre les éloges accordés à J. Clément par les prédicateurs et la joie des Parisiens.

1. Crevier, *Hist. de l'Univ.*, t. VI, p. 414. — *Hist. ecclés.* de Fleury, t. XXXVI, p. 273. — Ch. Labitte, *De la démocratie chez les prédicateurs de la Ligue*, p. 79.
2. Mézeray, *Hist. de Fr.*, 1685, in-f°, t. III, p. 659. — De Thou, t. X, p. 679. Arch. cur., t. XII, p. 397. — *Le Martyre de frère Jacques Clément.* — Félib., *Hist. de la V. de Paris*, t. II, p. 1183. — Saint-Foix, *Essais sur Paris*, t. III, p. 63.
3. Voy. dans l'Estoile, édit. Halphen, t. IV, p. 103 et suivantes, les placards mis au bas des portraits de *Jacques Clément*.
4. Mme de Montpensier, si l'on en croit l'Estoile, sauta au cou de celui qui lui apporta la première nouvelle de la mort de Henri III : « Ha! mon ami, soie le bien venu! Mais est-il vrai au moins? Ce meschant, ce perfide, ce tiran est-il mort? Dieu que vous me faites aise! Je ne suis marrie que d'une chose : c'est qu'il n'a pas sceu, devant que de mourir, que c'estoit moi qui l'avois fait faire. » (T. V, p. 4.)

de présents, s'en retourna chez elle, accompagnée par quarante moines jusqu'à une lieue de Paris. Quant à la duchesse de Nemours, mère de Madame de Montpensier et qui avoit, comme elle, distribué des écharpes vertes à tout Paris, en criant la bonne nouvelle de la mort du tyran, elle se rendit aux Cordeliers et monta sur les degrés du grand autel pour lancer les dernières injures contre « le chien Henri de Valois ». Enfin, il se trouva des fanatiques qui allèrent, un peu plus tard, chercher à Saint-Cloud la terre arrosée du sang de l'assassin [1] et la chargèrent sur un bateau pour conduire ces reliques à Paris. Malheureusement le vent s'éleva et les reliques coulèrent à fond avec ceux qui les rapportaient [2].

Ainsi Paris délire; il porte le deuil vert, la livrée des fous, dit l'Estoile, et il répète avec les duchesses : « Le tyran est mort. Il n'y a plus de Valois en France ». Qui va venir? Mayenne, Philippe II, le duc de Savoie, le cardinal de Bourbon? On ne sait. Au fond, la capitale n'a de haine que contre le roi de Navarre, le prince hérétique. Et quand le parti est pris, lorsque Mayenne, reconnaissant la difficulté de poser la couronne sur sa tête, a fait proclamer, sous le nom de Charles X, le vieux cardinal de Bourbon, et s'est fait décerner à lui-même le titre de lieutenant général au gouvernement de l'Estat et couronne de France [3], la Ville de Paris écrit au pape, le 7 août, et elle expose en quelques lignes toute sa politique : « De ville opulente de

---

1. Le corps de Jacques Clément avait été tiré à quatre chevaux, mis en quartiers, puis brûlé, le 2 août, sur la place de l'Église de Saint-Cloud. Voy L'Estoile, t. III, p. 30, et *Discours aux Français,* Arch. cur., t. XII, p. 369.
2. De Thou, p. 679. — L'Estoile, t. V, p. 6.
3. C'est le titre indiqué dans la lettre de la Ville au Pape. (*Extr. des Registres.* Félib., *Pr.,* t. V, p. 463.) — Dans son *édit et déclaration* du 9 août (*Mém. de la Ligue,* t. IV, p. 29). Mayenne s'intitule « Charles de Lorraine, duc de Mayenne, pair et lieutenant général de l'État royal et couronne de France ».

toutes sortes de richesses qu'estoit celle-cy, pour subvenir à une guerre si juste et dont elle a jusqu'ici supporté tout le faix, elle s'est rendue pauvre et son estat déplorable, résolue néanmoins de souffrir encore le feu et la famine plustost que la domination hérétique ». Paris subordonne tout à la question religieuse; la Ligue identifie la cause de la religion catholique et celle de l'État. Elle a fait tuer Henri III, non pas parce qu'il avait dilapidé la fortune publique et pressuré sa capitale, non pas parce qu'elle voyait en lui un mauvais prince, mais uniquement « parce qu'il a négligé la commination du Saint-Père [1] ». On ne saurait dire plus clairement que Paris reconnaît la suprématie temporelle du pontife de Rome et, comme le reproche d'Aubray à Mayenne dans la *Ménippée*, « qu'il a renoncé à sa nation pour servir aux idoles de Lorraine et aux démons méridionaux [2] ». C'est avec raison que certains historiens [3] ont qualifié la Ligue de « république municipale, toute entière dévouée au catholicisme »; mais il convient d'ajouter que ce prétendu gouvernement des municipalités était singulièrement oligarchique dans sa direction suprême, puisque les princes lorrains annihilaient à Paris l'Hôtel de Ville. Mayenne est, au fond, très hostile aux revendications tumultueuses des masses populaires, et il n'a pas sur elles l'action extraordinaire du grand Guise. Mais, d'autre part, il subit, quoi qu'il en ait, l'irrésistible influence des congrégations, et celle de l'Espagne, qui apporte dans les conseils de la Ligue l'esprit sombre de l'Inquisition.

---

1. *Lettre de la Ville au pape.* — L'*Édit du 5 août* « pour réunir tous vrais chrétiens françois à la défense et conservation de l'Église catholique, apostolique et romaine et manutention de l'État roïal », emploie des expressions presque identiques : « ...A présent qu'il a plu à Dieu, par sa seule bonté, singulière providence et justice, nous délivrer de celui qui, avec l'authorité roïale, s'étoit armé, joint et uni avec les hérétiques contre les saintes admonitions qui lui ont esté faites par notre Très Saint Père le Pape... »

2. *Sat. Mén.*, t. I, p. 164.

3. Notamment CAPEFIGUE, *La Ligue et Henri IV*, 3e édit., 1843. Paris, Belin-Prieur, p. 15.

L'intervention de la municipalité parisienne dans les événements dont nous venons de suivre la marche dramatique, doit être réduite à sa juste valeur. L'Hôtel de Ville a servi d'instrument aux Guises pour faire les Barricades et, plus tard, pour organiser la guerre civile et venger les victimes de Blois; mais il n'a joué, au fond, qu'un rôle subalterne. C'est à tort qu'on a comparé la révolution de 1588 tantôt à la révolution de 1789, tantôt au grand mouvement démocratique et municipal de 1358 [1]. La Chapelle-Marteau n'a nullement l'étoffe et les hautes aspirations d'Etienne Marcel : comme les autres députés de Paris, il ne fut, aux Etats généraux de Blois, que l'humble et médiocre agent du duc de Guise. Toute l'organisation du mouvement remonte à l'alliance des ordres monastiques, inspirés par Rome et l'Espagne, avec la faction aristocratique qui rédigea les actes de Péronne en 1576. Depuis que le chancelier l'Hospital avait demandé au clergé un état de ses biens, et que le tiers, aux États de Pontoise (1561), avait réclamé la vente du temporel détenu par les gens d'Église, tout le clergé se sentait frappé et il en appela dès lors au Pape et à l'Espagne. De là l'orientation donnée à l'histoire de notre pays et l'ouragan des guerres civiles déchaîné sur la France ! La paix de Monsieur (1576), l'apparent triomphe des protestants après l'invasion allemande de Jean Casimir, la vente partielle des biens du clergé en 1576, jointe à la saisie des rentes sur l'Hôtel de Ville de Paris, jetèrent dans une commune révolte la démocratie parisienne et l'armée cléricale. Mais il suffit de lire l'acte constitutif de la Ligue, rédigé au nom de la Très Sainte Trinité [2], pour reconnaître que le développement des institu-

---

1. CAPEFIGUE, *Ibid.*, p. 2 et 15.
2. « Cette ligue, dit PALMA-CAYET, en reproduisant le texte du document fut faite à Péronne l'an 1576, par aucuns princes, seigneurs et gentilshommes catholiques, faschez de ce que le roy Henry III avait pacifié les troubles pour la religion en son royaume, etc. » (*Introd. à la Chronol. novenaire*, p. 13.)

tions municipales, et spécialement celui des franchises locales de Paris, n'entra pour rien dans les préoccupations des promoteurs de la Ligue. La découverte du mémoire de l'avocat David prouva même que les Guises poursuivaient surtout un but politique, visaient à la couronne de France et à l'abolition des libertés de l'Église gallicane. Il est difficile de discerner dans le pacte de Joinville, signé le 16 janvier 1585 entre les princes lorrains et l'Espagne, autre chose qu'une déclaration de guerre aux idées de tolérance, dont les comités parisiens furent assurément complices, mais qui ne profitait qu'au Saint-Siège et à l'Espagne. Le second manifeste de Péronne (31 mars 1585) est animé du même esprit ; tout au plus y peut-on lire quelques vagues protestations contre l'énormité des impôts qui accablent le peuple, mais c'est toujours la noblesse qui plaide pour sa propre cause, unie à celle du clergé, et réclame le maintien des privilèges les plus aristocratiques. Bien plus, lorsqu'après la mort de Marie Stuart (18 fév. 1587) la fermentation des masses parisiennes menaça de transformer le caractère de la Ligue, Mayenne quitta Paris et le duc de Guise manifesta une vive irritation. C'est malgré lui que les comités parisiens élaborèrent et expédièrent aux villes de province les trois mémoires qui contiennent une sorte de plan de fédération municipale, sous la direction des princes catholiques et le patronage de l'Hôtel de Ville de Paris.

Dans la déclaration datée de Nancy (janvier 1588), les princes répudient implicitement les tendances démocratiques de leurs complices parisiens, car ils ne réclament du roi que la publication du concile de Trente et l'établissement en France de l'Inquisition. Par conséquent, la direction supérieure du parti continue à prendre son mot d'ordre à Rome et reste purement aristocratique et cléricale. La journée des Barricades n'est que le triomphe de

Guise; au point de vue municipal, elle a pour conséquences l'arrestation du prévôt des marchands, Hector de Pereuse, et l'élection irrégulière d'une municipalité imposée. La Chapelle-Marteau n'est que l'humble serviteur des princes, à Paris comme à Blois. Quand l'excès du désespoir a décidé Henri III à se débarrasser de son orgueilleux rival et à mettre sous les verrous les députés parisiens, les mouvements furieux qui se produisent dans la capitale revêtent, il est vrai, un caractère tout populaire; mais qui les dirige et les inspire? Toujours les moines et les curés ligueurs. Les Louchart, les Bussy-Leclerc, les Senault ne sont que des comparses qu'on utilise. Les véritables têtes du parti se hâtent d'appeler Mayenne pour discipliner la foule ondoyante et terrible, et, dès qu'il arrive, le Conseil général de la Ligue, organe de la démocratie parisienne, est adroitement rempli d'évêques et de parlementaires. Un des premiers soins du nouveau chef de la Ligue, c'est d'assurer le pape que le Conseil général de Paris n'agira que d'après les ordres du Saint-Siège, et, au lendemain de l'assassinat du roi, c'est l'Hôtel de Ville lui-même qui, dans sa lettre du 7 août, se met aux pieds du pontife de Rome.

En résumé, si l'on voulait caractériser la lutte de Paris contre le roi Henri III et définir l'esprit de la Ligue, on pourrait dire que c'est une insurrection, née en partie des fautes politiques, en partie des exactions financières du roi; un mouvement qui eut le Saint-Siège, l'Espagne et le clergé pour inspirateurs, les Guises pour chefs, et la partie la moins éclairée de la population parisienne pour instrument. Cette formidable coalition se brisera contre le génie militaire et la diplomatie infatigable du roi de Navarre. Mais si l'unité nationale et la puissance française doivent beaucoup au fondateur de la dynastie bourbonienne, il a fait porter aux franchises municipales de Paris la peine du fanatisme des Seize et installé à l'Hôtel de Ville la candidature officielle. Son règne, si brillant à certains égards, écrasera sous le niveau de la centralisation monarchique et du pouvoir absolu la liberté des communes : il marquera, en même temps que l'expansion de la politique française au dehors et le rétablissement de l'ordre matériel sur toute la surface du pays, l'abolition des immunités populaires, l'abaissement des parlements et de la bourgeoisie au profit des gentilshommes. A Paris, l'Hôtel de Ville va rentrer dans le néant, et ses *Registres*, naguère si vivants et si dramatiques, ne présenteront plus à l'histoire que la monotone relation des cérémonies officielles !

TABLE DES MATIÈRES

CHAPITRE PREMIER

PARIS ET LE NOUVEAU ROI

Depuis l'avènement de Henri III jusqu'à la paix de Bergerac.
(30 mai 1574 — 17 septembre 1577.)

Situation générale de la France lors de l'avènement de Henri III. — Pérégrinations du roi. — Son mariage et son sacre. — Arrivée à Paris le 27 février 1575. — Réjouissances officielles. — Conversion en argent des droits perçus en nature par les membres du corps de Ville. — SITUATION FINANCIÈRE DE LA VILLE. — Le receveur municipal, François de Vigny jeune, offre sa démission. — Le clergé de France ne fait pas les fonds destinés au payement des rentes de la Ville. — De Vigny se démet des fonctions de receveur général du clergé. — Henri III demande à Paris un million à lever par capitation sur les plus aisés. — Création d'offices. — Vol de la vraie croix. — Mesures prises par la Ville à cette occasion. — Élections municipales de 1574 et de 1575. — Résignation d'un office de quartinier. — Formes de la résignation. — Organisation de la milice municipale au début du règne. — FUITE DU DUC D'ALENÇON. — Dangers extérieurs. — Mesures de défense prises à Paris et dans la banlieue. — Discours de Henri III à l'Hôtel de Ville, le 23 septembre 1575. — La famille des Valois. — Les maréchaux de Cossé et de Montmorency à la Bastille. — Leur mise en liberté. — Rôle de Catherine. — Attitude de la Ville de Paris. — Revue de cinquante mille hommes des métiers passée par le roi. — Postes assignés à la milice parisienne. — Victoire du duc Henri de Guise à Château-Thierry. — Popularité du *Balafré* à Paris. — Assassinat de du Guast. — Le prévôt des marchands ordonne des perquisitions. — Distractions pieuses de Henri III. — Lettre du roi à la Ville en date du 10 décembre 1575. — Plans de campagne. — Subvention demandée à la Ville pour la solde de 3,000 Suisses pendant quatre mois. — La Ville vote des remontrances. — Tableau de la France en décembre 1575. — Misère du peuple. — L'Église. — La magistrature. — Les finances. — Réponse de Henri III. — La Ville accorde le subside. — Préparatifs militaires pour défendre Paris. — Commission permanente de l'Hôtel de Ville. — Le prévôt des marchands, Jean le Charron. — Difficultés dans le recouvrement des taxes. — FUITE DU ROI DE NAVARRE. — Mesures de défense prises à Paris. — PAIX DE MONSIEUR (avril 1576). —

Les membres des cours souveraines mis à contribution par le roi. — Nouvelles demandes d'argent adressées à la Ville de Paris. — Lit de justice du 28 avril. — Répartition des taxes par une commission royale. — Création de deux offices de contrôleurs des rentes de la Ville. — Le roi se fait remettre les rôles des seize quartiers. — Publication de la paix à Paris (8 mai). Les chanoines refusent d'assister au *Te Deum*. — Mécontentement du peuple. — Le roi saisit l'argent des rentes. — Assemblée générale de l'Hôtel de Ville (26 mai). Remontrances du 1er juin. — Moyennant 80,000 livres, le roi renonce à la saisie des rentes. — Privilégiés dispensés de payer les taxes pour la solde des Suisses. — Fermentation populaire à Paris. — Origines de la Ligue. — La famille des Guises. — Les premiers instigateurs de l'Union à Paris. — Pierre et Mathieu de la Bruyère. — Rôle du président de Thou. — Constitution de la Ligue en Picardie. — Le pacte de Péronne. — Le manifeste des douze articles. — Le mémoire de Jean David. — La Ligue à l'Hôtel de Ville. — Elections municipales du 16 août 1576. — Le président Luillier, prévôt des marchands. — Les États-Généraux de Blois et les députés parisiens. — Convocation du tiers état parisien. — Conflit entre le prévôt des marchands et le prévôt de Paris. — Assemblée générale des électeurs parisiens à l'Hôtel de Ville (6 septembre 1576). — Rédaction des cahiers du tiers état parisien. — Assemblée générale du 2 novembre 1576. — Vote des cahiers. — Nomination des députés du tiers état parisien aux États généraux. — Nicolas Luillier. — Le Prévost et Versoris. — Henri III à Blois (18 nov.). — Les relations avec Paris. — Le mémoire sur la police de la Ville. — Réponse du roi. — Sa correspondance : l'ouverture des États. — Attitude des députés parisiens. — Séance solennelle du 15 janvier 1577. — Les orateurs des trois ordres. — Fausse situation des députés de Paris. — Bodin les force à quitter les États. — Le roi demande 300,000 livres à la capitale. — Effets de la politique des députés parisiens. — Assemblée générale du 8 mars 1577. — Vote de remontrances. — Réponse du roi. — La ville accorde 100,000 livres (2 mai 1577). L'impôt *à la rate*. — Rapports de la Ville avec le Clergé, à propos des rentes sur l'Hôtel de Ville. — François de Vigny fils, receveur municipal. — Il offre sa démission. — Henri III le force à la retirer. — Difficultés avec la Chambre des comptes. — Un ancien prévôt des marchands poursuivi et condamné. — Appel de la Ville devant le Parlement. — Reprise de la guerre civile. — Les victoires de Monsieur. — Banquets de Plessis-les-Tours et de Chenonceaux. — Paix de Bergerac (17 sept. 1577). — Toutes les ligues dissoutes. — Réjouissances officielles à Paris. — Esprit du corps de Ville. — Intervention du roi dans les élections municipales d'août 1577... 1

CHAPITRE II

LA RÉSURRECTION DE LA LIGUE

Depuis la paix de Bergerac jusqu'à la Convention de Nemours.
(17 septembre 1577 — juillet 1585.)

La cour s'installe à Paris (fin octobre 1577). — Mœurs du roi. — L'entourage : Villequier, d'O. — Absence de sécurité à Paris. — Assassinat de Troïlus Ursin; Bussy d'Amboise. — Duel des mignons. — Mort de Caylus et Maugiron; assassinat de Saint-Mesgrin. — Fuite du duc d'Anjou (14 février 1578). — Les Guises quittent Paris (10 mai). — Anarchie et pillages en province. — Paris préservé. — Mesures de précaution prises par la municipalité. — ADMINISTRATION MUNICIPALE. — Remontrances du 13 décembre 1577, relatives aux portes, fontaines, pavés, quais et ponts de la Ville. — État du pont Notre-Dame. — Mode de payement des ouvriers employés par la Ville. — Règlement du 28 janvier 1578 sur les fêtes foraines de Paris : foire Saint-Germain, foire Saint-Laurent. — Organisation de la police. — Élections municipales du 18 septembre 1578 : Claude Daubray élu prévôt des marchands. — AFFAIRES DE FINANCES. — Exactions royales : résistance du Parlement et du clergé. — Les prêts forcés. — Fermentation dans toutes les provinces. — Guerre des Amoureux (avril 1580). — Rapports du clergé avec le roi et avec la Ville de Paris. — Synode de Melun (juin 1579). — Refus du clergé d'exécuter ses engagements envers la Ville de Paris (décembre). — Agitation à Paris. — Attitude énergique et habile de Claude Daubray, prévôt des marchands. — Arrêt du Parlement ordonnant l'arrestation des évêques. — Le clergé cède. — Mesures de police. — CÉRÉMONIAL. — Séance solennelle des chevaliers du Saint-Esprit (1er janvier 1580). — Fêtes données à Paris par le cardinal de Bourbon, le cardinal de Guise, le duc de Nevers. — Réception à l'Hôtel de Ville de M. de Villequier, nommé gouverneur de Paris. — Obsèques de l'échevin Jean Bouer. — Élections municipales du 17 août 1580. — Augustin de Thou nommé prévôt des marchands. — Le roi écarte de l'échevinage Jacques Paillard. — ÉPIDÉMIE A PARIS. — Peste de 1580. — Exécutions de la Valette, de Gourreau, prévôt des maréchaux d'Angers. — Tremblement de terre à Paris (6 avril). — La coqueluche à Paris. — Peste. — Paris déserté. — Ferme contenance de l'Hôtel de Ville. — Création d'un prévôt de la santé. — Incendie de l'église des Cordeliers. — PAIX DE FLEIX (25 nov. 1580). — La mi-carême à Paris et la cour. — Causes célèbres du temps : le notaire Herbin; le seigneur de Saint-Léger. — Duel de M. de Liverdot et du marquis de Migneley. — M. du Voix et sa femme. — Affaire de Jean Poisle, conseiller au Parlement. — AUGMENTATION DES IMPÔTS; édits bursaux (juillet 1581). — Édit du 20 mai créant dans chaque ville un bureau de douanes. — Édit de novembre 1581 instituant à Paris 30 charges de visiteurs, vendeurs de bois, charbon et foin. — La Ville s'oppose à la vérification de l'édit. — Détails sur les officiers subalternes de la Ville. — Doctrines économiques de la municipalité. — A quoi passe le produit des impôts nouveaux. — Noces de Joyeuse et de la Valette. — Fêtes à Paris en l'honneur de Joyeuse. — Festin du cardinal de Bourbon. — Ballet de Circé au Louvre. — Henri III demande 400,000 écus à la Ville pour payer les Suisses. — Valeur des monnaies. — Émission de rentes sur la Ville pour une somme de 50,000 écus (23 fév. 1582). — Réception des ambassadeurs suisses. — Harangue du prévôt des marchands. — Cérémonie à Notre-Dame pour jurer l'alliance. — Te Deum et procession pour prier Dieu de donner lignée au roi. — Le roi donne à Joyeuse et à d'Epernon 80,000 écus saisis dans la caisse de la Ville (mars 1582). — Taxe sur les marchands de vin parisiens, sur les officiers des greniers à sel. — Paris taxé à 200,000 écus. Remontrances municipales (16 fév. 1583). — Les rentes ne peuvent être payées. — Le duc d'Anjou rentre en France (juin 1583). — Mysticisme et débauches du roi. — Création de la confrérie des pénitents (mars 1583). — Henri III et les prédicateurs. — Auger. — Maurice Poncet. — Rose. — Processions des pénitents. — La Ville y figure. — Les pèlerins à Paris (sept. à nov. 1583). — Développement des idées religieuses. — Les enterrements. — Obsèques de Christophe de Thou, du cardinal de Birague, chancelier de France. — Les jurés crieurs. — Mort du duc d'Anjou (11 fév. 1584). — Cérémonial de ses obsèques à Paris. — ÉTAT des franchises municipales. — Élections du 16 août 1584, du 16 août 1585. — Incident des élections de 1582. — Maintien des privilèges des conseillers de la Ville, des archers arbalétriers et arquebusiers de la Ville. — Application du droit de résignation à l'office de greffier de la Ville. Élévation des émoluments des mesureurs de sel, des maîtres de ponts. — Travaux d'édilité. — Commencement des travaux du Pont-Neuf. — Le pavage. — Enlèvement des boues et immondices. — Les fortifications. — Le pont Notre-Dame. — Les mendiants. — Suite des relations financières du roi et de la Ville. — Le vol érigé en système; saisies des rentes sur l'Hôtel de Ville. — Préliminaires de la seconde phase de la Ligue. — Accalmie apparente depuis la paix de Bergerac (17 sept. 1577) jusqu'à la mort du duc d'Anjou (1584). — Pacte de 1579. — Réveil de la Ligue après la mort du frère du roi. — Doctrines homicides du séminaire catholique de Reims. — Projets d'assassinat contre le roi de Navarre. — Les trois Henri. — Hésitation de Henri III. — Déclaration du 11 novembre 1584 contre les ligues. — Le duc de Guise se démasque. — Manœuvres des ligueurs. — Les planches de l'hôtel de Guise et les tableaux de Saint-Severin. — Traité de Joinville entre les Guises et l'Espagne (16 janvier 1585). — Les députés flamands à Paris. — Henri III reçoit une ambassade anglaise (23 février) et lève des soldats suisses. Manifeste de Péronne (31 mars). — Réponse de Henri III. — Manifeste du roi de Navarre (10 juin 1585). — Reconstitution de la Ligue a Paris. — Charles Hotman organise le premier comité avec Jean Prévost, Boucher et de Launoy. — Les adjonctions d'affiliés. — Répartition des quartiers en cinq circonscriptions. — Le conseil directeur du collège de Sorbonne. — Le comité d'action des Six. — Les agents des princes. — Relations créées avec les principales villes. — Hotman, trésorier de la Ligue. — Voyage d'Ameline. — Rôle de Nicolas Poulain. — Attitude de Henri III. — Lettres du duc de Guise à la Ville pour faire rendre les armes. — Réponse de la Ville. — Mesures prises par le roi à Paris. — Élections de capitaines. — Rôle distinct des quartiniers. — Règlement royal du 3 avril 1585, sur la milice municipale. — Ambassadeurs des Provinces-Unies congédiés. — Anarchie en province. — Orléans livré à la Ligue (7 avril 1585). — Émeute catholique à Lyon (5 mai). — Ultimatum des princes catholiques (10 juin). — Catherine signe la Convention de Nemours (7 juillet 1585). — Triomphe de la Ligue. — Édit de révocation des précédents édits de tolérance. — Le *Te Deum* de la paix. — Harangue du prévôt des marchands à la reine mère. — Protestations du roi de Navarre. — Manifeste des princes protestants (10 août). — La Ville de Paris mise à contribution pour la guerre. — Audience du 11 août, au Louvre. — Violente attitude du roi envers le Parlement, le clergé et la Ville. — Menace de saisir les rentes. — Demandes d'argent. — Sentiments du roi et de la population parisienne.. 106

CHAPITRE III

LES PRÉPARATIFS DE LA LUTTE

Depuis la Convention de Nemours jusqu'aux Articles de Nancy.
(7 juillet 1585 — février 1588.)

Situation des partis après la convention de Nemours. — Excommunication du roi de Navarre (9 sept. 1585). — Son effet à Paris. — Violences des prédicateurs. — Attitude de Sixte-Quint à l'égard de Henri III. — Énergique réponse du roi de Navarre à la Bulle. — Hostilité du parlement de Paris envers le pape et la Ligue. — Remontrances au roi. — Négation du pouvoir temporel du Saint-Siège. — Lettre du roi de Navarre à « Messieurs des trois États de France et à Messieurs de la Ville de Paris ». — L'*Advertissement des catholiques anglois aux françois catholiques*, par l'avocat Louis d'Orléans. — Manifeste des ligueurs. — Leur défiance contre l'Hôtel de Ville de Paris. — Lettre du roi au prévôt des marchands (13 fév. 1586). — Arrivée du duc de Guise à Paris (15 fév. 1586). — Sa popularité. — Propagande contre Henri III; sentiments du clergé. — La Bulle du pape autorisant l'aliénation de cent mille écus de rente sur le temporel de l'Église. — Rôle de l'évêque de Paris. — Capucinades du roi; son voyage à pied à Notre-Dame de Chartres (26 mars). — Misère à Paris. — Édit du 26 avril 1586 sur la vente des biens des huguenots. — Les trois armées catholiques. — Mesures fiscales; vingt-sept édits bursaux en un seul jour. — Grève des procureurs au Châtelet et au Parlement. — Opposition de la Chambre des Comptes. — Soulèvement de l'opinion publique. — M. d'O nommé gouverneur de Paris. — Révocation de l'édit sur les procureurs. — Henri III quitte Paris (23 juillet); la reine mère se rend à Chenonceaux pour négocier avec le roi de Navarre. — Henri III en province; les petits chiens, les singes et les perroquets du roi. — Audience royale donnée à Saint-Germain aux ambassadeurs des princes allemands (12 octobre). — Violentes paroles du roi; départ des ambassadeurs. — Impopularité de Henri III à Paris. — Pasquils menaçants. — Conciliabules du collège Forteret. — Élections d'un prévôt des marchands et de deux échevins (16 août 1586). — Formes de la convocation des électeurs. — Présentation du scrutin à M. de Villequier, gouverneur de Paris. — Un échevin recommandé par le roi. — Constitution de 80,000 écus de rente sur l'Hôtel de Ville. — Remontrances de l'Assemblée municipale. — Le roi ordonne d'affecter le domaine municipal à la garantie de ces rentes (13 nov.). — Misère publique; la faim en province et à Paris. — Renvoi par la Ville des pauvres valides, non originaires de la capitale (19 sept.). — Taxes sur les bourgeois pour secourir les pauvres de Paris. — Froids extraordinaires (déc.). — Fermentation des esprits. — L'avocat François le Breton; ses prédications, ses voyages à travers la France; ses libelles. — Il est traduit devant le Parlement, condamné à mort et pendu (22 nov.). — Les chefs de la Ligue se préparent à l'action. — Assemblée de l'abbaye d'Orcamp (fin sept.). — Saisie des places frontières par les ligueurs. — Entente avec Philippe II. — Tentative sur Boulogne. — Nicolas Poulain prévient le roi. — Reconstitution de la Ligue a Paris. — Les organisateurs du mouvement catholique. — Rôle prépondérant du clergé. — Inaction du roi. — Projets d'assassinat. — Mayenne à Paris. — Impopularité d'Hector de Perreuse, prévôt des marchands. — Mayenne et les ligueurs le forcent de rendre la liberté au sieur de la Morlière, arrêté par ordre du roi. — Faiblesse de Henri III. — Audace croissante des ligueurs. — Projets de barricades. — Poulain dénonce au chancelier les plans des conjurés. — Mesures prises pour protéger le roi. — Mayenne sollicite un sauf-conduit. — Henri III l'humilie et le laisse partir. — Complot de la foire Saint-Germain. — Il est déjoué par Poulain. — Le duc d'Épernon menacé. — Les capitaines ligueurs payés et congédiés par leur parti. — Le duc de Guise fait réprimander les Parisiens par M. de Maineville. — Tactique plus prudente de la Ligue. — Relations organisées avec la province. — Les trois mémoires du comité parisien; exposé de ses projets et de son programme. — Formule du serment de la Ligue. — Impuissance du roi. — Il cherche à se procurer de l'argent. — Assemblée du 10 janvier 1587, au Louvre.

— Le roi demande à la Ville un subside de 600,000 écus pour les frais de la guerre. — Assemblée du Bureau (28 janvier). — Remontrances municipales. — Fermentation populaire. — Paris apprend la mort de Marie Stuart. — Henri III accusé de l'avoir provoquée. — Le roi prend le deuil. — Service solennel du 13 mars à Notre-Dame. — Panique du 15 mars. — Démonstrations religieuses du roi. — Messe des capitaines (5 avril). — Le roi ordonne au duc de Guise de lever le blocus de Sedan. — Règlement du 14 avril sur l'organisation de la milice municipale de Paris. — Retour du duc d'Épernon à Paris. — Le duc de Joyeuse perd son crédit. — Déclamations et propagande des prédicateurs contre Henri III. — L'*ordonnance de cire* contre les libelles. — Froideur du Parlement et du corps municipal. — Le roi saisit les rentes de la Ville. — Remontrances municipales (29 avril). — Attitude dédaigneuse du roi. — Assemblée générale du 13 mai. — Le Parlement menace de cesser ses fonctions (30 mai). — La ville offre 200,000 livres pour éviter la saisie des rentes. Opérations militaires en province. — Joyeuse abandonne ses troupes et revient à Paris (15 août). — Succès du roi de Navarre. — Conférence de Meaux avec le duc de Guise (3 juillet). — Plan du roi. — Arrestation de Roland, général des monnaies, pour outrage public au roi à l'assemblée de l'Hôtel de Ville (3 juin). — Il est relâché et la Ligue fait arrêter le royaliste du Belloy. — Hostilité croissante du Parlement. — Le tableau de madame Montpensier au cimetière Saint-Séverin. — Le roi le fait enlever de nuit (9 juillet). — La procession des pénitents blancs à Saint-Germain des Prés. — Émeute aux Halles par suite de la cherté du pain (21 juillet). — Joyeuse retourne à l'armée. — Il est vaincu et tué à Coutras (20 octobre 1587). — Son corps est envoyé à Paris : élégies des poètes de cour. — Opérations des ligueurs sur la frontière de l'est. — L'invasion des protestants d'Allemagne. — Habile tactique du duc de Guise. — Henri III insulté par les prédicateurs parisiens. — Affaire de Saint-Séverin (2 sept.). — La maison du notaire Hatte. — Le roi capitule devant ses défenseurs. — Il se décide à quitter Paris. — Prières publiques à la Sainte-Chapelle. — Le roi prend congé au Louvre du prévôt des marchands (11 sept.). — Règlement du 12 « pour la conservation de la Ville et repos des bourgeois d'icelle ». — Complots des ligueurs pour s'emparer de la Ville en l'absence du roi. — Poulain et Villequier. — Bataille de Vimori (28 oct.). — Les conseil de Louchart au duc de Guise. — Henri III achète la soumission des Suisses protestants. — Victoire du duc de Guise à Auneau (24 nov.). — D'Épernon détache les Suisses de l'armée allemande (8 nov.). — Sentiments des Parisiens sur l'issue de la guerre. — *Te Deum* du 28 nov. à Notre-Dame. — Convention pour la retraite des Allemands. — Version officielle des *Registres de la Ville* sur les triomphes de S. M. — Rentrée du roi à Paris (24 déc.). — *Te Deum* du même jour. — Le corps de Ville va recevoir Henri III à Bourg-la-Reine. — Discours du prévôt des marchands. — Louanges ironiques. — La Sorbonne autorise le peuple à détrôner le roi (6 déc.). — Le Parlement et la Faculté de théologie mandés au Louvre (30 déc. 1587). — Menaces du roi. — Boucher, curé de Saint-Benoît, pris à partie. — On lui interdit la chaire. — Le duc de Guise félicité par le pape et le duc de Parme. — Le duc d'Épernon comblé d'honneurs par le roi. — Conférences de Nancy tenues par les chefs ligueurs (janv.-fév. 1588). — Les *articles de Nancy* adressés au roi. — Faiblesse de Henri III. — Fastueuses funérailles du duc de Joyeuse. — Cérémonial (8 et 9 mars). — Impopularité du duc d'Épernon. — Pierre d'Espinac, archevêque de Lyon, insulté par lui, passe à la Ligue. — Guerre de plume. — Paris apprend la mort du prince de Condé (9 mars). — Allégresse des ligueurs.

— Sommations adressées par Philippe II au duc de Guise. — Il se décide à agir. — Organisation de la Ligue. — Les conjurés de la première heure. — Direction du parti. — Le conseil des Dix et le conseil des Six. — Propagande à Paris et en province. — Les seize quartiers partagés en cinq circonscriptions militaires par le duc de Guise. — Revue secrète des forces de la Ligue. — Derniers préparatifs............ 224

CHAPITRE IV

LES BARRICADES

Depuis les Articles de Nancy jusqu'à la fuite du Roi.
(Février 1588 — 13 mai 1588.)

Projets d'attentats contre le roi. — Rôle de Nicolas Poulain. — Il déjoue le complot d'avril 1588. — Le duc de Guise quitte les environs de Paris et retourne à Soissons. Angoisses des ligueurs. — Irrésolution de Henri III. — Complot de Madame de Montpensier pour enlever le roi. — Poulain prévient ce nouvel attentat. — Députation des ligueurs parisiens auprès du duc de Guise pour le prier d'agir. — L'avocat Brigard. — Henri III envoie Pompone de Bellièvre au duc pour lui défendre de venir à Paris. — Réponse évasive du duc. — Seconde mission de Bellièvre. — Rôle équivoque de la reine mère. — Le duc de Guise se met en route; son arrivée à Paris (9 mai). — Il se rend à l'hôtel de Catherine. — Conseil secret dans le cabinet du roi. — Catherine mène le duc chez le roi. — Enthousiasme des Parisiens. — Aspect menaçant du Louvre. — L'entrevue; Guise échappe à la mort. — Dernier rapport de Nicolas Poulain au roi. — Henri III songe à faire poignarder le duc de Guise, le 10 mai. — Deux entrevues du roi et du duc (10 et 11 mai). Les soldats ligueurs entrent isolément dans Paris. — Rôle de la municipalité parisienne. — Mandements du Bureau en date du 9 mai. — Dispositions des membres du corps de Ville. — Le prévôt des marchands Hector de Perouse; les échevins Le Comte, Lugoly, Saint-Yon. — Esprit de la milice et de ses officiers. — Indiscipline des archers de la Ville. — Le prévôt des marchands et un échevin menacés de mort. — Ordres du Bureau pour les perquisitions et la garde aux portes (10 et 11 mai). — Conférence à l'Hôtel de Ville avec M. d'O; résistance de l'échevin Saint-Yon; violente attitude de M. d'O. — Aspect menaçant de Paris le 11 au soir. — Augustin de Thou chargé d'occuper le cimetière des Innocents. — Conseil chez le quartinier Canaye entre d'O et les échevins Le Comte et Lugoly. — Ils vont ouvrir à quatre heures du matin la porte Saint-Honoré aux Suisses et au régiment des Gardes. — Positions occupées par les troupes royalistes. — Matinée du 12. — Le quartier de l'Université ameuté à quatre heures du matin par Crucé. — Occupation de la place Maubert par les écoliers. — Premières barricades, place Maubert. — L'Hôtel de Ville, quartier général des royalistes. — Rôle du prévôt des marchands, Hector de Perouse. — Émotion du peuple; fermeture des boutiques. — Consternation du Parlement. — Hésitations du duc de Guise. — L'archevêque de Lyon d'Espinac intimidé par le roi. — Préparatifs à la Bastille, à l'Arsenal, à l'Hôtel de Ville pour écraser le peuple. — Provocations de Crillon aux bourgeois. — Injures adressées aux femmes. — Altercation au cimetière des Innocents. — Forfanterie de M. d'O. — Un valet du bourreau à l'Hôtel de Ville. — La place de Grève bloquée par les barricades. — Tentatives de la reine mère pour négocier avec Guise. — Les agents du duc de Guise dirigent la construction des barricades. — Situation périlleuse des forces royalistes. — Les premiers coups de feu. — Effroi des Suisses du Marché-Neuf; ils évacuent le pont Saint-Michel. — Les trois barricades de l'Université. — Impuissance de la municipalité et des gentilshommes délégués par le roi pour apaiser les quartiers. — Le prévôt des marchands accusé par les deux partis. — Il se cache, ainsi que les échevins Le Comte et Lugoly. — Effervescence croissante du peuple. — Mot d'ordre menaçant aux barricades de la Cité. — Les capitaines du quartier de l'Université envoient une députation à l'Hôtel de Ville pour exiger le rappel des troupes étrangères. — Coup de feu tiré par les Suisses contre la barricade du carrefour Saint-Séverin. — Décharge générale des ligueurs. Fuite des Suisses vers le petit Châtelet. — Débandade et désespoir des Suisses. — On leur fait grâce. — Échauffourée du pont Notre-Dame. — Les Suisses, fusillés de nouveau et refoulés sur le Marché-Neuf. — Brissac apaise les ligueurs. — Situation critique des détachements royalistes du cimetière des Innocents et de la place de Grève. — Le roi fait prier le duc de Guise par Biron de les délivrer. — Promenade triomphale du duc de Guise dans Paris. — Il apaise le peuple. — Fière attitude du comte de Stafford, ambassadeur d'Angleterre. — LA NUIT DU 12 AU 13 MAI. — Paris reste sur le pied de guerre. — Péril du roi au Louvre. — JOURNÉE DU 12. — Guise appelle des forces du dehors. — Vaine tentative du roi pour se saisir de plusieurs portes de Paris. — Brissac au cloître Saint-Séverin. — *Six heures du matin* : le roi mande au Louvre les officiers municipaux. — L'échevin Saint-Yon et ses conseils. — *Huit heures* : arrivée de la reine mère au Louvre. — Le Parlement demande le renvoi des troupes étrangères. — Instances du prévôt des marchands. — Le roi fait partir les Suisses par la porte Saint-Honoré. — Henri III bloqué dans le Louvre. — Les deux reines traversent les barricades. — Guise laisse prévenir le roi des projets des ligueurs. — Catherine de Médicis va trouver le duc de Guise, qui refuse d'intervenir. — Elle envoie Pinart au Louvre. — Fuite de Henri III. — Son étrange escorte. — Pinart envoyé par le roi à l'hôtel de Guise. — Impressions probables du duc de Guise. — HENRI III A CHARTRES (14 mai). — Les Suisses sur le point de déserter. — GUISE, MAÎTRE DE PARIS. — Désorganisation du corps de Ville. — CARACTÈRE DE LA RÉVOLUTION PARISIENNE. — Opinion du duc de Parme et du pape Sixte V sur la conduite du duc de Guise et sur celle de Henri III.................................. 305

CHAPITRE V

GUISE ET PARIS APRÈS LES BARRICADES

(Depuis le 13 mai jusqu'au 1ᵉʳ septembre 1588.)

Le duc de Guise après la victoire. — Son attitude à l'égard de la reine mère et du Parlement; réponse du premier président Achille de Harlay. — Le Parlement envoie une députation au roi. — Guise fait occuper la Bastille. — Lâcheté du chevalier du guet, Laurent Têtu. — La Ligue se saisit du château de Vincennes. — Guise fait sceller les coffres contenant la caisse municipale et promet d'assurer le payement de deux quartiers de rente. — Le prévôt des marchands, Hector de Perouse, est conduit à la Bastille (15 mai 1588). — Catherine proteste; réponse du duc de Guise. — Convocation d'une grande ASSEMBLÉE A L'HÔTEL DE VILLE, LE 18 MAI. — Sa composition irrégulière. — Rôle du duc de Guise. — Vote à haute voix; violation des règles traditionnelles pour les élections municipales. — M. de Marchaumont est nommé prévôt des marchands. — Nicolas Rolland, Jehan de Compans, François Costeblanche et Robert Desprès sont élus échevins; François Brigard, procureur du roi près l'Hôtel de Ville. — Marchaumont refuse d'accepter les fonctions de prévôt des marchands. — Assemblée nouvelle le 20 mai. — Le duc de Guise y assiste. — Déclaration au nom du cardinal de Bourbon. — La Chapelle-Marteau, nommé Prévôt des marchands par acclamation. — Scrupules des échevins. — Guise reçoit les serments des nouveaux élus et remet les sceaux de la Ville à La Chapelle-Marteau. — Destitution des colonels et capitaines de la milice nommés en 1585 par le roi. — La Sorbonne et l'Université épurées par la Ligue. — Correspondance entre le duc de Guise et le roi. — Lettres du duc à ses amis. — Lettre adressée par la municipalité parisienne au roi le 22 mai. — Autre lettre du 23. — Lettre de l'Hôtel de Ville de Paris aux villes catholiques. — Circulaire du 28 mai. — Lettre du 30 mai aux municipalités de Reims, Châlons, Montdidier, Amiens. — Prétention de la Ville de Paris de diriger toute la France. — Devise de la Ligue parisienne. — Attitude de Henri III. — Sa circulaire du 17 mai aux gouverneurs des provinces. — Le 29 mai, le roi répond à la requête des princes ligués et de la municipalité parisienne. — Annonce de la convocation des États généraux pour le 15 août suivant. — Demi-engagement d'abandonner d'Épernon et la Valette. — Fier langage de d'Épernon : sa *Remontrance au roi*. — *L'excellent et libre discours sur l'état présent de la France*, par Michel Hurault du Fay. — Guerre de plume contre les princes lorrains. — Toute-puissance du duc de Guise à Paris. — La procession de frère Auge se rend de Paris à Chartres. — Rôle du président de Neuilly. — Députation du Parlement envoyée à Chartres par Guise et Catherine (16 mai). — Discours des délégués, réponse du roi. — Menaces aux Parisiens. — Ordonnance de convocation des États généraux à Blois pour le 15 septembre (31 mai). — Autres députations reçues par Henri III; sa sortie contre le président de Neuilly. — Disgrâce de d'Épernon; envoi de commissaires royaux dans les provinces. — Révocation de trente-sept édits bursaux (27 mai). — Activité de la Ligue. — Son rayonnement dans les provinces. — Guise laisse à Paris le cardinal de Bourbon et se rend à Meaux et à Château-Thierry. — Melun résiste aux ligueurs. — Évacuation de Corbeil. — Le cardinal de Guise se rend maître de Troyes (11 juin). — Organisation de la Ligue dans la capitale par les princes et la municipalité parisienne. — Mandement du Bureau de la Ville en date du 1er juin pour visiter tout ce qui sort de Paris. — Actes de violence, désordres à Paris. — L'ancien prévôt des marchands, Hector de Pereuse, mis en liberté par le duc de Guise, est ramené par le peuple à la Bastille (4 juin). — Les étrangers menacés par la soldatesque de la Ligue. — Les filles de Jacques Foucaud brûlées en place de Grève pour hérésie (28 juin). — Le sieur Guitel brûlé pour mêmes causes et dans les mêmes formes (16 juillet). — Recrudescence des passions religieuses. — Désordres dans la banlieue. — Mandement de l'Hôtel de Ville en date du 27 juin. — Mandement du Bureau en date du 20 juin. — Réorganisation de la milice parisienne. — Remplacement des anciens officiers par des ligueurs avérés. — Opérations électorales; candidatures officielles; la commission d'épuration à l'Hôtel de Ville. — Assemblée de Ville du 25 juin. — Exclusion des gens de robe; leur remplacement par « les petits mercadans ». — Résistance des bourgeois sur plusieurs points. — L'incident de la porte Saint-Germain (5 juillet). — Intervention du duc de Guise. — Ordonnance municipale du 28 juillet sur les nouveaux officiers. — Élections de nouveaux quarteniers. — Comédie jouée par la nouvelle municipalité ligueuse le 15 juillet 1588. — Catherine confirme l'élection et reçoit le serment des ligueurs de l'Hôtel de Ville. — Ils envoient une députation au roi (28 juillet). — Catherine insiste pour que le roi revienne à Paris. — Refus catégorique de Henri III. — RELATIONS DE LA MUNICIPALITÉ PARISIENNE AVEC LES VILLES DE PROVINCE. — Le conseil d'État du duc de Guise. — Lettre du 9 juin au maire d'Orléans. — Lettre au maire de Dijon. — Définition de l'Union. — Lettres à Mandelot, gouverneur de Lyon, et au maire de cette ville (23 juin). — Lettres du 10 et du 24 juin au maire de Bourges. — Lettre du 10 juin au maire royaliste de Melun. — Lettre du 15 juin au maire de Corbeil. — Correspondance entre la municipalité de Paris et celle d'Angoulême, à propos du duc d'Épernon. — Lâcheté du roi. — Conspiration pour perdre le duc. — Énergie et activité de d'Épernon. — Il triomphe de l'émeute et adresse une plainte au roi. — Réponse misérable de Henri III. — Lettre du 18 juin. — Envoi de M. de Saint-Luc à Angoulême. — CORRESPONDANCE DE L'HÔTEL DE VILLE DE PARIS AVEC LES PRINCES LIGUÉS. — Lettres du 17 juin au duc de Nevers, des 14 et 24 juin à M. de Villars, gouverneur du Havre. — Lettre du 10 juin au duc de Mayenne. — Lettre au cardinal de Guise pour le féliciter d'avoir pris Troyes. — FAIBLESSE DU ROI. — Ses agents négocient avec Guise. — La *Requête des princes catholiques* (15 juin). — L'Hôtel de Ville s'y associe. — Articles supplémentaires présentés par la Ville de Paris (5 juillet). — RÉPONSE DU ROI (5 juillet). — Sa capitulation devant la Ligue. — L'ÉDIT D'UNION (29 juillet). — Amnistie générale donnée aux ligueurs. — Les articles secrets. — Conventions relatives à la Ville de Paris. — Confirmation des pouvoirs de la municipalité ligueuse et des officiers. — La Bastille rendue au roi. — Abattement de Henri III. — Les *Te Deum* du 21 juillet à Paris et à Rouen. — Froideur du peuple parisien. — Témoignages contradictoires des historiens. — La municipalité parisienne, puis les princes se rendent à Chartres pour chercher Henri III (30 juillet 1588). — Le roi maintient son refus. — Lettres patentes du 4 août conférant au duc de Guise le commandement général des armées. — Faveurs accordées aux autres chefs de la Ligue. — Philippe II blâme l'Édit d'Union et avertit Guise d'être sur ses gardes. — Le désastre de l'*Armada* (août-septembre 1588). Il rapproche l'Espagne et les Guises. — Audace croissante des ligueurs parisiens. — Journée du 30 août. — Envahissement du Parlement. — La requête des *catholiques unis* contre le comte de Soissons. — Faiblesse du Parlement. — La municipalité parisienne refuse de rendre la Bastille au roi. — Henri III saisit les deniers destinés au payement des rentes sur la Ville. — Lettres du 5 août. — Lettre du 6 août pour hâter le recouvrement des taxes et cotisations levées sur les Parisiens. — Insistance de l'Hôtel de Ville pour obtenir du roi qu'il revienne à Paris. — Lettre à la reine mère. — Lettre au roi (12 août). — Jean-Baptiste de Champion envoyé à la cour comme agent secret de la Ville. — Brevet du 17 août pour débarrasser la banlieue de Paris des gens de guerre. — Lettres royales du 17 août confirmant les pouvoirs de M. de Villequier, gouverneur de Paris. — La Ville n'en tient aucun compte. — Mesures de police prises par le Bureau de la Ville. — Mandement du 9 septembre. — Amendes infligées aux miliciens en faute. — Démission du concierge de la Ville Nicolas Quetin. — Propagande des ligueurs parisiens. — Lettres adressées par eux à plusieurs villes et gouverneurs. — Émissaires envoyés au maréchal de Montmorency et en Suisse. — Lettre du duc de Nevers au roi contre le duc de Guise. — Hésitations de Henri III. — Intervention de Catherine. — Le roi quitte Chartres et arrive à Blois, où il a convoqué les États généraux (1er septembre 1588).. 359

CHAPITRE VI

PARIS A BLOIS

LES ÉTATS GÉNÉRAUX

(Depuis le 1er sep. 1588 jusqu'au 15 janvier 1589.)

Assemblées du 13 août 1588 pour nommer les députés de la prévôté de Paris aux États généraux de Blois. — FORMES DES ÉLECTIONS. — Conflits entre le prévôt de Paris et le prévôt des marchands. — Composition du corps électoral parisien. — Mode de dépôt des doléances. — Rédaction du cahier général. — Opérations électorales du 3 septembre. — Assemblée générale du 28 septembre tenue à l'Hôtel de Ville pour la lecture des cahiers de doléances. — Requête de la ville de Paris contre le comte de Soissons. — Nomenclature des députés de la Ville, prévôté et vicomté de Paris, pour les trois ordres. — ARRIVÉE DES DÉPUTÉS DE PARIS A BLOIS (14 sept.). Première réunion du tiers état. — Le prévôt des marchands, La Chapelle-Marteau, la préside. - Jean de Compans, échevin de Paris, cède son rang de deuxième député de la Ville de Paris au président de Neuilly, ancien prévôt des marchands. — Retards suscités par la cour pour la nomination du bureau du tiers. — Protestation des députés parisiens, à l'occasion de l'arrivée du comte de Soissons. — Réponse ironique du roi. — Henri III se décide à autoriser la nomination du Bureau. — Résolution du 27 septembre contre un édit royal créant de nouveaux impôts et de nouveaux bailliages. — Députation du 30. — Sa réduction forcée. — Colère du roi. — Constitution du bureau du tiers, le 3 octobre. — LA CHAPELLE-MARTEAU ÉLU PRÉSIDENT. — Son discours. — Querelle de préséance entre l'échevin Jean Compans, député de Paris, et M. de Masparault, délégué spécial de la Ville. — Vérification des pouvoirs. — Critique des privilèges de la Ville de Paris par Robert Hannivel, député de Rouen. — Contestation pour la préséance entre les députés de Bourgogne et ceux de l'Ile-de-France. — La question de la gabelle. — La Chapelle-Marteau et Compans demandent au roi d'autoriser la Ville de Paris à prendre à son compte la ferme du sel. — Lettre des députés parisiens lue à l'Hôtel de Ville de Paris le 13 octobre 1588. — Nicolas Auroux, député de Paris, vient prendre l'avis de la municipalité. — Opposition des États à l'adjudication de la gabelle. — Irritation du roi, invité à jurer de nouveau l'Édit d'Union. — OUVERTURE SOLENNELLE DES ÉTATS GÉNÉRAUX (16 octobre). — Henri III et le duc de Guise. — Énergie du discours royal. — Discours prononcés au nom des trois ordres. — HARANGUE DE LA CHAPELLE-MARTEAU, au nom du tiers état. — Humiliation imposée au roi. — Il jure de nouveau l'Édit d'Union (18 octobre). — Sa lettre à la Ville de Paris pour ordonner un *Te Deum*. — Mission de Pierre Senault. — Réponse de la Ville de Paris au roi (23 octobre). — Rédaction des doléances des États généraux. — Ouverture du cahier de Paris. — Le tiers raye l'article de ce cahier contre le comte de Soissons. — Le président de Neuilly signale au roi les lacunes de la comptabilité publique. — Requête du 23 novembre sur la réduction des tailles. — La reine mère mande La Chapelle-Marteau et le président de Neuilly. — Les trois ordres se rendent au château. — Discours de l'archevêque de Bourges. — Discours de La Chapelle-Marteau. — Le roi négocie avec La Chapelle-Marteau et Neuilly (26 nov.). —

Concessions apparentes. — Refus de diminuer les tailles. — Intervention du duc de Guise. — Souper du 28 novembre chez le prévôt des marchands. — Résistance des députés. — Prédiction de La Chapelle-Marteau. — Détresse du roi. — Remontrances du 2 décembre. — Gasconnade de Henri III. — Sermon violent du théologal de Senlis : ses conséquences. — Séance du 5 décembre : dures paroles de M. de Neuilly aux trésoriers de France. — Audience royale du 9 ; le roi promet de prendre pour modèle la constitution démocratique de Venise. — Attendrissement de Neuilly. — La Chapelle-Marteau propose d'offrir au roi 120,000 écus, avancés par les députés. — Le tiers vote cette proposition ; elle n'a pas de suite. — Le prévôt des marchands réclame l'épuration du conseil du roi et la constitution d'une chambre de justice. — Henri III acculé ; son état pathologique. — La duchesse de Montpensier et la duchesse de Guise retournent à Paris. — Le duc de Mayenne prévient le roi de se défier du duc de Guise. — Avis analogue de la duchesse d'Aumale. — Intervention du maréchal d'Aumont. — Entrevue du 22 décembre entre le roi et le duc de Guise. — Conseils secrets du 18 et du 19. — La mort du duc est décidée. — Quiétude des États. — La journée du 23 décembre. — Assassinat du duc de Guise. — La séance du tiers état. — Envahissement de la Chambre du tiers. — Arrestation par le grand prévôt, Richelieu, des députés parisiens. — Consternation du tiers. — Les députés parisiens conduits au château. — Les Quarante-cinq et la cour. — Attitude de La Chapelle-Marteau. — Pérégrinations des prisonniers. — Menaces de mort. — L'échevin Costeblanche vient les rejoindre. — Ils apprennent le meurtre du cardinal de Guise. — La Chapelle-Marteau, séparé de ses collègues. — Émotions des députés du tiers restés libres. — Défense leur est faite de quitter Blois. — Séance du 24 décembre. — Le roi ordonne de déposer les cahiers avant le 8 janvier. — Vaines tentatives pour obtenir la délivrance des députés parisiens. — Le tiers refuse d'insérer au cahier général des articles sur le crime de lèse-majesté et de traiter avec le Conseil du roi « sur le fait des finances ». — Il réclame de nouveau la mise en liberté des captifs. — Présentation du cahier général (8 janvier 1589). — Discours des trois ordres. — Pâle harangue de Brissac. — Énergique allocution de Bernard, au nom du tiers. — Appel à la clémence du roi. — Réponse embarrassée de Henri III. — Lit de justice du 15 janvier. — Clôture des États généraux. — Dernière réunion du tiers (17 janvier). — Délégation nommée pour demander la liberté des prisonniers et requérir la taxe des députés. — Réponse évasive du roi. — Les adieux. — Mort de Catherine (5 janvier). — Jugement d'ensemble. — L'armée du duc de Nevers se dissout. — Le roi de Blois et ses otages. — Il renvoie à Paris les échevins Compans et Costeblanche........................... 426

CHAPITRE VII

PARIS RÉGICIDE

Depuis l'assassinat des Guises jusqu'à l'assassinat du roi.
(23 décembre 1588 — 2 août 1589.)

Paris apprend l'assassinat du duc de Guise (24 déc. 1588). — Organisation de la révolte. — Inertie des *politiques*. — La municipalité ligueuse adresse une circulaire aux villes de l'Union. — Lettre au duc de Lorraine (24 décembre, minuit). — Journée du 25 décembre. — Déclamations des prédicateurs. — Séance à l'Hôtel de Ville. — Le premier président de Harlay et le président Augustin de Thou en péril de mort. — Discours de l'échevin Jean Rolland. — Le duc d'Aumale est nommé gouverneur de Paris. — Drouart, Crucé, de Bordeaux, désignés par une assemblée générale, le 5 janvier 1589, pour tenir la place du prévôt des marchands La Chapelle-Marteau et des échevins Compans et Costeblanche, prisonniers du roi. — Fusion de l'Hôtel de Ville et des aurorités insurrectionnelles. — La tour de Babel. — Conseil général de l'Union des catholiques. — Il envoie au duc de Mayenne le titre de lieutenant général de l'État et couronne de France. — Adjonction de quatre ou six conseillers de Ville, chaque semaine, au bureau des échevins. — Constitution d'un comité de neuf membres dans chacun des seize quartiers. — Résumé de l'organisation de la Ligue à Paris. — La guerre aux bourses. — Négociations pour la délivrance du prévôt des marchands et des deux échevins prisonniers. — Henri III élargit les échevins Compans et Costeblanche. — Édit d'amnistie rapporté par Le Maistre. — Activité de la Ligue. — Le clergé révolutionnaire; les prédicateurs Pigenat, Guincestre; affaire de la cure de Saint-Gervais. — Sermon du 29 décembre; ses effets. — Sermon du 1er janvier 1589. — Le serment du président de Harlay. — Catherine de Médicis jugée par Guincestre. — Henri III accusé de sorcellerie. — Décret de la Sorbonne du 7 janvier 1589. — Paris envoie une députation au pape pour lui porter le décret de la Sorbonne. — Envahissement du palais par Bussy Le Clerc (16 janvier). — Le Parlement conduit à la Bastille. — Le président Brisson. — Reconstitution du Parlement par la Ligue. — Arrêt d'Union du 19 janvier. — Les échevins Compans et Costeblanche autorisés par arrêt du 20 janvier à ne point retourner à Blois. — Serment prêté, le 30 janvier, par les magistrats et les avocats. — Catherine de Clèves, duchesse de Guise, vient demander au Parlement d'informer contre les assassins de Blois. — Rupture ouverte avec le roi (26 janvier). — Édit du duc d'Aumale (19 janvier) portant réduction d'un quart de la taille. — Arrêt du Parlement en date du 4 février ordonnant à toutes les villes de jurer le serment d'Union. — Correspondance de la Ville de Paris avec les autres municipalités. — Secours envoyés aux Orléanais. — Expédition du chevalier d'Aumale. — Prise d'Orléans par les ligueurs. — Situation matérielle et morale de Paris. — Lettre de la Ville de Paris au duc de Mayenne pour l'appeler dans la capitale. — Les processions d'enfants. — Procession des capitaines de la milice (16 fév. 1589). — Galanteries mystiques. — Le chevalier d'Aumale. — Service solennel à Notre-Dame pour les Guises (30 janvier). — Baptême du fils posthme du duc de Guise. — Entrée de Mayenne a Paris, le 12 février 1589. — Assemblée générale du 15. — Reconstitution du Conseil général de l'Union par Mayenne. — Ordonnance du 17 février portant établissement définitif du Conseil. — Les *supernuméraires*. — Mayenne se rend à Rouen avec un délégué de Paris (21 fév.). — Le Conseil général de l'Union le nomme *lieutenant général de l'État royal et couronne de France* (4 mars 1589). — Serment de Mayenne devant le Parlement. — Distractions de la *Sainte-Veuve*. — Règlement pour diriger les villes de l'Union (avril). — Convocation des États généraux pour le 15 juillet. — Rétablissement du Grand Conseil. — Correspondance entre la Ville de Paris et les grands seigneurs catholiques. — Lettre au duc de Nevers. — *Advertissement* rédigé par le duc. — La Chapelle-Marteau et les otages du château d'Amboise. — Conduite singulière de Loignac et de Du Guast. — Henri III rachète à Du Guast et ramène à Blois le cardinal de Bourbon, le prince de Joinville et le duc d'Elbœuf. — Le prévôt des marchands et les autres prisonniers restent à Amboise. — Paris vote 20,0000 livres pour le rachat des prisonniers d'Amboise. — Leur mise en liberté. — Déclarations du roi contre Mayenne et les villes de l'Union. — Translation à Tours du Parlement et de la Chambre des comptes. — Résumé de la situation en province. — Félicitations adressées par la Ville de Paris aux capitouls de Toulouse après l'assassinat du président Duranti (lettre du 27 février 1589). — Autre lettre où se trouve exposée l'organisation générale du parti. — *Sigillum regni Franciæ*. — Manifeste du roi de Navarre (14 mars) aux trois États du royaume. — Alliance de Henri III avec le Béarnais (3 avril). — Effet qu'elle produit à Paris. — Appel au fanatisme des prédicateurs. — Détails sur les plus marquants : Guillaume Rose, Guincestre, Mathieu de Launay, Jean Boucher, Feu-Ardent. — Mayenne sollicite l'appui du pape Sixte V (7 avril). — Il marche sur Tours. — Entrevue de Plessis-les-Tours entre Henri III et Henri de Navarre (30 avril). — Fureur des Parisiens. — Excès du chevalier d'Aumale et exploits des contingents parisiens. — La fête des Barricades (12 mai). — Le siège du château de Vincennes. — Expédition des Parisiens contre Senlis. — Bataille du 17 mai. — Défaite et retraite précipitée des Parisiens. — M. de Givry canonne la Villette. — Panique dans Paris. — Manifeste de l'Hôtel de Ville. — Messager envoyé à Mayenne. — Dépêches saisies par le roi de Navarre. — Gasconnade. — Les deux rois sur la Loire ; les contingents suisses de Sancy. — Paris se met en défense. — Mayenne arrive à Saint-Denis (30 mai). Pointe dans la Brie ; prise de Montereau par Mayenne. — Approvisionnements de la capitale. — Blocus de Paris. — Les suspects. — Les moines iconoclastes. — Mayenne rentre à Paris. — Prise de Pontoise par les deux rois (26 juillet). — Découragement de la Ville de Paris. — Lettre à ceux d'Amiens (10 juillet). — Trois cents notables emprisonnés. — Prise du pont de Saint-Cloud (30 juillet). — Confiance et prouesses des huguenots. — Théories régicides des prédicateurs parisiens. — Jacques Clément. — Conférences avec La Chapelle-Marteau et Mayenne. — Arrestation du moine. — Le procureur général La Guesle lui donne l'hospitalité et le conduit au roi. — Scène du meurtre (31 juillet 1589). — Précautions du roi de Navarre. — Arrestations des politiques. — Derniers moments du roi. — Le pape approuve le meurtre. — Circulaire du conseil de l'Union. — Apologie de Jacques Clément par Guincestre. — Délire des Parisiens. — Lettre de la Ville au pape (7 août). — Édit du 5 août. — Causes et nature de la révolution ligueuse. — Jugement d'ensemble.. 487

FIN DE LA TABLE DES MATIÈRES.

ERRATA

Page 20, ligne 25. Au lieu de : *meilleures*, lire : *mielleuses*.
— 60, — 12.   —   *nommez*   —   *sommez*.
— 87, — 13.   —   *excuser*   —   *excusez*.
— 210, note, ligne 16. Au lieu de : *Monseignenr*, lire : *Monseigneur*.
— 213, ligne 17. Au lieu de : *ne peust*, lire : *en peust*.
— 296, — 3.   —   *1788*   —   *1588*.
— 375, note, ligne 28. Au lieu de : *Donnez*, lire : *Donner*.
— 422, — 1, — 26.   —   : *tojours*, lire : *toujours*.
— 537, — 1. Au lieu de : page 513, lire : 483.
— 541, ligne 20.   —   : *de Barricades*, lire : *des Barricades*.

Coulommiers. — Imp. P. BRODARD et GALLOIS.

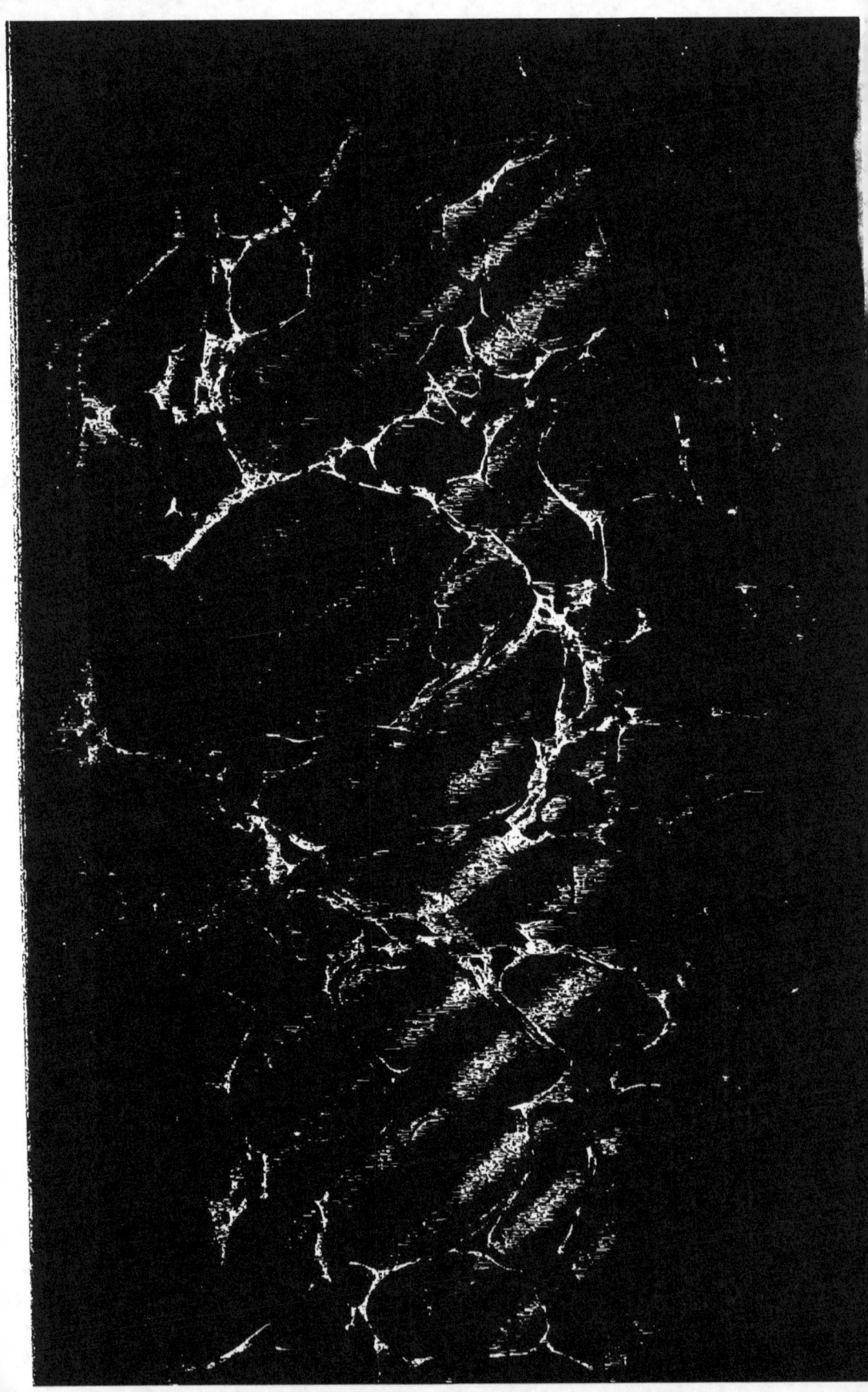

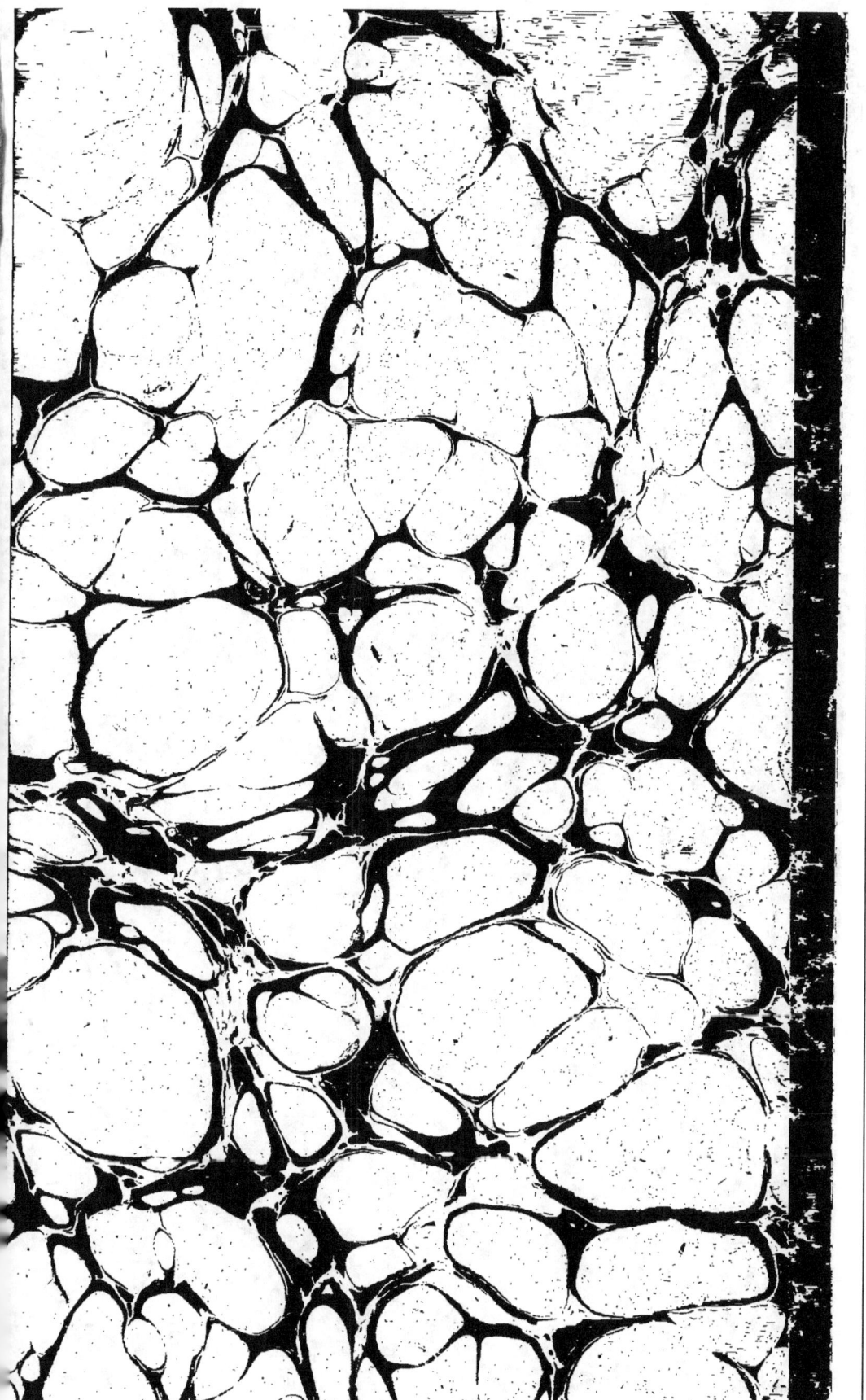

www.ingramcontent.com/pod-product-compliance
Lightning Source LLC
Chambersburg PA
CBHW071156230426
43668CB00009B/973